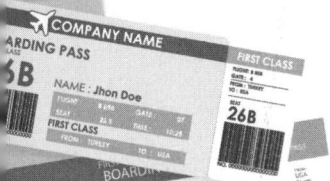

岛国风情与习俗

毛国良 ♀ 编著

百花洲文艺出版社
BAIHUAZHOU LITERATURE AND ART PRESS

图书在版编目（CIP）数据

岛国风情与习俗 / 毛国良编著. –– 南昌：百花洲文艺出版社，2020.9
ISBN 978–7–5500–3832–5

Ⅰ. ①岛… Ⅱ. ①毛… Ⅲ. ①岛 – 风俗习惯 – 介绍 – 世界 Ⅳ. ①K891

中国版本图书馆CIP数据核字(2020)第181111号

岛国风情与习俗
DAOGUO FENGQING YU XISU

毛国良　编著

责任编辑	许　复
书籍设计	黄敏俊
制　作	周璐敏
出版发行	百花洲文艺出版社
社　址	南昌市红谷滩新区世贸路898号博能中心一期A座20楼
邮　编	330038
编辑邮箱	fanfansoo@126.com
经　销	全国新华书店
印　刷	江西千叶彩印有限公司
开　本	787mm × 1092mm 1/16　　印张 35
版　次	2021年3月第1版第1次印刷
字　数	590千字
书　号	ISBN 978-7-5500-3832-5
定　价	69.00元

赣版权登字 05-2020-155

编辑电话 0791-86894717
网　址 http://www.bhzwy.com
图书若有印装错误，影响阅读，可向承印厂联系调换。

前　言

世界多姿多彩，色彩斑斓，气象万千；国家民族各异，习俗多样，风情万种。这一切，构成了一个五彩缤纷、异常精彩的世界。

世界上每一个国家、地区和民族，都会有自己独特的风情与习俗。风情在汉语中有多种含义，这里指风土人情，如欧美风情、异域风情、民族风情。其内涵包括独特的自然风情、人文风情、民族风情、社会历史风情等。习俗主要指风俗习惯。人们往往将由自然条件的不同而造成的行为规范差异，称之为"风"；而将由社会文化的差异所造成的行为规则之不同，称之为"俗"。其内涵包括生活习俗（衣食住行、婚丧嫁娶）、礼仪习俗、岁时习俗、节庆习俗、娱乐习俗、禁忌习俗等。各国、各地区风情与习俗的形成，有其地域、环境、气候、语言、历史、文化传统、宗教信仰和民族习惯等多种原因。所谓"百里不同风，千里不同俗""一方水土养一方人"，正恰当地反映了风情与习俗因地而异的特点。当然，地域、国度相近的地方，比如东南亚国家之间，阿拉伯国家之间，拉美国家之间，太平洋国家之间，在某些方面会有大致相同或相近的风情、习俗与禁忌。同时，不同时代、不同地域和不同民族的风情与习俗也会相互影响、交融和发展变化，既有传承性，又有差异性，也有共同性。由此可见，风情与习俗是地区特色的反映，民族历史的积淀，生活经验的总结，行为习惯的约定俗成，以及时空之间的传承与交融。

自从2013年退休以来，经过几个寒暑的努力，我编写完成了《域外风情与习俗》一书，共计200多万字，全世界190多个域外国家悉数列入。但限于篇幅，现仅以岛国为主，选编成《岛国风情与习俗》一书付梓。目前世界上共有 46 个岛国。截至 2019 年 9 月 21 日，其中有 9 个岛国尚未与中华人民共和国建立外交关系，故未列入本书正文，而只作为附录放在全书末尾作简单介绍。现在列入本书正文的为 37 个岛国。

岛国，是指国土完全坐落于一个或多个岛屿之上的国家。按照国际标准，格陵兰岛面积 216 余万平方公里，是世界上面积最大的岛屿。以它为基准，比它面积大的为洲或大陆，而不叫岛屿。比如，澳大利亚四面环海，看似岛国，其实不然，它的面积达 768 余万平方公里，是世界上唯一独占一个大陆的国家。还有些岛国并非四面临海，比如印度尼西亚、文莱、东帝汶、爱尔兰、英国、巴布亚新几内亚、海地和多米尼加共和国的陆上部分有邻国，它们为特殊的岛国。由于地处茫茫大海之中，岛国自有不同于大陆国家的自然风情、人文景观和风俗习惯。

人们都有对美好生活的向往，正如著名音乐人高晓松所说："这个世界不只有眼前的苟且，还有诗与远方。"套用孔夫子的话，也可以这么说：朋友到远方去，不亦乐乎？！常言道：入乡问俗、入乡随俗。在"一带一路"打开筑梦空间的今天，阅读本书，或许能有助于读者感受和领略多姿多彩的异域风情，体会和了解域外国家的风土人情与风俗习惯，学习和掌握相关的世界人文地理知识，以有助于读者在出国学习、工作、生活和旅游中注意做到入乡随俗，文明处事，礼貌待人。窃以为，这对于正确地开展对外交往，加强文化交流，促进民心相通，融洽彼此感情，都是大有裨益的。

毛国良

2019 年 10 月 6 日

目 录

亚洲岛国

亚洲全称"亚细亚洲"（英文名 Asia），共有 48 个国家，总面积 4457.9 万平方公里，是世界七大洲中面积最大、人口最多的一个洲。亚细亚的意思是"太阳升起的地方"。亚洲的种族、民族构成比较复杂，人种分为三大类，即亚细亚人种（又称"蒙古利亚人种"）、雅利安人种（又称"欧罗巴人种"）和马来人种。黄种人为主要人种，其余为白种人、棕种人及混合类型。亚洲有很多群岛，其中的马来群岛是世界上最大的群岛。亚洲共有几万个大小岛屿，总面积约 320 万平方公里。在亚洲的 10 个岛国中，东亚、南亚、东南亚占有 8 个。

日出之国　日本

　　日本国是西太平洋岛国，隔东海、日本海、鄂霍次克海与中国、朝鲜、韩国、俄罗斯相望。日本遣唐使自称，日本是因为地理位置靠近日出之处而得名。因此，国名意为"日出之国"。春天里，日本处处樱花烂漫，别称"樱花之国"。

　　8世纪前后，日本经过大化革新，建立了完整的国家，确立了天皇制，将国名正式称为"日本国"。而在此之前，日本以大和朝廷代表国家，称"大和国"。战国时代，中国古籍中最早称日本为"倭"；到隋唐时，始称其为"日本"。"东瀛"是日本的别称。晚清思想家王韬在《〈湖山侗翁诗集〉序》中说："去年闰三月游东瀛，小住江户 。"当代著名剧作家杜宣《悼郭老》诗曰："人在东瀛心在国，不甘亡命度华年。"诗中所指的就是郭沫若曾经亡命日本的经历。"扶桑"一词近代以来也是日本的别称，故有"东渡扶桑"一说。

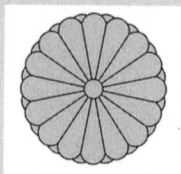

日本国旗（日章旗）　　　　国徽（日本皇室家徽）

国情概要

　　日本国土面积 37.788 万平方公里，人口 1.27 亿（2014 年 9 月）。首都东京，国庆日 12 月 23 日。领土由北海道、本州、四国、九州 4 个大岛和数千个小岛组成。境内多火山，山地成脊状，将国土分割为太平洋一侧和日本海一侧。富士山海拔 3776 米，是日本最高峰。信浓川全长 367 公里，是日本最长的河流。国土狭长，南北气温差异十分显著。平原面积狭小，耕地十分有限。森林覆盖率 67%，但矿藏资源贫乏。海洋渔业资源丰富，出海捕鱼是传统产业。延续至今的鲷祭典，意在向神灵祈求下次出海能捕获到大鱼。明治维新后，日本列岛通过吸收欧美文化跻身于现代强国之列。科技发达，创新能力强，汽车、动漫、新干线、数字媒体、家用电器、机器人等为重点特色产业。资源和产品两头靠外，为全球经济最发达、最富裕的国家之一。

　　天皇是日本君主的称号、日本国家的象征，也是神道教的最高领袖。天皇及其家族没有姓，历史学上称其为天皇氏。天皇大多由男性担任或继承，但在日本历史上，曾出现过 8 位女天皇，形成了一段独特的女帝时代。明治维新后，仍保留天皇制度，确立了二元制君主立宪制政体。这种保留封建残余并带有现代资产阶级性质的政治制度，是日本军国主义的重要根源。裕仁天皇在位时期，日本军国主义发动了侵华战争、太平洋战争和侵略亚太其他国家的战争，

日本皇宫一角 / 毛国良摄

给这些国家特别是中国造成了巨大灾难。日本战败后，实行了君主立宪政体，天皇仅仅作为日本的国家象征被保留下来。1946 年，裕仁天皇不得不发表《人间宣言》，放弃了历史上被赋予的"神性"，被迫走下了神坛。1972 年 9 月 29 日，中日两国签署《中日联合声明》，实现邦交正常化。

在东京市中心区，远远便看到一片四面环水的绿岛，绿岛深处便是明治维新以来历代天王的起居之地皇宫。环绕四周的护城河把皇宫与喧嚣繁华的都市隔离开来。在新年和天皇生日时，日本民众可通过二重桥进入皇宫并接受天皇的问候。

日本人的双重性格

日本的主体民族是大和族（又称"和族""和人"），占日本总人口的 99% 以上。"大和"一词源自公元 3 世纪时日本政权所在地大和地区。公元 5 世纪，大和族统一日本。

日本人自称和族，但很多时候却并不讲和顺、和谐。传统日本表现在"菊"与"刀"两个方面。"菊"是日本皇室家徽，日本国徽上也绘有菊花瓣图案。菊花恬淡柔美，展现了日本传统生活之美；"刀"诉诸暴力，或残暴屠杀被侵略国家的人民，或失败后举刀剖腹自杀，显得面目可憎、血腥野蛮。美国学者鲁思·本尼迪克特运用文化人类学的方法，用"菊"与"刀"来揭示日本人的矛盾性格，即日本文化的双重性，如爱美而黩武、尚礼而好斗、喜新而顽固、服从而不驯等，由此入手，进而分析日本社会的等级制度、人情世故及有关人性、习俗，可谓形象生动、入木三分。

好斗的日本人在"尚礼"方面比较重视社交礼仪。他们在公共场合一般不大声喧哗，遇事常说"谢谢"。传统的见面礼节是鞠躬。虽然现在普遍施行握手礼，但很多日本人握手后还鞠上一躬。在商务交往等社交活动中，对初次见面互换名片极为重视。互赠名片时，要先行鞠躬礼，并用双手递接名片。接到名片后，要认真阅看，用点头动作表示已清楚递送名片者的身份。凡对长者、上司、客人都用敬语说话，以示尊敬。初次见面时最常用的客套话是："请多关照。"有求于人常说："拜托您了。""打扰您了。"日本人有回避真名的习俗，不习惯让别人称呼自己的真名，而习惯用场所、宅邸、方位、官职等作为真名的代称。只有家里人和非常亲密的朋友之间才以名字相称。新婚夫妇互称对方"暖""你""喂喂"的十分普遍。一旦有了孩子，称呼马上就改变了。比如，妻子一般称丈夫为"爸爸""父亲"，丈夫一般称妻子为"妈妈""母亲"。这种"孩子本位称呼法"是日本人的传统习惯，对日本人来说十分自然。

日本人的其他一些爱好、情趣也反映了这个民族的一些特性。他们钟爱水晶，视之为国石。国鸟为绿雉，1947年经过投票选出。在日本1984年11月发行的10000日元纸钞的背面图案中，就有一只雄雉和一只雌雉。绿雉是日本的特产，栖息于平原和农田中。雄鸟色彩美丽、个性勇猛，雌鸟则有强烈的母爱。据说在大火燎原的时候，母雉仍不会舍巢而去，会不顾危险地伏在巢上保护它的卵。日本有个家喻户晓的民间故事《桃太郎》，讲述桃太郎用糯米桃子收容了小白狗、小猴子和雉鸡后，一起前往鬼岛为民除害的故事。里面也讲到了勇敢的雉鸡用它锐利的嘴将妖怪的眼睛啄伤。日本没有国花，通常用皇室喜爱的菊花代表国花。但樱花亦深受日本人民喜爱。据日本权威著作《樱大鉴》所述，日本樱花最早是从中国唐朝时的喜马拉雅山脉地域传过去的。据说日本历史上第一次赏樱大会是9世纪嵯峨天皇主持举行的，后来逐渐形成传统的民间风俗。经过精心培育，品种不断增加，成为一个丰富的樱家族。日本五大樱是1922年选定的5种代表性樱花。其中的三春滝樱、根尾谷淡墨樱、山高神代樱被称作日本三大樱。现代，日本政府把每年的3月15日至4月15日定为"樱花节（祭）"，届时会掀起一阵全民赏樱的热潮，日本俗称"花见"。随着气温的变化，樱花由温暖的日本列岛南端向北方依次开放。东京上野公园樱花大道的绯红云朵，早已在鲁迅笔下化为国人对日本樱花的第一印象。花开时节，在夜间灯光下观赏"夜樱"，是日本人赏樱的独特方式。

日本人的乡土意识

恋乡的感情各民族都有，而日本人依恋故乡的感情似乎显得更为突出。日本移民在国外，即使有人获得成功，也会归心似箭地返回家乡。他们回来寻找的，往往是与少儿时代的生活联系在一起的那种山河之情和某些象征。

日本学者掘一郎在《热爱乡土之心》中，分析了日本人独特的乡土意识。在人格形成过程中，自然环境、遗传、社会遗产、集团（社会）四个方面起决定作用。而"故乡的山河、家乡的象征"无意识地集中体现了这四个方面。历史上日本人形成的稳固的农耕生活，使他们产生了人与乡土紧密联系、不可分割的情感。当脱离乡土社会后，生活在异乡的同乡人就会相互表示好感，并会不约而同地聚居在一地，或保持经常的联系，形成同乡会，甚至在内部形成了按前辈、后辈顺序排列的"主从关系"，人们称之为"乡党"。其初衷一方面是有共同的语言和生活习惯，另一方面也是为了介绍职业、互相照应等。但在一定条件下，结党营私，只为小集团谋利益的弊病也随之产生。

与"乡党"相反的是，日本人的"乡土仇恨"却是绵延不绝。据日本新华侨报网载文介绍，山口县（旧长州）与福岛县（旧会津）这两地依旧是积怨难消，在日本众所皆知；兵库县的赤穗市与爱知县的西尾市吉良町，也是一对有名的冤家，双方仇恨持续了300多年。像类似延续了数十年乃至数百年的"乡土仇恨"，在日本还真有不少。当地人一提到那些陈年旧事，就不由得牙根发痒。这种"乡土仇恨"，会有意无意地在日本乡土文化中表现出来。

汉文化对日本文化的影响

汉文化（包括儒家文化）在东亚和东南亚一些国家有广泛的影响。日本、朝鲜、韩国、越南等国家历史上受汉文化的影响较深。日本人在中国隋唐时期深受汉唐文化的熏陶，例如派"遣唐使"到中国学习，注意吸收借鉴儒家文化的精髓。日本飞鸟时期思想家、政治家圣德太子（574—622）制定的《冠位十二阶》和《十七条宪法》，主要体现了儒家思想，甚至所用的词汇和资料亦大多是取自儒家典籍。栃木县日光市东照宫建造于1617年，里面有很多中国元素。比如，"唐门"上面雕刻的都是中国典故，如"阮由洗耳""竹林七贤"等。在一个马厩上面，雕刻三个用爪子捂着嘴、眼、耳的猴子，取自论语"君子非礼勿言，非礼勿视，非礼勿听"。日本的庚申年邮票曾取其图案。西阵织被称为日本的国宝级丝织艺术，这门艺术便是在中国宫廷编织技术上演变过来的。在15到16世纪期间，中国端庄文雅的宫廷编织技术，包括金线、银线编织技术传入了日本。如今，西阵织品依然是华贵与身份的象征，在2010年上海世博会日本馆里就有展示。

日本曾经以"小中华"为荣，视其他一些国家为蛮邦。今天，日本人虽然接受了不少西方的民主思想、价值观念、伦理道德原则和生活方式，但汉文化在现代日本的社会生活和习俗中仍具有重要影响。主要有如下几个方面：

汉文化对日本家庭的影响。757年，孝谦天皇下诏，令全国每家必备一本《孝经》，奖励孝子、贞妇。千百年来，"孝"的观念在日本人的思想意识中发挥着重要作用。现在一般的家庭中，父亲依然是一家之主，子女在重大事务上须遵从家长的意志。女子幼从父、嫁从夫、老从子的儒家训诫，仍在现代日本发挥着作用。在夫妻关系方面，"男主外，女主内"的性别分工仍在当代继续存在。

汉文化对日本文字与文学的影响。中国人到日本旅游，也许会惊讶满大街的汉字。的确，现代日语的书写系统包括假名、汉字和罗马字，因此在日本可以看到很多汉字。早在公元1世纪，那时的日本学者使用汉字来给日语表音，称为"训读"。在这一基础上发展出了万叶假名，创造了以汉字正体为蓝本的片假名和以汉字草体为蓝本的平假名，将日本的文字彻底进化到表记文字的时代。中国史书《三国志》很早就传到了日本，并被日本人作为中国历史的一部分来学习，以至于形成日本的三国文化。从史书、小说、评论到今天的漫画、游戏业、只读光盘，日本有关三国的出版物层出不穷。《古事记》是日本第一部文学作品，包含了日本古代神话、传说、歌谣、历史故事等。全书用汉字写成，在语序上以汉语的主谓宾语法为主，同时日语的语法结构也时而出现，体现了日本早期变体汉文的一些特征。《源氏物语》是日本的一部古典文学名著。女作家紫式部出身于充满书香气的中等贵族家庭，自幼随父学习汉诗，熟读中国古代典籍，是一位极富才情的女子。从体裁看，该书颇似中国唐代的传奇、宋代的话本，行文典雅，很具散文的韵味，而且书中引用白居易的诗句90余处，以及《礼记》《战国策》《史记》《汉书》等中国古籍中的史实和典故，使该书具有浓郁的中国古典文学的气氛。

日本街头和公园里的汉字 / 毛国良摄

中国读者读《源氏物语》时，有一种读中国古典小说那样的亲近感。俳句是日本的一种古典短诗，是从中国古代绝句这种诗歌形式经过日本化发展而来。明治时代著名诗人正冈子规曾说："俳句、和歌、汉诗形式虽异，志趣却相同，其中俳句与汉诗相似之处尤多，盖因俳句源于汉诗绝句之故。"从事俳谐师职业的松尾芭蕉，把俳句形式推向顶峰，并在他的俳句中灌输禅的意境，追求空寂与闲寂的理想境界，形成一种超然于世的平和冲淡之美。

汉文化对日本社会其他方面的影响。日本的和服是仿照中国隋唐服式改制的，虽然经过改变形成了日本独特的风格，但仍含有中国古代服装的某些特色。日本人吃饭也用筷子，甚至有筷子节。日本人鞠躬等礼节也是来自中华礼仪之邦。日本端午节虽然渐渐地变成了男孩子的节日，但他们插菖蒲避邪的风俗与中国插艾蒿避邪的风俗有异曲同工之妙。冲绳的主宫殿融合了中国、日本及冲绳岛的建筑特色，是一座建筑风格独特的建筑。古城京都，既具有浓郁的日本风情，又是"中国化"极深的城市，许多店铺的名称上仍然有汉字的痕迹。位于江户名城水户的偕乐园名称出自《孟子》"古人与民偕乐为乐"。与偕乐园相呼应的弘道馆，重视文武兼修，文馆学习儒学、礼仪、历史、天文、数学等，武馆修习剑术、枪、柔道、马术等多项科目。日本柔道是中国拳术的发展，源出少林之门。

日本的民族精神、宗教"神道"、生活习俗等各个方面，都吸收衍化发展了儒家文化。但尽管如此，日本吸收的儒家文化和中国传统意义上的儒家文化已经有了很大差异。周作人曾惊叹：日本模仿中国文化，却能唐朝不取太监、宋朝不取缠足、明朝不取八股、清朝不取鸦片。再想想日本的茶道、禅宗和歌舞伎，恰恰是这种兼收并蓄构成了日本文化的独特性。

传统的茶道、花道和书道

日本民间普遍有茶道、花道、书道的传统生活习俗。茶道是一种独特的饮茶仪式和社会礼仪。日本的茶道传自中国唐宋时期，那时日本派许多留学生到中国求学，他们把中国种茶、制茶、烹茶技术带回日本，使日本饮茶习惯推广到民间，后来形成茶道。因此，日本人民称"中国是日本茶道的故乡"。据资料介绍，日本茶道讲究"品饮工夫"，并有"四规""七则"。"四规"包括"清、敬、和、寂"，"清"是环境清静，"敬"是尊敬长者、亲朋好友，"和"即和谐平安的气氛，"寂"是心境寂寥悠闲。"七则"包括：茶的浓淡，水的质地，水温的适度，火候的掌握，煮茶的燃料，茶室的布置和插花等。茶道流派甚多，但总体上是一种通过品茶艺术接待客人的礼仪活动；独自品茗时，也可以用来修身养性、培养礼仪举止。日本国内有许多传授茶道各流派技法的学校，不少饭店、宾馆也设有茶室，进行茶道表演。

花道亦称"插花"。一般家庭的客厅都放置一瓶精心设计的鲜花，给人以清新别致的美感。花道讲究艺术造型，最完美的造型为三角形，表示完满如意，体现了儒教和道教天人合一的思想。因展示的规则和方法有所不同，花道可分成20

多种流派，在宾馆、百货商店等各种场所，都可以欣赏到装饰优美的插花艺术。其中最引人注目的是"菊卫"的"新兴插花派"，他们为日本的插花艺术开拓了新的领域。日本国内有许多传授花道各流派技法的学校。据说日本学过插花的人数约占本国人口的1/5。

书道即书法艺术。古代日本人称书法叫"入木道"或"笔道"，直到17世纪江户时代，才出现"书道"这个名词。奈良时代，日本全面吸收中国唐朝文化，书道也不例外，在大学寮里设有书法博士，教学生学中国书法。历史上，中国僧人鉴真东渡，黄檗宗名僧隐元赴日，都带去了中国造诣很深的书法，使日本书道得到新的发展。日本的僧侣和佛教徒皆模仿中国，用毛笔抄录经书。清末公使馆官员杨守敬，更是带去了1.3万件拓本碑帖，被尊为日本书道的现代化之父。如今，日本书道极为普及，繁花似锦，流派众多。最大的组织是全国书道联盟，其次是关西的日本书艺院。

三大古都的著名寺院

日本人信奉神道教、佛教和基督教。神道教从原始宗教发展而来，最初以自然精灵崇拜和祖先崇拜为主要内容，后来吸收了儒、佛、道的某些教义和思想，逐渐形成比较完整的宗教体系，大体分为神社神道、教派神道和民俗神道三大系统。由于神道教与日本人民生活密切联系，因此日本的神社十分普遍，据说有8.2万多个神社。此外，日本有许多著名的佛教寺院，主要集中在京都、奈良和镰仓这三大古都。

京都地区的西本愿寺，正式名称为"龙谷山本愿寺"，是净土真宗本愿寺派的大本山。寺内的唐门、白书院、黑书院、能舞台是日本国宝级建筑物，其他还有壁画、枯山水样式的虎溪庭院等精彩景点。著名寺院金阁寺（鹿苑禅寺），是京都北山文化的中心。金阁寺与银阁、飞云阁并称为"京都三阁"。当年一休小和尚风靡全中国，动画片里的那个大庙就是金阁寺。舍利殿的金阁，二、三层贴满了金箔，光彩夺目，倒映在清澈的镜湖池中，堪称京都的代表性景观。广隆寺为真言宗的总本山。因该寺为飞鸟时代最为杰出的寺院建筑而被指定为日本第一号国宝。寺内安放着弥勒菩萨半跏思维像。

奈良地区的著名寺院东大寺，是日本华严宗的总本山。东大寺内有大佛殿（金堂）、三面僧房、正仓院、二月堂、开山堂等。因"汲水"而闻名的二月堂修二会，是东大寺一年中最重要的法事活动。每年3月1日起，著名的汲水节开始了，一直持续到14日，而"汲水"在13日清晨进行，是整个活动的高潮。僧侣们汲取只有这天才会在寺庙建筑前涌出的水，供献给神佛，据说这水具有医治百病之神力。东大寺开山堂中珍藏着两尊雕像，一位是东大寺的初代住持良弁僧正，另一位是东大寺的中兴之祖重源上人。不过，寺中最著名的雕像，是塑于江户时代的鉴真像。日本早年塑造了多座鉴真像，流传至今的有两座，一座即东大寺的鉴真像，另一座为唐招提寺的鉴真像。唐招提寺是由鉴真和尚于759年开山建立的巨刹，是日本佛教律宗的总寺院。该寺模仿了中国盛唐时期的寺院建筑格式和布局，被确定为日本国宝。寺院大门上红色横额"唐招提寺"是日本孝谦女皇仿王羲之、王献

奈良的寺院 / 毛国良摄

之的字体所书。金堂中供奉的众多佛像和鉴真像是天平时代的精品。御影堂前东面有鉴真墓。

镰仓地区的著名寺院高德院（净土宗），有一座铜制阿弥陀佛坐像，俗称"镰仓大佛"，重121吨，1252年铸造，现在成了古都镰仓的象征。建长寺是临济宗建长寺派的总寺院，山号"巨福山"，供奉的本尊为地藏菩萨。建长寺最初创建时，曾邀请中国高僧兰溪道隆作为其开山主师，因此该寺院的整体布局以及建筑

风格具有浓浓的中国味道，彰显了中国佛教对日本佛教的深远影响。

日本除了三大古都的寺院以外，各县、市都有很多寺院，兹不赘述。但有一点要提及的是，虽然大多数日本僧人对修行的态度真诚专注，但也有极少数"花和尚"守戒不严，吃酒吃肉，娶妻生子，甚至混迹于妓院酒肆而无所顾忌。

日本列岛的异域风情

日本国土狭长，南北气温差异十分显著，地域风情各异。全国共分1个都（东京都）、1个道（北海道）、2个府（大阪府、京都府）、43个县。都、道、府、县是平行的一级行政区，直属中央政府；每个都、道、府、县下设若干个市、町、村。此外还有郡、支厅、区、特别区等行政单位。日本的"县"相当于中国的省级行政区，在"市"之上。有趣的是，日本还有一个叫作"中国地方"的地名，它由鸟取县、岛根县、冈山县、广岛县、山口县等5个县组成，是日本全国八大地区之一。需要注意的是，这个"中国地方"与我们中国没有任何关系，仅是日本历史上的一个地名而已。为表示区别，现在许多日本人经常以"山阳山阴地区"作为日本"中国地方"的称呼。

九州岛是日本离中国和韩国最近的地方，那里有丰富的人文景观和自然风光。福冈是九州的首府及经济、文化中心，因靠近朝鲜半岛和亚洲大陆而被称为"亚洲的大门"。福冈塔高234米，呈三棱柱状，其表面覆盖着反射镜，素有"镜之帆"之称。长崎的豪斯登堡乐园似乎是荷兰的翻版，走进那里，仿佛进入了那个郁金香的国度。平户城堡是为数不多的几个配备有"库鲁瓦"（墙和墙围成的空间）、护城河和其他军事技术的古代城堡之一。城内种植了很多珍贵的花草树木，把昔日的古老建筑装点得美妙多姿。佐贺县境内有许多梯田，有的被选入梯田"日本百选"。其中特别值得一提的是滨野浦梯田，每年5月上旬，283块梯田反射在夕阳中的美景令人称绝。柳川保留着藩政时代的遗迹。400多年前，为筑城下町而在市内方圆2平方公里内挖掘了60公里长的人工水道，成为日本为数不多的水乡。椎叶村深藏在九州岛群山深处，充满了与世隔绝的恬静淡远。五岛列岛为长崎县西部的群岛，那里自然风景独特，有日本最美的沙滩。自从 2001 年铁人三项日本大赛在五岛举办以来，世界各地的游客纷纷慕名而来。佐多岬位于鹿儿岛最南端，黑潮冲洗着岩壁，一座座海蚀崖屹立在海边。这里有被指定为天然纪念物的苏铁野生地，属于屋久岛国立公园。宫崎骏的动画《魔法公主》曾在屋久岛取景。岛内森林密布，生活着包括屋久鹿和屋久猿在内的野生动物。代表性植物屋久杉，特指树龄在 1000 年以上的古杉树。最著名的是在 1993 年列入世界遗产名录的绳文杉，据学者鉴定年龄在 7000 年以上（许多学者仍有争议，大部分认为6000 年是比较接近的数字），为日本绳文时代，因此定名为绳文杉。对于久居闹市的人来说，到九州岛度假旅游，泡泡温泉，逛逛山水，看看风景，实在是放松心情的不错选择。

　　濑户内海是一条狭窄的海峡，位于日本本州、四国和九州之间。那里有星罗棋布的岛屿和纯朴自然的渔村，还有各种古老而独具日本特色的神社和遗址。严岛神社前方立于海中的大型鸟居，是被称为日本三景之一的著名地标。当夕阳西下，这个"浮动的牌坊门"被海雾包围着，给人虚无缥缈之感。濑户大桥是一座跨越濑户内海、连接四国和本州的桥梁。四国岛在日本古代的行政区划中，包含阿波国、赞岐国、伊予国、土佐国等四个令制国，近代以降便以"四国"之名称呼。现在四国的行政区划为德岛、香川、爱媛、高知四县，与原本的四个令制国相当。其中，高知县面积占四国岛的一半，旧称土佐。流经四国山地北部的吉野川是日本屈指可数的河流，以"四国三郎"闻名。吉野川上流，有名为"大步危·小步危"的 V 字形纵深峡谷蜿蜒于两岸，成为名胜景观。祖谷溪是日本三大祕境之一，另两处是岐阜县白川乡和宫崎县椎叶村。祖谷溪长约 10 公里，其精华为高达数十米至百米的断崖绝壁，在七曲断崖上建有淘气男孩的雕像。此外，祖谷溪以搭建的藤桥而广为人知。藤桥全长 45 米、宽 2 米、距河面的高度为 14 米，每走一步都晃晃悠悠，非常惊险刺激。据说是过去战败后逃到此地的平家，为了在敌人来犯时可随时斩断藤桥以阻挡追兵而搭建的。如今交通仍然不便，古朴的民风和与世隔绝的文化又派生出妖魔鬼怪的传说。

本州岛是日本列岛中最大的一个岛，面积 23.05 万平方公里，约占日本总面积的 60%，是日本民族和文化的发祥地。人口在百万以上的城市有东京、横滨、大阪、名古屋、京都、神户和川崎，是日本城市和人口最集中的岛。多火山和地震。1923 年 9 月 1 日发生的关东大地震，波及东京、神奈川、千叶、静冈、山梨等地，造成 15 万人丧生，200 多万人无家可归。位于静冈县的富士山海拔 3776 米，是一座有过 18 次喷火纪录的活火山，山体呈完美的圆锥状，山巅白雪皑皑，放眼望去，好似一把悬空倒挂的扇子，因此有"玉扇"之称。自古以来，这座山的名字经常在日本的传统诗歌"和歌"中出现。它被日本人民尊为"圣岳"，是日本民族的象征。忍野八海是富士山融化的雪水流经地层过滤而成的 8 个泉水池，水质清澈见底，被誉为"日本九寨沟"。本州岛中北部的新潟县，濒临日本海，是东北亚的门户。这里的夜景首屈一指，被选入了"日本夜景遗产"和"夜景百选"。兵库县由城市、农村和离岛等组成，气候和风土各异，被称为"日本的缩影"。兵库县的竹田山城，别名"虎卧城"，建在海拔 354 米的山丘上，与宫崎骏动画作品《天空之城》中的场景相似，是日本指定国家级历史遗迹。和歌山县的那智瀑布，与栃木县的华严泷、茨城县的袋田泷并称为日本三大名瀑。石川县的首府金泽市，有两条河流贯穿城市。有人形容说，犀川是一条活泼的男性之河，浅野川则是温情脉脉的女性之河。如此优美的天然景致使得整个城市充满了诗情画意。加贺家族曾邀请许多艺术家和工匠来到这里，使得这里的手工艺品丰富多彩，水平甚高。例如，金泽神坛、漆器、金箔和桐木工艺，以及九谷陶器、大樋陶器、加贺友禅丝绸、加贺刺绣、加贺鱼飞等，都是金泽的特产。岐阜县号称山水之国，又有"飞山浓水"之称。岐阜信长祭、手力火祭、高山祭、古川祭，是传统的节日庆典。郡上舞是日本三大民谣舞蹈之一（另两个是山形县的花笠舞和德岛县的阿波舞），不管是谁都可以随意加入舞蹈圈中。荻町、相仓和菅沼三座村庄，位于历史上称作白川乡和五屹山的地区。当地农舍的结构在日本是非常独特的，为了减轻寒冷冬季的积雪压力，居民们把屋顶倾斜度加大，使屋顶呈三角形，成为独特的双层茅草陡坡顶木结构住宅。这种屋顶陡峭的坡面很像日本人拜神时双手合掌的样子，故称"合掌屋"。飞驒山脉（亦称"日本阿尔卑斯山脉"）地区的村镇，也可以见到合掌式建筑风格的房子。处于关西、关东之间的长野县素有"日本屋脊"之称。长野县东南部的轻井泽町，夏季气候凉爽，是有名的避暑胜地，也是有名的豪华别墅区和上流社会聚居地。岛根县的津和野町处处散发

忍野八海清澈的泉水 / 毛国良摄

着迷人的气息，古老人家的白色墙壁鳞次栉比，色彩斑斓的锦鲤悠游在蜿蜒的水溪中，每到 6 月上旬，花菖蒲竞相开放，更增添万千风情。宫城县的松岛，与广岛县的宫岛、京都府的天桥立并称"日本三景"。俳句大师松尾芭蕉在《奥之细道》中曾赞叹松岛为"扶桑第一绝景，可与洞庭、西湖媲美"。位于青森县和秋田县之间的白神山地，是许多脊椎动物的家园，包括日本特有的两种哺乳动物：日本羚羊和日本猕猴。青森县的弘前市，有"樱花和苹果之城"的美称。其特色民俗活动是：春天举办"弘前樱花祭"，满城尽是樱花雨；夏天举办"弘前耐伏塔节"，展览许多带有耐伏塔绘画的扇形提灯。而弘前的苹果产量位居日本第一，果园组织的采摘苹果项目，可以让你实实在在地享受采摘的乐趣。

北海道古称"虾夷"，位于日本列岛北部，由北海道岛和附近的利尻岛、礼文岛、奥尻岛等组成。这里是世界最著名的渔场之一，其成因是千岛寒流与日本暖流在此交汇。此地一年四季风花雪月，景色优美。濒临鄂霍次克海的知床，在阿伊努语中的意思是"大地的尽头"。知床五湖散布在原始森林中，栖息于此的海鸥、岩燕、尾白鹫、大鹰等飞禽，以及海狮、海豹等动物，是知床国立公园的一大特色。"旭岳"海拔 2290 米，是日本赏雪时间最长的地方，即使到了初夏 6 月，山头上依然可见冬日残留的斑斑白雪。自称为天上掉下来的阿伊努人，以及雪女的传说，给这片北国雪原增添了神秘的气息。北海道中心地区的美瑛町，田园风光如诗如画，素有"北海道的肚脐"和"最美乡村"之称。七八月间，向日葵、薰衣草、波斯菊等各种各样的花卉竞相开放，形成梦幻的彩色花田，人们称

之为"拼图之路"。中富良野町富田农场是一个花卉种植农场,以大面积的薰衣草花田、罂粟花田、菊花花田闻名世界。在北海道的浪漫小镇中,小樽最受游客的青睐。每一个观光景点都充溢着浪漫气息,比如小樽运河的煤气灯、仓库群的红砖、交通纪念馆的蒸汽铁道等。札幌、旭川、函馆、带广、钏路、稚内等地,是泡泡温泉发发呆的好去处。札幌是有名的冰雕城,曾在 1972 年举办过第 11 届冬季奥运会。札幌籍作家渡边淳一,写出了名震一时的《失乐园》。旭川是仅次于札幌的北海道第二大城市。这里艺术活动十分频繁,有"艺术之城"称号。阿伊努织物"优佳良织"展览馆,能帮助游人加深了解日本的传统工艺。函馆旧称箱馆,是北海道第三大城市。城市夜景以特殊的扇形著称;灯光熠熠,美不胜收。郊外的大沼国定公园,是极富日本风情的休闲胜地。而"函馆五棱郭"是日本指定的特别史迹,同时也是日本最大的西洋式城郭。登上高达 107 米的五棱郭塔,不仅能够俯瞰整个五棱郭公园,天气晴朗时还能眺望到北海道岛与本州之间的津轻海峡。

东京流年

古时的东京,是一个荒凉的渔村,最早的名称叫"千代田",后命名为"江户"。1868 年明治天皇从京都迁到江户,改称"东京",自此成为日本首都。今天,东京在狭义上是指"东京都区部"(亦称东京 23 区、东京特别区,俗称都内),是日本三级行政区,人口约 845 万(2005 年);广义上是指"东京都",是日本首都、一级行政区,由东京 23 区、多摩地方、伊豆群岛、小笠原群岛等地区共同组成,人口约 1350 万(2015 年)。坐落在东京都墨田区的江户东京博物馆收藏包罗万象,充分展现出东京各个历史时期的生活风貌。展厅中有很多复制的原型建筑,有的用缩小的模型还原江户时代的街市,还有的用图画展示江户时代的风情。

浅草是东京的发源地,是百姓生活的大舞台。浅草观音寺是东京最古老的寺庙，是日本现存的具有江户风情的民众游乐和祈愿之地。观音寺大门中央挂着重达 670 公斤的巨大灯笼，上面写着"雷门"二字，已成为浅草的象征。两侧矗立着 4 米高的"风神""雷神"左右护法。观音寺前位于雷门与本堂之间的街道名为"仲见世"。这是一条 300 余米长的参道，聚集了大大小小约 90 家店铺，售卖各式各样的旅游纪念品、民间工艺品、和服、小礼物以及小吃等。走进"仲见世"，人们逛街和朝拜寺庙一举两得。每年元旦前后，前来朝拜的香客人山人海，达到百万人以上。每月吉日或"茶汤月参讲"的功德日之时，大殿内信者云集，祈祷声不绝于耳。游客在浅草寺抽签，签文是一首中文诗，上有日文解释。抽到大吉签后便高兴地带回家，若抽到不满意的签就将其系到树上，以求逢凶化吉。每年 5 月 16 日，是浅草的三社祭。人们身着民族服装，载歌载舞，涌向浅草神社，举行庆祝活动。盛装出席的妇女，用轿子抬着观世音菩萨像，一边哼着曲调，一边踩着鼓点跳舞，特别引人注目。

东京有许多名胜古迹和著名场所。江户城遗址位于东京都千代田区，被日本政府指定为国家的"特别史迹"。上野公园位于东京市台东区，是日本最大的城市公园。丸之内、乐町区、银座，是繁华东京的缩影。2003 年正式开业的六本木新城，总建筑面积 78 万平方米，是一座集办公、住宅、商业设施、文化设施、酒店、豪华影院和广播中心为一身的建筑综合体。建筑之间和屋顶上设计了大面积园林景观，在拥挤的东京成为弥足珍贵的绿化空间。台场海滨公园是东京最新的娱乐场所集中地，在这里能观赏海景、眺望彩虹大桥，优美的景色吸引了诸多日剧剧组来这里取景拍摄。日本国立剧场是传统艺术表演最主要的剧场，其中大剧场上演歌舞伎、日本舞蹈和演剧，小剧场主要举办文乐（日本木偶戏）、邦乐、雅乐和民俗表演，而附属剧场则是上演落语（单口相声）、漫才（对口相声）的演艺场。日本国立能乐堂是能乐表演最重要的剧场。能乐是日本独有的一种舞台艺术，是戴着面具演出的一种古典歌舞剧，由中世纪从中国传入日本的舞乐和日本传统舞蹈融合而成。东京博物馆众多，最大的是东京国立博物馆，收藏并陈列着日本及东洋地区古代历史文物和艺术珍品。镇馆之宝有"普贤菩萨像""松林屏风图"、狩野派宗师狩野永德的"桧画"。东京的地标性建筑数东京铁塔，高达 333 米，

日本东京湾彩虹大桥 / 毛国良摄

超过了法国巴黎的埃菲尔铁塔。入夜，塔身灯光璀璨，在夜空中构成一幅绚丽多彩的图案，显得神奇、雄伟。东京天空树是位于东京都墨田区的电波塔，高达 634 米，曾被吉尼斯世界纪录认证为"世界第一高塔"。整个天空树塔身银中带蓝，高耸云霄，与天空背景浑然一体，非常壮观。游客可以在塔身内"云中漫步"。如今天空树的高度已被迪拜 828 米高的哈利法塔超越。

位于新宿区中心地带的歌舞伎町，是东京的娱乐中心。歌舞伎町一番街号称亚洲最大的红灯区，这里聚集的电影院、电玩舞厅、赌场、酒吧、风俗店、陪聊店、相亲店、夜总会、情人旅馆等吃喝玩乐的场所，五花八门，光怪陆离。从深夜到黎明时分，通宵灯火通明，人来人往，络绎不绝，被称作"不眠之街"。作为东京特色旅游的一部分，许多外国旅游团队都会安排游客到歌舞伎町一番街参观游览，大家都是怀着好奇的心态来一睹其真面目。不过，这里也是个是非之地。人民网 2015 年 10 月 16 日援引中国领事服务网消息称，中国驻日使馆日前发出提醒，要求中国游客赴日时警惕某地歌舞伎町的敲诈勒索事件。游客一旦遭遇敲诈勒索，应及时前往警察署报案（可请会日语的导游或朋友陪同前往），并提供被害时间、店名、案件具体情况等，最好能保留相关证据。

讲到东京，不能不提涩谷、原宿和代官山。它们一起被视为东京街头文化的代表。涩谷（又译"涉谷"）是东京著名的商业街区，有着"最完美的流行发祥地"的美称。从白天到夜晚，整个街区总是聚集着许许多多的青少年，热闹的场面能让人深切地感受到现代日本的气息。原宿是涩谷的一个街区，是日本著名的"年轻人之街"和"时尚生态圈"。早在 20 世纪 70 至 90 年代，时尚就从原宿街区散发开来。潮人们用充满想象力的搭配震撼着摄影师青木正一。他创办了日本最流行的街拍杂志，例如专拍男性的《TUNE》，以及以女性为拍摄对象的《FRUiTS》，被称为街拍界的教父。位于涩谷区的代官山，属于东京中高阶级的住宅区，一向是时尚流行的代名词。除了造型师常来到代官山挖宝，也有许多日本知名艺人、流行教主出没。由于代官山处于流行时尚的尖端，店家林立，不少日本艺人也就喜欢到代官山约会，恋情也就因此曝光。

当然，东京的街市并非全是如此。位于东京都千代神保町的神田书店一条街，是一个闻名遐迩的有着几百家新旧书店的街区，是东京的文化地标。日本的爱书人一般都知道：童书看福音馆，文学书看文艺春秋，社科书看岩波书店。岩波新书在日本被称为"修养新书"，以培养现代人的文化修养为己任，致力于知识的普及与更新。学者们执笔著述，将研究成果凝聚成一本本"新书"，构架起学术与大众之间的桥梁。

京都与奈良

京都是千年古都，日本人心灵的故乡。圆山公园、八阪神社、祇园一带，游人如织。祇园祭系日本三大节庆之一，每年7月在这里举行。漫步京都，这里洁净的街道、优美的建筑、烂漫的樱花、绚丽的红叶以及原汁原味的乡土风情，犹如一幅清新唯美的古画，让人细细欣赏和品味。正如《京都漫步》（主编 骆仪）书中说的，京都似乎是一座"凝固"的城市，它仿佛是一张尘封在岁月里的老照片，所有人都活在那遥远的回忆里，远至《源氏物语》里的风雅，近至谷崎润一郎的《春琴抄》，无一不散发着独特的"京都暗香"。京都的历史始自平安时代的平安京，它最初被分成东西两个部分，西侧的"右京"被称为"长安"，东侧的"左京"被称为"洛阳"。这个洛阳在古代日本不仅是政治中心，也有着独一无二的繁华。清水寺、二条城、金阁寺、银阁寺（慈照寺）、醍醐寺等，都是日本国内的重要文化遗产。每年举行众多的庙会活动，保存了大量的文化传统习俗。

其中，五山送火节（又称为"大文字烧"）是京都最宏大的仪式。充满乡村风情的鞍马与贵船两座小村庄，坐落在京都北部林木茂盛的山谷之中，每逢春季，这里是赏樱的胜地。在京都西部桂川的西岸，有座掩映在绿树丛中的古色古香的建筑，这就是闻名遐迩的桂离宫。桂离宫的建筑和庭园布局，堪称日本民族建筑的精华。西郊风景秀丽的岚山以春季的樱花和秋季的红枫闻名于世，自古享有"京都第一名胜"的美称。那里有周恩来诗碑《雨中岚山》。诗曰："……潇潇雨，雾蒙浓，一线阳光穿云出，愈见娇妍。人间的万象真理，愈求愈模糊，——模糊中偶然见着一点光明，真愈觉娇妍。"这是周恩来总理早年（1917年9月—1919年4月）在日本留学回国前写的。在这首诗里，他触景生情，抒发了自己探寻真理、追求光明的远大抱负。位于东山地区的南禅寺，跟中国无锡城里的南禅寺同名。南禅寺周边是京都名吃汤豆腐的发源地。在京都落英飘零的阡陌小径或寂寥宁静的青石板街巷，常可以见到身着华丽和服的艺伎、舞伎。京都府南部的宇治市，是源氏物语故事的主要舞台。宇治抹茶有着悠久的历史和传统，其中最为著名的是玉露与天茶。抹茶、抹茶粉、抹茶饼干等，都是送人的伴手好礼。当然，和洋融合巧克力、生八桥、金平糖、小钱包、小香包、化妆包、护手霜以及精美的书签、富有日本特色的"京扇"等，也都是不错的伴手礼。

时代节是平安神宫的祭礼，与葵节、祇园节并称京都的三大祭礼。每年10月22日举行的时代节，将京都的风俗习惯按不同年代的风貌列队展现，反映的是日本初创时期到明治维新以前大约1200年的历史，因此被称为"日本历史的缩影"。葵节于每年5月15日举行，在京都三大祭中历史最悠久，格调颇典雅。由于游行的王朝风

京都寺院一角／毛国良摄

俗行列都用葵叶装饰，所以得名"葵节"。葵节是从 6 世纪中叶起延续至今的祈祷农作物丰收的传统节日。祭典包括宫中仪式、神道仪式和游行队列等，其中最受人关注的是游行队列，人们皆穿平安时代后期的服饰。祇园是京都的艺伎区，可以说是京都代表性的地区。每年 7 月 16 日起举办的祇园节，是京都最著名的盛会之一。祇园节起源于 9 世纪末，旨在祈求驱逐瘟疫。节日期间，绚丽的彩车巡回游街，把节日气氛推向高潮。满城的人都集中到河原町四条开始一年一度的缓慢游行。游行队伍必须要拖一个很高很大的木制神架，从街上缓慢通过。这是个热闹异常的节日，每年有百万人前去观看。

奈良县古称"大和"，位于日本纪伊半岛中央，是日本历史和文化的发祥地之一。奈良县的最大城市奈良（古称"平城京"）仿中国隋唐长安城建造而成，在公元 710 年至 794 年间曾为日本首都，是日本文化、艺术和工艺的摇篮。首都迁至平安京以后，奈良被叫

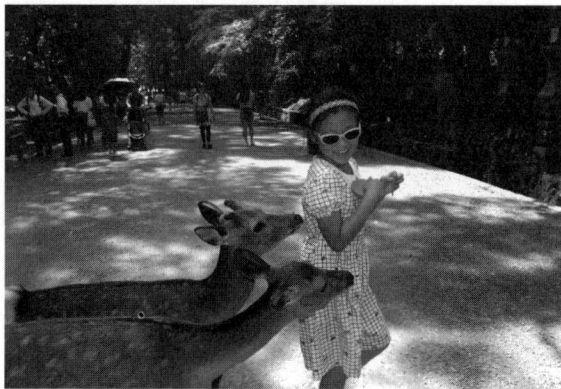

奈良神鹿公园 / 毛国良摄

作"南都"，作为日本佛教中心发展起来。古迹甚多，例如东大寺、兴福寺、春日大社、元兴寺、药师寺、唐招提寺、平城宫遗址等。奈良国立博物馆展示从飞鸟时代到奈良时代制作的佛教雕刻，以及从平安时代到镰仓时代的优秀佛像，同时还举行正仓院展，向世人展示部分古代宝物，其中也包括从唐代中国、新罗、印度、波斯等地运来的各种精品。奈良至今保存的舞乐，是从中国唐代传入日本的，舞是升平之舞，乐是雅乐。这种舞乐在中国早已失传，但在日本却依然保留着。奈良还保留了许多传统的节日庆典活动，如撒团扇、大文字送火、中元万灯节、春日大社点灯笼、薪御能、春之大茶会等。奈良的传统产业历史悠久，主要产品有毛笔、制墨、漆器、茶道用具以及奈良一刀雕、古乐面具、团扇折扇等。奈良的春秋景色也很美。暮春时节，紫藤吐艳，美丽至极。初夏时节，去逛神鹿

公园，步道两旁树木葱茏、绿草遍地。成群嬉戏于公园里的鹿，因与春日大社流传的白鹿传说有关而受到保护，且被指定为日本的自然保护动物。游客可以在公园里买到它们爱吃的鹿仙贝，亲手喂它们；它们也不怕生人，紧跟着你要吃的。

古老的日本城堡

日本全国有 100 名城，分为山城、平山城、平城、水城等类型。这些城堡建筑大多结构坚固，实战性强。它们既是日本各地长期军事发展的最终产物，也是日本从古至今军事变革的见证，它从一个侧面记录着日本国内的战争历史。

姬路市旅游业发达，有"日本国宝"之称的姬路城就坐落于此。姬路城通称为"白鹭城"，建于 17 世纪，被称为"日本第一名城"。它与松山城、和歌山城合称为日本三大连立式平山城。其城郭规模和建筑精巧程度，在日本现存的古城堡中名列前茅。城内各种壕沟、石墙、碉堡等防御工事环环相扣。从城外看起来又白又美，有很多电影电视在这里取景。

名古屋市是一个历史风味浓厚的古都，位于东京和京都的中间，被称作"中京"。宽阔的街道以百米大街（宽 100 米，长 3000 米）最为著名，绿荫夹道，鲜花吐芬，清洁整齐。市中心的名古屋城别称"金城""金鯱城"，与熊本城、大阪城一起被列为日本三大名城。名古屋城

和歌山城 / 毛国良摄

为江户幕府将军德川家康 1612 年所建，直到明治维新，一直都是德川三大家族之一的尾张德川家族的居城，极尽奢华。后经"二战"战火损毁，虽经修复已不复当年旧貌，但城堡的规模仍可一窥，装饰在城堡天守阁屋脊上的金色兽头瓦最为著名，非常有观赏价值。在以名古屋城为中心开辟的名城公园中，一年四季，名花异草争奇斗艳。特别是 2000 多株樱花树，在花开时节樱花烂漫，景象动人。

熊本市位于日本的九州中部，著名的熊本城正位于此。熊本城别称"银杏城"，是由丰臣秀吉的旗下大将加藤清正担任熊本城主时，于 1607 年建造的。加藤清正以擅长筑城闻名，最初的熊本城以纯木造的 49 座塔闻名，但在 1877 年时遭祝融（火神）肆虐，现已不复见。过去的熊本城，曾在明治时代的"西南战争"中稳住日本的半壁江山。当时九州豪杰西乡隆盛的大军，从鹿儿岛誓师北上，所向披靡。但是大军杀到熊本城后，百攻不下，只能望城兴叹。城堡的大天守阁及小天守阁曾遭受毁坏而重建，现已成为熊本城的象征，而储存粮食和武器的宇土橹，仍然保存得非常完整。

大阪市位于日本西部近畿地方，是日本最早模仿中国古都而建造的都城。大阪城及其天守阁是大阪府的著名地标，是 16 世纪末由霸主丰臣秀吉花了近 3 年时间，组织 4 万民夫建造而成。整个大阪城的建筑结构分为内城、中城与外城，虽然经过战争破坏，但内外两道护城河以及两道高大的石壁至今仍然保存完好，只是从残存焦黑的石壁仍可想象当年德川与丰臣交战时的惨烈情形。17 世纪时，政治中心转移到了当时被称

大阪城天守阁 / 毛国良摄

为"江户"的东京，而大阪则作为"天下的厨房"（即掌管全国经济与物资流通之地），仍然发挥着重要的作用。

传统的日式房屋

许多日本人依然喜欢住在具有民族特色的日式房屋中。在关东地区最独特的民俗博物馆——日本民居园内，迁移或复原了许多江户时代的民居，分为旅馆、信越村、关东村、神奈川村、东北村等5个区。各区内分别展示了日本东部地区代表性民居、水车小屋、船头小屋、吊脚楼、歌舞伎舞台等25个建筑。日式房屋所使用的建筑材料主要是木头、泥土和纸张等。这种房屋比较经济实用，又有很强的防震抗震性能，在日本这个地震多发的国家，是比较适用的。

日式房屋的结构一般是相连的两个房间，地上铺着榻榻米。榻榻米是用蔺草编织的草垫，有点像中国的席铺，不同的是，每一块草垫四周缀有花边，一年四季常设。据史料记载，榻榻米是从中国盛唐时期传入日本的，是盛唐传统房间"和室"铺设地面的材料。在西安王室古墓里，就有榻榻米系列产品的使用。现代中国南方也有很多人使用。日本人在日常生活中非常喜爱榻榻米。由于它用蔺草编织而成，所以透气而有弹性，光脚踩在上而，感觉十分舒服。由于榻榻米的柔软性，幼儿或老年人即使在榻榻米上面摔倒了也没关系。随身倒在榻榻米上面睡觉使人感到舒适。男人一进门便习惯盘腿而

日式榻榻米旅馆 / 毛国良摄

坐；女人则席地而跪，即双膝并拢跪地、臀部压在脚跟上，称为"正坐"。"盘腿而坐"的男人与"席地而跪"的女人，跟地面上的短脚桌子、左右自由拉动的拉门一道，绘出了一幅独具魅力的民族风俗画卷。外国游客到日本去，住日式旅馆是体验日式榻榻米异国风情的好去处。

日常的饮食习俗

日本人的主食是米饭。用寿司醋调味过的米饭，再加上鱼、肉、海鲜、鸡蛋、蔬菜和汤作配料，味道鲜美，是日本饭的代表，很受民众喜爱。由于米饭中一般要加入四种以上的调料，故有"四喜饭"之称。"丼物"是日本人对于盖饭的通称。"丼"（读"dǎn"）为古汉字，原意是古"井"字，亦指投物井中所发出的声音。此字在日文中为"盖饭"之意，中国习惯称作"盖浇饭"。海鲜丼、花型肉丼、猪扒丼、牛丼等，都是很好的丼物。例如鳗鱼盖饭，淋上烤鳗汁，铺上蛋皮丝、红姜丝，放上烤熟的鳗鱼，价廉物美。盖饭在日本相当普及，许多日式快餐店都有售卖。日本历来小麦种植不普遍，面食文化是受中国和西方的影响而形成的。乌冬面、荞麦面和绿茶面并称日本三大面条。乌冬面的口感偏软，介于切面和米粉之间。荞麦面是日本人在大晦日（12月31日除夕夜）最爱吃的传统食物。清新的绿茶面可作为早餐，也可作为下午茶。1968年创立于九州熊本的味千拉面，从一家街边小店，如今发展成为海内外知名品牌连锁店。"便当"是日本人吃得较多的食物，很多人都习惯把便当当作午餐。很多家庭主妇要给上学的孩子做便当，也给在外辛苦工作的老公做"爱妻便当"。"铜锣烧""天妇罗""御手洗团子""可乐饼"等，都是日本人钟爱的美食。如今也普及了牛奶、面包、咖啡等西餐类食品，再加上快餐食品的普及，使日本人的饮食愈发多样化。

在日本国内，涵盖东京都地区的"关东"和以京都、大阪、神户为中心的"关西"（即近畿地区），各自拥有地域性区隔分明的"庶民美食"。"章鱼烧""关东煮"都是日本的特色小吃。白米饭拌纳豆，配碗味噌汤，是日本人爱吃的早餐。

味噌，又称"面豉酱""日式大豆酱"，在日本是最受欢迎的调味料。它既可以做成汤品，又能与肉类烹煮成菜，还能用作火锅的汤底。很多人把味噌汤视为"母亲的手艺"，甚至把味噌汤称为日本的国汤，可见它在日本人心中的分量。日本面条（包括日本人发明的方便面在内）每年销售在100亿份以上，其中就有50%是味噌风味。喜欢热闹的大阪人，不同于东京人的冷漠矜持。大口喝酒、大声说话，正是大阪人的个性特点。大阪几乎每个家庭都备有做煎饼的平底锅，以便随时做他们爱吃的什锦煎饼。除了大阪式的什锦煎饼之外，这种乡土料理也流行于广岛及东京。广岛式的什锦煎饼，其面皮较薄；而东京式的什锦煎饼在煎烤的过程中，要挖个圆洞，然后放入加了太白粉（即马铃薯淀粉）的勾芡再煎烤而成。

在日本，可以吃到许多国家不同风味的菜肴。然而，日本人最爱吃的还是日本料理。日本料理是独具日本特色的菜肴。它的特色是生、凉、清淡、精致、美观。神户牛肉是日本料理菜谱顶级食材，松阪牛、近江牛、飞驒牛、大和牛、仙台牛等，也都是日本国内公认的高级品牌牛肉。日本人喜食海产品，是食鱼最丰富的民族。刺身（即生鱼片）是日本料理中最清淡的菜式，佐以酱油与山葵泥调和成的酱料食用，非常受日本人欢迎，堪称日本国菜。刺身最常用的材料是鱼，多数是海鱼，但并不限于鱼，其他食材也有。刺身也并不都是完全的生食，有些刺身料理也会稍微地经过加热处理，例如炭火烘烤、热水浸烫。

当提到日本料理时，许多人会联想到寿司。寿司是日本传统美食之一，可分为生寿司、熟寿司、压寿司、握寿司、散寿司、棒寿司、卷寿司、鲫鱼寿司等。吃寿司，讲究的是低油低盐、营养均衡。而且，将美味的日本料理、寿司放到古色古香的餐具中，才是真正的秀色可餐。

在日本也有"拼死吃河豚"的情况。每年10月到翌年3月间，是日本人吃河豚的季节。日本的河豚每条毒性足以使30人死亡。烹调过程中的任何一个错误都是致命的，每年都有人丧生于河豚宴。所以，厨师需要经过专业培训并且参加严格的考试，在拿到指定部门颁发的"河豚加工许可证"后才可以上岗。据资料介绍，日本的河豚宴，一般摆设在标准的榻榻米雅室里，通常有八道佳肴，可见其做得十分精细。这八道佳肴是：用烤焦的河豚鳍泡清酒；凉拌河豚皮；生食河豚鱼片；"烧物"，即烤豚白；"扬物"，日文名"天妇罗"，采用取肉后的河豚散碎骨架拖粉蛋糊软炸而成；"后碗"，即河豚鱼头火锅汤，配有蔬菜、豆腐、粉条、圆年糕等辅料，清素可口；河豚鱼片煲饭，内加鸡蛋、葱花、紫菜等；餐后饮品，冰镇野橘汁和九州绿茶。说到茶，不能不提日本抹茶。抹茶原产于中国，后来兴盛于日本。日本人把它发展为饮料类、食品类和化妆品类等多个门类。日本是世界上人均寿命最长的国家之一，除了他们常吃海产品外，可能与他们广泛饮茶、食茶和用茶也有一定关系。

日本人爱喝酒。饮酒时，主客间喜欢相互斟酒。常见的酒类有清酒、烧酒和啤酒，居酒屋是日本传统的小酒馆。下班后来到这里，要上一壶温热的或冰镇的酒，细品慢饮，以醉为乐。日本人特别喜好低酒精度的清酒。清酒称得上是日本的国酒，酒精度为 15 度左右。清酒之"清"，在于用料简单（大米和水），却风味独特。受欧洲高档烈酒的启发，日本人也酿造出了清酒中的奢侈品"吟酿"及"大吟酿"。伏见与神户滩两处酒乡的清酒产量，占全日本 45% 以上。杉村启在他的《清酒》一书中，道出了品味日本酒的种种魅力。品一杯清酒，体会的是日本的自然、文化和人。清酒很适合正规礼节的宴会，烧酒却比较适合于轻松愉快的场合。在鹿儿岛，如果提到酒，不言而喻指的是烧酒，当地人对烧酒深爱不已。在冲绳，人们喜欢喝一种叫"泡盛"的酒。"泡盛"也和烧酒一样属蒸馏酒类，并且有高达 60 度以上的烈性酒。很多日本人也喜欢喝啤酒。在日本，除了酒铺之外，遍布大街小巷的酒类自动售货机，也出售各类酒。

做客与送礼习俗

日本人到别人家里去做客，要预先和主人约定时间。进门后要主动换上拖鞋，并把礼品送给主人。进餐时，不能用筷子给别人夹东西。据说这一禁忌源于日本的丧葬习俗。在日本的传统葬礼上，有用筷子将骨灰夹起放入骨灰罐的习惯。出于这个原因，他们永远不会用筷子给别人夹东西。斟酒前，主人先将酒杯在清水中涮一下，杯口朝下在纱布上按一按，使水珠被纱布吸干，再斟满酒双手递给客人。客人饮完后，也同样做，这是传统的敬酒礼节。

日本人送礼极为普遍，他们似乎很喜欢这一形式。无论是访亲问友或是出席宴会都要带些礼品。到别人家里做客要带的礼品，可以是鲜花、酒、巧克力等，也可以给孩子带去电子玩具等。另外，日本有许多传统的送礼时节，而不同的送礼时节，礼品价值和种类也不同。岁暮是最大的送礼时节，中元、岁暮礼品以食品为主。其他节日，以非食品的礼品为主。以上说的是个人之间送礼的情况。如果是企业给政府官员送礼，那可要相当谨慎了。因为日本法律规定，企业赠送给政府官员的礼物，价值不能超过 5000 日元（300 多元人民币）；超过了，就属于行贿。同时，对于送礼的对象，必须写明姓名职务，以备税务署核查。

日本人对礼品讲究包装，而且要包上好几层，再系上一条漂亮的缎带或纸绳。他们不当着客人的面打开礼品，避免因礼品的不适而使客人感到窘迫和尴尬。接受礼品的人一般都要回赠礼品。对自己用不上的礼品可以转赠给别人，对此他们并不介意。他们对数字倒是很介意，送礼爱送单数，尤其是 3、5、7 这三个单数。也喜欢送成双成对的礼物，例如配套成对的钢笔、两瓶酒等。但送新婚夫妇红包时忌讳送 2 万日元和 2 的倍数，民间认为"2"这个数字极易导致感情破裂。不喜欢偶数（8 例外），忌讳 4、6、14、42、44 等数字。9、13 等奇数也不受欢迎，却有崇拜"7"的风俗，据说这与太阳、月亮、水星、金星、火星、木星、土星给人间带来光明、温暖和生命有关。送花要注意品种和颜色，因为有些花是人们求爱时或办丧事时使用的。

婚俗种种

在日本，白色情人节算得上是最浪漫的节日了。该节日起源于 3 世纪时的罗马，后来流传到世界各地。男孩子和女孩子，一方在 2 月 14 日当天收到异性送的情人节礼物，并且对对方也同样有好感，就会在一个月后回送对方一份礼物，代表接受对方爱的告白。这就是今天的白色情人节。日本情侣在情人节和白色情人节，除了互相赠送糖果和白巧克力以外，也会同时赠送其他物品，问卷调查的结果显示，项链和情侣表的人气较高。

据《环球时报》报道（作者蒋丰），伴随着"草食男（指性格温和、腼腆害羞、对于情感较为被动的男性）""绮丽男（指涂脂抹粉的男性）"的大规模增生，日本的婚恋"生态平衡"遭受了严重的破坏。于是，最近两三年间，日本各城市乡村、各官民机构都在举办花样繁多的相亲活动，积极地帮单身男女解决人生大事。自卫队相亲、和尚相亲、地主相亲的报道也频频出现在电视和报纸上。日本明治大学还专门开设了"婚育"选修课，培育学生们恋爱、结婚的能力。日本眼下最火的相亲形式却很土——挖红薯。按照日本人的逻辑，相亲选择去挖红薯的好处非常多。首先，男女双方不需要打扮得特别漂亮，因为干农活就要干净利索，最本色的装束足够了；其次，不用担心没话说冷场尴尬；再次，男女搭配干活不累，很容易就能检测出彼此是否有默契，是否能很好地相互配合；最后，即便双方没有看对眼，也不至于白忙活一场，至少还能拎着一篮子红薯回家。在日本，类似的相亲活动还有挖笋、摘草莓、拔萝卜等。

日本人在择偶方式方面还融汇了东西方婚俗文化。除了像"媒人联合会"这样为未婚男女牵线搭桥的婚姻介绍所外，传统的泡澡相亲也成为当代日本未婚青年交谊的一种方式。这种约会方式源于日本传统的"男女同浴"，属于团体活动的一种。浴池用一扇拉门隔开，穿着泳衣的男女各据一方，就位后，拉门打开，双方正式见面。双方可以仔细打量对方的面貌和身材，但不许有暧昧的举动；可以在有浮力的桌上玩牌、饮酒或闲话家常，喜欢不喜欢可即刻定音。男方或女方只要把拉门关上，便可结束约会。

日本人的法定结婚年龄是女16周岁、男18周岁，但是成人年龄却是20周岁。因此，日本女孩或男孩不满20周岁想结婚，需要父母等监护人签字同意，否则得不到法律承认。当然，一旦结了婚，法律上也就承认其属于成人，必须承担起养育和教育后代的责任。据日本新华侨报网2013年7月刊文介绍，日本的5月下旬到6月末是结婚高潮期，但是登记结婚的是多数，而举行婚礼的则是少数，有半数以上的新人是不举办婚礼的。日本媒体给这种只领证不办婚礼的新人们冠上一个新名词："无婚族"。日本《大众婚庆信息》（又名《大众皆喜》）杂志对300名"无婚族"新娘进行调查，发现不办婚礼的主要原因是"没有结婚资金，婚礼费用太高"，其次是因为"奉子成婚"。另外，日本离婚率也比较高。当然，好聚好散也是日本人对婚姻的态度。现在，不仅结婚有典礼，连离婚也开始有典礼了。

至于婚礼，日本有"神前式""佛前式""教堂式"和"人前式"等结婚仪式。据日本新华侨报网载文介绍（作者蓝建中），日本最传统的结婚仪式是"神前式"。1900年日本发布《皇室御婚令》，皇太子嘉仁亲王（后来的大正天皇）的结婚典礼首次在皇宫中的"贤所"前举行，在国民中间引起了很大反响。神前婚礼仪式比较繁复，简言之，神官将新郎新娘的结婚通告神，祈求保佑；新郎新娘在神前宣读誓词，并且将原稿供奉到神前；伶人演奏雅乐，巫女表演舞蹈；最后，全体起立，亲属饮干巫女斟好的供奉给神的酒，表示双方亲属结成亲戚。神官退场后，新郎新娘、媒人、亲属依次退场，仪式转移到喜宴。与中国结婚典礼新娘往往穿着大红大绿不同，日本神前婚礼上的新娘却是一身白——称为"振袖"的白色长袖和服，上披白色和式罩衫，称为"白无垢"，据说白色是为了让新郎来染成自己喜欢的颜色，或者是为了证明新娘的纯洁。"色打褂"也是日本婚礼上新娘必不可少的着装之一。新娘还梳着称为"文金高岛田"的高高的日本发髻，戴白色丝棉帽子或者蒙白头纱，胸前插着荷包或者短剑（过去用于护身或自杀，现作为装饰），脚穿草履和白色的日式短布袜。新郎身穿黑色的饰有家徽的和服、带条纹的和服裙子，着短外罩，脚穿草履和日式短布袜。至于佛前结婚式，是1885年由日莲宗僧侣田中智学创立的"立正安国会"所确立的。这是佛教史上首次正式的结婚式。但是"佛前式"一直没有普及开，只有很少人士会举行。"教堂式"婚礼就是模仿基督教徒的结婚仪式。现在，"教堂式"婚礼相对"神前式"更为普遍。近年来，"人前式"婚礼也悄然流行。这种婚礼仪式去除了宗教色彩，不是向特定的神，而是向家人和亲属以及朋友等宣布结婚誓言，列席的全体人员成为新人结婚的证人。另外，根据日媒调查，现在婚礼歌曲热门排行榜冠军是岚用真心唱出的极致情歌《ONE LOVE（唯一的爱）》，曾经为日版《流星花园》（花样男子）的主题曲。这首歌曲不仅朗朗上口，歌词也被大家认为非常适合用来求婚，也有人说，这根本就是为婚礼而诞生的歌曲。其他热门婚礼歌曲还有《成为一家人》《充满爱意的花束》《永远在一起》。

　　日本人有些传统婚俗很是有趣。据《乡镇论坛》2008年第17期载文介绍（作者高永聪），以前，在日本的一些贫穷农村里，比如松之山町，漂亮的姑娘大多嫁到外村，同村的小伙子只能"望美兴叹"。于是，他们对前来迎娶的新郎心怀"恨意"，合伙抛新郎进行报复。当小伙子们将新郎抛下斜坡时，在一旁观看的新娘会失声尖叫。幸好隆冬时节坡下厚厚的积雪松软如被，新郎一头扎进雪里，并无大碍。新娘赶紧跑过去，手忙脚乱地将新郎从雪里拉出来。这时，新郎已经成了个雪人，围观的群众大笑不止。后来，这种行为逐渐演变为一个婚俗，表示新娘有魅力，深受同村年轻人喜爱。而且，新娘越漂亮，新郎就被抛得越高。现在，已没有这种婚俗了。只是在新潟县十日町市松之山的药师堂，每年1月15日会选出一对新婚夫妇作为代表，象征性地举行抛新郎活动。此外，日本民间在每年正月十五或十六，有打新娘屁股的奇特习俗，其源自古代的生育观念。负责打屁股的都是当地的儿童或者女性，主要是祝福新娘早生贵子。目前，在福冈县春日市还存在着这样的习俗。

日本女性面面观

　　日本新闻网曾经刊登消息，说日本女性选择丈夫时，早把过去的"高收入、高学历、高身材"的"三高"标准抛到了脑后，换之以"有共同的价值观，性格相符，有稳定收入"的新标准。最为有趣的是，生活在文明社会，要订的契约繁多，日本人就连结婚，双方也要订契约，规定婚后家务诸方面的义务。例如，日本妇女婚后在家做全职主妇的，照看孩子、洒扫庭院就是重要的工作。地板、榻榻米、室内卫生，主妇每天都要认真擦洗。1979年时，有个名叫佐田雅志的歌手，创作了一首叫作《关白宣言》的歌，一下子热卖近 300 万张，全日本的结婚典礼上几乎都要演奏这首曲子。"关白"的意思是丈夫、男子汉，"宣言"就是要妻子遵守的信条。这首歌风行日本几十年，被奉为结婚契约的典范。当然，这里面有调侃取乐和诙谐夸张的成分。

在世界各国女性中，日本女性向来以细致温柔著称。她们的温柔态度和优雅的跪姿都给人们留下深刻的印象。这个"跪"源自日本的传统风俗。榻榻米上的生活习惯，传统的茶艺插花等淑女活动，加上繁复的和服对于贵族阶级女子的要求等，就逐渐养成了"跪"的习惯。许多较为传统的日本女人一旦坐在椅子上，就会双脚并拢，双手自然放在膝盖上，身体微微倾斜，说话时也微微弯腰。丈夫出门归来时，她们会在门口相迎，顺手接过丈夫的公文包，再说上一句：您回来了，辛苦了。然后，丈夫坐在榻榻米上，喝着妻子为自己倒的茶。因此，坊间流传这样一句话："吃菜要吃中国菜，娶妻要娶日本人。"日本女人的这种温情气质可能与日本社会以男子为中心的传统和氛围有关；在这样的社会环境里，日本女人就比较重视内心的修炼，重视以"道"养颜，以"道"修心。

照此看来，似乎日本妇女的社会地位很低，她们往往给人以卑微谦恭、在男人面前抬不起头的印象，许多电影中的日本妇女也常常是忍辱负重、勤俭持家的形象。其实不然，现代日本女性有着鲜为人知的另一面。据中国驻日本使馆工作人员（原经参处米川、原交流处孙美娇）2005 年撰文介绍，日本女性在日本社会中居于十分重要的位置，甚至说"日本社会是一个以女性为主导的母系社会"也有一定道理。在日本，家庭主妇是一种职业，婚后的妇女往往辞去工作，成为专业家庭主妇。日本政府的统计报告中，也会把家庭主妇的劳动换算成产值并统计到GDP 中。日本的税制，也鼓励妇女成为职业家庭主妇。从经济角度来看，妻子成为家庭主妇比较划算。家庭主妇的工作是照料好每天在外面奔波忙碌的丈夫，管教好自己的孩子和管理家庭的日常生活。普通日本家庭的存折一般由妻子保管，工作单位把丈夫的工资直接转账到存折里，很多男人只知道自己工资的大概数目，搞不清自己每月到底拿了多少钱。家庭主妇负责对每个月的收入进行分配。丈夫与自己的孩子一样，每月向妻子领取零用钱，用于吃午饭和抽烟等日常花费。丈夫要求增加零用钱的斗争，也是家庭里日常吵架的一项重要内容。如果离婚，则很大部分的财产要归妻子所有，丈夫有时不得不因为有了外遇而付出沉重的代价离家出走。因为掌握着家庭的经济大权，现在的日本女人的确厉害多了。家庭主妇们经常凑到一起逛商场或聊天，每年还结伴外出甚至出国旅游。

日本女人非常注重化妆，化妆是她们一天的开始。日本女人也比较注重服饰，即使有些比较便宜的衣服，经过她们的搭配和饰物点缀，就会变得时尚、优雅。传统日本女人穿着和服，盘着发髻，拖着木屐，迈着小碎步的温柔形象，好像一幅清丽的仕女画，散发出独特的魅力。日本女人穿和服时，背部都要缠上一个看来像小背包的东西。其实，那不是小背包，而是"带"。用"带"系身可以显出形体的美，同时也是为了装饰，使艳丽的和服更加多彩。日本新娘的和服色泽艳丽，质地高级，富有民族风格，加上精美的首饰和装扮，格外引人注目。最有意义的是新娘发髻上所戴的"角隐"，这是由生丝织成的头巾，外层白色，内层红色，分为两层。"角隐"象征着把妇女做姑娘时的棱角隐藏起来，把自己的任性、娇懒、好强的个性磨灭掉，克制起来，以成为一个贤妻良母。现在日本人的婚礼虽然有了许多新的变化，但是新娘戴角隐的风俗仍在流行，不过已逐渐失去了它的原来含义，而只是作为一种传统婚礼装饰罢了。

比起成年日本女人的服饰，日本女中学生们最显著的一个特点就是爱穿超短裙。据《别跟我说你懂日本》一书（作者王东）介绍，在冬天，日本女生也穿短裤短裙。问其缘由，有人说是为了从小磨其筋骨。不过，那短裙的边际实在有点太高，很难说是为了历练意志的必要手段。女孩们不管是穿"泡泡袜"的白色长袜，还是穿黑色或蓝色半长袜，总之两截大腿是一定要露出来的。许多外国游客都注意到了日本女生们展露出的大腿，而日本舆论界也表达了对其所暗示的"援助交际"现象的忧虑。于是，如何让女生们把不断缩短的裙子长度放下来，俨然成了一个重要的社会问题。一位新潟女高中生说："我把裙子卷短并不是为了显得可爱，而是因为大家都这么做。"看来，这才是问题的关键所在，即日本人强烈的群体意识和从众心理。

同样夺人眼球的是，有些地方的日本女人一反温顺谦恭的形象，而以"悍妻"

穿和服的日本女子 / 毛国良摄

的形象著称。据《幸福（悦读）》杂志 2008 年第 10 期载文介绍（作者夏日清泉、刘蕊），位于日本关东平原的群马县，是有名的"悍妻之乡"。当地男子择偶时，女性温柔是次要的标准，泼辣的性格才更受欢迎。也许是受气候的影响，群马的方言相对比较粗犷，这大概是群马女人给人强悍印象的原因之一。历史上，群马女人被征去海边采集珍珠，后来又从事桑蚕织锦，经济收入在男人之上，久而久之，女人地位自然不同。这也是群马女人给人强悍印象的原因之一。当地的大学曾举办"群马学"民俗研讨会，其中一个议题就叫"悍妻再考"。他们认为"悍妻"背后表现的是女性的自信和骄傲，也是平等精神的体现。剽悍也罢，能干也罢，群马人已经接受了这个响亮的称号，而且还从中找到商机。如果你去群马旅游，会看到众多的"悍妻商品"，例如悍妻咸菜、悍妻料理、悍妻酒等等。有人开发出"男人当家"和"母天下"礼品套装酒，作为结婚贺礼很受欢迎。

话虽如此，"悍妻"毕竟不能代表日本女性。何况群马县出身的女艺人们还专门站出来现身说法，否定"悍妻"之说，认为这是一种"过时的偏见"。日本女性总体上仍以温婉美丽著称于世，秋田、博多（福冈市的一个区）和京都被普遍认为是日本三大美人故乡，三地各具特色的自然和人文环境，打造出的美女在气质格调上也各不相同。据《报刊荟萃》2016 年 06 期载文介绍（作者卢昊），在按人口的"美人比例"方面，秋田排名全日本第一。皮肤白皙是秋田美女的"招牌特征"，也被称为日本北方"雪国里最艳丽的一道风景"。日本历史学家还专门撰写一本名叫《秋田美人之谜》的书，列举了关于秋田美人的种种来源。有解释认为古代秋田人的血统混入了北方俄罗斯人的基因。但更多的人认为，秋田美人

"白而美"的原因主要是由于气候和饮食，加上秋田人酷爱泡当地的"美女汤"（即温泉），因此皮肤光滑柔嫩。还有一种说法称，秋田的美女并非产自本地，而是"秋田美人来自水户（今茨城县）"。如果说秋田代表日本女性的纯朴本色之美，那么博多则代表了日本女性相对开放而现代的一面。根据日本历史学家的说法，博多女人面容精致，眉眼尤其富有风情，"一笑一颦如清酒般隽永而醉人"。博多女人也是在美容、服装和各种饰品方面精心打扮自己的典范。博多生产的玩具人偶是当地著名的特产，其中又以博多美女人偶最受欢迎。博多还流行一种名为"博多之女"的点心，是以小豆羊羹作馅料的蛋糕，其做法被认为极符合博多美女的风格。日本古代就有不少咏唱博多女人之美的歌谣，北岛三郎的名曲《博多的女人》更是家喻户晓。京都被认为是"最有历史传统的美女之乡"。京都成为美女之乡的一大原因也是因为大城市的人口集聚和历史上发达的娱乐业等。女性受到浮靡世风的影响，更注重以温柔和多才多艺吸引男人。从一定意义上说，京都美女塑造了日本人传统的审美观。根据历史上浮世绘画家留下的作品，日本美女的标准形象基本就是以京都女人为蓝本。京都的美女可以说是日本男人心中理想的"女神"。

有趣的妖怪文化与搞笑文化

在日本，如果你恰巧碰到有人头戴狰狞面具夺门而入，而一家老小手拿黄豆向其抛打，千万别以为是遇到了歹徒，这是日本人为保家庭平安而举行的"撒豆驱鬼"仪式。原来，日本民间流行一种有趣的妖怪文化。据《环球时报》载文介绍（特约记者汤瑾、萨苏），有关妖怪的传说五花八门、种类繁多，几乎贯穿了整个日本历史。各地"乡土会"的老人说起古往今来的妖精，更是津津乐道。可以说，妖怪文化是日本文化的一个重要组成部分。在鸟取县境港市，有一个以鬼太郎之家为主题的乐园，有茶屋、广场以及游艺项目，非常有趣。

文章介绍说，日本民间关于妖怪的大量传说，大概与身处岛国的日本人在心理上有种神秘主义倾向有关。妖怪的产生起初是出于对自然、动物的敬畏之心，人们把自己看不见、摸不着、无法控制的力量统统称为"妖怪"。日本是个多水的国家，很多传说中的妖怪跟水有关。日本又是一个多山的国家，传说中住在山上的妖怪也不少。喜欢较真的日本人把妖怪分门别类，著成《日本妖怪物语》《日本妖怪大全》等图书，还配有精美插图。有名的《百鬼夜行绘卷》，描画了琵琶、伞、木鱼、锅等各种旧物品因为要被人们丢弃，一怒之下变成了各种各样的妖怪半夜出来游行的场景。此画被誉为日本妖怪画的鼻祖。随着战后日本动漫的迅速发展，妖怪的形象变得可爱而人性化了。水木茂是日本鬼怪漫画第一人，他创作的鬼太郎系列可谓风靡一时，号称日本国民三大动画偶像之一。跟鬼太郎有关的玩具、游戏、装饰物、奇装异服四处开花。之后恐怖漫画大行其道，并相继出现不少恐怖漫画的专业杂志。像被称为恐怖漫画女王的犬木加奈子，她以儿童的世界为舞台，创作了民间传说、童话、城市故事等题材的恐怖作品系列。人们评价她的漫画作品"有趣、可爱、可怕"，很多日本人沉迷其中。而这几年宫崎骏的动画，更是将日本妖怪文化的热潮推向了世界。

据资料介绍，日本古代的酒吞童子、九尾狐玉藻前、崇德天皇化身的大天狗，被称为日本最强最恶的三大妖怪。关于三大妖怪有不同的说法：多田克己的说法是"鬼、河童、天狗"；小松和彦的说法是"酒吞童子、玉藻前、大岳丸"；民间的说法是"酒吞童子、玉藻前、大天狗"。酒吞童子也称"酒颠童子"或"酒天童子"，是活跃在平安时代的几大名妖之一，曾是统领众妖的百鬼之王。酒吞童子身长6米，虎背熊腰，喜欢饮血，面部血红，近秃的头顶有几撮凌乱的短发，头上长着5个犄角，并号称有15只眼睛，穿着格子织物的外衣，腰间系着野兽皮。他最为擅长的，就是化为英俊少年来勾引女性，得手后，会啖其肉、喝其血。对于相貌出众的女子，则将其囚禁于自己的巢穴中，作为奴隶来使唤。此外，还会潜入京都一带的豪华家中盗窃财宝，用于修筑自己的宫殿。因作恶多端，最终被大将军源赖光等人所杀。

九尾狐记载于《山海经》《南山经》等中国典籍，全名"金毛玉面九尾狐"，是专门幻化成绝世美女的妖怪，在商纣王时化身成妲己。在商朝灭亡之后它就转到日本，自称"玉藻前"获得鸟羽天皇的宠爱与信任。后来天皇便得了怪病倒卧床榻，大臣们因此开始怀疑她，请安倍晴明暗中对她进行了占卜。结果，"玉藻前"的真面目终于曝光，原来是一只九尾妖狐，于是她便逃离京城，躲避到远方。后来九尾狐被追杀受了重伤后变成了石头，后人称之为"杀生石"。据说由于九尾狐强烈的怨恨，从此不论是昆虫还是飞鸟，一旦接触到这石头便很快就会死亡，而一些寺庙就把它搬去，当作神物安放。

天狗是日本传说中的一种动物。中国《山海经》中也有天狗的记载，并描述它是像狐狸般的动物。但现在日本的一般说法认为，天狗有高高的红鼻子，身材高大并长有翅膀，一副不可一世的傲慢姿态。据《太平记》（袭自中国的《太平广记》）记载，他在保元之乱中败北流亡到赞岐（今香川县），后愤懑而死，死状犹如夜叉。其怨灵变成天狗，持续在人世间作乱。

日本的搞笑文化也很有趣。台湾地区《联合报》2007年报道称，日本搞笑产业的年总产值已高达2万亿日元，如果加上周边产业，将近4万亿日元，几乎可以与日本的高科技产业相匹敌。这听起来委实有点匪夷所思，因为高科技产业含金量高，利润巨大，是日本"经济大国"形象的一大标志，怎么就跟这个从字面意思上看如此不堪的"搞笑产业"平起平坐了呢？据《环球》杂志载文介绍（作者潘妮妮），搞笑这种娱乐形式的原型是"落语"和"漫才"，大致跟中国的相声艺术类似。落语是单人表演，通过话语和动作讲述故事，传达一定的人生道理。漫才则是双人表演，表演者穿上自己特定的行头，相互插科打诨，有时甚至伴有非常激烈的肢体动作。这种娱乐形式在日本发扬光大，主要还是仰仗了电视的发展。在日本，毫不夸张地说，不管什么时候打开电视，都能看到搞笑艺人的身影。要说日本搞笑业的运作，就不能不提"吉本兴业"这家日本最大的演艺事务所、制作公司和宣传公司。该公司总部位于大阪，目前旗下有搞笑艺人500多位，并有专门负责为艺人联络和协调工作的经纪人300多位，在全日本的综艺节目上占有将近80%的份额。吉本兴业的存在，固然是一个垄断现象，但是在日本演艺圈的大环境中，它能够较好把握搞笑行业的专业水准尺度，为电视台提供优质的艺人，保证了电视台的收视率，也使广告商能够放心把钱投到节目制作中来。

除搞笑行业外，娱乐业宝冢歌剧团也是享有盛名的大型舞台表演团体。而且宝冢所有的演员都是未婚女性，真可谓"独步天下，谁与为偶"！宝冢的"全女班"阵容，是开团时立下的规矩，已经是剧团宣扬的一种特色。由宝冢女人扮演的男性，坚硬稳重的性格，冷峻之余的温柔，具有与众不同的意味，这是许多日本女观众狂爱宝冢的主要原因。据说宝冢的男角训练是十分艰苦的，一个男角必须经过 10 年时间才有可能担任男主角。宝冢要把女孩训练成"行动如风、喊声如钟"的武士，走路、吃饭、言行等等都要像男人一样。这在观众娱乐欢笑之余，也多了一份对宝冢的热爱与敬仰。

悠久的温泉文化与洗浴文化

日本的温泉文化和洗浴文化历史悠久，很有特色。有古代三大温泉之称的草津温泉发现于 1193 年，下吕温泉已有上千年的历史，有马温泉是关西地区最古老的温泉。在爱媛县松山市，具有 3000 年历史的道后温泉，更是飘荡着历史清香，被指定为日本重要文化遗产。在这个温泉之国，稀奇的温泉也不在少数。其中，位于云仙岳西南半山腰的云仙地狱是日本著名的温泉（"地狱"是日本古代对温泉的称呼）。这里约有 30 个观光景点，水汽喷射，烟雾缭绕，到处可见硫黄岩石。云仙地狱中最著名的是大叫唤地狱，滚烫的热泉奔腾不息，游人看了都会忍不住大声叫唤："好棒呀！"这就是"大叫唤地狱"名字的由来。位于大分县别府市的血池温泉，富含酸化铁，好似一池翻滚的血浆，夹杂着巨大的轰鸣声，被日本佛教徒认为是来自幽冥地狱中的激流。利用血池温泉制成的血池软膏可以治疗脚气，在日本很受欢迎。隐世于日本南阿尔卑斯山间的庆云温泉，泉质为钠、钙、硫酸盐、氯化物泉，其泉水有治疗肠胃疾病的功效。北海道西南边的小城登别，以境内温泉众多而出名。登别温泉是全日本最有代表性的温泉区，也是品质最好、最受欢迎的温泉，号称"日本第一汤"。汤峰温泉、渡濑温泉和川汤温泉，则是纪伊半岛最好的温泉。

日本的温泉是文人雅士最爱的地方。因为这些名人的足迹，让各地的温泉弥漫着浓浓的人文气息。日本近代作家夏目漱石与俳句诗人正冈子规曾到道后温泉本馆留宿泡汤，日元的千元钞票上印的就是夏目漱石的头像。这里还是宫崎骏的力作《千与千寻》中油屋的原型。诺贝尔文学奖得主川端康成因为伊豆山水和温泉之乡的魅力，创作了短篇小说名著《伊豆的舞女》。天城汤岛是《伊豆的舞女》的舞台，许多文学家都曾到此参观。川端康成还以新潟县的越后汤泽温泉为舞台，创作了不朽的唯美主义小说《雪国》，游客可以从文字中感受雪中泡汤的恬静。箱根温泉乡也是有名的去处。箱根汤本、塔之泽、堂岛、宫下、底仓、芦之汤、古贺等"箱根七汤"，加上箱根山附近的小涌谷、宫城野、千石原、芦之湖等17处温泉，统称为"箱根温泉乡"。每年11月3日，100多名演员装扮成古代武士和贵族小姐模样，沿着温泉乡街道缓步游行，途中表演各种节目。下午活动结束之后，舒舒服服地泡上温泉，解除疲劳，放松身心。不少温泉旅馆从外面看似乎很小，进去却是别有洞天。山形县尾花泽市的银山温泉曾是热播的电视连续剧《阿信》的拍摄场地，很多人都慕名到此找寻电视剧中出现的地方。

从日本的温泉文化和洗浴文化可以感受日本人生活的精致和精细。在日本，公共浴室被称为"钱汤"。钱汤在日本有数百年历史，深受日本百姓的喜爱，同时也是反映日本文化的一个窗口。日本人喜欢在晚餐前、睡前、早上起床后各入浴一次。许多家庭都设有风吕桶（沐浴桶），在一些乡村，通常是全家男女老少按次序轮流在这种沐浴桶里泡澡，最后洗的人，那洗澡水之浑浊也就可想而知了。据说，以前的留学生在日本，到朋友家拜访，用过晚膳后，主人的太太会硬拉你洗澡，还帮你擦背，这种待客热情实在令人有点儿吃不消。

对于传统的中国人来说，一定会惊讶于日本的男女共浴习俗。据说在箱根市，很多温泉仍保留着男女共浴的习俗。在大多数人看来，男女共浴难免与"色情"联系起来。其实，除了日本，在世界其他地方也有男女共浴的风俗，在当地人看来，男女共浴只是一种寻常的社会习惯。日本著名的风俗史学家下田耿史著有《混浴和日本史》一书，详细介绍了日本从古至今的混浴历史。在火山环绕的岛国日本，温泉随处可见，所以泡汤享受温泉是古代日本人的日常生活，男女老少在一起混浴很常见。当然，日本古代的温泉浴场也曾经沦为色情活动场所，不过随着历史的变迁，这种情况已经不复存在。今天日本混浴温泉都是高档消费场所，不屑于与色情活动建立联系，认为那样只会玷污温泉的清洁，自坏名声。

浮世绘与木偶戏

颇能体现日本民族古代风俗画卷的，是日本浮世绘，也就是日本的风俗画、版画。它是江户时代兴起的一种独具民族特色的艺术奇葩，是典型的花街柳巷艺术。主要描绘市民日常生活、风俗、风景和演剧。例如，歌川国芳的《风俗浮世绘》《江户风情人物》，铃木春信的《江户市井风情》，葛饰北斋的《北斋漫画》《富岳三十六景》《狂歌绘本·东都名迹概览》等。其中，葛饰北斋是入选"千禧年影响世界的一百位名人"中唯一一位日本人。作为江户时代的浮世绘画家，他的绘画风格对后世的欧洲画坛影响很大，德加、马奈、梵高、高更等许多印象派绘画大师都临摹过他的作品。在江户时代，大阪和京都地区通常被称为"上方"，上方浮世绘正是源于上方地区的艺术。现在有 50 余件展品在上方浮世绘馆长期展出。浮世绘是顺应市民经济文化高涨的年代而产生的，对社会生活有深刻的影响，因此，它具有很强的生命力。浮世绘的作者都出身民间，没有一个御用画家，但到了 19 世纪 20 年代，由于资本主义的经营方式盛行，致使这种艺术失去了健康的内容，追求色情和低级趣味，渐渐地走向了衰亡。

净琉璃文乐木偶戏是日本最主要的传统舞台艺术形式之一，集说唱、乐器伴奏和木偶剧于一体。据资料介绍，17 世纪中叶，许多私营剧院专门上演木偶剧和歌舞伎，到了 18 世纪中期，木偶剧已经形成了独特的舞台风格。舞台上有半人高的幕布，幕布后面，三个木偶演员面对观众操纵着大型木偶。一名叙述者坐在高出舞台的平台上，在一名三弦琴乐手的伴奏下向观众讲述剧情。三位木偶演员必须合作默契，以保证木偶的动作和姿态惟妙惟肖。木偶的服装和面部表情都是制作大师们精心做出来的。这种艺术于 19 世纪末被命名为"净琉璃文乐木偶戏"。

除浮世绘、木偶戏外，带有民族、地域等文化色彩的日本家徽也留下了各个时代的痕迹，体现了不同时期的日本人的文化心理和审美意识。用于善男信女们许愿祈求、充满情趣的日本绘马图案，则反映了日本民众的生活和各地风俗。精美、小巧的折扇不仅有实用性，而且有艺术性，带有鲜明的民族风格，对绘画、歌舞、戏曲都有一定的贡献。

艺伎与歌舞伎

日本有一种体现民族风情的特殊职业是艺伎（亦写作"艺妓"）。艺伎文化作为日本独有的传统文化，已有 400 多年的历史。她们的工作内容除了为客人服侍餐饮外，主要是在茶屋、宴席等场合以舞蹈、乐曲、乐器等表演助兴。要想能够成为一名真正出色的艺伎并非易事，不仅学艺费用昂贵，而且学艺历程艰辛。学艺者为女孩，旧时一般从 10 岁开始学艺，后来因为《儿童福祉法》和《劳动基准法》的限制，必须初中毕业才可以开始学艺。学艺一般从打杂开始，改学京都腔，同时学习文化、语言、诗书、器乐、舞蹈、待客礼仪等，出道后做舞伎，再由舞伎升为艺伎。她们的穿着打扮都有非常严格的讲究。学艺期间还要在艺伎屋承担每天的基本家务，遵守长幼秩序，把前辈艺伎称为"姐姐"。不少女孩因为受不了艰苦的训练，或被淘汰，或自动放弃培训。根据美国作家阿瑟·高顿的同名小说改编而拍摄的电影《艺伎回忆录》，讲述了女主人公小百合从小被卖到京都一家知名的艺伎馆学艺、历尽荣辱的人生经历，深刻反映了 20 世纪 30 年代前后艺伎学艺、从艺的艰辛。

日本历史上的艺伎业曾经相当发达，京都作为集中地区曾经艺馆林立，从艺人员多达几万人。现在已大为萧条了，可谓是"门前冷落车马稀"。传统意义上的艺伎，虽然陪客人玩乐，但并不被人看作下贱，相反，许多家庭还以女儿能走入艺坛为荣。因为，学成后收入不菲，气质超凡脱俗。始终笼罩着神秘面纱的日本艺伎，从她们浓妆的脸庞几乎看不出喜怒哀乐，她们在客人面前保持着委婉而矜持。经过艰苦训练，艺伎把自己塑造成了人们想象中的完美女性，成为日本文化与艺术的缩影。

艺伎除参加演出外，很少与外界接触，过着深居简出的生活，从而引起了人们对她们生活的好奇和兴趣。据英国《每日邮报》2015 年 5 月 7 日报道，一位西班牙新闻记者特意到日本一家名为"Okiya"的艺伎屋，用镜头记录了艺伎们生活和训练的珍贵瞬间，以一张张清晰照片揭秘了这个神秘的职业群体在现代社会中的生存现状。如今，艺伎虽衰犹存，但风光不再。不过，尚操此业的艺伎却不甘落寞，她们周游各地，呼吁传统的古老文化必须加以保护。因为她们觉得，艺伎是京都和日本的"脸面"，应该保留。近年来，对于艺伎的衰与兴、弃与保，还存在争论。

歌舞伎是日本典型的民族表演艺术，起源于 17 世纪江户初期。歌舞伎的始祖是日本妇孺皆知的美女阿国，她是岛根县出云大社巫女（在神社专事奏乐、祈祷等工作的未婚女子），为修缮神社而四处募捐。她在京都闹市区搭戏棚，表演《念佛舞》。这本是表现宗教的舞蹈，阿国却一改旧程式，表演时即兴加进现实生活中的诙谐情节，始创了歌舞伎。在后来的漫长岁月里，经过"游女歌舞伎""若众歌舞伎""野郎歌舞伎"等曲折的发展经历，歌舞伎改变了侧重以美媚之貌蛊惑观众的做法，转而追求演技，逐渐发展成专门由男演员演出的纯粹演艺。

明治时代以后，从西洋归国的知识分子和执政者们看到西洋社会里把艺术视为国家文化的象征，于是就把歌舞伎当作了日本文化的代表。现代歌舞伎的特征是布景精致、舞台机关复杂、演员服装与化妆华丽，且演员清一色为男性。但是，理解和观赏歌舞伎的年轻观众越来越少，歌舞伎也面临着如何发展的问题。为保护和振兴这一传统艺术，小鹿野町于 1961 年开始每年举办"歌舞伎·乡土艺能祭（艺术节）"，至今已办了 50 多届。在艺术节期间，通过展现以歌舞伎为代表的各种传统艺术，旨在打造小鹿町"鲜花·歌舞伎·名水之城"的城市名片。从这点来看，多少有些类似中国的"文化搭台、经济唱戏"。

丰富多彩的节日

　　日本有许多国定节假日和民间重要节日，反映了日本的传统习俗。由于日本在明治维新后废除了农历，所以节期均改用阳历。成人节，源于中国古代的成人礼仪，时间是每年1月第二周的星期一。凡年满20周岁的男女青年，在这一天要身穿传统服装参加当地举办的成人仪式和庆祝活动，内容包括年轻人宣誓、长者祝贺、给男女青年敬"神酒"、举行日本古代成人加冠仪式"元服礼"、参加各种传统的文娱活动，乃至到神社拜谒，感谢神灵、祖先的庇佑，请求"多多关照"。经过成人节后，青年人必须学会独立生活，担负起社会责任和义务。父亲节，是一个起源于美国的节日，时间是每年6月的第三个周日。据资料介绍，日本人庆祝父亲节的方式比较特别，女儿要为父亲做三件事。首先，和父亲团聚，给父亲送上礼物和祝福。其次，不管已经出嫁还是待字闺中，要给父亲写一封挚爱和祝福的信，将这封信捧到父亲面前，大声朗读给父亲听，以感谢父亲的养育之恩。接下来，女儿要陪父亲一起泡个澡（类似泡温泉），亲手给父亲搓搓背，算是给父亲最大的温暖的一种方式。在日本，白玫瑰（月季）象征父爱，是父亲节的主要用花。敬老节，时间在9月15日。日本人到42岁时可以称"寿"做生日，通常被称为"初老"。到61岁称为"还历"。此后，77岁为"喜寿"，88岁为"米寿"，99岁为"白寿"（即百字少一），活到百岁就是"百寿"了。节日里，日本各地都要开展敬老活动，为老人体检、整理修缮房屋、敬赠纪念品、组织慰问等。有意思的是，日本人用大拇指表示"老爷子"，用小拇指表示"情人"。认为龙虾长须，弯腰像个老人，因此喜欢在元旦这天用龙虾作为装饰品，象征延年益寿，长命百岁。

　　日本非常重视和关心少年儿童的成长，一年有三个儿童节。一是女孩节（日本称"雏祭"，又叫"姑娘节""桃花节""偶人节"），时间在3月3日。此时正值春光明媚、桃红柳绿的季节，女孩子天真烂漫的笑脸犹如桃花。家长为女孩穿上鲜艳的和服，祝其摆脱厄运、灾难。在家里，约从2月20日起就设置5至7阶的梯形偶人供坛，供上各种古装偶人，一直摆到3月7日以后。女孩从1岁时得到这些小人偶，以后每年女孩节都要拿出来陈列，直到出嫁时带走。关西一带还有"流雏"习俗，就是将小人偶连同祭品一起摆在稻草筏上放入河中，让其随流而下，冲走污秽和厄运。二是男孩节（又称"儿童节"和"端午节"），时间在5月5日。日本人过端午的习俗，是平安时代以后从中国传入的（日本改为阳历5月5日）。这天家家户户门上摆菖蒲叶，屋内挂钟馗驱鬼图，吃糕团（称"柏饼"）或粽子。在日语中"菖蒲"和"尚武"是谐音，因此日本端午节遂演变成了男孩节。有男孩的家庭房前均悬挂布制大鲤鱼（称"鲤帜"）。鲤鱼旗分为黑、红和青蓝三种颜色，黑旗代表父亲，红旗代表母亲，青蓝旗代表男孩。悬挂鲤鱼旗是祈祷家中男孩早日成才，有中国"鲤跃跳龙门"的意思。2015年4月28日，东京塔挂上了333面鲤鱼旗，以庆祝5月5日儿童节。三是"七五三"，是每年11月15日为7、5、3岁儿童祝岁的节日。古时日本人视奇数为吉祥之数，其中"七五三"是最无忌讳的数字。据说这种习俗始于江户时代。这一天，孩子们都要吃赤豆饭和红色或白色的棒形糖果"千岁糖"，希望孩子们吃了可以活泼健壮、长生不老。

在民间节日里，日本人也重视过新年。以前是过两个新年，即元旦和春节，同中国现在的情况相似。只是到近代才改为只过元旦新年，但习俗中仍有一些春节旧俗，例如除夕团聚守岁，过年吃年糕和"杂煮"等。杂煮的主要食材是麻薯，加上各种配料放在汤汁中烧煮而成。在除夕晚上，人们一边吃荞麦面条，一边观看电视台为新年编排的《红白组赛歌》等节目。据资料介绍，到了午夜时分，寺庙香烟缭绕，钟声齐鸣，而且敲一百零八下。据说这是因为《佛经》里有"闻钟声，烦恼清"之句。日本人认为每敲一下，就会去掉一种烦恼，敲一百零八下，意味着清除所有的烦恼。钟声响后，人们涌向神社和寺庙，烧香拜佛，点签算命，称为"初诣"（意即第一次参拜）。元旦早晨，全家从年幼者到年老者依次喝屠苏酒，尝青鱼子、黑豆以及稍带甜味的酱油煮小干鱼等。据说这些象征吉祥的食物会带来子孙繁荣、身体健康。这天，自然也少不了拜年等习俗。各户门口上方都拉起一条草绳或用草绳编的圆圈，称为"注连绳"或"注连饰"。有的还摆上一些松竹，叫作"门松"。人们还将鹤、龟等象征长寿的动物剪纸贴在住宅内外，祈祷平安。同时根据 12 生肖，刻个年肖，相互赠送。邮政省大量发行绘有年肖的贺年邮票。互赠贺年片亦成了最热门的祝贺方式。在新年来临之前，日本人也过圣诞节。每年平安夜，每家肯德基店面都挤满了来买炸鸡的人们，场面蔚为壮观。为什么日本人有这个习俗呢？原来，他们认为，圣诞节最具有"美国味儿"的当属肯德基的炸鸡了。

在日本各地，一年四季都会举办各种各样的充满乡土气息的节庆（日语称"祭"）。有些节庆活动源自季节性农耕礼仪，以"春季祈祷丰收、秋季庆贺收获"的祭典为主，也包括"除恶去疾"的夏日祭祀活动。这些活动都是为了祭祀神明，祈求五谷丰盛、生意兴隆以及家庭平安。随着时间的推移，有的祭祀活动已经完全成了一种观光项目。茨城县的偕乐园，是与金泽的兼六园、冈山的后乐园齐名的日本三大名园之一。在每年梅花盛开之际，偕乐园与弘道馆等处一起举办"水户梅花节"。期间举行古琴户外演奏、野外茶会、放河偶人等活动，非常热闹。此外，作为水户观光大使而选出的梅花大使，以及装扮成江户时代的副将军水户黄门的漫游剧团，也闪亮登场。在秋田县横手地区每年 2 月中旬的冰雪节期间，都会搭建起许多称作"镰仓"的雪屋和微型雪屋。雪屋内设有祭坛，孩子们供奉美酒与年糕来祭祀水神，以求水神赐予好水。札幌是个典型的北国城市，在每年 2 月的第一个星期举行冰雪节，为期 5 天。这与中国哈尔滨国际冰雪节、加拿大魁北克冬季狂欢节和挪威奥斯陆滑雪节并称世界四大冰雪节。冰雕作品从人物、动物到世界名胜，包罗万象，无所不有。晚上，在灯光照射下，显得异常美丽。著名歌星、剧团也前来表演节目助兴。每到夏天，日本各地都会举行"花火大会（燃放焰火）"。古代燃放焰火的目的，为的是赶走恶魔，消灾避祸，保护生灵。于是，作为一种习俗保留下来了。每年 8 月，本州岛东北会举行一系列的夏祭活动，主要祭典有青森睡魔祭、秋田竿灯祭、仙台七夕祭和山形花笠舞祭等，极具乡土风情。埼玉县小鹿野町的"龙势祭"活动已有 300 多年历史。所谓"龙势"就是 20 米长的大型土火箭。最初，发射火箭类似于"烽火""狼烟"，是当地农民用来预警敌情的，渐渐变成盛大的民俗。当地各个村镇形成27个不同的火箭制作流派，代代相传。小鹿野町类似"龙势祭"的民俗活动很多，老老少少一年到头都不闲，有花祭、铁炮祭、狮子舞、乡村歌舞伎等50多个活动。

日本各地还有一些非常有趣的节日。秋田县男鹿半岛的"驱懒节"别开生面，富有乡土风情。除夕夜（12月31日），青年们扮成鬼怪的模样，手持纸糊的大刀、棍棒等，一边大声吼叫，一边走街串巷，以此告诫懒汉们不要懒惰成性。涩川市的"肚脐眼节"在日本相当有名，因为涩川地处日本中央肚脐的位置，所以被叫作"肚脐祭"。节日期间，市民们通常会把自己的肚脐眼涂成一个大嘴巴的样子，并在周围画上五颜六色的图案，然后走上街道，载歌载舞。岩手县黑石寺的"苏民祭"是日本三大裸祭之一。参加祭祀仪式的全是男人，称作"苏民"。每年2月中旬左右，他们系个兜裆布，几近裸体，来到黑石寺，冒着寒冷跳入寺旁的王留璃壶川中净身，然后就是"火浴"净身（据说经历过仪式的兜裆布具有神力，缠在孕妇的身上可以保佑生出的孩子健康勇敢）。整个仪式的高潮是抢夺苏民袋，袋里装的是五角形削木，称作"将军木"，据说拿到将军木，可以消灾和带来幸福。苏民祭意在祈求新一年丰盛和平，保佑子孙平安。冈山县西大寺市的"会阳节"与岩手县黑石寺的"苏民祭"有点类似，都是"裸祭"。"苏民祭"抢夺的叫将军木，而"会阳节"抢夺的叫宝木。兹不赘述。

相比而言，神奈川县的"男根节"就显得有些奇葩了。众多男男女女簇拥着一个硕大的男性生殖器模型举行庆祝活动，并抬着"男根"游行，祈求多子多福，场面火爆。在九州、信州、名古屋等地，遇到某些盛大节日，人们要去神庙向那些男性生殖器模型焚香膜拜，甚至由男男女女抬着或抱着那些东西游行。这种民俗活动，现已成为当地的旅游观光项目。再有，福冈市浩大的"光屁股节"也显得有些奇葩。每年7月上旬某天，穿着日本民族服装光着屁股（系个兜裆布）的男人们抬着沉重的山车，哼着"欧伊沙—欧伊沙"号子招摇过市，不时引来路边的居民拎着水桶朝这些光屁股男人身上泼水，被泼到水时喊声会更大更洪亮。同时，市内许多场所也展出装饰一新的建筑物供市民观赏。从这里，人们可以感受到光屁股文化在日本的传承。

禁忌和丧葬习俗

日本人招待客人忌讳将饭盛得过满或带尖，也不可一勺就盛好一碗。使用筷子时忌把筷子放在碗碟上面，更不能将筷子垂直插在米饭中。穿衣都是右向掩衣襟，而人死下葬时要左向掩衣襟，因此日本人不会穿左向掩衣襟的服装。结婚时，如果新娘身着传统和服，忌着羽织（日本服装的一种）。通信时，信的折叠、邮票的贴法都有规矩。寄慰问信忌用双层信封，双层被认为是祸不单行；寄给恋人信件的邮票不能倒贴，否则意味着绝交。人们还有不少数字和语言忌讳。例如，医院一般没有 4 和 42 号病床，宾馆一般没有"13"楼层和"13"号房间，羽田机场也没有"13"号停机坪。在语言上尽量避免说"苦"和"死"。在婚礼等喜庆场合，忌说不吉和凶兆的词语。商店开业和新店落成时，忌说烟火、倒闭、崩溃、倾斜、流失、衰败等词语。交谈中忌谈人的生理缺陷。在有关红白喜事的宴会上，忌谈论政治、宗教等问题。另外，据新东方网载文介绍，各个国家由于文化背景和生活习惯不同，手势表达的意思也不同。中国人伸出大拇指表示称赞，有"顶呱呱"的意思，而对日本人来说，这个动作是表示骂他"你这个老爷子"，毫无赞赏之意。在中国伸出小拇指表示"差劲""落后"之意，而在日本则指"情人"或"女朋友"。

日本人死后基本火葬。火化后剩下一些骨殖，由亲人用长筷子夹一些放入一大一小两个盒子里，小盒放入佛檀，大盒放入墓地，放的过程叫"纳骨式"。日本家庭的长男家里都有佛檀，放在客厅的一角，也有的放在卧室的壁柜里。佛檀里放着历代亲人的遗骨，上面放灵位，灵位上的名字是由和尚取的法名，而不是死者生前的名字。日本人的佛檀、墓地是代代相传的。除了大富豪可以单独拥有自己的墓地外，绝大多数日本人的墓地都是家族一起用的，墓地很小，挖个深坑，祖祖辈辈的骨头都往里面放。日本人是惜地如金的，一个墓地也是非常的昂贵。土地少，人口多，活着的人要吃饭，不能占用耕地，这也是他们祖先在从前很无奈、也是很明智的选择。在日本人的墓碑上，刻的是"某某家之墓"。

阿伊努人及其他

位于大阪府吹田市的日本国立民族学博物馆，是日本引以为豪的博物馆。它以世界各地区、各民族为研究对象，进行收集、展出和深入研究。但奇怪的是，长期以来日本自己却一直以"单一民族国家（大和族）"姿态出现，而对本国少数民族阿伊努人视而不见，甚至加以歧视和逼迫。2008 年 6 月 6 日，随着 G8 的召开，日本国会议员一致通过法案正式将少数民族阿伊努人定为日本原住民族。

阿伊努人主要分布在北海道，俄罗斯远东地区的库页岛和千岛群岛亦有分布。根据北海道政府 1984 年的调查资料，当时在北海道有 24381 个阿伊努人。不过，由于一般日本人对原住民歧视，很多阿伊努人会隐瞒自己的族群性，或者根本就不知道自己的族源，因此，阿伊努人比较精确的人数很难加以统计。

阿伊努人的体格比一般的日本人稍矮，肤色淡褐，体毛较盛，头发黑色呈波状。男子络腮胡须浓厚，妇女沿嘴边有髭状痕迹，前腕和手背文身。信仰万物有灵和多神，崇拜祖先，有"熊祭"和"鲑祭"的习俗。村民们饮熊血、吃熊肉，而熊的尸骨用一根被熊皮包裹的矛朝天刺挂着，接受人们的朝拜。人们喜欢用凿子在圆木上雕刻动物，尤其是熊的形象，日本称之为"阿伊努雕"。善于刺绣，喜爱舞蹈。他们的传说故事和叙事诗歌，凭着记忆代代相传。日本东北部的地名，许多来源于阿伊努语。比如："札幌"的原意为"大的河谷"；"小樽"的原意为"砂川"；"名寄"的原意为"乌鸦出没的城市"等。阿伊努人居住在独特的木架茅屋里，擅长制作和驾驶独木舟，过去主要靠渔猎为生。19 世纪以后，日本开始对北海道等各岛进行开发，普及大和民族的文明。这样一来，阿伊努人的传统生活方式进一步发生了变化，大多数人由渔猎转事农耕，成为过定居生活的农民。他们的衣食住行，已与一般的日本人无别。加上长期以来民族间的通婚和文化上的同化，纯血统后裔逐年减少。

在日本，存在"部落民"这样一个怪异的现象，不过，它不是一个民族，而是一个特殊的阶层。据资料介绍，与印度的种姓制度一样，幕府时期的日本也有阶级系统。在士农工商之下，俘虏、罪犯、殡葬工、屠宰工、刽子手、传染病患者，以及卖艺者、游民、乞丐、佣人和奴隶等，被称为"贱民"（包括"秽多"和"非人"），意思是他们位于社会的最底层，是不净的一群。当时的法律规定，贱民不能留与平民一样的发型，不能穿与平民一样的衣服，就算是雨天也不能打伞，更不能与平民通婚。因此，他们长期被其他阶级的日本人歧视和疏远，只能群体居住在某些地区。1871 年，日本政府通过了《贱民废止令》（后称为《解放令》），废除了阶级之分，在法律上享有同等的权利。但是，一般日本人对秽多的歧视依然存在。为了避开"秽多"这个极具争议及贬义的词语，秽多的后代被婉转地称为"部落民"。时至今日，在就业及婚姻大事等方面，一般日本人都不太希望与部落民扯上关系。好在除了部落民聚居地之外，在部落民后代移居的其他地方，各类常用的证件上都不会注明籍贯，只会写上现在居住的地方，因此相当多的部落民后代的身份越来越隐秘，已经很难被发现了。

在日本，还有"琉球族"一说。因情况复杂、说来话长，这里就不作详细介绍了。

狮城之国　新加坡

　　新加坡共和国是东南亚的一个岛国，位于马来半岛南端，毗邻马六甲海峡南口，南面隔新加坡海峡与印尼相望，北面隔柔佛海峡与马来西亚为邻，并有新柔长堤和第二通道与马来西亚相连。

　　新加坡既是国名又是岛名和城市名。中国古代把新加坡岛称为"蒲罗中"，在马来语中意为"半岛末端的岛屿"。中国古代文献《岛夷志略》《岛夷杂志》还称新加坡为"凌牙门"，得名于矗立在岌巴海峡入口处南边、形状极像龙牙的峭石。1365年的《爪哇史颂》把新加坡叫作"淡马锡"，在爪哇语中意为"海城"。新加坡又有"狮城"之称，据说源于主岛的形状像个狮子，也有传说是源于一头奔跑的狮子，还有人认为是源于当时岛上的一个土著民族狮子族。过去，新加坡一直用"新嘉坡"作为其独立初期的通用中文国名。由于受到当地华侨所带来的语言习惯影响，便在后期出现许多衍生的国名称谓，例如"息辣""石叻""叻埠"等。华侨还因其小如星星而称之为"星洲""星岛"。外界普遍以"狮城"来描述新加坡。

新加坡国旗

国徽

国情概要

新加坡国土面积712.4平方公里，人口560.73万（2016年）。首都新加坡市，国庆日8月9日。全国由新加坡岛、圣淘沙岛、圣约翰岛、龟屿、姐妹岛、炯岛等64个岛屿组成，其他3个较大的外岛为裕廊岛、德光岛和乌敏岛。地势起伏和缓，平均海拔15米，武吉知马丘陵最高点也不过163.63米。河流短小，主要有克兰芝河、榜鹅河、实龙岗河等，较长的是加冷河。属热带海洋性气候，常年高温潮湿多雨。自然资源匮乏，属外贸驱动型经济，以电子、石油化工、金融、航运、服务业为主，高度依赖国外市场。经济发达，人民生活富裕。境内几乎没有农村，处处是小花园、小草坪，花香草绿，空气清爽，被世界公认为"花园城市国家"。

新加坡是个移民国家，华人约占75%，马来人、印度裔和欧亚裔约占25%。早期背井离乡到新加坡创建家园的移民，将各自的传统文化和民族风情也带了进来。反映在语言上，英语、华语、马来语、泰米尔语等四种语言为官方语言，其中马来语为国语，英语为行政用语。因为新加坡华人约占75%，所以新加坡是中国之外唯一以华人占多数的国家。我们熟知的"华侨旗帜"陈嘉庚、乐善好施的李光前，是新加坡著名的华侨实业家、教育家和华人富商、慈善家。

现代新加坡创建于18世纪。1824年被英国占为殖民地。1965年8月9日宣布独立。独立以来，新加坡公民在公众活动以及国庆庆典的时候，要宣读国民信约。信约的中文内容是："我们是新加坡公民，誓愿不分种族、言语、宗教，团结一致，建设公正平等的民主社会，并为实现国家之幸福、繁荣与进步，共同努力。"促进种族和谐是新加坡政府治国的核心政策。1964年7月21日，在一次大游行中曾引发严重冲突事件。新加坡政府为了让国人汲取当年的教训，避免种族冲突重演，于是把7月21日定为种族和谐日。这一天，新加坡各社区、学校、宗教团体都会组织活动，宣传种族和谐的重要性。许多学生都穿着本民族传统服装上学，体现新加坡多元的种族社会文化。实践表明，新加坡以稳定的政局、和谐的社会、廉洁高效的政府，成为全球最国际化的国家之一。1990年10月3日新加坡与中国建立外交关系。

狮城象征

坐落于新加坡河畔的鱼尾狮雕像，是新加坡的标志和象征。雕像高8.6米，重70吨，狮子口中喷出一股股清水。狮头代表传说中的狮城新加坡，鱼尾象征古城"淡马锡"，代表新加坡是由一个小渔村发展起来的。在鱼尾狮雕像背面的一小块场地有四块石碑，碑文叙述了鱼尾狮雕像象征新加坡的故事。夜晚，在这里向下俯瞰海港，船影朦胧，万盏灯火闪烁，一派海国风光。

鱼尾狮雕像 / 言文摄

象征新加坡的还有国花卓锦·万代兰。当地华人对兰花通称"胡姬花"。对于"胡姬花"的名称，许多学者解释为"来自异域的美女"，形容她的奇美。万代兰在新加坡的品种甚多，达到令人眼花缭乱的程度。这要感谢一位侨居新加坡的西班牙女士爱尼丝·卓锦，她于1890年将万代兰培植成为一种更加优异的新品种。1893年，新加坡植物园为了纪念这位园艺师，以她的名字命名万代兰，卓锦·万代兰由此诞生。1981年4月，新加坡文化部宣布卓锦·万代兰为国花，蕴涵"卓越锦绣、万代不朽"之意。卓锦·万代兰全年盛开，代表着新加坡人民争取繁荣昌盛的愿望和顽强拼搏的精神。凡到过新加坡的人，相信都难以忘记这座花园城市花团锦簇的美丽景色，同样也都难以忘怀卓锦·万代兰的婀娜风姿。

狮城商务区与圣淘沙

新加坡是一座高度发达的现代化城市，其标志之一是繁华的新加坡中央商务区。它位于新加坡岛的南端，南距赤道130多公里。这里所提供的服务，涵盖经济、行政、管理、娱乐和文化多个方面，并有最集中、最高档的零售业。它堪与纽约曼哈顿、伦敦金融城、香港中环、东京银座、巴黎拉德芳斯等中央商务区相媲美。

珊顿道是中央商务区的主要道路，是新加坡的金融中心。毗邻的吉宝港口是世界上最繁忙的港口和亚洲主要转口枢纽之一，有200多条航线连接世界600多个港口。靠近繁华市区的花葩山，是一座海拔115米的小山，登临山顶，环望四周，即可把美丽的新加坡海港以及新加坡河畔的商业区、行政文化区尽收眼底。新加坡河紧邻城市中心区，很多历史风貌的建筑被保留了下来，并被改造为艺术和文化用途。中段的克拉码头，是集餐饮、娱乐和休闲为一体的河滨胜地。

位于中央商务区的皇后坊大厦，是一座历史性建筑，于1992年被列为新加坡国家文物，目前是亚洲文明博物馆的一部分。从外表上看，皇后坊大厦非常具有古典美；在它内部，有高高的天花板、漂亮的圆柱和精致的雕塑等。滨海湾奢华的新加坡金沙娱乐城，设有酒店、赌场、歌剧院、艺术科学博物馆、展览中心及宴会大厅，共六大建筑系列。金沙酒店于2010年6月盛大开业，是当今世上最昂贵的酒店之一。为酒店冠上荣耀之光的，是位于第57楼的金沙空中花园。站在这里，可以360度俯瞰新加坡的繁华之美。具有殖民风格的莱佛士酒店，接待过很多尊贵的客人，像伊丽莎白·泰勒、伊丽莎白女王二世、迈克尔·杰克逊等。莱佛士酒店拥有103间套房、18家独立的饭店和酒吧，还有超过40家精品店和商铺。游客在这里可以品尝到新加坡城最好的鸡尾酒，因为它已有百年以上的制作工艺了。

丹戎巴葛中心作为新加坡最成熟的商业中心，现已聚集了多个大型政府机构和公司，包括新加坡金融管理局、新加坡政府投资公司和证券投资者协会等。此外，丹戎巴葛地区拥有数量稳定的常住居民人口，得益于此，该地区的商业、购物、生活娱乐活动生机勃勃。在滨海湾金沙购物广场、乌节路义安城、邵氏大厦等大型购物中心，商品琳琅满目，包括品牌包包、世界名表、精美饰品等商品的价格，比世界上很多国家和地区都要便宜。另外还有鱼尾狮饰品、药油、锡制精品等本地特产。

滨海艺术中心酷似结构复杂的苍蝇眼，本地人则昵称为"榴莲壳"。艺术中心除了全年呈献音乐、戏剧、舞蹈、视觉艺术等各类售票及非售票节目之外，中央大厅上层每日都会有精彩的文化演出让游客免费观赏。这里还有多个餐饮场所、零售商铺、购物坊以及图书馆，让滨海艺术中心成为集文化、休闲于一处的综合文娱地标。

圣淘沙岛面积 3.47 平方公里，与新加坡本岛隔海相望，只相距 500 米。不知为什么，旧名叫"绝后岛"，很不吉利，1972 年改为现名。岛上一片青翠，椰树摇曳，随风婆娑。宽阔细腻的白沙滩美不胜收。人们或在沙滩上赤足行走，或在树荫下任习习凉风轻抚，或到海底世界看粉红色的海豚翩翩起舞，十分的惬意。充满热带风情的自然景观自不必多说，更有精致的人文景致耐人寻味。圣淘沙被视为新加坡旅游与娱乐业的璀璨明珠和海上乐园，这里的环

绿色"狮城" / 言文摄

球影城、海事博物馆、亚洲村、摩天轮和18洞高尔夫球场等，令人兴奋、流连忘返。无论是白天还是夜晚，圣淘沙都会把自己所有的美丽与快乐时时刻刻地传递出来，让来到这里的每一个人都陶醉在岛上的美妙时光里。

狮城华人与峇峇娘惹

狮城华人（新加坡华人）为新加坡第一大族群。他们专指拥有中国血统或者祖先源自中国的人士，如福建人、广东人、浙江人和海南人等，其中40%是闽南人，其次为潮汕人、广府人、客家人、海南人和福州人等。在一个混血家庭里，如果父亲是华人，那么他们的混血子女则被归类为华人。新加坡开埠后不久，华人先辈便在俗称"山仔顶"（朱烈街）、"吻基"（驳船码头）、"猪仔场"（克拉码头）、"水仙门"（谐街）、"皇家山脚"（里峇峇利路）、"大老爷宫头"（位于菲立街的粤海清庙），以及大坡二马路的"新巴刹"（马真街）等地开设胡椒、甘蜜等土产店。这些地区既成为商业活动中心，也成了昔日华人聚居的地方。福德祠由广东客家移民建立于1824年，为新加坡最古老的寺庙之一，1998年作为博物馆对外开放，主要介绍中国移民来到新加坡的历史、生活状况等。牛车水（中国城）也是中国南方移民在新加坡的落脚地。当初没有自来水，牛车运水情景在唐人街非常普遍，便称唐人街为"牛车水"。走在街道上、集市里，可以听到福建、广东、海南等方言，也可以从寺庙和百年老店感受中国传统民俗。尽管牛车水为了迎合旅游者，如今已变得商业气息浓厚，但依然可以找到中国移民在此生活的历史轨迹。新加坡有一批以华人名字命名的街道和地区，比如有进街、成宝路、金炎路、阿佛路、炳源街、振兴街、林大头路、余东璇街、义顺区等等。中华文化最能表现在伦理道德观念上，这种观念在新加坡的华人社会中继续保存。家祖宗舍的创立，可以维持乡党友爱的互助精神。坐落于新加坡西海岸的虎豹别墅，由药店商人胡文虎先生出资建造。它的特色是把中国历史故事、神话故事和建筑、雕塑艺术熔于一炉，有着浓厚的中国色彩和情调。位于裕廊工业镇的裕华园，被称为"中国花园"，园内建筑群汇集了中国古老园林的精粹，显示了狮城华人对祖国悠久文化与传统建筑艺术的怀念，同时也将中国园林建筑艺术发扬光大。

在新加坡这个浪漫滋润的花园城市里，峇峇（音 bā bā）娘惹文化很有自己的民族特色。峇峇娘惹实际上是我国明朝人后裔，是数百年前明朝移民和马来女人所生的后代，男性称为"峇峇"，女性称为"娘惹"。在新加坡及马来西亚、马六甲和印尼爪哇一带的峇峇娘惹，又被称为"土生华人""海峡华人"。某些峇峇文化具有中国传统文化色彩，例如他们的中国传统婚礼。峇峇人讲的语言称为"峇峇话"，在使用福建话的同时，掺杂使用了马来语与泰语词汇。当地的闽南人有句成语叫作"三代成峇"，意思是在新加坡、马来西亚等地出生的第三代华人也都成了峇峇。在今天，如果一位华人娶了一位马来人为妻，他们的子女就不是峇峇娘惹，而是混血儿。娘惹文化既有马来文化影响，也有华人自己的传统，形成独有的综合文化。娘惹装是娘惹文化的代表之一。在马来传统服装的基础上，改成西洋风格的低胸衬肩，加上中国传统的花边修饰，就是娘惹服饰。娘惹的饰珠鞋也是独特文化产物。新加坡航空公司空姐穿的制服，就是娘惹女装的一种，脚上穿的珠绣鞋也是娘惹女鞋的一种。娘惹在新加坡拥有较高的地位。人们的穿着打扮遗留了中国的古风，十分讲究。新传媒八频道在 2008 年末推出《小娘惹》作为台庆大戏，内容是几户峇峇家族几代人的恩怨情仇，连续剧以"月娘"作为剧中的核心人物，特别着重介绍峇峇娘惹的文化习俗。《小娘惹》堪称新加坡版《大长今》，跌宕起伏的故事情节，加上色彩绚丽的民族服饰与娘惹美食（例如娘惹糕）的完美烘托，非常轰动。

多元化社区

新加坡融合了多种民族文化形成了多元化的社区。除了最大的华人社区外，还分布着马来村、小印度、阿拉伯街、荷兰村等异国风情社区。

马来人约占新加坡人口的 14%，为第二大族群。他们早期曾在新加坡河搭建水上高脚屋，英国人登陆后，将之解散驱离，当时甘榜格南区域的居住空间早已饱和，马来人只好往东迁至芽笼士乃，浓烈的民族色彩与文化在此落地生根。这里拥有新加坡最大的马来传统市集与购物商场，想要感受马来风情，芽笼士乃绝对是原汁原味的选择。马来文化表现在宗教思想上，他们的风俗习惯与宗教息息相关。伊斯兰教律法和苏丹制度则维系着他们生活的安分与团结。马来人的婚礼几乎邀请全村人参加，来宾们酒足饭饱离去时，手上都握着一个煮熟的蛋，表示多子多孙的意思。

印度人约占新加坡人口的 9%，为第三大族群。印度人生活很俭朴，但对于庙宇的建筑则非常讲究，各种雕塑都精致无比。在狮城实笼岗路一带的印度社区——小印度，看到的几乎是一个纯正的小小印度国。从这里的街道、商铺，到生活在这里的人们的着装和饮食，无不让人感觉仿佛置身印度，领略其神秘的民族风情。街道上有新加坡少见的杂乱，算命先生正等待有缘人的光临；卖花姑娘将茉莉花编织成美丽的花环戴在头上；妇女的纱丽裙摆随风飘逸；小贩们推着食品车游走叫卖……这些都是小印度最具特色的风景。另外，兴都庙的焚香味挥之不去，香料、拉茶、飞饼等，充满强烈的印度气息。特别是在一些节日来临的时候，印度风情更加显著。

欧亚裔约占新加坡人口的 2%，大部分为天主教徒。新加坡的欧亚裔，大部分来自马六甲和印度，其欧洲血统大多源自葡萄牙、荷兰和英国。19 世纪，新古典主义艺术席卷欧洲，英国建筑师将此设计风潮带进新加坡，在区内几条街道上陆续完成了市政厅、高等法院、国会大厦等建筑，留存至今，风华依然不减。从英国殖民时代开始，荷兰村就是欧洲人的聚集地，现在依然是他们最爱的定居地区。

甘榜格南是新加坡最重要的伊斯兰教中心。苏丹清真寺让游客了解到穆斯林的生活方式和风俗习惯。阿拉伯街是新加坡一条很古老的街，有很多阿拉伯商人和布吉人居住于此。这里街道非常干净，很具特色，整条街上都是出售地毯、纺织品、特产、手工艺品和特色小吃的店铺，据说在这条街上可以尝到最好的穆斯林美食，让游客大饱口福。

武吉知马地区是新加坡的富人聚居地之一，这里几乎没有政府租屋，连公寓都很少见，基本都是排屋和别墅。这里距市中心不远，又背靠自然保护区，自然风光和空气质量都首屈一指。这里也聚集了一些名校和娱乐场所，例如新加坡女子学校、南洋小学、赛马场等。

新加坡的多民族决定了其宗教的多元化。在新加坡，可以看到典型的中国式寺庙、伊斯兰风格的圆顶教堂、基督教哥特式尖顶教堂、带有神秘神像的兴都教寺庙等各式各样的宗教建筑。洁白亮丽的外墙是圣安德烈教

圣安德烈教堂 / 言文摄

堂最傲人的特点之一，整座建筑显得洁白有光泽。现在，圣安德烈教堂已经成为新加坡地区最有影响的教堂之一。新加坡佛教教派众多，其佛塔、寺院建筑风格多样，但以圆顶式建筑居多。位于新加坡光明山普觉禅寺的舍利塔就是典型的圆顶式建筑。释迦牟尼菩提迦耶寺由泰国僧人建造，绘有漂亮的图案，内部的金黄色坐佛高 15 米，非常壮观。在卫塞节的时候，香客们都会捐助钱财，并将金叶贴到佛像的身上，使佛像愈加显得金碧辉煌。

社交与生活习俗

　　新加坡的社交礼仪与习俗也呈现出多元化的特点。例如，新加坡人在社交场合与客人相见时，一般都施握手礼。新加坡华人有时施握手礼，有时行鞠躬礼，有时拱手作揖。而新加坡马来人则大多采用其本民族传统的摸手礼。佛教徒与客人相见行合十礼。在待人接物方面，新加坡人特别强调笑脸迎客，彬彬有礼。他们时间观念较强，有准时赴约的良好习惯。他们的闲谈话题，一般都是运动、旅游、传统文化和经济建设等方面的内容，而不涉及政治、宗教、民族关系等问题。另外，在新加坡，不得用食指指人，也不得用紧握的拳头打在另一只张开的掌心上，因为这些动作被认为是极端无礼的。

　　新加坡人特别喜欢在优雅环境里宴请、攀谈或休息。即便如此，他们却不喜欢挥霍浪费，宴请对方也不过于讲排场。当地的食物品种繁多，比如海南鸡饭、荷叶饭、广式烧腊面、虾面、莆田煎包、沙嗲、叻沙、娘惹糕点、七彩鱼片、咖喱鱼头、肉骨茶、咖喱饭等，应有尽有。在娘惹料理中，最有代表性的是叻沙，这是一道起源于马来西亚的面食料理，为马来西亚和新加坡的代表性料理，主要材料有米粉、虾仁、虾米、鱼片、蛤蜊、干葱、黄姜等。想吃碗正宗地道的叻沙，一定要到加东区。狮城比较有名的海鲜佳肴有辣椒炒螃蟹，这道菜连肉带壳加上茄汁及辣椒一起拌炒，口味令人回味无穷。遍及新加坡的摊贩中心和美食中心，也为人们提供了许多素食和快餐选择。在市中心的廉价饮食中心"老巴刹"，是最大众的餐饮场所，每天中午挤到这里就餐的，都是在附近单位工作的白领。

　　新加坡人的夜生活是丰富多彩的。行政区的夜店较为分散，但有两个地方不可不去。一个是有着巴洛克风格的夜店，华丽中流露着颓废的气息，每晚都有新加坡知名歌手在此驻唱。另一个便是以洋红色调为卖点的夜店，适合浅酌微醺或聚会谈心。位于新加坡中心位置的乌节路，是一条不夜街。它除了是购物天堂外，还聚集了各式高级和时髦的餐馆、酒店、咖啡座。另外，各种各样的亚洲节日、世界级的娱乐、艺术和文化活动都可以在这里找到。乌节路尽头即是登布西山，这里曾经是英军驻扎的营地，后被改造成为别具一格的休憩场所。这里有世界各地的风味餐厅、酒吧，让人大快朵颐；也有美术画廊、现代美术馆，艺术氛围浓厚；还有服饰店、精品超市、古董家具店铺，潮人们总是蜂拥而至。位于牛车水的安详山，以客纳街和安详路为主要干道，街道两旁尽是20世纪五六十年代的传统店屋，经过改造翻修，变得时尚摩登，闲逛其间，感觉十分悠闲。哈芝巷是条小巷子，里面有很多色彩斑斓的涂鸦，一看就是文艺小青年的栖息之地。两边全是精品小店、设计潮店，年轻人喜欢这里。大多数店铺都要下午才开门，越晚越热闹。由旧店屋和仓库群改建的克拉码头，集购物、饮食、娱乐于一体，向来是新加坡最热闹的夜生活区。灯红酒绿的各式餐厅与酒吧沿着新加坡河一字排开，傍晚时分灯火陆续亮起，可以在此喝酒谈心，享用异国料理或欣赏水岸风光，整条河滨街道充满浪漫气息。新加坡最红的夜店是一座由火力发电厂改建的夜生活区，古老的红砖建筑耸立着大烟囱，流露出怀旧的气息。厂内设置了9家夜店，从当代舞曲到非主流摇滚，从爵士乐、节奏蓝调（节奏布鲁斯）到卡拉OK等，多种主题尽情享受。

爱鸟、玩鸟、赏鸟也成为许多新加坡人业余生活的一部分，个人与公园饲养鸣禽十分盛行。坐落在斜坡上的裕廊飞禽公园，建有95个鸟舍、10个活动场所和6个池塘，栖息着分属380多个物种的4600多只飞禽。其中，在东南亚飞禽鸟舍，饲养了约260种东南亚飞禽。在森林之宝飞翔鸟舍，可以看到来自南美洲的各种色彩鲜艳、娇小而迷人的鸟类。在非洲瀑布鸟舍，最常见的是不同种类的椋鸟，比如：栗头丽椋鸟、紫头辉椋鸟、绿辉椋鸟、肉垂椋鸟、白腹紫椋鸟和翠绿辉椋鸟；还有一种黑面爱情鸟，它们成双成对生活，雌鸟和雄鸟经常相互轻啄、接吻，的确配得上"爱情鸟"的美称。在彩鹦谷，上千只吸蜜鹦鹉成群结队地在空中飞舞，编织出彩虹般的美妙景象。在犀鸟和巨嘴鸟展区，首次在圈养环境中成功孵育出黑犀鸟、南斑犀鸟和双角犀鸟，并且能看到多种多样的南美巨嘴鸟。在其他展区，能看到黑天鹅、鹦鹉、天堂鸟、猫头鹰等不同种类的禽鸟。裕廊飞禽公园真是个"花木四时茂，人来鸟不惊"的鸟类王国，每年参观游览者约90万人次。

新加坡人对吉祥字、吉祥图画等有特殊的感情。对喜、福、吉、鱼等字非常喜欢，认为这些字预兆着吉利。而荷花、苹果代表和平，蝙蝠表示幸运，竹表示文明、学习和力量，梅花则是"新年之花"。人们对红、绿、蓝色比较欢迎，视紫色、黑色为不吉利，黑、白、黄为禁忌色。特别偏爱红色，认为红色艳丽夺目，对人有激励作用。数字禁忌4、6、7、13、37和69。在新加坡，还禁止在商品包装上使用如来佛的图像，也不准使用宗教用语，忌讳猪和乌龟的图案。穆斯林忌讳狗、猪和猪皮制品。印度教徒不吃牛肉，但喝牛奶。马来人和印度人只用右手抓食物，而左手绝对不得用来触碰食物。

文化与节庆活动

新加坡一直致力于将自身打造为东南亚当代艺术的重要门户。每年1月份的艺术展会（艺术登陆新加坡），即以"我们就是亚洲"作为标语。2013年10月份，新加坡双年展邀请了80多位来自东南亚地区的艺术家和其他地区的少数艺术家，包括法国艺术家弗朗索瓦·罗奇、澳大利亚的米古诚和米谷朱丽娅夫妇等。2016年10月份，新加坡双年展以"镜子地图集"为主题，展出60件映射"镜子地图集"的艺术作品，借助不同的艺术观点，对区域内人类迁徙与相互交织的关系进行挖掘，反照与东亚和南亚的共有历史和当前的现实。

新加坡地方不大，但各民族按照自己的历法有着不同的节日与风俗。新加坡有公历、中国农历、印历和马来历四种历法，依各种历法有多种节日。例如春节、清明节、端午节、中元节、中秋节、卫塞节、开斋节、圣诞节和食品节等。

每年农历新年期间，大街小巷处处张贴着春联和中国财神、招财童子等传统年画，悬挂着中国红灯笼等，年味浓郁。同时，举办各种各样的庆祝活动。其中的重头戏是妆艺大游行，类似于狂欢节，人们可以观赏到花团锦簇的花车巡游、吞火表演、魔术和火辣的舞蹈。华人社团组成舞狮、舞龙队作精彩表演。一年一度的新加坡"春到河畔迎新年"大型游园活动，也是一个深受欢迎的农历新年活动。这项活动在滨海湾浮动舞台和滨海宝龙坊举行。热闹非凡的街头表演、游戏、灯笼、烟花和购物等，让周边地区充满了浓郁的节日气氛。当地华人家庭在春节期间，习惯贴春联、挂小红旗、去牛车水采购年货。年货很有讲究，例如鱼象征年年有余，年糕意味年年高升，发菜代表发财，橘子表示吉利等。鱼和菜蔬分别盛在圆碟子里，撒上胡椒和调味品，用筷子搅拌各种配料，做着向上搅调的姿势。据说，此举象征着在未来的事业中发财和幸运。"鱼"还同富裕的"裕"字谐音，所以一些贺年片上印有在荷花池中游动的金鱼。年夜饭的头一道菜通常是"捞鱼生"。"捞"是粤语"拌"的意思。"鱼生"是用生鱼片与沙拉酱、生菜、西芹、红萝卜等多种配料搭配而成的一道菜。新加坡人说，过年不吃捞鱼生就不算过年。因此，新年里，在新加坡的各家各户和大小餐馆，都会听到"捞起（捞喜）、捞起（捞喜）"的声音，以图吉利，年年有余，喜事不断。

中元节俗称"鬼节"，从农历七月初一到三十号，整整一个月时间都要设坛拜祭无主阴魂，并且称呼这些阴魂为"好兄弟"。在此期间举办宴会、歌台表演等活动。在宴会上，最中间的那桌美食一定是留给"好兄弟"的。在新加坡，普遍的庆祝方式是邻里之间组织大规模的中元会，每年选出一位炉主，主持中元会事务，以及向会员收月捐等。中元节一到，这些月捐便用来购买祭品、香烛和水果菜肴、柴米油盐等。并请糊纸店糊一尊身长丈六或丈二的普度公，放在棚内供奉。拜祭完毕后，所有祭品均分给会员。许多庙内也设有祭坛，供奉牲醴，以及用面粉捏造的飞禽走兽、鱼蟹水族及其他供品，极尽丰盛之能事。在地方性组织的普度会上，除了供品外，还少不了福物。福物花样繁多，有神像、火炭、米桶、元宝、大彩票、发糕、酒、电器用具、儿童玩具等。

卫塞节在公历5月的月圆之日（农历四月初八），是佛祖释迦牟尼的诞辰、成道及涅槃纪念日。"卫塞"在印度古梵语中意为"月圆"，象征佛陀德智圆满。新加坡佛教总会在节日的前几天就开始举行一连串的庆祝会，各佛教团体及寺庙张灯结彩，大放光明。节日当天，各佛教寺庙遍布香花、彩旗和彩灯，佛像也被重新装饰一番。虔诚的佛教徒和信众黎明前就聚集在寺庙前等候。当庆祝活动正式开始时，他们向佛像敬献鲜花、蜡烛和香火等供品，并齐声高唱，颂扬佛陀、佛法和僧伽。卫塞节上通常会举行浴佛、放生和吃斋等仪式。光明山普觉禅寺还会举行"三步一拜"的仪式，祈求世界和平，许下个人心愿，或对过往进行忏悔。

新加坡马来人也有自己的传统节日，其中最重要的当属斋月、开斋节和哈芝节（又称"宰牲节"）。每年回历九月，穆斯林从日出到日落的时间里都要戒饮、戒食、戒房事等。通过封斋，养成坚忍、刚强、廉洁的美德。斋月期满，就是隆重的开斋节。这天，人们早早起床、沐浴、焚香，衣冠整齐地到清真寺做礼拜，聆听教长讲经布道。然后去墓地缅怀亡人，以示不忘祖先。节日当天，人们在居住小区挨门串户地互致节日问候（俗称"拜节"），家家户户炸制"油香"和"馓子"食品，宰杀牛羊用来招待宾客亲朋，互相馈赠，其热闹气氛与华人的春节不相上下。哈芝节是穆斯林前往伊斯兰教圣地朝圣后隔天所举行的重要宗教仪式，节期在回历十二月的第十天。虔诚的穆斯林穿上洁净的衣裳，聚集在清真寺，聆听布道，祈祷赐福。庆祝仪式主要是献牲、宰杀牛羊，感谢真主。花钱购买牛羊的人可以得到 1/3 的牛羊肉，亲朋好友也获得 1/3 的牛羊肉，剩下的 1/3 分给穷人和有需要的人。所以，哈芝节是关乎慈悲施予、分享财富以及纪念祈福的节日。

食品节是新加坡一年一度的传统节日，节期在每年 4 月 17 日。节日前夕，大小食品厂显得异常忙碌，要赶制各种精美的食品供应节日市场。每家食品店都积极组织货源，满足顾客的需要。大街小巷熙熙攘攘，人们竞相采购。大家见面谈论的是食品的种类，议论的是食品的价格、包装以及质量等。在新加坡，食品节含有团聚的意思。因此，身在异乡的人，一般都会在节日期间赶回家，同家人一道过个团圆节。丰盛的食品晚餐是食品节庆祝活动的主要内容。富裕人家摆上数十种各式美味食品，在一阵阵热闹的爆竹声中，全家人坐在一起聚餐，并互相祝福。即使家境贫寒的人家，也要尽力准备一些食品，全家人围坐在一起，团团圆圆、高高兴兴地度过节日之夜。

"文明城市"及其他

新加坡社会比较讲究文明礼貌，是一个典型的"文明城市"。为了使人人都讲礼貌，新加坡政府对礼貌做了一些规定。店员的礼貌规定是：顾客临门，笑脸相迎；顾客选购，主动介绍，百挑不厌；顾客提问，留神听取，认真解答；顾客离去，热情欢送，礼貌道别。邻里之间的礼貌规定是：邻居见面要互相问候；逢年过节要邀请邻居作客；特殊情况要帮助邻居照看房屋；利用公共场所时要时时为别人着想。街头的宣传画上面也都印着笑容可掬的人像和一些口号，如："处世待人，讲究礼貌""人人讲礼貌，生活更美好""真诚微笑，处世之道"。就连警察对违反交通规则的人处以罚款时，也总是笑眯眯的。因此，新加坡人诙谐地说："就怕警察微笑。"不过，新加坡对任何不文明的行为处罚都非常严厉。举例来说：乱丢垃圾罚款200新元（约1200元人民币），吐一口痰，罚款500新元；口香糖绝对禁止吃，否则罚款300新元；如果多次犯事，不但要罚款，还要在炎热的马路边做义工3个月。对某些违法犯罪行为施行鞭刑。新加坡国立大学的一位作者这样为鞭刑辩护："新加坡民众多数支持鞭刑……鞭刑的结果是在他们的屁股上留下终身鞭痕，这正好达到教育的目的，永远提醒他们再也不能犯罪。"

新加坡在它的光环背后也有赌场和红灯区。新加坡开国元老李光耀曾说过，新加坡要开赌场，除非"跨过我的尸体"。然而，经济利益的驱动，新加坡也建起了赌场。外国人凭护照即可进赌场，本地人必须买200新元的入场券才能进赌场，这显然是对本地人的一种约束。新加坡有一个龙蛇混杂、五花八门的地区——芽笼。这是一条长约1000米的街道，两旁是小巷（共有44巷），巷内餐馆、酒廊、咖啡店、卡拉OK和情趣店比比皆是，非常热闹；同时，也有一些宗教团体和宗乡会馆，还有一些寻欢作乐的风月场所。食色共处，"黄庙"与"青楼"并存，妓女和和宗教人士擦肩而过，倒是蛮有趣的现象。

天堂秘境　文莱

　　文莱达鲁萨兰国，又称"文莱伊斯兰教君主国"，位于亚洲东南部，加里曼丹岛北部，北濒中国南海，其他三面与马来西亚的沙捞越州接壤，并被沙捞越州的林梦分隔为不相连的东西两部分。中国元代史籍中称文莱为"渤泥"，明代史籍中始称"文莱"。"文莱"在马来语中意为"植物"，这里专指沙罗门果（杜果）。"达鲁萨兰"是伊斯兰宗教词语，意为"和平之地、安乐世界"。

　　在文莱这个神秘的袖珍国度里，国鸟是雕，国花为"辛波嘎加"（康定杜鹃）。传说康定杜鹃传到文莱的第一天，文莱上空出现紫霞，于是国王将杜鹃定为国花。有趣的是，康定杜鹃被称为"最善变的国花"。当它绽放花蕾笑对世界时，呈现出的是红玫瑰色，菱形花瓣也十分可爱。而在七八天之后，它鲜艳的红色转眼间变成了亮丽的黄色，原本的菱形花瓣也变成了流线型花瓣。它的善变，让每一个与它初次相识的人都感到忍俊不禁。

文莱国旗

国徽

国情概要

文莱国土面积 5765 平方公里，人口 39.3 万（2013 年 12 月）。首都斯里巴加湾市，国庆日 2 月 23 日。文莱和马来西亚的沙捞越、沙巴被称为"北婆三邦"（婆罗洲北部的三个邦）。文莱整个国土被马来西亚所分割和环绕，内陆多山地，沿海为平原，有岛屿 33 个。白拉奕河为境内最长的河流，全长 32 公里。墨林本湖是境内最大的湖泊，湖水呈黑色，主要是因为湖底的草本植物所致。森林覆盖率 70% 以上，其中 11 个森林保护区的总面积为 2355 平方公里，占陆地面积 41%。属热带雨林气候，终年炎热多雨。工农业基础薄弱，但 20 世纪 70 年代以来靠大量出口石油和天然气致富，迅速成为世界上最富有的国家之一。

旅游业是文莱近些年来除油气业外大力发展的又一产业，主打自然环境、民俗文化和宗教传承三张牌。主要景点有王宫、王室陈列馆、赛福鼎清真寺、博而基亚清真寺、乌鲁乌鲁国家森林公园和独具民族特色的水村等。

文莱从 8 世纪开始有人定居。13 世纪后伊斯兰教传入，建立苏丹国。16 世纪中叶，葡萄牙、西班牙、荷兰、英国等相继入侵文莱。1888 年沦为英国保护国。1984 年独立以来，政府大力推行"马来化、伊斯兰化和君主制"政策，重点扶持马来族等土著人的经济，严格维护伊斯兰教义，大力巩固王室统治。其国徽系由王室标志发展而来，中心图案是一轮弯弯的新月，表明文莱是信奉伊斯兰教的国家。1991 年 9 月 30 日文莱与中国建立外交关系。

文莱王室

文莱王朝从 1363 年开始传到现在，是亚洲现存最长的王朝之一。在历史上，文莱王朝与中国有过长期友好交往。文莱首都斯里巴加湾市有一条标识为"Jalan

Ong Sum Ping"的路，当地华人称之为"王总兵路"，也称"王三品路"。"王总兵"相传是明代航海家郑和的副手王景弘，他与郑和一起受命出使西洋。这条路，被学者认为是当年郑和或王景弘船队曾经到访文莱的佐证。而中国南京有一座渤泥国王墓，是文莱国王麻那惹加那乃的陵墓，他在明代客死中国留下遗嘱，要求"体魄托葬中华"。这些都证实了文莱王朝与中国友好交往的历史。从第三任苏丹之后，凡举行登基典礼或重大活动，都要穿马来服、中国服和少数民族服装。

文莱虽然是东南亚的一个袖珍小国，但20世纪70年代以来，巨额的石油天然气收入使文莱成为富国，文莱王室也因此成为当今世界上最富有的王室之一。据环球视野报道，1987年，文莱苏丹博尔基亚以拥有350亿美元资产被美国《财富》杂志列为世界首富。在2005年3月颁布的《福布斯》全球富豪榜上，文莱苏丹的净资产为200亿美元。文莱苏丹的富有从王宫的规模便可见一斑。努洛伊曼王宫建造于20世纪80年代初，规模宏大。王宫内的清真寺金碧辉煌，圆形的屋顶上贴附着45公斤金箔，被当地华人昵称为"金葱头"。用大理石铺就的停车库里可停放800辆汽车。装有空调的马厩里可容纳400匹骏马。此外，文莱苏丹拥有一支由200辆劳斯莱斯轿车组成的车队。他和他的家族共拥有近3000辆车，其中不乏法拉利、保时捷这样的名牌跑车。文莱苏丹还拥有一艘大型豪华游艇、一架波音727客机，以及20多架私人飞机。他的专机从黄金安全带扣，到洗手间内的金马桶、金水龙头，机舱内只要有金属的部分，统统镀上一层黄金。据称，他在澳大利亚购置的牧场面积，比文莱本土面积还要大3倍。

文莱纸币上的苏丹

文莱王室依然延续着旧时帝王将相辉煌时光的荣光与奢华。就拿每年文莱苏丹的生日来说吧，都是举国欢庆的大日子，筹备工作要花费半年左右的时间。再拿人们津津乐道的王室婚礼来说吧，世界上似乎没有哪一个国家能像文莱那样颇具传统、颇具气派并且最能代表君主权威。2003 年 5 月 25 日举行的拉茜达公主的婚礼，是文莱新王宫举行的第一次婚礼，整个婚礼前后持续近半个月，共有大小仪式 30 多场。用黄金打造的富丽堂皇的婚礼花车在市民的欢呼簇拥下绕行城市，接受沿途人们的祝福。2015 年 4 月 12 日，阿都马力王子与新娘拉比阿图艾达威雅在努鲁伊曼王宫举行隆重婚礼。除王室成员外，首相署部长、内阁成员、政府官员、国会议员、宗教领袖、各地民间团体代表、外国王室嘉宾和各国驻文莱外交使团等 4000 多人出席，场面十分隆重而壮观。

文莱宪法规定，苏丹为国家元首，拥有全部最高行政权力和颁布法律的权力，同时也是宗教领袖。1992 年改建的王室礼仪陈列馆，展厅的主题分别为王室礼仪、文莱苏丹登基银禧纪念、宪法发展与历史、王室历史和御用物品等四大部分。陈列馆的中央大厅笼罩在状如王冠的穹隆屋顶下，这一设计蕴涵了文莱苏丹至高无上的权力象征意义。从对君主的称呼也可以看出文莱传统独特的一面。历史上，埃及、土耳其等许多国家的统治者都称作"苏丹"。但近代以来纷纷改称为"总统"，或保留比较温和的"国王""埃米尔"。目前只有阿曼和文莱的君主使用最有君王霸气的"苏丹"称谓。在文莱，王室成员与平民之间的等级差别明显，王室有权享有平民的尊重和敬畏，也有权对平民阶层保持王室神圣与神秘感。文莱家家户户挂着苏丹和王后的画像。这样的传统让人们恍惚置身于古代社会的时空里。

与民同乐的斋月新年

文莱是个多民族和睦相处的国家，无论是哪个民族的传统节日，其他民族也一起共享，互致祝福。哈孜节是文莱较大的节日，全国放假、朝拜 1 天。开斋节期间（7月份），笃信伊斯兰教的文莱王室庆贺斋月新年，开放王宫3天并接见民众。需要注意的是，黄色是文莱王室的象征，因此进入王宫不能穿黄颜色的衣物，另外紧身、过短、透明、暴露的衣着不受欢迎。

据中新社报道（记者张素、张茜翼），伊斯兰教遵循男女大防，访客按性别分成两队进入王宫。在豪奢的大厅里，来者可以享受到一顿免费午餐。主菜有烤鸡翅、炖牛肉、炸虾球等十余种，水果、甜品、饮料等供应齐全。记者看到，人们盛装出席，围坐在一起吃得津津有味。据有人说，要与王后握手，需要足够的耐心。记者从11时开始排队，走走停停，花费近5个小时，总算"挤"到王后的会客室。记者看到，房间内的装饰以金色为主调，王后莎丽哈、王妃萨莱赫及四位公主站成半圆形，依次与访客握手。但王宫侍者和女警卫不断催促，每人在会客室内的逗留时间不超过15秒。在记者自报家门后，莎丽哈王后面露喜色："China? Nice to meet you!"事实上，文莱王室与中国渊源颇深。据记载，文莱古称"渤泥"，郑和船队下西洋时曾两度造访。明永乐六年（1408年），渤泥国王那箸加那乃携王后、子女及陪臣等150余人远涉重洋，回访中国。20世纪90年代，中文两国正式建交，文莱王室通过南京的渤泥国王墓，完善了苏丹谱系。中国将渤泥国王墓保存得很好，文莱方面对此很满意，双方以此为契机展开合作交流。2013年3月，文莱苏丹哈桑纳尔访华。同年10月，中国总理李克强在东亚峰会期间到访文莱，两国高层在一年内实现互访。离开王后的会客厅，记者拿到一份王室礼物——带有哈桑纳尔肖像的贺卡及一盒制作精美的蛋糕。根据贺卡编号统计，仅在开放日前两天，访客已达7.6万人次。

幽静的斯里巴加湾市

首都斯里巴加湾市（旧称"文莱市"），邻近文莱湾，绿树成荫，花团锦簇。虽然是首都，却只有6万人口，全无现代化城市的喧嚣，路上行人很少，只有车辆穿梭往来。无论是商业楼，还是居民住宅，大多在10层以下，其中一个重要原因是，各种建筑绝不能超过清真寺的高度。王宫、清真寺、博物馆、皇家陈列馆、苏丹纪念馆、国家博物馆、体育场、商业大厦等各种建筑造型各异，引人注目。

在这个君主制国家中，王宫自然是最庄严和至高无上的地方。此外，就要数清真寺了。在市区任何角度都可以清楚地看到那座金碧辉煌的奥玛尔·阿里·赛福鼎清真寺。该寺是老国王生前于1958年建造的，许多年来，它不仅是东南亚地区最美丽的清真寺之一，也是文莱斯里巴加湾市的重要地标。整个清真寺坐落在文莱河畔的一个人工湖上，四周被湖水环绕，湖面平静如镜，一艘仿文莱古舟的石舫，浮在碧水之中，构成一幅美丽的天然图景。整个建筑巍峨高大，庄严肃穆，巨大的圆形金顶和镂空的乳白色尖塔更是雄伟豪迈。据说所有的金顶是由330万片金片镶成的。清真寺的选料十分考究，建筑材料都是从世界各地精心挑选的，如铺地的大理石来自意大利，砌墙的花岗岩来自中国。

除了赛福鼎清真寺外，博而基亚清真寺则是市内最大的清真寺了。它是文莱苏丹博而基亚于20世纪90年代自个掏钱建造的，因此是国王的私属清真寺（也向老百姓开放）。它的别名是"杰米清真寺""蓝色清真寺"和"国王的清真寺"。29个金碧辉煌的圆顶，全是用纯金包裹的，是为了纪念历史上29个苏丹统治的朝代。寺院设施全部电子化，包括最基本的自动感应的水龙头，分别用于洗手和洗脚。穆斯林在朝拜前要全身沐浴，洗净脸面和手脚才能进朝拜室。男女两个朝拜室分别能容纳3500人和1000人。国王在星期五要是没有特别的事，也在这里和百姓一起礼拜。不过国王上楼到朝拜室是乘专用自动扶梯的。没人知道苏丹花了多少钱建这座清真寺，但文莱苏丹的富有举世闻名。在他48岁生日的时候，王妃送给他一个4500公斤重的超级大水晶作为礼物，由此有了建造水晶公园的庞大计划。耗资13亿元文莱币（约合9.6亿美元）建造的水晶公园，于1994年正式开放，当时堪称东南亚最大的游乐场。

在斯里巴加湾市郊外的一座小山上，坐落着文莱国家博物馆。它外观白色，两层，免费向公众开放。馆内的展品分为伊斯兰艺术、文莱石油发展史、马来习俗及传统手工艺、考古发现与文莱历史、沉船宝藏等五大主题。馆内藏有文莱的各种历史资料，例如大量的可兰经、文件、手抄资料等；还有大量的古物，例如精致的银、铜制品、陶器、古代玻璃饰品、珍贵的地毯等。在上海世博会文莱展馆，也展示了一些在文莱博物馆珍藏的藏品，包括与中国象棋相近的帕嗓游戏和传统的陀螺游戏等；也有一些王宫用品，例如，只有举行庆典仪式时才会使用的华盖。

豪华与简朴

　　文莱的富有从富丽豪华的帝国酒店可见一斑。帝国酒店是 2000 年 APEC（亚太经合组织）会议的举办地，受到各国元首高度赞赏。这是一所真正的超级豪华酒店，共分为 18 个区域，有大片的别墅区、剧院、宴会厅和乡村俱乐部，非常的气派。不说别的，单是豪华客房内的寝具都是特别定制的尺码，床上的羽绒被、羽绒枕细腻柔软、温柔舒适，精致细密的地毯是用金线手工缀织而成。帝王套房是帝国酒店最大的套房，面积为 675 平方米，还包含有 2 个独立电梯玄关、4 个厅室、多套卫浴设备，另备有独立的按摩浴缸与蒸汽室，以及一座与寝室相邻的面积为 63.25 平方米的私人室内泳池。套房里所有金光闪闪的装饰面板全都是 21K 金。打开遥控的窗帘，即刻呈现酒店外的碧海蓝天。帝王套房获得"世界最优秀总统套房"殊荣。不少王室成员、国家元首及著名人士，包括前美国总统克林顿都曾是酒店的贵宾。

　　如果说帝国酒店是豪华的代表，那么水村等地方就是简朴的代表了。2009 年启用的水村文化馆，由文莱旅游局投资兴建，旨在系统展示文莱独具地方特色的水村文化，包括历史、风俗、生活以及手工艺术等。文莱河在斯里巴加湾市中心形成一个水面宽阔的河湾，沿河 3000 多栋房屋组成了 42 个水上村落。很多房屋由蜿蜒的栈桥相连，总长 36 公里，形成一幅幅水上人家的风情画卷。许多住房刷上了鲜艳的油漆，风格独特。大约有 2.5 万人居住在水村，过着现代和传统结合的简朴生活。操持家务的妇女，活泼的孩子，俨然是一派悠闲生活的景象。水村人的交通工具是被称为"飞驰的棺材"的快艇。之所以得此怪名，是因为快艇没有速度限制，即便穿过桥桩时也不减速，让游客心惊肉跳，怕随时葬身水中，而水村的居民却早就习以为常。政府为改善水村居民的生活，在这里建设了水上学校、医院、商场、邮局、消防和清真寺等。

水村的简朴造就了水村人的淳朴、善良。有一则文莱河的巨石传说，在这方面也起着警世醒世的作用。那块巨石，在几百年前本是一条船，因为装着满船金银财宝衣锦还乡的儿子不肯相认由于施舍穷人而变得贫穷的善良老母，结果被悲愤至极的老母赌下毒咒，连人带船变成了石头。这个母亲河的咒语传说，教育人们要善良、讲孝道，对水村人乃至文莱马来人影响深远。

比起水村的嘈杂，文莱淡布隆国家森林公园就显得宁静多了。淡布隆区的常住人口约 9000 人，其中有依然保持着许多马来传统的土著民族，民风淳朴自然。园区总面积 1304 平方公里，山峦起伏，绿荫层叠。这里没有热闹的街市，就连简陋的民居也大多散落在丛林当中。搭乘小船，花费几个小时去领略大自然的万种风情，是非常值得的；幸运的话还能看到可爱的长鼻猴，那就更加有趣了。

文莱人的生活准则

文莱主要人口为马来人，此外有华人、印度人、婆罗洲土著人。其中马来人占 66.4%，华人占 11%，其他种族占 22.6%。文莱马来人的名字通常由两部分组成。前半部分是自己的名字，后半部分是父名，中间用 bin（意为"之子"）或 binti（意为"之女"）断开。一般男性名字前面尊称"阿旺"，朝圣过的通常称"阿旺·哈吉"。一般女性名字前面尊称"达扬"，朝圣过的通常称"达扬·哈贾"。王室成员与有亲戚关系的人在名字前加"本基兰"，非王室成员的达官显要和有功人士被苏丹赐"佩欣"或"达图"等封号，他们的夫人被称为"达丁"。当面称呼时，一般不直呼其名，可简称"本基兰、佩欣、达图、达丁、阿旺、达扬、哈吉、哈贾"。

文莱政教合一，伊斯兰教化程度很高，这几乎成了文莱马来人的生活准则。

全国建有伊斯兰教法院，处理宗教和民事诉讼；建有宗教学校，培养教职人员，并派留学生到马来西亚、印尼、巴基斯坦、埃及等国的宗教大学学习。文莱马来人按照《古兰经》的训诫，每天要礼拜5次。即破晓时的"晨礼"，中午的"晌礼"，下午的"晡礼"，日落时的"昏礼"，入夜后的"宵礼"。每星期五必须到清真寺参加聚礼和祈祷。斋月期间，成年穆斯林在日出至日落之间均须斋戒。

"破戒"者要遭人唾弃，重者要由宗教法庭审判。他们受宗教的约束，严格禁酒、禁食猪肉，反对吸烟、浪费粮食、偷懒、破坏社会公德等不良现象。对于盗窃、抢劫、醉酒等罪行，将处以断肢或鞭刑。

此外，文莱马来人的传统色彩也比较浓厚。其基本特征为：重视社会、族群、人际关系的和谐；关注弱势群体；注重礼节，循规蹈矩。最能体现文莱马来人的真诚和友善的，莫过于"开门迎宾"了。每年在文莱穆斯林最隆重的开斋节的头三天，家家户户都敞开大门"开门迎宾"，欢迎任何人到家里做客，临走时还要送客人礼物，对小孩子要给红包。"开门迎宾"连王宫也不例外，每逢开斋节，王宫对平民百姓开放三天，任何人都可以排队进去跟国家元首苏丹握手，每位客人都受到款待，离去时都有一份礼物。在市内，可以看到许多文莱民众和在文外国人排队领取蛋糕、饼干，或等待享用开斋节自助餐，场面宏大，非常热闹。由于受马来文化的影响，当地华人在欢度中国传统春节时也同样要"开门迎宾"，热情邀请亲朋好友前来共同庆贺，互致节日问候。就连中国驻文莱大使馆也入乡随俗，在春节期间选定一天作为"开门迎宾"日，并登报或致函向社会各界发出邀请。据新华网报道，2018年春节期间，文莱王室成员、政府和军方官员、外国使节以及社会各界200多人参加了中国驻文莱大使馆的"开门迎宾"活动。

文莱是一个各民族和睦相处的国家，每逢节日，气氛热烈。但文莱禁止本国穆斯林公开庆祝圣诞节，认为庆祝圣诞节将影响穆斯林的信仰。凡公开庆祝圣诞节的行为，其中包括穿戴圣诞服饰（如圣诞帽）、点圣诞蜡烛、吟唱圣诞歌曲以及摆放圣诞树等，将面临最高5年的监禁。非穆斯林虽然可以过圣诞节，但必须申请，而且只能在自己的社区庆祝，也不能组织大型活动或者通知穆斯林参加，否则他们也将面临最高5年的监禁。

社交与生活习俗

文莱人通常都很善解人意，民风淳朴，这和其文化有着密切关系。文莱的文化、习俗、信仰都与马来西亚人很相似。虽然各种外国文化对文莱丰富的历史也存在着一定影响，但是无法磨灭古马来亚王国给现代文莱带来的深厚印记。在文莱，极少有人斗殴、吵架，甚至很少有人大声说话。人们的脸上都显得平和安详。

据人民网登载的《文莱风俗礼仪小贴士》介绍，文莱有一些独特的习惯和风俗：如，当地马来人与人握手时，通常会把手收回到胸前轻触一下，以示真诚。从有身份的人或长辈面前经过时，要把手下垂并贴着身体，侧身轻步走过。参观清真寺或到马来人家作客时，进门前要脱鞋以示尊重和清洁。在指人或物时，不能用食指，而要把四指并拢轻握成拳，大拇指紧贴在食指上。左手被认为是不洁的，在接送物品时要用右手，招呼人或出租车时也不能用食指，要挥动整个手掌。不少马来人不愿与异性握手，所以，除非他（她）们先伸出手来，不要主动与他（她）们握手。不要用手去摸他人的头部，此举被认为将带来灾祸。但文莱人也有活泼可爱的一面，例如，在庆典或节日里，都少不了拔河比赛；平时也酷爱打高尔夫球。

文莱马来人大多数实行早婚，一般男女在十五六岁的时候就开始择偶。男女之间必须情投意合，很少有逼婚的现象。如果是经过中间人介绍的，父母也会征求男女双方本人同意，然后双方家长就可以商议关于聘金嫁妆的条件。按照文莱马来人的风俗，男方要付给女方聘金。婚礼多数是在夜晚女方家举行，一切费用也归女方家负担。亲友们会在新娘的手中撒一些花瓣和涂抹一些特殊的东西，以表达对新娘的祝福之意。婚礼结束后，男方就成为女方家的一员，相当于中国婚俗上的"入赘"（俗称"招女婿"）。

来到文莱，最不能错过的是文莱那些风味十足的特色小吃。加东夜市是文莱规模最大，价格最便宜的夜市。这里有各种特色小吃、海鲜和丰富的热带水果，还有各种手工艺品和日用品，逛起来非常的有趣。文莱人保持着传统的饮食习惯，口味较重，集酸、甜、辣为一体，并以煎、炸为主。特色小吃如炸鸡、沙嗲烤鱼、椰浆饭等。椰浆饭是文莱常见的一道美食，传统上被用来当早餐吃的，通常是用纸或香蕉叶包住卖的。沙嗲烤鱼在文莱小吃中非常受欢迎，沙嗲是用很多特殊香料制作的酱料。文莱人也喜欢在羊肉、牛肉上涂上厚厚的沙嗲酱烤着吃，烤出来的食物有股特殊的香甜味。

文莱人在日常生活中少不了竹器、木器、银器和纺织品等物品。竹器是用蒆条编成的各式手袋、盘子、笔筒、杯垫、坐垫等日常生活用品。木器有镂刻了花纹的镜框、信箱、门楣等实用小型家具或配件。银器包括装饰用的手工艺品，全都精雕细琢而成。文莱人很早就掌握了纺织技术，在古代就能织一种叫"古贝"的布。今天，当地男子每逢重大场合所穿的围腰依然是手工织成。文莱马来族男子，在日常生活中习惯穿"巴汝"、围"纱笼"；在正式场合，一般穿以蜡染的花布做成的长袖衬衣。文莱马来族女子，平时一般穿无领长袖连衣裙，围上头巾；在正式场合，则穿西装或套裙。在服饰色彩方面，女子偏好红色、绿色、橙色和其他一些鲜艳的颜色。穆斯林不主张偶像崇拜，不用人像、动物等具体形象作图案装饰，而变换的几何图形和精心搭配的色彩则成为穆斯林装饰艺术的主要特色。

西太平洋明珠　菲律宾

　　菲律宾共和国是东南亚一个群岛国家，西濒南中国海，东临太平洋，与中国台湾省、印度尼西亚和马来西亚隔海相望。国名意为"菲利普之地"，源自西班牙王储即后来的国王菲利普二世的名字，是亚洲唯一以外国人之名命名的国家。中国古籍中所记载的吕宋、苏禄、麻逸、胡洛等，指的都是菲律宾。

菲律宾国旗

国徽

国情概要

菲律宾国土面积 29.97 万平方公里，人口 1.01 亿（2015 年 7 月）。首都大马尼拉市，国庆日 6 月 12 日。作为群岛国家，它的海岸线漫长曲折，椰树成林，风光绮丽，多姿多彩。位于棉兰老岛的阿波火山是菲律宾最高峰（海拔 2953 米），有"火山王"之称。河流均较短小，吕宋岛最大河流卡加延河，长 350 公里。属季风型热带雨林气候，高温多雨，湿度大，台风多。资源丰富，物产富饶。金枪鱼资源居世界前列。一年四季鲜花盛开，水果飘香，盛产椰子、香蕉、杧果、菠萝、榴莲，素有"太平洋的果盘""花园之岛""翡翠群岛""椰子王国""亚洲香蕉园"等雅号和别称。椰干、椰油出口占世界首位。农业和制造业占相当比重，第三产业在国民经济中地位突出。但人民生活水平提高较慢，贫困家庭比率占到 25%。

菲律宾主要分吕宋、米沙鄢和棉兰老岛三大岛群，共有大小岛屿 7000 多个，就像一颗颗闪烁的明珠，星罗棋布地镶嵌在西太平洋的万顷碧波之上，因此享有"西太平洋明珠"的美誉。这里有很多精彩的、吸引游客的景点，包括图巴塔哈群礁、马荣火山、巴纳韦梯田、海豚湾、董索、巧克力山等等。还有很多有趣的活动等着你来体验，比如潜水、攀岩、露营、远足、观鸟屋等等。同时，由于历史原因，菲律宾融合了许多东、西方的文化习俗，富于异国风情。

早年从苏门答腊岛移民而来的米南加保人，于 1390 年建立了菲律宾历史上第一个国家——苏禄苏丹国，以和乐为首都。1521 年麦哲伦率领西班牙远征队到达菲律宾群岛后，西班牙于 1565 年侵占了菲律宾，自此殖民统治 300 多年。1898 年 6 月 12 日成立菲律宾共和国，这是亚洲诞生的第一个共和国。同年，美国依据对西班牙战争后签订的《巴黎条约》占领了菲律宾。1946 年 7 月 4 日，美国被迫同意菲律宾独立。菲律宾国徽的图案就代表了菲律宾的三个历史时期，即西班牙殖民统治时期、美国殖民统治时期和菲律宾共和国时期。1975 年 6 月 9 日菲律宾与中国建立外交关系。

　　每个国家都有几样象征性的事物，菲律宾也不例外。茉莉花是菲律宾的国花，被称为"桑巴吉塔"。每到鲜花盛开的5月，姑娘们都佩戴上茉莉花环，唱起赞歌，互相祝愿。据说，古代菲律宾男子向心爱的姑娘求婚时，一般都赠送茉莉花环。如果姑娘将花环挂在脖子上，就意味着接受了他的爱。现代菲律宾青年也常将它作为礼物献给爱人，表达坚贞的爱情。在国际交往中，菲律宾人常把茉莉花环献给外国贵宾，表示纯真的友谊。在菲律宾还生长着罕见的玉葡萄（绿玉藤），这是一种蓝绿色爪状的花，如今由于森林遭到严重砍伐而变得稀有。杧果素有"热带果王"之誉，是菲律宾的国果。成熟后呈黄色，异香扑鼻，是菲律宾人民最喜欢的热带水果。国树纳拉树，是紫檀木的一种。这种树高大挺拔，终年常绿，迎着太阳开放出金光灿烂的花朵。树皮在受伤时会渗出一种猩红色的液体，菲律宾人说，这象征自己民族血管里流动着的鲜血。国石是珍珠。巴拉望附近的苏禄海域，以其得天独厚的自然条件，孕育出璀璨耀眼的金色珍珠。这是一种海水养殖珠，产自白唇贝或金唇贝中，产量极少，价格昂贵。国鸟是菲律宾鹰，别称"菲律宾雕""食猴鹰"。它的主要猎物是各种树栖动物，如猫猴、蝙蝠、蛇类、蜥蜴、犀鸟、灵猫、猕猴及野兔等。因为它在啄食猴子时十分凶残，所以有"食猴鹰"之称。1985年中国放映的国产动画片《黑猫警长》第二集中，食猴鹰首次以大反派动漫明星的身份为青少年观众所熟知。

中菲友好交往

　　菲律宾在历史上与中国有过长期的友好交往。自古以来舟楫相通，进行频繁的经济、文化交往。1200多年前，中国唐代商人远渡南洋，在菲律宾民都洛岛登陆，同麻逸国土著居民歃血为盟，通商贸易，交流文化，成为历史上的佳话。菲律宾卡拉潘市的人民为了纪念这段历史，从1980年起，每年5月都要举行隆重盛大的血盟节，庆祝一周，当地称为"桑杜吉安"。由省长、市长亲自带领政府机关工作人员和学校师生参加，并邀请当地菲华商会会员扮演"唐使""唐商"，数千市民化装成"土人"，市长扮演"酋长"，重演历史上唐代商人登陆民都洛岛与当地人歃血结盟的情景。宋代赵汝适在《诸蕃志》中也有关于民都洛岛麻逸国的记载，当时中国商船已到达三屿、蒲里噜、白蒲延等地进行贸易，受到当地人民的友好接待。《诸蕃志》是一部专门记述当时中国与海外各国贸易、交通等方面的著述，是《宋史·外国传》的主要底本。宋史记载，太平兴国七年（公元982年），麻逸国载宝货至广州海岸与中国贸易。中国商人也结伴到菲律宾经商。

据历史记载，明朝郑和下西洋时，曾派使臣张谦到访麻剌郎国（即菲律宾）。1417年，苏禄群岛上的三位国王（东王巴都葛叭哈喇、西王麻哈喇葛麻丁、峒王巴都葛叭喇卜）率领家眷一行340人组成友好使团，前往中国进行友好访问，受到明永乐皇帝朱棣的隆重接待。归国途中至山东德州，东王巴都葛叭哈喇因病医治无效，遗命留葬中国。明成祖朱棣派礼部郎中陈士启前往祭奠，以国王礼节将东王葬于德州，并赐谥号"恭定"。明成祖还亲撰碑文，勒石以志。现在，这座位于德州市北郊的苏禄东王墓已修整一新，成为古代中菲友好往来的历史见证。2005年适逢中菲建交30周年，苏禄东王在中国的后裔远涉重洋前去先祖故地寻根，实现了数百年来的夙愿，再次谱写出两国人民友谊的佳话。

从2001年中国传统元宵节起，马尼拉市每年举办"菲中传统文化节"活动，让更多的菲律宾人参与共享元宵佳节带来的欢乐，进一步加深两国人民的友好感情和相互了解。

吕宋岛风土人情

吕宋岛位于菲律宾群岛北部，面积10.99万平方公里，是菲律宾面积最大、人口最多、经济最发达的岛屿，也是菲律宾三大政区（吕宋、维萨亚、棉兰老）之一。西班牙统治时期，华人称之为"小吕宋"，称整个菲律宾为"大吕宋"。中央平原为全国重要产粮区，一向被称为菲律宾的粮仓。南部和东南部是重要经济作物区，60%以上耕地种植椰子和蕉麻。内湖和奎松两省是世界上最大的椰子产区。北部和西北部为烟草主要产区，吕宋雪茄闻名于世。最北端隐藏着鲜为人知的一面——充满神秘色彩的巴丹群岛。北部和东北部山区有矮黑人和其他少数民族。居民的传统住房是用石块建成一米多厚的墙，用草皮做屋顶，有小窗户通风，冬暖夏凉。在与大海高山相依的查瓦扬村中，大量19世纪建造的石屋建筑，经历了近千次大小飓风侵袭，依旧屹立不倒，保存完好。村中的剧院和教堂别具一格，看得出村民对文化的渴望和对宗教的崇敬。

吕宋岛北部伊富高省巴纳韦镇附近的高山水稻梯田，就像一片片绿玉镶嵌在山腰上。它是世世代代伊富高人用智慧和汗水换来的成果。伊富高人为了谋生，在海拔1000米以上的山地上开垦出这些水稻梯田，至今已有2000多年的历史。梯田总面积约400平方公里，田埂总长2万多公里。每块水田宽仅2至3米，每层高6至7米，有的甚至超过10米。由于坡度极大，梯田面积一般都很小，面积最大的有2500平方米，最小的只有4平方米。梯田由泥墙或石壁组成的田埂支撑。盘山灌溉的水渠逐级升高，像巨大的台阶一般，被称为"通向天国的阶梯"。伊富高人在播种、收割、守丧或其他仪式上，都会举行隆重的仪式，吟诵哈德哈德圣歌。咏诵者多为上了年纪的妇女。圣歌交替以领诵、合诵的形式表现出来。所有的圣歌通篇只有一个曲调，每个曲调在当地都通行。作为口头传统，一代又一代的传播，主要靠的是口传心授，现存的以文字记录下来的圣歌寥寥无几。

伊富高部落有一种非常奇异的丧葬习俗。如果伊富高部落有成员去世，男性亲人会建造一个椅子，在数天葬礼中用以支撑死者尸体。尸体被放在靠近房屋前门的位置，全程有火焰伴随，以驱赶蚊虫并烤干尸体。一旦人们开始送上祭品，死者的配偶就不允许再看尸体。在葬礼的第四天，尸体从椅子上取下，下葬在死者屋下。葬礼结束几年后，有些死者亲友可能会经历一场大病，传言这是受死者灵魂的干扰。为避免此类事情，他们会将死者的尸骨掘出，再举行一次葬礼。吕宋岛甲米地的菲籍西班牙人，他们的丧葬习俗却相当不同。甲米地人相信，是树赋予了人类生命，因而人死后，尸身要被直立着葬入挖空的树中。这是树葬的形式之一，跟现代树葬的形式是不同的。

吕宋岛西南方的滨海小镇董索，是蜚声世界的鲸鲨之都。每年2至5月是观看鲸鲨的最佳季节，不仅可以近距离观察它们，而且还能与鲸鲨同游，是够浪漫的了！此外，在晚上坐螃蟹船到红树林去看萤火虫，也是一种很温馨特别的体验。怪不得有那么多的人喜欢游览董索。这与游览活火山的心情完全不一样。坐落在吕宋岛东南端的马荣活火山，那近乎完美的圆锥形山体，被誉为"世界最完美的圆锥体"，经常被人拿来和日本的富士山相媲美。它完美对称的圆锥体是火山灰和熔岩多次喷发并累积的结果。顶端喷发出的浓烟和蒸汽，远远望去，美丽极了。当地人喜欢用"美女"来形容马荣火山，可是千万不要给"美女"迷惑了。据记载，自1615年以来，马荣火山的喷发活动就有43次之多，其中造成破坏最严重的一次是在1814年，导致1200人丧生。2001年6月24日的那次爆发，许多来自海内外的观光者涌进黎牙实比市，一睹了火山爆发的壮观情景。2006年7月再次爆发，吸引了许多火山爱好者及摄影爱好者，前来一睹完美火山喷发的景象。吕宋岛西南部的大雅台海拔600米，因气候凉爽、风景秀美并且能够俯瞰塔尔湖全景与塔尔活火山闻名。据史料记载，自1572年以来，塔尔火山已喷发过29次，形成湖中有山、山中有湖的奇特自然景观。1911年2月，塔尔火山在间隔两天的时间里喷发两次。第一次喷发使98人丧生，第二次喷发至少有1335人丧生。1965年再次喷发，数以百计的岛上居民从睡梦中惊醒后，未来得及逃脱就被倾泻的岩浆活埋。侥幸逃过那次劫难的居民至今仍心有余悸。在吕宋岛三描礼士、打拉和邦板牙三省交界处的皮纳图博火山，是一座活跃的层状火山，1991年6月15日爆炸式大喷发所引起的火山碎屑流、火山灰和后来由雨水引发的火山泥流，严重破坏了邻近的地区，数千间房屋和其他建筑物被摧毁，造成了1202人死亡和50亿比索（约合4亿元人民币）损失，而旅游业的间接损失高达300亿比索。

巴拉望群岛风情

菲律宾北部班诗兰省的百岛国家公园，由124个小岛屿组成，是菲律宾这个

"千岛之国"的缩影。而位于棉兰老岛与北婆罗洲之间的巴拉望群岛，为菲律宾自然生态环境保护最完好的地方，被誉为"现代伊甸园""菲律宾最后一片净土""未开发的处女地""野生动植物的乐园""最后的边疆"。此地有一个非常动人的传说：这里曾是人鱼聚集地，众神觊觎美人鱼的姿色，互相争夺这个海岛，祸及人鱼。人鱼为了保护全族，化身各种鱼类并发誓永远保护这座岛屿，但无法再变回人鱼。

巴拉望的首府普林塞萨港，在西班牙语中意为"公主港"。虽说是首府城市，但除去偶尔可见的度假村酒店，这里仍保持着原始风貌：海滩、红树林、隐藏的濒海湖及野生动物园。猿猴、大蜥蜴、松鼠在沙滩上找到了它们合适的空间。周围清澈海水里的多彩热带鱼，穿梭于缤纷的珊瑚丛中，交相辉映。普林塞萨港的特产有珍珠项链、耳环，价格不贵。贝壳很多，但只能买小贝壳制品，大贝壳在海关会被扣下。木雕也有很多，比如木碗、木盘子、木勺等餐具，都是用整块木头挖空做成，货真价实。各种T恤很受欢迎，图案包括海鱼、珊瑚、热带鸟等。

图巴塔哈群礁海洋公园位于普林塞萨港东南约180公里处的苏禄海上，是巴拉望群岛生物圈保护计划的一部分。据资料介绍，超过1000种物种在群礁内栖息，其中有350多种珊瑚与500多种鱼类，包括蝠鲼、狮子鱼、海龟、小丑鱼和鲨鱼等。在清澈的海水中还可以见到一种海花，淡绿色，一尺多高，蓬蓬松松。如果你用手摸它，海花竟像触了电似的，全身龟缩，遁进沙里，一眨眼的工夫，已消失得无影无踪。

巴拉望的潜水胜地又多又好，在菲律宾乃至全世界首屈一指。全球著名权威旅游杂志《康泰纳仕旅行者》公布的"读者选择大奖"结果中，巴拉望岛凭借其全球最纯净的海水、美轮美奂的海滩以及世界闻名的地下河，打败全球其他30个岛屿，获选为该杂志2014年度读者选择奖之"全球最佳旅游岛屿"。许多潜水爱好者专程到那里去潜水，与鱼儿为伴，乐此不疲。巴拉望还以地下洞窟及溪流著名。塔本洞窟被称为是菲律宾"文化的摇篮"，是考古学家最感兴趣的地方。在普林塞萨地下河自然奇观，可以看到布满钟乳石和石笋的地下洞窟，神奇的景象令人叹为观止，不愧为"世界新七大自然奇观"之一。

爱妮岛是巴拉望群岛最北部的一片小小的群岛，由 45 个岛屿组成，以奇美的"巴奎特群岛"景观而闻名。这里的海岸风格同越南下龙湾十分相似，也被很多中国旅行者称作"海上桂林"。爱妮岛拥有多样的生态系统，如热带雨林、红树林、白沙滩、珊瑚带、石灰石暗礁。建在水上的房舍，虽然空间不大，但住在里面可以欣赏美丽的海湾风景和爱妮岛独有的日落。

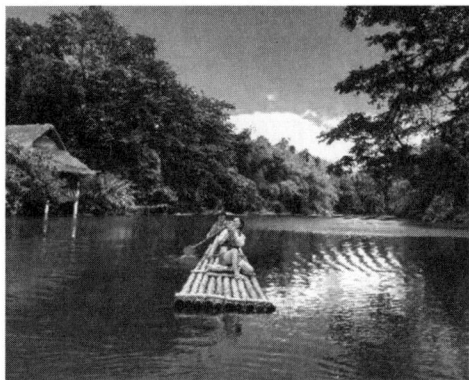

竹筏漂流 / 阙亚娟摄

美丽的海岛总会发生一些浪漫的事情。2006 年 9 月，谢霆锋、张柏芝曾在巴拉望的一个小岛上举办了婚礼。尽管几年后两人劳燕分飞一拍两散，但毕竟他们曾经爱过，有过浪漫的婚礼。

长滩岛览胜

长滩岛是菲律宾中部的一个岛屿，面积 10.32 平方公里，属于西米沙鄢群岛。小岛长 7 公里，而中部最窄的地方只有 1 公里宽，形同一个哑铃。令这个不起眼的小岛遐迩闻名的，是那里有一片长达 4 公里的白色沙滩，20 世纪被评选为世界最美沙滩之一，2007 年又在雅虎旅游"世界最受欢迎海滩"的评选中独占鳌头。这是由大片珊瑚风化后形成的修长细腻的白沙滩。当帆船在岛边停靠时，离岸上还有三四十米，游客只能脱了鞋子，卷起裤脚，跟着船夫跳进清澈透明的浅水里，向岸上慢慢走去。这样的上岸方式，别具一格。

来到长滩岛，或游泳、潜水、冲浪，或漫步沙滩检贝壳，或横卧沙滩晒日光浴，随你喜好，任你选择。西方人喜欢待在阳光下，把皮肤晒成棕褐色。东方人却相反，多数不愿意暴露在太阳底下，生怕皮肤晒黑。可是，当地人却不怕晒，原来他们用当地的椰子油，涂在身上保护皮肤。虽然如此，他们的皮肤仍被晒得油黑发亮。

长滩岛的夜色很美。海水暗淡了，星星出来了，夜晚开始摇曳生辉。海边的按摩、绘体、派对、音乐，成为这里最令人心醉神驰的玩乐项目。海岛居民天性热爱音乐，很多酒吧都有现场弹唱，吹着海风，望着星空，听那无比深情的菲律宾语情歌，十分的惬意。

与长滩岛齐名的锡基霍尔岛、甘米银岛和锡亚高岛（又译"夏尔高岛"），也是菲律宾人传统的度假胜地。其中，锡基霍尔岛不仅以美丽的海水、安静的氛围著名，还以从前的巫师与巫术出名，所以有人称之为"巫医之岛"。但如今，随着时代的发展，这些古老的巫术已慢慢失去了魅力和竞争力。沿着环岛海滨公路欣赏不同的海景，品味低调闲适的乡村生活，享受它的与世无争，反而更受游客的欢迎。

宿务岛今昔

宿务岛是米沙鄢群岛中部岛屿，面积4694平方公里。岛上有棕榈环绕的渔村、朴实的村民，以及四周透蓝的海水。只有当你躺在沙滩上或浮在海面上，完全地放松身心，才能体会到它的宁静和美丽。坐落于气候凉爽的布塞山脉的山顶观景台，系俯瞰大宿务市、麦丹岛和奥兰勾岛美景的理想地点，白天可在此野餐，晚间可举行聚会。

首府宿务市是个历史悠久、富有南国情调的海滨城市，也是菲律宾仅次于马尼拉的第二大城市。它拥有菲律宾三最：西班牙人最早登陆的岛、最古老的城堡及最古老的街道，并有"南菲律宾首都"和"南方皇后市"的美名。圣彼罗堡是1565年由西班牙驻菲律宾首任总督米格·洛佩斯·雷加斯比亲自动土兴建的，城堡正门前的独立广场上建有雷加斯比的纪念碑。耶稣圣婴教堂（又名"圣奥古斯汀教堂"）也建于1565年，自建造以来即当作基督教传教的据点，里面最值得参观的是相传由麦哲伦运来的耶稣圣婴像。华侨华人在宿务市有几百年的侨居史。在市郊的山坡上，有一座菲籍华裔建造的道观，还有一尊姜太公钓鱼的雕像。这座富有浓厚中国色彩的道观，引起外国游客的极大兴趣。位于宿务市贝弗利山脉的定光宝殿，供奉着中国古代先哲老子的雕塑，人们登上通往宝殿的 81 级台阶（代表《道德经》的 81 章）焚香祈祷。在宿务，晚上八九点钟，大部分商店已经关门，街灯寥落。通宵营业的，是市中心的一家赌场。它那辉煌的灯火，在黑沉沉的夜里显得特别明亮和刺眼。

渔舟唱晚 / 阙亚娟摄

　　宿务的麦克坦岛是航海探险家麦哲伦殉难之地，著名的地标是麦哲伦十字架（现存放在一所小礼拜堂），因此举世闻名。1521 年 4 月 27 日，在此地传教的麦哲伦，被拉普拉普酋长及其率领的战士群起阻止，并被杀害。尽管西班牙人愿意以珠宝和香料交换，可是他们找回麦哲伦尸体的努力终究徒劳无功。后人于 1866 年在麦哲伦的殉难地点建造了纪念碑，来纪念这位伟大的航海家；而纪念同一场战斗的拉普拉普酋长雕像也位于不远处，这位英雄右手持着大刀，左手握着盾牌，据说这两样是他与麦哲伦战斗时使用的武器。两个冤家逝世后，雕像似乎也要战斗。现在，麦克坦岛以现代的气息再一次深深吸引了游客的目光。这是一个纯粹适合慵懒度假的小岛，度假地点之多可谓宿务之冠。四处皆是漂亮的海滩及度假设施，风帆、潜水等水上运动，令游人身心舒畅，酒店、餐厅、购物中心等消费场所，着实让游人消费了一把。

在宿务北面的班塔延岛，白沙绵延，海水清澈，夜色宁静，蕙风和畅。坐在月光映照的沙滩上，饮上一杯沁人心脾的冰啤酒，会觉得十分惬意。在宿务东南方的保和岛（又称"薄荷岛"），可以看到全世界体型最小的眼镜猴：体长只有9至12厘米，体重为150克左右。眼镜猴又称"跗猴"，在小小的脸庞上，长着两只圆溜溜的大眼睛，眼珠的直径可以超过1厘米，好像戴着一副旧式老花眼镜。所以，人们给它起了一个十分形象的名字：眼镜猴。在岛上还可以听到蜚声国际的罗博儿童合唱团在罗博教堂唱诗，听他们唱歌不必听懂歌词，单是那纯净的音乐就足以让人享受。直到今天，薄荷岛的居民仍靠种植椰子和大米为生。人们看到的是葱郁的热带植物、悠闲如画的海岛生活。

大马尼拉风貌

上海世博会的菲律宾展馆，以"展现城市"为主题，重点展现人性化的城市发展以及人类、城市、环境之间的互动。菲律宾首都马尼拉就是这类城市的典范。它也称"小吕宋"，坐落在吕宋岛西部、巴石河两岸，濒临天然的优良港湾马尼拉湾。它的面貌既古老又年轻，地处亚洲又十分欧化。低廉的生活成本和优厚的外汇汇率，吸引了大批西方人、特别是澳洲人来这里定居。1976年11月，菲律宾政府决定把马尼拉、奎松、卡洛奥坎、帕萨伊4个市和玛卡蒂等13个区合并，组成大马尼拉市，使它成为亚洲最大的城市之一。

马尼拉是一座富有浓厚热带气息的城市，也是东南亚地区风情迷人的旅游胜地。街头最具代表性的交通工具当属五颜六色的老爷车"吉普尼"了。吉普尼由"二战"后美军遗留的旧吉普车改造而成。如今，吉普尼车身上花花绿绿、绚烂多彩的广告画已成为了马尼拉现代文化的一种象征。游客坐着吉普尼沿途看风景感觉很爽，满大街婆娑摇曳的椰子树、芭蕉树，营造了这个城市的热带自然风情。

马尼拉填海造地的新城区，有一座风格独特的用椰子树建造的大厦——椰子宫，人称"椰子博物馆"。这是一座两层、六角形屋顶的菲律宾式建筑，也是一座引人入胜的艺术品。大门上镶嵌着 4000 块椰壳片组成的各种几何图案。各厅室中陈放着用椰树各部分制作的豪华家具，形状各异的台灯和琳琅满目的工艺品也都是用椰壳精心雕成的。尽管建筑物中也使用少量的其他材料，但大多镌刻着形形色色的椰子图案。椰子宫最绝妙的展品是一个高达 2 米的大型落地座钟，从钟身、钟面的数字到指针全都用椰子树及椰子壳制成，而且这个独特的"椰钟"走时准确，每到正点时，还会敲响报时，人们听得出那是敲击椰壳发出的清脆声音。

坐落在巴石河堤岸的玛拉干南宫，以花岗岩为建筑材料，风格清新秀丽，是西班牙建筑艺术的典范。宫墙内是一片极美的热带丛林，高大的树木开着红黄相间的花朵，林荫道旁生长着高高的椰子树，显出东南亚特有的热带风韵。宫内大厅小室处处金碧辉煌，四壁装饰着历代油画杰作和菲律宾历届总统画像，配以特等家具，陈设稀世古玩。玛拉干南宫意为"高贵人居住的地方"，以前曾是西班牙总督与美国总督的官邸，菲律宾独立后，成为菲律宾总统府。

马尼拉的罗哈斯海滨大道（又称"日落大道"），北自巴石河入海口，南至马尼拉国际机场，全长 28 公里，宽约 50 米。它得名于"二战"后菲律宾第一任总统曼努埃尔·罗哈斯（1892—1948）。它以落日和椰子树著称，被誉为"马尼拉最浪漫的地方"。在此欣赏落日，已成为马尼拉一景。每到夜晚，各种街头演出、聚会又让这条大道热闹非凡。街道两旁有国际会议中心、文化中心、国际贸易展览中心、豪华酒店、夜总会、商场等。这些建筑物，大多是 20 世纪 70 至 80 年代初兴建的，设计新颖别致，融合了欧洲和东南亚的建筑风格。而市内那些满布苔藓的古代教堂，看上去外表陈旧，却工艺精细，式样别致，同高高耸立的现代化大楼相映成趣，形成东方与西方、质朴与繁华、古老与现代的混合体。

马尼拉还有一些著名街区，也是旅游者值得一游的地方。阿亚拉街是马尼拉最繁荣的商业中心。这里集中了许多公司、餐厅、商店、电影院和马尼拉第一流的饭店，不少外国大使馆也在这个地区。埃斯柯达大道在巴石河的北侧，从西班牙统治时期起，就是一条繁荣热闹的街道，两旁商店、餐厅林立。古老的王彬街（唐人街）是一条以石块铺成的狭窄街道。王彬本是个华侨印刷工，在参加菲律宾人民反抗西班牙殖民统治中有过功劳，因此，菲律宾人民和侨胞一直纪念他。街口

晚霞满天 / 阙亚娟摄

立有纪念中菲友谊的一座牌楼，还有一尊王彬的铜像。王彬街两旁布满了华人商店，大部分都有中文招牌。店面之上是小巧玲珑的骑楼，其街景很像中国旧时广州的格调。观光的马车往来奔跑，使整个王彬街生气盎然。

在马尼拉市的西北角，有一个名为"圣地亚哥"的古老城堡。这是西班牙人建起的一座城堡，用于防御外敌入侵，后来用作关押政治犯，菲律宾国父荷西·黎刹当年就被囚禁在这个地方。据《南方都市报》载文介绍（作者伍世然），黎刹是华侨后裔，祖籍福建晋江，他早年学医，后来从事民族解放运动，号召菲律宾人民起来反抗西班牙殖民者，最终被殖民者杀害。当年黎刹为一位爱尔兰姑娘治愈了眼疾，这位姑娘被他的善良和才华所打动，爱上了他。后来黎刹被囚禁于城堡，姑娘几乎每天都要来到城堡外，争取能见他一面。1896 年 12 月 30 日，35 岁的黎刹在被押往刑场行刑前，答应了那位姑娘的请求，在古堡院子里的草地上与她举行了婚礼，上演了一幕菲律宾版的"刑场上的婚礼"。婚礼完毕，黎刹即被押赴刑场枪决。在当年举行婚礼的草地外，一直到古堡大门的地面上，有一串长长的金属脚印，据说这就是当时黎刹被押赴刑场所走的路线。菲律宾政府将 12 月 30 日定为"黎刹日"。黎刹公园（原名"鲁纳达公园"）也是为纪念黎刹而改名的。公园里铸有他的铜像，有警卫守护。公园里还有中国式庭院，入夜，七彩的装饰灯把庭院打扮得辉煌美丽。

在马尼拉国际机场附近的菲律宾文化村，又名"千岛缩影"，集中展现了菲律宾各省的风土人情和房屋建筑。每一个庭园都代表着菲律宾群岛每个省的乡土风光和典型建筑。文化村里的民俗博物馆，还展示了许多惟妙惟肖的工艺品和雕塑，并通过放映彩色幻灯片，展示菲律宾各个民族的文化遗产。马尼拉南部内湖省的百胜滩，以急流和瀑布著称。瀑布落差约有 100 米，且有 19 处巨石横陈，以刺激紧张的泛舟活动而闻名。游人泛舟河上，沿途可一路看到由岩壁和热带树木所形成的溪谷美景。在著名的苏比克湾，可以欣赏美丽海滩，参与森林小道、水上活动，探访珊瑚礁和失事船只的遗骸。在这里，游客可以感受到多种体验，从历史到现实，从城市到乡村，从土风歌舞到现代音乐，交汇在一起，有时会让人产生今夕何夕、身居何处的感慨和错觉。

隶属大马尼拉市的其他城市各有特色。奎松市又称"计顺市"，虽然是马尼拉的卫星城市，却是菲律宾第一大城市，人口超过 230 万。市名源自菲律宾联邦第一任总统曼努埃尔·奎松（1878—1944）。1948 年国会通过决议将奎松市定为新首都，但实际上首都仍在大马尼拉。奎松市也是菲律宾的娱乐中心，许多菲律宾电视台的总部均位于该市，许多电视节目、电影和音乐都在该市制作，因此奎松也被认为是"菲律宾的好莱坞"。另一个卫星城市卡洛奥坎，在菲律宾历史上意义重大。因为这个城市和菲律宾武装革命有着紧密的联系，卡普提南和西班牙人之间的第一场武装革命就是在卡洛奥坎爆发的。如今，这里集中了菲律宾国际会议中心、文化中心、国际贸易中心等马尼拉最具代表性的宏伟建筑。马卡蒂为菲律宾马尼拉大都会的城市之一，是菲律宾的金融中心，也是菲律宾最繁华的地区之一。菲律宾人经常说，马卡蒂永远是马卡蒂，这句话说明了马卡蒂在菲律宾人心中的位置有多高，是成功和财富的象征。

维甘古城与碧瑶

菲律宾有一些古城烙有西班牙的印记。例如，"微笑之都"巴科洛德、棉兰老岛港市卡加延德奥罗等。但是，保存得最为完好的西班牙殖民城市，要数维甘历史古城。这是一个在欧洲殖民建筑和设计中融入菲律宾和中国建筑特色的城市。因为古城的大多数移民来自中国大陆，他们在维甘定居，与当地人通婚，同时将中国的建筑特色带给了这座古城。这些古建筑，已经成了维甘对游客的最大吸引力。那些房子紧贴街道而建，并且顺着狭窄的街巷延伸，又长又连贯。许多民居也是传统的菲律宾—西班牙建筑风格。古城里存留了多座各具特色的教堂，如圣保罗天主教大教堂和森巴安·阿·巴斯特教堂。即便在代表西方宗教文化的教堂，中国元素也是随手可拾。生活在维甘古城的百姓至今仍保留着一些古老的文化传统。每年1月25日，当地都会举办维甘市圣人节。人们以游行、龙格尼莎街头舞以及各种文化活动，纪念这个城市的守护神圣保罗门徒的皈依。每年5月第一个星期举行维甘艺术节，这已成为吕宋岛北部最大的文化盛事。在这个节日里，人们可以看到凯里莎游行、比那巴坦街头舞蹈、棚架游戏；此外，还有一些宗教仪式，以及山塔克努先·艾伯时装表演等等。维甘古城里不允许任何机动车进入，唯一能够代步的是保留着古老风貌的马车。威武的高头大马戴着闪耀金属光泽的头饰，清脆的马蹄声传来，人们仿佛穿越了时空，回到百年前的维甘。

位于吕宋岛西部的碧瑶不是历史古城，而是著名的山城和避暑胜地。碧瑶四周是连绵不断的群山，自然风光秀美。古人称瑶池为仙境，云雾缭绕的山城碧瑶也真的如仙境一般。菲律宾终年炎热，而碧瑶地处高原，海拔1500米，四季如春，是难得的避暑胜地，被誉为"夏都"。碧瑶不但闻名菲律宾和东南亚，而且在世界上也小有名气。有一位中国外交官如此赞美碧瑶：风光秀美的自然景观可媲美杭州；四季如春的优越气候宛如昆明；峰峦起伏、高低有致的地形不逊重庆。而且，在人文风俗上，也受到华人华侨的影响。碧瑶的居民以土著少数民族居多，华人华侨也不少，目前约有5万人，对当地经济与社会发展做出了不小的贡献。1992年，碧瑶市议会通过议案拨款6万比索，联合本地华人社团共同庆祝春节，并邀请中国驻菲律宾大使馆派员参加。参加巡游活动的有碧瑶市各学校学生、中菲各社团、政府官员等。一时间山城沸腾，万人空巷。这种庆祝活动每年举行，在菲律宾当属首创。

旅游业是碧瑶经济发展的支柱产业，同时带动了其他行业的发展。从1998年

2月起，碧瑶每年举办花节，吸引游客逾30万人，推动了当地休闲旅游经济的发展。风景名胜有矿景公园、万寿宫、海约翰美军休养所、菲律宾士官军事学校、罗列斯圣母纪念坛、少数民族博物馆等等。

菲律宾的旅游度假村 / 阙亚娟摄

其中，万寿宫也称"夏宫"，建筑宏伟壮观，周围清静幽雅，是菲律宾总统在碧瑶的下榻之处。

多民族风情录

菲律宾有90多个民族，其中马来族占全国人口的85%以上，包括比萨扬人、他加禄人、伊洛克人、比科尔人等；其他族裔有华人、阿拉伯人、印度人、印尼人、西班牙人和美国人等；还有为数不多的原住民。棉兰老岛东南部城市大堡是各民族交汇的地方，很多民族的祖先从马来西亚来到棉兰老岛并在这里定居，这里最完整地保留了原住民文化及生活方式。

菲律宾由于种族与文化众多，因而融合了许多东西方的风俗习惯。民族的迁徙陆续带来了马来文化，宗教与贸易发展也带来了印度文化、华夏文化和伊斯兰文化。据资料介绍，比萨扬人（亦译"米沙鄢人"）是菲律宾最大的民族，约占全国人口的42%。主要分布在萨马岛、保各岛、宿务岛、内格罗斯岛和帕奈岛，经移民，棉兰老岛、巴拉望岛和苏禄群岛亦有较多分布。信仰天主教，但仍保留万物有灵信仰的残余影响，设家庭祭坛，供奉祖先。传统经济主要有水稻、玉米、椰子、烟草等。竹编、草编是他们传统的手工业，各种规格的菲律宾席子驰名世界。他加禄人是菲律宾的第二大民族，约占全国人口的28%。主要分布在吕宋岛中部和南部，以马尼拉市及其周围地带为聚居区；部分住在民都洛岛、马斯巴特岛和马林杜克岛。他加禄人是菲律宾各民族中经济、文化最发达的民族。信仰天主教，比较隆重的节日都与天主教有关。伊洛克人亦称"伊洛卡诺人"，是菲律宾的第三大民族，约占全国人口的11%。主要分布在吕宋岛西北沿海以及卡加延河谷地区，部分居住在棉兰老岛沿海地区。他们是水稻种植能手，培育出了香稻和黏稻。他们还是菲律宾群岛上第一个引种棉花的民族。比科尔人是菲律宾的第四大民族，约占全国人口的6.4%。主要分布在吕宋岛东南部，以及附近的卡坦端内斯岛、布里亚斯岛和马斯巴特岛等地。在文化上与他加禄人、比萨扬人相近。渔业和手工业发达。华侨华人多数集中在马尼拉及各岛屿的商业中心，保留了本民族语言、风俗习惯和宗教信仰。他们主动融入和回馈当地社会，捐建农村校舍、志愿消防、义务诊疗，既受到当地政府、民众及媒体的欢迎，也促进了自身在当地的生存发展。

　　菲律宾的许多少数民族人口不多，各自处于不同的社会发展阶段。在这些少数民族中经济最发达的是伊富高人，他们分布在北吕宋岛中部的科迪勒拉山脉东坡，在蜿蜒群山上辛勤开垦出规模浩大的梯田，男耕女织，善于雕刻，并且发明了木制摩托车。其次为坎卡奈人，分布在伊富高人居住区以北。棉兰老岛山区的少数民族有苏巴农人、马诺博人、比兰人、塔加考洛人、曼达亚人等，他们绝大多数从事农业。阿埃塔人是尼格利陀人的一个支系，被认为是菲律宾的最早居民之一。尼格利陀人的名称来源于西班牙文，意为小黑人。其支系阿埃塔人的体貌特征是身材矮小，成年男性身高1.5米左右，女性身高1.4米左右，皮肤黑色或深棕色，毛发卷曲，鼻子小，眼睛棕黑色，看起来和非洲俾格米人很相似。阿埃塔人如今约有6万人，主要分布在吕宋岛北部山区、比科尔半岛以及棉兰老、民都洛、巴拉望、班乃和内格罗斯等岛的山林地带。他们有凿齿和刻肤习俗。传统服饰极为简单，男人系遮裆布，女人穿短裙等。爱戴各种首饰，臂上戴藤镯或用野猪獠牙串成的镯子，耳朵戴野猪獠牙制作的耳环。过去以采集和狩猎为生，自19

世纪末起部分转向刀耕火种农业。食物包括肉、鱼、蜂蜜、水果和野生植物，酷爱嚼槟榔、荖叶。

由于海洋和山脉所造成的地理上的隔阂，以及各民族在发展过程中各自形成的特点，菲律宾的语言复杂多样。使用最广的 8 种语言为他加禄语、宿务语、伊洛干诺语、希利盖农语、比科尔语、萨马语、邦板牙语和邦加锡南语。由于受到西班牙、美国的统治和占领，西班牙语和英语也比较流行。1959 年正式宣布以他加禄语为基础的菲律宾语为菲律宾国语。但在菲律宾地名中依然包含有本民族语和外来语这两大类型地名。比如，西班牙语名称主要为港市名称和部分省名。

亚洲很多国家都有天主教徒，但菲律宾和东帝汶是亚洲仅有的两个天主教国家。菲律宾国民约 85% 信奉天主教，4.9% 信奉伊斯兰教，少数人信奉独立教和基督教新教，华人多信奉佛教，原住民多信奉原始宗教、信仰众神与精灵。对于菲律宾来说，天主教是舶来品，城乡各处遍布大小教堂，被称为"东方的梵蒂冈"。马尼拉大教堂是菲律宾最重要的罗马式天主教堂，采用典型的罗马式拱券结构，以坚固、沉重、敦厚、牢不可破的形象显示教会的权威。每到周末、节假日，众多的信徒会来到大教堂礼拜、祈祷，接受神灵的洗礼。此外，教堂里还经常举行神圣的婚礼仪式，新人们在神灵面前许下一世承诺。

菲律宾人生就一副亚洲人面孔，却个个都有一个西班牙姓氏，不是"奥古斯汀""洛佩兹"，就是"克鲁兹""桑托斯"。这是西班牙殖民统治的结果。据资料介绍，菲律宾人的姓名顺序一般为教名—母姓首字—父姓。除了自己的西班牙姓氏和父母在其出生时起的名字以外，都有一个朗朗上口的昵称。与菲律宾人商务交往，如果看到他们的名片上在名与姓之间，还有一个打上引号的名字那就是昵称了。年纪稍大一点的中国人也许还记得，菲律宾前总统马科斯和夫人伊梅尔达当年访华的时候带着的小儿子的昵称就叫"邦邦"。菲律宾人的昵称中包含许多像"兵""叮""铃""咚""京"或"平"这样的音节。这些音节都可以像"邦邦"一样，重叠组成"叮叮""铃铃""京京"。也可以排列组合成"兵咚""叮咚""叮铃"等等。

菲律宾人既传承了亚洲人的勤劳与朴实，又吸收了西班牙人和美国人的轻松与活泼，东西合璧，形成了独特气质。菲律宾上层社会的人，由于受西方社会的影响，盛行女士优先的风气。但是在农村，妇女的地位却很低下。菲律宾人性格随和爽朗，热情奔放，善于交际。在与熟人或亲朋好友之间，一般都很随便，常以拍肩膀示礼。老人在菲律宾特别受尊重，见面时一定要先问候，等老人坐定后晚辈才入座。一般情况下不能在老人面前吸烟。一些原始部落的人与客人相见时，行握手礼的方式很独特。他一握过手就转身向后走几步，意思是向对方表明身后没有藏刀。他们认为这才是真诚的、真正的握手。忌讳左手传送物品或抓取食物。最喜欢的幸运数字是7，认为它象征安宁与吉祥。菲律宾年夜饭的传统食品以挑选7种圆形的水果为原料制成。圆形是富有、钱币的象征。喜爱白色和其他淡色。菊花用于丧事，不能作为礼品送人。其他忌讳与西方天主教徒相仿。

菲律宾人能歌善舞。无论在餐厅、在沙滩、在游船上，三五成群的菲律宾歌手都会出现在你的周围，他们弹着吉他，即兴地表演，奔放地舞蹈，把他们的欢乐感染给游客。扇子手巾舞是菲律宾人的求爱舞，同时亦反映了菲律宾人友善、可爱及热情的民族特征。菲律宾各民族都有自己独特风格的民族音乐舞蹈，无论是喜悦、悲哀和劳动的繁忙，都通过音乐舞蹈表达出来。据《华侨华人菲律宾生活指南》介绍，菲律宾独立后，政府为了弘扬民族文化，鼓励提倡民间艺术，从1973年起，每年7月在菲律宾民间艺术剧场举行菲律宾民间艺术节，届时各省市、各地区都派出文艺演出队汇集到马尼拉，参加演出比赛。竹子在他们的音乐舞蹈中发挥了特殊的作用。"蒂克林长腿鸟舞"和"辛基尔扇舞"都是著名的竹竿舞，舞蹈家在几根成"井"形的竹竿中跳跃、欢舞，婀娜的舞姿，快捷的舞步给人以美的享受。但更有趣的是用竹子制造的乐器。菲律宾盛产直径粗大、管壁较薄、发音效果好的竹子，用它来制

《菲律宾民族舞蹈》四方连邮票

作乐器十分理想。比如竹排箫、竹鼻笛、竹管、竹笛等。竹鼻笛在北方很流行，常在青年男女恋爱时吹奏，男吹鼻笛，女弹口簧，互相应答以表达爱慕之情。竹管是菲律宾最有特色的乐器，发出的声音浑厚、深沉。民都洛岛东部舞蹈团就采用了长达一米多的竹管为舞蹈伴奏。

日常生活习俗

据《华侨华人菲律宾生活指南》介绍，历史上，菲律宾人习惯穿棉纱、麻纤维制成的衣服，颜色多为蓝色或黑色，只有尊长才能穿红色的衣服。现在，西装革履在中上层人士中广泛流行，而老百姓的衣着比较简单，男子穿白色衬衣和西装裤，女子穿无领连衣裙。青年习惯穿西式皮鞋，老年人仍穿用木头、麻或草做成的拖鞋。菲律宾穆斯林男子穿短外衣和宽大的长裤，围一条名为"沙隆"的花围裙作为腰带，而到麦加朝圣过的信徒头上则会围一条白色头巾或戴一顶白帽子。妇女穿紧身的短袖背心、紧脚口的宽大裤子或裙子，喜欢戴手镯、项链和耳环。少数民族的穿戴各不相同，兹不赘述。

据资料介绍，菲律宾的民族服装——塔加拉族服饰，是以香蕉织纤维或凤朵织纤维等手织布作为布料，深具乡土气息和原始风味。菲律宾男子的国服叫"巴隆他加禄"衬衣。这是一种紧身长袖衬衣，前领口直到下襟两侧，都有抽丝镂空图案，花纹各异，颇为大方。20世纪50年代初，这种服装被正式推为菲律宾男子的国服，成为外交场合、庆祝活动和宴会的正式礼服。菲律宾女子的国服叫"特尔诺"。这是一种圆领短袖连衣裙，裙摆宽大，腰部细小。由于它两袖挺直，两边高出肩稍许，宛如蝴蝶展翅，所以也叫"蝴蝶服"。这种服装结合了许多西欧国家，特别是西班牙妇女服装的特点，并经过三四百年的沿革，而成为菲律宾妇女的国服。1974年9月，当时的菲律宾总统马科斯和夫人伊梅尔达访华，受到毛泽东主席接见，马科斯穿的就是传统礼服"巴隆"，伊梅尔达穿的就是传统礼服"特尔诺"，给我国人民留下了深刻的印象。每年6月12日菲律宾独立日，菲律宾人穿国服已经成为一个习俗。令人想不到的是，菲律宾国服竟然是用菠萝纤维制作出来的。不过，此菠萝并非人们平常吃的菠萝，它一丛丛长在地上，果实小得可怜，叶子却有半人多高，似乎特意为制作菲律宾国服而生。1996 年菲律宾主办 APEC 峰会时，外国领导人每人都收到一件由菠萝纤维织成的"巴隆"。

　　菲律宾人的主食以大米、玉米为主，副食以鱼、海味、猪肉为主。最喜欢吃的是椰子汁煮木薯、椰子汁煮饭，然后用香蕉叶包饭。喜欢吃鸡，特别是鸡肠子做得别有风味。鸡肠子先卤后烤或炸，串成串就成了一道美食，一般是就着甜、酸或辣汁来吃。菲律宾任何菜（甚至汤）都用醋和大蒜等辛辣调料烹饪。名菜有烤猪腿、阿恰拉（用番木瓜、洋葱、蔬菜片加胡椒和醋做成的跟泡菜相似的小菜）、鲁必亚（用威化纸包着虾、鸡肉、猪肉和各种蔬菜丝，油炸至金黄类似春卷）、阿道包（用鸡肉、猪肉加酱油、醋、糖、姜葱腌渍并煮得酥烂，跟红烧做法相似）、勒琼（典型的年节佳肴，以猪肉为主原料烧烤而成）。除此之外，鲜鱼、蔬菜加上酸醋烹调而成的"派克苏皮纳加特"，以鱼或虾为主材料捣碎后烹调而成的"克尼拉尔"，是相当具有菲律宾风味的名菜。菲律宾人还把正在破壳的鸭蛋生煮，配上应季的红辣椒，再浇上咖喱和醋，形成了毛蛋。这种菜品连鸭翅膀和喙都是可食用的，在街头随处可见。菲律宾的水果相当丰富，单是香蕉的种类就有很多，而且吃法各有巧妙，如蒸过后撒上黑砂糖，颇有芋头的风味；油炸香蕉条，或烤香蕉等小吃，亦随处可见。其他如杧果、菠萝、洋桃、红毛丹等都是常见的水果。嗜嚼槟榔，在待客中少不了用槟榔来招待。此外，菲律宾柠檬通常是做菜时才使用。爱喝浓咖啡、酸牛奶、啤酒、橘子水、椰子汁等饮料。

安贫乐道的菲律宾人

　　长期以来，菲律宾人的生活水平提高较慢，贫富不均现象严重。这种现象在墓地亦有鲜明的反映。菲律宾萨加达周围的石灰岩洞穴是很多死亡者的家园。这里有一个传统习俗，通常富裕的成年死者的棺材放在洞穴里，而小孩或穷人死者的棺材挂在悬崖上。富人为去世的亲人所修建的墓园越来越豪华，有别墅式阴宅；阴宅里有死者生前所喜爱的物品，例如汽车、空调、彩电、冰箱、麻将桌等仿制品，有些甚至是实物。有些家庭专门雇人守墓、打扫卫生。其实，这还不算特别稀奇。最让人惊愕的是，菲律宾的活死人墓才真的让人难以想象。

据人民网载文介绍，马尼拉北部诺特区的墓地是菲律宾最大的墓地，这里生活着成千上万的菲律宾穷人。这处公共墓地并不沉寂阴森，每天人声嘈杂，热闹无比，形成了菲律宾特色的墓地贫民窟。官方透露，在马尼拉有5万穷人住在各处墓地。在这里，经常是这边婴儿在降生，那边有人被埋葬。孩子们从小就被教导要尊重逝者，不要在缓慢行进的葬礼队伍附近玩耍或吵闹。他们对于生与死有着比常人更豁达的态度，许多人认为死后继续与亲人们"生活"在一起，也是一种不错的选择。闲暇时候，许多人就忘情地唱卡拉OK。过节时，一些人家会把条形墓石当桌子，在上面摆放食物来庆祝。平时，孩子们有时就睡在大理石墓石上，也在那上面做功课。这里没有抽水马桶或自来水，狭窄的路上脏水四溢。

尽管菲律宾人生活水平提高很慢，贫富不均现象严重，但是，即使是生活在最底层的人，他们也似乎整天乐呵呵的，几乎没有危机意识。斗鸡是菲律宾极为流行的一种游戏，用酷爱和倾国成癖来形容也不为过，甚至把斗鸡算入菲律宾的"国粹"之列也不为过。在菲律宾男人眼里，两只斗红了眼的公鸡还象征着勇敢、活力和武侠精神。故菲律宾人把勇敢者比作鸡。棉兰老岛地区流行传统的斗马活动，人们在赛场利用一匹牝马（母马）挑逗两匹牡马（雄马），牡马因求爱而引发争斗，常有马匹会因过度疲劳或伤势严重当场死亡。每场比赛都会有数千人前来观战。

当然，菲律宾人并不都是那样安贫乐道，他们也想方设法外出打工挣钱，比如菲律宾女佣。菲律宾女佣简称"菲佣"，堪称世界上最专业的保姆，是菲律宾在世界上的一张名片。为了家庭，为了生活，菲佣的足迹可以说遍布全球。据说，中国香港、新加坡和美国，是女佣心中的最爱。这些地方薪水高，语言障碍相对少。

现代与传统婚恋习俗

菲律宾人多半是自由恋爱结婚，结婚典礼也大多采用西方仪式。新人在教堂举行婚礼仪式，婚宴伴随着音乐和舞蹈进行。在广大农村地区，流行男青年弹吉他用歌声向他所倾心的姑娘求爱。在恋爱中，男子多赠女方以化妆品、水果、花束等。花束的颜色以白色和桃色为佳，茶色和红色乃属禁忌之色。

在传统婚礼中，有两种人扮演最重要的角色。一种是"栓盖头的人"，通常由一男一女组成，在婚礼进行到一定时候，他们就将一块很大的面纱拴在新娘的头顶和新郎的肩上，象征新婚夫妻从此生活在一起。另一种是"牵绳人"，当新娘和新郎被拴好盖头以后，牵绳人就用一根白线以"8"字形松松地绕过新娘和新郎的脖子，意味着新娘和新郎将一生不分离。新娘和新郎各拿自己父母点燃的蜡烛去点燃结婚蜡烛，这个仪式象征着两个家庭从此因儿女的婚姻而联合起来。另外，婚礼中还有一个重要的传统风俗就是牧师向新娘和新郎手上抛洒硬币，这些硬币被称为"定金"，象征忠诚和财富。

在传统婚宴上，新人会举行放生鸽子的仪式，以此象征两人会细水长流。"谊亲""钱树"也是菲律宾婚俗。当一对新人决定结婚时，会在亲朋中挑选数对名声、地位、财富皆孚众望的夫妇担任仪式上的父母亲角色，即所谓的"谊亲"。这数对谊亲会协助甚至资助婚礼的举办。"钱树"是对即将进入婚姻生活的新人提供经济上的资助。过去，当新娘或新郎在婚宴上与对方亲友共舞时，由双方宾客分别将纸币粘贴在新人的礼服上，待婚宴结束时，一对新人身上已贴满了花花绿绿的钞票，宛如两棵"钱树"。如今，这一习俗已演变为在婚宴前将大额的钱币送至新人手上，婚宴上只象征性地贴一些小额钞票。

菲律宾各个民族的传统婚俗多种多样，存在着差异。比萨扬人一般禁止近亲通婚，但富裕家庭为了避免财产外流，常常结成姑表亲、姨表亲。巴交人允许多偶婚，婚姻多半由父母包办，一般是表兄弟姐妹之间通婚。他加禄人一般在本民族内部婚配，实行一夫一妻制。婚后多数是单独立户，双方父母帮忙盖房，置备家当。卡林加人、曼达亚人的婚姻由父母包办，儿女在孩提时就由双方父母做主订了婚。黑矮人的男子求婚，必须以弓箭射通女子安置在远处的竹筒，如果没有射中，说明男子没有能力养活妻子，就难以达到求婚的目的。穆斯林的婚姻一般由父母决定，实行早婚制，十二三岁的女孩就可以嫁人了。婚礼仪式由阿訇主持，婚宴盛大。华侨华人一般在本民族内部通婚，但娶菲女或嫁菲男的现象日益增多。

据腾讯网载文介绍，居住在北吕宋高山地区的伊戈罗特人的婚约主要有两种方式，一种是父母主婚，另一种是自由试婚。一般来说，比较富裕的家庭，为了使家庭财产不致旁落，在儿女幼年时甚至在母腹中，即由双方父母做主订婚。到了十四五岁时，便正式成婚。如果婚后一方表示不满意，只要女方尚未怀孕，便随时可以离开，另找对象。有些家庭则实行自由试婚。试婚期间，如果不能生育，随时可以分开。另外，居住在巴拉望岛山区的巴塔克族人，流行"招标结婚"的习俗。每年在一定时候，全村未婚青年会聚集在一起，通过所谓的招标方式选定自己的意中人。决定权主要掌握在女方手中。当小伙看中某个姑娘后，就把彩礼奉献到她的面前。姑娘会根据男方彩礼的多少，决定"中标者"。一旦有人中标，数日后即举办婚礼。巴塔克族人实行一夫一妻制，但女子并非一生只属于一个男人。如果出现更有经济实力的竞争者，她也会离开丈夫去同新的"中标者"结婚。因此，对巴塔克族人来说，婚姻关系只是暂时性的。可能是大家习惯了这种"招标结婚"的方式，所以巴塔克族人一般不会发生因婚姻纠葛而引起斗殴伤人之类的事件。

菲律宾在1949年正式批准民事法典，禁止本国公民离婚。直至21世纪，菲律宾前总统贝尼尼奥·阿基诺三世还说，在这个群岛组成的国家里，离婚是"绝不允许的"。他说他不想让菲律宾变成"上午结婚下午就可以离婚"的地方。因此，在这个国家里，往往是"千金难买离婚证"。当然，有经济条件的人可以上法院提交诉状拿到"婚姻无效"的判决书，从而可以合法地再婚。在一些外国情侣看来，菲律宾不准离婚可能会对婚姻稳定有好处，这或许是这些外国情侣来菲律宾海誓山盟的原因之一，但事实并非如此。据《环球时报》《今日女报》记者报道：目前有近千万菲律宾人在世界各地打工，夫妻长期两地分居，给家庭婚姻带来挑战，很多家庭因此而破裂，相当一部分菲律宾人的婚姻已名存实亡。尽管菲律宾也有法律规定，获得合法分居后的双方只有解除婚约后才能再婚，但解除婚约对普通菲律宾人而言简直是幻想。解除婚约多数限于生理缺陷等前提，对于人们所认为的离婚常见原因，如出轨、家暴、感情不和等，教会和民事法庭都不会受理。此外，对解除婚约案子的审理至少需要 6 个月的时间，有些甚至长达数年，而且只有那些富有阶层才能付得起 25 万至 35 万比索的律师费。由于禁止离婚，申请"婚姻无效"又耗时、费钱，很多菲律宾夫妻分居后，很快就与新伴侣同居，造成严重的社会道德问题。

五花八门的节庆

　　菲律宾的狂欢节热闹异常。每年 1 月的第三个星期，是阿克兰省卡利伯镇的阿替—阿替汉节。这是菲律宾最大型最热闹的狂欢节，大家穿着奇装异服，全身抹黑，在镇上舞蹈狂欢、击鼓作乐。每年 1 月的第三个星期日，是怡朗市第那扬节。成千上万的人们，穿上特殊的服饰，围成圈圈，夜以继日地跳舞狂欢。卢克班狂欢节在每年 5 月的第二个星期日举行。这个狂欢节的名字意为"打扮房子"，无怪乎每家每户都会用农作物装饰自己的屋子和车子。当地人称这些房子为"可以吃的房子"，因为上面挂满了各种农作物。卢克班狂欢节的高潮在当天下午，四面八方的人都汇集到卢克班，使这个原本拥堵的小城更加水泄不通。盛大的游行队伍、挂满蔬果的花轿、打扮成公主王子的儿童、盛装打扮的俊男靓女，让人看得眼花缭乱。游行队伍边行进边表演，不时地和周围的观众合个影，令狂欢节更具童话色彩。节后，会评出一个装饰大奖。菲律宾人热情、率性的民族性格在此类狂欢节中发挥得淋漓尽致。

　　菲律宾还有许多节日庆典在各岛之间举行。例如，每年 5 月 14 日至 15 日在奎松省和黎刹省举行水牛节，以庆祝丰收。菲律宾水牛是一种小水牛，身高 1 至

1.2米，在当地水稻种植等农业生产中起着重要作用。成群结队的牛车悬挂着象征丰收的瓜果，就连牛队经过的街道也都经过了一番装饰，栅栏和窗户上都挂着彩条、水果及食品，以此来庆祝水牛节，并赐福辛劳的水牛。五月花节在5月的最后一个星期日举行。此时鲜花盛开，故得名"五月花节"。这是纪念圣母玛利亚的传统节日，其特点是选"花后"和举行圣母像大游行。少女穿上缀满鲜花的白色长袍，跟随在圣母像之后，把手捧的花束献给圣母玛利亚。卡达雅万节在8月的第三个星期日。这天，大堡市为庆祝水果和兰花的丰收，组织了花卉、水果、商贸展览，以及市民游行与体育活动，此外还有斗马和街头舞蹈。三宝颜美丽节于10月10日至12日举行。这是三宝颜市最大的庆典，举行船赛、花卉展、商贸展、嘉年华会、民俗表演，施放烟火等。高地里耶拉庆典的节期是11月17日至25日。碧瑶市附近山区里的各部落聚集在一起，以歌舞的形式来庆祝感恩。这已成为该区域最主要的节庆之一。

作为天主教国家，菲律宾的圣诞节气氛十分浓厚。据中国新闻网报道，即使是走在贫民区，依旧可以见到家家户户紧锣密鼓迎接这个节日，他们在家门口装饰圣诞灯饰，见人就互道圣诞快乐。孩童开始穿梭在大街小巷，向路过的汽车唱圣诞歌曲讨赏；民众透过手机简讯传递圣诞贺词。公园广场亮起了圣诞树灯饰，各广播电台播放圣诞歌曲。除了传统的圣诞老人、驯鹿及小精灵之外，菲律宾有它独特的圣诞节习俗，包括游园会、菲式巴罗尔灯笼、交换礼物、报佳音、晨间弥撒、圣诞夜团圆饭等。圣诞夜团圆饭是菲律宾家庭的重头戏，分散在海外的菲劳大多会回国与家人团聚。在民间，从每年9月起就开始了圣诞的各种庆祝活动和准备工作，因此菲律宾拥有全世界最长的圣诞季。

万岛之国　印度尼西亚

　　印度尼西亚共和国（简称"印尼"）位于亚洲东南部，是世界上最大的群岛国家。疆域横跨亚洲及大洋洲，与东帝汶、马来西亚和巴布亚新几内亚等国家接壤；并且地跨赤道，70% 以上领土位于南半球，是亚洲仅有的两个南半球国家之一（另一个是东帝汶）。国名在当地语言中意为"我们的土地和海水"。一说国名源于希腊文，意为"水中岛国"。历史上遭荷兰殖民统治300多年，荷兰学界不使用"印度尼西亚"一词，而使用"马来群岛""荷兰东印度群岛"等称呼。中国古代称印尼为"爪哇""三佛齐"，因为它们都是印尼最著名的古国。

印度尼西亚国旗　　　　　　　　国徽

国情概要

印尼国土面积 190.4443 万平方公里，人口 2.48 亿（2013 年）。首都雅加达，国庆日 8 月 17 日。境内有大小岛屿 17508 个（据《魅力印度尼西亚》电视片介绍，岛屿超过 1.8 万个），别称"千岛之国"，实际上是名副其实的"万岛之国"。此外还有海多、火山多、雷雨多和植物多的特点。火山约有 4500 座之多，其中活火山 177 座，是世界上火山最多的国家，素有"火山国"和"灯火走廊"之名，真可谓美丽与危险并存。除了火山还有赤道雪山。位于巴布亚省的查亚峰（亦名"普鲁峰"），为大洋洲最高峰，海拔 5030 米，峰顶终年冰雪覆盖。梭罗河全长 560 公里，是爪哇岛最长的河流。热带雨林气候，四季皆夏，雨多雷多。海岸线长 3.5 万公里，渔业资源极为丰富，有世界著名的大渔场。森林覆盖率 67.8%，铁木、檀木、乌木和柚木等驰名世界。胡椒、金鸡纳霜、木棉和藤的产量居世界首位。产量居世界前列的还有天然橡胶、椰子、棕榈油、咖啡、香料等。盛产香蕉、杜果、菠萝、木瓜、榴莲、山竹等热带水果。

印尼素有"热带宝岛"之称，它与菲律宾的数千岛屿组成世界上最大的马来群岛（也叫"南洋群岛"），沿赤道延伸 6100 公里，犹如"镶嵌在赤道上的一串翡翠"。虽然人口稠密、民族众多，但仍然保留大量的原野，且生物多样性居世界第二位。2018 年雅加达亚运会吉祥物是以印尼特有的三种野生动物为原型的三个卡通形象，分别为极乐鸟、独角犀牛和巴岛花鹿。毫无疑问，印尼是一个风光绮丽、风情浓郁、充满自然与人文魅力的群岛国家。

印尼经历过曲折与屈辱的历史。公元 13 世纪末至 14 世纪初，在爪哇建立了印尼历史上最强大的麻喏巴歇封建帝国。15 世纪，葡萄牙、西班牙和英国先后侵入。1596 年荷兰侵入，几年后成立具有政府职权的"东印度公司"，1799 年底改设殖民政府。1942 年被日本占领。1945 年 8 月 17 日宣布独立，成立印度尼西亚共和国。独立后，先后武装抵抗英国、荷兰的入侵，曾被迫改为印度尼西亚联邦共和国并加入荷印联邦，1954 年 8 月脱离荷印联邦。1950 年 4 月 13 日印度尼西亚与中国建立外交关系，1967 年因印尼反华事件而中断外交关系，1990 年 8 月 8 日恢复外交关系。

神秘的爪哇岛

爪哇岛本岛面积 12.6 万平方公里，是印尼第五大岛，却拥有全国一半以上的人口，为 1.39 亿（2014 年），在政治上和经济上均处于支配地位。首都雅加达就位于西爪哇北海岸。不过，由于海平面上升、环境污染、交通拥堵等原因，印尼政府已计划迁都。据中新网 2019 年 8 月 23 日电，印尼的新首都将建在加里曼丹岛上的东加里曼丹省。迁都估计将耗资 330 亿美元，包括兴建新的政府办公楼，以及供 150 万名公务员居住的房子。

历史上，爪哇在我们中国人心目中是个神秘的地方。那里发现的爪哇猿人，与中国稍后发现的北京猿人，都是现代人的祖先。中国文学作品中常有的"爪哇国"的说法，多指遥远虚无之处。例如，《水浒传》第二十四回："那怒气直钻过爪哇国去了。"《孽海花》第十八回："听她哭得凄惨，不要说一团疑云自然飞到爪哇国去。"朱自清《笑的历史》："笑早已到爪哇国里去了。"在民间，人们有时也会说："哎呀，这件事被我丢到爪哇国去了"，形容对这件事没有上心，忘记了。那么，到底有没有"爪哇国"呢？它在什么地方呢？原来，爪哇国是古代东南亚古国，主要在今印尼爪哇岛一带。回望历史，早在公元前已有中国人漂洋过海来到爪哇岛了。东晋时代，中国僧人法显由斯里兰卡抄录佛教经书乘船返回祖国途中，漂泊至爪哇国，并在此地停留五个多月，大弘佛法。后来，中国各朝代不断与爪哇国加强联系，明朝时，爪哇国"屡有入贡"。郑和下西洋时，曾到过泗水和三宝垄。古代，由于交通不便，信息闭塞，人们对遥远而陌生的地方总有些"海客谈瀛洲，烟涛微茫信难求"的意味，怀有好奇的猜测和缥缈不定的怀疑。在唐代以前的中国，人们认为，爪哇国是一个子虚乌有的国度，和陶渊明笔下的桃花源一样，只存在于想象中，所以格外显得神秘莫测。

神秘的爪哇岛曾生活过一种爪哇虎，在 20 世纪 80 年代已经绝灭。虽然迄今还不时有目击的传闻，但都未获得证实。爪哇虎是除巴厘虎（也已绝灭）和苏门答腊虎（濒危野生动物）之外生活在印尼境内的第三种虎的亚种。爪哇还生活着一种爪哇野牛，又称"白臀野牛"。它们栖息于热带雨林中，昼伏夜出，亦被列为世界濒危野生动物。奇特的是，爪哇还生活着一种无毒的"跟跟蛇"，能像小狗一样跟随主人形影不离。主人下田时，它就四处驱赶啄食的鸟类。主人回家，它也跟着游回来。在植物方面，爪哇生长一种落叶小乔木，其种子近圆形至椭圆形，鲜红色，有光泽，称作"海红豆"，别名"孔雀豆""红豆""相思豆"。其实，海红豆在巴西、阿根廷、印度、马来西亚和中国南方地区都有分布。中国唐代诗人王维的诗句："红豆生南国，春来发几枝，愿君多采撷，此物最相思。"指的就是海红豆。饶有趣味的是，爪哇岛盛行斗羊比赛。每到星期天，若无特殊情况，农村有些地方总会举行斗羊比赛。村、乡级斗羊纯属自发的娱乐活动，而县、省级的斗羊比赛往往伴随着赌博。如今，西爪哇斗羊比赛成了一个吸引游客的旅游项目。

爪哇岛拥有美丽的名胜和奇异的传说。岛上火山众多，海拔 1800 米以上的火山有 58 座。其中，默拉皮火山活动剧烈、有爆发迹象；塞梅鲁火山海拔 3676 米，是全岛最高峰；伊真火山因盛产硫黄而闻名遐迩；婆罗摩火山是东爪哇地区集自然风光和独特民族风情于一体的著名景点。迪延高原是中爪哇省的火山高原，有的喷泉水柱高达 80 米，为世界最大的热喷泉之一。庞岸达兰海滩是爪哇岛最美丽的海滩之一，因为当地人喜欢用风筝捕捉蝙蝠，每年 7 月都在庞岸达兰海滩举办风筝节。传说到庞岸达兰海滩旅游，一定不能穿绿色的衣服，因为当地有一种迷信称穿绿色衣服会惹怒爪哇守护之神或南海皇后，给自己带来厄运。位于西爪哇南岸的皇后港，就是得名于当地的神话传说。据传，南海皇后是个勾引男人、身藏毒蛇的美女，有 99 个男人都在半夜里被她的毒蛇咬死。唯独第 100 个男人是位教长，识破其诡计，抓住了毒蛇。美女羞得无地自容，便跳进南海，隐居海底。为了发泄怨恨，常常兴风作浪，于是皇后港涨潮时便出现波涛汹涌的景象。为了

碧波万顷／言文摄

抚慰南海皇后，当地居民在每年4月6日都要在这里举行规模盛大的海祭仪式，以求风平浪静。

爪哇岛充满迷人的椰风蕉雨，热带植物丛生，热带风光迷人，但似乎又险象环生。爪哇岛西部的小城茂物，被称为"世界雷都""惊雷豪雨之都"。这里每年超过300天为雷雨天，往往早上还是晴空万里，刚过中午就雷声阵阵，雨点劈头盖脸地打了下来，好在来得猛去得也快。当地为了防雷，故意把房子建得很矮，大多数只有一两层。用当地一句谚语解释，就是"雷电专打出头鸟"。房子矮，雷电自然打不到。岛上丛林中最具传奇色彩、最神秘莫测的要算流传甚广的"吃人树"传说了。传闻生长在爪哇岛上的奠柏，居然能"吃"人和动物。它的枝条会像魔爪似的把人或动物卷住，而且越缠越紧，并且很快会分泌出一种黏性很强的胶汁，消化被捕获的人或动物，几天后树叶重新打开时只剩下一堆白骨。这听起够骇人的，实际上不足为信，经科学家考察并无事实依据。倒是有一种叫"箭毒木"的树，是世界上最毒的树，在印尼等东南亚热带地区和中国两广、云南、海南等地都有分布。箭毒木乳白色汁液含有剧毒，一经接触人畜伤口，即刻使中毒者心脏麻痹，血液凝固，很快死亡，所以人们称它为"见血封喉"。除恐怖的箭毒木外，爪哇谷洞也令人闻之色变。山谷中有6个大山洞，洞呈喇叭状，据说当人或动物经过洞口时，会被一股强大的吸引力"拖入"谷洞而性命不保。当地多次发生过人员神秘失踪事件，但事实到底是什么，真正的答案不得而知。

爪哇岛上有一些重要城市，例如泗水、万隆、三宝垄等城市分别是东爪哇省、西爪哇省和中爪哇省的首府。泗水是仅次于雅加达的印尼第二大城市，也是印尼第二大海港，可以说是一座"魅力之城"。这里居住着近百万华裔，尤以原籍闽南人最多。他们口操流利的印尼语，夹杂着一口闽粤方言。关于泗水地名的由来有多种说法。当地华人说，先有孔庙，后有"泗水"城名，因为中国山东也有一城叫"泗水"，西邻孔子故里曲阜，孔子去世后，葬于曲阜城北的泗水岸边。另有一说是，当年来到此地开发的华人有鉴于此地为四条河流汇集之处，称之为"泗水"。还有一说是，早年大批福建难民来到印尼，将福建闽南民间信仰的"泗洲佛"带到此地建"泗水庙"供奉，后来慢慢演变为"泗水"的地名。不过，最为通行的一种说法是，泗水原称"苏腊巴亚"，在爪哇语中意为鲨鱼和鳄鱼，因本地原为荒凉的沼泽而名。华人觉得拗口，谐音成"泗里木"，后来逐渐演化成地道的汉名"泗水"。万隆是印尼第三大城市，被誉为印尼最美丽的城市，素有"爪哇的巴黎"之称。万隆拥有独特的民间文化艺术，诸如民间舞蹈、武术、"昂格隆"竹制乐器等。万隆最为世人瞩目的，它是1955年第一次亚非会议的举办地。会议一致通过了《亚非会议最后公报》，提出了以和平共处五项原则为基础的十项原则作为国与国之间友好合作的准则。会议所反映的亚非人民团结反帝、反殖，争取和维护民族独立，增强各国人民之间友谊的精神，被称为"万隆精神"。三宝垄是印尼第三大商港，也是华人聚居的城市，处处都有华人的印记。例如，三宝垄有林医生街、黄仲涵街，街道的名字都是以当地著名华侨姓名（职业）命名的。当然，最为人们熟知的是，"三宝垄"的名字就起源于中国明代伟大的航海家郑和（本名"马三宝"）。华人和爪哇人继承了郑和勇于开拓的精神，共同创造了三宝垄的辉煌历史和美好现实。

奇异的巴厘岛

巴厘岛位于爪哇岛东部，面积5620平方公里，是世界著名旅游岛。2015年被美国旅游杂志《旅游＋休闲》评为世界上最佳的岛屿之一。中国游客前往印尼旅游，首选巴厘岛，或者说只奔巴厘岛一个地方。首府登巴萨（旧名"巴塘"），是巴厘岛游客聚集最多的城市。这里集浓郁的宗教氛围和现代风情于一体，并且在建筑风格上体现了巴厘岛所特有的魅力，让这个旅游胜地显得韵味十足。巴厘岛风情享有多种别称，如"神明之岛、恶魔之岛、绮丽之岛、天堂之岛、魔幻之岛"等。

巴厘岛以美丽的自然风光和独特的风土人情而闻名，是印尼岛屿中最耀眼的一个岛。帕格里桑河流域的自然及人文景观，加蒂录威梯田，西巴厘国家公园，达曼阿永神庙等，都是有名的景观。其中，加蒂录威梯田位于巴厘岛的塔班南县，层次分明，风景如画，是世界上最迷人的梯田之一。阿勇河（亦叫"爱咏河"）虽然只有11公里长，却流经22处急流点。乘坐橡皮艇漂流，能观赏到两岸不同的景观。难怪许多游客感慨，经历阿勇河漂流，才知道真正的巴厘岛。乌鲁瓦图断崖为巴厘岛的经典景点，坐落于巴东区的南库塔，有三个不同的名字，即"断崖""情人崖"和"望夫崖"。每一个凄美名字背后都有一段凄美的爱情故事，例如青年男女相恋受阻在断崖投海殉情，妻子因丈夫出海遇险而绝望地跳崖身亡。

巴厘岛的海滩相当有名，吸引全世界的游客在此留下足迹。参加滑水、帆板、潜水、冲浪、水上摩托、快艇等运动，玩够了，玩累了，就躺在柔软的沙滩上，任浪涛冲洗，任阳光抚摩。库塔海滩是巴厘岛最热闹最美丽的海滩，以冲浪和夜生活闻名。这里海滩平坦，海水碧蓝，海浪较大，是玩冲浪和滑板的乐园。水明漾海滩位于库塔海滩北面，在诸多海滩中首屈一指，很多豪华的旅店、餐厅、酒吧、按摩水疗店和夜总会都聚集于此。附近还有许多富有创意的画廊、工艺品店和家具店。梦幻海滩风急浪高，不适合游泳和泛舟，却适合冲浪。许多冲浪高手，个个姿态撩人，优美的冲浪动作更是魅力无限。萨努尔海滩适合独自静坐、发呆，又因其拥有迷人的美丽海景，而一跃成为登巴萨市附近的三

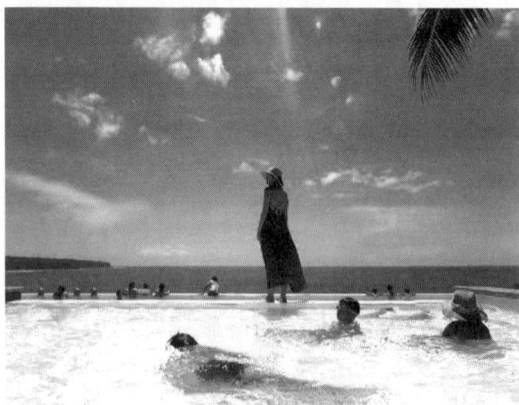

美丽的海滩 / 易明摄

大海滩游乐区之一。

巴厘岛民风淳朴。许多人生性爱花，处处用花来装饰，因此该岛有"花之岛"之称。鸡蛋花在巴厘人的生活中无处不在：家家户户供奉的神龛上、房前屋后的水池里、SPA 时用于闻香的花钵中。大街上招摇过市的当地妇女，她们的发髻、耳边也都戴着一朵淡雅的鸡蛋花。巴厘登巴萨人的"接吻节"很有趣。尽管一些人在接吻节上很害羞，但也有许多女孩落落大方、积极参与。人们向拥吻的情侣泼去祝福之水。巴厘人性格温和，但也有一项激烈血腥的活动为当地人所喜爱，那就是乌布乡下流行的斗鸡盛会。斗鸡是巴厘岛男人最爱的游戏，为之着迷疯狂。卡朗阿森县登卡南村的檀叶格斗也是血腥的活动。格斗的二人各自拿一把带刺的檀叶（或班兰）和一面古老的盾牌。在紧张的乐曲声中，格斗者大吼一声登台挑战，另一位应声登台。双方要将带刺的檀叶戳向对方赤裸的脊背，裁判才把二人分开，宣布一场格斗结束。随后，人们用醋、姜和香草消炎药水为他们擦洗伤口。该仪式是为了祭奠被称为"战争之神"的英德拉神，它是最受巴厘岛人民崇敬的神灵之一。

巴厘岛有"艺术之岛"之誉。每年 6 月中旬至 7 月中旬，巴厘岛艺术节在登巴萨的艺术中心举办，为期一个月。届时，来自世界各地的舞蹈家、戏剧家、音乐家、画家云集于此，向游客们展示各自的艺术作品。新华社记者对 2019 年 6 月 15 日的巴厘岛艺术节开幕式进行了专门的报道。巴厘岛人热爱舞蹈艺术，每逢婚丧嫁娶、生辰庆贺、重要活动或宗教节日都有舞蹈表演，这已成为巴厘岛人的一种传统习俗。巴厘岛的女孩子从 5 岁开始习舞，此后，舞蹈就成为她们生活的一部分。舞蹈内容大多取材于印度史诗《罗摩衍那》和《摩诃婆罗多》。舞蹈的基本造型是保持腰、臀的侧曲，眼睛左顾右盼，手掌随音乐左右摆动，手指颤动。全岛流行"狮子舞"和"鸟舞"，模仿的声音和动作惟妙惟肖。在祭祀场合跳的猴舞、巴龙舞、山哈央舞、班耐舞、黎弓舞、面具舞等，显得有几分诡异。有一种加美兰音乐，是以打击乐为主的合奏音乐，常常作为传统舞蹈的伴奏、皮影戏的配乐、婚礼的伴奏、民俗仪式的背景音乐或进行单独演奏，应用广泛，且富有民族地方特色。在巴厘与爪哇岛，有一种哇扬戏统称"古典哇扬戏"，包括画卷哇扬戏、木偶哇扬戏、皮影戏、柯里提克哇扬戏、面具哇扬戏、人偶戏等。哇扬皮影偶戏有悠久的传统，以精工制作的木偶和复杂的音乐风格而闻名，受到人们喜爱。

巴厘岛的石雕、木雕和手工艺品以其精湛的技艺、独特的风格闻名遐迩。在巴厘、爪哇、苏门答腊等地，用石雕装饰的庙宇随处可见。位于爪哇岛中部马吉冷的婆罗浮屠和普兰班南神庙，就是精美绝伦的石雕艺术代表作。在外来文化影响下，石雕作品也成了一般建筑物的装饰品。巴土布兰村就是巴厘岛最知名的石雕村。除石雕外，巴厘木雕也是一种传统工艺品。它最初与巴厘人的宗教信仰息息相关，人们把自己崇拜的印度教诸神用木头雕刻出来，供奉在庙宇、庭院、堂室内。位于巴厘岛东部的木雕村，专注于木雕艺术。巴厘木雕造型千姿百态，有栩栩如生的各种动物和禽鸟，有惟妙惟肖的渔夫和少女，有民间故事中脍炙人口的传奇人物，也有当代各种抽象艺术形象。乌布是巴厘岛文化艺术中心和蜚声世界的艺术村。乌布传统市场主要以木雕、绘画和银器等手工艺品而著名，琳琅满目的手工艺品在大街小巷随处可见。乌布王宫位于乌布市场的对面，是乌布的地标。整座宫殿气势恢宏，宫殿内精致细腻的手工雕刻和贵气逼人的金箔装饰，吸引着许多艺术爱好者们慕名而来。美国影片《美食、祈祷和恋爱》与乌布也有一段不解之缘。影片主人公伊丽莎白·吉尔伯特最后落脚的地方正是巴厘岛最具艺术气息的乌布。

巴厘岛是印尼唯一信仰印度教的地方，这是因为历史上受到印度教文化影响的缘故。但是，这里的印度教是印度教教义和巴厘岛风俗习惯的结合，因此当地人习惯将其称为"兴都教"或"巴厘印度教"。当地人相信万物都有神明，如山川日月、江河湖海、风火雷电、牛鬼蛇神等，神无时无处不在，因此巴厘岛有"神仙岛"之称。神龛是巴厘印度教信徒每天都要朝拜的地方。清晨，许多梳洗打扮后的姑娘、妇女，在家中神龛、公共神庙、神树或她们心目中的神圣地方，摆上供奉物品，燃上一炷香，然后双手合十，口中呢喃，祈祷神灵保佑家人平安。类似的朝拜祈祷一般都是由女人来进行。岛上的妇女搬运物品不习惯肩挑手提，而是把各种物品叠成塔状，用一个托盘顶在头上。在一些节日里，可以看到妇女们头顶着各类供品，排着长长的队伍，去参加寺庙的活动。

巴厘岛虽然以信奉印度教为主，却又是个多教共存的地方。这里建有印度教、天主教、伊斯兰教、佛教等宗教庙宇。全岛神庙总数近 1.5 万个，是名副其实的"万寺之岛"。人们喜欢在圣泉庙的圣水池里沐浴，祈求幸福安康。圣泉庙已有千年的历史，传说有着非凡功效的泉水让寺庙兴盛至今。水神庙坐落于布拉坦湖湖畔，建造于 1663 年，为半印度教、半佛教风格，用于供奉和祭奠湖泊女神。海神庙是巴厘岛最重要的海边庙宇之一，始建于 16 世纪，以祭祀海神。该庙坐落在海边一块巨大的岩石上，潮涨时，岩石被海水包围，整座寺庙孤零零地矗立在海中，只在落潮时才与陆地相连。海神庙历来香火鼎盛，据说在海神庙前祈福，能获得爱情的神秘力量。这里的落日很美。

巴厘岛除了独特的宗教习俗，还有丰富的宗教节日和与众不同的风俗习惯。据《印度尼西亚同业网》和《经济日报》载文介绍，巴厘岛一年里与宗教有关的各种节日多达 198 个，使得外国游客有每天都在过节的感觉。如遇上重要的宗教节日或公共活动，朝拜祭祀仪式的时间就更长了，短的一天半日，长的十天半月。据说百年一遇的艾卡达沙鲁特拉节，整个祭典仪式和活动长达近三个月。每逢节日，歌舞杂陈，异常热闹。岛上居民相亲结婚、怀孕生子、孩子命名、锉牙、葬礼甚至女孩月经初潮等，都有相应的宗教习俗和仪式规矩。仪式进行的过程中一般还有加美兰乐队奏乐助兴，富庶之家还要请皮影戏团来唱大戏。洁身仪式是巴厘岛女孩子一生中最为重要的仪式之一。少女初潮结束后，由巫师为净身后的少女穿上金线绣花绸衣，戴上鲜花编织的桂冠，并让她坐在一个身强力壮的英俊小伙肩上，被扛进仪式大厅。

巴厘岛的自然风险来自火山。例如，海拔 3140 米的阿贡火山于 1963 年 3 月 18 日大喷发，火山灰在 4000 米高空弥漫全岛，熔岩摧毁了山麓森林和村庄，破坏了 15 座桥梁和 6 万公顷农田，致使 1600 余人丧生和 8.6 万人失去家园。2017 年 11 月 21 日，阿贡火山再次喷发，火山灰直逼 700 米高空，当地超过 14 万民众撤离。此后几十天内又连续多次喷发，带来的危害不容小觑。不过，火山喷发也带来了土地的肥沃，火山周围一带栽种着柑橘、香蕉、咖啡、椰子等作物。

光辉绮丽的乡土

苏门答腊岛面积43.4万平方公里，是印尼第二大岛屿，仅次于加里曼丹岛（婆罗洲）。古称"苏瓦纳布米"，意为"光辉绮丽的乡土"。古名又叫"金岛"或"金洲"，是因为自古以来苏门答腊山区出产黄金，16世纪时曾吸引葡萄牙探险家来到岛上寻金。巨港、棉兰分别是南苏门答腊省和北苏门答腊省首府。其中，巨港原称"旧港"，穆西河穿城而过，河流港汊遍布全城，有"水城"之称。河流两边是一间间建在水边、支撑在柱子上的木屋。这类房子是由早期中国移民搭建的。坐在摩托舢板上，映入眼帘的是枕河人家的生活片段。

印尼流传着斗牛的习俗，这与苏门答腊岛的历史传说有一定的关系。原来，苏门答腊岛古称"美南卡巴岛"，美南卡巴意即"水牛的胜利"。为什么有此名称呢？相传1500多年前，爪哇和马来亚对于苏门答腊岛的归属问题有争议。如果处理不好，很可能引发战争。为了避免流血冲突，双方终于想出了一个办法，即由双方各选出一头水牛，让它们角斗，以"水牛的胜利"来决定苏门答腊岛的归属。从此，苏门答腊岛获得了"美南卡巴岛"的名称。

苏门答腊岛大部分地区被热带雨林覆盖，到处生机盎然。岛上的多巴湖是世界上最大的火山湖，面积1130平方公里，最深处505米，从天空俯瞰，宛如一面明镜。岛屿周边绿色的海洋和蔚蓝的天空构成一幅和谐美丽的画卷，成为苏门答腊亘古不变的亮丽景观。《多巴湖的传说》与《覆舟山故事》《南海娘娘》《香水河》，是印尼的四大风物传说，反映了印尼人民笃信万物有灵的原始信仰，也反映了古代印尼人民的婚姻状况与演变历史。

苏门答腊岛及其周围地区至今生活着一些远离现代城市喧嚣的土著居民。在该岛西南沿海的明打威群岛上，土著居民以独特的文身和捕杀猎物的头骨而成为自己的标志。有一个部落的男女老幼非常爱美，都用鲜花和树叶精心打扮自己，并在全身刺满各种美丽的花纹，所以被称为"花人"部落。"花人"还以磨尖牙齿而著名，认为磨尖后的牙齿能让自己在异性面前魅力大增。岛上的巴达克族人有个有趣的习俗，即忌讳公公和儿媳直接谈话，有话非说不可的时候必须通过中间人。如果一时没有其他人，那么一些物品也可以充当"中间人"。总之，他们之间不能直接对话。生活在苏门答腊岛东南部丛林沼泽地带的库布人，为古维达人和马来人的混血后裔。以大家族为单位，一般二三十人共同生活。岛上还一直流传着苏门答腊小矮人的传言，目击者称小矮人直立行走，只有90厘米高。近来科学家发现，一种矮小的史前人类曾在印尼的另一座岛上居住，有人给他们取了个绰号，叫"霍比特人"。美国、新西兰拍摄的奇幻史诗电影系列《霍比特人》（改编自英国作家托尔金的同名小说），讲述的是在遥远的东方霍比特人比尔博·巴金斯与13个矮人收复矮人故土的故事。作品创造了众多族类的生命形式：霍比特人、矮人族、巫师及精灵，以及能与人类相通的自然界生命。它们齐心协力，战胜了食人妖、半兽人、恶狼、毒蜘蛛以及火龙等邪恶势力，弥漫着童话般的理想主义。

苏门答腊岛上有一些非常有名的动植物。例如，苏门答腊虎是除巴厘虎和爪哇虎外，生活在印尼境内的第三个虎亚种；由于前两个虎亚种均已灭绝，故苏门答腊虎是目前印尼境内仅存的一个虎亚种。据称野生苏门答腊虎仅存约400只，人工养殖的不到300只。苏门答腊犀牛是世界上最后生存的披毛犀牛，濒危程度更严重，目前野生的数目不到300头。在苏门答腊岛和婆罗洲雾气缭绕的丛林里，生活着亚洲唯一的大猿红毛猩猩。它们与猴子最大的不同就是没有尾巴。成年雄性红毛猩猩体重可达100多公斤，披一身红色长毛，宽大的脸上转动着两只小眼睛，张开大嘴能发出低沉的"长叫"，活像传说中的野人。因此，在当地它们被称为"森林之人"。它们白天觅食，食物主要是果实、昆虫和鸟卵等。有时会依靠智力去"发明"复杂的取食技术，有时还涉及工具的使用。从植物来说，泰坦魔芋算得上是"臭名昭著"。它又称"尸花""尸臭魔芋"，产于苏门答腊的热带雨林里，属于世界濒危物种。它在开花的时候会散发一股类似尸臭的味道，故被称作"世界上最臭的花"。

苏门答腊岛看似世外桃源，但它的凶险来自地震和海啸。2004年12月26日，该岛附近的印度洋海域发生里氏 8.5 级强烈地震，引发的海啸高达 10 余米，对沿海地区造成巨大伤亡。亚齐海啸博物馆就是为了纪念这次大海啸中丧命的 21.6 万名死难者而建立的。2010 年 10 月 25 日，苏门答腊岛又发生里氏 7.2 级强烈地震，接着引发了巨大的海啸。这次海啸致使 408 人死亡、300 多人下落不明。在海啸袭来两天后，一个才 18 个月大的"海啸宝宝"被发现救活；另一个获救的"海啸宝宝"更年幼，出生才 2 个月，成为年龄最小的幸存者。可惜这两个"海啸宝宝"已成了孤儿，他们的双亲都已在海啸中身亡。这里还经常受到"印度洋拍岸浪"的袭击，一种高高卷起的拍岸浪一长排一长排地向岸上推进，其力量之大，可以把渔船举至浪巅掀翻。

苏拉威西岛风情

印尼东部的苏拉威西岛，面积 17.46 万平方公里，是个自然与人文风情浓郁的岛屿。岛的形状，与其说类似一个大写的英文字母"K"，倒不如说类似一头站立起来的大象。全岛的行政区域分为 6 个省：西苏拉威西、北苏拉威西、中苏拉威西、南苏拉威西、东南苏拉威西和哥伦打洛。较大的城市有南苏拉威西省首府乌戎潘当（旧称"望加锡"）、北苏拉威西省首府万鸦老。

苏拉威西岛多高山深谷，少平原，是印尼山地面积比重最大的岛屿。兰特孔博拉山海拔 3455 米，为全岛最高峰。海岸陡峭曲折，海湾深邃，沿海满布珊瑚礁。在岛的北面，是狭长的蓝壁海峡，宽度只有 1.2 公里，被全球 5 家最权威的潜水组织公认为世界最佳的潜水点。距离万鸦老（音译"美娜多"）20 多公里的布那肯海洋保护区，是举世闻名的潜水基地。海水中的漂浮物和微生物导致能见度不佳，但也因此培养出了丰富的生物，比如火焰墨鱼、叶鱼、天蝎鱼、蟹眼虾虎鱼、占星鱼、蛇鳗、海龙、皇帝虾、八爪鱼等等，不一而足。可爱的苏拉威西虾是一种原产于该岛陶乌提湖的淡水观赏虾，具有普通淡水虾无法比拟的鲜艳外表。

生活在苏拉威西岛的哺乳动物中有 79 种是本岛特有种，例如鹿豚（或称"猪鹿"）、黑颈狒狒和倭水牛（即西里伯斯水牛）等。值得一提的是，岛上有一种叫"苏岛袋猫"的有袋类哺乳动物，打破了人们以为有袋类仅分布在大洋洲与美洲的观念。岛上还生长着一种可怕的苏拉威西蟒蛇，常常令人谈蟒色变。据英国《每日邮报》2017年3月28日报道，苏拉威西岛的一名男子晚上出门采集棕榈油，尔后失踪，亲友寻找无果。次日晚上，村民们在该失踪男子的后院发现一条巨大的蟒蛇，剖开后发现了该失踪男子，但已无生命体征。据当地媒体报道，该事件发生时，失踪男子的妻子并不在家，她在网上看到新闻的图片和视频后，才得知此事。

苏拉威西岛居民主要由7个民族组成，即托拉查、托亚拉、布吉、望加锡、米纳哈萨、莫里和戈龙塔洛人。其中的托拉查人的生活方式和风俗习惯最为独特。他们保留着氏族部落残余，有自己的部落保护神，盛行祖先崇拜和精灵崇拜的习俗。按大家族居住长屋，土地及大部分财产归家族所有。房屋的墙柱上饰有大量绘画和雕刻。衣服多以树皮布为材料，其上绘有各种彩色图案。喜好锉平牙齿，佩戴的饰物多用牛角或黄铜制成。居住的房屋叫"船屋"，这是因为他们的祖先在1000多年前乘船从中国南方来到苏拉威西岛。最初，就在船上搭建简陋的棚屋，漂泊在海里；后来，在陆上模仿船的形状搭建房屋，并一代代流传下来。船屋门前悬挂着木质十字架，表示托拉查人来自四面八方。十字架上悬挂的水牛角数量越多，表示这家人越富裕。在帕拉瓦村，整个村庄都是由这种船屋组成的。船屋不仅用于居住和存粮，在当地独特的丧葬风俗中也扮演了重要角色。当地人把遗体放在雕着牛头或猪头的棺材里，然后用专门为葬礼制作的小型船屋把棺材罩住，由男人们抬着前往墓地，然后将棺材安葬在崖壁内。葬礼上要杀大量的牛、猪进行祭奠。米纳哈萨人与其他民族不同，是岛民中最西化的民族，每座村落都有基督教堂和学校。

僵尸节是南苏拉威西地区的一个奇特节日，当地人会把过世亲人的尸体挖出来，梳洗打扮之后，为他们穿上新衣服，举行专门的仪式来缅怀亲人。对当地人来说，亲人的去世并不意味着离开，他们想通过这种方式让家人重新团聚。当地人还会和去世亲人的尸体合照。另外，托拉查人在丰收季前举行仪式，挖出亲人的尸体，清洁、打扮、穿衣，并带着尸体以直线走过村庄，就像行尸走肉一般。这项仪式要持续三天，以此祈求好运获得丰收。

苏拉威西岛历史上先后遭到荷兰、西班牙和日本的殖民统治，因此这里的建筑与文化接近欧洲风格。在穆斯林人口占大多数的印尼，这里的大部分老百姓却笃信基督教，教堂远比清真寺要多得多。北欧风情十足的首府万鸦老市，沿街的房屋中最漂亮最显眼的是教堂，圣母玛利亚的雕像、用红色布料包裹的十字架灯饰在沿街的房前檐下举目皆是。这里的地标性建筑是一座名为"基督护佑"的雕像，2010年建成，高50米，不仅是世界第四、亚洲最高的基督雕像，而且是世界上唯一以飞翔状态出现的基督像。

伊里安岛与加里曼丹岛

伊里安岛（又称"新几内亚岛"）面积78.5753万平方公里，是仅次于格陵兰岛的世界第二大岛。岛的西半部为印尼的巴布亚省（面积约31.9万平方公里，首府查亚普拉）和西巴布亚省（面积约11.5万平方公里，首府曼诺瓦里）；东半部是独立国家巴布亚新几内亚的领土。全岛种族复杂，土著身材比较矮小，主要属美拉尼西亚人和巴布亚人。语言纷繁复杂，盛行皮金语和莫土语，通用印尼语和英语。大多数居民信奉天主教或传统宗教，有的惧怕鬼魂。在伊里安岛滨海地区，有个每逢重大节日都为鲨鱼举行祭祀庆典的部落。鲨鱼在这个部落被尊为神灵，具有至高无上的地位。在祭祀典礼上，将猪心、猪肝、猪肚、猪肠子等抛入大海，喂食成群的鲨鱼。在阿斯马特地区，甚至居住着被称为"猎取人头的部落"。历史上，猎取的人头经常被用于"传授精力"仪式。岛上的一些土著居民家族观念根深蒂固，生产力水平低下，有些土著仍过着石器时代的原始生活。一些土著家庭用树皮、棕榈树叶等为材料，把房屋搭建在高大的树上。西米棕榈是部落食物的主要来源，从一棵树上可以获得约200公斤的淀粉。最为传统的是从西谷椰树的木髓部分提取淀粉，经过加工制成西米。

　　加里曼丹岛（也译作"婆罗洲"）是世界第三大岛，面积 74.333 万平方公里。北部为马来西亚的沙捞越和沙巴两州，两州之间为文莱。南部为印尼的北、东、南、中、西加里曼丹五省。南加里曼丹的首府马辰位于巴里托河及马塔普拉河交汇的三角洲之上，是有名的"水城"。市内水道交错，许多房屋都建在河边水面的木桩上。曲折的巴里托河静静地穿过市区，两岸是马辰最繁华的闹市区。就在巴里托河支流的入海处，有一个风情独特的水上集市。每天清晨至早上 9 点，市场便热闹起来，人们划着两头尖尖的类似独木舟的小船到这里做买卖，蔬菜、水果、日用百货，应有尽有。晚上天气凉快，夜市也热闹起来了。每年 11 月底，举办水上市场文化节，能看到独木舟大游行、赛龙舟、传统艺术和音乐舞蹈表演等活动。2016 年是马辰建市 490 周年，这一年的水上市场文化节也是纪念活动的一部分。游客乘船十分方便，两岸随处都有停靠在岸边等客的小船，甚至在河中也可以随时换船，随叫随停，犹如"河上的士"。

　　加里曼丹岛属热带雨林带，在岛的中部地区有大片原始森林，是个危险的地方，被人们称为"黑暗的森林"。这里位于赤道线上，气候湿热。生活着各种各样的动物，例如长蛇、树蛙、松鼠、大象、犀牛、云豹、猩猩、长臂猿、长鼻猴、马来熊和许多昆虫、鸟类等。森林里的达亚克族人，以种稻、打猎为生，过着自给自足的生活。他们很少与外界人接触，但对于进入他们地区的客人，也会表示欢迎。达亚克人建造的长屋，可以居住上百人，基本上是有亲缘关系的人。在长屋外面挂着各种野兽的头骨。

　　在加里曼丹很早就有华人定居生活，大多数人从事贸易，他们往往组成自己的公司，以罗芳伯为首的兰芳公司就是其中的一个。兰芳大统制共和国简称兰芳共和国（1777—1886），是海外华人所创立的第一个共和国，也是亚洲历史上第一个共和国，面积 14.68 万平方公里，以东万律为首都。第一任总长是陈兰伯，第二任总长是罗芳伯，"兰芳"取名于陈兰伯与罗芳伯中间两字。兰芳共和国前后历任 12 位总长，参照西方国家的一些法制，设置了一套完整的行政、立法、司法机构。兰芳共和国的发展壮大遭到了荷兰殖民者的进攻，全体民众进行了顽强的抵抗，最终因武器太差遭到失败而灭亡。

其他海岛览胜

马鲁古群岛位于苏拉威西岛和新几内亚岛之间，赤道从群岛偏北的位置穿过。山岭险峻，多火山。帝多雷火山岛是印尼盾1000面值币的图案。瓜马拉马火山最近一次喷发是在2011年，导致数千人被迫转移。马鲁古群岛古时以盛产丁香、豆蔻、胡椒而闻名于世，被早期印度、中国和阿拉伯商人称为"香料群岛"。香料的生产和贸易一直繁荣到16世纪，在欧洲殖民者占领后被摧残殆尽，现在仅有少量生产。特尔纳特市位于马鲁古群岛北部的特尔纳特岛上，人口接近20万。据央视《一带一路》第59集"香料群岛的往事"介绍，历史上强盛的特尔纳特苏丹王国建于1257年，是印尼最古老的国家之一。建于1813年的特尔纳特王宫，就坐落在瓜马拉马火山脚下，是中国人帮助设计的。王宫收藏了不少青花瓷，有些王室成员如今依然居住在王宫里。居住在活火山下，无论平民还是王室成员都对火山崇拜敬畏有加。在特尔纳特王子的彩虹帽子上面，有一个朝向天空的尖顶，代表的是火山烟。特尔纳特人崇敬火山之情可见一斑。

松巴岛是小巽他群岛中的岛屿，面积1.4万平方公里。它距离巴厘岛以东只有400公里，却一直鲜为人知，仿佛是被世人遗忘的角落。即使在岛上，东西两端也几乎没有联系，语言和文化恍如两个世界。当印尼获得独立时，这一消息传到松巴岛竟然花了6个月时间！松巴岛的闭塞落后可以想见。岛上居住着大约45万人，大部分人信奉万物有灵和崇拜祖先，当年荷兰殖民者传入的基督教也在岛上广为传播。在古老村落里，高耸的屋顶是其最大特点。村民会血祭土地。在他们眼里，无血不丰收，血祭对土地的重要性与雨水不相上下。千百年来，血祭一直在松巴岛人的文化和宗教中占有重要地位。帕索拉是一种骑在马上用长枪厮杀的比赛，目的就是为了以血的祭品取悦众神，以确保庄稼丰收。

龙目岛是西努沙登加拉省岛屿，面积5435平方公里，隔龙目海峡与巴厘岛相望。海边风光堪与巴厘岛媲美。但是，相比较巴厘岛的热闹，龙目岛要冷落多了，因为很多到过巴厘岛旅游的人都不知道海峡对面还有个龙目岛。岛上居民大部分是马来血统的萨萨克人，男耕女织，居住在草棚屋里。他们是穆斯林，但有强烈的万物有灵论成分。岛的西部有一些巴厘人，东部有一些松巴哇人。岛上生活着1万多名华人，大多数从商。岛上的陶器、纺织布和手工编织工艺品是有名的，大部分游客都会选择一些精美又别致的陶器和手工艺品带回家。2018年8月5日，龙目岛发生7.0级强震，受灾严重。

佛罗勒斯岛是努沙登加拉群岛东部岛屿，面积1.5万平方公里。在岛上的克利穆图火山山巅，有一个闻名遐迩的三色湖，分为三个部分：左湖湖水艳红，右湖湖水碧绿，后湖湖水淡青。传说，很久以前在克利穆图火山脚下，有一对青年恋人发誓要结成夫妻，但遭到双方父母的反对。他们来到充满神秘色彩的三色湖畔，投入到艳红色的湖水中，双双殉情身亡。因此，现在当地居民每逢佳节都要将丰盛的祭品投到湖里，祈求天神保佑那对青年恋人。当地居民还信奉另一个传说，三色湖分别居住着巫师、罪人、处女和婴儿的灵魂。传说归传说，据《印尼大百科全书》记载，三色湖是很久以前由克利穆图火山爆发而形成的，是因为含有不同的矿物质而颜色各异。而且三色湖与一般的湖水不同，它是完全不透明的，乍看上去根本不像是液体，更像是巨大的宝石镶嵌在火山口中。如果湖面上乌云密布，劲风会把湖里的硫黄气味吹起，令人不寒而栗。

民丹岛是廖内群岛中最大的一个岛屿，面积1866平方公里。岛上约有40万人，主要城市是位于西南方的丹戎槟榔（俗称"廖都市"），可以乘快艇前往廖内群岛的另一个城市巴淡。岛上的度假村与酒店，都可以为房客提供各种海上游乐活动，例如风帆、潜水、橡皮艇、独木舟、香蕉船等。此外还有骑车、射箭、高尔夫、民俗参观等活动。尽兴游玩后，到海边的水疗中心做个SPA，让身心放松下来。如果遇上热风吹雨的天气，那么静下心来观赏一下椰风蕉雨的景致，也是蛮有情趣的。

科莫多岛是东努沙登加拉省西头岛屿，面积520平方公里。科莫多国家公园由科莫多岛、瑞音克岛及附近小岛组成。炎热干燥的热带干湿季气候，为当地特有的科莫多巨蜥提供了良好的栖息条件。据估计，2010年时这个地方的巨蜥数量不少于3000只。这些巨蜥因其外观和好斗被称作"科莫多龙"。它们的寿命可以活50年左右。通常一只成年科莫多龙重70公斤左右，捕食鹿、野猪甚至水牛等哺乳动物，偶尔也会攻击人或觅食人的尸体。它会静静地守在一边，伪装得好好的，不露痕迹，等猎物来了出其不意猛扑上去，把对方咬伤。由于科莫多龙以食腐肉为主，黏稠的唾液里充满了致命致病的细菌（也有专家认为科莫多龙主要靠分泌毒液捕杀猎物），导致猎物在短期内伤口感染并中毒死亡。猎物死后，它会顺着气味找到尸体大快朵颐。

"椰城"雅加达

印尼首都雅加达，位于爪哇岛的西北海岸，是一座传统与现代、富有与贫穷对比强烈的海港城市。旧称"巽达加拉巴"，意思是"椰林密布之地"。当地华侨称它为"椰城"。

雅加达全年季风不断，植物四季常青，鲜花盛开不衰。多条河流流经市区，其中最著名的是芝里翁河。位于芝里翁河河口的帆船码头，是一个非常古老的码头，现在只停靠一种传统的有两个帆柱的木质帆船皮尼斯，主要用于各个海岛之间的货物运输。可以说帆船码头就是雅加达的起源之地，对这座城市的发展起着非常重要的作用。如今，林立的高楼大厦与低矮的小楼、平房掺杂在一起，柏油大道与青石小巷交叉纵横，加上汽车川流不息，摩托车成群结队，人力三轮车夹杂其间，交通拥堵，给人以杂乱的感觉。据报道，印尼总统佐科唯一的女儿在2017年举行婚礼时，除其他交通工具外，还雇用了50辆人力三轮车，表示这样社会各个阶层都可以参与其中赚些钱。老城区内有雅加达著名的唐人街草埔，沿街商店鳞次栉比，商品琳琅满目。位于南部的新街区，道路较为宽阔，最著名的街道是谭麟大街和苏迪尔曼大街。苏迪尔曼大街是雅加达最繁华的商业大街，街道两旁高楼林立，金融大厦、商业大厦、银座、星级大饭店比比皆是。

雅加达中央博物馆，为东南亚最大的博物馆。馆内设有10多个展览室或陈列室，收藏有爪哇猿人头骨化石、中国商周青铜器、爪哇象首人身佛像、苏门答腊房屋模型等各类历史文物。馆内的印尼群岛模型图，生动地展示了印尼各民族的人物塑像，以及各民族分布及经济发展状况。

雅加达独立广场（又称"莫迪卡广场"），是世界上最大的城市广场之一。广场上有一个扁圆形的黑色云石牌匾，标示该广场是 1957 年 8 月 30 日午夜英国国旗降下、印尼国旗首次升起的地点。广场中央一座高达 137 米的"民族解放纪念碑"，是雅加达最高的建筑物，其顶端有一个用 35 公斤纯黄金打造的火炬雕塑，象征印尼的独立精神。雄牛广场也是一座气势非凡的广场，是印尼人民在雄牛精神的激励下，推翻殖民统治、取得民族独立的真实写照。可以说，独立广场与雄牛广场犹如一对姊妹广场，共同反映了印尼走过的近代历史。

雅加达其他名胜古迹有雅加达独立清真寺（又称"伊斯蒂赫拉尔清真寺"）、旧葡萄牙教堂、总统府、旧市政厅、伊里安国家纪念碑、马尔祖基公园、雅加达缩影公园、安佐尔梦幻公园、拉姑兰动物园、芝保达士植物园等。其中，庄严精美的雅加达独立清真寺，是为了纪念印尼独立而建造的。"伊斯蒂赫拉尔"在阿拉伯语中是"独立"的意思。这是东南亚最宏大的清真寺，能容纳 20 多万名礼拜者。缩影公园把印尼全国岛屿山川、都市港口、名胜古迹、风土人情按照印尼的地理位置，以缩影的形式展现在游人面前。安佐尔梦幻公园是雅加达最著名的娱乐公园，建有各种休闲娱乐设施和体育场馆。黄昏时分，露天舞台上演出巴厘、加里曼丹等地的土风舞。

印尼是羽毛球王国。印尼羽毛球运动员在奥运会、世锦赛、汤姆斯杯、尤伯杯等各项国际大赛中取得的骄人成绩，给印尼人民带来一个又一个欢乐和荣誉。据我国"浙江在线"报道（记者方海），羽毛球界一直有个说法，若论羽毛球第一魔鬼主场，雅加达国家羽毛球馆当之无愧。每到大赛，印尼观众会山呼海啸般地为本国运动员加油。这样的呐喊助威，似乎给印尼选手增添了许多动力。在 2018 年雅加达亚运会上，羽毛球男子团体决赛对阵的双方是东道主印尼队和中国队。国事繁忙的印尼总统佐科，从决赛开始入场，直到第二男单前两局战成一比一的情况下，待了差不多三个半小时才意犹未尽地提前离场。走之前，他还满足了很多观众的合影要求。

古城日惹市

日惹市位于爪哇中南部特区，是一个有着数百年历史的古城。日惹地方特区的区长是该特区的首脑，他和地方议会共同组成特区政府。如果要了解日惹的历史，可去参观日惹博物馆。人们同样感兴趣的，还有日惹王宫。这是日惹苏丹的王宫，现在是日惹的行政中心，里面仍住着苏丹及其家属。王宫建成于 1756 年，是由日惹苏丹国首任国王哈孟古·布沃诺一世设计并修造的。它的独特之处是，印尼独立后政府允许原王族一家继续住在宫内，宫中所用仆人仍穿古时服装。现住在宫内的是哈孟古·布沃诺十世苏丹，其父哈孟古·布沃诺九世过去曾任印尼副总统。整座王宫是伊斯兰文化和爪哇文化的混合体，又具欧洲风格。宫内到处都摆放着中国明清时期的瓷器，更使王宫增添了一层古朴高贵的气息。

日惹是爪哇文化艺术的发源地，文学和舞蹈发达，浮雕和雕像众多。距离日惹市西北 40 公里的婆罗浮屠，是世界闻名的佛塔遗迹，号称印度尼西亚的金字塔。2012 年 6 月底，被吉尼斯世界纪录大全确认为当今世界上最大的佛寺。婆罗浮屠这个名字的意思很可能来自梵语，意思是"山顶的佛寺"。也有人认为佛塔的名字来自于爪哇语，意思为"婆罗的庙宇"。由于火山爆发的原因，这座佛塔被隐没在荒野林莽中近千年，直到 19 世纪初才被清理出来。它与中国长城、埃及金字塔和柬埔寨吴哥窟并称为古代东方四大奇迹。恢宏壮观的婆罗浮屠修筑于一座海拔 265 米高的岩石山上，呈现出一朵莲花的形象。其佛像似乎代表着大乘佛教中的《妙法莲华经》，塔顶的三层圆台似乎象征着莲花瓣。这是一座实心佛塔，没有门窗和梁柱，完全由石头砌成。佛塔共有 10 层，四周各有一条石阶通道，从基层直通塔顶，犹如尘世通往天国之路。佛塔各层都有回廊，回廊的石壁上都刻有各式各样的浮雕。其中描述佛本生故事的浮雕 1460 幅，表现当时生活习俗、人物、花草、鸟兽、果品等装饰浮雕 1212 幅，全部连接起来长达 2900 多米，构成一部

"石块上的史诗"。婆罗浮屠的台阶和走廊引导信徒们拾级而上，直至顶层，每一层都代表着修炼的一个境界，朝拜路线装饰着象征佛教大千世界的各种图案。

普兰巴南寺庙群是印尼最宏伟壮丽的印度教寺庙，位于日惹东北 17 公里的地方。寺庙群大约建于公元 10 世纪，共有 8 个圣殿，其中三个主殿分别祭祀着湿婆、毗湿奴和罗摩这三位印度教中的主神。寺庙群的创建基本上是模仿了神话中描述的众神居住的马哈穆罗山，因此各种雕刻和装潢都是按照神仙境界模样完成的。在每一个庙宇中都有雕像，例如湿婆·马哈德瓦雕像、杜尔加雕像和许多在印度教义上知名人物的雕像。在寺庙群的墙壁上完美地雕刻着罗摩传中有关印度教的神话故事。现在，每到傍晚时分，这些著名的神话故事就会以传统芭蕾舞的形式在露天舞台上演。当然，普兰巴南寺庙群也拥有自己的神话传说，这就是广为流传的拉腊·琼河格兰的故事，说的是在一天夜里同时修建上千座庙宇，到了第二天早晨，有 999 座完工，其中就包括普兰巴南寺庙群。可惜的是，建成后就被遗弃在杂草丛林中，直到 1981 年才开始重建。2006 年的大地震，又使普兰巴南寺庙群遭受严重损坏，很多浮雕都震碎在地上。

绚丽的民族风情

印尼有 100 多个民族，其中爪哇族占 45%，巽他族占 14%，马都拉族和马来族各占 7.5%，华人占 5%，其他民族占 21%。印尼 87% 的人口信奉伊斯兰教，是世界上穆斯林人口最多的国家。其余信奉基督教新教、天主教、印度教、佛教和原始拜物教等。

在印尼的几个主要民族中，爪哇族绝大多数居住在中爪哇和东爪哇。他们对王族、官绅及长辈非常敬重，在上司面前毕恭毕敬。爪哇族的王公后裔至今在其名前保留着贵族称号，受到人们的尊敬。儿女在父母生日或者结婚纪念日，要向父母跪拜。老人以逢八的倍数年龄为祝寿日，如 72 岁、80 岁大寿等。爪哇族人喜欢皮影戏、舞蹈和音乐，文化修养比较高。巽他族主要分布于西爪哇南部沿海地区，并向北部和东部扩散。大多数人信仰伊斯兰教。巽他族人在相貌、语言和文化等方面与爪哇族人相近，爱好音乐、皮影戏和斗羊。马都拉族主要居住在爪哇岛的东部地区以及马都拉岛，亦信仰伊斯兰教，爱好斗牛和赛牛。印尼马来族主要分布于苏门答腊岛的东部、廖内群岛、邦加、勿里洞以及加里曼丹岛的沿海地区。印尼的语言就是以他们使用的语言为基础而发展起来的。多数人信仰伊斯兰教，少数人仍保留对万物有灵和图腾的崇拜。印尼华人大多分布于雅加达、泗水、棉兰、北干巴鲁、三宝垄、坤甸（庞提纳克）、锡江（马卡萨）、巨港、万隆及邦加槟港等城市，仍保留着原籍的许多风俗习惯。

在印尼的其他民族中，米南加保族主要分布于西苏门答腊省西部沿海的高原地带，人口约 600 万，仍保留母系氏族社会的特点。社会最小基层单位为家族公房，几个公房构成一个称为"苏库"的母系氏族，按母系传代继承。年长舅父代表家族出席氏族会议。女子婚后居母家，丈夫从妻居，现多改为入赘婚。随着社会的发展，米南加保人已逐渐转向父系氏族社会。绝大多数人信仰伊斯兰教，少数人信仰原始宗教。他们生产的花裙布在印尼各地很受欢迎。巴达族主要分布于北苏门答腊省的多巴湖周围地区，人口 400 余万。按语言、习俗的不同又分为若干部族。在宗教上，有信仰伊斯兰教的，也有信仰基督教的，还有信仰万物有灵论的。传统的房屋因与众不同的造型和多彩的装饰而知名，类似于中国云南古滇国的民居建筑模式。巴塔克人或许与消失在历史风尘中的滇人有某种关系。亚齐人主要分布于苏门答腊岛北部的亚齐特区，人口约 300 万。他们以富于反抗精神而闻名，在 19 世纪末期，曾英勇地进行了长达 30 多年的抗荷斗争而赢得全印尼人民的赞誉。亚齐人信奉伊斯兰教，他们在方方面面都渗透着《古兰经》和穆罕默德的言行准则。

在民族传统文化的影响下，印尼人说话的声音总是轻声细语，走路的速度总是慢慢悠悠，无论做什么事都不紧不慢，无论什么时候都不愠不火。这往往会让习惯了快节奏生活的外国人一时难以适应。他们在家族里，会严格遵循长幼尊卑之序。在公共场合，非常注重不同年龄及不同阶层的人之间的差异，对上级、长辈、地位高者示敬。喜欢邀请客人到自己家中做客。即使不是十分富裕的家庭，其客厅的摆设布置也是比较讲究的。家里铺着地毯，进屋前要脱鞋。

有趣的一些习俗是，客人走进沙羌族的居住区，必须大叫大喊，否则被认为来者不善。中爪哇人如果晚上出门，决不能吹口哨，因为他们认为，吹口哨会把到处游荡的幽灵招引来。印尼人睡觉有一个特殊的习惯，就是要有一个抱枕。他们从小就有抱着抱枕睡觉的习惯，据说这样可以睡得安稳，给人温馨的感觉。另外，印尼天气炎热，睡觉不盖被子，有个抱枕也可以防止肚子受凉。爪哇人具有神秘的信仰，忌谈诞辰。一般来说，产妇坐月子要吃鸡鸭鱼肉，补补身子，而印尼产妇却要多吃玉米，据说玉米能催乳。很多印尼产妇还喝当地草药来帮助美容并调养身体。爪哇妇女怀孕七个月时有招待客人的习俗，招待的主要食品是上面白、下面黄的饭（用染成的黄米做的饭）。更为新奇的是，印尼人给宝宝的"礼包"只能在住院时送，回家后就送一些日常用品了，而且庆生不送"红包"却送"白包"。如果经济条件许可，孩子出生40天要办羊肉宴，宴请亲戚朋友。生女儿买一头羊，生儿子买两头羊。

在印尼人的心目中，蛇有着崇高的地位，人们敬蛇如敬神。在很多民间传说和传统戏剧中，都涉及蛇的故事，蛇往往是善良、智能、德行和本领的象征。在巴厘岛，人们还专门建造一个像庙宇一样的蛇舍，里面养着一条大蛇。蛇舍前设有香案，作为供奉香花、祭品及磕头、礼拜、祈祷之用；蛇舍后面的蛇洞里，养着大量的蝙蝠，专供这条蛇吞食。

印尼人常常身着鲜艳的民族服饰，跳起优美的传统舞蹈。印尼的舞者在上海世博园印尼展馆，为游客奉上了一场极具东南亚风情的精彩演出。而第19届东盟峰会与第6届东亚峰会在巴厘岛举行前夕，当地民众也兴高采烈地跳起巴厘岛的传统舞蹈。印尼歌舞离不开美妙的民歌。提起印尼民歌，人们可能对《星星索》《梭罗河》《照镜子》《宝贝》《哎哟，妈妈》等优美动听、充满热带民族风情的歌曲会有所耳闻。虽然语言不通，但熟悉的音乐旋律会让很多观众情不自禁地跟着哼唱起来。柔情似水的《星星索》的真正意思是指船桨划水时发出的有节奏的声音。印尼男女歌手组合的演唱犹如清风拂面，完美地诠释了《星星索》一曲抒情浪漫的风情。身着印尼风格服饰的女演员也伴随着舞台的水波纹翩翩起舞。

"盈盈一水间，脉脉不得语"的等待，换来的是"衣带渐宽终不悔，为伊消得人憔悴"的忠贞。

作为一个多民族、多宗教的国家，印尼各地以其丰富多彩、热闹非凡的庆祝活动而闻名。全国公众假日原有 12 个，包括公历新年、国庆节及重要宗教节日，2001 年 8 月，宗教部正式公布华人的春节也列为公众假日。这些公众假日在日历上都用红字标出，被人们习惯称为"红日子"。节日期间，印尼家家户户欢聚一堂，举行宴会或歌舞会，异常热闹。

日常的生活习俗

印尼的饮食既有世界各国的风味，又有本国的特色。在印尼的许多城市，都能吃到中国菜、日本菜、印度菜、欧式菜等。尤其是中国菜，中餐馆多，并有多种菜系。大多数印尼人信仰伊斯兰教，不吃猪肉，而是吃牛羊肉和鱼虾之类。巴厘人信奉印度教，不吃牛肉，而以吃鸡肉、猪肉为主。印尼盛产香料，居民制作菜肴喜欢放各种香料，以及辣椒、葱、姜、蒜等，既可调味，又有利于驱散体内湿气。多雨湿热的东南亚国家大多如此。印尼人喜欢吃"沙嗲""登登"等。"沙嗲"是牛羊肉串，浸泡在香料等调料里，烤熟后蘸辣椒花生酱一起吃，味道香辣可口。"登登"是伴有香料酱油的牛肉干，油炸后味道鲜美。风味小吃主要有虾片、煎香蕉、糯米团、鱼肉丸、炒米饭及各种烤制糕点。根据香蕉品种的不同，吃法也不同，有生吃的、煮吃的、油炸的、炭火烤的，吃时蘸糖浆一起吃，风味独特。印尼人还喜欢吃凉拌什锦菜和什锦黄饭。他们视黄色为吉祥的象征，故黄米饭成为礼饭，在婚礼和祭祀上必不可少。日常主食是大米、玉米或薯类，其中大米更为普遍。喜欢用香蕉叶或棕榈叶把大米或糯米包成菱形蒸熟而食，称为"克杜巴"。也喜欢吃面条、面包和甜食等。不过，印尼的某些"美食"却令人恶心和眩晕。例如，巴厘岛的居民对油炸蝴蝶颇感兴趣。更有甚者，在热点旅游城市澜泊湾的菜市场里，充斥着腌制的老鼠与猫，宰杀的猴子，以及烤蜥蜴、烤蝙蝠等各种可怕的食物。不是重口味者，真的不敢尝试这些所谓的"美味佳肴"。

在饮料方面，印尼人喝咖啡很普遍。坎帕阿仳是最受欢迎的咖啡品牌。早餐时，一般是喝咖啡加面包点心或油炸香蕉。由于地处热带，也喜欢喝各种冷饮。伊斯兰教徒不喝烈性酒，大多只喝啤酒。说到饮料，不能不说一说印尼的特产——麝香猫咖啡（俗称"猫屎咖啡"）。苏门答腊生活着一种俗称"麝香猫"（学名"大灵猫"）的树栖野生动物，它的奇特之处是能产出名贵的猫屎咖啡。这是世界上最名贵的咖啡，每磅的价格高达几百美元。原来，麝香猫吃下成熟的咖啡果实，被消化掉的只是果实外表的果肉，而坚硬的咖啡原豆随粪便排出体外。这样的消化过程，让咖啡豆产生了无与伦比的神奇变化，经过加工和烘焙后风味独特，味道特别香醇。这就是风靡世界的高级饮品猫屎咖啡。麝香猫在南亚、中南半岛都有所分布，但能产出猫屎咖啡的，只有苏门答腊麝香猫。印尼咖啡带有泥土味和中药味，稠度也高居各洲之冠。而猫屎咖啡的土腥味更重，稠度更是接近糖浆，有一种很特殊的香味。另外，苏门答腊的高级曼特宁咖啡，别称"苏门答腊咖啡"，风味浓郁，香、苦、醇厚，带有少许的甜味，口感独特。在爪哇生产的阿拉伯克咖啡，苦中带甘，甘中又有酸的余香，久久不散。

在水果方面，印尼人是有口福的。印尼水果品种齐全，都是当地产的各种热带水果。气味奇特的榴莲被称为"果中之王"，而口味甜美的山竹被誉为"水果之后"。红毛丹这种"毛茸茸之物"，味道类似于荔枝。杜古果皮薄多汁，味道微酸带甜。蛇皮果呈球形、陀螺形或卵球形，果肉清甜爽口。人心果长得像人的心脏，故名；果实味甜可口，树干之乳汁可作为口香糖原料。番荔枝既可鲜食，也可制成果汁、果露、果酱、果酒等。西番莲香气浓郁，甜酸可口，能生津止渴，提神醒脑。其他还有很多水果，例如杧果、香蕉、菠萝、鳄梨、木瓜、柚、橙等。所有这些，在印尼水果市场上都能买到。

印尼气候炎热，无四季之分，因此人们一年到头只需穿衬衣、单裤、裙子等夏服。印尼各民族都有自己不同特色的民族服装，多姿多彩。纱笼、披肩与头巾是印尼人的民族服装。用巴迪克花布（印尼特有的一种蜡染花布）制作的长袖衬衣和纱笼，被视为印尼国服。女子的上衣是对襟长袖，没有衣领，下身是色彩艳丽的纱笼。男子的上衣是有领对襟长袖，下身是带格图案的纱笼。印尼政府规定，凡参加全国性的重大节庆如独立日、建军节和正式的外事活动，政府官员都必须穿巴迪克长袖衫。另外，在一些隆重的社交场合、开斋节团拜仪式上，有身份的人一般也要穿巴迪克。印尼政府甚至将每周五定为"巴迪克日"，在这一天，所有政府工作人员以及大公司职员都要穿巴迪克。除着装外，印尼男子头上还包扎各式头巾，或戴黑色无沿小礼帽——礼拜帽（去过麦加朝圣的人，戴白色帽子）。印尼的礼拜帽已成为国民帽。由于天气热，男女都喜欢穿拖鞋或木屐，一般不穿袜子。人们还喜欢新颖独特、富有趣味的装饰品，如项链、耳环、手镯、别针等。当然，印尼原始种族的服饰就大不相同了。布料是由野生植物纤维制成，同时用野生植物的汁液染成颜色。摩鹿加群岛的男子只在腰间系上树叶编成的短蓑衣。加里曼丹南部的巴希尔族，至今仍旧过着赤身裸体的生活，并有全身文身的习俗。全身的花纹，常使人们误认为是穿着一身紧身贴皮的薄纱刺花衣服。

印尼各地、各民族都有自己独特风格的传统民居。在位于雅加达的印尼缩影公园中，游客可乘小船游览"印尼各岛"，也可乘空中缆车、小型火车或马车，遍游"全国"，领略印尼各地的风光特色。参观每个省馆，对印尼各民族的传统民居就有了一个大致的了解。据中国驻印尼大使馆网站载文介绍，尽管这些省馆风格迥异，但印尼民族传统住房也有一些共同特点。由于印尼地处热带，多雨，且多雷暴雨，为便于排水，传统房屋全都有屋脊，有的相当陡峭。印尼林木茂盛，竹子、椰树、棕榈树等比比皆是，为建房提供了丰富的原材料，因此各地民宅大多为竹木结构。就连上海世博会的印尼展馆，也是用木头、竹子等天然环保材料搭建而成。为了防水、防潮、防猛兽，除爪哇岛、巴厘岛一些地区外，印尼绝大多数地区居民都住高脚屋。当然，城里的住房一般是现代式建筑。随着人口的增加，大城市也开始盖一二十层的高层楼房，供一般公务员和职工居住。但城市居民大多不喜欢住高楼，感到住高楼有诸多不便，而喜欢住独门独户的平房或两三层小楼。拥有一幢独门独院的住宅是大多数印尼人一生追求的目标。正因如此，印尼的大城市中，除中心商业街区有高楼大厦外，在居民区极少见到高楼。由于受不同生活习惯、宗教信仰、历史及审美观点的影响，各地、各民族的传统住房在造型、结构及装饰上还是有许多差别。爪哇人、巽他人和马都拉人的农村住房，一般是方形的，多数直接建在地面上，但也有高脚屋，不过离地面不高。巴厘人的住房，一般都盖在一个小院内，家庙设有祭台，用以祭祀祖先和神。米南加保人的住房，通常高 10 米左右，形式奇特，屋顶两端翘起来，呈马鞍形或水牛角形。房屋以木结构为主，地板一般离地面约 2 米，门前设有梯子。房屋内部很宽敞，底层一般安顿水牛等家畜，二层以上住人。苏拉威西岛的农民住房，大多数也是高脚屋。富人家里有床、桌椅等家具，穷人家里没有，吃饭时席地而坐，睡觉时铺席子睡地上。

有趣的婚姻习俗

印尼实行一夫一妻制，多娶或离婚须经法院裁决。结婚年龄男为 19 岁，女为 16 岁，禁止童婚和近亲结婚。在遵守婚姻法的前提下，也会遵守各地独特的传统婚礼习惯。根据伊斯兰教的教义，教徒中的男性最多可以娶 4 名妻子，但必须征得现任妻子的同意，以及向宗教法庭提供证据，证明自己有能力为所有妻子及其子女提供经济上的保障，并承诺将平等地对待每一个妻子。印尼妇女显然对一夫多妻制并不满意，她们积极推动立法，要求国家加强对一夫多妻制的控制，提高一夫多妻制的门槛，以更好地保护妇女的权益。

印尼流行的某些婚俗颇为奇特、有趣。据资料介绍，爪哇岛上流行"踩鸡蛋"婚俗。当新郎到新娘家迎亲时，新郎要当众赤脚踩破一只生鸡蛋，表示永远爱新娘，哪怕粉身碎骨也不变心。随后，新娘为新郎洗脚，表示感激，愿意伴随丈夫。有些地方则流行"女娶男嫁"的婚俗。苏门答腊西部的米南加保族，是个重女轻男的民族，喜欢生女孩，因为生了女孩，日后可以"女娶男嫁"，使家族兴旺。真所谓"遂令天下父母心，不重生男重生女。"女方在娶夫时要送一笔礼金给男方，男方的回聘礼只是一把缝纫尺。女方收下尺子后，要做新衣新鞋给男方，以示对那位待嫁夫婿的体贴。结婚那天，新娘去男家迎娶新郎。当天喜宴结束时，新娘要送一条新的纱笼给新郎，并携带一些礼品陪新郎到男家，俗称"送礼饭"。然后要经过"做三朝"等程序，新郎新娘才正式回到女家，从此住在女家，共同生活。

印尼人的婚姻绝大多数都经过正常的求婚、订婚和结婚过程。但是，少数地方存在男女私奔和所谓的抢婚习俗。据南博网载文介绍，苏拉威西岛南部的一些地方，常发生男女私奔的现象。这种情况的发生，往往是由于女方家长不同意这门婚事，或者是由于经济条件困难，没有财力应付正常的订婚和结婚开支。私奔有个期限，在私奔期限内，如果女方的家人见到男方，可将其殴打甚至刺死，所以男方要尽量避开女方的家人。但到一定的期限，男方可以请媒人到女方家说情，进行调解并赠送礼品。这个时候，女方家里会表示同意，两家就建立正常的姻亲关系。巴厘岛一带的抢婚习俗是指女方带着简单的行装，在预定的时间、地点等候恋人带人来"抢"。被抢时，姑娘假意反抗，但旁观者不会去搭救。按习俗，男女双方都藏身于邻村朋友家里。到一定期限，经过调解两人则恢复正常的婚姻关系。这是一种建立在男女双方自愿基础上的抢婚。

奇异的土著部落

印尼存在着众多文化迥异的原始部落和奇风异俗。

在苏门答腊岛以西150公里的西比路岛上，土著居民保持着文身、半裸体的习惯，妇女围着草裙。他们的房屋是用支柱架空的干栏式房屋，屋内用动物头骨装饰。西米椰树的茎部富含淀粉，是土著的主食之一。他们还生吃"硕莪虫"和红棕象甲的幼虫，这种幼虫生活在西米椰树的茎部。

在印尼东部巴布亚省偏远的森林中，生活着近乎原始状态的科罗威人。他们把家安在树上，是世界公认的栖树民。外界曾经一度认为科罗威人是"食人族"，但人类学家研究后发现，野猪、鹿、虫子、西米、香蕉等野生动植物才是科罗威人的主要食物。天牛的幼虫，是科罗威人爱吃的食物，是绝好的营养品。一些专家感慨，科罗威人仍然生活在石器时代。

在婆罗洲一处与世隔绝的森林中，还生活着一种黑白民族，被称为鸳鸯人，即头部像白人，而身体却是不折不扣的黑人。长出这般奇异模样，是天生还是遗传问题，科学家仍在调查研究。

最让人感到惊奇甚至不可思议的是，在这个国家婆罗洲的原始森林里，竟发现有所谓的卵生人。1990 年美国《博荟》杂志中有则"卵生人"的报道，说的是 1983 年 8 月的一天，西德人类学家劳·沃费兹博士和 10 名探险队员在印尼婆罗洲原始森林里，发现一群高 4 英尺、全身赤裸的、像鸟般说话的、只有一颗大牙从口中凸出来的"鸟人"。大家还看见大树上住着一群原始土人，住处是一个个用树叶青草搭成的鸟巢状构筑物。还看见一群女土人，正坐在一枚枚白色的大蛋上进行孵化。其中，有一个婴儿开始破壳出生了。探险队经过一段时间观察，搞清了原委。原来女土人怀孕 6 个月后便会生下一枚大蛋来，再接着进行 3 个月孵化，9 个月完成整个生育过程。这时，做母亲的女土人就和常人一般，用母乳哺育婴儿。中国古籍《山海经·大荒南经》说："有卵之国，其民皆生卵。"看似荒诞不经，竟在此得到了印证。当然，劳·沃费兹博士的发现是否确实，现在难以求证，只能姑妄言之。

同样让人不可思议的是，生活在巴列姆山谷的达尼族部落竟然残存着男人"戴套"、女人"断指"等习俗。与世隔绝的山谷里生活着大约 300 个达尼族部落。传统的达尼族人，住在竹屋中，用长矛打猎并且杀猪庆祝结婚。男的赤身裸体，只以葫芦管套住下身，称为"高戴加"。男人戴这种套子的作用，主要是为了保护命根子的安全。他们经常来往于森林之中，很容易被树枝扎伤，因而保护命根子成为男人最重要的事情。这就是当地男人什么都可以不穿，但不能不戴套子的原因。达尼族女人以丈夫为绝对中心，不但操持家务，还有"断指"陋习，只要部落中有人去世，跟死者关系亲密的女性家属便以石斧砍去自己某一节手指，表示对死者的哀悼。除了"断指"陋习，达尼族部落还有许多不可思议的传统，例如，当孩子出生时，母亲会亲自弄掉孩子的小指尖，认为这样能让孩子活得更长。当德高望重的酋长死后，后人把他的尸体用火熏烤成木乃伊，供奉在酋长的住房里，认为祖先的灵魂可以保佑后人。如今，"断指"陋习已被明令禁止。

在印尼南部地区，有一个奇怪的现象：裸体逛菜市。土著巴布亚人（丹尼和雅迪部落）生活在巴布亚岛的巴列姆山谷，属于棕色人种，与澳洲土著人很接近，相貌性格都像极了非洲黑人，只是个子矮小一些。他们在集市上做买卖，女的裸露上身，男的用葫芦管套住下身，走来走去，非常淡定，因为他们从来都是这种生活习惯。

土著民族的风俗确实令人感到奇异。苏拉威西岛南部有一个名叫苏拉亚的部落，有一种令人毛骨悚然的黑魔法仪式，类似传说中的中国湘西的赶尸。这里有专业的巫师，赶着尸体步行前往坟墓。

新世纪新国家　东帝汶

　　东帝汶民主共和国位于东南亚努沙登加拉群岛最东端，与印尼的西帝汶相接。欧库西—安贝诺省因位于西帝汶境内而成为飞地。国名意为"东方的东部"。2002 年 5 月 20 日，东帝汶民主共和国正式成立，是本世纪第一个新生国家。目前，前往该国旅游的中国游客还不多。因此，它在国人心目中还是个带有神秘色彩的地方。

东帝汶国旗

国徽

国情概要

东帝汶国土面积 1.4874 万平方公里，人口 117 万（2011 年 7 月）。首都帝力，国庆日 11 月 28 日。国内多山，森林茂密，沿海有平原和谷地。拉美劳山海拔 2694 米，为境内最高峰。科摩罗河是一条典型的季节河流，旱季时河滩裸露，雨季时激流滚滚。高温多雨，无寒暑季节变化。帝汶海有储量丰富的石油和天然气资源，油气收入为主要经济支柱。咖啡、橡胶、紫檀木为"帝汶三宝"。农业人口占 90%，农业生产落后，粮食不能自给。失业率居高不下，人民生活贫困，是世界上最不发达的国家之一。

东帝汶的国土形状像一条鳄鱼，卧伏在汪洋大海中。也有资料说，首都帝力东边的群山形状像一条鳄鱼。不管怎么说，这里面有一个传说，说的是古代有一条鳄鱼，为了报答一个小男孩的救命之恩，在它死后变成了一块陆地，供小男孩和他的子孙后代繁衍生息。这个鳄鱼变幻而来的陆地，就是东帝汶。所以东帝汶人有崇拜鳄鱼的传统，叫鳄鱼为"鳄鱼爷爷"。他们从来不捕杀鳄鱼，也不穿戴和使用鳄鱼皮制造的衣服和物品。

东帝汶就像那条鳄鱼一样，经历过曲折与苦难。16 世纪前，帝汶岛曾先后由以苏门答腊为中心的室利佛逝王国和以爪哇为中心的麻喏巴歇王国（又称"满者伯夷王国"）统治。16 世纪以来，经历过葡萄牙、荷兰、英国、日本、印尼的统治和占领。历经多次曲折与反复后，直至 2002 年 5 月 20 日，东帝汶民主共和国正式宣告成立，并于当天与中国建立外交关系。这个新国家的国徽图案源自东帝汶独立革命阵线旗帜，象征为取得独立而进行的不懈斗争。国旗旗面为红色，象征民族解放斗争，代表独立过程中烈士的鲜血。

简朴的城乡

对于这个从战火中慢慢恢复的国家来说，无论是城市还是乡村，它们刚刚处在起步阶段的变迁之中。

帝力是东帝汶的首都和深水良港，人口不到 20 万。三面环山，北濒海洋，气候炎热，终年高温。周边的山、湖、泉、海滩较多，具有一定的旅游潜力。但因为贫穷，没有完善的旅游设施，一般出游都是野游。据说当时联合国工作人员到来之后，发现了一些可以下水游泳的地方，他们就常去。当地的土著人发现以后，就把那片区域围起来，给 1 个美元才能进去游泳，所以就有了"1 美元海滩"这样的地名。帝力市区除主要街道外，大部分是土路，而且崎岖不平。大街上标着联合国（UN）字样的白色吉普车穿梭往来，据称，联合国的车辆在帝力有 1000 多辆。其次是各国外交使团的豪华车辆。私人汽车相对较少，也比较陈旧。街道上跑的摩托车不少，大多是日本品牌。时而也能看到一些自行车穿梭于街巷。帝力旧城就像是南欧的葡萄牙小城。帝力也逐渐出现了一些新的现代化建筑，包括中国援建的东帝汶外交部、国防部和总统府大楼。外交部大楼建成的时候，里面有电梯，这是东帝汶第一部电梯。中国还援建了一处军人住宅小区，小区落成后，东帝汶总理和中国驻东帝汶大使傅元聪先生一起剪彩时，总理说：我们一定要组织专门的培训班，教育入住的军人，如何使用抽水马桶。现在，在帝力可以享受到浪漫的海滩晚餐，还有音乐演奏、舞蹈表演，在浪漫中感受东帝汶特有的风情。

包考位于帝力以东 96 公里的丘陵地带，虽然是东帝汶的第二大城市，但人口只有 1.6 万，而且城市简陋，范围不大。中国驻东帝汶使馆工作人员驱车到包考考察，到了一个简易的农贸集市，就被告知市中心到了。他们愣了半天不知所云，后来知道有农贸集市的地方就是市中心，这才恍然大悟。这座城市是 20 世纪 70 年代穿越东南亚的嬉皮士线路重要的一站。老城保留了葡萄牙式殖民时期的建筑，弯弯曲曲的街道向下延伸，底部最引人注目的是葡萄牙统治时期建造的老市场遗址。包考的主要参观景点有教堂、海滩、殖民地建筑物、渔民生活环境等等。

东帝汶整个国家保持原生态，特别适合喜欢探险、喜欢原生态海岛风情的游人。广阔的海岸延伸到海里忽然陡下去，沿边都是珊瑚礁。在这里浮潜或深潜，能看到美丽的海底世界。东帝汶的阿陶罗岛是小巽他群岛的一个岛屿，面积105平方公里。岛上居民大约有8000人，大多是朴实的渔民和农耕者，分布在稀稀落落的山村里，过着贫穷的与世无争的生活。人们日出而作，日落而息，耕种、捕鱼，生活恬淡悠然。岛上最主要的村落沿东海岸而建，有人工雕刻中心和很多殖民地时期遗留下来的残败不堪的建筑群落。这里蜿蜒的山脉，迷人的海滩，安静得会让你忘记时间的流逝。海滩上的白沙和岸上的椰树林，以及星星点点的茅草小屋，构成了典型的热带海岸风光。游客可以在岛屿外围美丽的珊瑚礁、四周绿宝石般的海水中浮潜，体验人与自然的和谐。用一句诗来形容，阿陶罗岛是"杨家有女初长成，养在深闺人未识"。当然，这里也并非真的是世外桃源、闺房小姐。放眼望去，更多的是皮肤黝黑、身材瘦小的当地男人，穿着花布衣衫、顶着重物慢慢行走的女人，以及大片大片的原始自然风景。

淳朴的人民

东帝汶多元种族和多种宗教信仰并存。全国有10多个民族，其中78%为土著人（混血人种），20%为印尼人，2%为华人。早在明清时代，就有中国人"下南洋"来到东帝汶。随着历史的发展，越来越多的华人在葡萄牙殖民时期迁居到东帝汶。1975年前，东帝汶13个县都有华文学校，除设在帝力的是一所从幼稚园至中学的连读学校外，其他地方的均为小学。当时华文教育较为普遍，甚至在东帝汶的货币"厄斯科多"上都印有汉字。

东帝汶91.4%的居民信奉天主教，其他信奉基督教新教、伊斯兰教、印度教、佛教等。帝力市内最坚固的建筑是天主教堂和基督教堂。帝力湾海滩旁边的悬崖上矗立着一座著名的基督雕像，被称为"克里斯托丽"，其造型类似于巴西的基督雕像。这是一件非常美的雕像，周边是美丽的红树林，在此可以俯瞰整个帝力市。拉美劳山坐落在帝力南部约 70 公里处，它在东帝汶人心目中具有举足轻重的地位，当地人民认为这是他们祖先

东帝汶货币上的汉字

灵魂所在地。在山顶上矗立着一尊美丽的圣母玛利亚雕像，高 3 米，建造于 1997 年，每年吸引很多朝圣者前来朝圣。

东帝汶人属于棕色人种，但他们喜欢皮肤白一些，不喜欢黑色。男性普遍较矮，平均身高只有 1.6 米，在世界各国男性中属于较矮的。一般来讲，当地人多数还是讲礼貌、重礼节的，相见时会互相拉住对方的手问好，也热爱生活、喜爱活动。例如，市民们业余时间喜欢和街坊邻居们坐在一起聊天；一些年轻人喜欢在傍晚时分打篮球、排球或踢足球；有些人喜欢玩麻将，不过与中国麻将的玩法有所区别。一年一度的斗鸡比赛最热闹。斗鸡场地搭起一个 10 多米见方的台子，周围聚满了手拿赌注的观众，为台上的斗鸡呐喊助威。一对遍体鳞伤的公鸡结束比赛后，很快就有人抱着自己的鸡进入赛场，开始了又一轮厮杀，比赛的气氛紧张而高涨。东帝汶人还有尚武习俗，全国有上千家武馆，虽说以切磋武艺为主，但也免不了聚众斗殴的事情发生。但总的来说，东帝汶人纯朴、好客，朋友到家，主人会拿出家里最好的食物款待客人。妇女到别人家串门常会带上小礼物送给女主人，增强邻里之间的友情。

据中国驻东帝汶使馆工作人员撰写的《东帝汶印象》一文介绍（作者陈永灿），他们对这个国家的感受是天太热、人太慢、话太多。天太热、人太慢好理解。而所谓话太多，却并非指东帝汶人个个能说会道，而是指当地使用的语言太多了，以至于到了影响沟通的程度。文章介绍并分析说，东帝汶人口不过百万，却有葡语、德顿语两门官方语言，英语和印尼语为通用语言。此外，全国还有 30

多种方言，互相都听不太懂。据说由于上述 4 种官方语言和通用语言混杂，因而在议会中要通过同声传译才能开会。高校的教学语言也不统一，教授用哪种语言顺畅，就用哪种语言，苦了很多听不懂的学生。造成目前这种多语言局面的，首先是列强的入侵，其中被葡萄牙统治 400 年之久。当时，葡语作为唯一的官方语言，并在当地土语的基础上生成一种"洋泾浜"葡语——德顿语。然而 1974 年被印尼吞并后，印尼语被作为官方语言强行推广，葡语被废止。为了躲避印尼军政府的追捕，当年追求民族独立运动的领导人纷纷逃到澳大利亚、葡萄牙和莫桑比克等国避难。这些领导人普遍通晓葡语和英语。2002 年独立建国后，葡语和德顿语并列为官方语言，但允许英语作为通用语言。政府虽然不再推广印尼语，但鉴于大部分国人均能讲，也就将其列为通用语言。这就是目前东帝汶人"话太多"的来历。当然，东帝汶境内多山，交通不便，经济停滞，教育落后，再加上国民居住较为分散、闭塞，久而久之，就衍生出多种方言。另据有关报道，有位澳大利亚女语言学家在这里刻意融入当地人的生活之中，与当地人同吃、同住、同劳动，说当地语言，近距离地接触、研究当地的语言文化，取得了显著成果。

当地生活习惯

东帝汶许多农村地区的男人们过得悠然自在，砍柴、担水、种地、侍奉孩子都由妇女们承担。男人们干的活只是腰间挎着个大砍刀，上树摘些椰子拿回家，渔民家庭男人则负责出海打鱼。很多传统民居是高脚屋和屋顶高耸的木板草房。饮食习惯与印尼、马来西亚等周边国家大致相似，少不了辣椒和咖喱。但吸收了东帝汶原住民的烹饪方法和食材，例如火鸡、马铃薯、玉米、番瓜，成为东帝汶饮食文化不可或缺的一部分。而苹果派、比萨饼、汉堡包这些来自欧洲的食品，也成了部分东帝汶人的主要快餐。炸玉米饼和心灵食物这些从外国引进的美食逐渐为大众所接受。东帝汶人的午餐是三餐中最简单的，晚餐丰富些。在周末或假日，许多家庭只吃两顿饭。他们也喝咖啡，但全国没有一家像样的咖啡馆。参加家庭宴会，可酌情给女主人赠送鲜花。

东帝汶人对一些传统节日相当重视。宗教节日有复活节、圣母升天日、万圣节、万灵节、圣诞节。人们会在圣诞夜赶回家里吃团年饭，吃火鸡和姜饼等圣诞食物。

南亚狮子国　斯里兰卡

　　斯里兰卡民主社会主义共和国（旧称"锡兰"），是南亚次大陆以南印度洋上的热带岛国，隔保克海峡与印度半岛相望。斯里兰卡在僧伽罗语中意为"乐土""光明富饶的土地"，在梵文中意为"狮子"。中国古代称其为狮子国、师子国、僧伽罗；史籍上还有"已程不""楞伽"等称谓。

　　锡兰茶叶宣传局在1934年出资制作了一部诗意化的电影纪录片《锡兰之歌》（［英］巴西尔·瑞特编导）。这部影片分为四个部分，每个部分都有一个篇名：佛陀，处女之岛，贸易之声，神明的衣饰。在画面上，渲染了浓郁的异国风情，描绘了一幅传统信仰与经济生活逐渐变化的面貌。从全片结构和强烈对比中，让人体会到了一种对于历史演进过程中极为深层的反思。让我们一起走进这个充满"浪漫"与"诗意"的锡兰吧。

斯里兰卡国旗　　　　国徽

国情概要

斯里兰卡国土面积 6.561 万平方公里，人口 2033 万（2012 年）。首都斯里贾亚瓦德纳普拉科特，国庆日 2 月 4 日。岛国中南部是高原，皮杜鲁塔拉格勒山海拔 2524 米，为全国最高点。北部和沿海地区为平原。河流众多且流势湍急，最长的马哈韦利河，全长 335 公里。地理位置接近赤道，终年如夏。渔业、林业和水力资源丰富。尼冈博鱼市在斯里兰卡颇有名气，出售金枪鱼、鲨鱼、石板鱼、旗鱼、龙虾等，物美价廉。主要经济作物为椰子、茶叶、橡胶、肉桂等。其中椰子的种植面积仅次于菲律宾、印尼和印度。最重要的出口产品是锡兰红茶，为世界三大产茶国之一。

斯里兰卡岛形如一滴泪，落在印度最南端的印度洋上，曾被马可·波罗称为"世界上最优雅的土地"。唯其风景秀丽，故有"印度洋上的明珠"之称。这里除了拥有金色的沙滩、茂密的丛林、众多的瀑布、广袤的茶山、珍奇的香料、辉煌的历史遗迹外，还盛产猫眼石（斯里兰卡国石）、红宝石、蓝宝石、紫水晶、月光石等，被誉为"宝石岛"或"宝石王国"。据有关媒体 2016 年

斯里兰卡《采茶女》邮票

1 月报道，该国矿山中发现了重达 1404.49 克拉的蓝星宝石，被命名为"亚当之星"，其拍卖价格估计能达到 1.75 亿美元。"光明富饶的土地"可谓名副其实。

僧伽罗族是斯里兰卡最大的民族，约占全国人口的 74%。关于僧伽罗人的起源，流传着许多传说，这些传说带有浓厚的神话色彩，有多少真实性后人很难确定。相比较，中国晋代高僧法显的《佛国记》中的记载更真实可靠一些。2500 年前，来自北印度的雅利安人移民至锡兰岛，与当地土著居民维达人通婚、同化、

融合，逐渐形成了一个新的民族——僧伽罗人，并建立了僧伽罗王朝（又称"维阇耶王朝"）。公元前247年，印度孔雀王朝的阿育王派其子来岛弘扬佛教，受到当地国王的欢迎，从此僧伽罗人摈弃婆罗门教而改信佛教。自16世纪起，斯里兰卡先后被葡萄牙和荷兰人统治，如今在高尔古城（又名"加勒古城"）还保留着一座17世纪时荷兰人建造的融合欧洲风格和南亚风格的城堡。城门上的图案与雕塑，海事博物馆的杏黄色墙壁，古老的铁质街灯，一切都呈现出荷兰殖民时期的风格。斯里兰卡从18世纪末成为英国殖民地。1948年独立，现为英联邦成员国。坐落在科伦坡独立广场中央的独立纪念厅，是仿照康提王朝时期王室接见朝觐者的大厅而建造的。纪念堂的梁柱上刻有大象、狮子和描述斯里兰卡佛教史的图案等，四周有60个石雕狮子，体现了康提文化的风格。斯里兰卡人对狮子情有独钟，自称是"狮的传人"。1957年2月7日斯里兰卡与中国建立外交关系。

从美丽海滨到霍顿平原

沐浴在和平阳光下的斯里兰卡是美丽的。本托塔，黑卡杜瓦，美瑞莎，乌纳瓦图纳，尼甘布……这一串海滨小镇像珍珠点缀在斯里兰卡的海岸线上。落日时分，火红的晚霞与浩瀚的印度洋构成一湾美丽的海岸线。在西南部海滨，拥有美丽的沙滩和纯净的海水，每年11月至次年3月，吸引成千上万的欧美游客来此避寒度假。在美瑞莎这片原生态的海滩上，体验的是与世无争的宁静；在皎洁细柔的海滩上，沐浴的是南亚的风情。那种闲散和浪漫的感觉令人难忘。从高尔古城去美瑞莎的途中，看到的最吸引人的奇观是高跷渔夫，他们踩着高跷在海里钓鱼，泰然自若的表情让人肃然起敬，这种古老而独特的垂钓方式源于买不起渔船的渔夫的发明。黑卡杜瓦以秀丽的海滨和美丽的海底世界著称。这里是冲浪者的天堂，那些追逐太阳、追逐大海、追逐海浪的人们纷纷慕名而来。这里特有的渔舟，一般都备有弦外支架和三角形风帆。在海风的吹拂下，三角形风帆在蓝天碧海中显得格外小巧轻捷。在这里的水下珊瑚公园，游客可以带着吸气管，到离海岸 200 米以内的浅水域潜水，或者坐在玻璃船上观看海底那一丛丛姿态柔媚、五颜六色的活珊瑚。而身轻灵活、色彩斑斓的热带鱼也不甘示弱，毫无顾忌地在珊瑚之间穿梭，似乎要和美丽的珊瑚试比高低。

斯里兰卡是世界上物种最丰富的区域之一。值得称道的是，该国的国家公园和自然保护区数目众多，占国土面积的 8%。维勒珀图国家公园是斯里兰卡最大的国家公园，以拥有大量的豹子而著名。雅拉国家公园占地约 979 平方公里，是斯里兰卡第二大国家公园，也是斯里兰卡游客到访最多的国家公园。这里不仅具有多样的生态环境，而且以众多的野生动物闻名于世，例如野生大象、鹿、熊、金钱豹等。其中最引人注目的是成群的野象和行踪诡秘的猎豹。本达拉国家公园里栖息的鸟类达 150 种，从小型的食蜂鸟到夸张的钳嘴鹤，品种齐全。其中包括火烈鸟在内的很多候鸟迁徙至此过冬。在 10 月至次年 1 月期间，斯里兰卡五种海龟中的四种（榄蠵龟、绿蠵龟、棱皮龟、蠵龟）都会跑上岸来下蛋。由于非法偷盗海龟蛋（据说当地人认为吃了海龟蛋会更加强壮）以及海龟孵化区遭到人为破坏，海龟一直位列濒危动物名单之中。斯里兰卡政府和一些民间组织就在南部沿海地区设立了海龟保育所，通过保护措施使得这一濒危物种得以繁衍生息。在卡杜拉国家公园里，有机会近距离一对一观察到大象。这里栖息着 250 头大象，每年的 8 至 12 月是观赏野生大象的最佳时机。自古以来，大象的图腾一直深深根植于斯里兰卡的本土文化，在斯里兰卡人心目中有着崇高的地位。斯里兰卡人喜爱大象，更关爱大象。始建于 1972 年的平纳维拉大象孤儿院，是世界上第一座大象孤儿院，主要收养那些在丛林中掉入陷阱受伤、脱离群体迷途、因战火负伤及患病的孤象。如今，这所大象孤儿院已有 76 头大象，是世界上最大的大象孤儿院之一。2007 年，我国北京动物园有一只来自大象孤儿院的 5 岁半小公象，名为"米嘎拉"，就是当年祝贺中斯建交 50 周年时，由斯里兰卡政府赠送给我国的礼物。

南方省的辛哈拉贾森林保护区，是斯里兰卡唯一存活的一片原始热带雨林。"辛哈拉贾"的名称来源于两种说法：一种说法认为来源于神话，说森林里曾住着狮王辛哈拉贾，每夜发出可怕的吼叫声，巨人受众神的委派去讨伐，用巨石击毙了狮王；另一种说法认为，这个名字只是表示"王家森林"的意思。不管怎么说，这里是一座生物宝库，生长着名贵稀有的树木、幽香流芳的兰花、丰富的医用草本植物、不计其数的寄生植物和攀缘植物。本地特有的 36 种鸟中，有 34 种可以在这里找到，例如锡兰画眉鸟，以及数量越来越少的宽口三宝鸟等。本地特有的 12 种哺乳动物中，有 8 种可以在这里找到，例如紫面长尾猴、金丝猴、猕猴、大松鼠、灰纹松鼠，还有行踪不定的斯里兰卡豹。此外，还有大量的爬行动物、两栖动物，例如蛙蛇、树蛙、背鼻蜥蜴和带角蜥蜴。在许多清澈的溪流中，亚洲鳢鱼属于珍稀鱼种，红尾虾虎鱼是淡水鱼中的好斗者。

海拔 2000 多米的霍顿平原与斯里兰卡其他地方截然不同。这里的空气干爽透彻，景色优美壮阔，气氛寂静荒芜。从霍顿平原国家公园内的一座悬崖上放眼望去，弥漫着晨光与雾气的景色令人着迷，使人有仿佛到了世界尽头的感觉。贝克瀑布是国家公园内最有名的景点之一，瀑布周围布满了杜鹃花和蕨类灌木丛。霍顿平原是斯里兰卡三大河流的源头，到处是原始草甸与山地森林相间的植被，包括许多特有木本植物。斯里兰卡水鹿是这里最有代表性的大型哺乳动物。它们常活动于水边，雨后特别活跃。平时单独活动，栖息于森林、稀树草场和高草地带，在清晨、黄昏时觅食。由于种群数量下降，已被列入《世界自然保护联盟》濒危物种名录。

科特与科伦坡

上海世博会斯里兰卡展馆，通过地图、模型、实景、图片及艺术创作等展品，展示了斯里兰卡城市变迁中重要的有形遗产。斯里贾亚瓦德纳普拉科特（简称"科特"），是斯里兰卡的首都，位于科伦坡的南郊，1985 年从科伦坡迁都此。因科特与科伦坡距离过近，许多国际的官方资料仍记载科伦坡为斯里兰卡的首都。因为除国会等少数机构以外，大部分机构尚未从科伦坡迁移到科特。科特是一座新型的城市，是多民族、多宗教人士混居的城市，旅游景点并不是很多，但也有几个比较出众的，比如国王宫殿、佛牙寺、国王宝藏室、皇家墓地等。其中佛牙寺是斯里兰卡的著名佛寺，为佛教徒朝圣地，吸引众多的信徒与游客。板球被称颂为"绅士的游戏"，为科特最受欢迎的运动项目，漫步在科特的大街上，有时就会看到玩板球的人。此外，足球也备受欢迎，在科特有很多足球迷。

科伦坡是斯里兰卡的最大城市，也是印度洋上美丽的海港城市，素有"亚洲门户"和"东方十字路口"之称。在世界上享有盛誉的兰卡宝石，便是从这里源源不断地输往海外。此地风光旖旎，海风习习，虽靠近赤道，但并无酷暑。市内树木苍翠，花卉争艳，除铁木树和睡莲外，到处都是高大挺拔的棕榈树和椰子树。有一种"雨树"很奇特，树叶在夜晚会吸收水分，到第二天日出后伸展开来，水珠就像雨滴一样洒到地上。

科伦坡市中心区的要塞区（又称"城堡区"），原来是葡萄牙殖民者建造的要塞，现在是全国的神经中枢，是议会、政府、银行、商店、旅游部门、航空和轮船公司所在地，也是住宿、餐饮、娱乐、购物的中心场所，尽显欧洲风情。要塞区以南有一座伽利草场，草场的东面是一个叫"奴隶岛"的地方，以前荷兰东印度公司的奴隶们就居住在这里。要塞区以东的贝塔区，是旧城，有名的闹市区，店铺鳞次栉比，富有东方风情。但在老城区内，辛哈里人的矮小木屋同上流社会的欧式建筑形成鲜明对照，高级轿车、出租车与大量三轮突突车在公路上相向而行，都为这个现代化的都市刻上了鲜明的印记。另外，到处都有欢快狂放的打击乐和喧闹的夜市赌场，打击乐更是贯穿了夜场演出的始终。

科伦坡的著名建筑有不少，现略举几例。科伦坡国家博物馆初建于1877年，是一座双层的宏大白色建筑，意大利风格。馆内收藏了斯里兰卡各个历史时期的珍贵文物，其中收藏的"郑和碑"是郑和访问斯里兰卡的见证。中国援建的班达拉奈克国际会议大厦，是一座独具特色的洁白的八角形建筑物，见证了中斯两国人民的深厚友谊。已故的杰弗里·巴瓦是斯里兰卡最具影响力的建筑师，他在市中心有幢房屋也别具特色。这是庭院、阳台和凉廊精巧的组合体，由四个小平房和一个白塔组成，白塔像一台潜望镜，能穿过邻居屋顶瞭望到远处的海洋。

科伦坡多寺院，佛教寺庙、印度教寺庙、清真寺、天主教堂、基督教堂等各得其所。阿输迦拉马雅寺是科伦坡著名佛寺，为纪念印度孔雀王朝阿育王派其子摩哂陀到斯里兰卡弘扬佛教而建。狼谷教堂是科伦坡现存最古老的一座荷兰教堂，在科伦坡乃至全世界的荷兰遗址中都占有非常重要的地位。教堂里有一些老式荷兰家具，是教堂最有价值的古董，并有众多的纪念碑，还有 5 位荷兰总督和他们的妻子以及当时政要的坟墓。

丹布勒与锡吉里耶

斯里兰卡其他古城充满了神秘莫测的东方风情。僧伽罗人早在公元前后就建成了布局合理的城市、宏伟的佛塔寺庙、辉煌的王宫以及大型水利设施，显示出僧伽罗人很早就掌握了高超的建筑艺术。

丹布勒古城位于圣城康提以北 60 公里的地方，被称为"缅怀过去之城"。丹布勒其实是巨大的石窟，是公元前 1 世纪一位国王为了躲避南印度的入侵而躲避藏身的地方。后来国王夺回了王位，便将当年避难的石窟建成了佛寺，赠给了当年保护过他的僧侣们，以示感恩。所以，丹布勒古城又称作"丹布勒佛窟""丹布勒金殿"。石窟庙宇坐落在一座石山的斜坡上，共有 80 多个，其中 5 个单独的石窟是大神殿，共有 2100 平方米的壁画及 157 尊姿态各异的雕像。其中有一卧佛，长达 14 米，形制奇伟，由整块岩石雕刻而成。每个石窟的顶板和周围墙壁上装饰着无数色彩缤纷的壁画，历经 2000 余年仍然斑斓璀璨。这些石窟最初只是用于修行，后来开始供奉佛像，装饰壁画，成为信徒们参拜的神殿。对于斯里兰卡信徒来说，这里是追忆往昔的好地方。

锡吉里耶古城据传是斯里兰卡古国王迦叶波一世修建的。当年的宫殿就建在高约 200 米、顶部面积 1.6 万平方米的橘红色巨岩上，融为一体，似一头庞大的卧狮，被称为"狮子岩"。狮子岩孤零零地凸起在茂密的森林中，橘红色的岩石与世界上最大的单体岩石"澳洲艾尔斯巨岩"颇有几分相似。不过，狮子岩却拥有艾尔斯巨岩没有的人工奇迹，例如宫殿、花园、壁画、喷泉等。狮子岩曾在丛林中被埋没了 1000 多年，直到 19 世纪中叶，才被英国探险家贝尔发现。印度洋的风雨冲刷了上千年，虽然狮头、狮身早已风化脱落，宫殿、花园早已成为废墟，但也没能冲走它固有的神秘色彩。岩壁上绘制的成群天女，依然以其曼妙的身姿向游人诉说这里曾经的美丽和辉煌。壁画绘制于公元 5 世纪达都舍那王朝时期，当时约有 500 幅天女图，如今只有 21 幅因为画在岩壁内侧而得以幸存。锡吉里耶壁画作为斯里兰卡历史上唯一流传下来的非宗教题材壁画，与印尼的婆罗浮屠、柬埔寨的吴哥窟和印度的阿旃陀石窟齐名。

锡吉里耶壁画邮票

民族传统文化

斯里兰卡拥有独特迷人的历史文化遗产。淳朴的民族、佛教的感化、呢喃的祈祷、原生态的异域风情，糅合在一起，犹如一杯锡兰红茶，醇香而值得回味。

僧伽罗的传统文化艺术源远流长，别具特色。据中国驻斯里兰卡大使馆网站载文介绍，僧伽罗音乐受印度影响很大，在古僧伽罗王朝时代，国王经常派人去印度学习音乐。古代乐器有 60 余种，但流传下来的只有 20 多种，最常见的有凯特鼓、雅卡鼓、乌贷吉和椎击鼓等四种鼓。僧伽罗人是一个能歌善舞的民族。他们在宗教仪式、传统节日和喜庆丰收的日子载歌载舞。僧伽罗舞以康提舞最为典型，是斯里兰卡传统舞蹈四大门派中最具代表性的舞蹈，是僧伽罗族文化标志之一。僧伽罗人的绘画雕刻艺术是和佛教建筑同时发展起来的。在斯里兰卡现存的古代雕刻中，保存最完整的是古都阿努达拉普拉一种安置在宫殿和寺庙台阶下面的半圆形石雕，称为"月形石"。另外一幅古代石雕佳作是在该古城伊苏鲁牟尼耶山洞佛寺中的浮雕"情侣"。此外，在古都波隆纳鲁瓦也保留了许多珍贵的雕刻，其中三尊一组的巨型石佛像最为著名。

斯里兰卡国土面积不算大，却有8处世界文化遗产，其中5处集中在以西古城阿努拉达普勒、东古城波隆纳鲁沃、中古城康提构成的三角地带，被称为"文化三角"。西古城位于科伦坡东北200公里处，既是著名古都，又是佛教圣地。位于西古城以东10多公里处的密兴多列，是斯里兰卡佛教的摇篮和发祥地，也是斯里兰卡最重要的文化遗址之一。公元前247年，印度国王阿育王之子摩哂陀长老来到西古城。他在密兴多列山上，劝说僧伽罗国王皈依了佛教，从此佛教在斯里兰卡盛行起来。中国东晋高僧法显曾在西古城修学两年，从无畏山寺收集了佛经梵本250余册。东古城位于科伦坡东北210公里处，是西古城衰落之后兴起的中世纪佛教古都。它位于西古城的东面，所以称为"东古城"。它的历史没有西古城悠久，但它集王城、佛寺、石塔和石雕于一体，呈现了斯里兰卡古代艺术的多样性。主要遗迹有人工水库、王宫遗址、莲花浴池，以及众多佛殿和佛塔。著名的"石书"长8米、宽1.8米，正面刻满了古代斯里兰卡文字，记载着修建佛堂供奉佛牙的经过，是斯里兰卡现存最长的古代铭文。吉里毗诃罗塔是斯里兰卡保存得最完整的一座古塔，整体呈乳白色，璀璨闪光、清丽绝伦。中古城位于斯里兰卡中部山区，是16世纪的古都，为僧伽罗文化最佳保存地，也是斯里兰卡的文化中心。康提佛牙寺以供奉佛祖释迦牟尼的佛牙舍利而闻名。每年7、8月间的佛牙节，是世界上最丰富多彩的活动之一。近百头大象簇拥着驮有佛牙舍利神龛复制品的公象从佛牙寺出发，在康提的大街上巡游，上千名鼓手、舞者和杂技演员边走边表演，场面蔚为壮观，令人难忘。

斯里兰卡佛牙寺邮票

民族传统风情

斯里兰卡僧伽罗族占 74%，泰米尔族占 17%，其他为维达族、摩尔族等。僧伽罗族是斯里兰卡主体民族，分为低地僧伽罗人（又称"沿海僧伽罗人"）和高地僧伽罗人（又称"康提僧伽罗人"）。前者居住在沿海平原，后者生活在中部山区。僧伽罗族有 2000 多年文字记载的历史，创造了丰富的物质文明，在水利灌溉方面尤为突出。种植园栽培茶叶、橡胶和椰子；个体农民种植水稻、可可、咖啡和肉桂。存在种姓制度，实行种姓内婚。大多信奉佛教，乡间流行巫术。人死后火化，余烬盛在陶罐内安放。

泰米尔人是斯里兰卡第二大民族，分为斯里兰卡泰米尔人和印度泰米尔人。泰米尔人的种姓制度与僧伽罗人的种姓制度在形式上基本相同，但泰米尔人的种姓制度是以宗教为基础，用宗教把人与人之间的不平等关系加以制度化。其最高种姓为"惠拉拉"，占泰米尔人的 60%，多数地主、富商、律师、医生和政府官员均来自这一种姓。此外还有如下种姓：库鲁迦尔，祭司人的种姓；萨塔尔，金银匠的种姓；那杜瓦尔，乐工的种姓等。甚至还有一些地位最低下的所谓"不洁的种姓"，如皮匠、理发匠、陶工、纺织工、石灰工、清洁工、丧葬工、洗衣工的种姓等。在种姓制度的束缚下，婚姻必须门当户对，高种姓尤其注重保持自己"高贵的血统"。目前，城市中由于受商品经济和文化进步的影响，这种情况已有所改变，种姓已不能完全表明一个人的社会地位，种姓与原有职业的联系也越来越少了。

在斯里兰卡各民族中，维达人是唯一的原始民族，后来被来自次大陆北部的雅利安人排挤到中部山区。16 至 17 世纪后，葡萄牙、荷兰和英国殖民者相继入侵，推行种植园经济，破坏大片森林，维达人的采集渔猎生活受到干扰，被迫迁至东南部贫瘠地带。住的是茅草房，穿的是树皮纤维衣服。男人一般都是上身赤裸，下身围一块布。实行一夫一妻制，保留着母系氏族的一些习惯。夫或妻亡，只可与原配偶的兄弟或姐妹成婚。僧伽罗化的内陆维达人多信仰佛教和万物有灵，泰米尔化的东海岸维达人多信奉印度教和万物有灵。许多部落以野猪、孔雀等作为图腾。孩子满3岁，维达人要举行宗教仪式，给予祝福。但女人和儿童很少在生人面前露面。从古至今，维达人大部分已被僧伽罗人同化，通用僧伽罗语，目前已不到2000人。

在斯里兰卡少数民族中，费达族人是世界上最"严肃"的民族，他们不会笑，人们试图用令人捧腹的滑稽节目来逗他们笑，结果也是"瞎子点灯白费蜡"。费达族人为什么不会笑呢？据说他们天生没有笑的神经和笑的功能。斯里兰卡其他民族都是爱笑的，而且是那种热情的纯真的微笑。他们在招待客人时，有向客人献奶茶的礼貌习惯，有时还习惯给客人送一杯冷开水。他们表示肯定答复或同意时，一般都微微摇摇头；表示否定答复或不同意时，则要使劲地摇头；表示非常赞同、十分明白时，则要点点头。斯里兰卡人举行奠基、工程完工、店铺开张或宗教仪式，通常不用剪彩，而是采用燃灯的方式来庆祝。

作为外来民族，斯里兰卡摩尔人是阿拉伯人的后代。早在公元8世纪，阿拉伯人就开始来斯里兰卡经商；到12、13世纪，越来越多的阿拉伯人迁入，从事商业和渔业，并同本地女子结婚，繁衍后代。他们被称为"斯里兰卡摩尔人"。后来从印度西海岸移民而来的穆斯林，被称作"印度摩尔人"。

斯里兰卡人非常喜欢鲜花，特别是兰花，无论是在家庭的窗台上，还是在公园的花圃里，到处可见五彩缤纷的鲜花。他们去庙里供佛，与我国佛教徒的烧香拜佛不同，而是以花献佛。他们对所尊敬的或地位较高的贵宾来访时，常以兰花扎成花环，敬献给客人，然后再送上一份酱叶，以表达盛情欢迎之意。他们更喜爱蓝色睡莲，尊其为国花。对狮子极为崇拜，视狮子为勇敢、威严和力量的象征。所以在国旗中饰有一个"握剑狮子"的图案。他们也喜欢黑尾原鸡（又名"蓝喉原鸡"），尊其为国鸟，认为它给人们带来了美好与幸福。他们普遍对大象怀有极好的感情，认为大象为人们带来了吉祥，所以对其倍加爱护，时常为其装饰打扮。有趣的是，乌鸦在斯里兰卡被视为神鸟和吉祥物，受到人们的敬仰和崇拜，绝对不可伤害。在一些地方，神鸟在空中盘旋，遮天蔽日，叫声震耳欲聋。

日常生活习俗

斯里兰卡道路两边的房屋大部分是砖木结构,也有少量是混凝土结构,有些是简陋的铁皮屋。殖民期间留存下来的少量英式、荷式和葡式小洋房点缀其间,颇有异国情调。传统的农村住宅大多质朴无华,用竹木、泥巴、树叶或茅草搭建。房屋周围种满了椰子、芭蕉、香蕉、榴莲、山竺、杧果等热带果树。很多果树上挂满沉甸甸的果实,就在路边,信手可摘,却无人采摘,民风淳朴可见一斑。

斯里兰卡人的民族服装是,男着纱笼,女着纱丽。纱笼实际上就是一种圆筒裙子,穿时前面折成一个单褶,垂至脚踝。纱笼制作简单,穿着方便、凉快,既可当服装,又可当汗巾、浴巾,因此倍受男子喜爱,流行于南亚和东南亚各国。富有的男人穿高级纱笼,上身配一件洁白的高级丝织外套,脚穿袜子和皮鞋;普通人配一件短衫或背心,脚穿拖鞋,不穿袜子;乡村男子往往只穿一件纱笼,光着膀子。纱丽式样相同,只是色彩、图案、用料、做工不同。纱丽穿法从左肩向右肩斜披,从腰部围到脚踝,成筒裙状,上身穿短袖套衫。短衫和筒裙间裸露出一段腰身,走起路来婀娜多姿。

斯里兰卡与印度隔海相望,自古以来,受印度影响较大,饮食也不例外。大多以大米、椰肉、玉米、木薯等为主要食物。咖喱拌饭就颇有印度风味,一般是一碗米饭、一个咖喱菜、一个豆子汤配以几个小炒和凉拌菜,口味偏辣。也喜食"吉利"奶饭和各种饼。常见的一种小菜叫"博桑博",是用椰丝加入各种配料做成的。偏爱椰汁和红辣椒,这两样是几乎所有菜肴中都离不开的调料。而锡兰肉桂通常用在汤品、炖菜、甜品中。肉桂粉也是咖喱粉的组成成分之一。喜食鸡肉、牛羊肉等,味道辛辣、浓烈。以海产为主料的菜品,在当地人的烹制下,更显鲜美。一般不吃河鲜,而吃鱼干。制作的色拉别有风味,是用碎椰肉、泡菜、洋葱和柠檬汁混合做的。有咀嚼酱叶的嗜好,习惯在酱叶上抹些石灰,再加上几片槟榔,然后把它们卷在一起嚼。据说这样可以提神、助消化。当地人习惯用右手的拇指、食指、中指这三个指头拿起食物食用。通常用餐习惯每人面前摆两碗水，清水供净手用，冷开水供饮用。斯里兰卡僧侣禁酒不禁肉，只是佛教徒不吃牛肉，伊斯兰教徒禁食猪肉，其他肉大多能吃。

斯里兰卡特产不少，水果方面有香甜的杧果、爽口的木瓜和气味浓烈的榴莲等。有一种椰花汁液也很可口，许多人可能闻所未闻。原来，斯里兰卡盛产国宝水果黄金椰，它的花蕾中的汁液，被称作"多迪汁"，含有丰富的维生素、氨基酸、糖等，适于鲜饮及加工为甜酒。不过，专门收集椰花汁液的采椰工却是一个十分危险的职业。因为采椰工要身背砍刀、罐子等工具，攀爬上高高的椰树，在一棵树上采完后需要到另一棵树上去采，就直接从高悬于椰树之间的绳索上走过去，就像走钢丝一样，随时都有摔下来的危险。事实上每年都会发生几起坠亡事故。由此可见，可口的椰花汁液是采椰工用那份艰辛甚至生命换来的。这种职业甚至比舞蛇人的职业还要危险。在很多地方，讨生活是艰难的。

在斯里兰卡，最有名的特产要数锡兰红茶。锡兰红茶是一种统称，泛指出产于斯里兰卡的红茶，又被称为"西冷红茶""惜兰红茶"。由于茶叶产地所处的海拔不同，颜色也有很大区别。在该国六大产区中，最著名的产地是纽日利亚（努瓦拉埃利亚）山区。这里群山环绕，环境优雅。殖民时期，很多英国人在此避暑，建造了很多英国风格的房子，故有"小英格兰"之称。穿着鲜艳纱丽的采茶女点缀在翠绿的茶园中，她们用灵巧的双手采摘着茶叶，一根竹竿、一个编织袋便成了她们的标准装束。乌沃茶是最著名的高地红茶，与中国安徽祁门红茶、印度阿萨姆红茶及大吉岭红茶并称为世界四大红茶。其汤色橙红明亮，风味具刺激性，虽较苦涩，但回味甘甜。当地人喜欢在茶包里放入丁香、姜等香料，每天喝四五次茶，并喜欢用红茶招待客人。浓茶又苦又涩，他们却觉得津津有味。

婚丧嫁娶习俗

僧伽罗人的种姓制度具有世俗性质，在婚姻方面讲究门第和男女双方的生辰八字。对舅舅极为尊重，在婚姻上男方家长首先要征求姑娘舅舅的意见，如果舅舅表示同意，姑娘的父母不会提出异议。据出国在线载文介绍，当男方家得到女方家的肯定答复后，便给姑娘舅舅送去一些礼物，然后再给女方家送礼。所送的礼物一般是现金、酒、丝绸等。送过礼后，双方家长邀请双方亲戚一起，举行一个简单的订婚仪式。按照传统习俗，自订婚到结婚之间，小伙子要到女方家住三年时间，一起劳动生活，以讨取女方家人的欢心。姑娘在这三年中如果感到满意，双方家长便可以商定举行婚礼的具体日期。

僧伽罗人的婚礼一般分两场举行，第一场由女方主办。新郎新娘要用槟榔叶祭奠祖先，然后交换戒指，并由新郎为新娘戴项链和鱼形发卡。新郎还要在新娘腰部围上红色纱丽，表示新娘婚前贞洁。之后，婚礼主持人用棉线将新人小拇指系在一起，即系所谓的"同心结"，由女方父亲用水壶浇之，象征双方彼此永远忠诚，不离不弃。新郎新娘为表养育之恩，要分别向父母亲递上槟榔叶和礼物，并逐一对到场的双方亲人表示感谢。此外，还有为新郎洗脚、打破椰子等习俗。新郎新娘要一起点燃吉祥灯，将牛奶倒入叠在一起的罐子里，直至溢出，象征婚姻幸福美满。随后，新郎新娘一起切用椰汁米饭做的糕点，互相喂食，然后喂伴郎伴娘和双方父母亲。最后，婚宴开始。在女方家主办婚礼后的几天之内，便在男方家再举行一场婚礼。

斯里兰卡维达人实行一夫一妻制，婚后从妻居。禁忌堂表亲和姨表亲，流行交错从表婚（姑舅婚），即姑舅表兄妹之间通婚（我国古代也有姑舅婚，例如南宋诗人陆游，其妻唐婉便是他舅舅的女儿）。据《人民日报海外版》2001年3月28日载文介绍，维达族女孩十三四岁便进入结婚年龄。当一位维达男子看上了一位姑娘时，他不是自己去表白爱情，而是请求父母去代为提亲。女方父母也不自作主张，而是去征询女儿的意见。只有女儿点头同意，这门亲事才能进行。看起来，维达人的婚姻是自主的，但实际上受到姑舅婚制度的极大限制，有时甚至根本没有选择的余地。婚事定下后，男子要用狩猎的长弓挑上鹿肉、块根、谷物和蜂蜜等礼品到女方家去拜亲。这时，姑娘拿出亲手编织的腰带为男子系上，男子则回赠给女子一缕头发。腰带和头发是维达男女订婚时必不可少的信物。此后，男子只能使用未婚妻制作的腰带，损坏以后，就交还给女方，再换一条。而女子也将男子赠送的头发佩戴在自己的头上或细心地保存起来，直到临死，将它烧毁或传给自己的女儿。从拜亲那天起直到举行结婚仪式，男子便留在女方家里，帮助自己未来的岳父狩猎，从事各种生产活动。维达人认为星期四是黄道吉日，所以婚礼总是在这一天举行。婚后，新郎新娘即辞别父母，另建家庭。为了他们的生计，女方父母要从自己的地域中划出一块，供女儿女婿挖掘根茎、采集蜂蜜等。夫妻所生子女属于女方氏族。维达人的婚姻关系十分严格，婚后便不能再接触其他异性。但是在他们之间却流行着"转房制"，即当丈夫死后，妻子可以和已故丈夫的弟弟结婚；同样，当妻子死后，丈夫也可以和已故妻子的妹妹结婚。当然，也可以不再婚。

在斯里兰卡中部山区依然存在着一妻多夫制。这种婚俗在斯里兰卡的历史上曾盛行一时。一妻多夫的婚姻，多数是本家兄弟共娶一妻，也有几个姨表兄弟或堂兄弟共娶一妻的。在一妻多夫的家庭里，妻子为一家之长，遇有矛盾由妻子裁决，如有的丈夫不服从，妻子有权将其逐出家门。在这样的家庭里，孩子只知其母，不知其父，孩子不论多少，均属"父亲"共有。

僧伽罗人有独特的妊娠和生育习俗。据酒旗网载文介绍，妊娠期间，孕妇要食用传统的保胎草药，吃不同的食品。在临产前几个月，丈夫便把妻子送回娘家，交给岳母照料。婴儿降生后，采几片叫作"柏乐达尼"的草叶放在一只新陶盆里，再挤进几滴母亲的奶，放入一只金戒指，然后用沾过草叶和戒指的奶在婴儿的嘴上抹几下。这个仪式称为"喂金奶"，意味着婴儿将从中得到健美和力量。其后，用金属盘和其他东西敲击，宣告家庭中新成员的诞生。在农村，如果生了男孩，便从屋顶上扔出牛轭（驾车时搁在牛颈上的曲木）；如果生了女孩，则扔出捣米用的杵。婴儿出生半年后一年内，男孩在双月，女孩在单月，选择一个吉祥日子举行有关仪式。仪式包括给婴儿喂第一口饭、画生辰表、起名字和"抓周"等。在孩子长到四五岁时，要请佛教长老为孩子举行开蒙仪式，向释迦牟尼佛像、长老和佛典敬献鲜花、油灯，求得"三藏"护佑，然后再向智慧教育之神和文学之神供奉各种甜食、果品、"吉利"奶饭和椰油灯。

虔诚的僧伽罗人在举行丧礼时，是一定要请和尚诵经祈祷的，诵经之前必须把遗体抬到院子里去，或抬到墓地或柴垛中去。据说这是为防止幽灵进入房子。诵经以后，死者最亲近的人要拿一只杯子放在茶盘上，往杯子里注水，直到水溢出为止，寓意人死就像水流入大海，是生人为死者进行祈祷。每周星期二、五不能送葬，因为僧伽罗人认为这是不吉利的日子。僧伽罗人除了实行火葬、土葬之外，古时候还有实行天葬、水葬的，就是把遗体抬到森林中去，让动物吃掉，也有的把骨灰装入陶罐里，用白布包扎后，扔到江河中去。

农村举行火葬的风俗习惯是，要由死者的女婿或妹妹的儿子点燃柴垛。他们先是叫喊着用斧子拍打柴垛，据说是为了驱走有可能钻入柴垛的幽灵。死者的骨灰，有的人家任由它散落在地上，有的人家则把它装进陶罐里埋葬，然后在墓地上立一个墓碑。

重要节日庆典

斯里兰卡每年有国庆节、民族英雄日（也称"共和国日"）、僧伽罗和泰米尔新年以及一些宗教性质的节日，比如佛教节日、印度教节日、伊斯兰教节日、基督教节日。其中，最具斯里兰卡特色的节日是僧伽罗和泰米尔新年、维莎迦节、普桑节以及上面介绍的康提佛牙节。

僧伽罗和泰米尔新年在每年4月13至14日，这是斯里兰卡最重要的传统节日。该节日被认为是春季的开端，和中国的春节类似。此时正值大季稻收获之后，也有喜庆丰收之意，因此在农村更为重视。据资料介绍，新年期间，主要的习俗有送旧月、迎新月、沐浴净身、生火做饭、吃团圆饭、串亲戚、抹头油、洗头礼等多种活动。在迎新月时，要吃用米粉、蜂蜜、红糖和椰汁等做成的"米汁饭"或用椰奶煮成的"吉利"饭，以示吉祥。吃完年饭，长辈要赠给家里每个孩子一枚硬币，主仆之间此时也要互赠礼物，祝贺新年。晚辈要向长辈行叩拜礼，献蒌叶。如果亲戚或邻里之间平时有矛盾，此后也要互赠蒌叶，以示言归于好。新年里的最后一个仪式是"洗头礼"。良辰一到,人们纷纷来到附近的寺庙,接受寺庙主持的沐浴礼,或者在家中接受父母的沐浴礼。

维莎迦节在每年公历 5 月的月圆之日举行,为期 7 天。据传说,这一天是佛陀亲临兰卡岛以及僧伽罗人的祖先迁徙兰卡的纪念日。所以,佛教徒们把此节看成是一年当中最为盛大的节日。节日期间,除了悬挂佛教旗帜、建造牌楼、演出佛陀的节目外,机关、团体和善男善女会在街道两旁、集贸市场附近搭建斋棚进行施舍。他们用香蕉叶裹着一包包饭菜摆在案桌上,邀请路人共同进餐。施舍的食物中,加牛奶和糖块的红茶是必不可少的。人们用蒟蒌叶包着烟丝、石灰和槟榔互相赠送,以表友谊。佛教徒们还要前往寺庙烧香拜佛,祈求消灾得福。

普桑节是为纪念印度阿育王之子摩哂陀长老来到斯里兰卡传播佛教而设的节日,于每年公历 6 月的月圆日举行庆祝活动。普桑节的最早活动见于公元 4 世纪。现在的普桑节活动仍然保留了抬塑像前往圣地朝拜的习俗。节日期间,各地香客纷纷汇集在密兴多列和阿努拉德普勒两地,举行各种朝拜和祭祀活动。

在斯里兰卡,无论在节日里还是在平时,处处能感受到佛国的魅力。比如,信佛的富裕人家有个习惯,动不动就请和尚吃饭。居民和僧侣对话时,不论是站着,还是坐着,都设法略低于僧侣的头部。参观寺院要脱鞋,穿着要得体,不要袒胸露背,忌穿吊带衫、无袖上衣、短裤、迷你裙、拖鞋等不适宜的服装。僧伽罗人最恭敬的礼节莫过于五体投地礼,即用双膝、双手和前额贴于地,致敬的对象一般是佛菩萨、佛教长老或父母。

失落的天堂　马尔代夫

　　马尔代夫共和国是印度洋上位于赤道附近的一个珊瑚岛国，距离印度南部约 600 公里，距离斯里兰卡西南部约 750 公里。国名意为"千岛之国"；一说在当地语言中意为"宫殿之岛"；还有一种说法是"马尔代夫"一词来自印度语，意为"花环群岛"。

　　马尔代夫旅游局的广告语说："如果你一生有很多次出国旅游的机会，你一定要来马尔代夫；如果你一生只有一次出国旅游的机会，那你更要来马尔代夫。"也许马尔代夫就是上天专为人类度假而设，旅游在这里几乎就意味着一切。有人不无感叹地说，阳光太多、海水太蓝、美女太艳、俊男太猛，几乎成了马尔代夫独特的赤道风情。也有人用微信或手抄报的形式，与别人分享自己游览马尔代夫的体验和感受。如果你在寻找最佳蜜月胜地、潜水胜地和水上运动胜地，那么美丽、浪漫且又梦幻般的马尔代夫将是你的最佳选择。

马尔代夫国旗　　　　　国徽

国情概要

马尔代夫国土面积298平方公里，人口35万（2012年7月）。首都马累，国庆日7月26日。全国1192个岛屿构成26组自然环礁，分布在9万平方公里的海域内。其中大约200个岛屿有人居住，其余是无人荒岛。地势低平，平均海拔1.2米。属热带雨林气候，无四季之分，无飓风、龙卷风，偶尔有暴风。拥有丰富的海洋鱼类资源，盛产金枪鱼、珊瑚鱼、鲣鱼、鲛鱼、龙虾、海参、贝壳等，还有少量石斑鱼、鲨鱼、海龟和玳瑁等。陆地面积小，土地贫瘠，农业十分落后。国树为椰子树，椰子在农业中占重要地位。在旅游业兴起之前，当地人除了捕鱼和收集椰子外，几乎没有其他赖以为生的手段。现在，旅游业、船运业和渔业是经济的三大支柱。

马尔代夫是亚洲陆地面积最小的岛国，被誉为"上帝抛洒人间的项链"。历史记载马尔代夫起源于12世纪，但从有关著作和考古中却发现马尔代夫的历史可追溯到前伊斯兰时代。马尔代夫曾是那些出海远航的探险家们的中转站，这远远早于欧洲航海史。第一次提到马尔代夫的，是公元2世纪希腊天文学家、数学家和地理学家托勒密，他在著作中提到的斯里兰卡西面1378个小岛的地方，指的就是马尔代夫。从那时起，许多航海家不断提及马尔代夫。1116年建立了以伊斯兰教为国教的苏丹国，前后共经历了六个王朝。中国历史上称马尔代夫为"溜山国"或"溜洋国"。明朝永乐十四年后，马尔代夫国王优素福三次派遣使节来中国。郑和的随行人员马欢所著《瀛涯胜览》和费信所著《星槎胜览》中，对马尔代夫的地理位置、气候、物产、风俗民情等，都有翔实的记载。1558年始，葡萄牙对马尔代夫实行殖民统治。18世纪又遭荷兰入侵。1887年沦为英国保护国。1965年7月26日获得完全独立。1972年10月14日马尔代夫与中国建立外交关系。

由于国家小、人口少，马尔代夫只有一支准军事性质的国家安全卫队。它既是陆军，又是海军，同时还是警察和海上巡逻队。"一军多用，无所不能"，是当今世界上最奇特的军队之一。

袖珍国都

马累是马尔代夫的首都，面积只有 1.5 平方公里，交通常出现拥堵。但风景优美，蓝天白云下，椰子树和面包果树迎着海风沙沙作响，各种花草树木飘来阵阵清香。城市街道并没有刻意铺设成柏油路，地面上大多是岛上常见的白沙。炫目的白沙和蓝绿色门窗形成强烈的对比。如果你留意观察的话，会发现这里的许多房子筑得又高又窄，据说是为了避免恶魔入侵。其实，岛上并无恶魔，老鼠却甚多。古时的马累人相信，猫会给他们带来灾祸，所以不爱养猫；岛上没了猫，老鼠就横行无忌了。好在岛民生性平和，与世无争，对这些贼眉鼠眼的小东西熟视无睹。

马累历史上曾受英国管辖，因此有部分建筑带着浓厚英式气息。政府机关等建筑大多是两层房屋，非常整洁。建于 1913 年的总统官邸是马累的重要景点之一。它综合了伊斯兰和现代西方建筑风格，是马尔代夫独具风格的重要建筑。在伊斯兰教的特定时间，任何人都可进入总统官邸，觐见总统，表示祝福。马尔代夫政府层次少，许多事务直陈总统，一锤定音。国家图书馆规模不大，藏书主要来自捐赠，图书馆的读者很多，它弥补了当地高等教育资源不足的缺憾，使许多渴求知识、又无学费的年轻人能够到此吸取营养，所以人们称其为"没有围墙的大学"。苏丹公园曾是马尔代夫苏丹的王宫，后来遭到破坏，大部分建筑被摧毁，只剩下一座小型建筑。马尔代夫博物馆就是在这座小型建筑基础上改建的。馆内收藏着史前和前伊斯兰时代的大量文物，以及古老的手工艺品和近代一些枪炮武器。其中有一支锃亮的铜制长枪，这是马尔代夫民族英雄穆罕默德·塔库拉夫·阿里·阿拉扎姆使用过的枪。他曾用这支枪打死了葡萄牙侵略者的首领，为赢得自由和独立做出了贡献。

几个世纪以来，伊斯兰教主宰着马尔代夫人的生活。清真寺是马累的标志性建筑。胡库鲁·米斯基清真寺建于 1656 年，至今保存完好。每逢星期五中午，马累人都会来到这里进行祈祷。现代伊斯兰中心建于 1984 年，是马尔代夫人的精神家园。星期五大清真寺亦建于 1984 年，由海湾国家以及巴基斯坦、文莱、马来西亚等国出资建造。该寺以其金碧辉煌的圆顶和高高的尖塔而闻名，是马累又一道亮丽的风景。

吉拉瓦鲁岛（又称"魔鱼岛"）位于马累北环礁，是一个弥漫着历史气息的岛屿。它曾经是马尔代夫群岛的最早居民吉拉瓦鲁部落（又称"魔鱼部族"）的祖居地，因而得名。现在人们仍然可以通过衣着和发型来辨认出吉拉瓦鲁部落的人，但该部落只剩下几百人了。马尔代夫人自称"迪维希人"，是不同时期迁来的僧伽罗人、达罗毗荼人、阿拉伯人和尼格罗人的混血后裔。他们在外表、语言、性格、文化、传统和行为等方面类似印度人、斯里兰卡人和阿拉伯人。由此可见，马尔代夫融合了古代移民所带来的多元文化。当地传统音乐与舞蹈深受东非文化影响，如击鼓与乐曲等。当然，随着社会的开放，现在的年轻人也爱上了摇滚和美剧。

马累的商品大多依赖进口，物价比较高。只有鱼是本地最多的产品之一。马累的鱼市场是各岛屿渔产的集散地，每天近黄昏时此起彼落的叫卖吆喝声，折射出岛国活力的一面。

最后的乐园

马尔代夫虽然国土偏小，却是世界上最大的珊瑚岛国。许多游客在领略过马尔代夫的蓝、白、绿三色后，都认为它是春色荡漾的伊甸园、地球上最后的乐园。有人形容马尔代夫是上帝抖落的一串珍珠，也有人形容是一片碎玉，这两种形容都很贴切，白色沙滩的海岛就像一粒粒珍珠，碧蓝的海水就像是一片片美玉。还有人形容，99% 晶莹剔透的海水 +1% 纯净洁白的沙滩 =100% 的马尔代夫。那蓝得透彻的海水，白得剔透的沙滩，闪得耀眼的阳光，会把所有世俗烦恼一扫而光。

到了夜晚，荧光海滩充满了被海水冲上来的无数浮游生物，它们散发着幽蓝色光芒，非常神奇。怪不得西方人喜欢称呼马尔代夫为"失落的天堂"——就像天堂失落到人间。

到马尔代夫旅游，不能不住那里的水上屋。水上屋直接建造在

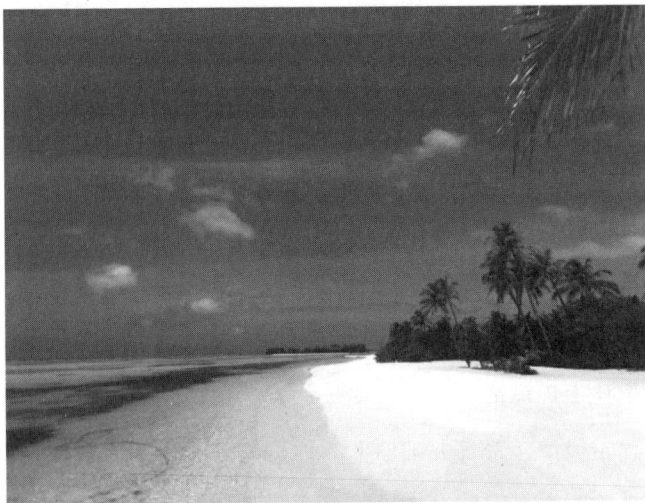

洁白的沙滩 / 百小放提供

蔚蓝透明的海水之上。它的魅力既来自于其近乎原始的建造方式，也来自于其周边环境的独特性。屋子距离海岸大约 10 米左右，凭借一座座木桥连接到岸边。有的屋子没有木桥连接，要靠小船摆渡过去。

"失落的天堂"也许真的会成为"最后的乐园"。马尔代夫以珊瑚礁、阳光沙滩和椰林树影闻名于世，但平均海拔只有 1.2 米。在海水冲刷下土壤正在不断流失，群岛的植被可能成为海面上升的第一批殉难者。如果联合国对全球暖化下海面上升速度计算准确的话，最快一个世纪这些岛屿将被海水逐一吞噬。2009 年 10 月 17 日，马尔代夫召开全世界首次水下内阁会议。所有与会部长戴上水中呼吸器在海底开会的情景，再一次引发了人们对全球变暖的关注。科学家已经警告称，100 年内，马尔代夫将不再适合人类居住。据说，马尔代夫政府设想建造可以容纳全国居民的巨型游轮，在马尔代夫群岛被淹没后，作为一个海上漂浮国家而漂流四方。

美丽的群岛

马尔代夫群岛美不胜收、风情无限，宛若人间天堂、世外桃源。例如，库达呼拉岛、杜妮可鲁岛、美禄岛、白金岛、太阳岛、皇家岛、神仙珊瑚岛、中央格兰德岛等，让人们心向往之。其中，太阳岛位于阿瑞环礁群岛，岛上的度假村在马尔代夫规模最大。这里终年如夏，鸟语花香，热带植物恣意生长，洋溢着美丽的热带风情。置身太阳岛上，你可以什么也不做，就躺在洁白的沙滩上，任阳光抚弄，听大海唱歌。如果戴上面罩和呼吸器，做一次浮潜，观看美丽的鱼儿在身边悠然地游走，与五彩斑斓的海底生物亲密接触，那是非常有趣的。晚间沙滩上，烛光摇曳，真正的马尔代夫风味的美宴开始了：炸鱼球，酥脆香嫩；金枪鱼生鱼片，鲜美异常；椰子煮成的古拉、辣鱼糕，别有风味；最后来一大杯甜奶饮品，爽快极了。皇家岛为新婚夫妇特备的浪漫而极富格调的烛光晚餐，会成为蜜月旅程中最难忘的一幕。皇家岛的客房，全都由印尼红木精制而成，充满了皇家的尊贵和风度。岛上 SPA 等项目，叫人享受过后就无法忘怀。所以皇家岛扬名在外，是世界名人、大亨巨贾的休假首选。

马尔代夫的天堂岛、卡尼岛、伊露薇丽岛、安娜塔拉岛、芙花芬岛、卡曼都岛、伊瑚鲁岛、瑞提拉岛、安娜塔拉吉哈瓦岛等，都有漂亮的度假村和酒店。每个岛上一般只有一家酒店，一岛一酒店的旅游格局在世界上是比较罕见的。这里秉持满足客人"空间、奢华、私密"的理念，有世界上首创的豪华 One &Only（一个且唯一的）生活方式。每套房子都直接通往海边的小码头，码头上停靠着属于情侣租用的多尼船。这种纯木手工制造的游船长约 20 米，分三个区域：船头迎风部分，是情侣晒日光浴和嬉戏调情的"禁区"；主舱豪华套房，配有水床、沙发、饮品和甜品；船尾部分是驾驶区。每艘船上配有船长、助手、女佣和贴身管家。贴身管家会按照客人吩咐当场调制情侣中意的餐饮。每年情人节前后，是南十字星座和银河距离马尔代夫最近的时候，情侣们可以躺在甲板上仰望星空，窃窃私语。伊露薇丽岛是马尔代夫为数不多的六星岛之一，其优美环境和私密奢华的空间成为世界各地游客度假休闲或安享蜜月的首选。岛上拥有专业的中文管家、英文管家等，为游客提供最尊贵的服务。芙花芬岛酒店有豪华的别墅、前卫的设计、私密的泳池、私人的专属沙滩、独特的水上瑜伽帐篷，形成了芙花芬岛独有的魅力。安娜塔拉吉哈瓦岛的所有别墅均附设无边泳池，私密性极好。清晨，可以慢慢欣赏洒满阳光、微风吹拂的海面；下午，可以快意地在绝美的无边泳池游泳、晒晒日光浴；傍晚，迎着晚风在洒满月光的白色沙滩上漫步；夜晚，则在水上别墅里伴着海浪声进入梦乡。

很多游客喜欢租用小船前往那些无人荒岛寻幽探秘，体验一下自由奔放的原始风情。当然，更多的是流连在设施较为完备、又不失美丽风光的旅游岛上。四季兰达吉拉瓦鲁岛是一个隐蔽的天堂，那里的豪华别墅伴随着自然美景，伫立在透明海水中。各类别墅和餐厅、酒吧、咖啡厅，为游客提供精细舒适的服务。在这里，还会看到马尔代夫"古法"建筑——珊瑚墙，这种建筑风格让酒店显得独具马尔代夫风情。伊露岛幽雅的风景，叫人流连忘返。来伊露岛的人很多都是蜜月中的情侣，他们奔着景色来，也奔着带有迷你吧的临海别墅而来。他们希望在这里，留下最甜蜜最美丽的回忆。薇宁姬莉岛风光独特的海岸线绵延6公里，岛上覆盖着12公顷茂密的绿色植物，高大的菩提树，1.7万棵椰树散布在整个岛屿，让

水上度假村 / 百小放提供

游人领略它迷人的风貌。法鲁岛是印度洋中一个充满罗曼蒂克的美丽岛屿，距离马累仅 2 公里，是潜水、浮潜的天堂。这里的珊瑚礁保存完整，海洋生物繁多，水下世界异彩纷呈，美丽得令人窒息。绚丽岛至今保持着相对原始的自然风貌，超过一半的地方被原始树林所覆盖。躺在软绵绵的沙滩上享受一下金色的日光浴，或是坐在海景洋房的阳台上欣赏秀丽的风景，都是不错的选择。薇拉莎露岛（原名"拉古娜岛"）是电影《蓝色珊瑚礁》的拍摄地，因此岛上的童话色彩特别浓。海天连成一体，是一座蓝色桃花源般的度假岛屿。

此外，在以宁静和浪漫著称的满月岛（又称"圆月岛"）、班度士岛、椰子岛、双鱼岛、蜜月岛、古丽都岛、瓦宾法鲁岛，都能够心满意足地享受灿烂的日光浴，倾听海浪低沉的呢喃，欣赏千姿百态的海底生物及珊瑚群，尽情享受大自然赐予的这一切。马尔代夫盛产石斑鱼，无论有无垂钓经验的人都能轻易地钓起大鱼。潜水、划水、冲浪、帆板等都是紧张刺激的水上娱乐运动。网球、足球等户外运动和台球、乒乓球、棋牌、投镖等室内活动在许多场合都是免费的。感兴趣的话，可以乘坐独木舟或快船游览小岛，拜访岛民居住的村落；或登临甘岛寻古探幽，参观英国军营遗址，追溯马尔代夫的一段沧桑历史；或到椰林遍地的无人岛浮潜，与鱼儿零距离接触。特别是在夜晚的满月岛上，与心爱的人相拥在一起，欣赏"海上生明月"的美景，感受皎皎空中孤月轮的意境，实在是一种美妙的人生体验。

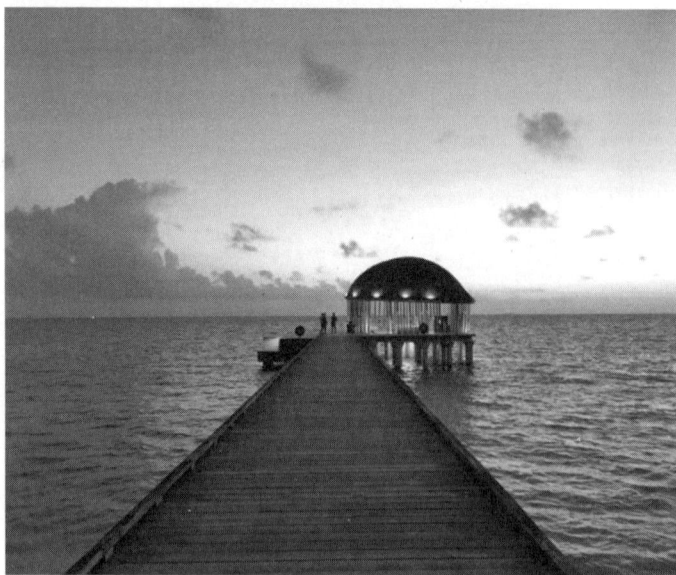

静谧的夜晚 / 百小放提供

独特的水下餐厅

马尔代夫希尔顿度假酒店的独特之处是，拥有闻名于世的水下餐厅。该餐厅建在水下约5米深的一个珊瑚礁上，外层是透明的有机玻璃，只能容纳12人同时就餐。这家餐厅名为"伊特哈"，当地语意思为"珍珠"。它与世界上其他地方的空中餐厅、峰顶餐厅、树屋餐厅、瀑布餐厅、岩石餐厅等，都以其独特新奇的创意取胜。试想，在海下5米之处，360度观看珊瑚与鱼的世界，喝着顶级的鸡尾酒，品尝马尔代夫的西式水下餐厅大餐，这种体验在人世间绝无仅有！当颜色鲜艳的成群珊瑚鱼紧贴着四壁通透的餐厅游过时，顾客们都会情不自禁地发出赞叹声。在这样优美的环境中就餐花费自然不菲，这里最便宜的一顿包餐为每人200美元，外加15%服务费。食品包括饮料、前菜、开胃酒、主餐、甜品共28道。虽说价钱昂贵，但在这里吃的是情调、是气氛。

马尔代夫不止希尔顿度假酒店一家有水下餐厅，其他海岛酒店也有。例如，港丽岛的水下餐厅，拥有180度全景视角，可观赏海中五彩缤纷的珊瑚美景。克哈瓦岛、奥臻岛也有水下餐厅，都会给你带来不一样的就餐体验。

日常生活习俗

在每周星期五（金曜日）下午的伊斯兰教主麻日，马尔代夫的商店、学校和公共场所都会关门歇业。穆斯林来到清真寺参加宗教仪式，这已成为他们日常生活的一部分。"主麻"一词系阿拉伯语"聚礼"的音译，其宗教仪式包括礼拜、听念"呼图白"（教义演说词）和听讲"窝尔兹"（劝善讲演）等内容。稳健与温和是马尔代夫全社会共同推崇的秉性，故这里的民风显得格外纯朴。

马尔代夫传统的民居，一般都是用椰树干、椰树皮、椰树叶和珊瑚石等建材搭建的。但是在 20 世纪 90 年代后期，厄尔尼诺现象侵袭太平洋和印度洋海域，导致世界范围内的许多珊瑚褪色和死亡，对马尔代夫的影响最为严重，导致 95% 的珊瑚灭绝。所以，马尔代夫政府规定不准许再使用珊瑚作为建筑材料砌墙了。现在主要用砖、瓦和其他材料建造房屋。

由于气候炎热潮湿，马尔代夫居民大多喜欢穿便服，轻便的棉线和亚麻衣服很普遍。男子常穿白衬衣。妇女服装色泽鲜艳，一般不戴面纱，但衣服必须遮盖双臂及双脚。年轻女孩常穿 T 恤紧身短背心、宽松上衣、时髦牛仔裤、长裤和短裙。年长的妇女选择传统的罩衫和长裤。作为开放的伊斯兰国家，马尔代夫对外国游客已经做到很大限度的宽容和接纳，所以外国游客要入乡随俗，彼此尊重。比基尼泳装在当地穆斯林居民眼中是不能穿的。游客也不适合在沙滩上穿比基尼或其他过于单薄暴露的服装。

马尔代夫居民以大米、红薯等为主食，副食有牛羊肉、家禽、鱼和蔬菜等。口味以甜淡为主，但也吃加有刺激性芳香调味品的食物。真正的马尔代夫料理，是有着悠久历史的"咖尔迪亚"，它常出现在招待宾客和节日庆典的宴会上。"咖尔迪亚"的主食部分是蒸香蕉、薯类或面糕，菜肴部分是洋葱、椰肉和青柠檬汁，以及松鱼肉片汤。由于宗教习惯，居民不吃猪肉，不饮酒。香蕉、椰子、菠萝等热带水果终年不断。"杜法意翅泰"是当地盛行的一种饭后的小食，食材是槟榔果、槟榔叶、丁香、酸果和烟叶等。在街头小巷的茶店里，可以品尝滚烫

马尔代夫水果邮票

的热茶及美味可口的糕点小食，也可以进中餐馆和披萨、汉堡店打打牙祭。马尔代夫淑女酒是当地的一种特产鸡尾酒，不含酒精但极香。当地特有的一种饮料是从棕榈树干榨汁制成的，色泽有点像红茶，配上新鲜的柠檬片，当地人都爱喝。当地人几乎从不患牙病，因为他们大多用海沙磨牙。有嚼槟榔的习惯，牙齿常被染成黑色。

马尔代夫人的婚俗很有趣，女方提出的聘礼标准，可以由男方在结婚时支付或在双方同意的情况下分期付款，但离婚时必须全额付清。马尔代夫是度蜜月的圣地，然而过去却是世界上离婚率较高的国家之一。据说大约有 2/3 的女性在 30 岁之前离过婚。为什么离婚率这么高呢？据分析可能是因为马尔代夫的伊斯兰教法和普通法律是并行的，在婚后感情不顺的情况下，离婚相对比较容易。特别是丈夫，说不定什么时候会毫无理由地提出离婚，还不给妻子任何补偿。直到 2001 年，马尔代夫首部系统化的《家庭法》出台，将结婚的最小年龄延至 18 岁，并将单方离婚确定为非法，这样才使离婚率得以控制。

音乐舞蹈与手工艺品

马尔代夫有许多富有民族风情的音乐舞蹈。大鼓是男女老少都喜欢的传统音乐舞蹈形式，是 19 世纪由非洲的奴隶引入马尔代夫的，有着浓厚的非洲味道。一些大鼓剧团会在特殊的典礼和节日上演奏。表演时，打鼓的人席地而坐，跳舞的人随着鼓点同步起舞，同时唱着迪维希语歌。观众也加入到拍掌和跳舞当中。这时会有一群人突然踏着节奏冲入，在观众热烈的掌声中旋转着，扮着鬼脸舞蹈着。最后在一种有节奏的癫狂状态中结束。当地摇滚乐队经常在度假酒店登台献艺，翻唱经典老歌的水准让人叹服，同时也会表演自己的原创作品。岛上还流行一种由年轻女孩子表演的舞蹈，她们手里拿着金属水壶，随着优美的旋律边唱边舞，用手指上的戒指有节奏地敲打着水壶。这种歌舞是印度罐舞的延伸，只由年轻女子表演。今天，表演时的音乐已经做了很大改动来顺应潮流，常加入鼓或口琴，女孩子们也可以坐着表演。

马尔代夫的手工艺品富有地方特色，一些精美的样品收藏于马累的国家博物馆。据大连栖游旅行网载文介绍，马尔代夫最具代表性的手工艺品是木漆盒子。盒子上涂着红色或黑色的漆，还描上马尔代夫最具代表性的图案，体现出浓郁的传统文化。木雕工艺品也十分有名，木雕鱼尤为人们喜爱。许多岛上的人都编织颇具本地风情的席子和芦苇垫子。当地还提供量身定做服务，顾客可以自己挑选布料，让裁缝为自己剪裁一件专属于自己的当地传统衣服，穿在身上肯定有不一样的感觉。

海湾明珠　巴林

　　巴林王国位于亚洲西部，为波斯湾西南部的岛国，界于阿拉伯半岛与卡塔尔半岛之间，距离沙特东海岸 24 公里、卡塔尔西海岸 28 公里。国名在阿拉伯语中意为"两股水源，两个海"。

　　巴林景色秀丽，绿洲葱茂，还有大片盛产珍珠蚌的浅海滩。上海世博会巴林展馆的白色外墙配以古典建筑造型，兼具传统与现代感；内部构造灵感来自牡蛎壳的弧线，流畅的路径引领人们开启一段发现之旅：从历史文化到现代发展，再眺望未来，柔和的色调配以有趣的展示内容，以独特的视角呈现巴林风情。难怪有人说，这是一个小众绝对值得一去的国家，等着你去体验一次独特的发现之旅。

巴林国旗

国徽

国情概要

巴林国土面积 711.9 平方公里，人口 136.2 万（2014 年）。首都麦纳麦，国庆日 12 月 16 日。全国由巴林岛等 36 个大小不等的岛屿组成。地形大部分是较低的沙漠平原，天然的涌泉和灿烂的阳光所孕育的椰林点缀各地。夏季炎热潮湿，凉季温和宜人。渔业资源丰富，并以传统的珍珠和珍珠母的采集著称于世，素有"海湾明珠"之称。"采珠业——岛屿经济的见证"，被列入世界文化遗产名录。今日巴林，石油、旅游、金融成为三大经济支柱。巴林是波斯湾地区最早开采石油的国家。法赫德国王大桥是连接巴林和沙特之间的跨海公路大桥，全长 25 公里，促进了巴林交通、旅游业的发展。大力发展金融业，被誉为"中东的香港"。这与 20 世纪 30 年代以前极其贫穷的面貌相比，发生了翻天覆地的变化。

巴林在公元 7 世纪成为阿拉伯帝国巴士拉省的一部分。16 世纪以来，先后被葡萄牙人、波斯人、英国人占领统治。1971 年 8 月获得完全独立。2002 年 2 月，巴林酋长国改国名为"巴林王国"，国家元首埃米儿改称为"国王"。纵观历史，巴林被不同肤色、不同种族、不同信仰的列强奴役过、殖民过。但是，不管被统治、奴役过多少年，有一种东西他们未曾改变，那就是他们的信仰——伊斯兰教。

巴林在 1989 年 4 月 18 日与中国建立外交关系。

古老的巴林

巴林是波斯湾中一个古老的岛国，在公元前 3000 年即建有城市。巴林堡遗址（又称为"卡拉特考古遗址"）是巴林王国的世界文化遗产。它始建于公元前 2300 年，是一座土石结构的防御工事，土黄色的城墙显得格外古朴。穿过城门进入堡内，可以看到城墙、垛口、瞭望台、营房、马厩等。考古研究发现，遗址包含七种文明，其中最早出现的文明是由迪尔蒙帝国创造的迪尔蒙文明。巴林堡依海而建，景色优美，每年都会吸引大量的游客前来参观。

巴林国家博物馆是巴林最大的博物馆之一，于 1988 年 12 月开放。馆内以绘画、摄影、雕塑、金饰、手工编制、考古实物等方式，呈现了巴林从石器时代以来古老而辉煌的历史。如果从内容细分，包括了民俗、服饰、建筑、医学、天文、采珠、捕鱼、商贸直到近代石油工业兴起，种类繁多，内容丰富。所有这些，为游客呈现了古老巴林王国辉煌的历史。

"海湾的新娘"

首都麦纳麦（阿拉伯语"寝宫"的意思）是海湾一带少见的绿色城市，街道两旁绿树成行，房舍前后遍植棕榈和椰枣树，给人一种静谧舒适之感。郊区的农田和果园多用泉水灌溉，涌出的地下泉水形成池塘和溪流，使麦纳麦的景色显得格外柔美。高高耸立的珍珠纪念塔，风帆中间夹着一颗珍珠，象征勤劳的巴林人民过去采珠业的兴旺发达。巴林不仅盛产珍珠，而且其珍珠质量之佳举世闻名，巴林王国被誉为"海湾明珠"更是名副其实。在迈入现代化的今天，巴林人的生活发生了巨变，不再靠采珍珠吃饭。妇女们或穿传统黑色长袍，或穿巴黎时装。人们从彩色电视机里学古兰经，伊斯兰教信徒定时到清真寺朝拜、祈祷、做弥撒。

麦纳麦虽然在历史上屡遭劫难，但如今依然美丽动人、秀丽多姿，被人们赞誉为"海湾的新娘"。现代化建筑和古老风物形成鲜明的对比，一边是鳞次栉比的旅馆、银行、宅邸、高楼，一边是成簇成排的阿拉伯老式民房，以及神圣的麦纳麦大清真寺、哈米斯市场清真寺、巴尔巴尔庙遗址。慢悠悠的骆驼、马车和奔驰的轿车相向而行。巴林世贸中心大楼双子塔共50层，高度超过240米，屹立在波斯湾岸边。大楼外形呈帆状，线条流畅，色彩柔和，给人以既壮观又美观的视觉效果。更令人瞩目的是，在办公塔楼之间安装了3台水平轴发电风车，使世贸中心成为世界上首个为自身持续提供可再生能源的摩天大楼。这在石油蕴藏丰富的巴林，实属难能可贵。

麦纳麦市面上充满欧、美、日进口之奢侈品。巴林地标之一的阿尔巴布（巴林门），里面是大巴扎、大市场，颇有阿拉伯风情。黄金之城、购物商场，都是理想的购物点。在民间市场，可以购买许多富有特色的地方特产和民间工艺品。著名的艾尔比阿市场，不仅是购物场所，而且是旅游景点。此外，哈达丁市场、烟草市场，以及出售各种银铜器皿的萨法非尔市场，都是巴林不错的购物场所。中国曾到巴林举办商品展销会，展销的商品有纺织品、丝绸制品、工艺产品、五金矿产产品、轻工业品、土畜产品、粮油制品、茶叶等，深受巴林人民欢迎。

生命之树与万冢之岛

巴林有一棵生长在沙漠中的"生命之树"，非常的奇特。这样的树，要是长在别的地方，并不稀奇。但奇就奇在它的周围是一片沙漠，没有任何水源，却能顽强地存活400多年。它用繁茂的枝叶为周围的生命提供一片阴凉。当地人深信，这就是传说中伊甸园的所在地。这棵树的观赏价值远远不及它所代表的精神价值，它的坚韧和顽强对每一个看过它的人来讲，都是一种无法言说的震撼。

同样奇特的是，这么一个小小的岛国，却存在着世界上最大的史前时期的冢林，因而被称为"万冢之岛"。据环球网等网站载文介绍，这些冢林位于巴林岛北部、麦纳麦以西，占地30多平方公里。一个个人工土丘，横排竖列，蔚为奇观。从飞机上俯瞰，像万千起伏的浪头或帐篷。1879年，英国人初次进行发掘，才知道这些土丘是坟墓。由于年代久远，前人之墓被泥沙埋没，后人复葬其上，一层迭一层，终成山丘，形成墓穴相迭的奇特景观。据不完全统计，全部坟茔当在17万座以上。对已发掘的70多座古坟的考证，其历史上限在公元前3000年的青铜器时代。考古学家在坟层之下和墓林附近，还发现了古阿拉伯人聚居点、村落和城镇的遗址。虽然巴林本身没有留下史书，它的远古历史还是一个谜，但从这些冢林和村镇遗址可以看出，古代巴林曾是一个人口众多的繁华地区，有着辉煌灿烂的文明。而且，从阿拉伯各国的古籍中可以看出，在公元前3000年前后，这里已经形成了原始的国家组织——迪尔蒙国。公元前2795至前2739年，两河流域的苏美尔人企图打通从波斯湾横越大陆到地中海的商路，数次摧毁了迪尔蒙的都城。这里的文明中断了，过了很久很久才重新建立城市和国家。在此后的漫长历史中，巴林几经盛衰，令人慨叹。

日常生活习俗

在巴林，阿拉伯人超过60%，其他为印度、巴勒斯坦、孟加拉国、伊朗、菲律宾和阿曼等国的人。85%的居民信奉伊斯兰教（其中什叶派约占70%，逊尼派约占30%），其余信奉基督教、犹太教。1971年巴林独立前，国旗上的锯齿数目多达28个；独立后，国旗上的锯齿数目改为8个，寓意世界上的8个方位。再后来巴林王国执政时，把白色锯齿从8个减少到5个，用以象征伊斯兰教的五大支柱，即"念、礼、斋、课、朝"五功。

巴林人爱吃面食，特别是发酵的薄面饼。肉食以羊肉、鸡肉、火鸡肉和鸭肉为主。爱吃烤羊肉串、烤羊腿和各种汤类。口味不喜太咸，而喜欢微辣味道。在欧洲人经营的餐馆里，可以享用到面包、牛排、奶酪等西式早餐，以及茶水、咖啡、蛋糕、糕饼、软饮料等茶点。在巴林，酒类销量是受政府严格控制的，所以，并不是所有餐馆都提供酒水。按当地习俗，一般以咖啡代替饮酒。坐落在露天广场或公园的那些茶阁或咖啡屋都提供土耳其风味的咖啡和茶。食物几乎都是进口的，价格偏高。忌讳用左手传递东西或食物。

巴林人讲究衣着规矩。虽然巴林的女士无须穿黑袍、戴头巾，但着装应大方得体。而身着大袍，外加披风，包头巾、戴头箍，则为巴林男士的形象。在社交场合一般行握手礼，亲密的友人行拥抱吻礼（在拥抱的同时与客人相互亲吻面颊），但这仅限于男性之间。与女士见面时，男士一般不主动握手。见面要互致问候。

巴林纸币上国王的装束

在迎送宾客时，同客人并肩而行，有时还要同客人拉着手一起走路，以表达亲密的情感。他们为人实在，讲义气，慷慨大方，喜欢交友。喜欢以猎鹰或马为闲聊的话题，因为这是他们非常喜爱的两种动物。

传统婚姻习俗

今日巴林人的婚俗虽已受到外来文化的影响，但传统婚俗依然存在，尤其在农村。订婚的日子被称作"密勒莎之夜"。这一天，新郎的父亲向新娘赠送衣服，向新娘及其姐妹和女亲戚赠送贵重的斗篷，向新娘的父亲赠送过节时穿的"巴士特"（一种由金丝绣制成的斗篷）；同时还要送上婚宴所需的食品和饮料，包括羊、大米、奶油、香料、茶叶、牛奶和糖等。

婚礼在新娘家举行。那一天，新娘穿上一种用金银丝绣制成的名叫"纳沙勒"或"迪纳尔"的传统民族服装。当新郎一行敲锣打鼓地来到新娘家时，陪伴新娘的妇女们就颤动舌头发出欢呼声，并用毛毯把新娘裹起来，放在椅子上。她们反复地叫喊着："穆罕默德，愿真主赐福给你。"其时，新郎解开裹在新娘身上的毛毯，揭开斗篷，就势双膝着地对新娘跪拜，以祈求真主保佑新婚夫妻今后生活幸福美好。次日早晨，新郎向新娘送礼，这一天叫作"萨巴希耶日"，意即丈夫送给妻子纪念品的日子。此后要在女方娘家住上一个星期，在此期间得请一位妇女像使女似地专门为新婚夫妇服务，这种妇女被称作"哈瓦法"。婚礼活动为期一周。然后新郎家再办宴席，以迎接新娘的到来。这一天称作"哈迪耶日"，或称"过门之夜"。随着社会的发展，如今巴林的新婚夫妇，也顺应潮流崇尚蜜月旅行了。

有趣的是，巴林人在举办婚宴的时候，新娘和新郎会在不同的大殿里宴请亲友。据《联合时报》载文介绍（作者郑大伟），新娘的婚宴只有女人参加，男人禁入。而男人们则在另一处参加一场没有新娘的婚礼。该文作者曾经好奇地问他的巴林女同事："你们平时都可以男女同事一起工作，为何婚礼要那么绝对的分开？"女同事回答曰："这只是传统，也让我们女人在一起说说话。"在巴林，虽然穆斯林教义允许男人可以娶四名妻子，但是该文作者所认识的巴林同事和他们的上辈，都是一夫一妻。他曾经和一位姑娘开玩笑，如果她未来的老公想履行教义所给予的特权怎么办？姑娘眼一瞪，厉声说："他敢！"在公司的办公室里，有很多巴林女性，一半人裹着头巾，一半人头发完全裸露，几乎没有看见过把全身用黑纱裹起来、只露出两眼的妇女。很多女性员工都拥有自己的汽车，上下班自行驾驶，外界经常认为穆斯林女性不可驾车，在巴林这种误解完全被颠覆。同样，男同事们穿和不穿阿拉伯长衫，也悉听尊便。当然，男女同事无论是否"新潮"，每天5次的祈祷还是不能少的。公司设有专门的祈祷室，男女分开。

爱神之岛　塞浦路斯

　　塞浦路斯共和国是地中海最东面的一个风光绮丽的岛国，为地中海第三大岛，处在欧洲与亚洲交界处，在领土界线上属于亚洲。岛国东南角的席洛廷布与欧尔密迪亚两个村落，因周围完全被英国属地德凯利亚所包围而成为飞地。国名在希腊语中意为"产铜之岛"。一说是因为岛上盛产丝柏树（Cypress），故音译为"塞浦路斯"。亦有"爱神之岛"的美称。

塞浦路斯国旗　　　　　　　国徽

国情概要

塞浦路斯国土面积 9251 平方公里，人口 113.38 万（2013 年）。首都尼科西亚，国庆日 10 月 1 日。国内层峦叠嶂，林木茂盛，花草遍布。奥林波斯山海拔1950.7 米，是境内最高峰。无常流河，只有少数间歇河。属典型的地中海气候，夏季干燥炎热，冬季温暖湿润。在这块土地上，生活着塞浦路斯国宝级的动物：欧洲盘羊。欧洲盘羊也称为"摩弗伦羊"，是欧洲绵羊的野生祖先，属于濒危品种。塞浦路斯工农业有一定基础，金融、保险、服务及旅游业较为发达。属最佳人居国度，具有非常高的人类发展指数。

塞浦路斯自古以来就是联结中东、非洲和欧洲的交通要道，《圣经》称之为"基提岛"，现代人把它比喻为"爱神之岛""东地中海不沉的航空母舰"。罗马古迹、各类博物馆、土耳其浴室、拜占庭教堂、古城与城堡等，这些古老建筑讲述着塞浦路斯沧桑的历史。虽然是亚洲国家，但其历史、文化和经济根系欧洲，已加入欧盟和欧元区，成为欧盟的后花园。也许是这个原因，上海世博会风格浪漫的塞浦路斯展馆，不是被安排在亚洲联合馆内，而是被安排在了欧洲联合馆内。

塞浦路斯岛的轮廓酷似一把古琴曼陀铃，似乎在弹拨着由自然美景和传统文明交织而成的既华美又深沉的乐章。据考古发现，大约在 9000 年以前，塞浦路斯岛就已经有人类生活。公元前 13 世纪起，受希腊麦锡尼人的殖民统治，那时起便开始引入希腊的文明，具备了希腊的文化特征。此后曾先后受过亚述人、埃及人、波斯人、罗马人、法国人、威尼斯人和土耳其人的占领和统治。1878 年塞浦路斯岛被割让给英国，后来成为英"直辖殖民地"。1960 年 8 月宣布独立，成立塞浦路斯共和国。1971 年 12 月 14 日塞浦路斯与中国建立外交关系。

瑰丽的文化遗产

　　塞浦路斯瑰丽的文化遗产，令欧美、中东的游客为之着迷。坐落在尼科西亚的塞浦路斯考古博物馆，收藏了从新石器时期到早期拜占庭时代极为珍贵的塞浦路斯文物和珠宝。特别是陶俑，很有特色。这些都显示了塞浦路斯拥有的古老历史、多样性文化以及宝贵的财富。拉纳卡地区考古博物馆收藏了很多基蒂翁出土文物和新石器时代至罗马时期的遗物。利马索尔考古博物馆的收藏品，大多是在这一地区发现的从新石器时代至罗马时期的石斧、陶器、陶瓦、钱币、雕塑、花瓶、塔器、耳饰、项链等。民间艺术博物馆收藏和展出塞浦路斯的民间艺术作品，包括服饰、挂毯、刺绣、柳编工艺品、项链等。每年夏天，当地或来访的剧团都要在古罗马剧场进行古希腊剧、莎翁剧及现代戏剧的演出，成为岛上文化生活的重要组成部分。

　　乔伊鲁科蒂亚是地中海地区最重要的史前遗址之一，展示了从公元前7000年到公元前4000年新石器时代的居民的社会生活情况：防御性的城墙、圆形的建筑物以及坟墓。阿波罗亚尔蒂斯神庙被称为"丛林之王"，从它附近出土的文物表明，当年这个避难所的建筑结构包括：浴室、朝圣礼堂、豪华装饰的柱子和一个圣地。在岛上游览，每到一处都可以看到历史的遗迹：古代村落、城镇、庙宇、剧场、运动场、宫殿、墓穴、堡垒、围城、圆柱、马赛克镶嵌画等等。

　　萨拉米斯位于法马古斯塔以北近10公里处，在古代是塞岛一个重要的城邦国家，为特洛伊战争中的英雄所建。在公元前58年至公元395年的罗马时期，萨拉米斯曾被誉为"东方的大商场"。拜占庭帝国统治塞浦路斯的初期，这里一度成为塞岛首都。后来，毁灭性的地震将城市掩埋在沙砾之中。君士坦丁大帝的儿子又重建萨拉米斯，但规模比原来的小得多。现在，人们只能从挖掘出来的遗迹凭吊这个古代一度繁荣兴盛的城邦国家。

维纳斯的诞生

相信许多人对"维纳斯"这个名字都不会陌生。大家在影视、画报、图书或者欧洲的博物馆里，都会看到她美丽的倩影。维纳斯是爱神、美神，是美丽的化身。但是，许多人不一定知道她来自何方。原来，维纳斯的故乡在塞浦路斯，她的名字叫"阿芙洛狄特"。在塞浦路斯，无论是城市还是乡镇，都有五光十色的旅游纪念品出售。其中最能代表塞浦路斯的，就是阿芙洛狄特女神像了，木刻的、陶制的、石雕的、铜铸的，风格迥异，各美其美。

在意大利画家波提切利的名画《维纳斯的诞生》中，身材颀长的金发美人阿芙洛狄特冉冉地从大海的泡沫中升起。希腊语中"阿芙罗狄特"的意思就是"泡沫"。具体地点在塞浦路斯著名文化和旅游城市帕福斯东南的浅海中，那里有一群突兀高耸的巨岩，被统称为"罗密欧"（在希腊语中是"岩石"之意）。相传这里就是爱神诞生地，故又称"爱神岩"。阿芙洛狄特就诞生在海浪拍打岩石所激起的泡沫之中。根据《维纳斯的诞生》这幅名画，有一篇文章是这样描述的：少女维纳斯刚刚跃出水面，赤裸着身子踩在一只荷叶般的贝壳之上；她身材修长而健美，体态苗条而丰满，姿态婀娜而端庄；一头蓬松浓密的散发与光滑柔润的肢体形成了鲜明的对比，烘托出了肌肉的弹性和悦目的胴体；风神齐菲尔吹着和煦的

《维纳斯的诞生》/ [意] 波提切利

微风缓缓地把她送到了岸边；粉红、白色的玫瑰花在她身边飘落，果树之神波摩娜早已为她准备好了红色的新装；碧绿平静的海洋，蔚蓝辽阔的天空渲染了这美好、祥和的气氛，一个美的和创造美的生命诞生了！

随着爱神的诞生，当地流行着一种说法：没有孩子的夫妇向爱神祈祷，可以如愿以偿。因此，许多没有孩子的夫妇被吸引到这里，在"爱神岩"前默默祈祷，希望自己可以如愿生子。北部的波利斯林海滩相传是爱神最中意、最爱去游泳的地方，故被称为"爱神浴池"。附近有一泓清泉流泻，甘美清冽，阿芙洛狄特常来啜饮。这股泉水因而有"爱神泉"之誉。据说，单身男女喝了这泉水，会堕入情网，永结同心。已婚男女喝了这泉水，会情深意笃，琴瑟和谐。因而，游人到此，无不掬起一捧清泉，喝上几口，以期自己走在爱情的坦途上，万事遂意。多年以来，爱神给予了岛民们无穷的爱与美的力量。人们举办"爱神节"来纪念她，一年一度的节日吸引了成千上万的人涌来，向她虔诚朝拜。

爱神的故乡帕福斯，曾经是塞浦路斯的首都。整个城市于1980年被联合国教科文组织列入世界遗产名录。国宝《丽达和天鹅》镶嵌画，是1962年一位农民在阿芙洛狄特女神庙附近发现的。这幅画1.5平方米大小，是在2000年前用小石块镶嵌而成。现保存在库克利亚博物馆，成为镇馆之宝。

《丽达和天鹅》镶嵌画

迷人的塞岛风光

夏日来临时，与爱神维纳斯一样吸引人的是塞浦路斯旖旎风光。帕福斯的中世纪城堡是举办婚礼的热门地点之一。广阔清澈的池水和蓝绿色瀑布，增添了几分灵动。人们从高高的树木上勇敢地跃进池水中，几乎快触及池水的边缘。附近有一个传统塞浦路斯风格民居博物馆，向游客讲述着当地丰富的历史。东海岸的格雷科岬角拥有许多天然海蚀洞和神奇的岩石群，有的像拱门，有的像山洞，有的像各种动物。由于海水清澈碧绿，附近的岩石是跳水的绝佳之地。因其景色惊艳，也成为婚纱摄影的热门地点。更吸引人的是，传说这里的海域是"阿亚纳帕海怪"的家园。

法马古斯塔是塞浦路斯东岸法马古斯塔湾的海港和旅游城市，如今虽然经济衰退，却仍以良好的气候、金色的沙滩和现代化的旅游设施吸引着成千上万的游客。法马古斯塔老城被认为是莎士比亚悲剧《奥赛罗》的舞台，保留至今的奥赛罗城堡令人神往。据传，这就是摩尔人统帅奥赛罗驻守塞岛时的营寨。也就是在这里，他中了奸计，亲手杀死了他的美丽纯洁的苔丝德梦娜。奥赛罗城堡坐落在法马古斯塔城东北隅，濒临碧波万顷的地中海。城堡高约 15 米，用长方形的米黄色石块砌成，从海上远远望去，气势颇为雄伟。

阿依纳帕位于法马古斯特的南部。它的名字是"林地"的意思，因为此地在古代林木繁茂。尼西海滩以其绵延的沙滩而闻名，其自然景色的美丽是无可争辩的。金色的沙滩、清澈透明的海水、完备的旅游设施，以及梦幻般的不夜城和热情纯朴的人民，正是阿依纳帕的魅力所在。希腊诗人、诺贝尔文学奖得主乔治·塞菲里斯曾三次访问塞浦路斯，并写下赞美阿依纳帕的诗句："眼前呈现出奇特景象，阳光撒下了金色渔网，捞起如鱼的粼粼波光，化为巨大的天使翅膀。"

卡帕斯半岛位于塞浦路斯东北部，地处地中海东部。黄金海滩被誉为塞浦路斯最美海滩，因为极少被开发，所以还保持原生态的迷人状态。每年 7 至 8 月，大量的海龟涌向北塞浦路斯的沙滩产卵。每年 8 至 11 月，塞浦路斯希族人会长途跋涉来到这里的安德烈修道院朝圣。

塞浦路斯山区风景秀丽，花木扶疏，生长着橄榄、葡萄、甜瓜、西瓜、橙、柚、柑橘和各种新鲜蔬菜。从森林覆盖的山脉到土地肥沃的田野，似一幅美丽的风景画。雪松谷有着田园诗般的景色，生长着郁郁葱葱的松林——塞浦路斯土生土长的雪松，是黎巴嫩雪松的一种亲缘性植物。在特罗多斯山的斜坡上，分布着多个古朴的小村庄，成为山脉上一道亮丽的风景线。

美丽并分裂的城市

首都尼科西亚是一座历史悠久的古城，位于塞浦路斯岛梅索里亚平原中部，北依凯里尼亚山脉，西南与青松苍翠的特罗多斯山遥遥相望。那一座座白色、黄色的高大建筑物与繁花绿树交相辉映，全城犹如一座美丽的大花园。

尼科西亚以威尼斯城墙内的老城为中心，向四周辐射延伸，逐渐扩建成新的城区。城市的建筑既有东方的式样，也有西方的格调，明显反映出历史的变迁和东西方的影响。老城区是威尼斯人占据时期修建的，小街窄巷，显得非常拥挤。丽德拉街是老城区最繁华的街道，这里商店鳞次栉比，货物琳琅满目，甚至把货品堆到了人行道上。位于老城区中央的塞利米耶清真寺，前身为圣索菲亚大教堂，落成于 1267 年。16 世纪中叶被入侵的土耳其人加修了两座尖塔，改成了清真寺。清真寺附近的大主教府和圣约翰教堂，修建于十字军东征时期，是典型的希腊正教教堂。

从老城区向四周延伸出去的新市区是另一番景象：这里街道宽阔整洁，公路纵横交错，车辆川流不息，一片繁华景象。市中心的马卡里奥斯大街全长 2 公里，名字源于塞浦路斯的第一任总统马卡里奥斯三世。街道两边有各种各样的时尚店铺、国际商铺，备受购物爱好者的青睐。此外还有餐馆、咖啡馆、酒吧等，是享受塞浦路斯地道美食和特色美酒的理想之地。

可是，1974 年 7 月塞岛争端发生后，市区被人为划分为希族区和土族区南北两部。被称为"绿线"的分界线上有联合国部队把守，两侧分别是希族和土族士兵的哨所，现已成为一个分裂的城市。绿线不仅将尼科西亚一分为二，也将塞浦路斯分为南塞和北塞。好在绿线周围还算安静平和，只是两边居民不能自由往来。

利马索尔风情

拉纳卡、凯里尼亚、利马索尔（也称"莱梅索斯"），都是塞浦路斯的海滨城市。其中利马索尔位于塞浦路斯岛南岸利马索湾，傍阿克罗蒂里海，风光旖旎。利马索尔亦因悠久的历史传统而知名，丰富多彩的旅游活动、多姿多彩的博物馆和历史久远的考古遗址吸引着众多游客的探访。利马索尔城堡建于拜占庭初期，现在作为中世纪博物馆使用，展出中世纪文物等。

利马索尔每年都要举行利马索尔国际艺术节、酒节、花卉节、狂欢节和水果节等文化娱乐活动。酒节是这些活动中规模最大、最受欢迎的节日。塞岛两个最大的酒厂就设在这里。酒节于每年 9 月下旬至 10 月上旬在市政公园举行，历时一周，届时人潮如涌，热闹非凡。前来参加酒节的厂家和酒商在各自的亭子里展出和推销商品，凡参加酒节的人只买一张门票入内就可免费品尝各种葡萄酒。

利马索尔的自然景观也非常独特。灰白色沙丘绝对是塞浦路斯最出名的景观之一。沙丘邻近阿克罗蒂里半岛的最南端，只有通过一条土路连通外界。一堆堆灰白色沙丘在阳光下的倒影使整个地区恍如梦境，完全不同于游客在塞浦路斯其他地方看到的景色。此地少有人烟，又有柔软光洁的沙子，使其成为海龟喜爱的产卵之地。

利马索尔古迹众多，从新石器时期遗址到罗马时期的古城邦，从中世纪城堡到拜占庭时期的教堂，反映了塞浦路斯历史的变迁。利马索尔城西 19 公里处的库里翁考古遗址，是塞浦路斯最著名、最有特色的考古遗址之一。古库伦剧场，是受希腊影响的罗马露天剧场，能够容纳 2000 人，夏天还可以利用剧场演出。阿佛洛狄忒神庙，是古希腊的朝圣地。坐落在特罗多斯地区的彩绘教堂，大多数是建在石料地基上的木质结构建筑，或是在石砌外墙上搭木板的坡屋。这些外形普通的教堂内，保存着拜占庭时期大量精美的彩绘壁画。莫罗斯的雕塑公园，也是不错的景点。

独特的饮食文化

塞浦路斯一年之中有 330 天左右是晴天，日照充足，水果、蔬菜等常年都有收获。又是岛国，海产丰富。3000 多年的外族统治以及从世界各地前来的商人和移民，带来了不同的烹调技术。在吸取了各国风味之后，塞浦路斯人创造出了自己独特的饮食文化。

塞浦路斯人每天吃的是黑面包、橄榄和酸乳酪，有时外加干酪、西红柿和黄瓜，主要调料是橄榄油和香料。野生芦笋、洋蓟、各种绿叶菜都是很好的食材。星期天的午餐，全家人都要一起吃，边吃喝边聊天，能吃上两三个小时。名吃是"套餐"，几乎每个饭店和餐馆里都有套餐，套餐一般是由 15 至 20 种菜组成，味美量足，全是塞浦路斯家庭传统风味。套餐有海鲜套餐和肉类套餐两种，此外还有以新鲜蔬菜和橄榄油为主的乡村套餐，以及介于两者或三者之间的混合套餐。在塞浦路斯，鱼比肉贵，因此海鲜套餐要比肉类套餐价格高。一般套餐要两人以上才可以点。请客的酒席有一个特殊的名称叫"麦滋"，席间有二三十道菜。

咖啡和葡萄酒是塞浦路斯人常用的饮料。大多数咖啡馆全天营业，有过滤式咖啡、速溶咖啡和冲兑好的咖啡。这最后一种咖啡，据说是将咖啡和热水一起倒在一个小锅里，放在滚烫的沙上煮开的，锅底会留下一层咖啡末，不能喝。那些不加糖的咖啡又浓又苦，不习惯的人有点受不了。

塞浦路斯酿造葡萄酒的历史非常悠久，出土文物表明，地中海最初的葡萄酒是在 5500 年前的塞浦路斯生产的。适合葡萄酒的食品是奶酪。最有名的是用山羊奶制作的奶酪，此外还有用绵羊奶或牛奶制作的奶酪。特色点心是一种茶色棒棒糖，材料是杏仁和葡萄汁。大多数人喜欢吃一种叫"马伊卡"的饼状食品。另有一种叫"格里基斯"的半蜜饯的美味小吃，用水果、果皮或花片做成。还有一种流行的点心叫"贵夫人的手指"，形状很像是妇女的手指。

纯朴的民风

塞浦路斯民风淳朴，待人诚实宽厚，不讲究繁文缛节。初次见面的人，一般是轻轻握手，有时也点头致意并辅以手势以示友好。久别重逢的亲友一般行握手礼和拥抱礼。塞浦路斯人请人吃饭，如果没有特殊理由一般不能拒绝。岛上有句俗话："咖啡没凉就离开是不礼貌的。"但是，鉴于塞浦路斯曾长期被侵占，并经历艰苦的独立斗争，所以，朴实的塞浦路斯人对外来人略有戒心。这种心理是可以理解的。

莱夫卡拉村位于尼科西亚以南约50公里处，是一个美丽如画的乡村。村的中心是圣十字教堂，一座10世纪后期的拜占庭建筑。在东南方层层山峦中，矗立着城堡般的斯塔夫罗武尼修道院。那里不让拍照，也不允许妇女进入，所以妇女只能远观。莱夫卡拉村以刺绣和制作银器工艺品闻名于世，现仍保留着中世纪的传统。据说，刺绣是15世纪时威尼斯妇女来这里传授的技术，一直延续到现在。1481年来这里访问的达·芬奇买了一块祭坛罩布，带回意大利献给米兰大教堂，现在还保留着。这里制作的银器首饰工艺精巧，手绣工艺品更是闻名海内外。莱夫卡拉有一个民俗博物馆，每年4至10月旅游季节都会举办民俗展览，展出当地的手绣工艺品和银器等，游客可以通过展览了解当地的民俗文化。

在塞浦路斯的城市里，已有大批现代化的住宅，但在广大农村，人们还居住在传统住宅里。这些房屋比较简朴，一般用土坯、石头和普通木料建成，屋顶大多是平的，以便在上面晾晒农产品和睡觉。房子中间有个天井，院子里的葡萄架下是一眼水井，还有蜂房状的土灶和户外厕所。院子外面围绕着柠檬树丛，住宅不远处便是自家的田地，农舍显得静谧优美，一派纯朴的乡村风貌。

传统的婚俗

塞浦路斯的希腊族和土耳其族一般不能通婚，如果遇上他们，不宜询问和议论他们的婚姻习俗和宗教习惯等。青年男女有求爱的权利，小伙子在求爱时必须向姑娘唱一首"百句情话"的求爱歌。然而，青年男女的传统婚恋，却完全操纵在媒人和父母之手。

塞浦路斯的婚礼比较隆重。传统的结婚日子选在月圆后的第一个星期日，在教堂举行仪式。在新人骑着马走向教堂时，人们用棉籽、豆子和小铜钱向他们撒去，祝愿他们幸福美满。教士为他们祈祷，新人交换戒指，接受祝福。然后另择地点举行婚宴，招待亲朋好友，接受大家的祝福和赠礼。婚礼中最具特色的是，八九个已婚妇女坐在草席上，用红线缝褥子。缝好后，主婚人抱来一两个漂亮的小男孩，把他们放在新褥子上，朝四面八方转一圈，以祝愿新人早生贵子。褥子铺到床上时，下面放一把张开的剪刀，以驱邪恶和谗言。在婚礼的第三天，人们一起跳舞狂欢，将婚礼推向高潮。在婚礼舞会上，男子跳得生动有力，而女子则是温柔细腻。礼毕对每位来宾要发一个甜饼，以象征夫妻生活永远甜蜜。新婚夫妇一般住在新娘陪嫁的房子里，不与双方父母同住。过去，希族女儿出嫁时，其父母要为女儿准备丰厚的嫁妆，包括一套住宅。因此一个家庭若有女孩要出嫁，就要早早筹办嫁妆，若有多个女孩则负担更重。如果父母陪送不起，女儿就很难嫁出去，而男方不必为住房担忧。现在情况虽然已有改观，但在部分农村仍保留这种习俗。

随着社会的发展，今天的塞浦路斯传统婚礼已经成了古典与现代的完美结合。定亲是婚礼前很重要的一部分，因为定亲时在神父和亲朋好友的见证下，要定下很重要的婚前财产证明。在这份证明中把婚姻双方的财产都做了详细记录，包括这些财产在今后婚姻生活中的使用权。游艇婚礼是很多年轻人的选择，塞浦路斯是地中海岛国，在蔚蓝的海面上举行婚礼是再浪漫不过的了。

工作与生活

塞浦路斯人对于工作与生活的节奏与平衡把握得恰到好处。在这里，人们不是整天拼命工作、挣钱，而是把享受生活放在同样重要的位置。

古代塞浦路斯人就懂得追求精致的生活，从他们最早发明香水就可见一斑。在距离塞浦路斯首都尼科西亚90公里的地方，有一座山岭俯瞰着旖旎的地中海，在它杂草丛生的山坡上，一群意大利考古学家发现了一个坑洞。在这个坑洞中，他们找到了世界上迄今为止发现的最古老的香水。科学家还从陶土碎片中发现了肉桂、月桂、桃金娘、茴芹、柑橘和香柠等香精，所有这些香精都产自塞浦路斯本地生长的植物。4000年前的香水和现在的产品味道没有什么大的区别，看来对香水的喜好古人和现代人也差不多。以前人们一直有这样的印象，香水的故乡应该是法国。但是，这次的考古发现，让塞浦路斯人可以自豪地宣称，世界上最古老的香水产生在他们的国土上。

据资料介绍，塞浦路斯的节假日较多，有全国性的，也有希土各族的。元旦就是一个全民共有的节日。复活节为最大的宗教节日，当地重视的程度甚至超过圣诞节。在复活节的前40天内吃素，但多数人已只是象征性地在每周五吃素。东正教复活节后50天，是一个全岛的海上节日，也含有纪念诺亚洪水的意思。每年1月6日的主显节是希族人的节日，这一天，农民在桌上放几碗水和盛满种子的盘子，请神甫诵经，然后把种子包好放起来，到播种时再种到地里，认为这样可获得丰收。6月23日的跳火节也是希族人的节日，晚上人们在院子里点燃篝火，赤足跳舞，以祛邪消灾灭蚊虫。土族人信仰伊斯兰教，所以按回历有开斋节和古尔邦节等。另外，还有一些地方节日，比如拉纳卡洪水节、法马古斯塔国际艺术节、柑橘节和葡萄酒节等。

塞浦路斯人特别喜欢音乐和舞蹈，无论是劳动之余，还是节假日，都以唱歌跳舞消除疲劳。遇上喜庆日子如婚礼等，一连要跳几天。那些敞开的车窗中传来的布祖基琴演奏的音乐，清脆而富有活力，表明传统音乐的魅力丝毫未减。土耳其族的舞蹈更为普遍，"卡尔希拉马迪斯舞"家喻户晓。无论其舞步或是动作，都体现了土耳其舞蹈的风格。不过，在叙事诗歌舞中，也有浓厚的希腊色彩。

塞浦路斯人在生活中，除了享受各类节日和娱乐活动外，尤其喜欢打猎，因为这里山多树多，飞禽走兽多。塞浦路斯每年要发几万张打猎许可证，不管大人和孩子都喜欢在假日里进山打猎。塞浦路斯人的另一种消遣方法是玩彩弹游戏或闲坐。他们闲坐着，吸着一根水烟管，或是品茶、饮酒，谈东道西，议论世上浮华时尚、金钱、政治。有的既不喝酒，也不吸烟，也不参加聊天，干脆呆呆地坐着，面对近水浮物默默地遐想。

欧洲岛国

欧洲全称"欧罗巴洲"（英文名 Europe），有 45 个国家和地区，总面积 1016 万平方公里，在世界七大洲中排位第六。欧洲居民 99% 属欧罗巴人种（白种人），是种族构成比较单一的洲。欧洲的海岸线十分曲折，多半岛、岛屿、海湾和内海。其中，亚速海是俄罗斯和乌克兰南部一个被克里木半岛与黑海隔离的内海，乌克兰独立以后，它成为俄乌两国的"公海"。平均深度 8 米，最深处也只有 14 米，是世界上最浅的海。欧洲的岛国不多，只有 4 个。

冰与火的国度　冰岛

　　冰岛共和国东临挪威海，西隔丹麦海峡与格陵兰岛相望，孤悬于靠近北极圈的北大西洋中，远离其他北欧四国，用遗世独立来形容是最恰当不过了。关于"冰岛"之名的起源，有以下两种说法：一是源于最初发现瓦特纳冰川的印象，于是把该岛命名为"冰岛"。二是源于殖民者的计谋，命名"冰岛"以吓阻人们闻风而来抢占地盘。显然，"冰岛"有"冰的陆地"之意；因为是岛国，故汉译成"冰岛"，是汉译欧洲国名中唯一采用意译的。冰岛又有"火山岛""雾岛""冰与火之岛"之称。冰岛人自称为"艾斯三德"，就是"冰之国（岛）"的意思。

　　有人说，在冰岛旅游，那种感觉是在其他地方找不到的。因为那里是冰与火的世界，拥有最美的冰川与火山，最纯净的空气和水，以及最好的温泉。黄金圈（包括议会遗址、间歇喷泉、黄金瀑布和火山湖等）是冰岛旅游的精华所在。另外，世界上有一半的鲸鱼都会经过冰岛。每年4至5月，大西洋的鲸鱼洄游产卵，这时是观鲸的好机会。

冰岛国旗

国徽

国情概要

冰岛国土面积10.3万平方公里，人口32.9万（2015年12月）。首都雷克雅未克，国庆日6月17日。国内地形多样，有山脉、高原、台地、平原，也有漫长海岸。位于瓦特纳冰川南缘的华纳达尔斯火山，海拔2119米，是境内最高峰。多喷泉、瀑布、湖泊和湍急河流，最大河流锡尤尔骚河全长227公里。国土最北端与北极圈相切，秋季和冬初能目睹绚丽多彩的北极光。夏季日照长，冬季日照极短。但由于受北大西洋暖流影响，冬季气温并不很低，较同纬度其他地方要来得温和些。渔业、水利和地热资源丰富，其他资源匮乏。"二战"以来，冰岛的经济依赖于渔业，并因为这一资源和其他国家发生过数次冲突，其中包括跟大不列颠发生的"鳕鱼战争"。如今渔业仍为冰岛的支柱产业。服务业和零售业发达，产值占国内生产总值的70%。肉、奶、蛋自给有余，粮食、蔬菜、水果基本依靠进口。尽管因为金融海啸，传言冰岛将成为全世界第一个破产国家，但冰岛在2013年仍被联合国评选为全球十大最幸福的国家第九名。

上海世博会冰岛展馆的外墙颇有特色，饰以冰岛的风光图案，夜晚在灯光照耀下犹如一座"冰立方"。有人称冰岛是世界尽头的冷酷仙境。但这个寒冷而偏僻的国家，却是西方国家政治发源地之一。公元930年选出的人民议会，是世界上最古老的议会。冰岛平位利尔国家公园就是阿尔廷（露天议会）的召开地，一直持续了800多年。每年在此召开会议，商讨国事，制订相关法律，解决某些争议。这个议会旧址实际是一片空旷的平地，就位于一个又长又宽的断层旁边。从这里既可以看到近旁悬崖峭壁，也可以看到冰岛最大的天然湖泊——国会湖。悬崖峭壁与明净的湖水相映成趣。湖面波澜不惊，宛如镜面，似乎映照出古代冰岛各地代表带着帐篷和干粮聚集到这里商讨国事的盛况。在这里还可以看到古老的议会讲台、议会教堂和丢满钱币的水潭。

冰岛原是一个无人居住的岛屿。据传，至公元800年，一些天主教僧侣首先发现并移居该岛，但这种说法缺乏根据。约在874年，挪威人命名该岛为"冰岛"。自此不断有北欧人迁入，还有不少移民来自北欧人在爱尔兰和苏格兰建立的殖民地。至10世纪，沿海移民已达4000多户，主要以畜牧业和渔业为生。他们为了与冰天雪地的自然环境做斗争，实行民主管理，并成立了冰岛自由邦。此后保持了300年的独立。13世纪后，先后被挪威和丹麦统治。经过冰岛人民争取民族独立的斗争，于1944年正式独立，建立了冰岛共和国。1971年12月8日与中国建立外交关系。

根据宪法，冰岛不设军队。有一支约100人的海洋巡逻队，负责渔区保护和海上救护工作。另有600多名警察，维护社会治安。

奇异的冰火之国

沿着全长1336公里的冰岛1号公路，可以环岛领略冰川、热泉、火山、苔原、冰原、雪峰、荒漠、瀑布等各种自然景观。从自然风情而言，冰岛绝对是个冰火两重天的国家。例如，著名的斯奈菲尔火山及其冰川位于冰岛西部，著名的法国文学家儒勒·凡尔纳曾根据它写过小说《地心游记》，将斯奈菲尔火山描述为通往地心的入口。首都雷克雅未克西北的斯奈山半岛，山峰覆盖着冰川，常被称为冰岛的缩影。瓦特纳冰川更是冰岛的典型风光，在它的冰盖下面，有几座火山，因此它被称为"冰与火之地"。

冰岛的冰，是缘于覆盖岛上的冰雪、冰原、冰川和冰河湖。主要有瓦

冰岛风光 / 顾铸敏摄

特纳冰原、朗格冰原、霍夫斯冰原及米达冰川，其中瓦特纳冰原面积 8450 平方公里，厚度在几百米到 2000 米之间，是除南极和格陵兰之外世界上最大的冰川。位于瓦特纳冰川南端的杰古沙龙湖，是冰岛最著名的冰河湖，湖深 200 米。湖水湛蓝、清澈，很多形状各异的超大冰块漂浮于湖面。在冰河湖上乘坐水陆两栖船观赏形态各异的浮冰是该冰川游览的一大特色。著名的好莱坞电影《古墓丽影》《蝙蝠侠》《泰坦尼克号》和詹姆斯·邦德系列电影《谁与争锋》《铁金刚勇战大狂魔》等都曾在此取景。冰岛官方于 1991 年发行了一枚描绘杰古沙龙湖的面值为 26 冰岛克朗的邮票。

冰岛的火，是缘于全岛有 100 多座火山，其中 20 多座为活火山，以"极圈火岛"之名著称。在埃亚菲亚德拉冰盖下覆盖了一座海拔 1666 米的火山，这座火山自冰川时期起就频繁喷发。在 2010 年的 3 月 20 日和 4 月 15 日曾两度喷发，其中 4 月的喷发对欧洲的空中交通造成了严重的影响。克拉夫拉火山是冰岛最壮丽、最活跃的火山之一，在 1975 年至 1984 年的活跃期间爆发了 9 次，以其"克拉夫拉火焰"最为出名，这是火山岩浆从山体裂缝喷流而出形成的火红的熔岩帘，煞是夺人眼球。在斯瑞努卡基古火山不足 6 米宽的裂口下面，竟隐藏着一个 10 万立方米大小的地下溶洞，现对外开放。冰岛整个国家几乎都建立在火山岩石上，大部分土地不能开垦。冰岛被称为"冰火之国"确是名副其实。

这个冰火之国的副产品是温泉，冰岛是世界上温泉最多的国家之一。距离雷克雅未克 39 公里处的蓝潟湖（也称"蓝湖"），是世界上最大的温泉湖，水温 37 至 39°C，富含硅、硫等矿物质。即使在大雪纷飞的冬季，湖面依旧热气弥漫，终年呈深蓝色，已成为冰岛必去的景点之一。温泉镇以温泉著名，大大小小 100 多个温泉分布在小镇周围，其中还有好几个喷泉。美丽的米湖保存有完整的火山地理景观，包括地热、间歇性喷泉、火山口等。米湖及其相通的河流以产鲑鱼、鳟鱼、红点鲑闻名。大间歇喷泉位于雷克雅未克东北约 80 公里处。共有数十个间歇泉，主要包括盖锡尔间歇泉和斯特罗柯间歇泉。盖锡尔间歇泉（冰岛语意思为"爆泉"）最为有名，它是一个直径约 18 米的圆池，圆池中央的泉眼为一个直径 10 多厘米的"洞穴"，每次喷发前隆隆作响，沸水随之升腾，喷向高空，持续 1

间歇泉圆池 / 顾铸敏摄

至 2 分钟，然后渐归平息。通常间隔几小时乃至几十小时再次喷发，这一过程周而复始。旁边的斯特罗柯间歇泉，约每隔 8 分钟左右连续喷射两三次，水柱约高 20 米，很壮观。

美丽的自然景观

冰岛飞泻着许多美丽的瀑布，而且每一个都各有特色。比如，黛提瀑布汹涌澎湃，神灵瀑布则温柔婉约，就像一对神仙眷侣。黛提瀑布宽约 100 米，高约 44 米，被认为是欧洲最高、最汹涌的瀑布。冰岛作曲家琼·莱夫斯从该瀑布得到灵感，专门谱写了一首曲子。《普罗米修斯》剧组在冰岛拍摄两周左右时间，选址的地方就是黛提瀑布。神灵瀑布也叫"上帝瀑布"，是冰川河上三个瀑布中最有名的一个。相传在古代宗教变革中，当时冰岛最高长官"议长"为平息皈依基督教引起的争议，将冰岛民众笃信的北欧诸神圣像投入到这个瀑布之中，从此该瀑布便得名"神灵瀑布"。如今的"神灵瀑布"早已没有了宗教纷争，一年四季奔流不息。雷克霍特是西北内陆一个只有几十户人家的小镇，是萨迦文学的起源地，

冰岛瀑布 / 顾铸敏摄

也是冰岛最伟大的传奇作家斯诺里·斯图鲁松的故乡。著名的赫伦瀑布和儿童瀑布就在这一带。此外。其他瀑布也各具风采。思科阿缶丝瀑布是冰岛最壮丽的瀑布之一，水流奔腾而下的气势非常壮观。塞里雅兰瀑布为冰岛最漂亮、最上镜的瀑布，曾多次出现在书籍和杂志中。古斯佛瀑布（又名"居德瀑布"）的名字译自冰岛语，是"金色瀑布"的意思。黄昏时，整个瀑布会被夕阳染成金黄色，造成犹如黄金般的瑰丽美景。电影《普陀米修斯》和《星际穿越》曾在此取景。倾泻而下的瀑布最后落入一个32米深的裂缝。这个瀑布创造了一个"古斯佛瀑布位于地狱的上方"的典故。

索斯莫克山谷是冰岛最美丽的山谷之一。克柔撒河缓缓地流经山谷，山谷的尽头延伸至米达尔斯冰原。山谷间生长着许多花草树木、苔藓、灌木丛等绿色植物。美丽浪漫的三色堇是冰岛原产花卉，被定为国花。每朵花通常有紫、白、黄三色，故名"三色堇"。因三种颜色对称地分布在五个花瓣上，构成的图案，形同猫的两耳、两颊和一张嘴，故又名"猫儿脸"。又因整个花被风吹动时，犹如翻飞的蝴蝶，所以又有"蝴蝶花"的别名。传说三色堇上的棕色图案是天使来到人间的时候，亲吻了它三次而留下的。其花语为：沉思，快乐，请思念我。在山谷间飞翔的白隼，被视为国鸟。这种鸟体形大、飞得快，善于攻击其他鸟类。虽名为

"白隼"，其实有三种色型，而真正白色的极少，异常珍贵。其实，冰岛真正的国鸟为海鹦，亦称"阔嘴海雀"。海鹦翅膀小、脚丫大，吃饱时肚子圆鼓鼓，所以纽芬兰人称它们为"飞行的土豆"。海鹦很专情，一旦找到配偶便终生不渝。冰岛是海鹦的主要栖息地，全球超过半数的海鹦都生活在冰岛。

冰岛的黑沙滩、玄武岩山也是非常有名的自然景观。黑沙滩黑得天然，黑得通透，海水显得特别清澈。玄武岩山上风琴状的岩石壮观而异样，居然全都呈整齐的棱柱形逐一排列，乍看还以为是人为刻凿和拼接而成，这种地质结构叫作"柱状节理"，系火山熔岩遇海水冷却凝固过程中收缩而成的产物。这种景观与英国北爱尔兰的"巨人之路"一样，都是大自然的杰作。法国作家儒勒·凡尔纳在他的科幻小说《地心游记》里，曾经这样形容他眼中的柱状节理：这里的自然，具有仿佛人工雕琢过的几何特性，好像被人用角尺、圆规和垂直线画过一样。

在冰岛，有"不去西人岛，等于没有去冰岛"之说。西人岛位于冰岛的西域，由15个大小不同的岛屿组成。其中最大的一座岛屿面积13.4平方公里，住着6000人左右，以海洋渔业加工业为主，占冰岛渔业出口的15%。西人岛亦以观看火山熔岩、攀岩、环岛游和欣赏美丽的海鹦鹉等旅游项目而著称，被称为"冰岛的缩影"。西人岛海域建有一座灯塔，离陆地约10公里，位于苍茫大海中一个天然形成的石柱上，很可能是世界上最孤独、最与世隔绝的灯塔了。西人岛人也生活在类似的孤独环境中，他们在和严苛的自然环境抗争中，形成了粗野、豪放的独特气质。不过，他们也很骄傲，因为西人岛有冰岛最早的燃油动力船，最早的小学，最多的渔业收获。西人岛在中冰友好交往史上占有重要地位。1973年1月西人岛因火山喷发陷入困境时，中国率先提供捐款，体现了中国人民对冰岛人民的友好情谊。目前，双方在旅游和渔业等领域开展了良好合作。

在冰岛的西峡湾地区，你会感觉仿佛走到了世界的尽头。伊萨菲厄泽是西峡湾最大的定居点，放在其他地区只能算是一个很小的村镇。格里姆塞岛纵跨北极圈的界线，为冰岛最北居民点，人口只有103人（2008年）。阿克雷里背依雪山，面临碧湖，是靠近北极圈的港口城市。此地是观赏北极光的理想之地，也是鸟类最爱的栖息地之一，曾被《孤独星球》评为2013年欧洲十大旅游目的地之一。

在首都雷克雅未克，秋冬季节也能见到北极光。我国《新民晚报》记者孙洪康随中国记者协会主席访问北欧三国，在冰岛有缘一睹北极光的天韵神姿，用诗一样的语言形容它是"神秘激光的舞蹈，是奇异焰火的迸射，是天界魔术师的诡谲表演，是天庭舞场变幻跳跃的光束，是天上银河往来航船的照明，是车流如织的天街夜行车辆交互逼射的灯光"。

冰岛南海岸外有一个韦斯特曼纳群岛，是冰岛最壮丽的火山群岛，上面唯一有居民的是赫马岛。无情的风暴和海浪雕刻出了韦斯特曼纳群岛陡峭的悬崖，那些无法接近的悬崖成为大西洋角嘴海雀安全的栖息地。拉特拉尔角位于欧洲最西部，是欧洲最大的海鸟栖息悬崖，拥有数以百万计的海鸟，例如海鹦、北方塘鹅、海鸠和海雀类等。各种海鸟在陡峭的悬崖上筑巢，在海里或者周边的原野上寻觅食物，常年吸引着许多旅游者前来观赏。冰岛西南部的埃尔德岩，突兀在大西洋海上，也是多种海鸟的栖息地。搭乘航海船向北冰洋出发，鲸鱼和海豚近在咫尺。这片海域的鲸鱼种类丰富，最常见的有座头鲸、小须鲸、鼠海豚、白色突吻海豚、驼背鲸鱼等。

冒烟的海湾

首都雷克雅未克在地理上非常接近北极圈，是全世界最靠北的首都，因此可以说是一座孤独的城市。2005 年的人口约 11.48 万。雷克雅未克在冰岛语中意为"冒烟的海湾"。相传最初发现它的人看到海湾附近烟雾弥漫，故此命名，后来就成了这个城市的名字。其实这里见不到其他城市常见的锅炉和烟囱，几乎没有污染，是个干净整洁的"无烟城市"。人们所见到的烟雾实际上是许多温泉和地热喷气孔冒出的雾气。冰岛人在市郊建起了 6 个巨型热水桶，把从地下采集的热水储存在这里，既为居民提供热水和暖气，也为工业提供能源。

雷克雅未克西南临海，北面和东面有高山环绕。市中心的特约宁湖，当地华人称之为"鸭子湖"。这是因为在温暖的夏季有许多天鹅、鸭子等水禽聚居于此，而在寒冷的冬季，鸭子湖会排放温度适宜的热水，供水禽们过冬。湖边矗立着阿尔纳尔松雕塑。相传公元 874 年，流亡冰岛的挪威贵族英格尔夫·阿尔纳尔松，是第一个在雷克雅未克定居的人，湖边的雕像便是为了纪念他而建的。湖水四周是鳞次栉比的建筑，比如议会大厅、市政厅、冰岛大学、国家博物馆、自然科学博物馆、画廊、哈尔帕音乐厅与会议中心等。漂亮的竖琴螺音乐厅，立面采用三维的钢和玻璃结构，其设计灵感来自冰岛沿岸的玄武岩地质外观，在海边闪耀着璀璨光芒。在珍珠楼的观景平台，可以从不同角度看到城市的全景。珍珠楼因兼备环保理念、美景和美食于一体，被誉为世界上最好的十大餐厅之一。

雷克雅未克街道狭窄、地势起伏，但城市布局还比较匀称和谐。许多房屋色彩艳丽，为城市增添了几分美丽。居民住房大多是小巧玲珑的两层小楼，风格各异，色彩也不雷同。亚柏亚露天民族博物馆展示了雷克雅未克不同时期的旧式房屋原型，例如以泥和茅草搭成的传统农舍、谷仓、商铺、作坊等。妇女和儿童身着传统的冰岛装束（围巾和花边的衬裙）穿梭其中，好像在穿越历史。市内高楼大厦极少，只有管风琴造型的哈尔格林姆斯教堂是城市的地标性建筑。教堂以冰岛著名文学家哈尔格林姆斯的名字命名，纪念他对冰岛文学的巨大贡献。在教堂前方，有一座雷弗尔·西格松人物雕像，这是美国于 1930 年为纪念冰岛建国 1000 周年而赠送的礼物，雕像所刻画的人物西格松是冰岛的独立之父。1986 年，美国前总统里根和苏联领导人戈尔巴乔夫，在教堂的霍夫迪楼举行了削减战略核武器的里根—戈尔巴乔夫峰会。外界称霍夫迪楼是冷战结束的标志性建筑。

雷克雅未克有悠久的历史文化，珍藏了丰富的中世纪文学遗产。仲夏节前后，音乐节、戏剧节、游行活动接踵而至，各种小场演出常常有各路音乐人前来捧场。在 9 至 10 月的文化季，雷克雅未克都会举办音乐会、歌剧、芭蕾、舞台剧、视觉艺术等。其中的爵士乐艺术节和雷克雅未克国际电影节，都是国际性的盛典。联合国教科文组织 2011 年 8 月授予该市 "文学之都" 的称号，使之成为教科文组织 "创意城市网络" 的成员之一。

在雷克雅未克市郊区，拥有两个卫星城市。一个是科帕沃于尔，位于雷克雅未克南郊，2006 年的人口约 2.78 万，属于全国第二大城，是北大西洋捕鲸船的重要基地。科帕沃于尔大教堂的圆屋顶格外引人注目，在很远的地方，便可观赏到它雄伟的身姿。另一个卫星城市是哈夫纳夫约杜尔，距离雷克雅未克只有 10 公里，也是一座港口城市，因其优秀的自然港湾而得名。2008 年的人口约 2.5 万。此城建于熔岩之上，环绕巨石，人们相信这就是精灵的家。该城每年举办维京节，来自全世界的维京文化爱好者在这里重现维京人的服饰、手工艺、剑术等。

话说冰岛人

冰岛人属日耳曼族，是欧罗巴人种北欧类型，身材高大，皮肤白皙，金发碧眼。85.4% 的人口信奉基督教路德教派。冰岛至今还保留着古代淳朴的民风。冰岛人认为自己属于一个家族，当他们要与其他家族区别时，男子便在父名后加上 son（"儿子"之意），女子则在父名后加上 daughter（"女儿"之意），由此取代姓氏。这源于冰岛人名字的独特风俗，就是没有家族名，也就是没有我们中国人所说的传承的姓氏。

冰岛人不管在什么场合，站着时总喜欢把腰杆挺直。面对天灾人祸，态度淡定。2008 年冰岛最大的 3 家银行轰然间倒下，这让每一个国民意识到冰岛已经背上了巨额外债。走出"国家破产"这场噩梦就像冰岛的冬夜寒冷漫长。尽管如此，当地报纸也少见抱怨世道不景气的评论。很多冰岛人的性格谈不上豪放，而是比较含蓄，甚至有些冷峻，但幽默感却是十足。冰岛人常会对欧美国家的人说一个笑话来"威胁"对方："你敢来惹冰岛吗？我们用火山灰，就能把你们的机场通通关掉！"

冰岛人待人较友善。喜欢把客人邀请到家里做客。初次受邀到冰岛人家里做客，通常带一束鲜花或其他小礼物，或次日送花并附上签名卡片，以示感谢。朋友、熟人见面打招呼通常直呼其名、行握手礼，有时也行贴面礼。如果叫人过来，一般是手心朝上打手势，如果表示再见，则以手心朝下打手势。冰岛人时间观念较强，会面之前一般需预约，尤其在商贸活动中要注重时效，切忌拖泥带水。平时穿着比较随意，举办正式活动时均在请柬上注明着装。参加生日派对、婚礼和小孩宗教洗礼仪式，一般都赠送礼物。

冰岛妇女跟北欧其他国家的妇女一样，习惯抛头露面。北欧有这样一个忠告："这里不流行女士优先，所以没必要去帮女士提行李、为女士开门，更不要在拥挤的公交车上给女士让座，否则你会被认为不够尊重女性。"这正是包括冰岛在内的北欧女性的现实写照。冰岛妇女外出谋生，自食其力，不靠男性供养。女子结婚后，不随夫姓，保持自己的独立身份。在社会活动中，冰岛妇女举行的集会游行有多种名目。例如，曾举行过"给丈夫们一点颜色看"的示威活动，罢工48小时，不做饭、不看管孩子。男士们只得煮速冻食物应付这场危机。又如，一些妇女为了反对人们用动物皮毛做衣服，而举行游行活动，甚至是"裸行"。美国《新闻周刊》2011年9月发布了全球165个国家和地区的妇女地位排行榜。其中，冰岛名列榜首，成为全球妇女地位最高的国家。据《环球时报》报道（记者雷达），北欧男人往往包容性很强，性格也普遍温和，但女性则一直是较为豪爽与粗犷，一副"谁说女子不如男"的架势。北欧女人的这种特点跟这一地区的历史是分不开的。据说在古代，北欧的男人要么出门做工、做生意，要么去打仗，有的人甚至去当海盗，这样一来，把女人们逼上了"第一线"，小到家庭琐事，大到农场经营，抛头露面的活儿一件也少不了操心。时间一长，北欧女人便在实干中逐渐顶起了半边天。有些人还把妇女地位和地理位置联系在一起，认为地球上纬度越高的地方女权也往往越强。这大概是越往北走气候条件越差，男人要经常外出寻找生存机会，使女性多了独立自主的空间，这点尤以靠近北极圈的冰岛最典型。不管怎么说，北欧女性早已在政治、经济、文化各领域"登堂入室"。有资料显示，冰岛总统、挪威首相、芬兰总统都曾经由女性担任，而北欧各国政府、议会中的女部长、女议员更是占据了半壁江山。"政坛玫瑰"成为北欧人形容这些政界女强人的流行称谓。

冰岛人普遍比较长寿。在世界卫生组织2010全球预期寿命排行榜上，冰岛男性以81.2岁的平均寿命位列第一。虽然冰岛的总人口不到33万，但百岁老人的数量一直保持在30至50名。据有关文章介绍，冰岛人的长寿秘诀，一是环境纯

爱泡温泉的冰岛人 / 顾铸敏摄

净无污染。冰岛一直以来最吸引全世界游客的资本，就是得天独厚的自然环境资源。二是热衷运动。75% 的冰岛男性有坚持锻炼的好习惯，曾 8 次获得"世界上最强壮的男人"称号。三是热衷泡澡交朋友。冰岛有一句俏皮话：大多数决策不是在国会里做出的，而是在浴池里。遍布各地的露天温泉和公共浴池是冰岛的重要文化特征。四是食物天然热量低。有证据表明，冰岛人患心脑血管疾病的比例低，与冰岛人常年食用鱼类有关。

生活习惯与婚姻习俗

冰岛人对夏日阳光无限热爱。每年 6 月、7 月，午夜常有太阳照耀，如同白昼，冰岛人就尽可能地多到户外活动，充分享受阳光的温暖。到了冬天，则刚好相反，数十天内整日不见太阳，只有冷月当空、寒星闪烁。在漫漫冬夜，人们就在屋子里读书学习。冰岛人看似沉默木讷，但每个人都有自己的拿手绝活，例如音乐、舞蹈、杂耍、诗歌等，每有活动都尽欢而散。冰岛的夜生活不比欧陆大城市的多姿多彩，但挪威等北欧国家的人民却喜欢到冰岛消磨周末；每到周末，冰岛的酒店、餐馆和酒廊都热闹非凡，给宁静的冰岛带来不少生气。

冰岛农业不发达，而渔业丰富，也有一定的牧业，因此在冰岛人的饮食习惯中，海产品和羊肉占重要比重。在一年一度的食品节里，冰岛的餐厅及酒吧都会提供具有冰岛特点的食品，例如鱼子酱、海虾、羊肉等。冰岛人传统的美食是鲜嫩的鱼和羊肉。鱼是冰岛特色菜肴，且品种多样。各式的熏鱼享誉世界，鲱鱼、三文鱼和熏鳟鱼是最好的美味。鲱鱼博物馆展示了鲱鱼在冰岛的发展历史和重要作用。鱼类的深加工产品很多，如鱼皮钱包、文件包、手套和名贵的鱼皮衣服等等。世界上许多民族都有制作鱼皮衣的传统。过去，中国东北地区的赫哲族也有这个传统，他们把鲢鱼、鲤鱼等鱼皮完整地剥下来，晾干去鳞，用木棒槌捶打得像棉布一样柔软，然后用鲢鱼皮线缝制成衣服，主要是妇女们穿用。

养羊是冰岛农民主要产业之一，每年9月的第二个星期五是冰岛的"圈羊节"。为什么会有这么个节日呢？据中国驻冰岛使馆工作人员张克远撰文介绍，冰岛人养羊采取野外放养的方式。每年5月，青草茂密，各家各户、每个村庄都把自家的羊放出野外，任其自由采食。因为没有天敌，夜晚也无须赶回。9月，天气转凉，羊儿膘肥毛厚，到了收获的季节，各村的人骑着马把本村的羊群赶回，按照羊耳朵上的标签编号，分回到各户。冰岛民风淳朴，从未因分羊而发生过纠纷。中午，主人用传统的羊肉汤招待客人。汤用新鲜的羊肉和洋葱、胡萝卜、土豆一起煮成，味道鲜美，是圈羊节这一天必备的食品。

每年1月第三个星期五是冰岛的"丈夫节"。这一天，妻子会用不同的方式向丈夫表示祝贺。传统的庆祝方式是妻子给尚在床上的丈夫送来早餐，近年来发展为送鲜花。自丈夫节开始一个月的时间里，冰岛人用美酒和传统的美味食品羊头肉、羊杂碎甚至羊睾丸还有臭鲨鱼来庆祝。冰岛人说，臭鲨鱼闻着臭，吃着香。很多冰岛人离家万里，仍忘不了吃臭鲨鱼的美妙感觉，听起来很像中国人谈臭豆腐时的情感。

冰岛人酷爱喝酒，甚至专门设有两个喝酒节：每年3月1日为啤酒节，而8月第一个星期一之前的那个周末，则是一年中喝酒最多的一个周末。3月1日举办啤酒节的初衷是为了庆祝从1922年到1989年冰岛75年禁啤酒令的解除。从1989年的3月1日起，每年的这天，冰岛举国上下痛饮啤酒。首都各个酒吧、餐厅、俱乐部都像过节一样庆祝。

冰岛人对待婚姻的态度是很特别的，对举办婚礼既看得淡泊又看得隆重。据资料介绍，许多冰岛男女相爱之后，首先是选择同居，同居几年、十几年甚至几十年的都有，就是不结婚、不举办婚礼。也有人经过长期同居，双方确认彼此已不可分离了，这才正式结婚、举办婚礼。因此，冰岛婚礼上的新郎新娘有许多是有儿女甚至是有孙辈的中老年人。正因为如此，他们的婚礼也就格外地隆重热闹。结婚时要先到教堂举行宗教色彩浓厚的婚礼仪式。婚礼由神职人员主持，气氛庄严神圣。牧师从新娘父亲手中接过新娘右手，放在新郎手中，然后两位新人跟牧师朗诵结婚誓词。常用的誓言是："从今而后，不论境遇好坏，家境贫富，生病与否，誓言相亲相爱，至死不分离。"接下来新郎给新娘戴结婚戒指，一般是金质无缝的，象征幸福无限。或者互换戒指，通常戴在彼此左手无名指上。待牧师祈祷完毕，新婚夫妇到祈祷室签署登记簿。最后新娘挽着新郎右臂在婚礼进行曲中缓缓走出教堂，亲友们向新婚夫妇撒米粒或彩纸屑表示祝福。由于上述原因，冰岛是世界上离婚率最低的国家之一。

杂色多彩的帝国　英国

　　大不列颠及北爱尔兰联合王国，是位于欧洲西部、大西洋中的岛国，隔北海、多佛尔海峡、英吉利海峡与欧洲大陆相望。1994年5月开通的英吉利海峡隧道，将英国与法国连接在一起。从英国伦敦乘坐"欧洲之星"列车穿越隧道抵达法国巴黎，只需3个小时。

　　"不列颠"在凯尔特语中意为"杂色多彩"（指古代不列颠部族的人们喜欢在身上涂上各种颜色）；因为有部分不列颠人迁居法国，故将本土称为"大不列颠"。大不列颠岛上的英格兰、威尔士和苏格兰，爱尔兰岛东北部的北爱尔兰以及一系列附属岛屿，共同组成了联合王国，此外还拥有14个海外领地，各地风土人情多有不同，用"杂色多彩"来形容也是恰如其分的。

英国国旗

国徽

国情概要

英国国土面积 24.41 万平方公里，人口 6451 万（2014 年）。首都伦敦，国庆日 6 月第二个星期六。全国分为四部分：英格兰东南部平原、中西部山区、苏格兰山区、北爱尔兰高原和山区。苏格兰西部的本尼维斯山，海拔 1343 米，为英国本土最高峰。主要河流有塞文河和泰晤士河。海岸线总长 1.145 万公里。英格兰西南沿海的兰兹角，称得上是英国的天涯海角。能源资源较为丰富，经济、科技、文化、服务业高度发达，是世界上第一个工业化国家，也是最早实施福利制度的西方国家。近代历史上号称"日不落帝国"，现在仍是一个在世界范围内有相当影响力的大国。

历史上，大不列颠岛上英格兰最强大，先后征服了苏格兰、威尔士，于 1707 年获得统一。后又夺取北爱尔兰，组成联合王国。人们通常说的英伦三岛，指的就是大不列颠及北爱尔兰联合王国，主体是英格兰（England），所以习惯上称之为英国。有专家认为，英伦三岛是我们中国人对"英国"或者"大不列颠"的特称，这一称呼并不是正式的，也不具有严谨的学术性，而是一种带有文学和艺术色彩的称谓。英格兰、苏格兰、威尔士、北爱尔兰也就分布在两个岛上，因此称英国为"英伦三岛"，是非常牵强的。据专家说，"道"是中国古代一个大的行政区单位，鸦片战争后，最初对大不列颠三部分（英格兰、苏格兰和威尔士）的称谓是"英伦三道"，只是后来被误传和讹音成了"英伦三岛"，目前大部分人都比较赞同这种说法。当然，也有人认为，在部分场合，大不列颠岛、爱尔兰岛和马恩岛合称为"英伦三岛"。还有人认为，英伦三岛原是指英王的三个领地（根西岛、泽西岛、马恩岛），后被泛指英国。

英国在 1588 年击败西班牙"无敌舰队"，树立海上霸权。18 世纪后半叶至 19 世纪上半叶，成为世界上第一个完成工业革命的国家。维多利亚时代（1837—1901 年维多利亚女王统治时期），被认为是英国工业革命和大英帝国的巅峰。当时的英国殖民地遍布天下，"米"字旗到处飘扬，故英国自诩为"日不落帝国"。套用中国古典名著《红楼梦》中的描写，真是烈火烹油、鲜花着锦之盛。但是经过两次世界大战和20世纪下半叶大英帝国的衰落，"日不落帝国"早已失去昔日荣光。经历百年沧桑的香港九七回归中国，英方告别仪式于1997年6月30日晚上6时15分在添马舰露天场地举行，当时一直下着滂沱大雨，令英方出席人员甚为狼狈并添上几分伤感。目前，英国在世界范围内的原殖民地除一小部分王室领土和海外领地外，大多已演变为独立国家的英联邦成员国。

英国政府在1950年1月宣布承认中华人民共和国。1954年6月17日，中英达成互派代办的协议。1972年3月13日，两国签订了升格为大使级外交关系的联合公报。

传神的"约翰牛"

"约翰牛"是英国人自己创造出来的形象，后来被国际社会在评论文章或政治漫画中广泛借用。同"山姆大叔"指代美国一样，"约翰牛"也成了英国的一个绰号和象征。1727年，苏格兰作家约翰·阿布什诺特出版了一本书，名叫《约翰·布尔的历史》，用来讽刺当时辉格党不愿与法国媾和的战争政策。书中的主人公约翰·布尔是个身材矮胖、举止笨拙而行为滑稽的绅士，他性情急躁、盛气凌人、欺负弱小，令人讨厌。作者将其暗喻当年英国统治阶级的专横跋扈。后来，漫画家把约翰·布尔形象化，把他画成一个头戴小檐帽、身穿夹克衫、手持雨伞、足蹬长靴的矮胖绅士模样，老练而圆滑，逼真而幽默，很快流传开来。其原来的贬义色彩也逐渐发生了变化，变得有些滑稽可笑了。布尔（Bull）在英文中的意思是公牛，约翰·布尔就成了"约翰牛"——英国的绰号。这件事在一定程度上反映了英国人的幽默感。

如果去除"约翰牛"原来的贬义色彩，那么英国并不像"约翰牛"那样笨拙和滑稽，而是一个有着深厚人文传统的国家。许多古老的制度和观念仍然盛行，如王室、贵族制度、公学、绅士风度等。英国也是现代政治文明的发源地，为人类提供了社会斗争与妥协的范本。BBC 纪录片《英国文化的七个时代》，从"征服，崇拜，权利，革命，货币，帝国，野心"七个角度，全面解读关于英国文化的一切。英国历史上产生了各个领域的伟大人物和一流的文学艺术。例如：牛顿（物理学家）、瓦特（蒸汽机发明家）、法拉第（电磁学家）、达尔文（生物学家、进化论的奠基人）、培根（散文家、哲学家）、莎士比亚（戏剧大师、诗人）、乔叟（诗人）、拜伦（诗人）、弥尔顿（诗人、政论家）、狄更斯（作家）、马尔萨斯（经济学家）、威灵顿公爵（军事家）、丘吉尔（政治家），等等。由大英博物馆领衔的一系列博物馆，加上随处可见的美术馆、艺术馆、展览馆和艺术画廊，宛若一串串明珠，简直让人目不暇接。大英博物馆收藏的来自中国的历代稀世珍宝就达 2.3 万件，而且绝大多数为无价之宝。如中国各朝代的绘画、刺绣，各个时期的出土文物、唐宋书画、明清瓷器等等。其中最名贵的为顾恺之的《女史箴图》、唐伯虎的《西山草堂》、宋罗汉三彩像、敦煌经卷和其他宋、明名画。普通法系（亦称"英美法系"）是以英国普通法为基础发展起来的法律的总称，以判例法占主导地位，是英国对世界的重要贡献。在许多人眼中，英国最美的风景在"牛剑"。长久以来，牛津大学和剑桥大学一直被人们联结在

剑桥大学数学桥 / 毛国良摄

一起，称为"牛剑"。它们作为历史悠久、世界一流的高等学府，为英国国内和世界各国优秀学子所向往。

在"约翰牛"这个国度里，国花、国石、国鸟深受人们喜爱。国花为玫瑰。为了纪念15世纪时因争夺英格兰王位而发生的玫瑰战争（或称"蔷薇战争"），英格兰以玫瑰为国花，并把王室徽章改为白蕊红玫瑰。于是，白蕊红玫瑰成为英格兰的象征，也逐渐成为英国的象征。国石为钻石。钻石历来被讲求风度气质的英国人视为宝石之冠，并把钻石作为男女间的定情物。这一习俗很快就被西方世界所接受，并传播到东方。国鸟为红胸鸲。英国人十分喜爱红胸鸲，尤其崇拜雄性红胸鸲对自己所建立的疆域负有巡察及保卫责任的本能，称其为"上帝之鸟"。1960年英国国民投票将其选为国鸟。

在"约翰牛"这个国度里，英语通过殖民活动传播到世界各地，是世界上使用地区最广泛的语言，也是欧盟、许多国际组织和英联邦国家的官方语言之一。作为一种约定俗成的交流习惯，英语国家习惯用一些手势表示特定含义。据资料介绍，有18种手势的含义。现列举几种：右手拇指、食指和中指在空中捏在一起或在另一只手上做出写字的样子，表示在饭馆要付账；用手指点点自己的太阳穴，表示要动动脑筋；嘴唇合拢，将食指贴着嘴唇，同时发出嘘声，表示别作声；向上翘起拇指，表示赞同；掌心向外，两只手臂在胸前交叉，然后再张开至相距一米左右，表示绝对不行；在路上打招呼，常常要拿帽子表示致意，现一般简化为抬一下帽子，甚至只是摸一下帽檐；双手握拳向上举起，前后频频用力摇动，表示高兴激动。

荣耀的女王

英国王室是欧洲现存最古老的王室之一，从西萨克森王朝算起，已有将近1200年的历史。英国作为君主立宪制国家，王室和女王不再掌握实权，但仍然是凝聚国家力量的象征。英国民众依然有着深厚的"女王情结"。在这个国家里，由女性继承王位有悠久的历史。早在16世纪中叶，玛丽一世就成为英国历史上第一位女王，她治国有方，只因严厉镇压新教徒而被称为"血腥玛丽"。维多利亚女王在位的时代（1837—1901），被认为是英国工业革命和大英帝国的峰端。现任女王伊丽莎白二世，于1952年6月加冕至今，已有67年了。她是英国和英联邦中15个成员国的国家元首，也是英格兰教会的最高首领。登基以来，她访问过大多数欧洲国家和其他一些国家和地区，并经常出席英联邦首脑会议。英国女王过生日很隆重，就连英国的国庆日也是女王的"官方生日"。伊丽莎白二世的真正生日是1926年4月21日，但是，她的"官方生日"则定在每年6月第二个星期六。这一天，英国皇家卫队的骑兵在伦敦骑士广场上接受女王的检阅，场面庄严盛大。虽然女王只是国家的象征而并没有实权，但英国民众对她十分崇敬和爱戴。女王的头像被印在5英镑、10英镑、20英镑、50英镑的纸币上，已成为一种文化符号。2012年6月2日至5日，英国举行了一系列活动庆祝女王登基60周年。数十万来自全英乃至全世界的民众涌上伦敦街头，一睹女王乘坐金敞篷马车巡游的优雅风采。涌动在白金汉宫前莫尔大道上的人潮发出震耳欲聋的欢呼声，高唱英国国歌《天佑女王》。为了占据有利地形目睹女王钻石禧年庆典，许多英国民众提前一天就在莫尔大道边宿营了。

英国王室和女王的迎宾礼仪十分的隆重。应伊丽莎白二世邀请，中国国家主席习近平于2015年10月19日至23日对英国进行国事访问，英方超规格鸣放103响礼炮，欢迎习近平主席访英。鸣放地点有两处：一处是在绿园，鸣放41响礼炮，其中21响欢迎习主席，20响欢迎其他王室的客人；另一处是在伦敦塔，鸣放62响礼炮，其中41响与绿园一样，另外21响是表明伦敦城欢迎习主席。两处加在一起是103响礼炮，这是一个很隆重的仪式。除了鸣放礼炮外，女王陪同贵宾检阅皇家仪仗队也是一项隆重的礼仪。女王陪同习主席一起乘坐象征尊贵地位的皇家金马车，前往白金汉宫共进午宴。习主席在白金汉宫的女王画廊，参观了王室多年来收藏的和中国有关的一些珍贵皇家藏品。

神秘王宫

　　王宫是神秘而新奇的地方，所以也是人们最感兴趣的地方。伊丽莎白二世在加冕之后，就和丈夫菲利浦搬到了伦敦市中心的白金汉宫。因为是 1703 年由白金汉公爵所建，故得此名。白金汉宫是大英帝国历史兴衰的见证。从 1837 年起，英国历代国王都居住在这里。维多利亚女王是居住在这里的第一位君主。她的后代很多都与欧洲各国的王室成员联姻，因此她被称为"欧洲的祖母"。如今，女王的重要国事活动，如召见首相和大臣、接待和宴请来访的外国国家元首或政府首脑、接受外国使节递交国书等都在该宫举行。若王宫正上方飘扬着英国王室旗帜时，则表示女王在宫中；若没有，就代表女王外出了。白金汉宫由身着礼服的皇家卫队守卫，其换岗仪式是世界上最著名的换岗仪式，气派而又花哨，吸引成千上万的市民和游客参观。

　　虽然白金汉宫内外一派富丽堂皇，但是，对于伊丽莎白二世而言，位于伦敦以西 32 公里处的温莎城堡才是她的家。她每年有相当多的时间在温莎城堡度过，在这里进行国事活动或私人娱乐活动。在圣诞节等重要节日和王室喜庆的日子里，女王便会选择在温莎城堡设宴，举行隆重的庆祝活动。在英国上流社会，人们都以能够参加温莎城堡的盛典而骄傲。温莎城堡主要建筑有 13 世纪的方庭、滑铁卢厅、圣乔治厅、

白金汉宫 / 毛国良摄

温莎城堡 / 毛国良摄

女王交谊厅、宴会厅和玛丽皇后玩偶屋等。温莎城堡等宫殿收藏着英王室数不清的珍宝，其中不乏重 530.02 克拉的"库里南 1 号"和重 317.4 克拉的"库里南 2 号"钻石，也不乏达·芬奇、鲁斯本、伦勃朗等大师的作品。温莎城堡也是国王为皇族、贵族等颁发爵位和封号的重要场所之一，其中最著名的就是"嘉德骑士"封号。以温莎城堡为中心，四周传统的英式建筑林立，使人感受到独特的英伦风情。人们已经习惯将温莎城堡所在的温莎小镇称为"王城"。坐落在温莎小镇的伊顿公学，是一所英国最著名的贵族中学，素以"精英摇篮""绅士文化"闻名世界，也以军事化的严格管理著称。小镇居民很平和、友善，没有大都市市民的浮躁和冷漠。这与莎士比亚在《温莎的风流娘儿们》这部喜剧中所反映的新兴市民阶层的家庭生活状况已经迥然不同。

圣詹姆士宫也是伦敦历史最悠久的宫殿之一。英国王室不少历史人物都曾经在这所王宫内生活过，其中包括亨利八世的私生子、亨利的第二任妻子安妮·博林、伊丽莎白一世等，现时的主人是查尔斯王子。外国派驻英国的大使和专员呈递国书时，按礼节和传统都是呈递到圣詹姆士宫的。因为它不但是英国君主的正式王宫，而且是属于英国本土最高规格的王宫，是伦敦仅有的四座由御林军皇家近卫师负责防务和警卫的建筑物之一（另外三处是白金汉宫、克拉伦斯宫及皇家骑兵卫所）。

汉普顿宫原本也是英国王室的官邸，有"英国的凡尔赛宫"之称，是英国都铎式王宫的典范。整个宫殿有1000多间房间和厅室，其中有一个大厅叫"白厅"，以其宏大的面积、精致的橡木浮雕天花板以及大量的装饰品，一直以来被认为是全英国最美丽的厅堂。白厅主要用于国王接待国宾、举行宴会和舞会。亨利八世的婚姻问题一直风波迭起。他先后娶的6位夫人，大多没有好结果，离婚的离婚，被杀的被杀。此后，汉普顿宫常有"闹鬼"传闻，不足为信。

自古以来，王宫里的宫廷舞会、宴会在烛光摇曳中举办，典雅而奢华。英国女王伊丽莎白一世曾经跳过一种名为"伏而塔"的双人交谊舞（和现代交谊舞不同，舞伴并不搂抱在一起），随后这种舞在欧洲风行一时。乔治四世在宫廷舞会上亲自起舞，确立了起源于奥地利民间的华尔兹在交谊舞中的重要地位。当音乐家施特劳斯父子所创作的华尔兹圆舞曲风靡欧洲后，人们将华尔兹舞称为"舞中之后"。这些都让热爱古典舞蹈的人们津津乐道。而爱德华八世（1894—1972）和辛普森夫人的爱情故事，则是近代以来最为广大英国人津津乐道的。在不列颠帝国的历史中，他是温莎王朝的第二位国王，也是唯一一位自愿退位的英国君主。而他退位的原因却是为了两个字——爱情，是"不爱江山爱美人"的典型。那位使得他抛弃自己应有政治地位的女人华里丝·辛普森，竟然是一位离过两次婚的美国女人。其前夫为恩尼斯特·辛普森，因此她被称为"辛普森夫人"。

古堡探秘

除王宫外，城堡也是英国历史风情的再现。位于英国伦敦的宝石城堡，大约建于1365至1366年，是爱德华三世的私人产地，最早用来摆放国王的私人珍宝，因而得名宝石城堡。如今，宝石城堡已经被列为英国的历史文化遗产，摆放着议会的许多陈列品，反映了英国议会的历史。安尼克堡位于英格兰北部的安尼克市，在维多利亚时代有"北部温莎堡"的美誉。它见证了英格兰和苏格兰之间长期的残酷战争。有很多电影都在该古堡拍摄过，例如《侠盗罗宾汉》曾在这里取景。《哈利·波特》第一集里学校的外观及部分场景也是拍摄于此，特别是小魔法师学习飞行课的那场外景让城堡蜚声国际。多佛城堡坐落在肯特郡的多佛海港小城，被称为"英格兰的钥匙"或"英格兰之门"。而位于英格兰西约克郡伦河河谷中的利兹城堡，则被称为"王后的城堡"。该城堡曾是英国王室的乡间别墅，深受王后们的喜爱。如今的城堡依然显得梦幻而美丽，被誉为"世界上最可爱的城堡"。艾琳多南城堡被称为"苏格兰最具沧桑之美的城堡"。它建在大海、湖泊的交汇处，显得遗世独立、苍凉孤寂。卡菲利城堡建于13世纪，见证了中古时代威尔士抵御侵略的历史。经过战争的摧毁和岁月的洗礼，城堡已有些腐朽。但是站在残垣断壁上，眺望远方一望无际的乡间田园，倒是别有一番情调。

在英伦三岛，苏格兰一向被称为"古堡之国"。历史上，苏格兰的王公贵族们独霸一方，大兴土木，建筑堡垒，仅载入名册的就有1185座，使今天的人们得以领略其独特的历史氛围和古堡幽情。斯特灵城堡在整个苏格兰乃至大不列颠都是标志性的建筑，它见证了苏格兰历史上的很多战争及沧桑历史，有人把它叫作"苏格兰的一枚胸针"。现在，城堡改成了军团博物馆。克雷格米勒城堡位于苏格兰的爱丁堡市，之所以出名是因为苏格兰女王玛丽曾在1566年到此城堡避难。同一年，伯斯维尔伯爵与贵族们也在此城堡私谋协议，最终把玛丽女王的第二任丈夫谋害了。格拉米斯城堡是伊丽莎白二世的母亲孩提时期成长的地方。城堡里面流传的幽灵故事，吸引了众多好奇的游客前往一探究竟。城堡地下为巨大的墓穴，穴内珍藏着古盔、甲衣、宝剑、战斧和火枪等古代兵器。这座城堡在英国不少的文学著作里面出现过，莎士比亚的著名剧作《麦克白》就是以该城堡为背景写出的，城堡是剧中主角麦克白谋杀国王邓肯的地方。爱莲·朵娜城堡位于苏格兰的多尼地区，007电影《纵横天下》在这里取过景。其他在此取景的电影包括《杜里世家》《福尔摩斯私生活》《挑战者》《超时空战士》《爱情的证明》《新铁金刚之黑日危机》《伊丽莎白：辉煌年代》《理性与感性》《新郎不是我》等。巴尔莫勒尔城堡堪称苏格兰华丽建筑的典范，自1852年起，每逢夏季，城堡就成为君王避暑的最佳居所。至今仍是伊丽莎白二世在苏格兰的避暑行宫。

雾都伦敦

伦敦与美国纽约、法国巴黎和日本东京并列为四大世界级城市。伦敦是有名的雾都，从朴次茅斯走出来的英国 19 世纪伟大作家狄更斯，在他伦敦的旧居里创作了《雾都孤儿》等一批作品。20 世纪初，伦敦人大部分都使用煤作为家居燃料，产生大量烟雾，再加上伦敦的雨雾，造成了伦敦远近驰名的雾霾，称为"伦敦雾"。1952 年 12 月 5 日至 9 日期间，伦敦烟雾事件令 4000 人死亡，政府因而于 1956 年推行了《空气清净法案》。时至今日，伦敦的空气质量已经得到明显改观。但伦敦因受北大西洋暖流和西风带影响，常常充满着潮湿的雾气，因此别名叫"雾都"。

在人们的印象里，伦敦既古老又现代，充满了独特的历史氛围。2000 多年前，罗马人建立了这座都市。从 11 世纪起，英格兰王国的首都从温彻斯特迁到了伦敦。近几百年来伦敦一直在世界上产生巨大的影响力。伦敦分为内伦敦和大伦敦。内伦敦包括伦敦市及其周围的 12 个市，面积 303 平方公里。大伦敦由伦敦市和 32 个伦敦自治市组成，面积 1605 平方公里。伦敦市市长冠以男爵爵位。遇有重大庆典活动，女王进伦敦市时，市长会将一柄"市民宝剑"敬献给她。如有外国贵宾光顾伦敦市，市长要把城门的钥匙赠给外宾，以示隆重欢迎。

伦敦圣潘克拉斯火车站启用于 1868 年，毗邻著名的国王十字车站，是欧洲之星铁路在英国的终点站。车站建筑采用哥特复兴主义风格，红色的外墙显得华丽又庄重，迎接四面八方的游人来到伦敦。伦敦本身就是一个多元文化之都。其居民亦来自世界各地，具有多元化的种族、宗教和文化，城市中使用的语言超过 300 种。伦敦人对移民的看法相当超然，而外国移民融入英国文化也十分主动。简单来说，他们都有一个"伦敦梦"。距离白金汉宫、唐宁街 10 号（首相官邸）以及特拉法加广场（亦称"鸽子广场"）不远的地方，就是相对独立的华人社群——伦敦唐人街。它的三个主要入口处都立有牌楼，上有"伦敦华埠""国泰民安"等字样，颇具汉民族特色。伦敦的艺术、娱乐形式极为丰富。街头雕塑林林总总，叫人眼花缭乱。歌剧、音乐剧、古典音乐、摇滚乐、爵士乐、皇家芭蕾、踢踏舞，门类齐全，而且票价便宜。新年最传统的活动莫过于 1 月 1 日的大游行。上万人组成的乐队、舞者、街头表演者、啦啦队、小丑等队伍，由国会广场游行到布克莱广场。阿比路因披头士乐队发行的同名专辑而闻名于世。到了这里才会发现世界上原来有这么多的披头士迷。

　　伦敦的城市规划不见得整齐美观，但街市的繁华是不言而喻的。双层观光巴士和双层红色公交巴士穿梭市内，形成一道亮丽的风景线。梅菲尔地区位于泰晤士河北岸，传统伦敦的心脏地带。虽然街道狭窄，房屋古旧，却是伦敦地价最高的所在。正是在那些古旧的房屋里，隐藏着昂贵的公寓、传统的品牌商店等。摄政街（也译作"丽晶街"）是属于绅士淑女的购物天堂，以高质量的英国服装和圣诞灯饰著称；每当圣诞节来临，整条大街都会被装饰得漂亮无比，成为英国最上镜的购物大街和时尚地标之一。平行于摄政街的萨维尔街，以传统的男士定制服装而闻名。短短的一条街，裁缝店鳞次栉比，被誉为"量身定制的黄金地段"，著名客户包括温斯顿·丘吉尔、尼尔逊勋爵和拿破仑三世。2015 年 2 月，萨维尔街推出的最新中文译名是"高富帅街"，以此来吸引中国游客。牛津街是大伦敦西区威斯敏斯特一条重要的购物街，每年吸引来自全球的 3000 万游客到此观光购物，是欧洲最繁忙的购物街之一。约翰·路易斯是伦敦最知名的百货商店，主要销售时装、化妆品、童装和家具等。里面的窗帘布很受欢迎，就是那种小碎花款式，典型的英国风格。杰明街也位于威斯敏斯特，是一条英国绅士喜欢去的"男人街"，从量身定做的衬衣、皮鞋、西装、帽子，到剃须用品、烟丝烟斗等，凡是男士需要的服饰物品，在这里几乎都能买到。庞德街自 18 世纪以来就是伦敦的时尚购物中心，现今已经成为伦敦高价时尚店铺的天堂。伯灵顿市场街为英国最长、最漂亮的购物街，长期以来一直是伦敦的奢华地标建筑，由新、旧两部分组成，是新旧世界的交融，也是创新、时尚、品质的集合。位于伦敦富人区骑士桥的哈罗德百货公司，是英国乃至欧洲最有名气、最高档的百货公司之一，一副老派贵族气质。博罗市场、卡姆登市场、波特贝罗市场、砖巷市场，都是伦敦有名的集市。其中的砖巷市场曾是伦敦边缘地带，18世纪开始聚集大量移民，包括法国新教徒、犹太人和印巴人，浓厚的移民风情使这里成为不同于伦敦其他集市的鲜明特色。

　　讲到伦敦的繁华，必须讲一讲西堤区和金融城。西堤区位于伦敦一区市中心，被视为整个英国交易和金融服务业的集中地，掌管全英经济的英格兰银行也在此区。伦敦城有超过40万名银行员、会计师、律师、理财专员等在这里工作，每年创下高达450亿英镑的收入。著名的金融城在伦敦圣保罗大教堂东侧，一块被称为"一平方英里"的地方。这里楼群密布，街道狭窄，虽不像纽约曼哈顿那样高楼密集，但稳健、厚重的建筑风格和豪华、大气的室内装饰却有过之而无不及。这里聚集了大量银行、证券交易所、黄金市场等金融机构，被看作是华尔街在伦敦的翻版。这就是金融城。从金融城往东不远，是一个叫"金丝雀码头"的地方。那儿面积不大，却矗立着数幢几十层的高楼。从楼顶上的广告牌可以看出，这儿也是金融机构扎堆的地方，因此被叫作"新金融城"，与"一平方英里"那边的"老金融城"遥相呼应。金融城有一座颇具争议的高层生态建筑——瑞士再保险塔。这是一座玻璃外观的摩天大厦，也是福斯特勋爵名作之一。它的绰号叫"腌黄瓜"，但看起来像一枚竖在那里的巨大炮弹。2004年建成开业，引起了伦敦市民相当矛盾的兴趣和争议。

　　讲到伦敦的街市，有两件趣事也得在这里说一说。第一件趣事是，伦敦的街市竟然也有环肥燕瘦。橡树街和圣玛丽门大街相距几十公里，但两处居民的身材却反差甚大。橡树街的居民绝大多数都是胖子，无论男女，腰围基本都超过常人一到两倍；而圣玛丽门大街的居民肥胖率要比英国平均指数低37%。为此，它们分别被评为"最胖街"和"最瘦街"。究其原因，一方面是饮食习惯的差异，另一方面存在着深刻的社会阶层区分。还有一件趣事是，很多人都在伦敦寻找查令十字街84号，但都失落而返。查令十字街84号是什么？其实，它只是一家书店，记录的是纽约女作家海莲和伦敦这家旧书店的书商弗兰克之间的书缘。两人未曾谋面，因信函购书结缘，20年来鸿雁传书，交换各自的文学观点和生活状况，后因弗兰克早逝，悲伤的海莲将两人饱含丰富人生哲理的通信结集出版，书名就叫

《查令十字街 84 号》。于是，每年都有世界各地的书迷来到伦敦查令十字街寻觅、朝圣。许多书迷情侣，相约在那个门牌前接吻。但这里早已物是人非，书店原址成了一家必胜客。只有《查令十字街 84 号》成为全球爱书人之间的一座桥梁、一个念想。

泰晤士河是英国的母亲河，哺育了灿烂的英格兰文明。它发源于英格兰科茨沃尔德山，自西向东蜿蜒曲折地流经牛津、伦敦等重要城市，注入北海，全长 346 公里。这条不平凡的河流，流传着无数个传奇故事，是英国文明和沧桑历史的见证，前首相丘吉尔把它称作"穿过英国历史的河流"。沿河两岸的各种标志性建筑几乎囊括了所有伦敦地标。28 座建筑风格不同的桥梁把泰晤士河南北两岸连成一片。其中，滑铁卢大桥是英国人为纪念威灵顿将军击败拿破仑而命名的，美国电影《魂断蓝桥》让世界上更多的人了解了滑铁卢大桥。《魂断蓝桥》原名《滑铁卢桥》，但发行商为了让片名具有文化品位和凸显感情色彩，将其改名为《魂断蓝桥》，正如片名体现的那样，片中的女主角不仅把生命留在了这座桥上，还把自己的爱情、信念和灵魂一同埋葬在这座桥上。泰晤士河上最漂亮的大桥是伦敦塔桥，它完工于 1894 年，具有维多利亚时期的独特风格。在两个巨大的桥墩上建有 5 层楼的高塔，桥面是开启式的，每当有高过桥面的船只通过时，桥面可分开吊起。遇上薄雾锁桥，景观更为一绝。伦敦塔桥附近的碎片大厦，又名"夏德大厦"，是 2012 伦敦奥运会开幕前揭幕的新地标建筑，高 95 层、310 米，是当时欧洲最高的建筑。以哥特复兴式建筑风格著称的

伦敦塔桥 / 毛国良摄

威斯敏斯特宫（又称"议会大厦"），坐落在泰晤士河岸边，是英国议会的所在地。议会大厦西北角的钟楼就是著名的大本钟（2012年6月更名为"伊丽莎白塔"），由于钟楼是负责工务的专员本杰明爵士监制，因而得名"大本"。钟楼有四个钟面，透过玻璃，时针和分针清晰可见。每走1小时，就会发出深沉而铿锵的报时声；从1859年起就为雾都报时，至今钟声仍然清晰、动听。

在泰晤士河伦敦段周边地区，有许多著名的公共建筑和花园。白厅是英国政府机关所在地，首相办公室、枢密院、内政部、外交部、财政部、国防部等主要政府机构都设在这里。白厅的核心是设在唐宁街10号的首相府，它是英国历代首相的官邸，朴实的黑色木门，缀上白色的阿拉伯数字"10"，成为人所共知的标记。因此，"白厅"也是英国政府的代名词。特拉法尔加广场旁边的伦敦国家肖像馆，是世界上第一个肖像馆，收集了历史上重要的和著名的英国名人画像，例如亨利七世、爱德华六世、莎士比亚、伊丽莎白二世、卢西安·弗洛伊德等。杜莎夫人蜡像馆是全世界水平最高的蜡像馆之一，塑有众多世界名人的蜡像，每一尊蜡像都惟妙惟肖、栩栩如生。皮卡迪利广场是伦敦索霍区的娱乐中枢，以博爱天使雕像为中心。当全裸的雕像在1893年安放在广场时，引起了维多利亚时代的卫道士的不满，但神像却很快成为伦敦的象征。此外，泰晤士河畔象征胜利意义的纳尔逊海军统帅雕像、惠灵顿凯旋门铜雕塑、仿造罗马圆形大剧场建造的皇家艾伯特演奏厅、久负盛名的伦敦皇家歌剧院，以及为了庆祝公元2000年而兴建的千禧之轮"伦敦眼"和21世纪初新建的伦敦市政厅

"伦敦眼" / 毛国良摄

等，每一个建筑都称得上是艺术杰作。格林尼治区的天文台和古典建筑，作为世界历史文化遗产闻名海外。基尤皇家植物园（也称"邱园"）万紫千红，风光旖旎。海德公园、摄政公园（丽晶公园）、圣詹姆士公园和格林公园（绿园）等皇家园林，代表了欧洲园林艺术的最高水平。

首府城市

英国除首都伦敦外，还有三个首府城市，分别是苏格兰首府爱丁堡、威尔士首府加的夫（亦译作"卡迪夫"）、北爱尔兰首府贝尔法斯特。

爱丁堡素有"北方雅典"之称。在苏格兰语中，由城墙围起来的城市或村庄称为"堡"。爱丁堡这个名字在苏格兰语中意为"斜坡上的城堡"。其城堡、圣十字架宫、皇家一英里、王子街、圣贾尔斯大教堂、罗斯林小教堂、约翰诺克斯宅第、香醇的威士忌、穿着苏格兰格子裙装的风笛手，都是最佳的苏格兰风情缩影。

皇家一英里是爱丁堡老城的中心大道，长约一英里，两旁小巷交错，构成了旧城的骨架，是探索爱丁堡历史的最佳起点。其两端连接了苏格兰历史的重要见证——圣十字架宫（荷里路德宫）和爱丁堡城堡。圣十字架宫建于1498年，原为修道院，后来成为苏格兰王室的宫殿。每年夏初，伊丽莎白女王会在荷里路德宫居住一星期。每当女王住在这里的时候，宫

爱丁堡／毛国良摄

皇家一英里街景 / 毛国良摄

中就会升起王室旗帜。爱丁堡城堡坐落在一座死火山的花岗岩山脊上，是苏格兰和爱丁堡市的重要象征。爱丁堡市的纹章上就有爱丁堡城堡的图像。城堡中展示着苏格兰王冠，这是欧洲最古老的王冠。还有著名的命运之石，古代苏格兰国王就坐在上面加冕。一年一度的爱丁堡军操表演也在城堡前举行。每当古堡附近飘起爱尔兰军笛声，怀古之情油然而生。站在城堡上俯瞰全城，王子街上车水马龙的景色尽收眼底。王子街把爱丁堡市分为新旧二城，北面为新城，南面为旧城。王子街一侧，矗立着一座非常雄伟的纪念碑，碑下是著名的苏格兰农民诗人罗伯特·彭斯的雕像。彭斯 1759 年 1 月 25 日出生于苏格兰艾尔郡，主要成就是复活并丰富了苏格兰民歌，歌颂了故国家乡的秀美，抒写了劳动者纯朴的友谊和爱情。爱丁堡人对彭斯极为推崇，甚至将每年 1 月 25 日（彭斯的生日）当成民族节日来过，并命名为"彭斯之夜"。参加庆典的人手挽着手，齐声高唱彭斯最著名的歌曲《友谊地久天长》。王子街花园风景如画，里面屹立着苏格兰著名文学家司各特的纪念塔，也伫立着蜚声世界的苏格兰花钟。花钟图案由 2.4 万朵各种鲜花组成，据称它是世界上最大、最独特的一座花钟。

爱丁堡作为苏格兰的政治、文化中心，始终用文化营造一个最优雅的城市。人们熟知的《大不列颠百科全书》《福尔摩斯探案集》《金银岛》《哈利·波特》《彭斯诗歌》等作品在此地问世。据说当年穷困潦倒的 J.K. 罗琳在大象咖啡馆每天点一杯咖啡，在温暖安静的环境中创作了第一本《哈利·波特》。如今，《哈利·波特》系列小说已被翻译成 70 多种语言，在全世界累计销量达 4 亿多册。爱丁堡的艺术节精彩纷呈、不同凡响。艺术节自 1947 年创办以来，每年举办，已经走过了 70 多个年头，成了世界性的艺术盛会。另外，爱丁堡军乐节、国际图书节、国际爵士乐节、边缘艺术节、多元文化节和电影节等，也是好戏连台、精彩纷呈。一个城市如此钟爱文学艺术，这在世界上也是罕见的。因此，爱丁堡获得了联合国"世界文学城市"的命名。

加的夫坐落于威尔士南部海岸，19 世纪成为威尔士主要港口，1955 年成为威尔士首府。加的夫有两大地标建筑，一个是古老的加的夫城堡，另一个是崭新的千禧球场，一新一旧，相互呼应，充满了异国风情。喜欢历史和艺术的人，可以去参观威尔士国家博物馆和美术馆；喜欢购物的人一定要去维多利亚和爱德华六世的拱廊街道；如果时间充裕，可以坐船来一次出海之旅，浏览美丽的加的夫海湾；如果是情侣，不妨买一个木勺做纪念，因为在威尔士，象征浪漫爱情的物品是造型各异的木勺，人们称其为"爱之勺"。爱之勺上不同的符合包含着不同的含义，比如：心，表示心里只有你，我的真爱；十字，表示婚姻与信任；葡萄，表示爱情在增长；双勺子，表示夫妇永结同心。男子求婚时送女子爱之勺的习俗起源于 16 世纪的威尔士，跟送花束具有一样的意义。如果女方接受了爱之勺，就意味着她回应了男方的求爱，双方可以谈情说爱了。情侣们在 1 月 25 日互赠勺子，寓意着"拥抱你爱的人入怀"。把爱之勺挂在家里的墙上，如同现在把结婚照挂在墙上那样。"情人之眼"（又称"眼睛微型画"）也是威尔士人的创意，传说是 18 世纪末威尔士亲王（后来

加的夫城堡围墙钟楼 / 毛国良摄

的乔治四世）精心设计并送给爱人玛利亚·费兹赫伯特的。后来在19世纪末20世纪初成了风行于富家子弟间的定情信物。顾名思义，它是只露出了赠送人的眼睛的微型肖像画，常被嵌在戒指、吊坠、胸针、鼻烟盒、牙签盒上，因而受礼者可以当众佩戴和使用，不用担心被人认出他们的爱人是谁。

贝尔法斯特为北爱尔兰首府，位于爱尔兰岛东北沿海的拉干河河口。在爱尔兰语中，"贝尔法斯特"意即流经该地的"法斯特河的河口"。但时至今日，法斯特河已隐没在布里奇街之下，拉干河成为当地最重要的河流。这里的人文景观，让人感受到北爱尔兰淳朴的民风。热情好客是贝尔法斯特人的传统。每年11月份举行大型艺术节。在水滨会堂、大剧院和音乐厅，常年上演各类艺术节目。市内的酒吧既有传统的民族音乐，也有现代的爵士乐、蓝调音乐和摇滚乐。当地的一种淡啤酒被称作贝尔法斯特啤酒的精华。在餐馆或酒吧里喝一杯北爱尔兰顶级威士忌，也是一次难得的体验。著名的烹饪大师、独特的饮食传统也吸引了众多美食爱好者，他们流连忘返于众多饭店、小吃店、咖啡屋、美食酒吧和圣乔治市场，因为这里是脍炙人口的美食之乡。当地的造船业更是名声在外，哈兰德与沃尔夫造船厂曾制造了世界上速度最快、最豪华的轮船，泰坦尼克号就是它的杰作。当地著名景点有雄伟壮丽的贝尔法斯特城堡，惊险壮观的卡里克空中索桥，拉干河边的水滨码头艺术大厅，历史悠久的女王大学等。此外，市政厅、阿尔伯特纪念钟、阿尔斯特民俗及交通博物馆、布什米尔斯老酒厂等也是值得一游之地。2016年，贝尔法斯特曾被《卫报》评为英国最佳城市。

女王大学一角／毛国良摄

此外，《观察家报》和《国家地理》杂志都曾授予贝尔法斯特"美食城市"的称号。

精致而美丽的巴斯

英国还有许多城市是很有特色的。例如，英国工业革命催生了英格兰著名的八大核心城市，即英格兰八个地区性大都市的联盟：伯明翰、利物浦、曼彻斯特、布里斯托、纽卡斯尔、利兹、诺丁汉、谢菲尔德。其中的谢菲尔德大学、布里斯托大学、伯明翰大学、利兹大学、曼彻斯特大学和利物浦大学，是英国著名的六所红砖大学，是除剑桥大学和牛津大学以外英国最顶尖、最著名的老牌名校。再如，布莱顿是英格兰南部一座独特的海滨城市，它的标志性建筑是英皇阁（皇家亭阁）；温彻斯特是汉普郡的历史宗教名城，曾经做过英格兰王国的首都；格拉斯哥是苏格兰最大的一座城市，以其辉煌的文化和传统闻名于世；伦敦德里是北爱尔兰一座独特的城市，其绰号称为"处女城"，因为在1690年围城期间城墙从未被炮弹穿破。

限于篇幅，这里不再对上述城市作详细介绍了。不过，另外一个城市要单独介绍一下，这个城市叫巴斯。巴斯位于英格兰埃文郡东部，距离伦敦约160公里的路程，是英国田园风情的代表城市和旅游城市，也是英国整座城市被列为联合国世界遗产的唯一一座城市。中国翻译家傅雷曾经说巴斯是"精致而美丽的城市"。它的精致来自乔治时期的房屋建筑风格，它的美丽来自绮丽的田园风光。

巴斯小巧玲珑，人口仅10万左右。巴斯（bath）在英文中意为"浴室""洗澡"。巴斯老城即以温泉浴场闻名。早在公元1世纪，热矿泉已经被古罗马人开发。因古罗马人把洗澡的地方叫"bath"，以后的英国人也就把洗澡一律称为"bath"了。巴斯的标志景观，有古罗马风格的"国王浴池""王后浴池"、古罗马浴场博物馆，以及神殿遗迹、密萨瓦神像、许愿池和各种礼器文物等。在热气腾腾的古老浴池旁，还保存有国王当年洗浴的"宝座"和他的塑像。如今，巴斯温泉浴场从 3000 米深的地下，每天喷出 127 万立升泉水，温度常年保持在 46 度左右，既可饮用，又可治病。温泉浴场依然是当地的重点旅游项目，几乎所有宾馆内都有仿古罗马式的温泉浴池，让游人能体验古罗马贵族的奢华和惬意。

雅文河缓缓从巴斯市中心穿过，横跨在雅文河上的普特尼桥是略带意式风格的桥梁。许多 18 世纪乔治时代的建筑散落在普特尼桥两侧。巴斯小城就在河的两岸依傍山坡而建，一层一层错落有致。山顶上是著名的巴斯大学。标志性建筑是巴斯大教堂，以其雄伟的彩色玻璃及扇形的天花板闻名，因窗户多而得名"西方明灯"。大教堂在历史上曾经是英格兰第一位皇帝的加冕地，现在是巴斯国际音乐节和许多重大节日活动的举办场所。教堂前的庭院常有街头艺人在此演出，也有许多小贩在此兜售小商品。

巴斯的许多古老美观的建筑都出自约翰·伍德父子之手。父亲老约翰·伍德在 18 世纪设计巴斯的城市规划时，建造了一座象征太阳的圆形广场和一座象征月亮的皇家新月楼，两者之间由布鲁克大街连接，自此，这种以圆形或新月形广场配置街屋的形式蔚为风潮，对伦敦和爱丁堡等城市规划都产生了很大的影响。因此，他被视作是 18 世纪的象征主义艺术大师，其作品也都成为建筑史上的经典。皇家新月楼由连为一体的 30

巴斯大教堂 / 毛国良摄

皇家新月楼 / 毛国良摄

幢楼组成，全部采用意大利式装饰，共有 114 根圆柱。道路与房屋都排列成新月弧形，优美的曲线令人陶醉，尽显高雅贵族之风范，被誉为英国最高贵的街道。

坐落在巴斯城中盖尔街 40 号的简·奥斯丁纪念中心，以及一年一度的简·奥斯丁节，吸引了大量的书迷及影迷前来膜拜。简·奥斯丁 1775 年出生于斯蒂文顿乡一个牧师家庭，1800 年随父亲迁居巴斯，住了 4 个年头，被称作是"巴斯最著名的居民"。她的名著《傲慢与偏见》，生动地反映了 18 世纪末到 19 世纪初处于保守和闭塞状态下的英国乡镇生活和世态人情，多次被改编成电影和电视剧。她被认为是世界文学史上最具影响力的女性文学家之一，甚至被誉为"可与莎士比亚平起平坐"的英国作家。她以女性特有的细致入微的观察力和活泼风趣的文字真实地描绘了她周围的世界。她多次探索青年女主角从恋爱到结婚中自我发现的过程，但她自己却终生未婚。她于 1817 年病故，年仅 42 岁，安葬在温彻斯特大教堂。

巴斯古城有一个奇特的节日：在 5 月份某天，从傍晚开始，许多人会换成古罗马人的装扮，用一些奇怪的行为给外来客以惊喜。仿佛时光倒流，全城回到罗马时代，"罗马人"在星巴克喝咖啡、在酒吧打台球，很有些滑稽。

古朴而诗意的小镇

英国乡间散落着许多古朴的小镇。例如：库姆堡是英格兰南部古镇之一，相当的古朴迷人。许多名人包括英国名模伊丽莎白·赫莉、英国歌星罗比·威廉姆斯、《泰坦尼克号》女演员凯特·温斯莱特等，都在这个小镇附近买了房子。这里还是许多著名电影的取景地，例如《战马》《狼人》和《星尘传奇》等。奇平卡姆登被誉为科茨沃尔德地区保存最完善、最具有重要历史价值的小镇。这里保留了许多被称为英国国宝的茅草屋，古老又有韵味。泰特伯里小镇同样历史悠久，小镇与英国王室关系源远流长，这里不但是两位英国王子——威廉王子与亨利王子的成长地和居住地，当年戴安娜王妃的美丽身影也成为小镇人们心中最美好的记忆。拉科克小镇成为怀旧片的最佳取景场地，《傲慢与偏见》《哈利·波特》都在此地取过景。位于萨福克郡的拉文纳姆小镇规模不大，却因 15 世纪的教堂、半木质结构的中世纪小屋和林间小道而闻名于世。那些不起眼的小店被列入英格兰乡村濒危景点名单。留守的老人们在这里享受着休闲、安逸的生活。

有些英国小镇因与文学和文学家结缘而闻名海外。这里姑且称之为"诗意小镇"。英国中部埃文河畔的斯特拉特福小镇，是英国文学史上最杰出的戏剧家莎士比亚（1564—1616）的故乡。莎士比亚与中国明代杰出的戏曲家汤显祖（1550—1616）是同时代人，东西方两颗巨星遥相呼应，闪耀在历史的天空。在斯特拉特福这个古老而又雅致的小镇上，狭窄老旧的街道两边是传统的半木构造建筑和各式各样的商铺。镇上游客众多，熙熙攘攘，甚至有双层巴士行驶在拥挤的街道上。据称每年游客量超过 150 万人次，可见小镇人气之高、影响之大，与其他英国小镇的冷清形成鲜明对照。小镇上有许多与莎士比亚有关的建筑：莎翁故居、莎翁餐厅、莎翁酒吧、莎翁博物馆等。莎翁故居在小镇的亨利街北侧，是一座带阁楼的二层楼房，在 19 世纪中叶曾进行过修缮。莎士比亚就出生在这座老房子的楼上，他的童年和少年时代都是在这里度过的。故居附近有人穿着古代服装，在给游客讲述莎士比亚的生平和故事。莎士比亚 14 岁时，家道中落，他只得中断学业，外出谋生。18 岁时，跟比他大 9 岁的当地姑娘安妮结婚。几年后，莎士比亚步行来到伦敦，开始了他作为演员、剧作家和诗人的生涯。44 岁左右退隐故里，52 岁逝世。莎

莎士比亚故居 / 毛国良摄

士比亚戏剧节每年举办一次，在两个地方同时举行，其一是斯特拉特福，其二是伦敦。在斯特拉特福举行戏剧节时，大街上旗帜招展，人们通常会买一支迷迭香树枝插在衣服上，排着队穿街过巷来到本区教堂，在诗人的墓前每人放一个花圈或花束。晚上，在皇家莎士比亚剧院演出"诞辰剧"，其中著名的有《李尔王》《罗密欧与朱丽叶》《哈姆雷特》《奥赛罗》和《威尼斯商人》等。

英格兰西南部多塞特郡的多切斯特小镇，是英国诗人、小说家托马斯·哈代的故乡。那里有他的故居，他从 1885 年至 1928 年逝世一直居住在这里。正是在这所房子里，创作出了《德伯家的苔丝》和《无名的裘德》等不朽名作。他的作品向维多利亚时代旧有习俗观念和制度提出了严正挑战，在当时遭到非议。他的作品也具有浓厚的悲观色彩，认为苔丝和裘德的悲剧都是冥冥之中由神的意志安排的。相比他的小说而言，哈代的诗冷峻、深刻、细腻、优美，言简意赅，自成一格，具有现代意识。小镇中心街道两旁矗立着乔治时期的古老建筑，给人一种典雅的感觉。哈代的雕像高高耸立在街道旁边。哈代的信件和珍贵的涂改笔迹，则收藏在多塞特郡博物馆。

英格兰东北部约克郡的霍沃思是一个风景如画的小镇，石头房子从山角一直延伸到坡顶，沿途是鹅卵石铺就的小路。许多人从世界各地来到霍沃思，为的不是要看小镇的风景，而是要寻觅勃朗特三姐妹留下的痕迹，走一走三姐妹经常行走的勃朗特小路。人生可以回忆过去，但没有回头路，只有坚实前行才是正道。勃朗特三姐妹的人生都比较短暂，但她们的创作之路走得坚实，她们的作品及其影响是不朽的。夏洛蒂·勃朗特（1816—1855）是《简·爱》的作者，人们普遍认为《简·爱》是一部具有自传色彩的作品，作品讲述了一位从小变成孤儿的英国女子在各种磨难中不断追求自由与尊严，最终获得幸福的故事，成功塑造了一个敢于摆脱一切旧习俗和偏见、敢于争取自由和平等地位的妇女形象。艾米莉·勃朗特（1818—1848）是《呼啸山庄》的作者，这部作品是她一生中唯一一部小说，奠定了她在英国文学史以及世界文学史上的地位。相比两位姐姐，安妮·勃朗特（1820—1849）的名气稍小一些，《爱格妮丝·格雷》是她的代表作，写的是家教的故事，可以说是安妮本人的一部自传。勃朗特故居现在陈列着许多当年的物品，三姐妹的亲笔书稿也在，那娟秀的字体透出勃朗特三姐妹的才气。

英国威尔士怀尔河畔有一个书香小镇叫"海怡"，看上去就像一个巨大的图书馆，简直是淘书者和藏书家的梦想之地。据《青年参考》载文介绍（作者刘建春），这个只有 1500 多人的小镇，却有 41 家二手书店；这些书店的书架连接起来，绵延数公里。书架上的几十万册二手图书，涉及 2000 多门学科，被誉为"世界最大的二手书集散地"，每年吸引 100 多万游客。1989 年，第一届"海怡文学节"在这个小镇举办，此后每年举办一次，每次时长一周，组织各项活动，包括名人访谈、图书签名会和写作座谈会等。

优美的乡村

英国的乡村与小镇融为一体，风情独特，引人入胜。英国保守党政治家斯坦利·鲍德温曾说过："英国就是乡村，乡村就是英国。"而英国俗语云："穷人住城市，小富住郊区，显贵住乡下。"中国作家林语堂的一番话更是道出了英国人对乡村生活的向往："世界大同的理想生活，就是住在英国的乡村，屋子里装着美国的水电煤气管子，请个中国厨子，娶个日本太太，再找个法国情人。"一直以来，文学家笔下那自然安宁的英国田园风光，是许多人最心仪的世外桃源。

萨默塞特乡村生活博物馆及其庭院内，展示了维多利亚时代和 20 世纪早期的农业生产工具、手工艺品，以及家禽、牛奶、奶酪、

英国的乡村 / 毛国良摄

苹果酒等现代乡村生活不可或缺的农产品。在寒冷或阴雨绵绵的日子里，英国农牧民喜欢在舒适的乡间酒馆里边烤火边喝麦芽酒和品尝苹果派。德比郡境内的皮克区游客众多，此起彼伏的丘陵、如诗如画的村庄、历史悠久的老屋，让游客流连忘返。肯特郡飘香的果园、简朴的茅舍、雄伟的城堡和美丽的花园，让游客怦然心动。波尔派罗是康沃尔郡最美的村庄之一，在陡坡上俯瞰海港，风景如画的渔村尽收眼底。奇切斯特附近的海岸线拥有得天独厚的美丽沙滩，远处有佩特沃斯宅第、阿帕克宅第、古德伍德宅第和斯坦斯特德庄园等四座精美的历史建筑。

　　科茨沃尔德地处英格兰中部的丘陵地带，是英格兰的心脏地区和英国人内心深处最温馨的故乡，因为那里拥有无可争议的最具英伦风情的乡村田园风光。它与法国的普罗旺斯和意大利的托斯卡纳地区并称为欧洲最美的三大田园风光地带。科茨沃尔德不是一个行政区划，而是位于牛津以西、伯明翰以南的一个地区，是英国乡村之旅的精华所在。无论是驾车、骑车还是徒步，沿途都可以饱览那油画般的景致和静谧的英伦田园风光：连绵的山坡、嫩绿的草地、可爱的科茨沃尔德绵羊，以及蜿蜒的乡间小路、古老的集市小镇、曾经的贵族庄园别墅、数百年的古村落、质朴农舍、传统酒吧和乡村教堂。古代的传统排屋，是科茨沃尔德地区房屋的典型。小小的雕花窗户半掩，洁白的蕾丝窗帘低垂，让人感到如坠时空隧道。英剧《唐顿庄园》的热播，令拍摄地科茨沃尔德变成了游人争相踏访的旅游胜地。格洛斯特郡西南方向的迪恩森林，是英国最古老的橡树森林，曾经作为英国王室的狩猎场。这里是哈利·波特的拍摄地，也是《指环王》中精灵居住的森林原型。位于格洛斯特郡的小村庄伯顿，多次被评选为英国最美丽的村庄。这里有童话世界里古老的石头房子，有浅浅小河上的古朴小桥，有遍地的绿草、富有情趣的小店、悠闲安逸的人们……一切看起来是那么舒适迷人，令人陶醉。位于牛津郡拜伯里的阿灵顿村号称"英国最美的乡村"，也有"油画乡村"之美名。潺潺流淌的小河环绕着村庄，岸边是繁茂的树木，一座座百年的老石头房子掩映在其中。著名的阿灵顿排屋、风景如画的阿灵顿路，是多部电影和电视的拍摄地。威尔特郡的奇景是麦田怪圈，吸引着众多的麦田怪圈爱好者。赫里福德郡保留了英格兰乡村的原貌，是躲避城市喧嚣的世外桃源。

古朴的村庄伯顿 / 毛国良摄

科茨沃尔德有独特的民俗风情。例如，一年一度的科茨沃尔德奥林匹克运动会，在奇平卡姆登镇举行。运动会有套袋跑比赛、独轮手推车比赛、运水接力赛等。而比较有趣的运动是踢腿比赛。运动员为防止被踢伤，要在赛前做好防护准备，就是往裤子里塞草。踢腿两人一组，谁先将对方踢倒，谁就是赢家。踢腿比赛考验的是选手的力量、耐力和灵活性，还要求选手能忍住疼痛。

奢华的庄园

在英国的乡村与小镇中，坐落着一个个别具风情的庄园。住在乡下，拥有一座庄园，是英国人最理想的生活方式。《英国庄园生活》（［英］贝内特著）是研究中世纪庄园农民的经典之作，生动地描绘了中世纪乡村生活的模式、季节的影响、田间劳动的知识、地租和劳役、庄园管理、民间娱乐、宗教影响、法庭运作等，从而全方位地勾画了英国庄园农民物质生活与精神生活的图景。当然，庄园更多的是指王公贵族们拥有的城堡及周边农场。这些庄园是英国人引以为傲的文化遗产，英国的文学作品、影视作品似乎都把庄园作为故事展开的地方。简·爱由于来到桑菲尔德庄园，而获得世间最平凡女子的动人爱情；伊丽莎白摆脱傲慢与偏见爱上达西先生，嫁到彭伯里庄园；电影《奥兰多》《V字仇杀队》或是《莎翁情史》里那座古老的皇家庄园，就是英国著名的哈特菲尔德庄园，也是简·奥斯丁小说《爱玛》的发生地。诺福克郡的桑德林汉姆庄园，是一处深受女王陛下喜爱的乡间度假胜地，也是英国国王第一次进行圣诞节广播致辞的地点。

英国保存着不少旧时贵族居住的庄园，其中最有名的要算丘吉尔庄园了。丘吉尔庄园始建于 1705 年，由英国议会拨款修建，并由当时的安妮女王赐予马尔伯罗一世公爵约翰·丘吉尔（温斯顿·丘吉尔的祖先），以表彰他在 1704 年 8 月击败法军的赫赫战绩。这座庄园工程浩大，花了 17 年才全部竣工，约翰·丘吉尔公爵在有生之年未能看到庄园的全貌。庄园以布伦海姆宫为轴心，四周围绕着花园、草坪、湖泊。英国前首相温斯顿·丘吉尔于 1874 年诞生于此，死后葬于附近的布雷顿教堂。但是，庄园虽好，却难拥有。丘吉尔家族成员虽然在英国历史上非富即贵，但庄园集宫殿、草场、湖泊于一身，让后世子孙面对每年动辄数百万英镑的维护费用不堪重负，只好又拱手交还给国家，只求在偌大的庄园里保存一些住所居住，给祖先们留点颜面。

英国其他的贵族庄园不胜枚举，拥有也罢，梦想也罢，怀旧也罢，都在英国人的头脑里挥之不去。爱敦阁庄园位于伦敦市西南郊萨里郡，造价 1.5 亿美元，豪华大气，曾连续两年蝉联"世界第一豪宅"宝座。福布斯称其为"英国 19 世纪后建造的最重要的私人住宅"。沃德斯登庄园是罗斯柴尔德男爵费迪南在 1874 年到 1889 年修建的乡间别墅，据说是欧洲 30 所著名别墅中的一座。可惜他 59 岁就去世了，临终前把庄园托付给他的妹妹爱丽丝管理。爱丽丝很会管理庄园，制定了一系列保护与管理的规定。她一生未婚，把全部精力都献给了庄园。德比郡的查茨沃思庄园，始建于 1555 年，由伯爵夫人伊丽莎白·哈德威克以及她的第二任丈夫威廉姆·卡文迪

丘吉尔庄园 / 毛国良摄

什兴建，是英国历史最为悠久的庄园之一。据说，简·奥斯汀当年写作《傲慢与偏见》就是以这里作为原型来描述彭伯利庄园的。2005 版的电影《傲慢与偏见》，也以此作为彭伯利庄园的取景地。北约克郡的霍华德城堡庄园，是世界上最壮观的庄园之一。它的四周被起伏的山丘、玫瑰园、森林花园以及霍克斯穆尔设计的圆柱形陵园包围着，其华丽典雅不逊于温莎城堡。霍华德家族在此居住了 300 多年。2015 年周杰伦和昆凌那场明星云集的婚礼，更让霍华德城堡声名鹊起。历史上赫赫有名的诺尔庄园位于肯特郡七橡树镇上，至今已经有 500 多年的历史。这个庄园有"日历庄园"的称号，因为它有 365 间客房，与一年 365 天相吻合。弗吉尼亚·伍尔芙的小说《奥兰多》就以诺尔庄园为背景展开。这里也是很多电影的拍摄场地，比如《另一个波琳家的女孩》曾取景于此。

古德伍德庄园占地 1.2 万英亩（7.2 万多亩），坐落在绵延起伏的西塞克斯郡低地中。它的主人曾是英国有着至高权位的里士满公爵家族。古德伍德庄园与其他庄园的不同之处就在于，这里有规模宏大的赛车节、复古艺术节、咖啡艺术节，以及滑翔、高尔夫、射击和赛马等活动，各种英国上层社会的文体活动在此轮番上演。创立于 1993 年的"古德伍德极速汽车嘉年华"，是欧洲规模最大和参赛人数最多的赛事。在活动现场，人们可以看到劳斯莱斯、保时捷、兰博基尼等世界顶级跑车、古典老爷车等，其中不乏全球首发的新车型。假如你是一名汽车发烧友，那么古德伍德便是你的圣地。今日的古德伍德庄园不仅活跃着各种比赛和活动，还经营着庞大的农场。

英国人的后花园

位于英格兰西北海岸、靠近苏格兰边界的湖区国家公园，风光旖旎，被誉为英格兰最美丽的一角，亦被英国人称为"自己的后花园"。湖区国家公园方圆 2300 平方公里，在英国 11 个国家公园中虽然面积不是最大，但游客最多。公园里有英格兰最高峰斯科菲峰、英格兰最大的湖温德米尔湖，一派湖光山色。湖区是童话故事"彼得兔"的故乡，也是"哈利·波特"的拍摄场景之一。湖区特产金眼鸭和温德米尔鱼，都是当地的传统美食。坎伯里山脉横贯湖区，把湖区分为南、北、西三个区。安布尔塞德小镇位于温德

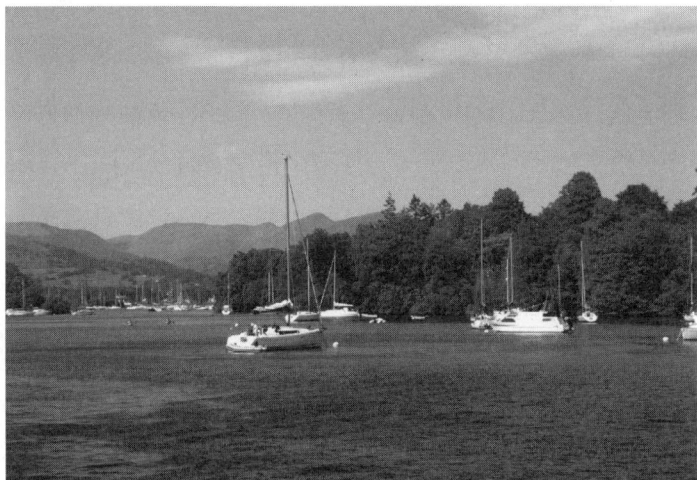

温德米尔湖风光 / 毛国良摄

米尔湖北端，是湖区的一颗明珠。鲍内斯小镇坐落在温德米尔湖畔，有五光十色的商店和美丽迷人的风景。湖区北部小镇凯斯维克，是一个维多利亚时期的古老市镇。周边有数条林间小道通向附近的断崖和瀑布，那里有著名的凯尔特人的巨石遗迹，以及充满古老神秘气息的卡塞里格石圈。湖区是英国人的心灵之乡，很多英国人钟情于这片土地。湖区居民约 4 万人，但每年来此休闲观光的国内外游客达 140 万人。

湖区绝美的景色激发了许多作家和诗人的创作灵感，以英国浪漫主义诗人华兹华斯为代表的"湖畔诗人"曾在此写下美丽的诗篇。华兹华斯与雪莱、拜伦齐名，代表作有《抒情歌谣集》（合著）、长诗《序曲》《漫游》。他的故居名叫"鸽屋"，就位于湖区"最可爱的地方"格拉斯米尔村。鸽屋小巧质朴，开满了紫红色蔷薇的藤蔓爬满了整个小屋，每年约有 7 万名游客慕名到此一游。著名儿童文学作家比阿特丽克斯·波特，与她的先生相识于湖区，居住在湖区，相守了半生。波特女士所写的儿童小说影响了世界各地的孩子们，特别是她创造的彼得兔形象，为千千万万的孩子们所熟悉和喜爱。

很多英国人多次来到湖区旅游，或者在湖区住一阵，体味宁静闲适的田园生活。在这如诗如画的湖边，捧一本经典的诗集，度过一个远离尘嚣的安静夜晚，

实在是无比惬意的事情。

壮美的苏格兰高地

苏格兰大地上有一个大断层，大断层的西边和北边地势较高，海拔在 600 至 1000 米之间，这片山地就被称作"苏格兰高地"。它以高地地区的首府因弗内斯为中心，覆盖了苏格兰 2/3 以上的土地。高地的自然风景雄伟壮美：有多座山脉，包括英国境内最高峰本尼维斯山；有多种地貌，包括冰川时代留下的地貌、崎岖的山峦、精致的湖泊以及巨石覆盖的原野。高地是欧洲仅存的几块大荒原之一，人烟稀少，很少受到现代文明的浸润，因此这里仍然保留着原始的苍郁、粗犷和荒凉。

如今，有三条主要交通线穿越了苏格兰高地。豪华舒适的苏格兰皇家列车行驶在西部高地铁路线上，沿途景观各异，有荒野、山脉、湖泊、白桦林等，构成了一幅幅不同的画面。苏格兰西高地蒸汽火车铁路沿线将苏格兰最大城市格拉斯哥与西海岸城市玛雷格连接起来，沿途有荒野、湖泊、峡谷、沼泽地和城堡闪过。《赤胆豪情》和《高地人 II》等影片都在这些地方取过景。A82 公路被誉为"欧洲最美风景公路"，它全长 281.6 公里，连接了格拉斯哥和因弗内斯两座城市，途经洛蒙德湖、格伦科峡谷、三姐妹山、

苏格兰高地风光 / 毛国良摄

尼斯湖、格伦芬南高架桥、威廉堡等著名风景区。

洛蒙德湖是苏格兰最大的湖泊，南距格拉斯哥仅27公里。位于苏格兰高地北部大峡谷中的尼斯湖，面积比洛蒙德湖小多了，但名气却大多了。

格拉斯哥市政厅 / 毛国良摄

传说中的尼斯湖水怪是地球上最神秘的谜之一，每年都吸引世界各地的游客前往游览，希望能一睹水怪真面目。同时也吸引着许多科学家和探险者的目光，数百年来已经有无数次的搜捕水怪行动，但最后都以失败告终。BBC曾于2003年组织搜寻活动，但没有任何发现，宣称水怪只是神话传说。格伦科峡谷位于苏格兰西部高地议会区威廉堡南方，显得幽深而苍茫，夜幕降临，星空清冷而璀璨。风笛声也许就是在这样的环境中才能孕育出来。威廉堡是通往苏格兰西部高地的门户，它后面被白雪覆盖着山顶的高山就是著名的本尼维斯山。凯恩戈姆山坐落于苏格兰高地中心地区，面积4528平方公里，占苏格兰总面积约10%，是英国最大的国家公园，也是苏格兰的高尔夫之乡。布雷马高尔夫球场，海拔400米，是英国最高的18洞球场。周边有众多的威士忌酒厂，不妨造访其中的一家，小酌一两杯，领略真正的苏格兰风味。苏格兰西北角的天涯海角——天空岛（斯凯岛），是赫布里底群岛中最大的岛屿。那里遥远偏僻、人烟稀少，山、湖、海隐藏于云雾之中，犹如一位远离尘世的仙子，高冷而美丽。岛上的仙女池，让人仿佛进入了仙境一般；在这里，你或许会有幸遇见仙女哦！岛上的盖尔人一代代口耳相传，吟唱着诗歌，传承着文化。传统风格的茅草屋，再现了天空岛农庄的传统生活，是深入了解天空岛历史文化、民俗风情的好地方。

苏格兰高地运动会是一项最能体现苏格兰和凯尔特文化的活动，通常在每年9月的第一个周末举行，到2019年已经举办了166届了。女王和王室成员也经常前来观看。项目包括风笛、舞蹈、摔跤、拔河、扔大锤、扔铁块、丢链球、投标枪、抛掷树干等。现在又增加了田径和自行车项目。抛掷树干是运动会的主要项目，穿着苏格兰裙的男运动员要把几十斤重的树干抛得尽可能远些，但是动作一定要优美。运动会最好看的是风笛乐队和高地舞比赛。风笛乐队一般是16到20人，由风笛手、敲大鼓和军鼓的乐手组成。高地舞的特色是踢腿和转身，高地男人尽情舞动，欢快热烈，带有一种剽悍之气。年轻女子表演的战舞和军刀舞，在柔美中带有刚毅之气，颇能感染观众。

苏格兰高地的艺术活动丰富多彩。每年七八月，在伊万尼斯的高地音乐节上，可以聆听到各时期的苏格兰传统乐曲，欣赏塞尔特舞蹈，甚至可以让你把玩塞尔特的传统乐器：风笛、竖琴、提琴。而在伊万尼斯的马莉马斯节上，参加者都身着中世纪传统服饰游行，成群的马匹和马车队将会绕行全市。在手工艺市集上，会展销具有高地传统特色的手工艺品。

吹风笛的苏格兰男子 / 毛国良摄

在壮美的苏格兰高地，真正让凯尔特人找到灵魂归宿的，是嘹亮、优美的风笛声。在它悠扬的旋律下，诞生了至今流传不息的艺术——英国民谣。清新、朴素、自然的风格，以及民间传说与贴近生活的内容和语言，是英国民谣的特色。民间传说包含多方面的内容。例如，有讲鬼怪神异、林间神仙与人的交往的。《厄舍井的妇人》中，三个淹死了的儿子的鬼魂每晚来看望母亲，鸡叫就消逝，在一个看似迷信的传说里表现出母亲深切的丧子之痛。也有描写家族悲剧的：《两姊妹》中姊妹间嫉妒仇杀，《爱德华》中儿子在母亲指使下杀父；而讲爱情故事大多也是以悲剧结局，如《美丽的巴巴拉·阿兰》中的青年男女双双殉情。滑稽歌谣，则充满了民间幽默、轻松的乐趣，怕老婆的丈夫常成为被取笑的对象。最受欢迎的民谣是有关罗宾汉的。罗宾汉是英国古代民间传说中的英雄人物，他聚集一批自耕农，结成绿林兄弟，劫富济贫，行侠仗义，反映了被压迫者的反抗情绪和生活理想。民谣内容丰富、风格自然，对后世产生很大影响。例如，英国20世纪60年代的流行音乐家，从来就是一些民谣的歌手，只是在世界化的大背景的影响中，变得杂糅、斑驳、难以辨认。

威尔士的原乡之美

相对于英格兰的繁荣、苏格兰的壮美，威尔士在自然景致、风土人情及语言文化方面就显得较为纯朴与乡村化。威尔士拥有未受污染的自然美景和多种多样的地理景观，处处是原乡之美。三座国家公园中，雪墩山国家公园面积2132平方公里，仅次于湖区国家公园。每年大约有50万游客前来雪墩山游览。公园内有星罗棋布的湖泊、鳞次栉比的山峰、蜿蜒的河流，幽深的峡谷，以及瀑布、沼泽地和原始的海岸线等自然景观，非常适合人们开展徒步、山地自行车、攀岩、高尔夫、冲浪、跳水和钓鱼等运动。橄榄球更是被视为威尔士国家运动。威尔士还有许多古老的人文景观值得一游，例如石器时代和青铜时代的墓室、罗马要塞、诺曼底城堡、溪流火车、矿藏遗址、石矿村落和哈利赫的古堡等历史遗迹。

威尔士不仅是山与海的世界，而且也是红龙的故乡。这里与中国非常相似的是，威尔士也用龙作为当地文化和民族的象征。如果你到威尔士旅游就会发现，无论是政府机关、商业场所或是体育赛场，红龙旗飘扬在威尔士的每一个角落。许多英国驻外大使馆在每年的3月1日都会挂起红龙旗，以庆祝威尔士的国庆节（也就是圣大卫日）。许多传奇故事都与威尔士龙有关。最有名的莫过于梅林对红龙和白龙打斗的预言。红龙代表威尔士，白龙代表撒克逊。两条龙彼此对抗，梅林预言红龙终将战胜白龙。到了 1485 年，威尔士皇族亨利七世继承王位，被认为是应验了梅林的预言。1800 年，红龙被指定为威尔士的皇家标志。1853 年，维多利亚女王正式将红龙旗指定为威尔士的国旗。

威尔士素有"歌曲之乡"的美名，其丰富的民族音乐与诗歌成为威尔士的珍贵资产。在威尔士传统民间曲调和诗歌的熏陶下，民谣王子葛瑞斯·波尼洛创作了许多繁复而美丽、带有迷幻边缘色彩的现代民谣音乐。2013 年 10 月 17 日至 11 月 26 日，他在中国成都遍访武侯祠、宽窄巷子、杜甫草堂等古迹寻找灵感，和中国本土音乐家交流切磋，展开他的音乐灵感之旅。结合这些丰富生动的中国元素，他创作出了全新的音乐作品——以中国唐代诗人李白的传奇人生为主题的专辑《不朽的诗人》。安静的音乐将故事娓娓道来，却也荡气回肠！专辑好评如潮，2014 年获得威尔士年度唱片奖。

在威尔士北部地区，一般分为三个传统区域，分别是上圭内斯、下圭内斯和安格尔西岛。该地区历史悠久，是威尔士民族认同感较强的地区。崇尚武功的英王爱德华一世（俗称"长腿爱德华"）在执政期间不断进行征战，在 1284 年征服了威尔士全境。1301 年，他把选作王储的儿子封为威尔士亲王。从此以后，"威尔士亲王"已然成为英国王储的代名词。1969 年，电视转播伊丽莎白女王在卡那封城堡为查尔斯王子举行"威尔士亲王"授封仪式，吸引了全球 5 亿观众收看。

古老的人文自然景观

哈德良长城建造于公元 2 世纪，全长 117 公里，逶迤于不列颠岛上，是罗马帝国的西北边界。城墙高约 4.5 米，宽近 3 米，还包括瞭望塔、城堡等，不失为一项雄心勃勃的工程。千百年来，城墙有所损坏、风化，但有些部分保存得还比较好。

在英格兰北约克郡的伯明翰荒野里，方圆几十公顷范围内分布着许多形状奇特、姿势各异的平衡石。其中最突出的一个叫作"偶像石"。偶像石之所以最突出，是因为这块估计有 200 吨重的巨石把它硕大的身躯安置在一块与它相比非常袖珍的、锥形的石头上。看似危如累卵、摇摇欲坠，但是千百年来，任凭风吹雨打，它自岿然不动，令人不得不感叹大自然的神奇。

英格兰南部多塞特郡塞那阿巴斯巨人像也十分神奇。它位于塞那阿巴斯村附近的山脚下，是在陡峭山坡凿出 30 厘米深、30 厘米宽的线条而形成的人像图形。巨人像身高 55 米、宽 51 米，最明显的特征是巨大的生殖器，据说已存在了 2000 多年。据当地传说，妇女如果睡在巨人像上，就会变得"多产"。

英国著名的"巨石阵"更加神秘莫测。在伦敦西南 100 多公里的索尔兹伯里平原上，一些堆垒起来的巨石呈环形屹立在绿色的旷野间，这就是英伦三岛最著名、最神秘的史前遗迹巨石阵。它与埃及金字塔、奥林匹亚宙斯巨像、罗德岛太阳神巨像等，都是巨石文化的代表。在英国人的心目中，这是一个神圣的地方。19世纪英国著名首相格莱斯顿曾说："这座崇高的、令人敬畏的古迹，他述说着很多，同时又告诉人们，他隐藏着更多。"科学家们推测，巨石阵很可能是古代祭祀的主要场所；或者可能是巨型"音箱"，使得古人在祭祀时的鼓声得以扩音放大。也有人通过考古发掘，推测它是古代王室墓地或是部落酋长的坟墓。还有人推测，巨石阵是一座与太阳运行相对应的古代天文观象台。法国拍摄的电影《苔丝》中说它是供奉太阳神的异教神坛。甚至有考古学家认为，巨石阵是康复治疗中心，生病或受伤的古人怀着悲伤、绝望的心情来到这里，冀望"神石"能帮助

神秘的巨石阵 / 毛国良摄

他们康复。出于对神秘史前文明的好奇与向往，每年有上百万游客来到这里参观矗立了4500年的奇异石阵。在夏至日，游客聚集在这座古老神秘的遗址前，仰望神奇石头顶端的日出。

位于北爱尔兰大西洋海岸考斯威堤岸的巨人之路（或称"巨人堤岸"），显得十分神奇。由3.7万多根大小均匀的玄武岩石柱聚集成一条绵延数公里的堤道，被视为鬼斧神工的自然奇迹。不同石柱的形状具有形象化的名称，如"烟囱管帽""大酒钵"和"夫人的扇子"等。当地有一个传奇故事，巨人菲恩·麦库尔力大无穷，一次在同苏格兰巨人的打斗中，随手拾起一块石块，掷向逃跑的对手，石块落在海里，就形成了今天的巨人岛。后来他爱上了住在内赫布里底群岛的巨人姑娘，为了迎接她的到来，就建造了这条堤岸。现代地质学家通过研究其构造，揭开了巨人之路的谜底。原来，巨人之路完全是一种天然的玄武岩，是在第三纪由活火山不断喷发而形成的。一股股玄武岩熔岩从地壳的裂隙涌出，像河流一样流向大海，遇到海水迅速冷却变成固态的玄武岩并收缩、结晶，而且收缩力非常平均，于是就形成了规则的柱状体图案。

巨人之路 / 毛国良摄

话说英国人

　　"英国人"是英伦三岛和北爱尔兰居民的总称,也专指拥有盎格鲁—撒克逊血统的英格兰人。现在英国拥有 6400 多万来自不同种族、宗教、文化背景的人口。其中主要以白种人为主,大约占 92%,大多信奉基督教新教。其余为印巴裔、非洲裔、华裔等,主要信奉各自的宗教。英国人在语言、艺术、音乐、时尚等文化方面,一直受到不同种族社区、不同民族习惯的影响。即便是本国白种人,官方语言为英语,威尔士北部还使用威尔士语,苏格兰西北高地及北爱尔兰部分地区仍使用盖尔语。如果你把苏格兰人或威尔士人误认为英格兰人,他们会很不开心地纠正你。另外,应避免老用"English"一字来表示"英国的"。因为在苏格兰人与威尔士人看来,"English"主要是指"英格兰的"或"英格兰人的"。

　　英国气候温和湿润,雨雾较多,出门常带雨伞,以致谈论气候成了英国人见面寒暄时常常提到的话题。鲁迅先生在一篇文章里,说人们见面寒暄时总是说,今天天气哈哈哈,把生活中那种老练圆滑、中庸处世的形象描写出来了。据说"今天天气哈哈哈"原本是英国人的习惯,英国人有时在不便明确表达自己的意见时,或见到陌生人比较尴尬时,常常用天气引入聊天的话题。这从一个侧面反映出英国人的性格特点和民风民情。当然,这只是一般而言,英国各地区、各民族也各有其不同的特点。

　　英格兰人比较矜持庄重、墨守成规,喜欢沉默和思考,看上去比较中规中矩。但是,他们并不严格遵守交通规则,行人闯红灯的现象比较多。倒是中国游客比较规矩,在那里等红灯。当然,也有少数游客看见英国人闯红灯,也就跟着过去了。英格兰人性格比较内敛、幽默,感情轻易不外露。很少发脾气,不愿意与别人作无谓的争论。许多人也比较念旧守旧,比如喜爱祖传的旧家具、旧摆设、老物件。一些百年老店的店主,亦以保持老店的传统和旧貌为己任。

　　苏格兰人虽然有些郁郁寡欢,但为人友好善良、性格坚强、朴素正直,正像他们爱喝的苏格兰威士忌那样，醇厚浓烈。风笛、格子裙和威士忌是苏格兰人的标志。苏格兰北部城市因弗内斯，是风笛演奏者和爱好者的一个重要中心，自1788年以来每年9月都要举办北方风笛节，这也是全世界最著名的风笛独奏大赛。如果风笛的出场是与战斗有关的、进行曲式的，那么演奏者要边吹边走，例如《战地风笛》《沉睡的勇士》《勇敢的苏格兰人》等。因弗内斯斗篷，是全世界风笛演奏者在雨天穿的一种衣服。在格伦芬南，身穿格子裙的大力士挥动着铁链，将沉重的铁球用力掷出。苏格兰5月1日举行火把节，标志着一年夏天的开始，也预示着农耕复苏和多产。

威尔士人聚居在不列颠的威尔士半岛。他们是古代凯尔特人的后代，使用威尔士语，不过现在大多已通用英语。历史上，威尔士人为维护本民族的语言文化进行了斗争，于16世纪伊丽莎白女王时期，赢得了将《圣经》译成威尔士文的权利，对保存和发展威尔士语言文化起了重要作用。但随着威尔士与英格兰共同经济市场的形成，威尔士人英格兰化的趋势不断加强。威尔士南部由于是重要的煤矿和冶金中心，英格兰化程度更深，居民大多在矿山和工厂工作；而北部居民大多从事农业、畜牧业，更多地保持着传统的生活方式，并且以使用威尔士语为主。大多数威尔士人热情奔放、比较健谈。

北爱尔兰人爱憎分明，就连威士忌、黑啤或是爱尔兰咖啡，也似乎带有北爱尔兰人独有的性格。他们虽然行为举止有些粗鲁，但是他们热情、善良、健谈，有点"自来熟"。每年7月12日，他们不分派系和宗教信仰，都会纪念1690年博恩战役的胜利。在那场战役中，信奉新教的英格兰国王威廉三世在博恩打败了信奉天主教的前任君主詹姆士二世。7月11日夜，北爱尔兰全境都会举办焰火表演和各种庆祝活动。12日，盛大的游行和展览活动将会如期举行。巴利克莱五月节是当地的一项古老习俗，其历史可以追溯到1756年，它最初是一个庆祝丰收的节日，如今年轻女子依然会在这一天穿上自己最美丽的衣裳，在传统音乐的伴奏下尽情欢舞。

在传统文化的熏陶下，英国的中上层人士养成了一种绅士、淑女风度。绅士的独特风格，不只拥有恭谦整洁的外表，更要表现出广博的知识、优雅的品位。而淑女不只追求淡雅的装扮、优雅的气质，还体现在说话、语气、手势、坐姿、个人卫生等一些细节上。人们的相见礼仪除了通行的握手礼外，还有鞠躬礼（下级对上级或同级之间的礼节，须脱帽）、点头礼（同

英国民众 / 毛国良摄

级或平辈间的礼节，也须脱帽）、举手注目礼（军人礼节）、吻手礼（流行于上层社会的礼节）、接吻礼（上级对下级、长辈对晚辈以及朋友、夫妻之间表示亲昵、爱抚的礼节）、拥抱礼（熟人、朋友之间表示亲密感情的礼节）。在初相识时，一般的礼节是：向老年人引见年轻人；向妇女引见男子；向地位高的人引见地位低的人；在两个妇女之间，一般是向已婚的引见未婚的。尊重妇女、女士优先是体现绅士风度的一个重要方面。通常情况下，英国人总是处处表现出礼让女士的风度。绅士、淑女们时间观念也较强，一般都能遵守时间，信守诺言。做事有耐心，很少面露焦急之色。在公开场合忌谈个人私事、家事、婚丧、年龄、职业、收入、宗教问题。随便拍打客人被认为是非礼的行为。

　　英国人非常重视生态环境的保护。英国的湖泊河流里有很多淡水鱼和野鸟，但没有人会去偷猎。爱鸟也成为一种习惯。英国皇家保护鸟类协会拥有几十万会员和一个少年爱鸟俱乐部。他们常常把食物装在塑料袋或食篓中，挂在房前屋后的树上，以招引、喂养各种鸟。在伦敦，无论大人还是小孩，从不打鸟，也不掏鸟巢。成百上千只野鸽信步街头，与行人挤来挤去。看见提着食物的人，鸽子们就立即上前乞食。它们有的用翅膀拍打行人的裤腿，有的落在行人的肩膀上，甚至停在行人的头上咕咕地叫。人们总是尽量满足它们的要求。

　　英国人的禁忌和爱好是：对于排队"加塞"的行为和购物乱砍价的行为看不

惯。对于被视为死亡象征的百合花和菊花十分忌讳。孔雀和猫头鹰在英国名声不佳。对猫和狗较为喜欢，只是对于黑猫十分厌恶。喜鹊被中国人视为吉祥之鸟，而在英国是这样认为的，看见一只喜鹊会带来悲伤和坏运气，看见两只以上喜鹊才会带来快乐和好运气。在中国人看来，乌鸦是一种不祥之鸟，而英国王室却视乌鸦为宝贝。因为英国有一种传说：如果伦敦塔所有的乌鸦离开的话，不列颠王国将会崩溃。为了尊重古老的传说，现在政府仍然负担开支，在伦敦塔饲养乌鸦。中国人喜欢"8"，而英国人喜欢"7"，认为这是个吉祥的数字。许多英国年轻人喜欢赶在 7 月 7 日这天结婚，连赌场里老虎机所设的头奖也都是 777。"7"甚至对西方文化乃至整个世界的文化产生了广泛的影响，比如有"希腊 7 贤""7 大主教""7 宗罪""7 德行""7 大圣礼""7 大守护神"等等，充分体现了"7"在宗教文化中的广泛运用。英国人对星期五又凑巧是 13 号会加倍小心，夸张点的人会拒绝出门，只在家里待着。在排列位次时英国人认定"右高"。左撇子被视为笨人。走路时，讲究先伸出右脚。在色彩方面，偏爱蓝色、红色与白色，而对墨绿色比较反感。

许多英国人也有一些迷信风俗习惯。他们认为，在梯子下走过或在室内打伞会很不吉利，在家里打碎一面镜子会有 7 年的厄运，在用餐前打翻盐是一种倒霉与不好的兆头。很多人还认为，魔王撒旦会利用人们打喷嚏的机会，窃取人们的灵魂。所以，如果有人打喷嚏，他身边的人必定会说上一句"Bless you"（保佑你）。据说，这样就可以吓退那些图谋不轨的恶魔。有一些英国人在饮食方面有一些迷信的讲究，比如在吃完煮鸡蛋时要用勺子戳穿剩下的鸡蛋壳，因为他们认为吃剩的鸡蛋壳里通常会藏着小恶魔，如果不把恶魔赶走的话，全家都会遭受厄运。另外，常有一些英国人说完一些事情之后会立刻敲敲桌子，原来他们相信树木里面住着精灵，敲木头的声音可以防止恶魔听到自己刚刚说出口的好运，从而防止厄运。某些英国人还认为，四叶的三叶草是具有魔力的植物，可以帮助人们驱赶魔鬼，所以称之为"幸运草"。英国某些地方还有狗熊能防止小孩染病、黑色的兔子能够带来好运、遇见白色的兔子是死亡的预兆等迷信说法。

英国文化点滴

英国人在日常生活中形成的一些习惯，也可以说是一种文化现象，比如茶文化、酒吧文化、服饰文化、住文化、教堂文化等，有必要在此介绍一下，以飨读者。

英国人对饮茶十分感兴趣，也十分讲究。喝茶常加牛奶和糖，被称为"英国茶"。有着300多年历史的唐宁红茶，是第一个获得"王室御用保证"的茶品。英国茶品种繁多，例如红茶、花茶、果茶和香料茶等。英国人好饮红茶，对印度红茶和锡兰红茶也情有独钟；在口味上特别崇尚汤浓味醇的牛奶红茶和柠檬红茶。英国人喝茶，多数在上午10时至下午5时进行。有支民歌说："到了十一点半，我最高的愿望，乃是好茶一杯。"其中，最有名的是下午茶。届时，他们放下手中的工作，喝一杯红茶，吃少许点心，休息一刻钟，称为"茶休"。贝蒂茶屋大概是在约克郡乃至英格兰北部都享有盛名的茶室。其传统的下午茶三层塔别开生面，有各种口味的三明治，司康（苏格兰人的快速面包）、小蛋糕等。当然，对大多数英国人来讲，下午茶也只是用一般的茶叶点心；讲究一点的，用中国的红茶，再加上蛋糕和牛油饼等食品。据英国国家统计局2008年1月的一项调查显示，英国人的饮食习惯也在发生变化，人们要么选择水果这样的健康食品当下午茶，要么简单吃点快餐，传统的下午茶在英国家庭中已不多见了。

有着上千年历史的英国酒吧文化历久弥新。可以说，英国的酒吧遍地开花，伦敦的街头巷尾更是林立着各式各样、各种主题的酒吧。苏荷区的酒吧颇有情调，每个酒吧都有不同的消费群体，早年成为身在伦敦的作家、艺术家、诗人、知识分子的聚集区。连革命导师马克思在19世纪50年代也曾在苏荷区住过几年，经常到红狮酒吧喝酒或聚会。位于伦敦西部的切尔西，有一间秘密鸡尾酒酒吧，这里的鸡尾酒都取了各种俏皮的名字，如"愤怒鼠尾草抗战""罗勒的宝泉"及"狂野百里香"等。英国有本名为《旅游者酒吧仪俗指南》的小册子，书里有这样一句忠告："你如果没有去过酒吧，就等于没有到过英国。"酒吧被认为是最能反映英国文化的地方，也是平日里拘谨严肃的英国人向他人敞开心扉互相交流的好去处。英国人喝酒的时间有三个：昨天、今天和明天。很多英国人喝酒就如我们喝水那样轻松平常，他们白天喝啤酒，晚上喝红酒或烈酒，在酒吧喝，回家也喝，连办公室也放着酒，孕妇也照喝不误。喜欢"爬吧"的人，整个晚上或整个周末，一家一家地逛酒吧，喝一杯换一个地方，这是英国人获得乐趣和荣耀的一种方式。据报道，有几名"爬吧"的英国男子，他们从1984年开始，已连续28年每周六去"爬吧"。美国有线电视新闻网曾评选出"世界上最爱喝酒的国家"，英国居然是第一。这多少有点出人意料。但至少可以说明一点，英国人是爱喝酒、会喝酒的。他们喜欢喝苏格兰威士忌、金酒（又叫"杜松子酒"）等。金酒最先由荷兰生产，在英国大量生产后闻名于世，是世界第一大类的烈酒。贮存15至20年的威士忌品质最佳，色泽棕黄带红，清澈透亮，气味焦香，带有浓烈的味道。

英国人十分讲究穿衣戴帽。历史上的英国男士特别是名流显贵，除西装革履外，都要头戴圆顶"波乐帽"。维多利亚时代女性的服饰更是华贵精致，蕾丝、细纱、荷叶边、缎带、蝴蝶结、折皱等元素被大量运用，款式翻新，或立领、高腰、公主袖，或低胸、束腰、大裙摆。20世纪，"绅士和穿着花呢服装的太太"已经成了英国文化和不列颠国际时装形象的一个标志。今天，人们依然十分讲究穿戴。出席宴会或晚会时，就得衣冠楚楚。男士习惯穿燕尾服等黑色礼服，衣裤烫得笔挺，所用的皮革制品也总是表现出稳重、脱俗的绅士气质；女子喜欢穿高级时装或优雅的晚礼服等。出席宴会前，如果接到一张上面写有"打黑领带"的请柬，意思是男宾穿全套晚礼服，女宾穿长裙。就连英国中学生的校服款式也比较经典：男生为正统西装，正规皮鞋，佩戴领带；女生是统一西式正统服装，正规女式皮鞋，佩戴领花。英国人的服饰文化中也包括各种传统的工作服装和服饰。比如，法院开庭时法官穿黑袍、戴假发；教堂礼拜时牧师披长袍；出席重要活动时女王穿白色长裙礼服、戴王冠等。在传统礼仪中，王宫卫兵们至今仍穿500多年前那种猩红色的都铎式制服：红色上衣，紧领，铜扣，有绶带，头戴高高的黑色熊皮帽。在节庆或王室成员驾临时，穿金黄色制服。英格兰传统服饰是人们在

穿都铎式制服的卫兵 / 毛国良摄

穿方格呢短裙的老人 / 毛国良摄

跳莫里斯舞时穿着的服装：白衬衣、白裤子，戴一顶用毡子或者麦草做成并装饰有缎带和鲜花的帽子，在绑腿和毡帽上有许多小钟铃。英格兰乡村服装带有撒克逊时代服装的遗俗，其中最突出的是长罩衫。苏格兰男人视方格呢短裙为正装，在婚礼或者其他较为正式的场合才穿。随着一部好莱坞大片《勇敢的心》（讲述苏格兰民族英雄华莱士的故事）在中国热播，苏格兰裙在人们心目中具备了令人热血沸腾的勇士形象。

西方有一句俗语"挣在美国，住在英国。"意思是美国商业发达，是挣钱的好地方；英国环境优美，是宜居的好地方。英国是个岛国，土地资源有限，因此在居住方面，尚绿不尚大，也不尚新。英国 6000 多万人口拥有 2000 多万幢住宅，其中传统小楼、独立别墅和联排房占 80%，高层公寓占 20%。在现代化程度很高的英国，人们更喜爱乡村住宅，表现出一种返璞归真的愿望。英国人住房子还讲究历史，喜欢古和旧。许多人住的是父辈、祖辈甚至曾祖辈留下的老房子。老房子一般都有壁炉，这是英国人传统生活中非常重要的一个部分。晚饭后，一家人喝着咖啡，围坐在壁炉前，或读书，或聊天，或靠在椅背上休息。特别是冬天的夜晚，温暖的壁炉更是把一家人紧紧地凝聚在一起，给人一种特别温馨的感觉。他们在这百年老屋里住得有滋有味。对于一些穷人来说，英国地方政府也都盖了一些廉租房，

英国老房子 / 毛国良摄

约克大教堂 / 毛国良摄

以低价或者免费的方式出租给住户。

英国人的生活中离不开教堂，所以产生了独特的教堂文化。英国教堂遍布全国，大多古朴、精美、壮观。在过去，一个城镇的最高建筑一般是教堂，教堂的钟声是人们生活起居的计时标准。教堂为信众提供日常服务，包括早祷和晚祷。唱诗坛是教堂最肃穆的场所。教堂也是集中展示雕塑艺术的理想场所，圣经故事里的许多形象都以雕塑的形式被存放于教堂，并凝固成为人们永恒的信仰。教堂也承办婚礼，牧师为新人主持婚礼。许多教堂还设有墓地……从出生受洗到生命终结，教堂与信众的生活紧密相连。伦敦的威斯敏斯特大教堂（别名"西敏寺"），在英国享有至高无上的地位，它是英国王室专属礼拜堂。1066 年以来几乎所有英国国王的加冕典礼、王室婚礼和王室的一切重大仪式都在这里举行。威廉王子举行结婚仪式的地点，以及他母亲戴安娜王妃举办葬礼的地方，也在这里。教堂墓地中埋葬着英国历代国王和历史上各个领域最杰出的人物。因此可以说，威斯敏斯特大教堂是一部英国王室的石头史书，也是英国人心目中"荣誉的宝塔尖"。伦敦的圣保罗大教堂，是英国第一大教堂，也是巴洛克式建筑和英国古典主义建筑的代表。拜占庭式的粗大圆柱耸立于正门的石阶上，迥异于典型的哥特式建筑风格。这里经常举办高规格的庆典和集会，四面八方的人群潮水般涌来。英国其他一些教堂风格各异，各具特色。约克大教堂（又称"圣彼得大教堂"）是全英最大的哥特式教堂。索尔兹伯里大教堂是全英最高的教堂。坎特伯雷大教堂是英国最古老、最著名的基督教建筑之一，英国国教的首任主教就是坎特伯雷大主教。英国其他一些教堂风格各异，各具特色。伍斯特大教堂、达勒姆大教堂、利物浦座堂、温彻斯特座堂、林斯泰德教堂、格洛斯特大教堂、罗斯林教堂等，都是各地方受欢迎的朝圣地。

餐饮礼仪与习俗

英国人的宴请活动大多放在晚上进行。按照宴请礼俗，不求奢华，不搞铺张，而是以俭朴为主。考究一点的有精美的银制餐具、蜡烛台。讲究餐桌上的礼仪，席间说话须低声细语，刀叉盘碟不可碰撞出声。即使喝汤，也是用勺子一勺一勺地喝，不要发出声响。一般不准吸烟。进餐时吸烟，被视为失礼。没有人劝酒，即使祝酒也只是举杯示意，但不相互碰杯。每餐除主食和饮料外，一般只上一道主菜、一份沙拉、一道甜食。做客时，带的礼品一般是高级巧克力、名酒、鲜花，也可以是民间工艺品。苏格兰威士忌是很通行的礼品，烈性威士忌则不然。菊花在欧洲国家只用于万圣节或葬礼，一般不宜送人。白色的百合花在英国象征死亡，黄玫瑰象征亲友分离，也不宜送人。

英国人的家宴是蛮有情趣的。主人发出邀请时，大多要向客人说明请客的原因，以及最好穿什么样的礼服。被邀请者一旦答应出席，非万不得已，绝对不要失约，而且最好在规定的时间前10分钟左右到达。如何安排座位，在英国人的家宴上是一件很重要的事情。一般按客人的社会地位和年龄来安排座位：男主人让最重要的女宾坐在自己右边，其次的女宾坐在自己左边；地位最高的男客坐在女主人右边，其次的男客坐在女主人左边。家宴最常吃的烤鸡、烤羊肉、火腿、牛排和煎鱼块，一般都配料简单，味道清淡，只是在餐桌上准备盐、胡椒粉、芥末酱、色拉油、辣酱油和各种沙司（调味汁），由进餐的人自己选用。用多种方法烹制的牛排是比较常见的佳肴，原料采用牛背部的骨肉，肉质厚阔而肥嫩。不同的熟度、不同的辅料，能够带来不同的口感与享受。但牛排一定不能烹制得烂熟，否则就成了俄式牛排了。布丁是一种很甜的点心，英国人非常喜欢在正餐结束前吃水蒸的布丁。在家宴上，主妇常以自己亲手做的布丁为荣。结束用餐时，女客人先到客厅休息，男客人可留下喝些烈性酒或过过烟瘾。客人告辞时，主人将客人一一送到门口，客人要道谢。

英国家庭素有"把餐桌当成课堂"的传统。据《启蒙（3—7岁）》2009年03期载文介绍（作者周楠、王琛），从孩子上餐桌的第一天起，家长就开始对其进行进餐教育，目的是帮助孩子养成良好的用餐习惯，学会良好的进餐礼仪。英国人特别重视幼儿期的饮食，防止幼儿偏食、挑食，如果幼儿只吃某种菜而对其他菜不屑一顾时，家长往往会把这种菜收起来。英国孩子一般2岁时就开始学习用餐礼仪，4岁时就学会用餐的所有礼仪了。稍大一些的孩子都乐于做一些在餐前摆好餐具、在餐后收拾餐具等力所能及的杂事。外出郊游前，他们会在家长的指导下自制饮料，尽量少买易拉罐等现成食品，并注意节约用水用电。

英国人的饮食习惯是：早餐比较讲究，中餐比较简单，晚餐比较重要。标准的英式早餐主要包括：牛奶、咖啡、果汁、面包、熏肉、香肠、鸡蛋、蘑菇、烤番茄、炸薯块、茄汁黄豆、水果。英国人以英式早餐为骄傲，认为英式早餐是世界上最棒的早餐之一。说到底，英式早餐已经超越了"早餐"的原意，而是在更广的层面上代表了英国独特生活方式的一部分。但是，随着健康观念的普及，现在英国人的早餐食谱已经向"功能性早餐"转变：越来越多的英国人开始选择麦片、蔬菜沙拉、水果作为早餐的主要食品。晚餐对英国人来说是日常生活中最重要的一部分。典型的英国晚餐包括"一肉两菜"，即一份肉菜（例如烤牛排）和两份蔬菜。主食一般是面包片和炸薯块等。吐司面包夹烤牛排配约克郡布丁是英国普通民众爱吃的美食。英国人对圣诞餐非常重视，食品中包括猪肉、火鸡、圣诞布丁、圣诞碎肉饼等。最早的时候很讲究吃烤孔雀，后来改吃烤鹅，一直到16世纪后才吃烤火鸡，延续至今。英式菜的代表菜肴有：炸鱼配薯条、土豆烩羊肉、烤鹅填栗子馅、牛尾浓汤、牛肉腰子派、皇家奶油鸡等。在威尔士，高尔半岛有名的盐沼羊肉在经过大厨料理后，有着奇妙丰富的口味。英国人喜欢狩猎，在每年只有一次的狩猎期中，就有许多饭店或餐厅会推出野味大餐，如野鹿、野兔、雉鸡、野山羊等。烹调野味时，一般要用些杜松子或浆果及酒，以便去除食物的膻腥味。英国的渔场不太好，所以英国人一般不讲究吃海鲜。当然，苏格兰美味的鲜鱼（尤其是鲑鱼）、烟熏鳕鱼和贝类也是闻名遐迩的。熏鲑鱼配烤面包，滴上几滴新鲜的柠檬汁，再搭配黄油或是奶酪，让人垂涎欲滴。

英国菜的烹饪可以用一个词来形容：简单。因而常常被人们所调侃。英国人也常常自嘲不擅烹调。但英国有一些传统食品还是比较有名的。例如，三明治是西方一种基本食品，以两片面包夹几片肉和奶酪、各种调料而成，吃法简便。三明治本是英国东南部一个不太出名的小镇，几百年前镇上有位蒙塔古伯爵吃喝玩乐，嗜赌如命，整日废寝忘食地玩桥牌。跟差很难服侍他的饮食，干脆将肉、蛋、菜夹在面包片中，让他拿在手上边吃边赌。蒙塔古伯爵大喜，顺口便将这种快餐叫作"三明治"。后来三明治名扬英伦三岛，传遍欧洲大陆。从此，夹馅面包片的食品，都被叫作"三明治"。英国餐后甜点"布丁"、苏格兰的"哈吉斯"，都是传统食品。"哈吉斯"是把羊心、羊肝、羊肺等羊杂碎，加上燕麦、蔬菜、板油、调料，全部装进羊胃里烹煮而成的大杂烩，不仅热量高、营养好，而且非常美味。还有一种传统食品叫"派"，是从"哈吉斯"演变而来的。那是一种装有各种肉、马铃薯和蔬菜的"派"。人们都喜欢在进餐或喝茶时配用这种"派"。

英国人也有一些不良饮食习惯，致使肥胖之人比例较高。例如，很少饮白开水，饮茶要加奶或糖，甚至吃草莓也要加糖和奶油。日常喝的大部分是奶茶、咖啡、汽水、啤酒、果汁等。喜欢甜食，下午茶点是蛋糕、曲奇饼干，正餐是面包、炸薯条，饭后是甜品。还喜欢吃糖果、巧克力、薯片、雪糕等零食。有些家庭甚至没有正式的晚饭，孩子们就以零食当饭吃，很不健康。所以很多人有蛀牙和糖尿病。英国人吃蔬菜很少，特别是那些绿叶新鲜蔬菜。在家做饭很简单，只要在超市购买各种调制好的食品，回家在微波炉或烤箱加热便可以吃。其实在英国，新鲜的蔬菜、水果、肉类随处可见，但很多英国人宁愿选择速冻的肉类、蔬菜、水果，图个方便。尽管英国的报章杂志都有关于健康饮食的报道，但很多人依然故我，当然也有一部分人的饮食习惯正在悄悄地发生改变。

马术、足球与赛舟会

被誉为奥运会最贵的运动"现代马术"，起源于英国。17 世纪英国资产阶级革命后，赛马活动有了很大发展。查理二世国王是第一个支持赛马运动的国王，他把这项运动命名为"国王的运动"。18 世纪初，由于英国女王的支持，争夺奖金的赛马活动更为盛行。19 世纪后半叶，《英国赛马年鉴》杂志应运而生。伊丽莎白二世的女儿安妮公主擅长马术，1971 年，21 岁的她便获得了欧洲全能马术锦标赛三项赛的个人冠军，并且当选为英国广播公司（BBC）年度最佳体育人物。安妮公主的女儿扎拉公主也热爱马术，曾获得 2006 年世界马术锦标赛的个人金牌和团体银牌。在英国，有很多马术俱乐部和赛马场。例如，伦敦马术俱乐部是一家私人的会员俱乐部。这里有最专业的老师传授最专业的骑术，包括盛装舞步、跳跃、马球和狩猎等等。萨福克郡纽马克特镇是英国赛马比赛的发源地，即 1664 年在成文规则下的首届比赛场地。著名的纽马克特镇蹄铁大赛也一直延续至今。雅士谷马场是英国的一个著名马场，由英国皇家财产局管理。这里主要用于举办无障碍赛马运动及国家狩猎跳栏赛事，其中，最为人们熟知的是每年 6 月下旬举办的为期 5 天的皇家雅士谷赛马日。安特里赛马场、索尔兹伯里赛马场和叶森马场也是英国著名的马场。2012 年 6 月 3 日，86 岁的英国女王伊丽莎白二世莅临叶森马场观赏了一年一度最盛大的赛马比赛。

足球是英国盛行的体育活动之一，专业水平较高，有广泛的群众基础。英格兰仅职业足球队就有 90 多个，素有"足球之乡"的称誉。例如，曼彻斯特联队（曼联）和曼彻斯特城队（曼城），是英国最高水平足球联赛英超联赛的参赛球会。两支球队中以曼联最为知名，常是英超联赛的冠军，素有"红魔"和"常胜军"的美誉。曼联主球场享有"梦剧场"的美誉。

依傍在泰晤士河畔的亨利古镇，是英国一年一度的皇家赛舟会的举行地。皇家赛舟会是英国传统的民间活动，已有近 200 年的历史。1839 年 3 月 26 日亨利镇的公众大会做出举行赛舟会的决定。据《环球时报》载文介绍，1851 年，维多利亚女王的丈夫艾伯特亲王第一次以王室的名义赞助赛舟会，自此，赛舟会便冠以"皇家赛舟会"的称谓。1986 年，伊丽莎白二世女王为新落成的赛舟会总部揭幕。每逢赛舟会，比赛现场格外热闹，有两三百艘赛船参赛。赛船的形式从单人到 8 人都有。人们在赛舟会现场可以看到英国人激情的一面。上万人的活动现场，没有一条商业广告，当地商家只是卖些现场实用的鞋帽和饮食。午餐时，多数人都是野餐。这也是最典型的英国式休闲野餐。

除马术、足球与赛舟会外，深为英国人喜爱的运动还有拳击、板球、网球、高尔夫球等。登山、探险、滑冰、摩托车、游泳、划艇、篮球、乒乓球、羽毛球、泥潭赛跑等运动，也有众多的爱好者。惨不忍睹的英国斗狗是不入流的，甚至是非法的活动。

社交舞会与民间舞蹈

在英国，社交舞会一般在晚间 10 时左右开始。舞会或在私人家中或在饭店、舞厅举行。舞会上，主人可能备有夜宵，也可能只备些茶、咖啡和三明治等。说起舞会，英国的文学作品中有很多描写舞会的段落，例如在《傲慢与偏见》中，简·奥斯丁以细腻笔触完美呈现出轻歌曼舞的舞会场景。舞会不仅有重要的社交作用，而且也体现了人们对精致、高雅的生活艺术的向往和追求。受邀参加名媛大型舞会的女孩们经过精心准备，在舞会上展示她们的美丽、优雅及娴熟的社交技巧。英国"夏洛特女王舞会"历经 200 多年的发展，实为全世界名媛慈善舞会之翘楚。由英国皇家舞蹈教师协会规定了统一标准的现代舞，包括华尔兹、探戈、狐步、快步、维也纳华尔兹（快华尔兹），也曾经盛行于英国上流社会的交谊舞厅。尽管现在人们有了更多的娱乐和社交方式，但英国人对舞会的热情丝毫未减。在舞会上，男宾要主动邀请女宾跳舞。需要指出的是，男子与男子、女子与女子共舞是要被人笑话的。

　　与高雅的社交舞会相比，英国传统民间舞蹈别有风情。民间舞蹈清新自然，不拘泥于舞台，在广场、草地和乡野都能翩翩起舞。英格兰民间舞蹈有剑舞、捷格舞、摩里斯舞和乡村舞等。剑舞是典型的男子舞蹈，跳舞时手持短剑、匕首或腰刀，模拟格斗，舞姿矫健，含有祈求丰收、驱逐妖魔鬼怪之意。这种舞蹈在我国也有，是唐宋时期男子的民间舞蹈，后来发展到女子也能跳，风格变得缓慢、典雅了。捷格舞种类比较多，如今已经发展成为成熟的巴洛克舞曲的一部分。表演时，舞曲欢快活泼，步伐轻盈快捷，身体其他部位保持不动。这种舞蹈现已传播到整个西欧，特别在爱尔兰比较普及。摩里斯舞（或称"莫里斯舞"）是男子舞蹈，大多在复活节前、圣灵降临节期间围绕五朔节花柱表演。跳摩里斯舞时要把脸涂黑，看起来像摩尔人，摩里斯舞或许由此得名。这种舞主要流行于英国乡村，农民跳起摩里斯舞欢庆播种的季节和生命的轮回。舞者常穿灯笼裤，腿上绑着铃铛，手上挥舞手帕，围绕着他们崇拜的神灵起舞。绑着的铃铛用来唤醒大地，挥舞的手帕用来召唤太阳的光芒。所以，摩里斯舞是一种乡村舞。表现乡村舞的还有鹿角舞节上跳的舞蹈。鹿角舞节是英格兰的民间传统节日，每年9月的第一个周日在斯塔福德郡的一个村庄举行。他们肩上扛着用木头雕制的鹿角，从教堂出发，走向各个村庄，载歌载舞，庆祝丰收。除英格兰民间舞蹈外，苏格兰民间舞蹈也很有特色。男女舞者皆穿打褶的格子短裙，舞者之间进行频繁互动，比如微笑、牵手等。舞蹈动作轻捷、感情欢快，伴奏乐器是传统的风笛。这些构成苏格兰舞蹈的民族特色。

形形色色的节日

　　英国有很多传统节日和宗教节日，诸如元旦新年、五朔节、烟火节、圣大卫日、圣乔治纪念日、圣星期六、忏悔节、复活节、耶稣受难日、耶稣升天节、圣灵降临节、圣母玛利亚日、女王诞辰日、薄煎饼日、万圣节前夕、万圣节、圣诞节等。以下试举几例。

在元旦新年，英国人会根据当地的风俗习惯开展各种庆祝活动。新年互寄贺卡的做法起源于英国，第一张新年贺卡于 1843 年在伦敦诞生。除夕夜，人们或带上糕点和酒去亲友家里拜访，或在家享用迎新宴会。在亲友家做客的人，要去拨弄壁炉的火，祝福主人开门大吉。在享用迎新宴会后，已是午夜时分，人们打开收音机，聆听教堂大钟的新年钟声。据《英语知识》1988 年第 6 期载文介绍，钟声鸣响时，大家一片欢腾，举杯饮酒，辞旧迎新。同时，高唱《辞岁歌》："你对旧日朋友，心中能不怀想？你对旧日岁月，心中能不怀想？旧朋友、旧时光，我们爱它！我们喝一杯！干一杯！"后来，18 世纪的诗人罗伯特·彭斯将这首歌改成闻名世界的《友谊地久天长》。有些地方还组织除夕舞会，到装饰一新、灯火辉煌的舞场翩翩起舞，或云集到各个广场，围绕着广场中心的喷泉和神像，载歌载舞，尽情狂欢。有些家庭会把房屋的后门打开，将"旧年"放出，然后打开前门，将"新年"迎进来。在伦敦，1 月 1 日要举行新年大游行。在中部一些地区，新年早上出门时，不管熟识还是陌生，都会互送铜钱，以期沾些财气和幸运。中部乡村还流行新年"打井水"的风俗。元旦一大早，大家争先恐后地拎着桶，奔向井边打水。人们认为，第一个打水的人为幸福之人，打来的水是吉祥之水。在苏格兰，也有特别的习俗，比如，点燃沥青桶，让沥青桶在街上滚来滚去，以示辞旧迎新；许多家庭在除夕夜把一些金钱放在门外，翌日清早一打开门就能看见，取"一见发财"之意。据说，盗贼和乞丐看见这些金钱也不动分毫。

每年 4 月 23 日是英格兰国庆节（圣乔治纪念日）。圣乔治在公元 260 年左右出生于巴勒斯坦，为罗马骑兵军官，因试图阻止戴克里先皇帝治下对基督徒的迫害，在公元 303 年被杀。另有一个传说是，圣乔治因为成功杀死一条贻害当地的毒龙而深受爱戴。现在，在英国不少地方都可以看到一位身穿盔甲的骑马武士屠龙的图案，这就是圣乔治。圣乔治已成为英格兰文化的重要部分。在圣乔治日前后，英格兰地区的教堂、酒馆或者汽车上，都会挂起一面印着红色十字的白色旗帜，这就是圣乔治旗。连英格兰足球队出赛，或者凯旋的时候，这面旗帜也会大量出现在球场内外。

　　每年 3 月 1 日是威尔士国庆节（圣大卫日）。圣大卫（520—589）生前在威尔士传扬基督教。据说，撒克逊人入侵威尔士的时候，圣大卫带领威尔士人合力打败了侵略者，因此被威尔士人尊称为民族的守护圣人，并且将他去世的日期 3 月 1 日定为国庆日。圣大卫日的标志是黑色的旗帜上的一个金色十字架。节日里，在街头会看到不少人佩戴一朵黄色的水仙花或韭葱。水仙和韭葱是威尔士的国花。关于韭葱，还有一段故事。传闻在抵抗撒克逊人入侵的时候，圣大卫教威尔士人在帽子上插韭葱做记号，合力打败了侵略者，这就是威尔士人在圣大卫日插韭葱习俗的由来。

　　圣灵降临节亦称"五旬节"，节期在复活节后的第五十天，是为纪念耶稣复活后差遣圣灵降临而举行的庆祝节日。英国人庆祝圣灵降临节的方式和内容大致为：去教堂聚餐；演出取材于《圣经》故事的节目，或举行群众游艺及体育活动；集体长途步行，为慈善事业募捐；教堂向群众提供面包和干酪等。

　　五朔节庆祝活动在每年的 5 月 1 日举行，这是英国等欧洲国家春天里最古老、最重要的节日之一。它起源于前基督教时代的盖尔人习俗，点火把庆祝春天的到来。村落里的牲畜都会被驱赶着跨过火堆或从两堆火中间穿过．以达到为牲畜洁身的目的，并期望它们在来年受到庇护、多产崽。接着，村民会把火带回家，重新点燃家里的火炉，再围着篝火按顺时针方向跳舞，以确保自己和家人都顺顺利利。在英格兰，人们会在深夜采摘五月的桦枝，然后把小树枝挂在门上。少女们头戴花环或手持树枝花环，挨家挨户去唱五朔节赞歌，祝福主人。有些村庄还有"五月柱"，用挺拔的树干如杉树等做成，上面漆成五颜六色，顶上挂着花环，花环上拴着长长的各色彩带。孩子们手持彩带围着柱子欢跳。有的村庄还按照古老的风俗，在五朔节这一天选出一个少女做"五月皇后"。五朔节之夜还是"红人"及其情人狂热放纵地参加聚会的夜晚，玩得最开心的是满头红发的人。

　　烟火节也称"盖伊·福克斯之夜""篝火之夜"，已有 400 多年的历史。这是英国一个政治性节日，其起源是：1605 年，罗马天主教徒盖伊·福克斯及其同伙不满国王詹姆士一世的新教徒政策，将 36 桶黑火药运进了议会大厦的地下室，企图炸死国王，并炸毁议会大厦。他们准备在 11 月 5 日采取行动。然而，这个阴谋被揭发，盖伊及其同党被以叛国罪处死。国王下诏庆祝胜利。民众便燃起篝火，烧掉盖伊人偶。今天，孩子们都非常喜欢这个节日，他们把自己制作的人偶放到篝火上焚烧。人们还会准备丰盛的美食，称为"篝火之夜食谱"。1996 年，英国篝火协会决定不再焚烧盖伊人偶，而是用非议度较高的年度话题人物来代替盖伊"受刑"。这够幽默风趣的。第一个不幸中枪的"名人盖伊"是戴安娜王妃的单车教练，他被称为王室"爱鼠"。随后，伊拉克前总统萨达姆·侯赛因，英国前首相托尼·布莱尔和泽维尔·戈登·布朗，被剥夺环法"七冠王"头衔并被终身禁赛的美国自行车手阿姆斯特朗，深陷贿赂和腐败丑闻的国际足球总会主席塞普·布拉特等人的人偶，都曾在这一节日上被焚烧。另一个有趣之处是，1605 年以来保持着一个古老的传统，每年 11 月 5 日，议会警长带领皇家卫队都要巡视一番议会大厦地下室，检查是否有新的预谋犯搞破坏。

英国的圣诞节习俗较为隆重和有趣。《绿袖子》是一首英国民谣风格的歌曲，古典、优雅，略带一丝关于爱情的凄美之感；人们喜欢它的旋律，有人就将它换了歌词演唱，也有人将它作为圣诞歌曲传唱。在圣诞节之前，许多小学生会化妆表演一出关于耶稣基督诞生的剧目。圣诞童话闹剧更是风行于年轻的家庭中，一般都是根据童话改编的，例如睡美人、灰姑娘等。圣诞夜，各家各户都会坐在餐桌前，吃一顿传统的圣诞大餐。大多数人都会在头上戴一顶彩色纸帽子。几乎所有的家庭都会准备一盒拉炮在圣诞夜拉响，以增加热烈喜庆的节日气氛。拉炮里会装有纸做的皇冠、写有名言或笑话的纸条，以及一些小礼物，很受孩子们喜爱。百果馅饼是圣诞节期间不可或缺的甜品。中世纪以来一直流传的一种说法是，如果从圣诞日算起的 12 天当中，每天都吃一个百果馅饼的话，那么今后 12 个月内你的生活会充满幸福。平安夜，孩子们会在家门外给圣诞老人留下一个百果馅饼和白兰地，并给圣诞老人的驯鹿留下一些胡萝卜。孩子们还在圣诞前夕把长筒袜子放在壁炉旁，相信圣诞老人晚上会骑着麋鹿从大烟囱爬下来，给他们带来满袜子的礼物。在圣诞节早晨，主人会给每一个家人分发礼物，仆人也有份。有些人逐门逐户唱圣诞歌报佳音，他们会被主人请进屋内，受茶点招待，或者获赠小礼物。

看过经典爱情影片《新娘百分百》（又名《诺丁山》）的人，可能对伦敦西区诺丁山这个地方多了几分期许。影片讲述一位到英国拍片的好莱坞大明星安娜，偶然跑到诺丁山的小书店买书，竟然跟个性腼腆的老板威廉擦出爱情火花，最终躲过狗仔队的纠缠而获得美满结局。诺丁山的确是个神奇的地方，每年 8 月底举办的诺丁山狂欢节是欧洲规模最大的街头文化艺术节，仅次于巴西的里约热内卢狂欢节。因为诺丁山地区的黑人居民多半来自加勒比海和拉美其他地区，所以诺丁山狂欢节一向以浓郁的加勒比海情调著称，是英国多元文化的象征之一。服装、面具，奇异华丽；音乐、舞蹈，热烈奔放。狂欢连续三天，伴随着欢快的拉丁舞曲节奏，100 多万狂欢者涌上诺丁山街头，庆祝这个欧洲规模最大的街头文化艺术盛会。说到狂欢，每年 5 月在格洛斯特郡库珀山举行的滚奶酪节（追逐奶酪节），则是另一种形式的狂欢节。对于当地居民而言，他们世世代代生活在库珀山区，在山坡上追赶羊群。参加滚奶酪节，虽然冒着受伤的危险，然而这既是勇敢精神的体现，又是对古老传统的尊重，当然还有难得的放纵和狂欢，何乐而不为？

传统与现代婚俗

英国人从求婚到订婚、结婚，再到度蜜月，许多婚俗为当今世界上许多国家和民族所仿效。据资料介绍，早在 1288 年，苏格兰的玛格丽特女王就颁布法令，宣布闰年的 2 月 29 日为"妇女权利日"，女生在这一天可以向男人告白和求婚。从 17 世纪开始，这个风俗习惯已流传到整个欧洲。英格兰人在教堂里举行婚礼仪式时，新郎给新娘的无名指上戴戒指是不可缺少的重要内容，这象征着丈夫对妻子的纯真爱情，同时妻子也表示接受并忠实于这份爱情。英格兰人成婚要穿礼服、婚纱，新娘身着白衫、白裙、头戴白色花环或头纱，手持白色花束，象征恋爱纯洁、吉祥如意。新郎新娘从教堂里出来的时候，人们要向新人祝贺，向他们撒花团锦簇的纸屑。撒纸屑的习俗源于撒麦粒。1491 年英国国王亨利七世携王后到布里斯托观光。途中被一位面包师的妻子看到，于是她从窗口向他们撒麦粒，并高呼：陛下，祝你们幸福、长命！这成为一段佳话。到 16 世纪时，这一习俗已广为传播。麦粒象征着丰收和富饶，同时也祝贺新婚匹俦、幸福长久、子孙满堂。英国人的婚礼大多在正午举行，随后安排午餐聚会，称作"新婚餐"。英式的结婚蛋糕由大量水果制成，并在蛋糕面上饰以碎扁桃仁。这些都是英国人的结婚礼俗。

英国人的婚俗也有一些地方特色和时代特色。约克市的婚恋习俗很有趣。女子到了结婚年龄，便穿上不同颜色的紧身衣服，向男子示意。如果是绿色，表示女方无男朋友，可以谈恋爱；如果是黄色，表示有一半的机会；如果是红色，表示女方有男朋友了。在苏格兰，有一种习俗叫作"涂黑新娘"，是一个非常古老的传统。在婚礼的前一天，准新娘会被一群亲朋好友带出来灌酒，然后在脸上、衣服上涂满蜂蜜、羽毛、煤灰和面粉，目的是避免恶魔侵袭，保佑准新娘婚后幸福。在 18 世纪，苏格兰人、威尔士人还有捆绑的古怪习俗，就是将一对情侣绑在床上，中间用木板将他们隔开。为什么要捆绑？有说为的是增加亲密接触的机会，有说为的是互相取暖，众说纷纭。有些学者认为，捆绑的习俗最早出现在《圣经》的"路得记"故事中。在这个故事中，路得的婆婆让寡妇路得和地主波阿斯在打谷场度过了一夜，不久后结为夫妻。看来，"捆绑"也成夫妻。

一般认为，英国人不如法国人浪漫，但在有些方面，英国人也是蛮浪漫的。例如，度蜜月这种习俗来自古代英国。那时候，在有的民族中流行抢婚习俗。因抢婚（形同私奔）逃入山野的青年男女，以野蜂蜜充饥。他们大多在一个月以后回到家乡，而在野外靠吸吮蜜汁为生的一个月，久而久之就被人们称为"蜜月"。后来，人们把新婚后去旅游称作"度蜜月"。最为有趣的是，据英国媒体 2014 年 8 月 19 日报道，有一对英国情侣三年中环球旅游，每到一地结婚一次，体验各地婚俗，共结婚 66 次，一直在"蜜月"中度过，真够浪漫的。这或许只是一个特例，不能说明什么。然而，从英国人对于结婚纪念日的重视程度来看，却是一种长久的普遍的浪漫。英国人每年都要庆祝结婚纪念日，并有不同的称谓（或许会有不同版本，但大同小异）：第一年为纸婚，第二年为棉婚，第三年为皮婚，第四年为花果婚，第五年为木婚，第六年为铁婚，第七年为铜婚，第八年为陶器婚，第九年为柳婚，第十年为锡婚，等等。从第二十年起，每五年各有一个称谓，依次为瓷婚、银婚（25年是第一大典）、珠婚、珊瑚婚、红宝石婚、蓝宝石婚、金婚（50年是第二大典）、翡翠婚、钻石婚（60年是第三大典）。能够庆祝钻石婚的老夫妻，也该四世同堂了。

在英格兰与苏格兰交界处的苏格兰一侧，有一个有趣的"结婚小镇"叫葛里特纳格林。这里是英国18世纪以来家喻户晓的私奔天堂。这个小镇很小，只有屈指可数的几幢建筑物。在一块空地上，竖着一座高高举起紧握双手的雕塑，一只是女人的手，另一只是男人的手，表示一对相爱的人紧握双手永不分离。一座叫"婚姻屋"的小屋，设有婚姻登记处。这个不起眼的小镇，以"私奔者"的"结婚天堂"而闻名英国。《傲慢与偏见》小说里的小女儿莉迪娅就曾打算瞒着父母，跟军中的情人私奔到葛里特纳格林结婚。现在每年大约有4000对恋人前来结婚，当然，来此登记结婚的大多不再是"私奔者"。

结婚小镇的雕塑／陈霞英摄

出生仪礼与儿童十大宣言

英国人的出生仪礼是：孩子出生以后，父母一般会委托报社在报纸上刊登"出生宣告"；在孩子出生 42 天之内向所在地区的出生登记处登记（苏格兰的登记期限为 21 天）。信奉基督教的家庭，有为新生婴儿举行洗礼的习俗，以洗去污垢、罪孽而变得纯洁。婴儿父母邀请牧师并商定某日在教堂举行，亲朋好友一起参加。婴儿父母事先要在品行端正的亲友中为婴儿物色教父母（必须是基督教徒），被选中者与婴儿构成宗教信仰上的亲子关系。教父母在婴儿领洗和取教名时要在教堂作证。洗礼仪式上牧师给婴儿取一个教名，以"我信我全能的天父"告白开始，在婴儿的头上滴几滴圣水，或将婴儿身体浸入水中，叫着刚为婴儿起的教名诵道"我奉圣父、圣子、圣灵之命为你施洗"。仪式完毕后，观礼的亲友要对婴儿大加赞美、祝愿一番。按照习俗，教父母要送给婴儿一把柄端刻有使徒像的银制汤匙，表示一生丰衣足食。整个仪式简短而不失庄严肃穆。仪式后，一般到主人家或酒店吃点心、喝香槟以示庆祝。

英国人十分重视保障儿童的权利。他们有个《英国儿童十大宣言》（摘自中国人民公安大学王大伟教授的博客），可以说是保障儿童权利的金科玉律。第一条是安全的权利。告诉孩子，安全重于一切，任何人也无权剥夺孩子的安全权。第二条是保护自己身体的权利。告诉孩子，身体属于自己，身体的某些部分应被衣服所覆盖，不许别人看、触摸和亲吻。第三条是生命第一的权利。告诉孩子，万一遇到真正的身体威胁，生命第一，财产第二。第四条是向父母讲真话的权利。告诉孩子，无论发生什么事情，只要孩子向父母讲明真情，父母都不会怪罪，而且会尽力帮助孩子。第五条是拒绝毒品与危险品的权利。告诉孩子，不要喝陌生人的饮料，不要吃陌生人的糖果，有权对毒品、烟酒坚决说不。第六条是不与陌生人打交道的权利。告诉孩子，对陌生人不理睬是对的，小孩没有能力帮助陌生人。第七条是紧急避险的权利。告诉孩子，在紧急之中，他们有权大叫、大闹，甚至打破玻璃，破坏家具。第八条是果断逃生的权利。告诉孩子，一旦遇到坏人、地震、大火等，应当果断逃生，拔腿就跑，可以不要等大人的指挥。第九条是面对侵害不遵守诺言的权利。告诉孩子，即使他曾发誓不告诉别人，但遇到坏人欺负一定要告诉家长，这些秘密千万不要埋藏在心里。第十条是对坏人可以不讲真话的权利。告诉孩子，如果遇到坏人，可以不讲真话，机智应对，这才是好孩子。

下半旗与葬礼新潮流

下半旗（也叫"降半旗"）的致哀方式最初起源于英国，至今已有 400 多年历史。1612 年，英国船只"哈兹·伊斯"号在航海途中，船长不幸逝世。船员们为了表示对船长的悼念，将桅杆旗帜下降了一段距离。到 17 世纪下半叶，这种庄严而又简洁的志哀方式流传开来，为各国所效仿，沿袭至今。下半旗（即把旗帜降到离旗杆顶端 1/3 的地方）是一种国家行为，一般是在某些重要人物逝世或因发生重大事件、自然灾害而造成重大人员伤亡时，用来表达全国人民的哀思和悼念的一种方式。期间全国各公开场合的国旗和驻外使领馆的国旗均应下半旗志哀。

英国殡葬形式主要是土葬和火葬，据有关统计，火葬约占 70%。即使选择土葬的很多人，其家人也舍弃了之前厚重的石碑，而种上一棵树取而代之。英国丧葬业还出现了用羊毛制作的环保棺材。据人民网 2011 年 4 月报道（记者高铁军），英国一家有着 225 年历史的毛纺织厂近日推出来一种颇为奇特的产品：羊毛棺材。产品上市后，得到了追求环保理念的英国人欢迎，现在每个月都能卖出五六十个羊毛棺材。据悉，这种棺材每个售价 960 至 1290 美元，比普通木质棺材（均价 800 美元）贵一些。逝者家属称，这种羊毛棺材的纯棉内衬摸上去手感更舒适，就如同用毛毯包裹着亲人遗体下葬一样。据悉，在英国还有不同的绿色环保材质可供选择，包括柳条、竹条、硬纸板等。这不能不说是一种葬礼新潮流。

葬礼新潮流还不止这些，此后又出现了葬礼直播。据新华网 2014 年 12 月报道（记者欧飒），英国越来越多殡仪馆开始提供网上直播葬礼服务，让那些无法亲临葬礼现场的死者亲友可以在屏幕前寄托哀思。英国《每日邮报》报道，2012年以来，威尔士超过一半殡仪馆安装了网络摄像头，这样的殡仪馆在英格兰更多。位于英格兰的斯塔福德火葬场不但可以在线直播葬礼，还可以让死者亲友凭密码在葬礼后30天内登录网络观看视频。英国殡葬专家说，过去只有名人明星的葬礼才会电视直播，如今，直播葬礼已经变得大众化。

传统的英国人葬礼，主要是逝者的亲友身着黑色的正装前往教堂为逝者祷告，听唱诗班唱颂。有调查显示，现代英国人对自己的葬礼期望有所变化，越来越多的人希望自己的葬礼是有个人特色的送别会，例如展现他们生前的爱好、喜欢的颜色、爱听的歌曲等。一部分英国人选择富于个性的流行音乐作自己的人生终曲。有一位英国《倒计时》电视节目的超级粉丝，选择了该节目30秒钟的时钟音乐作为他死后火葬时的伴奏音乐。另一位死者生前指定了摇滚歌星波恩德克斯特的《感觉热热热》，作为他火化仪式上的背景音乐。甚至，《疯狂的青蛙》《鸟之歌》等幽默曲也成为葬礼音乐。

独特的海岛

英国作为一个岛国，拥有许多海岛，而且这些海岛具有独特的风土人情。例如，居住在英国西海岸一个小岛上的祖芬格族人，是个很特别的民族。他们是以哭的方式来表达喜悦心情的。这与我们所说的喜极而泣是不同的，他们是闻喜即泣。每逢婚嫁喜庆吉日，他们就会欢聚一堂，放声大哭，以此表示高兴和欢乐。

在大不列颠岛的南部脚下，漂浮着一个岛屿——怀特岛。该岛数百平方公里，是不列颠群岛中阳光最为充足的地区之一，一到夏天便人声鼎沸。岛上海岸线富于变化，沙滩美丽迷人。比较独特的地质现象是多佛白崖和七姐妹白崖，非常的醒目和壮观。麦地那河几乎将该岛一分为二，河口三角洲顶端的新港现为怀特岛的主要城镇，而考斯是重要的河口港和世界闻名的游艇中心，考斯附近的奥斯本宫是维多利亚女王的一处宅邸。但这座岛屿并非只是度假胜地，它在英国历史上也有着相当独特的地位。英国内战时期，查理一世在 1647 至 1648 年被监禁在该岛的卡里斯布鲁克城堡。

泽西岛是英吉利海峡靠近法国海岸线的岛屿之一，面积 116.2 平方公里，人口 9 万多，是英国三大皇家属地之一（另外两个是根西岛和马恩岛）。该岛是妮可·基德曼《小岛惊魂》的故事发生地。莫泊桑的小说《我的叔叔于勒》当中也提到了这个岛。泽西岛流通使用英镑，但同时有自己的货币泽西岛镑；它是英国人的避税天堂，又是拥有 1000 亿英镑的国际财经中心。在著名的国王大街和女王大街的两边，布满各种商店，是游客们喜欢逗留的地方。有人说泽西岛是英国隐形的超级富豪岛，此言不虚，因为这里的富豪和名人甚多。岛上的居民生活节奏缓慢、悠闲，生活富足。泽西岛的牛奶、水果、花卉、番茄、马铃薯都非常有名，这里的人一提到"泽西马铃薯"都会非常自豪。据说朋友之间送礼，有时就是送泽西马铃薯。岛上共有大大小小 57 座教堂，从教堂窗户上丰富多彩的图案可以让人感受到不同时期欧洲文化艺术的发展。其中，最著名的是一座世界上唯一的玻璃教堂。教堂里用水晶玻璃制作的天使、水晶玻璃大门、水晶玻璃洗礼盆、高大的玻璃十字架以及玻璃烛台等，非常耀眼、壮观，令人难忘。

萨克岛也是英吉利海峡中的一个岛屿，隶属于根西行政区。2002 年时人口为 610 人。该岛的特别之处是，岛上禁止使用汽车，交通工具只有马车、脚踏车、拖拉机以及老人和行动不便的人使用的四轮电动休闲车或电动脚踏车。更为特别的是，该岛曾经是欧洲最后一个封建领土。那时候领主才是萨克岛封建政府的首领。情况直到 20 世纪 70 年代发生了变化，该岛的宪法从 1974 年起民主化了，选举产生的议会握有了较多的权力。2008 年 12 月 10 日，岛上举行首次议会民主选举，意味着该岛持续了 443 年的封建制度宣告结束。

马恩岛坐落在大不列颠岛和爱尔兰岛之间，面积 572 平方公里，属于英国王权属地。据资料介绍，该岛的独特之处是，拥有自己的国旗、国歌与国徽，法院具有终审权。也有自己的税收，而且税率远远低于英国其他地区。还使用自己的货币，是一种背面印着三条人腿图案的纸币，与英镑价值等同。汽车的牌号编码也不同，且带有三足人图案。现在岛上常住居民 7.6 万人，一半是曼克斯人。马恩岛人自称为曼克斯人，不说自己是英国人。特立独行的性格使得曼克斯人显得处处与众不同。岛上处处飘扬的三足人旗，据说象征的是太阳、权位与生命。而英国米字旗在那里却难觅踪影。这些的确够奇怪的。马恩岛上还有两怪。第一怪是岛上有四只角的山羊。其中两只角长得又粗又弯又长，黑白两种颜色交错，另外两只角长得又短又小，看起来十分滑稽可笑。第二怪是岛上的猫没有尾巴。传言在 20 世纪 30 年代，岛上发生了一场猫瘟，结果幸存的猫就没有尾巴了。马恩岛猫是世界八大名猫之一，是爱德华七世最喜欢的宠物，被引进到全球不同地区成为宠物猫。马恩岛猫币是目前世界最流行的贵金属纪念币之一，首枚发行于 1988 年，从此每年都会发行不同的马恩岛猫币，其新颖的设计吸引了无数人的追捧。不过，马恩岛猫虽然有名，历史上却未能杜绝鼠患，害得当地渔船常被老鼠啃坏，以至于马恩岛人最忌讳说"鼠"字。岛民一般用"猫喜欢吃的那个坏东西"来代替"鼠"字。

　　孤悬海外的圣赫勒拿岛是个有故事的岛。该岛是英国海外领地之一，孤悬于大西洋中，离非洲西海岸 1950 公里，离南美洲东海岸 3400 公里，面积 121 平方公里，居民 5661 人（2008 年），主要是混血种人。这样一座不起眼的小岛，却因为和法国皇帝拿破仑的命运紧密联系在一起，而为天下人所熟知。1815 年，兵败滑铁卢的拿破仑一世被反法联盟流放到该岛的朗伍德别墅内，在这里度过 5 年多的流放生涯，直至去世。去世的那天夜里，圣赫勒拿岛上刮起了骇人的风暴，狂风拔起了大树，朗伍德别墅似乎摇摇欲坠。第二天清晨，风暴平息了，拿破仑的身体已经僵硬，据传眼角边还挂着一颗泪珠。他的死因给世人留下了一个未解之谜，直到今天还有人说他是因砒霜中毒而死。根据他生前的遗嘱，他的遗体被安葬在该岛托贝特山泉旁那个叫作"魔鬼酒碗"的地方。这里峡谷幽深，垂柳依依，秋海棠和美人蕉竞相开放，似乎在安慰着这位晚景凄凉的盖世英雄。拿破仑1769 年 8 月 15 日生于法国科西嘉岛，1821 年 5 月 5 日死于圣赫勒拿岛，走完了他 52 年的传奇一生。1840 年 12 月，法国军舰到圣赫勒拿岛接回了拿破仑的遗骨，让他以一个老兵的身份安息在塞纳河畔的荣誉军人院里。那天，90 万巴黎市民冒着严寒迎接拿破仑的灵柩运回巴黎。朗伍德别墅至今保存完好，就在别墅的客厅里，拿破仑生前对慕名前来的英国赴华使节阿美士德说出了他一生中最后的名言："中国是一头睡狮，当它醒来时，全世界将为之震动。"当年另一个来到岛上的伟人、著名生物学家达尔文曾赞叹这里是物种的天堂。如今在岛上还能看到花色奇特的圣赫勒拿蝴蝶，但最后一棵圣赫勒拿橄榄树已于 2003 年枯死，独一无二的红杉也濒临灭绝。只有拿破仑的名字，还能让世人时时提起这座偏僻荒凉的岛屿。

翡翠岛国　爱尔兰

　　爱尔兰位于爱尔兰岛的中南部，西濒大西洋，东与英国隔海相望，东北与英国的北爱尔兰接壤。国名意为"西方的、绿色的"。在爱尔兰忌用红、白、蓝组合色，因为这是英国国旗的颜色。

　　爱尔兰是一个美丽神奇的地方，游走"绿岛"能充分感受到宁静、独特、牧歌式的爱尔兰乡村风情。它既有摄人心魄的自然美景，又不失现代都市的热闹繁华，给人们的印象永远是那么惬意舒服。

爱尔兰国旗　　　　　　国徽

国情概要

　　爱尔兰国土面积 7.0282 万平方公里，人口 459.3 万（2013 年 12 月）。首都都柏林，国庆日 3 月 17 日。全岛被小型丘陵环绕，中部相对较低，是河、湖纵横的低地。西卡朗图厄尔山海拔 1041 米，是全国最高点。主要河流香农河全长 386 公里，沿河风景优美。气候温和湿润，长年多雨，绿地遍野，素有"绿岛""绿宝石""翡翠岛国"之称。就连上海世博会的爱尔兰展馆，也呈现在一片绿色草坪上，给人一种清新而又有些空灵的感觉。传统经济以农牧业为主，经济社会发展水平一度滞后，被称为"欧洲的农村"。20 世纪 80 年代以来，大力发展软件和生物工程等高科技产业，以良好投资环境吸引大量海外投资，迅速实现由农牧经济向知识经济、高新产业的过渡。其骄人的发展业绩令世界瞩目，因此获得了"凯尔特之虎"的美誉。2011 年人类发展指数国家排名第 7 位。

　　爱尔兰人的先民主要是属于凯尔特人（也译为"克尔特人""塞尔特人"等）部落群的盖尔人（又称"戈伊德人"），并吸收了伊比利亚人、诺曼人、盎格鲁—撒克逊人的成分。公元前 4 世纪，盖尔人从法国南部、西班牙北部（也有学者认为来自苏格兰）来到爱尔兰岛定居，逐渐同化了岛上最早的居民伊比利亚人，并逐渐形成统一的文字和语言，建立起许多小王国，成为爱尔兰民族的基础。公元 332 年至 1022 年，"九祖王"统治爱尔兰。其中，432 年圣帕特里克到此传播基督教及罗马文化。1169 年遭英国入侵。1916 年，都柏林爆发抗英的"复活节起义"。1919 年成立爱尔兰共和军。1949 年 4 月英国承认爱尔兰独立，但北部 6 郡归属英国。爱尔兰语（盖尔语）和英语成为爱尔兰的官方语言。现为永久中立国。1979 年 6 月 22 日与中国签署建交公报，1980 年两国互派大使。

古老的历史文化

早期的爱尔兰历史以文学形式出现，以英雄传奇史诗为主。芬恩·麦克库尔是爱尔兰众多的冒险故事和传说中最著名的一位传奇英雄。在很多作品中，芬恩被描绘成一个神奇的、充满善意的巨人。传说爱尔兰岛最奇特景观之一，英国北爱尔兰著名的"巨人之路"就是这位英雄留下来的杰作。悠久的历史和古代社会的风情习俗，在爱尔兰这块"绿宝石"上留下了鲜明印记。凯尔特人有许多重要文化符号，例如：凯尔特人的生命之树崇尚与自然融为一体，白桦象征青春和生长，梣木代表智慧和屈服，帚石楠象征梦想和浪漫，凯尔特马象征战争胜利，凯尔特龙象征力量和生命，凯尔特蛇象征生命力、康复和智慧。

爱尔兰古老的历史文化与石头息息相关。位于都柏林以北 50 公里处的博因河河曲考古遗址，是一组史前坟墓，包括纽格莱奇墓、诺斯墓、道斯墓。这个地区是欧洲史前巨石艺术最大和最重要的集中地，遗迹反映了当时的社会、经济、宗教和丧葬习俗文化的风貌。斯莱戈镇附近的卡罗莫尔巨石公墓，是爱尔兰最大、欧洲第二大的石器时代古墓葬群。在马路两旁的草丛中，还大大小小地分布着 60 座墓葬遗迹。塔拉山是重要的考古中心，有丰富的史前人类遗骸，是爱尔兰传说中塔拉王的国家的所在地，有超过 100 位爱尔兰的国王埋葬在爱尔兰岛东部的米斯郡（俗称"皇家郡"）。当地的一些巨石古墓建造于公元前 3500 年，比埃及金字塔还要古老。格兰奇石圈位于爱尔兰利默里克郡境内，是一处古代神秘的古代遗迹，被誉为爱尔兰的"巨石阵"。这是爱尔兰境内发现的最大的石圈，直径约 45 米，由 113 块矗立的石头组成。其中最大的一块石头近 4 米高，重 40 吨。令人称奇的是，每当夏至时，初生的太阳光正好照在石圈的中心位置。入口处的一对石头布局同样令人称奇，正好形成一个"V"形。

爱尔兰国家博物馆的馆藏达 400 万件，涵盖了考古学、民众生活、自然历史、艺术和工业等方面。其中，考古收藏为博物馆最重要的收藏之一。沃特福德珍品博物馆的藏品根据年代和种类分为北欧海盗珍品、中世纪珍品、乔治王朝珍品。北欧海盗珍品展厅讲述了沃特福德海盗的故事，收藏有众多考古发现，例如施华洛世奇胸针、带有字母的硬币、海盗首领雕塑等。中世纪珍品展厅收藏有当时的服饰、艺术绘画等。乔治王朝珍品展厅收藏有从 1700 年至 1970 年的玻璃制品、家具以及古老的水晶。博物馆其他馆藏精品有圣阿达杯、方特希尔瓷瓶、塔拉胸针等。

位于韦克斯福德郡的胡克角灯塔，是爱尔兰最古老的仍在运作的灯塔。在世界著名旅行指南《孤独星球》评选活动中，胡克角灯塔名列全世界最亮的灯塔之最。如今人们所看到的灯塔已在风雨中矗立了 800 年。格兰达洛圆塔是爱尔兰最具代表性、同时也是同类圆塔中最高的建筑。圆塔高 33.53 米，倾斜 0.46 米，是全球著名的斜塔之一。

美丽的"绿宝石"

现代爱尔兰是个和平宁静、美丽迷人的国家。多内加尔是一个独特的郡，到处是友好的居民和壮丽的景色，许多游客将其列为在爱尔兰旅游期间最喜欢的地方。在这里，你会发现崎岖的山地景观、沙滩、清澈的湖泊和维多利亚后期风格的城堡，还可以参加鲑鱼、鳟鱼的捕捞活动。布尔宾山位于斯莱戈以北 15 公里处，是一座光秃秃的平顶山，就像一艘倒置的船只，停靠在斯莱戈牧场中。它经常出现在爱尔兰著名诗人叶芝（1865—1939）的散文和诗歌之中，如《凯尔特的薄暮》和《布尔宾山下》，它甚至被誉为"叶芝的国"。叶芝死后也葬在了布尔宾山下的教堂墓地里。叶芝的诗受浪漫主义、唯美主义、神秘主义、象征主义和玄学诗的影响，演变出其独特的风格。普通群众对叶芝的诗可能不太熟悉，但对有一首歌词一定不陌生。"当你老了，头发白了，睡意昏沉，炉火旁打盹……多少人爱你青春欢畅的时辰，爱慕你的美丽、假意或真心……"随着旋律响起，你该知道，这就是叶芝的诗《当你老了》。

香农河是爱尔兰最长的河流，发源于奎尔卡山西麓的香农潭，向南流经充满沼泽地的中央低地。传说它得名于一位名叫"香农"的美丽公主，公主为求真谛，奋不顾身跳入神鱼居住的水潭中，神鱼鼓动潭水，涌起波涛化作河水奔流。沿河风景随地势而不同，里湖和德格湖是香农河的两颗明珠。一年一度的香农河赛船大会，更是各国游客饱览香农河风情的大好时机。如果说香农河是一位体态柔美的小女子，那么莫赫悬崖就是一个身躯伟岸的大丈夫。莫赫悬崖在爱尔兰语里是"毁灭之崖"的意思。它位于爱尔兰西海岸克莱尔郡，面向浩瀚的大西洋，以奇险闻名。有时笼罩在浓雾中，让人看不清、看不透。悬崖最高处距海平面约230米，附近耸立着一座简陋的圆柱形古堡，犹如一个哨兵，注视着周围的一切。耸立在莫赫悬崖岬角之上的奥布瑞恩塔，自古以来一直被认为是悬崖的最佳观景点。有许多世界著名影片都在莫赫悬崖取外景。例如《瑞安的女儿》《麦金托什男人》《公主新娘》《遥远》《哈利·波特与混血王子》等。爱尔兰本土电影如《走进西部》和《倾听我歌》也曾在这里取景。位于多尼戈尔西海岸的斯里文离歌，也是一座悬崖。其最高处达600米，是莫赫悬崖的2.5倍。大片悬崖峭壁延伸开来，就像弓着身躯蓄势待发的猛兽，看着既刺激又危险。想要走上峭壁，强有力的心脏和谨慎小心的步伐是绝对必要的条件。

　　远离尘嚣的豪恩角位于多尼戈尔郡境内的半岛上，是国际上重要的海鸟繁殖基地，主要包括欧洲绿鸬鹚和海雀。拉斯诺拉海滩面对大西洋，风急浪涌，为爱尔兰最佳的蓝旗冲浪胜地之一。此外，这里还是游泳、风帆冲浪和风筝冲浪的理想之地。幽谷半岛到处充斥着爱尔兰的传统文化：酒吧与音乐家，友好的居民，空气中飘着的泥煤的味道。美丽的阿兰群岛，自

雾锁莫赫悬崖 / 毛国良摄

古以来吸引和鼓舞了许多爱尔兰的艺术家和诗人。阿基尔岛布满荒野沼地，海岸景色美丽壮观。在天气不好的时候，朔风呼啸，大西洋的波涛汹涌澎湃。当地居民们的白色小屋三五成群，坐落在伸向海面的黛色悬崖上，非常醒目。他们喜欢音乐舞蹈，对游客也特别热情。

爱尔兰最吸引人的，是它广袤的乡野风光：牧场、田园、村落、森林、湖泊、山谷。凯里环是一条环绕艾弗拉半岛的景观公路，全长180公里，沿途风光无限。"这里有全爱尔兰最著名的景观——如果天气好的话"，这是凯里环沿线时常看见的广告牌。基拉尼国家公园有成群的马鹿和茂密的天然森林，还有从天而降的瀑布、潺潺流动的小溪、优美宁静的湖泊，以及爱尔兰久负盛名的维多利亚式建筑马克罗斯宅第。基拉尼湖是爱尔兰著名风景区和旅游中心。湖区风景优美，山岛竦峙，水天一色。周围群山环抱，雾气缭绕，恍若仙境。位于东部海岸的威克娄山脉国家公园，离都柏林南部不远，很受都柏林市民的青睐。威克娄的乡野风光特别适合徒步旅行，一条长约200公里的步行路线，得花几天时间走完全程。影片《勇敢的心》讲述的是13世纪苏格兰人反抗英格兰统治的故事，但影片中不少在原野上战斗和策马的外景，是在爱尔兰威克娄地区取的景。

爱尔兰民风淳朴，人们热爱生活，热爱大自然。全国草地和牧场广阔，约占国土面积的80%，畜牧业在国民经济中具有举足轻重的地位。其优良牧草三叶苜蓿一枝独秀，是爱尔兰辨识度最高的牧草。三叶苜蓿俗称"萨姆劳克花"，又名"白三叶草""白花苜蓿"或"白车轴草"。这种小草的生命力极为顽强，无论多么恶劣的条件都能生根发芽，最大的特色是圆弧形的倒

嫩绿的草场 / 毛国良摄

卵形小叶，三片聚生一处，其叶片上的白色斑痕相互连接形成一圈，被爱尔兰人视为幸运的象征。传说三叶草是因为守护神圣帕特里克而闻名，圣帕特里克用它的三片叶子比做圣父圣子圣灵三位一体。爱尔兰人以三叶草的白花为国花，作为民族精神的象征。它的花语是爱国。如今在明信片、衬衫、包装盒等物品上，都会有三叶草的身影。爱尔兰国犬为凯利蓝梗，又称"爱尔兰梗"，它其貌不扬、黑不溜秋，但具有高贵、活泼、机智的特性，具备多方面的才能，更具备追踪和叼回猎物的本能，而且易于训化。如果从小就给它以适当的训练，它将会是小孩子最好的玩伴兼守护者。爱尔兰国鸟为蛎鹬，上体呈黑色，腹部呈白色，常在海滨或潮涧地带觅食，探觅蠕虫和软体动物。觅食贝类时通常将锋利的嘴直接插入贝壳内，十分可爱。但是有一种名叫"鹪鹩"的鸟儿就不那么幸运了。也不知出于什么原因，在爱尔兰的曼岛，一些人仍会捕猎鹪鹩，把它杀死，并把鹪鹩的羽毛赠送给别的家庭，象征好运。殊不知，这是一种非常可爱的鸟儿。它们实行一夫一妻制，雄鸟承担主要的建巢责任。而且，它们的领地意识非常强烈，雄鸟冲在第一线负责驱逐入侵者，雌鸟是最后一道防线，负责推阻试图入巢的侵略者。

都柏林濒临爱尔兰岛东岸的都柏林湾，原名"贝尔亚萨克莱斯"，在爱尔兰语中是"黑色的池塘"的意思。因为流经市区的利菲河夹带了威克洛山的泥炭，使得河水呈现出黑色。横跨利菲河的10座桥梁，把南北两岸连成一体。半分桥是都柏林的一处著名地标，它的官方名字为利菲桥，不过一般民众都称它为半分桥，因为过去通过这桥时要缴付半分作为过路钱。塞缪尔·贝克特桥为都柏林最新的桥梁和地标性建筑，它的形状为非对称的，侧面像一把竖琴，可作90°旋转，使大桥开启，让船只通过。大部分建筑坐落在利菲河南区，例如爱尔兰银行大楼、三一学院、克拉伦斯饭店、酒吧区、聚会广场、莫莉·马隆雕像、国立考古博物馆、爱尔兰现代美术馆、国家画廊、吉尼斯啤酒博物馆、都柏林城堡、基督大教堂等。小部分建筑坐落在利菲河北区，例如都柏林尖塔、邮政总局大楼、阿比剧院、作家博物馆、乔伊斯文化中心、海关大楼等。都柏林不锈钢尖塔像定海神针一般直刺云霄，在阳光照射下闪耀着光芒。市内上百年历史的老房子随处可见，美丽的门窗旁边种满花草，洋溢着一种浓浓的田园气息。这是一个田园般的、充满诗情画意的都

百年老房子 / 毛国良摄

市，如今又汇聚了许多高新技术企业而被称为"欧洲的硅谷"。

酒吧是爱尔兰文化的一部分，是爱尔兰人生活的第三中心（家庭第一，工作第二）。都柏林人口120万（2006年），超过全国人口的1/4。全城拥有800多间酒吧，类型有比较传统的木质桌椅的，也有现代版的电子音乐酒吧。酒吧里柔和的灯光伴以浓厚的文化气息和亲切的服务态度，为人们所青睐。人们经常聚集在酒吧里，伴着美妙的音乐谈笑风生，尽享人生快乐。酒吧不只是喝喝酒、讲讲笑话、听听音乐、唱唱歌的场所，它也是很多朋友或家庭聚会、休闲、庆祝生日乃至接受洗礼、追念亡人的地点，甚至是很多爱尔兰夫妻第一次约会的浪漫之处。酒吧还是球迷们聚集起来看球的地方，也是作家、艺术家的第二个家，他们在此写作、思辨、延续传统音乐和跳踢踏舞。在酒吧里，哈润、浓烈黑啤酒、威士忌酒和爱尔兰炖肉、野鲑鱼等美食，也是挺诱人的。有些人坐在或站在吧台旁"干喝"，一喝就是几个小时。他们习惯把食物和酒水全部吃完喝完之后才离开。虽然由于禁烟、禁酒驾、禁未成年人进酒吧的政策和惩罚措施的推行，导致酒吧数量和去酒吧的人数有所下降，但酒吧永远是社会活动的中心，酒吧文化是凯尔特之魂。利菲河南岸的圣殿酒吧区占地28英亩，处处洋溢着浓厚的爱尔兰风情。一周七天免费演奏爱尔兰音乐，随处可见画廊、剧院。坦普尔酒吧区保留了中世纪的街道格局，许多爱尔兰的文化机构都设在该区域，包括爱尔兰摄影中心、电影学会、坦普尔酒吧区音乐中心、画廊和工作室等。因而这里被当作"都柏林的文化区"。一些英国单身男女经常在周末来到这里举行派对。同时，爱尔兰的钓鱼、高尔夫球、曲棍球、赛马、航海及登山等活动也非常出名。

都柏林的一些著名景点和场所名闻遐迩，值得一游。都柏林城堡曾经是英国对爱尔兰进行统治的权力机构所在地，现在成为爱尔兰最重要的国事活动场所，总统就职典礼、欢迎外国元首或政府首脑的国宴等均在此举行。凤凰公园是西欧最大的城市公园，爱尔兰总统府和美国大使官邸也坐落其中。伦斯特府为爱尔兰国会参众两院所在地，许多游客争相在府前拍照留念。蒙乔伊广场为都柏林唯一真正的乔治式广场，几个世纪以来，这里是许多律师、教士、政治家、作家和视觉艺术家活动的场所，2007年奥斯卡获奖影片《曾经》亦在广场拍摄。基督大教堂的唱诗班历史悠久，可追溯到1480年，曾参与亨得尔的《弥赛亚》演出。白衣修士街加尔默罗会教堂收藏有罗马圣教徒瓦伦丁的圣髑。风靡全球的情人节，纪念的正是圣瓦伦丁这个为爱情而视死如归的人。因而这个教堂被称为爱尔兰最浪漫的宗教圣地。都柏林的格拉夫顿街是一条著名的步行街，分布着这座城市最精华的精品店和百货商场。到了傍晚，身怀绝技的街头艺人在此进行精彩表演。奥康内尔街、亨丽埃塔街、圣安妮公园、圣斯蒂芬绿园、梅林广场、都柏林之门、圣帕特里克大教堂、国家蜡像博物馆、国家美术馆、烟囱观景台等，都是不错的景点和去处。

都柏林是文学的原乡，是小说、短诗、戏剧之城。徜徉在都柏林的街巷，你会见到许多与文学名著有关的商号、作家纪念馆和雕像、文学活动的通告、戏剧演出的海报等。你会真切感到，这是一座文学气息浓郁的城市。的确，都柏林是联合国教科文组织评定的"文学之都"。都柏林曾产生过许多杰出的作家、文学家。作家博物馆通过各类书籍、信件、肖像及个人物品，把爱尔兰300年来的文化名人栩栩如生地展示在参观者面前。例如：作家、政论家乔纳森·斯威夫特（1667—1745），代表作《格列佛游记》；诗人、诗学专家谢默斯·希尼（1939—2013），1995年获得诺贝尔文学奖；戏剧家乔治·萧伯纳（1856—1950），1925年获得诺贝尔文学奖；诗人、剧作家威廉·巴特勒·叶芝（1865—1939），1923年获得诺贝尔文学奖；作家、诗人詹姆斯·乔伊斯（1882—1941），代表作《都柏林人》《尤利西斯》；小说家、剧作家、诗人塞缪尔·贝克特（1906—1989），1969年获得诺贝尔文学奖。还有许多名作家，不再一一列举。作家博物馆的很多藏书是代表爱尔兰文学进程中的里程碑式著作，而且大多是第一版本或早期的版本。都柏林圣三一学院图书馆久负盛名，有关场景在电影《星球大战》中出现过。图书馆藏有大量的珍贵著作，其中由修道士于9世纪完成的《凯尔特经典》极为珍贵，不仅是该图书馆的镇馆之宝，而且是这个国家的精神源泉。

科克与利默里克

爱尔兰的其他城市规模不大，却同样富有独特的历史风情和文化气息。科克位于爱尔兰南部，人口约12万。它所在的科克湾是爱尔兰的天然良港，也是横渡大西洋的航运中心。考福港就是泰坦尼克号沉船前停靠的最后一个港口。城市为青山环绕，景色秀美。古老的教堂、城堡和融入乔治王朝时代风格的建筑引人注目。伊丽莎白堡建于17世纪初期，是当时重要的军事要塞。查尔斯堡是17世纪晚期建造的星形城堡的代表作。布拉尼堡最为世人所熟知的是著名的"巧言石"，传说只要吻过这块"巧言石"便会能言善辩。不过真要吻下去，还得冒点险，因为身下就是深谷。许多"亡命之徒"还是壮着胆子，完成这"勇敢一吻"。圣玛丽和圣安妮大教堂，是一座罗马天主教堂，是科克市罗马天主教区的主教座堂，于1808年祝圣，2008年在此举办了200周年纪念活动。圣芬巴瑞大教堂是建于19世纪后期的哥特式教堂，高耸的尖塔上有一尊金色的天使像，在阳光照耀下闪闪发光。古风犹存的英国市场（或称"英格兰市场"），在2011年5月迎来了英国女王的访问。这个市场曾在拿破仑战争时期为英国军队提供粮饷，之所以冠以英国市场之名，是因为创建者是新教徒，在当时要区别于天主教徒建立的爱尔兰市场。毕维利烟熏屋是爱尔兰最古老的自然烟熏屋，烟熏产品包括各类海鲜及吉士（又称"蛋粉"，是一种食品香料粉），其中最经典的是熏鱼，特别是熏鲑鱼。科克以久负盛名的文化活动著称，每年举办的文化活动不可胜数，比如合唱节、管风琴节、爵士乐节、民间文化节、国际电影节和文学比赛等等，不一而足。科克也是出诗人、艺术家、水手、胡格诺教徒的地方。2005 文化年的组织者谢恩·马隆说："我们是处于欧洲边缘的小城市，但我们能为欧洲大陆的文化生活提供很多东西。"众多的优点和骄人的成绩使科克市荣获了"2005 年欧洲文化首都"的称号。

利默里克坐落在爱尔兰西部的香农河河口，人口近 10 万，是爱尔兰西海岸最大城市，隶属于芒斯特省。利默里克在爱尔兰语中是"荒芜的沼泽"的意思，指的是城外的河滩。每年都会举办多种多样的活动，2014 年成为爱尔兰第一文化城市。利默里克城市美术馆为爱尔兰中西部最大的当代艺术美术馆。圣玛丽大教堂，即利默里克大教堂，始建于 1168 年，是利默里克最古老的建筑之一。圣约翰大教堂高高矗立的塔楼高 94 米，为爱尔兰最高的尖塔。缔约石坐落在香农河右岸，跟对面的约翰王城堡遥相呼应。它见证了 1691 年 10 月 3 日签订的《利默里克条约》。

古镇与庄园别墅

爱尔兰美丽的风情小镇格外引人入胜。坐在古风尚存的马车上，悠闲地在风景如画的中古小镇穿过，有一种岁月静好的感觉。阿黛尔小镇是爱尔兰最美的古镇之一。这里拥有茅草屋、阿黛尔庄园以及美丽的花园，如同一个童话世界。在一些茅草屋里开办了商店、酒吧与咖啡馆，如果要上一杯咖啡或健力士黑啤，更能享受最美古镇的悠闲时光。戈尔韦是爱尔兰西海岸上的中世纪古镇，毗邻大西洋。这里除了有高耸的山脉、静谧的湖泊、壮美的莫赫悬崖外，还有迷人的村庄、古老的街道、中世纪古堡和教堂，加上多姿多彩的生活方式和丰富多彩的节日，被评为爱尔兰最美丽的地方。利福德是多尼戈尔郡的郡治，在 2008 年爱尔兰最美小镇评选中获得国际认可。卡瓦纳克尔别墅展示了美国第 11 任总统詹姆斯·诺克斯·波尔克的祖先在此居住时的情景。小镇周边风景优美的田园村落，是亲近大自然、体验爱尔兰独特风土人情的好去处。丁格尔的英文本意为"树木掩密的幽谷"，是绿色爱尔兰的翡翠之地，曾被《国家地理杂志》称为"地球上最美的地方"。丹伯断崖、因什海滩、斯莱角、小小村落、欧甘碑铭、古老建筑、凯尔特遗迹等，是驴友们最爱涉足的地方。徜徉其中，风笛声呜呜作响。在湿润的空气中，《雷恩的女儿》电影海报的主画面定格在这美丽的海滩之上。

在爱尔兰这片青翠大地上，与古镇或古村落相伴的是别有风情的庄园别墅。始建于1620年的比尔城堡庄园，是爱尔兰最大的私人城堡庄园之一。整个庄园占地150公顷，有湖泊、河流、森林和连绵的空地。庄园内生长着近2000种稀有的树木、灌木和花卉，许多植物是从世界各地收集来的。其中的木兰花、山茶花和杜鹃花尤为美丽。17世纪种植的高高的树篱笆曾经入选吉尼斯世界纪录。塔利奈利城堡庄园位于爱尔兰韦斯特米斯郡，在350多年的历史中，一直归属于朗福德伯爵—帕肯汉家族。花园里分布着19世纪早期布局风格的树林花园和围墙花园。后来在花园里增建了一个带有宝塔的中国园，漫步其中，中国风味十足。始建于18世纪20年代的宝尔势格庄园（又译作"鲍尔斯考特庄园"），位于爱尔兰东南部的威克洛郡，被著名的旅行指南《孤独星球》评为世界十大豪宅之一。它占地47英亩，以其开阔怡人的风景、精心设计的雕塑、阶梯和水池闻名于世。近处的花园、池水与远处的山脉、乡村浑然一体，完美得如梦一般。

班特里别墅和花园是班特里第一任伯爵理查德·怀德和其子孙居住的地方。

宝尔势格庄园 / 毛国良摄

别墅建造于1700年，是爱尔兰保存最完好的历史建筑，1946年开始对公众开放。别墅美丽而典雅，内部装饰华丽。花园为梯田式，环境优雅，鸟语花香，成为众多情侣拍摄婚纱照的好地方。不仅如此，情侣还可以在此举办温馨浪漫的婚礼。阿望黛尔别墅建造于 1777 年，爱尔兰杰出的政治领导人查尔斯·帕奈尔出生和成长于此。别墅为乔治亚时代建筑风格，里面的每件家具也代表了那个时代的风格和文化。莫克罗丝别墅坐落于凯里郡的基拉尼小镇，系亨利·阿瑟·赫伯特和其妻子建造，都铎式建筑风格。别墅共有 65 个房间，每个房间都被装饰得极其豪华，彰显了贵族奢华的生活方式。别墅内还建有风格迥异的水景、石景庭院和游乐园，非常受孩子们的喜爱。

古老而美丽的城堡

　　城堡是欧洲中世纪的产物，在经历血与火的考验后，现在仍然以它独有的魅力吸引着世人的目光。爱尔兰凯里郡罗斯城堡见证了爱尔兰历史上最大规模的一次入侵，即英国对爱尔兰的全面统治。它在看过无数的刀光剑影、血雨腥风之后逐渐倾斜荒废，后来由一批美国商人（爱尔兰人后裔）出资重修了这座古堡，使它重获新生。米斯郡的特里姆城堡几百年来一直是爱尔兰最大最重要的城堡，曾一度成为盎格鲁诺曼人的驻地。梅尔吉布森主演的电影《勇敢的心》曾经在此拍摄。克莱尔郡的德罗莫兰城堡是古代爱尔兰国王的直接后裔——奥布莱恩家族的王室所在地。如今，古堡里还珍藏着岁月留下的无数珍宝。它曾经接待过许多美国知名人士和好莱坞影星，就连美国前总统小布什和克林顿都曾在此下榻。

　　奢华的古堡常常是见证浪漫婚礼的最佳场所。莱斯利城堡是前披头士成员保罗·麦卡尼和泳装模特米尔斯筹划良久的秘密结婚地点。城堡里最受欢迎的婚房，要数著名的爱尔兰诗人叶芝下榻过的"红屋"。此外，滚石歌星米克·贾格尔也曾在这里住过。都柏林的路特尔斯顿城堡以其奢华气势和幽雅氛围而著称。像"皇家套房"和"国王房间"，充满了个性和舒适奢华。当年维多利亚女王在这个古堡里完成了大婚仪式。100 多年后，与她同名的辣妹维多利亚也把这里作为了她与贝克汉姆的婚礼场地。马犹郡的阿什福德城堡被誉为爱尔兰最美的城堡。它与阿黛尔庄园、路特尔斯顿城堡、布拉尼城堡、比尔城堡庄园和本拉提城堡，合称为爱尔兰六大神秘古堡。体验过阿什福德城堡壮丽奢华的名人有很多，例如罗南里根、爱德华王子、杰克尼古拉斯和休斯敦。城堡本身被喻为浪漫仙境，它和巴林图伯修道院一样，分别见证了007著名演员皮尔斯·布鲁斯南的婚礼。

爱尔兰古堡也是爱尔兰文化和古典风情的再现。在香农河沿岸坐落着4座巍峨壮丽的城堡，始建于13世纪的本拉提城堡是其中之一。它堪称是爱尔兰精湛建筑艺术的缩影。史称"世界著名的本拉提中世纪晚宴"就在城堡的二楼举行，几十年来每天如此。宴会时，先是一段古典音乐会，然后入席，享受传统美食和酒饮。女侍身着传统的细腰拖地长裙为客人们服务，并表演民族歌舞。这样的晚宴每晚都全部订出，人们都期望成为古堡里餐桌旁的绅士淑女。基尔肯尼郡的基尔肯尼城堡是一个不规则的四边形，并筑有大量的鼓楼，号称"铜墙铁壁"。爱尔兰名曲《夏天的最后一朵玫瑰花》在这里诞生，一个多世纪后被作为电影《英俊少年》的配乐，使得这座城堡名噪一时。戈尔韦郡的邓古莱城堡被誉为爱尔兰最上镜的城堡。每年4月至10月，城堡对游客开放，而且中世纪的宴会也会每晚在此举行。宴会上，朗诵爱尔兰诗歌，演唱传统的爱尔兰音乐。据说，在城堡的大门口问一个问题，到这一天快要结束的时候就会有答案出现，这使得城堡更加的神秘。蒂珀雷里郡的卡舍尔岩（城堡）是爱尔兰中世纪著名建筑，也叫"国王的卡舍尔""圣帕特里克岩"。卡舍尔岩遗迹群中历史最悠久的建筑是圆塔，修建于1100年。卡舍尔因为有凯尔特艺术的卓越收藏品以及独特的中世纪建筑风格而享誉欧洲。

独特的民族文化

圣帕特里克是爱尔兰主保圣人、天主教圣人。他的足迹遍布爱尔兰，在全国主持修建了很多修道院、学校和教堂。爱尔兰的修道院以墓地和小教堂为中心，在墓地上或教堂内竖立凯尔特十字架成为当地的习俗。凯尔特十字架与其他十字架的不同之处是，在它的十字交叉处有一个圆环的符号，据说是通过将太阳赋予生命的含义与十字架相关联，来达到向异教徒彰显十字架重要性的目的。凯尔特十字架原来是木质的，后来为石质所代替。十字架石刻代表了爱尔兰历史的黄金时代，它遍及爱尔兰的乡村，成为一门独特的生活艺术。

万圣节前夜（简称"万圣夜"）在 10 月 31 日，是西方的传统节日。它源自古代凯尔特民族的新年节庆，此时也是祭祀亡魂的时刻。凯尔特人便在家门前放置食物，让鬼灵去享用。祭司亦举行宗教典礼，用被宰的牲畜来献祭，并有占卜邪术之类的事。夜幕刚降临，孩子们便迫不及待地穿上五颜六色的化妆服，戴上千奇百怪的面具，提上一盏"杰克灯"跑出去玩。"杰克灯"源于古代爱尔兰，起初用的是挖空的萝卜而不是南瓜，后来发现用南瓜做灯比萝卜更胜一筹，于是南瓜就成了该节的宠儿。孩子们将南瓜掏空，在里面插上一支蜡烛点燃，而在外面刻上笑眯眯的眼睛和大嘴巴，然后提着它挨家挨户地去索要糖果，不给或许会捣蛋，弄些小恶作剧，常令大人啼笑皆非。

万圣节是诸圣节的俗称，时间是 11 月 1 日。鬼脸南瓜灯、白网黑蜘蛛、巫婆、黑猫、白衣鬼等，都是节日的装点。万圣节吃菜糊（一种用卷心菜和土豆泥搅拌而成的食物），也是传统习俗之一。还有几样食品是必备的：南瓜派、苹果、糖果。朋友、家人间互寄贺卡祝万圣节快乐已成为民间流行的习俗。现在，万圣节与万圣节前夕早已被合二为一，统称为"鬼节"了，主要流行于爱尔兰、英国、美国、加拿大、澳大利亚和新西兰等国家和地区。

在爱尔兰民族的传统文化中，凯尔特神话充满了魔幻色彩。人们甚至坚信，当屋中吟唱英雄冒险故事的时候，魔鬼无法进入大门。甚至游吟诗人、德鲁伊（森林女神）和一些大英雄们都拥有魔法的力量，在他们面对怪物、巨人和恶魔的威胁时，这些魔法往往使他们转危为安。随着时代变迁，凯尔特人的宗教和神话渐渐式微，只在一些地方，人们还依稀记得古老的神明和英雄。不过，爱尔兰皈依基督教并不完全意味着抛弃凯尔特的传承，这从 5 世纪开始僧侣们致力于记录古老的凯尔特传奇上可见一斑。

凯尔特人是欧洲最早学会制造和使用铁器和金制装饰品的民族，其中塔拉胸针是最古老、最著名的爱尔兰艺术品。最早的塔拉胸针已经被珍藏在都柏林的国家博物馆里，被称为是欧洲早期最精致的艺术品。爱尔兰还有一种传统婚戒名叫"克拉达"，诞生在400年前一位金匠手中。它的式样很有创意：两只手的造型环抱一颗爱心，爱心的正上方有一个王冠，寓意"让爱情和友谊主宰一切"。克拉达戒指不同的戴法也有不同的寓意：戴在右手心朝外，表示此人是单身，正在寻找爱人；戴在右手心朝内，表示此人已经心有所属；戴在左手无名指上心朝外，表示此人已经订婚了；戴在左手无名指上心朝内，表示此人已婚。总之，克拉达戒指已经成为爱尔兰文化遗产的一部分，象征着爱情、友谊和忠贞。

爱尔兰文化中也包括赛马运动和盖尔式运动。爱尔兰被称为"世界上最爱马的国家"，爱尔兰人都希望拥有一匹马。爱尔兰国家马场拥有爱尔兰顶级的赛马。利奥柏斯城马场、卡勒赛马场、彭赤斯敦赛马场也是爱尔兰知名的马场。在纳西斯举行的赛马大会，每年为国库增加不少收入。盖尔式足球也是爱尔兰人所喜好的传统运动，它与板棍球（又称"爱尔兰式曲棍球"）并列为爱尔兰人的两大运动。盖尔式足球是由爱尔兰最大的运动组织——盖尔式运动协会所主导。该协会的主要宗旨在于推广爱尔兰传统的盖尔式运动，包括盖尔式足球、板棍球、盖尔式手球及跑柱式棒球。除了运动项目以外，该协会也推广爱尔兰传统音乐、舞蹈及爱尔兰语。该协会是爱尔兰最大的民间组织，在当时全国600万人口当中，拥有80万名会员。

爱尔兰人热情、友好、开朗、健谈，在家里、酒馆等地方相聚和交谈是他们惯常的消遣方式。在城乡随处可见的小酒吧里，主要出售健力士啤酒。现在非常风行的"吉尼斯"世界纪录，早年就源自"健力士"黑啤（"吉尼斯"是健力士的另一种音译）。在喝着健力士啤酒海阔天空的胡侃中，人们突发奇想，于是诞生了第一本记录"世界之最"的书。那是1955年，当年圣诞节前就荣登英国畅销书榜首。从那时起，《吉尼斯世界纪录大全》就成为全球纪录的领导者。截至2009年，《吉尼斯世界纪录大全》以37种语言、在全球100多个国家累计销量已达1亿册，是世界上最畅销的版权图书。世界上许多最好、最坏、最美、最怪、最惨的事情和事物都被收录在书中，许多内容光怪陆离、难以想象。例如，据报道，德国男子乔尔·米格莱2014年时在脸上穿了11个洞，打破了吉尼斯世界纪录。当年谁也没有想到，这本书的名声早已远远超出了健力士黑啤酒。看来，一段传奇，往往源自一个点子、一种创意。

社交与生活习惯

爱尔兰人的社交礼仪、生活习惯与英国人较为相似。在社交中讲礼貌，常常用"先生、夫人、小姐、博士、教授"等称呼对方。握手时一般要说"你好""见到你很高兴"。男士与妇女见面时，要微笑着等她先伸出手来后再握手。做客一般要带鲜花或糖果作为礼物。按惯例，做客时使用了主人家的电话要主动付费。

爱尔兰人的服饰有现代和传统之分。在正式场合，爱尔兰男士穿合体的西装、打领带，女士穿套装或毛料运动装。出席晚间招待会时，一般穿晚礼服。男人的传统服饰是短裙，以传统手工布料为材料，花式以格子为主；女人的传统服饰以麻布裙子为主，大多为绿色。传统的粗花呢布料，保暖又耐磨，深受女人的青睐。爱尔兰毛衣既保暖实用、又时尚漂亮，也是许多女孩子心仪的衣物。爱尔兰男女还喜欢毛织品制成的斗篷和披肩，成为他们的传统装束。结婚时，新娘一定要置办一件红色而厚实的斗篷，象征吉祥如意。

爱尔兰的传统饮食与英国很相似。日常饮食以面包、奶酪、牛奶、酸奶、鸡蛋、土豆、蔬菜、牛肉类为主。传统早餐包括香肠、培根、布丁、鸡蛋、土豆、白辣椒、水果、爱尔兰豆、爱尔兰黄油和都柏林芝士。商务用餐非常简单，大多是三明治、披萨等快餐。有些人的晚餐也比较简单，只是点一杯爱尔兰黑啤，再配上一些食品。不过，科克郡的滨海小镇金赛尔，却是爱尔兰甚至全欧洲的美食聚集地。其中遍布着以烹饪海鲜为招牌的餐厅。从前，让人能记住的也许只有熏牛肉和圆白菜。但金赛尔让这种情况有了彻底的改变。在每年10月的金赛尔美食周上，各个餐馆都精心制作富有特色的美味佳肴参加比赛，最后选出最佳美食。主办方与金塞尔一流的餐馆联合推出"品味金赛尔"的优惠活动，自然吸引了更多来自各地的吃货。

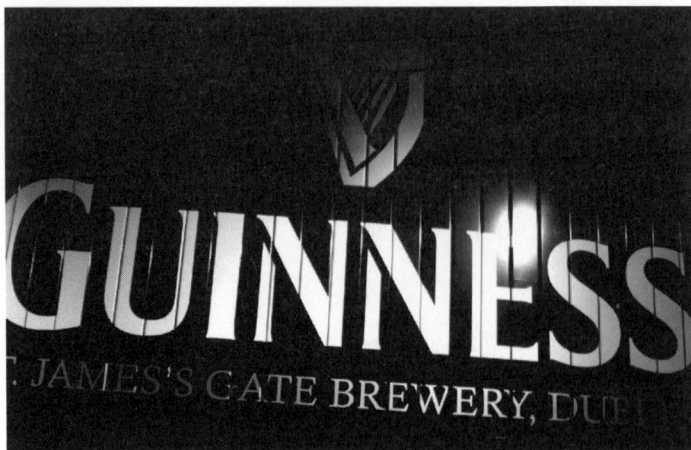

健力士啤酒博物馆标记 / 毛国良摄

爱尔兰人爱喝酒。名酒是历史悠久的爱尔兰威士忌和百利甜酒，其实，百利甜酒也属于爱尔兰威士忌。"威士忌"这个词来源于盖尔语"生命之源，水"，据传是古代一位修道士发明的。百利甜酒则是新鲜奶油和上等威士忌的美妙融合，是现代一种很好的创意。另外，鸡尾酒的发明据说也与爱尔兰人有关。一位爱尔兰将军夫人把酿造的各色醇酒混合起来，配上雄鸡大餐，宴请将士们共享美酒佳肴。这些将士非常高兴，纷纷把雄鸡尾部艳丽的羽毛插入酒杯里拌酒，从此，这种混合酒就被称为"鸡尾酒"。爱尔兰还有一些名酒，比如墨菲黑啤酒和基尔肯尼啤酒。参观都柏林健力士啤酒博物馆，重头戏当然是品尝地道的健力士啤酒。每人满满一大杯健力士啤酒，当地人尽兴喝光，许多中国游客根本喝不完。

爱尔兰人招待朋友的茶会颇为讲究，当友人来访坐定后，先让客人一杯接一杯地饮健力士黑啤酒，然后，主人才端上茶或咖啡及其他方便食品。由此可见，健力士黑啤酒是爱尔兰人招待客人必备的饮品。爱尔兰人不仅爱喝浓烈黑啤酒，也爱喝含有酒精的咖啡。这种咖啡是由热咖啡、爱尔兰威士忌、奶油、糖等混合搅拌而成的。相传都柏林机场有一个擅长调鸡尾酒的酒保，邂逅了一位美丽的空姐并对她一见钟情。于是，酒保单独为她调制了一杯加有威士忌的爱尔兰咖啡。当他第一次为她煮这种咖啡时，因为激动而流下了眼泪。因为这个故事，爱尔兰咖啡有个别名叫作"天使的眼泪"。

有趣的婚姻制度

爱尔兰曾经是个禁止离婚的国家，在 1995 年，公民投票以 50.28% 的得票率废止了一项延续了 58 年的禁离婚法。爱尔兰原来的法律规定，男女结婚后即不许离婚。男女结婚时需在教堂里互相承诺："只有死亡让我们分开。"因此，无论何种原因离婚，都视为违背誓言而不被允许。由于法律规定禁止离婚，所以爱尔兰人对婚姻大事考虑得极为周密，生怕"一失足成千古恨"。久而久之，选择同居、不结婚或者晚婚成为爱尔兰人的风俗和普遍现象。在其他地方，比如菲律宾、马耳他、巴拉圭、安道尔和圣马力诺等国家的法律也不准离婚，但爱尔兰的不同之处是，他们以高度的智慧，创造了一种兼顾传统和自由的婚姻制度。男女双方在结婚时，可以协商婚姻关系的期限，从 1 年到 100 年不等。期限届满后，若有继续生活的意愿，可以办理延期登记手续，否则婚姻关系自动解除，一方可以一走了之，谁也不欠谁。办理结婚登记的费用，因婚期的长短而不同，如果婚期为 1 年，需要 2000 英镑，如果婚期为 100 年，只需要 0.5 英镑。婚期不同，结婚证书也是不一样的。婚期为 1 年的新人，得到的是一本厚重的结婚证书，里面逐条逐项列举了男女双方的各项权利和义务，可谓一部完善的家庭相处条例；而婚期为 100 年的新人，得到的结婚证书只是一张纸条，上面写着本市首席法官的祝福："尊敬的先生（太太）：我不知道我的左手对右手、右腿对左腿、左眼对右眼、右脑对左脑究竟应该享有怎样的权利，究竟应该承担怎样的义务。其实他们本就是一个整体，因彼此的存在而存在，因彼此的快乐而快乐。最后，让这张粉红色的小纸带去我对你们百年婚姻的美好祝愿！祝你们幸福！"爱尔兰很尊重个人对婚姻的选择，但同时也要求个人尊重他人，尊重国家和民族已经约定俗成的风俗。因此，结婚登记很人性化也很有趣，婚姻当事人一旦做出的承诺就必须做到。这就是爱尔兰，那个一百年的约定。

据资料介绍，爱尔兰新娘的服饰、金戒指、克拉达戒指这些传统婚礼用品，使得传统的爱尔兰婚礼充满了神秘色彩。克拉达戒指是以"克拉达"（爱尔兰西部的一个渔村）命名的，它一直是由母亲传给女儿，并可作为订婚或结婚戒指。悠扬的风笛声、飘舞的褶裙将人们带入爱尔兰的婚礼殿堂。在婚礼上，一些人穿着凯尔特的褶裙，那是他们祖先在中世纪时期穿的款式，如今在特殊场合穿上，显得格外庄重。爱尔兰人相信，如果太阳的光芒照在新娘的身上就会给这对夫妇带来好运。同样，如果能够在婚礼的当天早上听到杜鹃的叫声或看见喜鹊，也代表着幸运。参加婚礼的人们聚集在新郎与新娘的周围，所有的杯中都盛装蜂蜜酒，而新婚夫妇则背诵爱尔兰的祝酒词："朋友们，亲人们，非常感谢你们能来到这里参加婚礼，许多年后，这种美好的情景会一直留在我们的心中。让我们共饮一杯爱尔兰的蜂蜜酒，并向上帝祈福。"客人们也随之响应："在这个特别的一天，有我们的祝福、上帝的祝福伴随你们。上帝会保佑你们这两个饮了蜂蜜酒的人，并满足你们所有的愿望。"婚礼仪式结束后，要有一位男士向新婚夫妇祝福。人们用高脚玻璃杯盛满蜂蜜送给新娘和新郎，这样他们就能在婚后的一个月里享用，人们相信吃蜂蜜是预示婚姻有一个良好开端的最好方式。

讲到婚姻关系、两性关系，这里要介绍的一个奇特风俗，听起来好像是天方夜谭。在远离爱尔兰海岸的地方，有一个名叫"伊尼斯比格"的小岛，被认为是最抑制性欲的地方。岛民认为，性交有害健康，男女之间不能结婚，只能临时分派到一起。据寻医问药网载文介绍，这里的男男女女们，被祖宗的遗训和规矩给害苦了，男人和女人几乎一辈子被隔离开来，成为性压抑的受害者。姑娘莉亚迪桑和小伙弗兰克就是这种制度下的牺牲品。有一次，两个人趁着夜色偷偷地跑进了村外的树林里，彼此在深沉的爱意当中用身体冲破了残忍的制度。然而，事情的结果似乎也是残忍的。两个月后族人发现没有允许和男子同房的莉亚迪桑竟然怀孕了。于是，可怜的她被送进了当地的"牢房"，等待她的是对于违戒的惩罚。在伊尼斯比格小岛上，不要以为男女在一起就可以从此享受性爱了，这个想法在此地是必然不可行的。因为即使为了传宗接代的"差事"，男女双方被偶尔分派到一起共度良宵，那一刻也是极其苦短。多待一会儿，似乎就有人来嗔怪他们。

欢乐的绿帽子节

爱尔兰最有趣的节日要数每年 3 月 17 日举办的绿帽子节了。在我们中国人的传统文化里，戴绿帽子隐含的意思是，一个女人和别的男人偷情、相好，那么这个女人的丈夫就被称作"戴了绿帽子"。被人戴绿帽子是件很不光彩、很丢脸面的事情。绿帽子相传已久，我国元朝规定妓女穿紫衫，在妓院里做工的男人戴绿头巾，以示与其他人的区别。据《元典章》载，当时规定娼妓家长和男性亲属要裹青头巾，而青、绿二色相近。而在西方，绿色（包括绿帽子、绿衣服）有英勇、欢乐的含义。

爱尔兰绿帽子节的起源是，公元 493 年 3 月 17 日，爱尔兰主保圣人、天主教圣人圣帕特里克逝世，爱尔兰人为了纪念他，将这一天定为圣帕特里克节。因为绿色是该节的传统颜色，人们在节日里穿绿衣服、戴绿帽子，所以俗称"绿帽子节"。这一天也被视作爱尔兰的国庆日。3 月 17 日，都柏林尽管天气寒冷，但参加节日狂欢的当地人和游客多达几十万人。欢快的音乐，鲜艳的彩装，满大街看上去是一片绿油油的颜色。人们大多按照传统习俗穿上绿衣服，戴上绿帽子，脸上用绿色油彩描画出三叶苜蓿的图样。传说圣帕特里克当年在爱尔兰传教时，就是用三叶苜蓿向人们形象地阐明圣父、圣子、圣灵三位一体的教义。

在绿帽子节穿绿衣服、戴绿帽子的传统源自绿衣老矮人的传说故事。绿衣老矮人是为仙子制鞋的鞋匠，他们身材矮小行动快速像可爱的小精灵，很喜欢跟人们恶作剧，例如把两只鞋子的鞋带绑在一起，害得人们一站起来就跌倒；他们还将一罐罐的黄金藏在树洞中。人们喜欢聪明可爱的绿衣老矮人，于是在节日里就穿上了他们的标志性服饰——绿衣服和绿帽子。

随着时代的发展，圣帕特里克节从传统的宗教仪式逐渐转变为展现各国音乐、舞蹈、美术等艺术的大舞台。人们欣赏着充满异国风情的音乐舞蹈，陶醉在悠扬的爱尔兰风笛声中。燃放焰火也是庆祝活动不可缺少的一个组成部分。当夜幕降临，一串串焰火在天空绽放出绚烂的礼花，人们欢呼雀跃，相互送去温馨的祝福。爱尔兰特色文化与健力士黑啤、百利甜酒之风味的完美结合，绝妙诠释了圣帕特里克节的独特魅力。

虽说圣帕特里克节是爱尔兰的传统节日，但数百年来，随着爱尔兰后裔遍布欧美各国，这一节日也渐渐成为一些欧美国家共同的欢乐的节日。

民乐、民歌和舞蹈

爱尔兰人在节日里总少不了歌舞。况且在这个美丽的绿岛上，民乐、民歌和舞蹈具有鲜明的民族风情特色。可以这样说，爱尔兰传统音乐和舞蹈，是爱尔兰最悠久最重要的文化形式。爱尔兰早期居民凯尔特人，使用的是一种被誉为"天使之琴"的竖琴。竖琴的造型被选为国徽标志，可见其占有极为重要的地位。现存最古老的爱尔兰竖琴制造于 14 世纪。历史上，行吟诗人背着竖琴，浪迹天涯，到处都有他们跳动的音符、美丽的诗句。今天，爱尔兰人民喜唱的纺织歌曲、磨谷歌曲、捕鱼歌曲等，都有古老说唱的痕迹。

具有浓厚生活气息和浪漫主义色彩的爱尔兰民歌、民谣，旋律优美，蜚声世界。《夏天的最后一朵玫瑰花》这首民歌，旋律清新流畅，是世界人民深为喜爱的一首歌曲。爱尔兰民歌对欧洲音乐影响至深，贝多芬曾改编了 62 首爱尔兰歌曲，都柏林作曲家约翰·菲尔德创作了许多优美的小夜曲。《丹尼少年》是一首流传百年的爱尔兰民谣，其旋律纯净柔美，歌词感人至深。《阿萨瑞原野》这首民谣，讲述的是 19 世纪 40 年代爱尔兰大饥荒期间，一个名叫"迈克尔"的人为了解决饥饿偷窃食物而被流放到澳洲的故事。这首民谣深得爱尔兰球迷喜爱，常常用这首民谣为爱尔兰国家队加油助威。许多国际性、民族性的音乐节成为爱尔兰人民生活中的大事，从城市酒吧到乡村节庆都可以听到传统音乐。

爱尔兰人喜欢舞蹈，每年都举行各项锦标赛，竞争激烈。在节日里，常常举行歌舞表演。盛装的少女在民族乐器的伴奏下跳起传统的土风舞、香农舞、捷格舞。专业舞者跳起热情奔放、节奏鲜明而富于变化的踢踏舞，如大型舞剧《大河之舞》融合了爱尔兰舞、踢踏舞、俄罗斯民间舞蹈和西班牙的弗拉门戈舞等多种舞蹈形式，是爱尔兰文化的优秀代表。《皇家之舞》富有韵律感的肢体语言、强劲有力的舞步节奏，也深深地震撼了观众。

爱尔兰传统音乐都是由纯粹的民族乐器演奏的，除了竖琴、提琴，还有风笛和哨笛（也叫锡口笛、便士笛、锡哨）。电影《泰坦尼克号》主题曲《我心永恒》中那段婉转深情的哨笛演奏，感动了无数少男少女，但是大部分人错以为是风笛演奏。《爱尔兰画眉》是爱尔兰裔哨笛女皇 Madden 的作品。哨笛是一种很特别的乐器，像是画眉鸟的嗓子，音色清亮。不管选择哪种民族乐器，爱尔兰民乐、民歌中最大的特点却不曾改变：音乐清澈见底，主旋律往往都是由竖琴与风笛来演奏。当听众专注聆听优美的爱尔兰音乐时，似乎可以看到这块"大西洋上的绿宝石"的独特风景画：青青草场，那里有远离喧嚣的田园牧歌；海浪拍岸，跳跃出舒缓轻快的美妙乐曲；宫殿古堡，仿佛看到了俊男靓女翩翩起舞的华美场景。

静谧的田园牧歌 / 毛国良摄

地中海心脏　马耳他

　　马耳他共和国是地中海中部的岛国，有"地中海心脏"之称。一说，因为这里是海上船舶的避风港，在腓尼基语中称"马莱特"，国名由此转化而来。另一说，国名源自希腊语，意为"蜜""甘甜"。大概因为马耳他出产一种品味独特的蜂蜜，故而昵称为"蜜地"。

　　马耳他拥有美丽的风光、丰富的历史、浓厚的文化气息。例如美妙的潜水胜地、惊人的高空攀岩、隐秘的洞穴，以及神秘的"大地之母"雕像、古老的寺庙、令人赞叹的建筑风格、巨大的城池和地下隧道。

马耳他国旗

国徽

国情概要

马耳他国土面积 316 平方公里，人口 45.25 万（2011 年）。首都瓦莱塔，国庆日 9 月 21 日。全国由马耳他、戈佐、科米诺等 5 个岛屿组成。其中，马耳他岛面积最大，约 245 平方公里，多天然良港；戈佐岛是马耳他的第二大岛，面积约 67 平方公里，多峭壁；第三大岛科米诺岛位于马耳他岛与戈佐岛之间，面积仅 3.5 平方公里，现为自然保护区。无河流湖泊，缺淡水。夏季炎热干燥，冬季温和湿润。诸岛地势起伏，岩石四布，除盛产建筑材料石灰岩外，无其他矿产资源。石油依赖进口。农渔业欠发达，粮食、肉禽、牛奶、植物油、水果等亦依靠进口。经济主要依靠加工制造业、金融业、旅游业和国际贸易。人民生活水准较高，社会保障体系较为完备，实行免费教育、免费医疗及退休保险制。

公元前 8 世纪左右，腓尼基人踏上了马耳他的土地。此后，迦太基人、罗马人、阿拉伯人、诺曼人、西班牙人等，陆续地占据马耳他。1523 年，马耳他骑士团从罗德岛移居此地，占据马耳他 270 多年，18 世纪末被法国逐出。19 世纪成为英国的殖民地，1964 年宣布独立，为英联邦成员国。1974 年正式成立马耳他共和国。1972 年 1 月 31 日马耳他与中国建立外交关系。

古老文明

马耳他是个神奇的岛国，别看它面积很小，却拥有融合各种文化、艺术、宗教和建筑的遗产。世界考古学界鼎鼎大名的马耳他女神雕像，名为"大地之母"或"丰收女神"，体态丰腴，距今已有 5000 多年历史，是人类先民崇拜大地母亲、祈求丰收生育的最早见证，也最能体现马耳他的悠久历史和文化传统。在上海世博会的马耳他展馆，"大地之母"雕像被放大复制，与其他多媒体展品一起，共同演绎马耳他展馆"古老文明、生活中心"的主题。

公元前 3600 年至前 2500 年间，马耳他群岛建造了 30 多处巨石神庙和地下墓穴，是史前欧洲极具神秘色彩的建筑之一。公元前 3600 年戈佐岛上的詹蒂亚综合建筑（"詹蒂亚"在马耳他语中是"大得惊人"的意思），展现出超人的建筑艺术。戈佐岛上的 7 个巨石庙，被称为"马耳他巨石文化时代的神殿"。杰刚梯亚神庙是现存世界上最古老的石造神殿，最大的一块巨石重达几十吨，堪称奇迹。哈格尔基姆神殿的建筑年代晚于杰刚梯亚神殿，因而技术更先进，巨石之间吻合得天衣无缝，令人叹为观止。

位于首都瓦莱塔附近的哈尔·萨夫列尼地宫，有"史前圣地"之称，约建于公元前 3200 年到前 2900 年间，是欧洲建筑史上最早的石造建筑。它由新石器时代的古人在地下岩石中挖凿而成，深达 12 米，而建筑结构却与地面上用巨石修造的庙宇类似。宫殿洞穴很多，用途各不相同，其中的神谕室内有一个壁龛，据说是用来传达圣谕的。如果以男低音对着壁龛讲话，地下宫殿各洞穴和地面洞口都能听到，堪称一绝。

马耳他极为复杂的历史背景，使它不可避免地融合了多种历史文化背景和传统风俗习惯。各族统治者们先后在马耳他岛上建造起富于各自民族风格的寺庙、教堂、城堡、宫殿等，散发出独特的气质魅力。这些古老建筑，有的已成为残垣断壁，有的埋没于荒草幽径之中。今天的马耳他，已不具有重要的战略位置，而是一处著名的休闲度假地区，到处都看得到来自欧洲的观光客。马耳他一方面有热情的太阳、清澈的海水、美丽的沙滩，以及璀璨的珊瑚礁，另一方面在于它古老的文明和独特的历史，这些都是最令人陶醉的地方。

温暖港湾

在马耳他岛这个温暖的港湾，人们首先会想到"阳光、大海、蓝天、沙滩"这些美丽的自然风光。的确，好多年来，这里一直是世界各地游客趋之若鹜的旅游胜地。因为这里气候温暖、四季常青，没有凛冽刺骨的风雪冰霜。当欧洲还处在千里冰封的严冬季节时，这里已是春暖花开、阳光和煦，许多欧洲人特意赶来躲避寒冬。即使在夏日，这里海风徐徐，亦无酷暑，是游泳泛舟、晒日光浴的好地方。

马耳他岛周围的海域清澈、纯净，只需要叼一根橡皮管就可以潜入海中欣赏那五彩斑斓的海底世界，并和游弋的鱼儿一起嬉戏。蓝拉哈玛海滩是马耳他最大、最好、最知名的海滩。它的名字在马耳他语中意为"红色沙滩"，但是呈现出的却是让人惊叹的黄色（不同于一般海滩微微的黄色）。整个海滩就像是一块散落在马耳他的金光闪闪的黄金，耀眼无比，令人不得不感叹大自然的鬼斧神工。每年夏天，许多国内外旅客到蓝拉湾、金海湾、歌纳湾、天堂湾、圣保罗湾、巴鲁塔湾、爱米尔湾等美丽的海湾休闲度假。游客可以自由地躺在沙滩上，尽情地放松疲惫的身体，也可以选择适合的海湾进行划船、潜水、冲浪和游泳戏水。这里的夜景也很神奇，清亮的月光映照着透明的海水泛起银光，恍若仙境一般。每艘集红黄蓝三色于一身的传统渔船，船头都绘有两只眼睛，为传说中的"神明之目"，为预测未来凶险之用，当地人将这种渔船称为"鲁足"。乘坐这种绘有"神目"的渔船出游，会看到许多美丽的景致。例如，丁格里悬崖，位于马耳他岛西南角，像极了英国的白垩断崖，而且此地的日落远近驰名。蓝洞位于南部海岸，那里的特殊石灰岩地质结构历经海水侵蚀之后，形成大小不一、深浅不同的海石奇景，值得一看。

岛上大部分民居都是用一种乳黄的砂石砌成。街道旁的路牌上不是数字，而是住户名字，天气一热，家家户户都敞着大门。据说这个国家是没有小偷的，令马耳他人感到很自豪。岛上食品店里最多的是橄榄，各种颜色的橄榄，是趁成熟程度不一时用竿子打下来的。还有海鲜，渔船刚打上来的墨鱼，放在铁板上一烤，让人垂涎欲滴。下午4点之前，一律午休，什么店都不开门。夜市灯火辉煌，让顾客们从容地细挑慢选中意的商品。

海之女神岛

戈佐岛昵称为"卡吕普索岛"。卡吕普索是希腊神话中海之女神，因此，不妨将戈佐岛称为"海之女神岛"。

在荷马的诗篇《奥德赛》中，戈佐岛是一个险峻的地方。而事实上，这个由土著居住的岛屿充满了静谧与祥和。这里梯田成片，风景如画，四周被许多美丽的蓝色海湾环绕，如朗姆拉、杜维拉、雪尔迪和马尔萨佛等海湾。"蓝窗"是整个戈佐岛最为著名的景点，也是整个马耳他的必游之处。所谓"蓝窗"，是一个伸入海中的悬崖尽头的天然拱门，乘船到拱门的一侧，透过像窗子一样的拱门，便可以看到"窗外"蓝色的波涛，故名。美剧《权力的游戏》曾在此地取景。可惜的是，2017年3月8日，由于连日大风引起巨浪的冲刷，蓝窗不幸坍塌，令人惋惜（读者只能从网络图片上看蓝窗坍塌前的模样了）。在这里可以乘船前往真菌岩游览，据说那里的岩石上生长着一种有益健康和催情功效的真菌。

对情人来说，戈佐岛是个独特的谈情说爱之地，许多热恋中的男女都会来这里海誓山盟。古时候有位凯丽丝仙子和尤里西斯曾在岛上的一个洞穴住过一段时间，流传下了美丽的传说。对旅游者来说，戈佐岛有非常古老的教堂，有绝美的景色和绝好的潜水条件。玛榭芬湾是最热闹的渔村之一，也是久负盛名的水上活动胜地，在这里可以领略渔村的风情，或进行游泳、潜水、乘风帆等活动。每年8月15日在戈佐大教堂举办的圣母玛利亚节，十分热闹。这天，教堂内的一座圣母雕像会被抬出来游行。沙赫拉是戈佐岛上最古老的村庄之一。在沙赫拉老广场上有一家"夹竹桃"家庭餐馆，这里烹制的旗鱼很好吃。每年9月8号，是夏季举办的最后一个节日，届时家家户户张灯结彩，欢歌笑语，热闹非凡。

瓦莱塔与姆迪纳

马耳他的城市里到处都是教堂或钟楼等古建筑，每一座建筑物都像是一件匠心独运的精美艺术品。2011年9月4日，《中国人眼中的马耳他》摄影展在滨海小城萨斯科拉市巡展开幕，用照相机镜头记录了马耳他如诗如画的风景。

首都瓦莱塔自然是马耳他城市的代表。它有许多别名，诸如"圣约翰骑士团之城""巴洛克的伟大杰作""欧洲艺术之城"等。它位于马耳他湾的一个狭长半岛上，是欧、亚、非海运交通的枢纽，战略地位十分重要。虽为首都，实际上只有1万多人。它以16世纪圣约翰骑士团第六任首领拉·瓦莱特的名字命名。因为是瓦莱特决定在原有城市的废墟上建立一座新都，以抵御外敌的入侵。

瓦莱塔的城市建筑，均用石头建成，给人一种洁净大方的美感。全城古迹甚多，比如圣埃尔莫堡、迪聂堡、曼纽尔堡和弗洛里阿娜防御工事。圣埃尔莫堡坐落在瓦莱塔城北，四周布满碉堡，扼守着格兰德港和马尔萨姆特港。瓦莱塔城门前有"三海神"喷泉、腓尼基饭店。城内分布着国立考古博物馆、国家图书馆、美术馆、罗诺埃尔剧院、大团长宫、调查官宫、圣保罗船难教堂、圣约翰大教堂等建筑。公众广场在殖民时期曾是"女王广场"，至今依然保留着当年的伊丽莎白女王塑像。公众街宽阔而整洁，街道两边有许多露天咖啡茶座，当地人非常喜爱在这条街上散步和聚会。城内有很多陡坡，旧薄荷街是其中最有特色的一个，被印在了明信片上。许多游客喜欢跟这个大陡坡合个影，留作纪念。其他古老狭窄街道两旁有各色小店、书店及珠宝商行等，装点着这个城市。海滨区有各式时髦酒吧和人潮涌动的夜总会，每到周末就会变得拥挤不堪。现场爵士乐、布鲁斯和摇滚乐是这里的最大特色，吸引了许多爱好音乐的人士。在时尚的沙龙酒吧里，可以观赏到热情似火的舞蹈。

瓦莱塔风光小全张

　　姆迪纳是马耳他著名的古都，以悠久的历史、独特的风貌、优美的景色和发达的旅游业闻名。它坐落于马耳他本岛中部的一座山顶上，东面、北面是峭壁，是最适合的防御之地。阿拉伯人称之为"姆迪纳"（意为"城堡"），而称它的周围地区为"拉巴特"（意为"城郊"）。在1530年前，一直是马耳他的首都，素有"高贵之城"和"静城"的美誉。城内有几座中世纪和文艺复兴时期的城堡。弗达拉城堡俗称"夏宫"，1586年由骑士团首领弗达勒（法国普罗旺斯人）修建。城堡有两层，底层是在弗达勒统治时期建造的，从大门的入口处可以看到刻有狼的图案的徽章；第二层是在骑士团葡萄牙籍首领韦尔希拉统治时建造的，刻有代表韦尔希拉的庄严徽章。该城堡现在是马耳他国家元首夏季的寓所。许多官方的活动，如月光舞会（由马耳他总统夫妇倡导的马耳他慈善基金组织的活动）都在此举行。姆迪纳也被称作"教堂之城"，城内有多座教堂、修道院和一些贵族小宫殿，具有浓厚的贵族和宗教色彩。还有一处教堂博物馆，是马耳他岛上巴洛克式建筑的典范。站在古城墙上，可以纵览周围村镇的田园风光。

"豆腐石头"与城市建筑

　　作为地中海岛国，马耳他从来不缺阳光、大海和石头。这些都是马耳他的宝贵财富。阳光和大海自不待言，那石头又有什么稀奇的呢？原来这里的石头不同于一般的石头，而是一种很特别的石灰岩。这种石灰岩呈灰白或乳黄色，开采出来时软得跟豆腐差不多，可以任意切割成块。更为稀奇的是，这种"豆腐石头"只消在太阳底下晾晒一小段时间，就会变得坚硬无比，别说刻划、切割，即使用大锤去砸，也很难将它砸开。原来，"豆腐石头"由软变硬的道理非常简单，就像我们平常用石灰浆抹墙，晾干后墙面会变得坚硬光滑一个道理。马耳他石灰岩中氢氧化钙含量极高，这种成分的特点是非常软，但遇上空气中的二氧化碳，就会很快产生化学反应，生成坚硬的碳酸钙。正因如此，"豆腐石头"才会在开采出来不久，升华成坚硬的磐石。马耳他几乎所有的建筑，都就地取材，用上了这种奇特的石头。于是岛上每一座城市，都矗立着清一色乳黄色的石灰岩建筑，在明媚的阳光下，从蔚蓝的地中海上远眺，景象蔚为壮观。前面提到的哈尔·萨夫列尼地宫，就是聪明的马耳他人利用"豆腐石头"的特性，直接在石灰岩上开凿而成的。

"豆腐石头"的广泛使用，使得整个马耳他呈现出一幅乳黄色的地中海建筑风格的画面，这就是马耳他的颜色。乳黄色的建筑与蔚蓝色的海水勾勒出了一幅艳丽的油画。情调满满的民居，五颜六色的花朵装点的都是生活的味道。蜡黄色的教堂，让镜头下的场景更加肃穆。除了黄、蓝等色彩，马耳他还藏了很多其他斑斓的色彩。比如，1月1日元旦，弥漫着五颜六色的欢腾场面。2月10日圣保罗船只失事节，呈现的是一片白衣白袍。3月17日，马耳他人也庆祝圣帕特里克节，人们争相戴上绿帽子。3月31日国庆日，身穿藏蓝色军装的军人显得庄严肃穆。4月最后一周是绚丽的国际烟火节。9月21日独立日，金色阳光下一片欢腾。

日常生活习俗

许多马耳他人的口号是：不加班，去海边！人们在下午四五点钟结束工作后，纷纷回家换上休闲舒适的衣衫，带上家人或会同朋友去感受地中海的夜色与惬意。也有些人去参加各种party，或者去看电影、逛集市等。总之，劳逸结合，是他们自始至终对待工作与生活的态度。

在饮食上，马耳他人吃的是典型的地中海食品，其饮食结构与意大利的饮食结构很相似。一般家庭会经常制作意大利通心粉。鱼和肉是必不可少的。夏天，鱼多的时候，喜欢喝清淡的阿尔吉他鱼汤。旗鱼的皮光滑漂亮，鱼肉则是白色的，有一种独特的味道。蓝普卡鱼是马耳他特有的，这种鱼每逢9月、10月必定游到马耳他岛。根据鱼的大小，或油炸或烧烤，或者加菜花、青豆、土豆，搅拌成馅，包在薄面饼内，再放入烤箱内烘烤，就成了蓝普卡馅饼。马耳他的水域里还有极其丰富的其他鱼类，其中的鲷鱼和白鲷鱼颇受马耳他人青睐。肉类的品种也很多，平时烤牛肉或猪肉，复活节烤小羊肉。红酒姜汁烩兔肉、香烤猪蹄也是传统特色美味。猪蹄很便宜，一只很大的猪蹄合人民币才2.5元。鸡胸肉比较贵，鸡翅膀的价格和中国的价格差不多。酒水以葡萄酒为主，啤酒都是小瓶装。有许多人在酒和饮料中放入鲜花，使饮品独具芬芳。马耳他的鲜花汤名扬四方，比如，用梨花、凤尾花与草莓合做的"三色汤"别有风味；将葫芦花切碎做的"碎花汤"，也非常好喝。在每年3月中旬为期4天的地中海美食节上，食品和美酒荟萃，可以满足任何一种口味。这个节日给游客们提供了在马耳他岛的优美环境中品尝地中海风味美食的绝好机会。

马耳他98%的居民信奉罗马天主教（国教），少数人信奉基督教新教和东正教。据说马耳他水手为了保护自己，每只船都以天主教徒的名字命名，并且在船首两边各画一只警惕的大眼睛，用来阻挡厄运。同样，为了驱邪，马车上往往系上红丝带或羽毛。为了迷惑鬼魂，一些教堂的顶部装置两只钟，使魔鬼弄不清真假，无法吸取亡灵。许多乡村的屋顶或大门上绑着一只向外指的公牛角，意在把魔鬼挡在门外。直到现在，许多男子戴的项链坠也是像公牛一样的护身符。

马耳他国家虽小，但节日很多，如圣保罗海难节、圣约瑟节、自由日、圣星期五、耶稣受难日、复活节、狂欢节、圣彼得与圣保罗节、圣母升天日、妇女胜利日、独立纪念日、国际黄金骑士节、圣母感孕节、圣诞节等。马耳他在每年2月中旬左右举行狂欢节，在欢乐中展示传统和文化。远道而来的浙江婺剧团，代表中国参加了马耳他2018年狂欢节盛大巡游和演出，使马耳他狂欢节披上了中国喜庆的色彩。马耳他地方性民间庆祝活动也很丰富，音乐、舞蹈、彩灯、焰火、化装舞会等，为民众所喜闻乐见。马耳他人还有一个爱好有些与众不同，就是喜欢猎鸟。从以上活动可以看出，这个地中海岛国的民俗风情绚丽多彩。

马耳他人比较传统，非常重视婚姻。马耳他法律规定不准离婚，不许堕胎，婚姻破裂者只能分居。近年来随着已婚妇女继续工作的比例上升，不许离婚的法律也引起很大争议。孩子出生一周岁时组织的"抓周"习俗，倒是与中国的习俗相同。

非洲岛国

　　非洲全称"阿非利加洲"（英文名 Africa），共有 57 个国家和地区，总面积 3020 万平方公里，是世界第二大洲，也是人口第二大洲。阿非利加源自希腊语（一说源于拉丁文），意为"阳光灼热"。也有一种说法是由阿拉伯文 afar 一词变来，意思是"尘土"。非洲是世界上民族成分最复杂的地区，许多民族处于部族状态。大多数民族属于黑种人，其余属于白种人和黄种人。非洲是世界各洲中岛屿数量较少的一个洲。除马达加斯加岛（世界第四大岛）外，其余多为小岛。因此岛国不多，只有 6 个。位于马达加斯加岛和莫桑比克之间的海峡，是莫桑比克海峡，全长 1670 公里，是世界上最长的海峡。

绿色的海角　佛得角

佛得角共和国是远离非洲大陆西海岸 500 多公里的一个岛国，扼欧洲与南美、南非间交通要冲。国名在葡萄牙语中意为"绿色的海角"。

佛得角国旗

国徽

佛得角是"西非歌后"西萨莉亚·艾芙拉的故乡。她出生于 1941 年。1975 年佛得角脱离葡萄牙统治而独立，虽然有许多人移民海外，但西萨莉亚还是充满信心地留在了祖国。她出版的唱片和参加的演出，都极受欢迎。在非洲、欧洲及中南美洲，她是有名的"赤足歌后"，连世界巨星麦当娜和瑞奇·马丁都视其为超级偶像。

佛得角纸币上的西萨莉亚·艾芙拉肖像

国情概要

佛得角国土面积 4033 平方公里，人口 51.39 万（2014 年）。首都普拉亚，国庆日 7 月 5 日。全国由圣安唐、圣尼古拉、萨尔、博阿维什塔、福古、圣地亚哥等 15 个大小岛屿组成，分北面的迎风群岛和南面的背风群岛两组。这些岛屿都是火山岛，福古活火山海拔 2829 米，为全国最高峰。属热带干燥气候，终年盛行干热的东北信风，有些年份旱灾严重。居民大多从事渔业和农业，盛产鲔鱼和龙虾，种植热带作物，但农业生产落后，粮食不能自给。矿藏资源匮乏，工业基础薄弱，对外依赖较大。独立以来，由于人口少、社会稳定、旅游业蓬勃，已成为非洲的安逸国家，生活质量位居非洲各国前列。

葡萄牙人在 1456 年到达之前，佛得角群岛人烟稀少。此后葡萄牙人占领群岛，作为王室采邑，开辟种植园，运入非洲奴隶作为劳动力。1587 年，群岛由葡萄牙政府管辖，设总督统治，成为葡萄牙人的重要港口，也成了重要的奴隶转运站。1879 年葡萄牙宣布佛得角为其殖民地，1951 年改为海外省。1975 年 7 月获得独立，成立佛得角共和国，摆脱了葡萄牙长达 500 年的殖民统治。独立后的佛得角人民"在繁星和大西洋之间唱着自由的颂曲"。

佛得角在 1976 年 4 月 25 日与中国建立外交关系。

欢乐的海滩

海滨是佛得角的主要旅游胜地。许多美丽的海滩，例如著名的金色海滩、桑塔·摩尼卡海滩、圣玛利亚海滩等，细沙平坦，海水清澈，气候宜人，环境舒适，是最具魅力的度假胜地。英国超模黛米·罗斯身高不足 160 厘米，却具有迷人的时尚魅力。她穿着印花比基尼出现在佛得角的金色海滩，时尚的比基尼展示出她的健美身材。她在接受采访时说："我的生活方式很快乐，总是环游世界，也可以展示出与卡戴珊姐妹（纽约名媛）相媲美的魅力。"桑塔·摩尼卡海滩位于博阿维斯塔岛西南边，长19公里，宽200米以上，宽阔平坦。它不同于金色海滩，这里的细白沙滩在碧绿的大海和蓝天、白云、阳光的衬托下如诗如画，自然环境十分优美。圣玛利亚海滩是萨尔岛最具魅力的去处，每天都有很多游人来此欢快地享受夏日时光，很安逸很欢乐，没有世俗的纷扰。

圣地亚哥岛是佛得角最早的居民点，在它北端的塔拉法尔美丽的自然风光常给游客带来意外的惊喜。人们兴高采烈地下海去游泳、嬉水。圣维森特岛为水上运动提供了良好的天然条件，非常适合冲浪和帆板运动，岛上幽静的湖泊也是游泳的理想之地。东海岸的佩德拉·卢梅盐湖更是非同寻常，海水经蒸发后形成晶体盐，其独特多姿的自然景观令人赞叹。岛上小镇的街道上和酒吧中，飘荡着以生活为主题的音乐，让人在轻松的环境中充分感受这里的文化氛围。群岛音乐节于每年8月满月的那个星期举行。爱好音乐的朋友们，届时不妨来此感受一下当地音乐节的欢乐氛围。

海滩边的首都

首都普拉亚在葡萄牙语中是海滩的意思，因为这里的大西洋沿岸有1000多米长的海滩，普拉亚由此得名。普拉亚位于圣地亚哥岛的南端，地处大西洋交通要冲，扼西非北部门户。从19世纪开始，普拉亚的贸易日益繁荣，人口不断增加，城市初具规模。1975年，佛得角获得独立，普拉亚被定为首都。

普拉亚市区面积约10平方公里，规模不大，但比较"欧化"。市内主要建筑多为西方建筑风格，街道两旁绿树成荫。城西有总统府、总理府、政府各部和银行大楼等。市中心的"九一二"广场，是人们喜欢聚集的地方，也是重大节日里检阅游行队伍的地方。在佛得角，最隆重的节日是狂欢节。港口小镇明德罗是佛得角狂欢节的发源地。100多年前，来自欧美的大批商船停泊在这里进行贸易，也将欧美的社会习俗带入此处，狂欢节便是巴西水手带来的，后来发展为全国性节日。狂欢节那天，普拉亚等城市都会举行花车游行，装扮成公主的女孩高高地站在彩车上。到了夜间，人们聚集到广场上或者公园里，尽情狂欢。每天早晨，繁荣的集市贸易以鱼、海鲜、水果类为主，日用品类大多从中国进口。

普拉亚老城大里贝拉历史中心是世界文化遗产，它的历史可追溯到 15 世纪末，是欧洲在热带地区的第一个殖民基地。这里曾经是航海家在大西洋航行停靠的中转站。著名航海家达·伽马、哥伦布等都曾到过此地。这里也是殖民者贩运奴隶的集散地。从几内亚海湾沿岸贩运来的奴隶，在这里稍作逗留后，再横渡大西洋贩卖到南美洲种植园去。该城的日渐繁荣，成为海盗船经常攻击的目标。为抗击海盗，在 16 世纪末修建了圣菲利佩要塞。但是，在 1712 年依然被法国海盗雅克·卡萨特攻克，大里贝拉城被夷为平地。从此人们被迫迁移到普拉亚，而大里贝拉则成为老城。老城位于普拉亚市区以西约 15 公里，作为历史见证，只有罗萨里奥教堂还保存至今，而圣菲利佩要塞和惩罚奴隶的奴隶桩等均已成为遗迹。

当地风土人情

佛得角居民散布在各个岛屿上，经济文化的长期交流和融合形成了这个群岛国家的独特风貌。西达迪弗哈位于圣地亚哥岛，距离首都普拉亚仅 15 公里，百年的景点在小城里随处可见，如圣弗朗西斯科修道院和教堂。明德罗是一个海港小镇，是佛得角文化和夜生活的中心。用鹅卵石铺成的街道旁是各种五颜六色的房屋、酒吧和餐厅，里边演奏着传统的当地音乐。鲜鱼和海产品是这里永恒不变的传统美食。游客来到这里一定要品尝用鲜鱼、甜薯、生香蕉、树薯粉做的新鲜鱼汤。吃炖藤壶、炸鳗鱼要佐以洋葱和番茄汁。在多样化的食物中尤以咖喱料理、野味烧烤等为佳，佛得角式咖喱鱼口味香浓厚重。碳烤蔬菜串包含玉米、辣椒、节瓜（又称"小冬瓜"）与胡萝卜等健康食材，将美味与营养融为一体。

佛得角居民绝大多数是黑白混血的克里奥尔人，占全国人口的 71%。肤色既不算白，也不算黑，有点像巴西人和南欧的摩尔人。由于地理位置和历史原因，他们的风土人情、风俗习惯与许多非洲国家不太一样。比如，他们在星期天主要商店不开门，跟南欧国家如出一辙；他们的狂欢节跟巴西是同一天，狂欢内容同样是花车游行和彻夜歌舞；喜欢跳桑巴、街舞、南欧民间舞蹈和古老的高跷舞；广播电台里热播的歌曲，是欧洲流行榜最新作品；不少当地人渴望拿到一本葡萄牙护照，到真正的欧洲去生活。

佛得角居民的礼仪习惯既有非洲特点也有欧洲特点。他们待人热情，见面时常会热情问候。在乡村地区，好朋友见面，边问候边用右手掌拍打对方的右手掌，以表示相互关系亲密无间。女性对男性客人总是行屈膝躬身礼，或者行弯腰鞠躬礼。亲吻是发源并流行于西方国家的礼仪，在佛得角也很流行，表现的方式和习惯是亲吻对方的面颊，一边各一次。在当地上流社会也流行男女之间行吻手礼。女方先伸出手并轻轻地向左前方抬起约60度时作下垂姿势，男方见状便轻轻将女方的手提起，略俯身，低头，在对方手背上轻轻吻一下，再将自己的手松开，并向女方说"谢谢"。

传统婚礼习俗

佛得角98%的居民信奉天主教，少数人信奉基督教新教。虽然有些人喜爱在教堂里举行婚礼，但是由于历史原因，大多数人的婚礼习俗既反映出欧洲居民的礼仪色彩，又保持着非洲居民的传统做法。

据《中外文化交流》1993年01期载文介绍（作者黄泽全），佛得角男女青年的婚事不像许多非洲国家那样，经媒人牵线，由父母做主。这里的年轻人通过田间劳动或社交场合相互接触，彼此有了一定的感情后，便开始谈情说爱。如果小伙子爱上一位姑娘，便采一束鲜花送给姑娘，若是姑娘含情脉脉地收下鲜花并向他深深地鞠躬致谢，那么小伙子的求爱便成功了。当两人的感情发展到一定程度，相互间就将不便口头表达的情话写在香蕉叶上赠送给对方。等到谈婚论嫁的时候，就由小伙子的父亲出面，将自己的姓名和儿子求婚的愿望写在香蕉叶上，委托亲朋好友将香蕉叶送到女方父母那里。姑娘的父母收到香蕉叶后，在征得女儿同意的情况下，即有父亲采来香蕉叶，将自己的姓名和女儿表示同意的意思写在上面，交给来人带回去。小伙子的父母收到香蕉叶后，便带上彩礼去拜会姑娘的父母。双方家长商定举行婚礼的日期。婚礼大多选择在星期五举行。

举行婚礼的那一天，当新郎前来迎接新娘离开家门时，新娘的父母将女儿送了一程又一程，临别时，父亲还要在女儿身上"打"一鞭子，这是告诫提醒女儿婚后不要眷恋父母，老是往娘家跑，否则是会挨鞭子的。结婚仪式上，新郎新娘分别将此前收到的香蕉叶还给对方，并手举香蕉叶相互行礼致敬，表示他们的爱情将如同香蕉叶那样常青。这时，婚礼主持人从新郎新娘手中接过写着情书的香蕉叶，分发给客人们传诵、观赏。佛得角人认为，在婚礼上公布情书内容，可以得到亲友监督，让婚后生活永远像谈情说爱期间那样甜甜蜜蜜。婚礼上少不了歌舞助兴，最动人的场面是跳击棍舞。妇女们围在四周，呐喊助威，并轮番出场，在男子对打着的棍子下钻来钻去，翩翩起舞，场面精彩动人。

非洲宝岛　马达加斯加

　　马达加斯加共和国（曾用名"马尔加什"）是非洲岛国，位于印度洋西南部，隔莫桑比克海峡与非洲大陆相望。国名源自当地语，意为"马尔加什人的王国"；一说源自索马里首都"摩加迪沙"的讹传。

　　当地流传一句谚语，说马岛是被上帝遗忘的角落。现在看来，这句谚语是现实的真实写照。马岛确实是非洲最大的充满原生态热带风情的宝岛，是大自然留给人类的真正的世外桃源。

马达加斯加国旗　　　　　　国徽

国情概要

马达加斯加国土面积 59.075 万平方公里，人口 2312 万（2013 年）。首都塔那那利佛，国庆日 6 月 26 日。马达加斯加为世界第四大岛、非洲第一大岛，习惯称为"大岛"。全岛由火山岩构成，中部为海拔 800 至 1500 米的中央高原，马鲁穆库特鲁山海拔 2876 米，为全国最高点。气候多样、湿热。河流众多、湍急。4 至 10 月为旱季，11 月至次年 3 月为雨季。旅游资源、矿藏资源丰富。香草（华尼拉）的产量和出口量均占世界首位，素有"华尼拉之乡"的美誉。盛产驼峰牛（牛的前背长着一个驼峰），是非洲拥有 1000 万头牛的国家之一，因此有"牛之国度"之称。国民经济以农牧业为主，工业基础薄弱，是世界上最不发达国家之一。一言以蔽之，这是一个贫困与美丽并存的国度。

据可信历史记载，早在公元 1 至 10 世纪，部分印度尼西亚人和阿拉伯人陆续移居马达加斯加岛，同当地人通婚，形成马尔加什人。14 世纪在马岛中部和东南沿海出现了国家组织。16 世纪末期，麦利那人在中部建立伊麦利那王国。1794 年发展成中央集权的封建国家。19 世纪初拉达马一世统一全岛，建立了马达加斯加王国。1896 年沦为法国殖民地，直至 1960 年 6 月获得独立。1972 年 11 月 6 日马达加斯加与中国建立外交关系。

走进马达加斯加

好莱坞梦工厂拍摄的经典系列动画影片《马达加斯加》，激发了人们对这个非洲岛国的好奇之心和向往之心。影片讲述的主要内容是：在纽约的中央公园里，生活着一群无忧无虑的好朋友：狮子亚利克斯、斑马马蒂、长颈鹿麦尔曼以及胖河马格洛丽亚。它们性格开朗活泼，每天的生活都过得丰富多彩。直到有一天，一群流浪的企鹅令斑马马蒂产生了一个大胆的念头，那就是逃出动物园，探寻自己的故乡，寻找新世界。于是，马蒂没有通知其他朋友，悄悄上路了。这下可急坏了朋友们，它们也逃出了中央公园，踏上了寻找马蒂的旅途。它们来到了非洲马达加斯加岛，在岛上遇到了一系列的挑战。该系列动画影片包括《马达加斯加》《马达加斯加2：逃往非洲》《马达加斯加3：企鹅大行动》《马达加斯加：圣诞特别篇》，故事生动有趣，情节引人入胜。

动物们来到的马达加斯加是怎样的呢？这里的土地是红色的，遍地绿树成荫，色调丰富，互相辉映，被称为"印度洋中的红土岛国"。那大片的葱绿和橘红，是红土岛国最为鲜艳的标志，稀疏的村庄散落在农田的缝隙里。今天，尽管政府正在致力于改善投资环境，吸引外国投资，创造就业，但广大农民依旧过着日出而作、日落而息的生活。

作为农业国家，马达加斯加国徽上部为旅人蕉枝叶，下部为稻田图案和水牛头。旅人蕉为国树，其蕉叶硕大奇异，姿态优美，极富热带风光，而且叶柄内藏有许多清水，可解游人之渴，故而得名"旅人蕉"。国花为凤凰木，其树冠横展而下垂，浓密阔大而招风，因鲜红或橙色的花朵配合鲜绿色的羽状复叶，被誉为世上色彩最鲜艳的花木之一。国石为孔雀石，这是一种古老的玉料，由于颜色酷似孔雀羽毛上斑点的绿色而获得如此美丽的名字。市场上可见到的品种至少有30多种，如祖母绿、红宝石、

旅人蕉

蓝宝石、金绿宝石、海蓝宝石、铯绿柱石、金绿柱石、各色碧玺等等。

遗世独立的伊甸园

马达加斯加是一个古老而神奇的世界，就像一个遗世独立的伊甸园，孤悬在印度洋中。草原、沙漠、山脉、磬吉（喀斯特地貌与石灰岩丘陵）和雨林并存的独特地貌，再加上长期与世隔绝的封闭状态，孕育出了世所罕见的进化奇迹。它以生物多样性、独特性著称，许多珍稀的物种在这里繁衍生息，与它们位于非洲大陆的亲属相去甚远。

据传，马达加斯加岛上有一种会捕人的树。它的枝条如蛇样，因此当地人称它为"蛇树"。美国植物学家里斯尔曾在1937年亲身感受到蛇树的威力：他无意中一只手碰到树枝时，手很快就被缠住，结果费了很大力气才挣脱出来，但手背上被拉掉了一块皮。岛上生长的猪笼草是著名的热带食虫植物，它拥有一个独特的吸取营养的器官——捕虫笼，呈圆筒形，下半部稍膨大，笼口上有盖子，通过捕捉昆虫等小动物来补充营养。科学家发现，还有一种非常神奇的达尔文树皮蜘蛛，大小不到2厘米，吐出的丝竟可以编织出2.8平方米的蜘蛛网，而且这些丝比杜邦公司生产的凯夫拉纤维还要牢固。隆鸟是一种善于奔跳而不会飞的巨鸟，已经灭绝，曾在马岛生存过。1649年，是当地居民能够捕杀到隆鸟的最后一年。之后，人们再也没有见过隆鸟。马岛的无尾猬是一次生育最多的哺乳动物，一般每次产崽12至15头，最多一次产崽31头。马岛獴，又名"隐肛狸"，是马岛特有的最大的掠食动物。它们擅长捕捉各种小型哺乳动物，是狐猴的天敌。马岛也是变色龙的天堂。长鼻变色龙、侏儒变色龙、豹纹变色龙、枯叶变色龙和国王变色龙特别可爱。它们的眼睛十分奇特，眼帘很厚，眼球突出，转动自如，既有利于捕食，又能及时发现后面的敌害。它们的舌头也很奇妙，捕食时弹出去的舌头长度是自己身体的2倍，而且是闪电式的，非常精准。在琥珀山能看到世界最小的变色龙。其他罕见物种还有狐猴、灵猫、红色青蛙、红色猫头鹰、绿色蜥蜴、吃鹰的蛇、发出嘶嘶声的蟑螂等。而远古生物猛犸象现已灭绝。

马岛的动植物生态自成体系，保留了许多其他地方已经绝迹的动植物，大约有 4/5 的植物是世界其他地方罕见的或没有的，180 多种鸟类为该岛所特有的。阿钦安阿纳雨林里生活着很多珍稀和濒危物种，岛上 123 种哺乳动物中有 78 种栖息在这片雨林，包括被世界保护自然联盟列入《濒危物种红色名录》的 72 个物种。津巴扎扎植物园内汇集了全岛各种名贵植物，动物种类也很多，例如灵长类珍奇动物狐猴，狐面猴身，性情温顺。贝马拉哈国家公园内布满了坚固、锋利、陡峭的石林。这些石林被称为"大馨吉石林"，是全球面积最大的石林，经过长年

马达加斯加邮票上的史前动物

累月的雨水侵蚀后，石林顶部呈现出锋利的尖刀状。不过，在这个险恶之地仍生存着不少动物，其中就包括 11 种狐猴，它们能够在锋利的岩石之间跳来跳去。

马达加斯加的其他岛屿同样别有风情。诺西贝岛位于马岛西北海岸线上，面积 294 平方公里，是马国最负盛名的旅游胜地。环岛 200 多公里的海岸有美丽的沙滩，是海水浴的理想场所。岛上盛产咖啡、可可、椰子、甘蔗、胡椒等，尤其因盛产华尼拉果和依兰依兰等香料作物而被称为"芳香岛"。岛的周边海域鱼类繁多，五彩缤纷。有些鱼的名字很特别，也很有趣，例如蝴蝶鱼、狮子鱼、麒麟鱼、拿破仑鱼、外科医生鱼等，一般人闻所未闻。圣玛丽岛是与诺西贝岛齐名的另一处旅游胜地，位于马岛东海岸，面积 123 平方公里，四周多珊瑚礁环绕，有"热带岛屿天堂"的美誉。岛上地势平坦，是香料作物（特别是丁香）的生产基地。最有吸引力的还是每年 7 月至 9 月的鲸鱼节，数千头鲸鱼都会由南向北，洄游到圣玛丽岛附近的海域繁衍后代。这些鲸鱼以座头鲸为主，其"座头"之名源于日文"座头"，意为"琵琶"，指鲸背部的形状。它们身体宽大，一般长达 13 至 15 米，换气时喷出的水柱高达十几米。尤以跃出水面的姿势、超长的前翅与复

杂的叫声而闻名。同样位于东海岸的布拉哈岛，面积222平方公里，它与马岛之间的狭窄海峡，是由南极而来的座头鲸的重要繁殖地之一。因此，这里也是观赏座头鲸的热门地点。

狐猴、指猴与猴面包树

马达加斯加是狐猴最后的避难所。狐猴的外形与鼠、猫、狐、猴都有相似之处。体型差异较大，最小的狐猴是侏儒狐猴和鼠狐猴，躯干大约只有13厘米长，最大的是领狐猴，大约有60厘米长。著名的大狐猴就生活在安达斯贝国家自然保护区内。狐猴家族中还有环尾狐猴、冠狐猴、蒙狐猴、褐狐猴、鼬狐猴、红额狐猴、金竹狐猴、红腹狐猴等。其中，环尾狐猴是马岛最常见的灵长目动物，它在奔跑或漫游时，其黑白相间的尾巴经常高高地翘起，显得非常醒目，相互之间老远就能看得见。知名的狐猴种类大部分集中在安德立吉塔公园。马索亚拉国家公园里有很狡猾的红黄褐色皮肤色彩鲜明的狐猴。安多亚耶拉国家公园里有以跳出名的"斯法卡"狐猴（长尾狐猴）。哈诺马法纳国家公园里有黑狐猴、竹狐猴等。狐猴多栖息于热带雨林或干燥的灌木丛，吃昆虫、蜥蜴、树蛙、野果、树叶、猴面包树的花蜜等。这种长有一双美丽大眼睛的灵长类动物已经在地球上的其他地方消失了。

在马岛东部和西北部，生活着世界上最小的灵长类动

马达加斯加邮票上的野生动物

物——指猴，它和狐猴有亲缘关系。它因中指（趾）细长而得名。不了解指猴的人以为它很小，能趴在人的手指上，其实指猴有猫那么大，重2公斤左右。指猴长着一双瞪视的眼睛，体形如猫，耳如蝙蝠，牙齿爪子像松鼠，会用爪子敲击树木来断定有无蛀虫。指猴是独居的夜行猴类，白天藏身于巢穴中，入夜出动觅食。多数情况下，它们是相当安静的，吃果子时则无斯文可言，大声地咀嚼，果汁四溢，口水横流。由于它特别的长相和习性，加上叫声凄厉，许多马国人认为指猴会给他们带来厄运，因此看到指猴，他们会立刻把它杀死。另外，指猴赖以生存的雨林遭到砍伐，所以它们面临着灭绝的危险。

　　马达加斯加生长着一种高大奇特的猴面包树。它在经典读本《小王子》里象征爱情。猴面包树目前只分布在非洲大陆、北美部分地区和马达加斯加岛，全世界8种猴面包树有7种都能在马达加斯加见到。从首都市区向北走20公里，便来到猴面包树集中生长的区域。其中一段路因猴面包树密集排列而被称作"猴面包树大道"。这里是马岛也是全球欣赏猴面包树的最佳地点。沿路往下，还能发现经典的"情人猴面包树"。两颗粗大的猴面包树树干缠绵拥抱，向天伸展，吸引众多有情人千里迢迢前来许愿。猴面包树以高大粗壮、造型奇特出名，看上去活像个大胖子，因此当地居民称它为"大胖子树"。它的果实大如足球，甘甜多汁，是猴子、猩猩、大象等动物最喜欢的食物。当它果实成熟时，猴子就成群结队而来，爬上树去摘果子吃，"猴面包树"的称呼由此而来。猴面包树的木质多孔像海绵，在雨季时拼命地吸收水分，大量贮藏在肥大的树干里，以便能顺利度过旱季。它们为很多在热带草原上旅行的人们提供了救命之水，因此被称为"生命之树"。猴面包树的果实吃起来略带酸味，既可生吃，又可制作清凉饮料和调味品。果实、叶片和树皮可入药，当地居民常用来医治疟疾。猴面包树的木质又轻又软，没有木材利用价值。但有趣的是，当地居民常把树干的中间掏空，搬进去居住。也有的居民将掏空的树干作为贮水室或储藏室。最大的好处是，在猴面包树洞里贮存食物，可以放置很长时间而不会腐烂变质。

走进千人勇士城

首都塔那那利佛位于马达加斯加岛中东部，1625 年由安德里安贾卡王建立。城名在马达加斯加语中之意为"千人勇士城"，源自安德里安贾卡王调配守卫该城的士兵人数。作为最不发达国家之一，塔那那利佛的街道、建筑也显得有些破旧和凌乱。但尽管如此，某些建筑和现代城市生活却并不逊色。况且这是个接近南回归线的高原城市，坐落在一个马蹄形的山脊上，清晨和夜色十分诱人。

塔那那利佛昔日的王宫有两个，一个是女王宫，另一个是老王宫（皇家蓝山行宫）。女王宫修建于 1839 至 1840 年间，建成后共有 4 位女王居住过，故此得名。女王宫是典型的 19 世纪欧洲巴洛克风格，内宫主体基本由紫檀木建造，外部的城墙全部由花岗岩石砌成，整体巍峨挺拔，气势不凡。令人遗憾的是，1995 年 11 月一场突如其来的大火烧掉了女王宫大部分的木制建筑和装饰。2007 年开始进行了修复。老王宫始建于 1787 年，坐落在距首都 22 公里处的一座山丘之上，被称为"圣城"。围墙用蛋清、灰泥和砖块砌成，十分牢固。城门为单独一块圆石板，直径 4.5 米，厚 0.3 米，晨开夜闭，每次开关必须几十人推滚。昔日的王宫现已改建为反抗侵略斗争的博物馆，这与市内命名的革命公园、独立大街一样，意在纪念和歌颂马达加斯加人民不畏强暴、争取民族独立的斗争精神。

塔那那利佛是一个既有法式情怀又有东方和非洲本土风情的城市。过去，房屋大多用木材和茅草搭建。自从引入砖石作为建筑材料后，新建了一些很有气派的建筑，例如别墅、教堂、总统府、政府大楼、学校、医院、法院等。总统府位于塔那那利佛近郊，依山势而建，是一座典型的东方式建筑。市内的教堂尖塔，是哥特式建筑。民房和集市，具有本土风格。市中心的独立大街，是首都最繁华的商业旅游地段，传统集市"佐马"（星期五集市）就设在这条大街的广场上。每到周五，各种农副产品纷纷上市。在手工艺品市场里，木盘、木勺、木盆、木雕、竹篮、竹椅、草帽、手袋、钱包、挎包、小装饰品等应有尽有。售卖原石、石料制品和矿石标本的商店、商摊也比比皆是，吸引了众多外国游客。街面上大多数人的体态、容貌、头发和肤色，很像是东南亚人，其他还有不少头发卷曲、皮肤黝黑的非洲黑人和少数金发碧眼的法国人后裔。

塔那那利佛城里各类餐馆不少，档次和风格也很丰富，有法式餐馆、意大利餐馆、泰国餐馆、印尼餐馆、清真餐馆、马国传统菜式餐馆，当然也少不了越来越多的中餐馆。总统府门前的大道两边都是高档的酒店和餐厅，也有夜店。这边的欧洲游客和常驻塔那那利佛的外籍人士不少，所以生意很不错。酒吧、咖啡屋集中在老的金融区附近，路旁都是年代久远的建筑，如今被包装成了酒吧，品格不俗。夜店里随舞曲尽情扭动摇摆的各色人等，本身就是一道风景线。这与欧美夜总会或酒吧里的动感热度和风情，并无二致。

其他城市风情

图阿马西纳位于马岛东部印度洋沿岸，距离首都大约 370 公里，是国内最大港口和第二大城市，人口 20 万左右。城市命名源自一个有趣的传说。相传马国第一位建立中央集权统治的国王拉达马一世，出巡视察，第一次来到海边，尝了一口海水，哇地叫了一声 "toamasina"（图阿马西纳，"真咸"的意思），这就叫出了这个海滨城市的名字。该城早年是海盗们常常光顾的地方。从 16 世纪开始，有东印度公司的商船定期靠岸进行贸易。从 19 世纪开始，先后受到英国人、法国人的统治。到 20 世纪初，作为马国最大贸易港口的地位已经奠定。目前，全国 50% 以上的进出口贸易都是在这里完成。南来北往的商人、游客云集这里，当地土著也头顶物品在街上叫卖，夜晚比白天更加热闹。城市往东约 60 公里，有最漂亮宁静的海湾，是当地人度假的首选之地；每逢长假，会有很多的人携家带口从首都驱车来到这边度假，洗洗海水浴。

马哈赞加位于马岛西北部海岸，是仅次于图阿马西纳的第二大港口和第三大城市。这里地势平坦，处在热带稀树草原的尽头，一年四季享受着莫桑比克海峡的海风，自古以来就有"花之城"的美誉。海岸边上有一株巨大的猴面包树，已经超过 700 年树龄，成为城市的骄傲和象征。马哈赞加主要景点包括海滩、红岩谷、岩洞、生态保护区和国家公园等。其中岩洞被誉为马达加斯加最壮丽的洞穴之一，每年吸引不少的洞穴及野外探险爱好者前去游览。因为西海岸有丰富的海产，所以大部分酒店都为游客提供出海海钓的服务，配有专业的技术指导人员和渔具。海钓之余还能到海上孤岛来一顿烧烤野炊，这样的休闲方式一直都是欧美游客追求的风尚。

马达加斯加的迪戈迪雅兹城有世界上最美丽的海岸线，也有世界上第二大的海湾。这个城市富有异域风情，有"乌托邦之国"的称号。当年海盗首领建立了自己的城隅，并创立了不分国籍、一律欢迎接纳外来投奔者的制度，以至于当时颇有名气，"乌托邦之国"的称号由此而来。该城是马国殖民时代建筑和各种风格保留最为全面的城市。

话说马达加斯加人

马达加斯加人约占全国人口 98% 以上，亦称"马尔加什人"，分属麦利那、贝希米扎拉卡、贝希略等 18 个部族。麦利那人为了维护本部族的经济利益，男子只同本部族的女子结成姻缘。各部族语言、文化、风俗习惯大体相同。据《世界民族》1982 年 01 期载文介绍（作者 J. 米德尔顿、杨永瑞），他们在种族、语言和文化方面都同非洲大陆有关系，然而又同生活在数千里以外的印度尼西亚居民有明显的联系。全体马达加斯加人都操着同一种语言，尽管这一语言分成若干种方言，但显然是属于马来—波利尼西亚语系的印度尼西亚语族。在马国，还生活着少数科摩罗人、印度人、巴基斯坦人、法国人和华侨华人等。此外，存在着一些原始部落，比如米凯亚人，很少与其他部落接触，遇到外人就躲起来，被称为"伪装成树的人"；扎菲曼尼里人生活在山区村落里，他们在木工方面积累了一套实用知识和技巧，当地建筑和日常用品都体现了他们深谙森林的开发利用和木雕工艺。萨卡拉瓦人是一群特殊的马达加斯加人，由于交通闭塞，他们依旧保留着古老独特的原始部落文化，保留着自己的几个小王国。

岛上的最早居民为科伊桑人。历史上，马来人、阿拉伯人、班图黑人、波斯人和印度人等陆续迁入，与当地人经过长期接触和混合，逐步形成今日的马达加斯加人。因此，从外貌上看，大多数当地人并没有多少非洲人特征，反倒像东南亚人。甚至这里的民居建筑样式亦与东南亚国家的房屋极其相似。由于各批移民迁入的时间、定居的地区各不相同，马达加斯加人形成了各具特点的不同支系，其中梅里纳人为马达加斯加民族聚合的核心。他们主要居住在中央高原，是岛上人数最多的文化语言团体。他们中的教师、律师、医生、商人、技术人员、公司经理及政府官员等，构成了马国中产阶级与知识精英的大部分。

马达加斯加人的姓名很特殊、很有趣。据《人民日报·海外版》2017年6月10日载文介绍（作者：外交部礼宾司原参赞马保奉），一般来说，马达加斯加人没有固定的家族姓氏，连家庭成员之间姓氏也不一样，且每个人在其人生不同阶段，都可使用不同的姓名。如出生洗礼、割礼、成人礼、结婚、第一个孩子出生、甚至去世那天，都可以改变姓氏。在他们看来，姓氏不单是身份标签，更应表达一种愿望、一个故事，所以他们的姓名都比较长。例如：有人姓"享受美好生活的贵族""不会出错的智慧""前几个婴儿夭折后继续生育"等。他们的名字相对简单些，比如叫"甜蜜""勇气"等。他们的姓名虽常变化，但是只有用于官方文件登录或签署的那个，才是正式的，通常是男孩割礼及女孩成人礼时确定的那个姓名。不过，由于受法国殖民影响，现在马达加斯加人家族姓氏的继承越来越多。

马达加斯加人的热情、纯朴和快乐是随处可见的，这也是马尔加什民族最为可贵的禀赋之一。据有人撰文介绍，在传统的集市、工艺品市场或者是人头攒动的酒吧、广场，当地人都会热情地把你当作他们的"纳马那"（朋友）。被一声声的"纳马那"所包围着，这就是许多外国人学会的第一个马语单词。还有人撰写了《贫穷且快乐的马达加斯加人》一文，表达了较为真切的感受。这位旅行者写道：对于马达加斯加人，一时刻竟不知该从何说起，内心无比地复杂。当多情的上帝恩赐于他们世外桃源般的自然风光时，硬是狠心地抛给了他们苦难的贫穷。不过，穷困有穷困的活法，他们是天生的"舞蹈家"，只要往台上一站，那腰身扭得跟蛇似的，踏着拍子跟着节奏，他们就乐起来了。这就是贫穷且快乐的马国人。但是，马国人根深蒂固的观念却又经常让许多外国人伤透脑筋，那就是"姆拉姆拉"，意思是"慢慢来"。嘿，悠着点儿，别着急，这是大部分当地人的生活哲学，习惯了快节奏的亚洲人来到此地都会非常不适应。可是当地人还常常奉劝那些总是忙忙碌碌的人，要学会"姆拉姆拉"。

马达加斯加人非常热爱甚至崇拜牛。牛为财富的标志，牛头为国家的象征，所以马岛亦被称为"牛岛"。马岛的牛多为驼峰牛，因此有"驼峰牛之国"的美称。在这个国家，到处能看到牛的形象，钱币上有牛，童子军徽章上有牛，公路两旁立有画着牛头的标志，不少绘画、刺绣、雕刻作品也常以牛为素材，乡间还盛行斗牛活动，甚至在1960年独立纪念时第一个拜谒的也是牛。驼峰牛、木轮车在马达加斯加最有代表性。"二牛抬杠"仍然是马达加斯加乡间的主要运输方式，路上经常能看到身穿短裤、赤着脚板、全身黝黑的大人和小孩，赶着笨重的"二牛抬杠"高轮车，行走在乡间土路上。牛像孩子一样要接受洗礼，一个星期中的某一天不能强迫牛去干活。有人死了，家人会在死者坟前立一个牛头模型，表示死者生前的荣耀，保佑其死后灵魂得到超度。对马国人来讲，牛和土地一样，都被视为神圣的财产。

马达加斯加人的主食以大米、木薯和玉米为主。为此，当地有一些谚语与此有关，比如说，不要像热锅中的米饭夸奖自己的优点——自我膨胀。副食有牛、羊、鱼、海产品和蔬菜等。水果也是当地居民不可缺少的食品。习惯将煮好的米饭就着用蔬菜、鱼、羊、家禽或野禽肉块做的卤吃，再撒许多辣椒和五味香料。特产华尼拉香草是一种食品香料，用于制作糕点、饮料等。在当地，法式西餐影响较大，而传统中餐，是由早年定居在此的老华人带去的。青年人不吃牛膝，据说吃了就会膝盖变软。元旦这天，夫妇要向双方的家长赠送鸡尾，表示尊敬；向兄弟姐妹和至亲好友赠送鸡腿，表示关心和友谊。饮料爱喝酸奶、甘蔗汁等，传统的热饮有咖啡、茶、米浆。佐餐酒大多是当地产的啤酒、葡萄酒、兰姆酒、椰子酒等。

马达加斯加人有一套自己的消遣和娱乐活动。例如选美、艺术比赛和类似下棋的法诺霍那。但最精彩的是萨维卡（即斗牛）。斗牛是在安玻斯塔城的竞技场进行的，能容纳4000多人。一般是在复活节和五旬节的时候举行。现在，这项运动开始越来越吸引游客。其他最普遍的消遣和娱乐活动是音乐舞蹈，使用最多的乐器是牛皮鼓。

当地风俗习惯

马达加斯加人尊重长辈，每当村里举行活动时，总让老年人居突出位置。在许多社会机构中，管理人员大多是上了年纪的老人。卜拉族流行给母亲喂"还娘奶"。为了感谢母亲从小哺乳长大的恩情，年轻妇女在生孩子后的100天内，要给母亲喂几口奶，同时也给婆婆喂几口奶，否则会被视为不孝。

马达加斯加妇女跟许多非洲国家的妇女一样，都习惯在头上顶着各种物品，走在乡间的小路上。而且，当地妇女是传统纺织的能手，传统手工纺织业如今仍在生产。有一种名为"拉姆巴"的民族服装，形同印度、孟加拉国妇女身披的纱丽，是用棉麻等混织而成。拉姆巴其实是一块长方形棉麻织布，有纯白色的，也有织上花卉鸟兽等彩色图案的。虽然是一块普通的布料，但它方便、实用而且功能多。农民下地耕作时，它可以当服饰缠在腰间；天冷时，由服饰变成头饰，成为一块包头巾；如果进城办事，就把它披在肩上，成为优雅的披肩。马达加斯加还生产一种叫"兰蒂贝"的野丝绸，现在普遍用于室内装饰，也用来制作披肩、围领、背心、外衣、裙子等。有的国际博览会把纯色的兰蒂贝野丝绸与欧洲产的精美丝绸放在一起展出，形成了一种强烈的文化对比。当地妇女心灵手巧，那些富有民族特色的编织品，如手袋、钱包、挎包、篮子等，从款式、色彩、配饰上都引入了时尚元素。妇女们重视发型、发饰，头上的小辫子多种多样，以显示其美，有的则将头发梳成髻，涂上油膏。许多妇女和女孩还在脸上涂一层黄色的"颜料"。这种所谓的"颜料"其实是用植物粉末和水混合而成，被当地人称为"马松若阿尼粉"，具有防晒抗暑和细致皮肤的神奇效果，相当于防晒霜。

同一些非洲国家类似，马国人生活当中保留着一项重要的风俗和传统就是割礼。在当地人的传统观念中，男孩出生后不久都需要进行割包皮手术，只有这样，这些男孩日后才会有男子汉气概。所以，每年的6月到9月，父母会把尚未割包皮的男婴都集中在一起，举行割包皮的仪式，称"行割礼"。这样的仪式因为具有相当重要的意义，所以人们载歌载舞来庆祝，非常热闹。

童王节是马达加斯加的传统节日之一。据资料介绍，每隔七年是传统星术年历中的"星期五之年"，安塔姆欧阿卡人会汇聚在一起庆祝童王节。这是一个庆祝在此之前的七年中出生的男孩的节日，具体日期是由占星师根据月缺的特征来决定的。在这一天，这些男孩就像国王一样被伺候。成千上万的家庭热热闹闹地庆祝8天，欢歌笑语，锣鼓喧天。

马国居民52%信奉传统宗教，41%信奉基督教，7%信奉伊斯兰教。尽管各地区部族具体的风俗会有差异，但是马尔加什人一个共同的特点就是保留着把祖先当作神灵一样来祭祀和崇拜的风俗。每逢重大节日或庆祝活动，每个部族都要摆上供品，进行隆重的祭祀和祈福仪式。这与我们中华民族祭祖的风俗很相似，只不过他们在对自己祖先的祭拜和怀念上更多了一层对神灵的敬畏和崇拜。更为怪异的是翻尸风俗。麦利那人隔几年就要掘开墓穴，举行隆重的翻尸换衣仪式。这是当地特有的一种表示对已故者的怀念和尊重的风俗——翻尸节。顾名思义，"翻尸"就是将死者的尸体从墓穴中挖出来，给尸体翻翻身、透透气的意思。对"翻尸"仪式的重视和排场程度与当年下葬相比毫不逊色。不过，现已少见。

印度洋上的伊甸园　塞舌尔

塞舌尔共和国是坐落在东部非洲印度洋上的一个群岛国家，西距肯尼亚蒙巴萨港 1593 公里，西南距马达加斯加 925 公里。国名源自 18 世纪法国财政总监摩罗·德·塞舌尔子爵。

塞舌尔与马尔代夫、毛里求斯共同被列为印度洋上的三大明珠。塞舌尔的景致美不胜收，野趣盎然。空气中弥漫着栀子花的清香，山野间生长着妖媚多姿的凤尾兰。凤尾兰常年浓绿，树态奇特，花叶皆美，幽香宜人，被视为国花。国鸟黑鹦鹉，通体为咖啡色，叫声婉转动听，喜欢吃海椰子的花朵和其他果实。塞舌尔岛以它纯净、原始、低调、文明的美丽风情和浪漫气息，享有"旅游者天堂"的美誉。全境半数地区为自然保护区，属于最适合人类生存的国家之一，被誉为"印度洋上的伊甸园"。

塞舌尔国旗

国徽

国情概要

塞舌尔国土面积 455.39 平方公里，人口 9 万（2012 年）。首都维多利亚，国庆日 6 月 18 日。全国由 115 个大小岛屿组成，最大岛屿马埃岛面积 154.7 平方公里；第二大岛为普拉兰岛，面积约 70 平方公里；第三大岛为拉迪戈岛，面积 10.2 平方公里。其他岛屿如西卢耶特、鸟岛、丹尼斯、阿尔达布拉等，除用作自然生态游外，没有多少人居住。塞舌尔山海拔 905 米，为境内最高峰。属热带雨林气候，全年分为热季和凉季，热季高温湿润。农业基础薄弱，粮食和日用品主要依赖进口。但是，金枪鱼等渔业资源丰富。旅游业和渔业为两大经济支柱，其中旅游业创造七成以上的国内生产总值。2014 年人均 GDP1.54 万美元，在非洲名列前茅。

塞舌尔群岛古时无人居住。最早发现该岛的是阿拉伯人。16 世纪葡萄牙人来到此地，取名"七姊妹岛"。1756 年法国人占领此地，以"塞舌尔"命名。此后法国人从毛里求斯岛和留尼汪岛迁入一批黑白混血种人，随后又从法国本土移民。1794 年英国夺取该岛后，又陆续从东非运来大批班图黑人，从印度招募来部分契约劳工。这些不同来源的人们经过长期交往与混合，逐渐形成今日以黑白混血种人为主的塞舌尔人，即塞舌尔克里奥尔人。此后英、法多次易手，轮流占领，1814 年成为英国殖民地。1976 年 6 月宣告独立，成立塞舌尔共和国，留在英联邦内。1976 年 6 月 30 日塞舌尔与中国建立外交关系。

有趣的海椰子

英国王子威廉和凯特在 2011 年 4 月完婚后，选择去塞舌尔度假。据《每日邮报》报道，威廉与凯特结束为期 10 天的蜜月之旅后，获赠了岛上的特产：一种具有催情功效的坚果。这种坚果就叫"海椰子",其神奇之处在于,属于雌雄异株植物,一高一低相对而立,合抱或并排生长。有趣的是如果雌雄中一株被砍,另一株便会"殉情"枯死,因此塞舌尔居民称它们为"爱情之树"。更奇特的是,果实也有雌雄之分,而且其果实外形令人看了就会脸红。雌树结出的果实形状酷似女性丰满的臀部,而雄树的花萼部分形状则酷似男性生殖器。当地居民一直将海椰子当作繁殖后代的象征,寓意"多子"。时任塞舌尔外交部长亚当在马埃岛主持了赠送仪式,代表总统将一枚重达30公斤的海椰子赠给了威廉夫妇,并祝福他们"早生贵子"。

说到海椰子,就要讲到五月谷。五月谷坐落在普拉兰岛中心,面积仅19.5公顷,只因生长着7000多棵海椰子树而闻名于世。除了海椰子,这里还有许多世界上独一无二的动植物,堪称珍奇大观园。海椰子树中,最突出的当属那棵高35米的海椰子树王,虽秀于林,风却不能摧之,至今傲然挺立,俯视群雄。海椰子树是普拉兰岛及库瑞岛的一种特有棕榈,树高20至30米,果实通常在10公斤左右,最重可达30多公斤,是世界上最大的坚果果实。由于整棵树庞大无比,所以被称为"树中之象"。据资料介绍,海椰子树的种子发芽需要3至12个月不等。通常需要20年至40年才能开花结果,果实需要8年左右成熟。据说,海椰子树的寿命可达200年至400年。树干与树根的交接处宛如人体的关节,而且接面非常光滑。海椰子树死后,树干仍会屹立数年不倒,而底部的这个关节则会继续存在60年才会完全分解掉,足见其坚硬程度。

海椰子树作为生物进化遗留下来的活化石,因其稀有奇特而弥显珍贵,被塞舌尔视为国宝。外国游客若想带走海椰子,必须持有当地政府颁发的许可证。况且,一枚海椰子果实标价2000美元,也令许多游客望"果"兴叹。塞舌尔总统1978年出访中国时,带来了一枚珍贵的海椰子果核,象征着中塞两国政府和人民的友谊。2015年4月,塞

塞舌尔海椰子

舌尔国家植物园园长布依洛维奇又将两颗珍贵的海椰子果核赠送给北京植物园，植物园设立专门的温室对其进行栽培养护。

美丽的"燕岛"

　　塞舌尔有个美丽的别称，叫"燕岛"，因为这里麇集着 350 多万只海燕。孔森岛更是鸟雀的天堂。塞舌尔国徽上面就有本国独有的一种热带鸟图案。就连塞舌尔纸币卢比的票面上也印有多种鸟儿的图案。当地特有的鸟类有：塞舌尔夜莺、蓝鸽、太阳鸟、茶隼、穴居小褐雨燕；特有的哺乳动物有：塞舌尔飞狐和兜尾蝙蝠；特有的爬行动物有：塞舌尔家蛇、狼蛇、绿壁虎、黄褐壁虎。此外还有变色龙、玳瑁、椰子蟹、红尾鹲、白尾鹲、红脚鲣鸟、蓝脸鲣鸟、阿博特鲣鸟、军舰鸟，以及不会飞的鸟类——阿尔达布拉白喉秧鸡、世界濒危珍禽——阿尔达布拉苇莺等。另外，游人非常感兴趣的应该是珍稀的黑鹦鹉。濒临灭绝的黑鹦鹉叫声婉转动听，全世界只有这里才能见到。它们通体为咖啡色，而不是黑色，只是因为

塞舌尔纸币上的鸟类

它们常在树荫中飞行，因此人们误以为黑色。黑鹦鹉只限于普拉兰岛，并全部生活在玛依谷地和四周的棕榈林中，目前数量仅为 300 至 400 只。燕岛上还有一种奇特的树，它的特点是树干不是拔地而起，而是凭"空"而立。它的树干离地面约 1 米高，坚硬的树根粗约 5 厘米，一根根深深插进土壤中，支撑着整棵树。凭着这项特殊技能，它可以轻易地生长在溪流之中。

燕岛的其他小岛也是动植物的天堂。例如，拉迪戈岛的弗夫自然保护区是濒危动物紫寿带鸟的栖息地，目前仅有100只左右；孔森岛是鸟雀天堂；伊格岛盛产各种色彩的贝壳；弗雷加特岛上繁衍着难以计数的奇异昆虫，还是一个猫的世界；阿尔达布拉岛上栖息着许许多多体形庞大的象龟。象龟长达1.5米左右，重达

塞舌尔象龟

二三百公斤，寿命可达250年。在塞舌尔，如果谁家有婴儿诞生，这个家庭就会收养一只小象龟，让它伴着宝宝一同成长。塞舌尔的硬币上也有象龟的图案，可见象龟在塞舌尔国民心中的地位。

燕岛的热带海岛风情绚丽多姿。美丽的洛奈港国家海洋公园和圣安妮国家海洋公园就位于塞舌尔最大岛屿——马埃岛。踏上马埃岛，眼前便会呈现出这样一幅幅景色：奇峰幽谷，巍峨多姿；奇形怪状的石头，犹如巧夺天工的天然雕塑场；金黄色的海滩，是进行海水浴、日光浴、风浴和沙浴的理想地方；水深浪高的海湾，是冲浪的好去处；漂亮的博瓦隆沙滩，不愧为世界十大最美海滩；热恋中的年轻人或者蜜月中的情侣们尽情享受这里的蓝天、碧水、阳光、沙滩和海风。事实上，博瓦隆沙滩是一个见证忠贞爱情的胜地，每年，来自世界各地的新婚夫妇争相将这里选作蜜月旅行的目的地。据媒体报道，2012年"中塞文化周"主题系列交流活动之"塞舌尔，你的婚礼殿堂"越洋集体婚礼，通过爱奇艺和新浪网两大征选平台，面向中国公开征集典范新人。获选的20对新人作为中塞文化交流的使者，在6月中旬免费赴塞举行盛大的国典级荣耀婚礼，在"旷世伊甸"塞舌尔许下执手一生的信念。新人们共聚马埃岛的海滩，在那里种下了见证他们爱情的小树。

燕岛的第二大岛是普拉兰岛。前面介绍的五月谷就坐落在普拉兰岛的中心。进入林间探索，可以亲身体会到"蝉噪林愈静、鸟鸣山更幽"那种山林幽静的感觉。马埃谷地自然保护区就在普拉兰国家公园内，直到20世纪30年代，这一地区

依旧保持原始状态。拉齐奥海滩是普拉兰岛东北方向的一处安静、柔和的海滩。由于比较偏远，这里的旅客疏疏落落的。但是，孤芳自赏的拉齐奥海滩在落日、晚风、沙滩、椰树中潮起潮落，是那样的祥和、宁静。普拉兰岛之蝙蝠岛，是一个被茂密的热带丛林所遮掩的小岛。岛上繁衍生息着很多大型的蝙蝠，被称作"果蝠"。果蝠异于别的蝙蝠，就是它的个头比较大。在当地的特色小店中可以品尝到一道特色菜——咖喱果蝠，是非常美味的。

燕岛还有许多独特的小岛，例如锡路埃特岛、拉迪戈岛、表姐妹岛、朦胧岛、鸟岛、圣丹尼斯岛、达罗什岛、阿方索岛、北岛和弗莱格特岛等。其中，拉迪戈岛是世界上最入摄影师法眼的海岛之一，岛上的小镇民风淳朴，保留着五颜六色的可爱茅屋，给人世外桃源之感。在遮天蔽日的密林中，栖息着稀有的"塞舌尔紫寿带鸟"。寿带鸟本是一种著名的观赏鸟，紫寿带鸟尤为稀少。这种鸣禽雌雄差异明显，雄鸟身型优美，披着一身闪烁着紫蓝色光泽的黑色羽毛，尤其是身后那对长长的中央尾羽，潇洒飘逸，让人过目难忘。岛上的美丽银泉滩，吸引游人在此驻足留念，感受塞舌尔的原始与浪漫。岛上的德阿让海滩享誉欧洲，拍到片子里非常富于表现力。这个海滩在欧洲闻名的另一个原因有些滑稽，因为这里是情色影片《艾曼纽》的外景地。当年为了拍摄海滩而搭入海中的栈桥至今尚在。它被列入了美国《国家地理·旅行者》五十个"一生必游之地"。表姐妹岛距离普拉兰岛西岸约6公里，面积只有0.25平方公里，却是全球为数不多的提供完全私密服务的高级度假岛屿。北岛别墅酒店是世界上海景最美的酒店之一，它的周边拥有美丽的沙滩和海湾，种种珍禽异兽，棵棵参天古树，让人仿佛置身伊甸园。以上各小岛都有酒店，提供具有异国特色的植物精油按摩、磨砂、排毒沐浴等服务。

非洲最小的首都

首都维多利亚坐落在马埃岛东北岸，人口2.5万（2009年），是非洲最小的首都。这里港湾优良，有2.5平方公里的深水区可停泊大型船舰，是印度洋海运的重要停泊港和中继站。同时也是重要渔港和椰子、肉桂、香草的集散地，椰干、肉桂皮、肉桂油、香草、腌鱼等特产均从这里输出。市内有个不大的集贸市场，每天熙熙攘攘，很是热闹。许多人在这里挑选新鲜蔬菜水果、香料、草药、色彩斑驳的围裙、T恤和工艺品等。

城市小巧玲珑，干净整洁，典雅的楼宇掩映在绿树繁花之中。建于1903年的钟塔（小本钟）矗立在市中心，算是这里的地标性建筑了。小本钟旁边是邮局，可以买邮票寄明信片。其他景点有印度神庙、圣母教堂、圣公会教堂、清真寺、雕塑、博物馆、植物园等。在街头，四处可见由海椰子和贝壳雕刻而成的工艺品，颇具当地特色。其他工艺品有非洲小人钥匙链、鲨鱼骨项链、鲨鱼牙项链、箭鱼额骨匕首、草编钱包等。

在独立大街上，有一座大型雕塑是由三只白、黄、黑色海鸥组成的，象征着克里奥尔人200多年前从欧、亚、非三洲漂洋过海来到这里安家落户的历史。塞舌尔自首批定居者开始，就一直是一个民族的大熔炉，而举办维多利亚狂欢节正是为了促进种族、民族之间的大融合。维多利亚国际狂欢节每年4月举行，每次持续3天时间，邀请世界知名狂欢节的代表们前来，共同参加这一激动人心的国际盛事。

参观自然历史博物馆，可以了解一下塞舌尔群岛的地质、动植物和海洋生物。维多利亚植物园是市内主要的游览区。塞舌尔环境部就设在园内，这在世界上是不多见的。园内集中了塞舌尔群岛的各种珍奇植物，包括80余种世界上独一无二的植物。其中，濒于灭绝的凤尾状兰花被定为国花，并在1971年规定不许带出国境。植物园内还饲养着一些珍奇动物，有从阿尔达布拉岛运来的巨龟，以及塞舌尔特有的胸部呈橘色的飞狐等。那几只象龟，专供游人拍照、喂食。

独特的人文风情

塞舌尔虽然地处东非，其文化却混合着法国式的浪漫、英国式的典雅和印度式的妩媚。受到多元文化的影响，再加上它自身非常神奇的土地和环境，这就造就了塞舌尔独特的人文风情。塞舌尔人主要为克里奥尔人、班图人、印巴人后裔、华裔和法裔等。他们带着不同的宗教、文化、语言汇聚于此，繁衍、融合，但不管什么肤色，他们都自称为一个民族：克里奥尔。其语言，以克里奥尔语为国语，法语和英语为辅，书面以英语为主。塞舌尔人尽管肤色不同，但友好相处，没有种族歧视。他们待人彬彬有礼，热情大方，与世无争，随遇而安。多数信奉罗马天主教，少数信奉英国圣公会教，其余信奉基督教、伊斯兰教、印度教和佛教等。各种不同宗教信仰的人遵守各自的宗教教规。首都建有教堂、印度庙、清真寺等。华人 1902 年在市场街建造了关帝庙，现已成为当地华人祭祀神佛和祖宗之圣地。婚丧嫁娶及日常生活受英法两国的影响较大。塞舌尔的古老习俗是：有婚礼游行之俗；常有人戴一只耳环，据说可避邪。居民比较温和，生活相对独立自主。但离婚率较高，离异后（或同居分手后）孩子通常由母亲抚养。

在塞舌尔群岛，几乎每个星期天都会有各种各样的活动，例如社会活动、社区活动或者音乐舞蹈活动等。塞舌尔人热爱音乐舞蹈，几乎人人能歌善舞。规模最大最重要的文化节日是克里奥尔节，节期持续一周。在节日里，游客通过不同的色彩、声音、美食以及芳香剂来体验克里奥尔人世界的风情。克里奥尔音乐保留了非洲音乐的元素，以打击乐器为主，但也带着亚洲、美洲等文化的复杂联系而形成了"混血音乐文化"的特点，成为克里奥尔独有的传统音乐。舞蹈是一种双脚从不离开地面的舞蹈，舞蹈时身体接触很少，舞者随音乐节奏而频繁摆动，还经常发出嘘叫，舞蹈动作和氛围仍带有非洲大陆舞蹈的特征。另外，民间村社常在海上日落的美景之后跳起激情洋溢的土风舞，也常在夜间燃起篝火之时跳起穆蒂王舞和四组舞。一位美国记者曾这样评价塞舌尔人："他们与法国人一样有身材，与英国人一样有风度，与亚洲人一样有异国情调，与非洲人一样有天生的野性。"

塞舌尔环保马拉松大赛是一项有名的活动。国家有关部门举办该赛事的初衷，是为了提高当地居民的健康水平，提高游客环境保护意识，促进当地居民与游客的团结，提升塞舌尔在全球的知名度。该马拉松比赛的赛事行程，从 5 公里到 42.195 公里不等，为不同水平的选手们提供了多种选择。大赛将向每个组别的前五名选手颁发奖牌和奖金，所有的参赛者都将获得一件纪念 T 恤衫和一张参赛证书。

日常饮食习惯

塞舌尔人以大米、玉米为主，喜食海味。鱼和米饭是最常见的食物组合。各式炒饭是当地人午餐的不二之选。海鲜成为这里的招牌菜。当地人用多种方法烹饪海产品，如烧烤、烘烤、烟熏、蒸、炖、腌制、包在香蕉叶中烹饪。鱼肉超级新鲜，简直入口即化。龙虾和石斑鱼很有名，价格也便宜。蔬菜较少、较贵。在塞舌尔有这么一句话：富人吃菜穷人吃鱼。在当地的菜肴中，印度咖喱和香料是最常见的调味品，而椰奶更是烹饪所必备的一种原料。塞舌尔的克里奥尔餐和东南亚饮食很相似，既有原汁原味的清新，也有很强烈的辛辣味道。

塞舌尔悦榕庄位于马埃岛，5 星级酒店，是品尝各种美食的好去处。例如用椰蓉做成的各种食品、点心，深受男女老少的喜爱。玛丽安东耐特餐馆是一座很老的大房子，有 100 年的历史，菜单也有二三十年没有换过了，在里面可以品尝到鹦鹉鱼糊、茄子咖喱鸡等美味，还可以品尝到杧果汁生鲷鱼片。中餐的影响也不容忽视，例如炸茄盒、春卷等。

鲜榨果汁和椰子汁是塞舌尔人最自然、最解渴的饮料。有一种名叫"卡罗"的椰子酒，大概喝了容易产生兴奋或醉意，所以被称为"魔鬼的饮料"。用海椰子酿的酒香甜、浓烈，值得一品。

印度洋的明星和钥匙　毛里求斯

　　毛里求斯共和国是非洲东部的火山岛国，距马达加斯加约800公里，与非洲大陆相距2200公里。国名由荷兰人在1598年以莫里斯王子的名字命名。别称"阳光之岛"。

　　毛里求斯国徽图案上的白色五角星代表该国为印度洋的一颗明星。盾徽下端的绶带上用拉丁文写着"印度洋的明星和钥匙"。许多人通过参观上海世博会毛里求斯展馆，对这个明星岛国有了最初的印象。毛里求斯展馆有两个主要展区：传统房屋和五彩纷呈的岛屿。参观者在此能够感受到毛里求斯的自然美景和传统生活方式。

毛里求斯国旗　　　　　　　国徽

国情概要

毛里求斯国土面积 2040 平方公里，人口 136.66 万（2013 年）。首都路易港，国庆日 3 月 12 日。全国由毛里求斯本岛以及罗德里格岛、圣布兰群岛、阿加莱加群岛、查戈斯群岛（现由英国管辖）和特罗兰岛（现由法国管辖）等属岛组成，海天碧透，满目芳菲。本岛四周被珊瑚礁环绕，沿海是狭窄平原，中部是高原山地。属亚热带海洋性气候，全年分夏、冬两季，比较湿热，1 至 4 月多飓风。渔业资源、水资源较丰富。全岛 90% 的耕地都种满了甘蔗，素有"甜岛"之称。以糖业、出口加工业、旅游业和对外贸易为经济支柱，其生活质量在非洲和印度洋国家中名列前茅。

传说中，毛里求斯曾让无数探宝者趋之若鹜：美人鱼唱着歌引诱来海盗，将无数珍宝埋藏在这片神奇的土地上。实际上，毛里求斯在相当长的时间内一直是渡渡鸟、黑鹦鹉、巨龟和无数珍稀鸟兽栖息的天堂。在五六百年前还是一个荒无人烟的"蝙蝠岛"。当年葡萄牙人马斯克林登上该岛的时候，只见一群蝙蝠扑扑棱棱地飞起来，于是他干脆把小岛叫作"蝙蝠岛"。1598 年荷兰人来此，以荷兰王子莫里斯的名字命名为"毛里求斯"。1715 年被法国占领，改名为"法兰西岛"。1814 年成为英国殖民地，改回现名。1968 年宣告独立。1972 年 4 月 15 日毛里求斯与中国建立外交关系。

天堂的原乡与黑奴繁殖场

美国作家马克·吐温曾经这样赞美："毛里求斯是天堂的原乡，因为天堂是仿照毛里求斯这个小岛而打造出来的。"又说："上帝先创造了毛里求斯，又仿照毛里求斯创造了伊甸园。"而今，这个天堂的原乡和伊甸园，到处是美丽的海滩和明媚的阳光，以独特的魅力吸引着世界各地爱好大自然的游客去欣赏那惊心动魄的美。种植甘蔗和制糖业改变了毛里求斯的面貌，促进了多人种和多文化的交融，并带来了今日的繁荣。

另一位美国作家德万恩写过一本小说《黑奴繁殖场》，以19世纪初期的奴隶贸易为背景，叙述了毛里求斯岛上一座奴隶繁殖场"黑水河种植园"的兴衰过程，揭露了种种令人毛骨悚然的罪孽，以及对人性的亵渎、扭曲和摧残。小说中的黑水河种植园奴隶主，醉心于用繁殖黑奴的方式发财致富，甚至他自己也参与了繁殖黑奴的过程。他的妻子伤心沉沦，就与黑奴繁殖场中最健壮的"良种黑奴"偷情求欢，以此来对丈夫进行反抗和报复。由此可见，毛里求斯这个天堂的原乡，曾经是个人间地狱。

历史上，美洲、非洲和印度、巴基斯坦的奴隶与契约劳工都为毛里求斯岛的垦殖和开发做出了贡献，还有一些华人也漂洋过海来到这里谋生。位于路易港闹市区附近的阿普拉瓦西·加特地区，被认为是"现代契约劳工国外定居开始的地方"，或者是"现代契约劳动力的典型代表地区"（尤其是相对于印度苦力贸易而言）。"阿普拉瓦西·加特"在印度语中意为"移民登陆的地方"，70%以上毛里求斯人的祖辈都是在这里登陆的。这里的建筑群包括码头阶梯、医院区、劳工暂住处和服务区等，目前仅存15%，是历史上移民登陆的重要见证。为了纪念契约劳动力来到这里，每年11月当地政府都会举行纪念活动。莫纳山文化景观在整个18世纪和19世纪早期，一直是逃亡奴隶的避难所。由于地处偏僻，树木繁茂而且绝壁环绕，大量的逃奴在这座山的山洞和山顶上建立了小型定居点。毛里求斯因此也被称为"逃奴共和国"。以上两个遗址呈现出历史文化中严酷的一面，毛里求斯是世界上唯一一个拥有两个这样遗址的国家。如今，他们的子孙都聚居在岛上，不同肤色的人们讲着不同的语言，有各自的宗教信仰，承袭着各自的文化传统，各种族的人们之间关系融洽，和睦友好，"蝙蝠岛"变成了美丽的乐园。

五彩纷呈的岛屿

毛里求斯山水相依，纯净美丽，风情万种。黑河山国家公园是全球最稀有的林区之一，生长着 311 种本土原生与本地特有花卉植物，栖息着当地特有的鸟类。在野外可以看到一度濒危的鸟类如茶隼、粉鸽及毛里求斯回声鹦鹉。黑河山位于毛里求斯的西南部，是岛的最高峰，那里最知名的景观就是瀑布。落差 100 米的夏玛尔瀑布从原生植被中流淌出来，周围绿色植物繁茂，群山连绵起伏，呈现出一派原始自然风光。

看完喧嚣而下的瀑布，下了山走一段便可到达另一知名景区——夏玛尔的七彩土。七彩土是当地最为奇特也最负盛名的自然景观之一，位于绿树环抱的山谷之中。传说很久以前，有个贫穷但乖巧的小男孩，循着彩虹，找到了天堂的入口。他在仙境中玩得不亦乐乎，以为自己找到了幸福。不过，他始终不属于这国度，该离开的时候，他向仙女要求回来造访。仙女不忍拒绝他，便往人间撒下七彩仙粉，仿造仙土。而这个人间天堂，就在夏玛尔的七彩沙丘。七彩土面积不大，然而其不同颜色的泥土，层次分明，十分鲜艳。红色中夹带着蓝色，蓝色中包含着黄色，黄色中又泛起绿色，可谓你中有我、我中有你，呈现出七彩斑斓的世界。更令人称奇的是，若把山坡上各种不同颜色的泥土翻开后混合在一起，只要经过一场大雨，又都恢复原状了。七彩土实为火山喷出的熔岩灰烬，因当初冷却时温度不均，而且内含金属成分不同，经过阳光照射后便展现出七彩景观。这是目前世界上唯一具有如此神奇地貌的火山灰景观。

毛里求斯拥有最美的海滩，是游客和当地居民休闲的好去处。隐于繁花绿树间的特鲁奥克斯海滩，是毛里求斯最好的沙滩之一；东部沿海的贝尔马尔海滩，有1.6 公里长的白色沙滩。这两个地方的温柔细沙，最适合一家老小嬉戏玩耍；而清澈透明的海水，非常适合游泳和潜水。蓝湾海滩位于毛里求斯东南部，是浮潜爱好者的乐园。登上一艘玻璃底船，就可以近距离观察海底世界了。如果搭乘快艇，便能感受水上的速度与激情。大湾是毛里求斯西北部海岸的一个港湾小镇，沿海是一湾白色沙滩。烈日当空，海水湛蓝而平静。夕阳西下，随着暑热消散，那些不同肤色的人们纷纷来到这里，或嬉戏、垂钓，或躺在沙滩椅上看书，或在树下弹吉他。格兰特湾的沙滩绵软细柔，海水纯净透明得可以看见海底多彩的珊瑚。很多度假酒店靠海而建，视野非常开阔。在深水钓鱼区，每年都举行国际深水钓鱼比赛，所钓的马林鱼竟重达三四百公斤。鹿岛是毛里求斯最负盛名的岛屿，这里有丰富的水上运动，是浮潜爱好者的乐园。游客还可以参加帆板、快艇、玻璃底船、水上滑翔伞、香蕉船等各种海上运动，并能品尝到土著风味食物。此外，可以在鹿岛寻觅到野生的食蟹猴以及哺乳动物果蝠。

庞普勒穆斯岛上的植物园是南半球最负盛名的热带植物园之一。园中植物种类繁多，包括棕榈树、大榕树、辣椒树、乌木树、红木树、露兜树和蒲葵属植物等。其中有一种高大的王棕，其花朵高达3米，是世界上最大的花。在珍贵的热带植物中，最著名的是一池池叶大如盘的王莲，它们的叶子直径一般在2米左右，可以承受住一个婴儿的重量。王莲的花通常在下午绽放，开始是花白色，逐步变成粉红色。

象龟、海龟与渡渡鸟

毛里求斯的珍稀动物中，最著名、最有特色的还是那些象龟。叫它们"象龟"是形容其巨大，每只体重通常超过200公斤，身长1米以上，看上去像一辆小坦克。这些象龟行动缓慢，性格温和。岛上有一种"象龟比赛"的活动，在半小时内凡能驾驭象龟向前爬行10米者，就算获胜。很多游客累得满头大汗，可它们就是一动不动。它们一般在晚上出动觅食，伙食很简单，就是青草、野果和仙人掌等，这在雨水丰沛、草木繁盛的毛里求斯遍地皆是。

毛里求斯的海龟也很多。海龟适应在海中生活，到陆地上产卵。据搜狐社区等多家网站载文介绍，每年五六月间是海龟产卵的日子，是毛里求斯最值得一看的胜景。大腹便便的雌海龟会在月黑风高之夜从海里悄悄爬上沙滩，生下一窝窝白花花的海龟蛋，再用沙盖好。"看海龟下蛋"已成了毛里求斯旅游的黄金卖点。在海龟经常下蛋的地方通常有标志，还有望远镜出租。在看海龟下蛋时，游客只能在 50 米以外躲在礁石后面看，也不许打手电，因为海龟不能受惊吓，否则就不下蛋了。

毛里求斯曾是世上唯一生活过渡渡鸟的地方，而今已灭绝。该国的国徽以及一些商标上都有渡渡鸟的图案。在著名的自然博物馆里存有一副渡渡鸟的骸骨及模型。这是一种巨型鸟类，体长 1 米左右，跟火鸡的大小差不多。它的颈部较短，嘴尖钩曲，尾羽卷曲，身躯臃肿，翅膀退化，不能飞翔，善于奔走，营巢于林间草地上。当葡萄牙人于 16 世纪初到达毛里求斯时，他们在这里见到了这种前所未见的鸟类，就把它命名为"渡渡鸟"，意即"呆子"，故渡渡鸟又称"愚鸠""孤鸽"。到了 17 世纪，岛上已不见渡渡鸟的踪影，其原因主要是葡萄牙和荷兰殖民者大量猎杀渡渡鸟，而且为了建造城市而砍伐森林，破坏了渡渡鸟的生存环境。同时，殖民者往毛里求斯输入了猫、狗、大鼠、猪以及食蟹猴，这些动物或以渡渡鸟为食，或破坏了渡渡鸟的生存环境。关于渡渡鸟灭绝的时间，可能是灭绝于 1688 年至 1715 年间，有的干脆认为是灭绝于 1799 年。无论灭绝于何时，总之渡渡鸟在被欧洲人发现之后的 200 年左右时间内，就从地球上消失了。

渡渡鸟模型图

东西方文化融汇的城市

首都路易港位于毛里求斯岛西北海岸，三面依山，一面临海。炮台山位于市中心，在山顶可俯瞰整个路易港市容。路易港1735年开埠，名字取自法国国王路易十五。它是印度洋最繁忙的港口之一，常有不同国籍的商船和渔船在此停泊，呈现出热闹而忙碌的海港景象。港口附近有专门为游人开辟的码头购物中心区，有宽敞洁净的购物大楼、不同风味的餐馆，还有赌场和电影院供游人娱乐。

路易港市内热带风光绮丽，人文风情独特。这是一座东西方文化融汇的城市，建筑风格多样，既有西方式的议会大厦、市政厅，也有现代化的玻璃墙大厦，还有阿拉伯式的清真寺、印度式的寺院和中国式的庙宇。市内还有法国人建造的殖民政府大楼、英国人建造的阿德莱德堡垒，以及古老的邮局、银行大厦、路易港剧院和博物馆等。现今阿德莱德古堡是当地艺人与来自世界各地艺人的演出场所。战神赛马场，据说是南半球最古老的，仅次于英国赛马俱乐部。兵器广场是这座城市的历史中心，连接港口与政府办公大楼，广场上有排列整齐的棕榈树和殖民时期的炮台。主要大街上林立着毛里求斯各界历史人物的雕像。行走在街上，可以看到各种肤色的人，除非洲人、欧洲人、混血的克里奥尔人外，还有阿拉伯人、巴基斯坦人、印度人和相当多的华人华侨。店铺林立的唐人街、印度移民比较集中的阿泊拉瓦斯·嘎特地区、蓝便士邮政馆、圣路易大教堂、清真寺和法国军官拉布尔多内雕像等，是毛里求斯多民族、多文化交融的一个缩影。

位于市中心的中央市场，建筑别具一格，犹如一座科幻城堡。在这里可以买到各种香料、手工艺品和当地特产等，其中毛里求斯特有的香草加味红茶，醇香浓郁，沁人心脾。这里的工艺品也相当不错，特别是木帆船，手工精细，作为家中摆设最好不过。当地的皮革制品如牛皮袋、皮鞋、皮带都别具非洲特色。

位于路易港区内的苏伊雷克，是远近闻名的珊瑚村落，加工成手工艺品的珊瑚受到许多人的关注。村落附近有许多迷人的风景区，例如悬崖、鹿岛、大湾等。大海的巨浪冲击着悬崖的石壁，发出雷鸣般的吼声。许多人喜欢在悬崖之上，看海景，看浪花，享受悬崖的刺激。许多情侣相互依偎，让海风吹起头发，在天地之间留下一个唯美的剪影。要想体验这里的乡村生活，最好的办法是参观帕里斯民俗村。这里有甘蔗叶铺成的屋顶，屋顶上有法国风格的垂饰，而垂饰上的图案又带着印度风情。民俗村相当大，可以乘坐马车参观周围的甘蔗园、茅草屋，还可看到当地人示范制作咖啡豆，欣赏热情洋溢的塞卡舞。

多元文化的社会

毛里求斯具有浓厚的东西方色彩，这与他们的人口构成有关。全国人口由四大族群组成，包括印巴后裔、克里奥尔人、英法殖民者后裔和华裔，这四大族群组成了一个多元文化的社会。其中，印度和巴基斯坦人后裔占 69%，克里奥尔人占 27%。罗德里格斯岛是毛里求斯克里奥尔文化中心，其中克里奥尔人占该岛总人口的 98%。当地人肤色是介于棕色和黑色之间的那种颜色。女孩子的特点是眼睛大，身材好，气质也不错，再加上独特的肤色，非常与众不同。毛里求斯经历法国人较长时间的统治，城市街道的路标、招牌、街名均沿用法文，而大部分居民亦会法语。虽然官方语言为英语，但法语普遍使用，大部分报刊皆为法文。克里奥尔语是岛民最常用的口语。此外，各民族有自己的语言，如印地语、泰米尔语、泰卢固语、马拉迪语、乌尔都语、古吉拉特语以及中国广东的客家话等。各民族也都有自己的宗教信仰。不过，毛里求斯人强烈的国家认同感甚至超越了种族和文化。在这种情况下，毛里求斯给世人展示了一个和谐的社会，因而常常被看作种族宗教和谐的典范。

毛里求斯独立日、共和国日和圣诞节、皮耶拉瓦尔节等，是国内各民族共同的传统节日。例如，在每年 9 月 9 日皮耶拉瓦尔节，有着各种信仰的毛里求斯人来到圣克罗伊，朝拜被尊称为"黑人的传道者"拉瓦尔神父的墓地。拉瓦尔神父是第一个被约翰保罗二世赐福的人。此外每个民族都有自己的节日，如印度教徒的湿婆节、象头神甘尼夏节，基督徒的圣母升天节，穆斯林的开斋节，泰米尔人的扎针节、度火节，华人的春节等，这些节日也已成为毛里求斯法定节假日。特别要指出的是，在非洲，毛里求斯是唯一一个把华人春节作为法定节日的国家。每年春节期间，大街小巷张灯结彩，锣鼓喧天，人声鼎沸。通过春节这个平台，很好地传播了中华文化。关帝庙建于 1842 年，1869 年扩建，是岛上规模最大、历史最悠久的华人庙宇，150年来香火不断。每逢春节、关帝诞辰日等重要节日，关帝庙都会举办各种庆祝活动。2016年关帝庙被列入毛里求斯国家遗产名录，体现了毛里求斯政府一直秉持的多元文化共同发展的政策。

毛里求斯多元文化融合的特质，反映在建筑、街景、美食、舞蹈与轻松的度假气氛中。在欧洲人眼中，毛里求斯是一个梦幻般的地方，而他们来毛里求斯的目的通常都会很明确，那就是度蜜月，所以，他们把毛里求斯直接叫作"蜜月岛"。这里的大多数酒店都会给新人们提供举办婚礼的地方，有的酒店甚至会拥有自己的教堂。情侣可以向酒店预订教堂，举办一场法式婚礼。租一艘帆船出海，也是当地最常见的游玩方式。对于当地人来说，他们乘坐帆船出海钓鱼，至今仍然保持着深海垂钓最重金枪鱼的世界纪录；而对于情人来说，这是体验浪漫风情的绝好机会。

由于历史原因，毛里求斯中部高原城市，例如罗斯希尔，有强烈的印度特色。印人将毛里求斯南部的一个湖视为圣水湖，类似恒河一样圣洁。他们会长途跋涉来到圣水湖边，沐浴祈福。在每年二三月份的毛里求斯湿婆节，更有成千上万名印度教信徒聚集在圣水湖里沐浴湿婆神像。紧靠海岸的黑河山也是毛里求斯印度族人集居的地方。在每年8月15日，当地印人会穿上美丽的民族服装，手拍腰鼓跳起塞卡舞，狂欢到深夜。

毛里求斯人民尤其是克里奥尔人，十分喜爱传统的塞卡舞。这种舞蹈起源于19世纪初法国殖民统治期间，俗称"土风舞"，是黑人文化和殖民文化融合演进的产物。在塞卡舞的旋律与节拍中，也能感受到塞卡舞与拉丁美洲萨尔萨、加勒比海卡里索和非洲舞蹈的联系。塞卡舞多为双人舞，也有多人舞，一般赤脚上场。赛卡音乐的歌词由优秀歌手即兴创作，表现所见所闻、喜怒哀乐和人的命运、祸福等事件。歌曲高亢，舞姿粗放，表演风趣，在嬉戏逗乐中不乏机敏和幽默。现在塞卡歌舞也转变成吸引游客的表演之一，岛上不少酒店都有塞卡歌舞表演。

独特的饮食文化

毛里求斯的饮食受到克里奥尔菜、中国菜、欧洲菜和印度菜等影响，在一顿饭里常有混集不同地方菜肴的情况，充分反映了浓厚的多元文化和多民族色彩。

克里奥尔美食主要是用咖喱和番茄肉汁煮食，与印度咖喱不一样的是，这里的咖喱是用新鲜番茄制成的，把独特的克里奥尔美味混搭进法国大餐、中国美食、印度菜，自然就有了专属于毛里求斯的不同寻常口感。印度菜对毛里求斯饮食文化影响很深，除了咖喱、香料外，印度菜饭也被搬到毛里求斯人的日常饮食里。毛里求斯一度受法国统治，所以法国菜也是普及菜式，但是由于受到印度菜和非洲菜的影响，这种"变种"的法国菜多用辣椒和香料作调味，变成香辣风味。

路易港海鲜丰富、品种多样，如玛玲鱼、吞拿鱼、烟剑鱼、生蚝、明虾、迷你龙虾、地中海章鱼等，任你选购。其中玛玲鱼是毛里求斯当地美食，到毛里求斯旅游必尝。烟剑鱼也十分出名，肉质跟三文鱼相似，但颜色偏红。最典型的毛里求斯菜是明虾鸡肉咖喱，即用明虾、鸡肉这两种食材混搭烹制的一道咖喱菜肴。来到毛里求斯，无论是在海边五星酒店的旗舰餐厅，还是在城中毫不起眼的街边饭馆，你都能在菜单上找到这道菜，菜名的后面通常会在括号中注明"毛岛特色"。有名的食物还有鹌鹑沙律配草莓醋汁、煎香蕉、杧果椰子鸡胸卷等。闻名世界的"百万富翁色拉"取自棕榈树的树心为原料，口感类似竹笋般清脆。起先，这种树产量很少，只有百万富豪才吃得起，故此得名。美食离不开美酒。毛里求斯人喜欢喝当地用甘蔗酿造的朗姆酒，这酒后劲足、容易醉，不过如果往酒里兑水，就不会那么容易醉了。

毛里求斯女性以肥胖为美，男子亦以娶肥胖女子为荣。肥胖自然与饮食有关。据中国日报网报道（记者刘世东），为了嫁得更好，女孩们最早从 8 岁开始就被强迫进食（当地人称"填喂"），适婚年龄还会被送到专门的"增肥营"增肥。许多女孩认为强迫进食是一种折磨，但她们又不敢反抗，因为父母会对她们进行惩罚。为了增肥，女孩还会使用类固醇及吃一些含有鸟类生长激素的增肥药丸。当地妇女称，吃了这类药后，人的胃部、脸部和胸部会变大，但是四肢却十分细小，而且这种药还会导致不育和心脏病。有统计显示，在毛里求斯有 1/4 的女性曾经被强迫增肥过。看来，必须移风易俗，改变当地人的观念和陋习，才能改变女性被迫进食的遭遇。

月亮之国　科摩罗

　　科摩罗联盟是印度洋上的非洲岛国，位于莫桑比克海峡北端入口处，东、西各距马达加斯加和莫桑比克约300公里。国名在阿拉伯语里意为"月亮"，故有"月亮之国"的美称。

科摩罗国旗　　　　　　　　国徽

科摩罗纸币上的月亮

国情概要

科摩罗国土面积 2236 平方公里，人口 77 万（2014 年）。首都莫罗尼，国庆日 7 月 6 日。组成科摩罗群岛的大科摩罗、昂儒昂、莫埃利和马约特四个主岛（马约特岛实际由法国控制，为法国的一个海外省），被誉为西印度洋上的四颗明珠。岛上大部分为火山岩，地势崎岖，几乎全是山地。卡尔塔拉火山海拔 2560 米，是全国最高峰。水力资源匮乏。属热带雨林气候，终年湿热。盛产依兰、鹰爪兰、华尼拉、丁香、素馨、紫罗兰等香料，海风中飘来阵阵醉人的花香，素有"非洲香料岛"之称。香风中最突出的是依兰花香，依兰花油是世界最著名香水的成分之一，包括香奈尔 5 号香水。依兰、鹰爪兰和华尼拉香料的产量居世界前列。香料出口是外汇收入的主要来源。渔业资源较丰富，但捕鱼工具落后，只能在近海捕捞，不能满足国内需要。主要粮食作物为水稻、玉米和薯类，但粮食不能自给。旅游资源丰富，海岛风光秀美，伊斯兰文化鲜明，瓦陶、筐帘、木刻、雕花木箱等手工艺品质朴可爱，但旅游资源尚待充分开发。矿藏资源、水资源匮乏，工业基础脆弱，严重依赖外援，是世界上最贫穷的国家之一。2013 年人类发展指数在全球 187 个国家和地区中居第 169 位。

科摩罗最早的居民为阿拉伯人和马达加斯加人。公元初年阿拉伯人控制了这里。19 世纪上半叶，法国人开始进入，到 1912 年正式沦为法国殖民地。"二战"后成为法国"海外领地"。1975 年 7 月宣布独立，成立科摩罗共和国（2001 年 12 月成立科摩罗联盟）。国旗上的绿色与弦月象征伊斯兰国家，弦月也代表国名为"月亮"之意。1975 年 11 月 13 日科摩罗与中国建立外交关系。

首都莫罗尼

首都莫罗尼西临浩瀚的印度洋，居民约 4 万人，是阿拉伯人和非洲班图人的后裔。城市建设具有典型的阿拉伯城市风情，街道狭窄而弯曲，清真寺和朝圣中心是城里重要的地标。阿拉伯色彩的古老建筑与人民宫、"鹰爪兰"四星级宾馆等现代建筑比邻而建。市内和郊外到处可见花香扑鼻的伊兰伊兰花丛。另外，碧绿的香蕉、芭蕉丛，巨大的杧果树和香草漫山遍野。伊扎恩德拉附近的海滨、密扎米欧里码头的预言者洞穴，以及火山形成的盐湖等，都是当地的旅游景点。

莫罗尼所在的大科摩罗岛是座著名的火山岛，分布着好几座大大小小的火山。卡尔塔拉火山是世界上最活跃的火山之一，1900 至 1965 年间曾喷发 11 次，最近一次喷发在 2005 年底，喷出的灰云柱造成大科摩罗岛上 25 万居民暂时失去了饮用水。城里铺地、铺路的疏松石头颗粒，正是火山熔岩凝结成的沸石颗粒，这种石头轻而多孔，有的甚至可以漂浮在水上。因为火山、熔岩常来捣乱，莫罗尼人懒得去平整路面。不过，岛上风光秀丽、海滩绵长，一派热带风光。科摩罗群岛有一种独特的动物，名叫"马考"的狐猴。还有一种叫"狐蝠"的哺乳动物，分布在科摩罗的两个岛上。它们以觅食野果、花蕊为主，所以又名"果蝠"。狐蝠是世界上最大的蝙蝠种类，成年的狐蝠两翼展开近 1 米长。

话说科摩罗人

科摩罗人主要包括阿拉伯人后裔、乌阿马查族、马高尼族、卡夫族、乌阿马查族和萨卡拉瓦族。此外，还有法国、留尼旺、印巴等国家和地区的侨民。官方语言为科摩罗语、法语和阿拉伯语。科摩罗社会的家庭是以母亲为核心组成的。按照穆斯林教规一个男人可以娶四个老婆，同父异母的孩子与自己的亲生母亲住在一起，父亲的责任是养家糊口。

科摩罗人的服饰与阿拉伯人基本相同。男子披一块单色布，自腰至膝；妇女披两块多色布，一块缠身，一块斜披在肩上。现在，不少人也穿西装，但不是很流行。主食是大米、玉米、木薯、香蕉、面包果和木瓜等。爱喝一种用木薯做成的糊状汤，常常在饭后或劳动后喝一碗。主要饮品是咖啡。科摩罗人十分好客，不论你到谁家做客，热情的主人准会为客人准备具有科摩罗风味的果味宴会，食品包括烤香蕉、烤木薯、烤面包果等。

在社交场合，科摩罗人热情地与朋友握手问候，称男人为"先生"，称女人为"夫人、女士、小姐"。握手的习惯是，主人、长辈、上司、女士主动伸出手，客人、晚辈、下属、男士再相迎握手。科摩罗人的热情是出了名的。据一名中国援外医生撰文介绍："飞机尚在科国上空盘旋时，机上广播中就传来了科籍飞行员的祝贺声：'今天是中国人的春节，我代表科摩罗人民向友好的中国医疗队员问好！'乘客也都纷纷向我们问好。经过长途奔波的辛苦一下子被这非洲'温度'赶跑了。下了舷梯更是让人受宠若惊，一群披着非洲大红花布的妇女一拥而上，在'崩如''沙瓦'（法语：你好，你好吗）的问候声中吻就像雨点似的落在我们的左右脸颊上，非洲妇女那特有的宽厚肉感的吻礼再次让我们感到非洲的温度。紧接着便是那鲜花串成的花环一个又一个地套到了脖子上，白色的花环象征着纯洁的友谊，红黄串成的花环代表着科摩罗人民的热情奔放。科摩罗人用绚丽多彩的鲜花向客人们表达自己丰富的感情世界，这是个鲜花遍地的国度，更是一个待人有温度的国度。"

科摩罗95%以上的居民信奉伊斯兰教，在日常生活中保持着阿拉伯人的习俗。主要宗教节日是宰牲节。节前，家家户户打扫卫生。节日上午，穆斯林男子汇集到附近的清真寺里做礼拜，妇女多在寺外做礼拜。礼拜后回家屠宰牲畜，到傍晚全家老小围坐在一起吃手扒肉。有些青年男女聚集在一起，燃起篝火，伴着鼓点跳舞直至深夜。另一宗教节日是圣纪节，是纪念伊斯兰教的创始人穆罕默德的诞辰和逝世的纪念日。节日里，信徒们到清真寺集体诵经，赞圣并听阿訇讲述先知的生平事迹，同时聚餐纪念，办"圣会"。

其实，科摩罗的节日远不止这些。诸如总统的生日、总统的竞选投票日、老总统的逝世日、新总统的就职日、外国使节来访日等等，名目繁多。除了星期日是法定休息之外，其余的节日放假都是全国广播临时通知的。无论是农村，还是城镇，大小节日离不开的是歌舞。只要开起音响或收录机，人们随着乐声、鼓声自然而然地就会扭动起来。傍晚，村民们会在月光下跳个通宵。除了唱歌跳舞外，科摩罗人还喜欢斗牛，虽然不如西班牙那么惊心动魄，但也十分精彩。

豪华的婚礼

科摩罗人实行一夫多妻制。结婚大体有三个过程：订婚时，男女间签署一项简单的婚约；之后，在清真寺举行宗教仪式。这两个过程简朴节约。然而，婚礼这一过程则比较铺张、豪华。尽管科摩罗经济发展比较落后，人民生活并不富裕，但举行豪华婚礼者仍不乏其人。背后的原因有二：一是世代沿袭的传统；二是多要男方的彩礼和金银首饰，可以作为新娘今后维系生活的保障之一。

举行盛大婚礼仪式通常从星期五开始。一开始看到盛大的婚礼场面，外人以为操办婚礼的人肯定是当地的名门望族或一方富贾，殊不知可能就是一个很普通、很传统的穆斯林婚礼，新郎新娘都来自普通的人家。参加婚礼仪式的宾客吃饱喝足后上街唱歌跳舞。第二天女方家送来大饼祝愿丰衣足食，晚上在街道点燃蜡烛，举行舞会。星期日新郎在来宾伴随下来到新房，请人将珠宝首饰展示给众人，并送给新娘。婚后一周再办舞会，请人越多越好。新郎新娘的礼服极为考究，往往要镶嵌黄金装饰物。按照传统，仅豪华礼服加首饰通常需要花费 2 万多美元，加上彩礼、婚宴等其他各项支出，整个婚礼花费相当可观。对许多普通家庭来说，这样一场婚礼也就意味着花掉他们全部的积蓄，甚至会背上沉重的债务。但传统如此，普通家庭也无法改变。

当然，没有举办盛大婚礼的男子依然可以娶妻生子，但是总觉得无法得到街坊邻里的认可和尊重，一向好面子的科摩罗人所面临的精神压力和经济压力可想而知。据说举办过盛大婚礼的男子都会名正言顺地在肩颈上搭一条彩色的围巾。

　　有趣的是，有时候在整个婚礼现场看不到一位女士。婚姻毕竟是男女双方的事情，婚礼没有女人参加似乎不合情理。原来科摩罗的婚礼是男女分开进行的，如果是男方举办的仪式，自然没有女士们参加（据说这个规矩是很严格的）。不过女人们也没有闲着，她们要么做一些幕后的工作，要么就躲在一些角落里默默地窥视着婚礼现场。

赤道公园　圣多美和普林西比

　　圣多美和普林西比民主共和国，是位于非洲西海岸几内亚湾的火山岛国，距非洲大陆 200 多公里。"圣多美"得名于天主教圣徒的名字，"普林西比"在葡萄牙语中意为"太子岛"，因葡萄牙国王将岛上财富赐予太子而得名。

　　许多中国人对圣多美和普林西比这个国家比较陌生，但该国国鸟非洲灰鹦鹉却为许多爱鸟者所熟悉。非洲灰鹦鹉是已知的几种可以和人类真正交谈的动物之一，这使得它们成为知名度最高的宠物鸟之一。另外，中国许多集邮爱好者对圣多美和普林西比也有所熟悉。2010 年，圣多美和普林西比为庆祝上海世博会的顺利举办，曾发行了一套 6 枚邮票和小全张、小型张，上面分别是参展的部分国家和地区的展馆外貌。

圣多美和普林西比国旗　　　　　国徽

国情概要

圣多美和普林西比国土面积 1001 平方公里，人口 19.3 万（2016 年 1 月）。首都圣多美，国庆日 7 月 12 日。非洲第二小国，仅大于塞舌尔。由圣多美和普林西比两个大岛及附近的卡罗索、佩德拉斯、蒂尼奥萨什和罗拉斯等 14 个小岛组成。属典型的热带雨林气候，终年湿热，被喻为"热带蒸笼"。赤道线从圣多美和普林西比南缘擦过，雨量充沛，植被茂盛，绿意盎然，素有"赤道公园"之称。渔业资源丰富。近海石油蕴藏量约 5 亿桶。盛产可可等经济作物，可可为主要出口商品。经济比较落后，是世界上人均接受外援最多的国家之一，90% 的发展资金依靠外援。生活在贫困线以下的人口比例超过 50%，是联合国公布的世界上最不发达国家之一。

圣多美和普林西比古时候荒无人烟，直至 15 世纪 70 年代葡萄牙人到达时，圣多美岛尚无人居住。呈现的面貌是地势高峻、重峦叠嶂的火山岛，圣多美峰耸立在中西部，海拔 2024 米，它的周围有 12 座 1000 米以上的高峰。岛上森林茂密、道路崎岖，只有沿海平原较为平坦开阔。其后，葡萄牙人将犯人和犹太人迁移到该岛开辟了种植园，又从西非各地掳掠了将近 3 万名黑奴在种植园强迫劳动，并在一段时间内将该岛作为奴隶贸易的转运据点。这些奴隶很少生还，故这里曾被称为"死亡之岛"。16 世纪末圣多美和普林西比两岛奴隶联合起义一度推翻了白人奴隶主的统治。17 至 18 世纪为荷兰、法国占领，在经济衰落之后，又还给葡萄牙统治，因种植可可而再度繁荣。1951 年成为葡的海外省，设总督直接控制。1975 年 7 月宣告独立，建立圣多美和普林西比民主共和国。1975 年 7 月 12 日圣多美和普林西比与中国建立外交关系。1997 年因台湾问题中止外交关系。2016 年 12 月 20 日，圣多美和普林西比决定同台湾断绝所谓"外交"关系；同年 12 月 26 日，中国与圣多美和普林西比正式恢复外交关系。

海上绿色植物园

圣多美和普林西比虽然是联合国公布的世界上最不发达国家之一，但其发行的纸币却入选了世界十大漂亮钞票之一。纸币上描绘出这个"地球上的天堂"之旖旎风光，图案中有迷人的热带海滩、美丽的翠鸟和有关景观，还有反对葡萄牙殖民统治的民族英雄雷·阿马多尔的头像。

圣多美和普林西比的漂亮钞票（票样）

圣多美岛靠近赤道线，形状像菠萝。面积 836 平方公里，人口 15.7 万（2009 年），占全国总人口 80% 以上。岛的南端，海岸曲折，峭壁陡立，海浪拍岸。沙滩边上，椰子树在海风中摇曳，热带风光令人陶醉。这里高温多雨，湿度较大，为农作物和热带作物的生长提供了条件。漫山遍野的林木郁郁葱葱，云雾遇到树木，便在树叶上凝聚成晶莹的水珠，滚落在地上，滋润着这片土地。可可、椰子、咖啡、香蕉和棕榈种植园，是唾手可得的绿色财富。岛上除了绿色还是绿色，称其为"海上绿色植物园"恰如其分。

普林西比岛位于圣多美岛东北方向，相距 128 公里。面积约 130 平方公里，居民 1 万余人。该岛为火山岛，是世界十大最美岛屿之一。岛上崎岖多山，森林茂密，最高点普林西比峰海拔 948 米。终年高温多雨，适合种植可可、咖啡、甘蔗、油棕、椰子等热带作物。普林西比岛以其独特的地理位置和优美的自然景观，提供了丰富的旅游资源。岛上的主要城镇为圣安东尼奥，位于岛的东北岸，是全岛对外联系的唯一港口。

圣多美和普林西比的其他岛屿都很小，加在一起也只有50多平方公里，但景色是美的。考埃有葱翠的山峰和交错的悬崖，部分地区只能乘坐直升机到达。伦巴有碧海、蓝天、白沙，以及大片的树荫，无拘无束的度假者可以坐在树荫下静静地看书或聊天，任轻柔的海风吹拂；也可以躺在海滩椅上，尽情享受日光浴。坎塔加洛的居民主要是班图人，还有混血种人和印度人。他们过着原生态的生活，传统主食为香蕉、面包果，配上当地的菜肴。洛巴塔地区有成片的热带雨林、美丽的海滩，是非洲炎热酷暑下的清凉世界。居民生活平静祥和，怡然自乐。

圣多美与圣安东尼奥

首都圣多美依山傍海，是全国最大的城市和港口，居民约6万人。它面临半圆形的恰维斯湾，港阔水深，可以停靠万吨巨轮，是不可多得的天然良港。这是一个田园般的小城，几条不长的街道上，闲逛的人寥寥无几，街道尽头便是蕉丛椰林掩映的村庄。公路上汽车很少，两旁是芬芳的花草，葱郁的树木。这里最高的建筑是一座白色的七层楼房，其余都是带有院落的平房或红顶白墙的两层小楼，环海而筑，掩映在椰林之中。居民住房简陋，木板房居多。郊外农民大多住在带有高脚的木屋茅舍里。

小城至今依然保留着殖民时期的不少建筑，几百年前的葡萄牙风貌仍然隐约可见。沿海滨的大街叫7月12日大道，以纪念圣多美和普林西比独立日。市中心的独立广场是每年举行庆典的地方。独立宫是当年殖民总督的官邸。最宏丽的建筑是中国援建的人民宫，建筑面积8300平方米，内有1000席的大会堂。圣母大教堂是城内有名的建筑，白色教堂，上覆红顶，正面双塔耸立，四周绿草如茵。圣塞巴斯蒂昂博物馆，位于圣多美海湾，最初是作为城堡使用的，后来开辟为博物馆。在博物馆里，最怪异的遗迹是可可王储存在一个盒子里的某一个可可王的骸骨。

普林西比岛首府圣安东尼奥位于岛的东北岸，居民约 6000 人，建城于 1471 年。每年 8 月中旬都会举行民俗活动。这是一种流行了 500 年的街头音乐舞蹈剧，情节来自欧洲查理大帝时期的传奇故事。当时，来自北非的阿拉伯人侵入西班牙，建立摩尔人政权，对基督教世界形成直接的威胁。摩尔人公主对一位基督教骑士一见钟情，背叛其父执意要与基督教骑士结为连理，上演了一出浪漫的爱情故事。表演者身着中世纪武士行头，绿装扮演基督教武士，红装扮演摩尔人武士，亦歌亦舞，场面热闹，吸引了众多的游客。

淳朴悠闲的圣多美和普林西比人民

圣多美和普林西比居民主要是班图人，还有部分混血种人和印度人等，大多数信奉天主教。班图人多数从事农业生产，也发展渔牧混合经济。其传代血统亲属制度、宗教信仰、政治组织的差异很大。但不管怎样，他们十分热情好客，对来访的客人都会热情接待，礼貌地回答问题，含笑地同你告别。他们从小就受到宗教、礼节、语言等一系列严格教育。在社交场合，行握手礼，采用国际通用的称谓。日常以香蕉、芋类和面包果为主食，也种植木薯和玉米。也许是食物中的淀粉高，因此中年妇女都很富态。棕榈酒为国饮。在酿制棕榈酒的日子里，棕榈树上吊挂着大大小小的器皿，划开一个口子，树液便淌入容器，集中之后稍经自然发酵，便成了酸甜可口的棕榈酒。当地人以此酒待客。

上面提到的面包果，是面包树的果实。面包树是一种木本粮食植物，成熟的果实有柚子

面包树果实

那么大，可食用。因果实风味类似面包而得名。据说面包果淀粉含量较高，非常顶饱耐饥，而且每棵成树能挂果一两百个，因此圣多美和普林西比人民一般不会发生饥荒。非洲另一种猴面包树（木棉科），不同于面包树（桑科）。两者不同科，相去甚远。有人把两者混为一谈，实则大谬。圣多美和普林西比的水果品种也比较多，在这个国家旅行，尝尝当地的水果，也是一种口福。

圣多美和普林西比人民的生活节奏缓慢而宁静。虽不至于夜不闭户，也无须为治安问题过多担心。当地人的口头禅是：慢点、慢点。意思是没有必要为任何事情忙得团团转，尽可以悠闲地享受生活。圣多美和普林西比人民的平均寿命69.4岁，算是非洲长寿国之一了。

美洲岛国

　　美洲全称"亚美利加洲"（英文名 America），共有 49 个国家和地区，总面积 4206.8 万平方公里。以巴拿马运河和德拉贡海峡为界，分为北美洲和南美洲。美洲对原住民印第安人来说并不是新大陆，他们早在 4 万年前，就从亚洲渡过白令海峡到达美洲大陆了。在美洲，欧洲移民后代、印欧混血种人、黑白混血种人占多数，其余为黑人、日本人、华人和原住民印第安人、因纽特人（爱斯基摩人）等。位于北美洲东北部的格陵兰岛是世界第一大岛，它内政独立但外交、国防与财政相关事务仍由丹麦管理。美洲的 13 个岛国都集中在属于北美洲的中美洲地区，而南美洲一个岛国也没有。在美洲的 13 个岛国中，海地、圣基茨和尼维斯、圣卢西亚、圣文森特和格林纳丁斯等 4 个岛国，与中华人民共和国尚未建立外交关系，故未列入本书正文，只作为附录放在全书末尾作个简单介绍。

飞人之乡　牙买加

　　牙买加位于加勒比海西北部，为岛屿国家。国名在印第安阿拉瓦克族语言中意为"泉水之岛"或"林水之乡"，因岛上水草丰茂、地下水源丰富得名。

　　有一首牙买加民歌唱出了牙买加的神奇而美丽："天也蓝海也蓝的牙买加，你的福与祸，就像头顶热带的太阳。清早的温柔，正午的炙热，茂密的森林里寻觅清凉。牙买加，牙买加，迷人的岛屿，和我命运相连的故乡。"牙买加独特的文化融合了加勒比风情、非洲色彩、西班牙风格和英国传统。它以优越的地理位置和曼妙的自然景观，成为海上交通枢纽及加勒比海旅游度假胜地，尤以飞人之乡、007诞生地、阳光沙滩、雷鬼音乐、嘉年华会和蓝山咖啡闻名。

牙买加国旗

国徽

国情概要

牙买加国土面积 1.0991 万平方公里，人口 274 万（2013 年）。首都金斯敦，国庆日 8 月 6 日。牙买加沿海为冲积平原。东部以山地为主，有著名的蓝山山脉，最高峰海拔 2256 米，为全岛最高点。中西部丘陵约占全岛面积的一半。多山岭、多泉水，汇成一条条河流，有的叫"黑河"，有的叫"宽河"，还有的叫"铜河、牛奶河、香蕉河"等，十分生动有趣。邓斯河瀑布是加勒比海唯一的临海瀑布。热带雨林气候，年平均气温约 27℃。以种植甘蔗、香蕉为主，其他还有可可、咖啡和红胡椒等。物资、粮食需大量进口。农业、旅游业、矿业（铝矾土开采冶炼）和新兴的信息技术服务业为国民经济支柱。以旅游业为核心的服务业收入占全国 GDP 的 60% 以上。

在热带雨林中，生活着牙买加独有的"医生鸟"（红嘴长尾蜂鸟）。它色彩艳丽，如同每一个牙买加人一般热情生动。这是牙买加的国鸟，一种特有的蜂鸟。它会用其长舌来吃花蜜，也会用双翼来捕捉细小昆虫。国树为愈疮木（铁梨木），木质坚硬，光泽油亮，80% 用于造船。目前产量愈来愈少，其主要原因是愈疮木用途广泛但生长速度极慢，当地拉丁民族称之为"生命之木"。"生命之木"盛开的花朵便是牙买加国花。

美丽的牙买加原为印第安阿拉瓦克人、泰诺人的居住地。1494 年哥伦布来到这里，不久成为西班牙殖民地，改名"圣地亚哥"。西班牙殖民者对当地的土著居民实行奴隶政策，导致岛上的阿拉瓦克人、泰诺人因战争、疾病和奴役而灭绝。为补充劳动力，西班牙自 1517 年开始从非洲贩来黑奴，导致黑人逐渐成为牙买加的主体民族。1670 年，按照马德里条约，牙买加等地被割让给英国。1690 年马隆人起义，历时 10 年之久。1938 年，牙买加工人举行起义。1962 年 8 月宣告独立，加盟英联邦。1972 年 11 月 21 日牙买加与中国建立外交关系。

牙买加的名人

牙买加有许多名人，这里重点介绍两位：一位是土生土长的飞人尤塞恩·博尔特，另一位是侨居牙买加的"007之父"伊恩·弗莱明。

众所周知，牙买加是实至名归的飞人之乡。在这个以铝土、蔗糖和旅游业为支柱产业的国度里，短跑早已成为牙买加的一张名片。当地无数的少男少女，为摆脱贫困而投入田径运动，希望利用天生优势，通过艰苦训练跑出精彩人生。在亮相北京"鸟巢"的51名牙买加田径选手中，有39人都是短跑悍将，6金3银2铜奖牌皆在田径场上夺得。其中，尤塞恩·博尔特是牙买加最为著名的短跑运动员。他1986年8月生于牙买加特里洛尼，成年身高196厘米。2004年成为职业运动员，此后多次夺得男子100米、200米短跑世界冠军。他在2008年北京奥运会上以9.69秒的成绩轻松夺金，一举刷新了他原来保持的9.72秒的成绩。同时还在北京奥运会上以19.30秒夺得了200米冠军并打破了世界纪录（原19.32秒）。

邮票上的飞人博尔特

2009年在德国首都柏林举行的世界田径锦标赛男子100米决赛和200米决赛中，分别以9秒58和19秒19再次打破世界纪录。在2012年伦敦奥运会上，以9秒63的成绩刷新奥运会纪录并夺冠，成为奥运会历史上第二个卫冕男子百米冠军的运动员。由于博尔特奔跑时速度飞快，他获得了"闪电侠""飞人"等绰号。我国田径名将刘翔评论说："我不知道他到底能跑多少，感觉他不是地球人，像是天外来客。"

牙买加是名满全球的007诞生地。1952年，退役的英国海军上尉伊恩·弗莱明侨居牙买加。一天，他坐在打字机前写下了"皇家赌场"的标题，1953年首部007小说便出版了。在此后十余年中，他以自己的间谍经验沉迷于007系列小说创作，总共写出了 14 部 007 系列小说，其中有 3 部是以牙买加为背景的。1964 年，伊恩·弗莱明在留下遗作《金枪客》后因心脏病去世。他的小说最大的成功是塑造了机智勇敢的特工——詹姆斯·邦德（代号 007）这个典型人物形象。所以称他为 007 之父是名副其实的。根据小说拍摄的第一部 007 电影《诺博士》，于 1962 年 10 月 5 日首映。故事的发生地就在牙买加。如今，在奥卡贝莎岛上就有一片以詹姆士·邦德命名的海滩。半个世纪以来，詹姆士·邦德作为典型的优质男士名满全球，成为亿万观众心中一个遥不可及的梦幻人物。岛上每逢伊恩·弗莱明的诞辰都会举办各种各样的纪念活动，甚至牙买加旅游局的官方网站都为 007 粉丝列出了游览指南。

金斯敦的前世今生

首都金斯敦市的诞生与西班牙城和罗亚尔港（意译为"皇家港"）息息相关。1538 年，西班牙人在岛上建立西班牙城，作为牙买加首府。1692 年地震后重建，改名"金斯敦港"。1703 年，罗亚尔港遭遇大火，促使居民们向金斯敦城区迁移。1872 年，金斯敦成为牙买加首府。金斯敦在其发展过程中，历经灾难，远如 1780、1782、1843、1882 年的大火和 1850 年的霍乱，近如 1951、1982 年的飓风，都造成了巨大损失。1923 年，金斯顿区和圣安德鲁区合二为一，称为"联合区"。20 世纪后半叶，金斯敦得到进一步发展，最终成为加勒比地区重要的政治、经济和文化中心。

在 16 至 17 世纪时，作为牙买加首府的罗亚尔港，却几乎成了海盗的大本营。当时的海盗首领叫"老魔鬼的亨利摩根"，他们从各国商船抢来大量金银珠宝，存储在罗亚尔港，然后在此尽情享乐。因此，罗亚尔港曾经被认为是"地球上最邪恶的城市"。1692 年 6 月 7 日，罗亚尔港仍像往常一样热闹，商船、海盗船频繁进出港口。中午时分，忽然大地颤动，猛烈摇晃，之后全城 2/3 沉没于浅海底下。1959 年，牙买加政府组织海下挖掘，初步挖出了价值几百万美元的珠宝和大批生活用品（据说大部分宝藏还沉在海底）。最有趣的是一尊没有头的雕像，专家研究证实这是中国人信奉的观音。现在罗亚尔港宝藏的寻找工作还在继续。没有人知道这个被海葬的海盗首都到底还能给人类带来多少惊喜。罗亚尔港罪恶的兴起和被自然覆灭的悲剧结果使它排在世界十大宝藏的第五位。

如今的金斯敦是世界第七大天然深水良港，有"加勒比城市的皇后"之誉。热带雨林气候，阳光、雨林、远海碧波，风景如画。城市空气清新，道路整洁，路旁棕榈树和开着鲜艳花朵的马合树成行。市区除政府机关外，大型建筑物不多。市中心有广场、议会大厦、圣托马斯教堂、博物馆、购物中心等。商店、电影院、旅馆等集中在卑支诺斯街中段。达芳大宅是加勒比海第一位黑人亿万富翁乔治史提贝于1881年建立的豪华住宅，占地11公顷，现为金斯敦的美食城和购物中心。北郊有国家体育场，经常举办赛马活动。附近为商业中心，被称为"新金斯敦"。城东有罗克福德古堡。距离蓝山脚下8公里处有一个植物园，热带果树品种齐全。

解放公园是位于金斯敦市的街心公园，是市民的文化娱乐中心。公园门口矗立着两个巨大的铜像，表现的是一对男女奴隶站在水池里，裸体相对，仰望天空。作品大胆突出了男人的性特征。建成之初，虽一度引起争议，但多数当地人认为，这充分反映了牙买加人对性爱的认识和赞美。此雕塑位于金斯敦市最繁华的地区，如今已成为该市的标志性雕塑。

金斯敦周边拥有很多星级海边度假村，退潮后，可去海滩上"拾海"，能找到海星、海胆、海螺和寄居蟹，也可去查尔斯堡、圣彼得教堂、罗克福德古堡、古王宫体验一下古印第安风情和殖民文化的交融。东距金斯顿72公里处的曼德维尔小城，有着英国城镇风格的古老街道，与现代化高楼大厦并存，充满独特的异国风情。周围多石墙圈筑的牧场，极富英国乡野特色。即使只想在种满棕榈树和盛开着鲜花的街道上随意走走，也能感受到牙买加的清新和宁静。

金斯敦每年都举办狂欢节，少不了音乐与舞蹈。在牙买加有一种非常特殊的乐器，用油桶做成，表面有许多凹洞。这种乐器敲击出来的乐声很似钢琴，也同样都有黑键、白键之分。它可以和吉他、贝斯，甚至各种弦乐器合作，演奏出不同风格的音乐，例如民谣、爵士、摇滚、雷鬼等。在狂欢节的时候，大家一边奏乐一边尽情舞蹈，欢乐的场面十分有感染力。

小城的迷人风情

牙买加人昵称为"梦湾"的城市蒙特哥贝，人口12万，被誉为牙买加旅游之都。这里原是印第安人村镇，至今仍保留有印第安阿拉瓦克人的生活习惯。市内有西班牙修道院遗迹、露天影院和体育场。但城市建设比较落后，满街都是蜘蛛网似的电线，很少有人遵守交通规则，都是随意行走。博士洞海滩是当地最有名的海滩，沙子细腻柔滑，海水清澈见底。平坦宽阔的白色沙滩周边，有容纳千人的日光浴场和淡水游泳池。喜欢水上运动及高尔夫球的，在此可以一展身手。水下珊瑚公园也值得一游。附近的旅游设施比较完备，酒吧、商店、餐馆、俱乐部一应俱全。许多外国游客冬季来到这里避寒、度假。傍晚可以欣赏到被称作是世界上最壮丽的加勒比海落日。

圣安娜海湾是牙买加最美丽的海湾小镇，也是西班牙在美洲建立的第三个首都。这里绿树环绕，海天相接，沙白港深，具有浓郁的海上风情和本土特色。航海家哥伦布于1494年在这里登陆，他被海湾风光深深吸引，称这里为美好的世外桃源。也许是一种缘分，他在后来的航行中被困在此地长达一年之久。如今在圣安娜海湾的中心，矗立着哥伦布的雕塑。牙买加的知名黑人领导人马库斯·加维出生于此，他的雕塑矗立在圣安娜海湾图书馆的前面，以此来纪念他为黑人做出的重大贡献。

安东尼奥港是牙买加东北岸城市，被一岬角分成东、西两个港湾。住宅区集中在岬角上，商业区则沿海岸分布。海滨风景优美，是牙买加历史悠久的旅游胜地之一。附近的布卢霍莱潟湖与海相连，是良好的水上活动场所。湖水深浅不一，湖底凹凸不平，在阳光照射下呈现出不同色块，美轮美奂。月下泛舟湖上，可以欣赏到潟湖潮水连海平、海上明月共潮生的美妙景象。

八条河为牙买加北部的旅游小城，因有八河绕城，故名。小城附近多流泉飞瀑，其中的邓恩河瀑布全长 180 米，分段而下，最为著名。观赏的游客人潮汹涌，挨挨挤挤，必须排着队、牵着手小心前行。海边所有酒店房子清一色为白色，与湛蓝的海水相互辉映，颇有浪漫的情调。有些旅客什么事也不做，就悠闲地躺在沙滩椅上晒晒太阳，看看天空，听听昆虫们窃窃私语。

当地的风土人情

牙买加以黑人为主，加上黑白混血种人，共占总人口 90% 以上，其余为印度人、白人、华人和叙利亚人等。大多数居民信奉基督教新教，少数信奉印度教和犹太教，残存着非洲的一些宗教信仰。热衷辩论或"推理"，具有讽刺才能。在家庭生活、语言、音乐、舞蹈、宗教等方面，处处都受到非洲的影响。这里有非洲式的土造小屋，大多数人在访亲拜友时戴麦秆帽子。

牙买加人亲切友善、乐于助人、彬彬有礼。最常用的称呼是"先生、女士、太太、夫人、小姐"等，习惯在称呼前加官衔或职称。禁忌与欧美国家相似，比如不问女士的年龄，不喜欢"13"这个数字。应邀参加宴请时需带礼物。出席会议等活动时，当主持人说"早上好"或"下午好"时，通常下面的听众也应声对主持人说"早上好"或"下午好"。喜欢跳迪斯科和群体对舞，喜欢听莱加乐曲。

按照牙买加的习俗，男方在结婚前必须买房或建房，婚后必须扶养妻子。但此类情况大多只在富裕阶层通行，下层居民则是另一种活法。牙买加是个贫富分化严重的国家，度假村里歌舞升平，度假村外则是另一个世界。城市的规模都不大，但度假村的规模却超大，私属海滩加上全包式服务使得客人完全不用走出度假村。前面提及的旅游之都蒙特哥湾，便是由一个个度假村和酒店组成的。

受欧洲殖民者的影响，牙买加的村镇一般都有一个中心广场，广场周边有医院、餐馆、商店、汽车站等。居民房子多用水泥砖瓦建成。常穿的衣服有衬衫、短裤或裙子，庄重场合穿西装。以大米、玉米、山药、甘薯、香蕉等为食物。咖喱山羊肉、焗鸡、熏烤鸡和甜玉米粥等，都是别具风味的佳肴。快餐有番石榴干酪、芭蕉馅饼和肉饼。在婚礼上或圣诞节常会供应黑色的蛋糕。这种蛋糕以深色的水果和朗姆酒制成。青年人喜欢喝可口可乐，而老年人喜欢喝茶和咖啡。啤酒和龙酒也是许多人喜欢饮用的饮料。有一种阿基果，是牙买加的国果，原产地在科特迪瓦和加纳等

成熟的阿基果

西非地区，被称为"西非荔枝果"。1793 年，这种植物被移植到牙买加，作为奴隶的食物之一。西非荔枝果开花结果时，会引来很多蜜蜂，因此牙买加人给它取名"阿基果"，意为"蜜果"。但阿基果像河豚一样含有毒素，若食用不当，可能性命难保。2001 年，海地灾民争食阿基果充饥，导致 50 名灾民因误食未成熟的阿基果而中毒死亡。研究发现，没有裂开的阿基果果肉含有大量的次甘氨酸毒素，所以会导致人食用后中毒；而成熟裂开的阿基果果肉的毒素含量已经微乎其微，煮熟后可以放心地享用，不会中毒。阿基果和鳕鱼烹制成的菜肴，是牙买加的一道国菜，当地人用它招待来自世界各地的游客。在牙买加的旅游指南广告词中写道："这道菜您在牙买加以外的任何地方绝对享受不到，珍惜这次机会吧。"

清晨，当你来到金斯敦的广场和街头，就可以看到成群的母亲送自己的孩子上学，集市上的摊贩大多是女人，带着婴儿站在街边洗漱的也是女人。在女人们的喧哗声中，牙买加的一天又开始了。许多牙买加女人在婚前就怀有第一个孩子。据说牙买加 70% 以上的婴儿都是私生子。在填写出生登记时，超过 50% 没有填写孩子父亲的名字。女方拒绝在出生证明上填写孩子父亲的名字，要么不愿意，要么连她自己也搞不清谁是孩子的生父。在牙买加女人的眼里，男人除了会传宗接代外，粗鲁、野蛮、懒惰、大男子主义横行，简直一无是处。因而牙买加女人从小就被教育男人靠不住，自己要独立。单亲家庭造成犯罪率攀升，更糟糕的是，

无约束的性行为造成艾滋病泛滥。

在牙买加东部葱郁的高地中，摩尔镇的马隆人的传统习俗是他们的一张名片和身份标志。马隆人最早来自非洲中西部，具有各种语言和文化背景。他们来到牙买加摩尔镇后，吸取各种传统宗教因素，创立了新的集体宗教仪式，即克罗曼蒂仪式。仪式进行中间要表演歌舞、各种鼓点击法，以召唤祖先在天之灵。中间要使用一种源自非洲的秘宗语言克罗曼蒂语，以及一些稀有草药。马隆人有一种名叫"阿嘣"的传话喇叭，用于远距离喊话与沟通。

沙滩、咖啡和雷鬼音乐

牙买加的风土人情，从沙滩、咖啡和雷鬼音乐亦可窥见一斑。牙买加岛西端的尼格瑞尔海滩，长达20多公里，是世界十大著名海滩之一。海滩边婆娑多姿的椰林树影，展现了热带岛屿的特有美景。如果要远离喧嚣，在一个地方品味孤独和沉淀人生，或者热恋中的情侣找一个美妙的地方享受甜蜜的二人世界，那么这里是比较适合的。

牙买加是世界著名的蔗糖、朗姆酒、咖啡的产地，带给人们甜蜜、醉人、香醇的滋味。到牙买加去旅游的人通常都是慕蓝山之名。蓝山山脉位于首都金斯敦东北部，海拔2200多米的山峰在加勒比海灿烂阳光和蔚蓝海水映衬下，笼罩在一层淡淡的薄雾中，显得缥缈而神秘。然而真正让蓝山享誉世界的，不是这里的风景，而是这里盛产的蓝山咖啡豆。这种咖啡豆颗粒大、品质佳，无论风味、香味、浓度都很均匀，有着王者一般的"制衡"之势。它的价格是普通咖啡豆的数倍。用它烘焙研磨的蓝山咖啡是世界公认的极品，被誉为"咖啡中的贵族"。它包容了酸、苦、甘、醇的咖啡风味，而且融合得十分完美，口感醇厚顺滑，让人久久回味。

牙买加的雷鬼音乐像蓝山咖啡一样闻名世界。20世纪50年代中期，金斯敦的一些音乐家，把从美国传入的节奏布鲁斯与本土民间音乐曼图相融合，逐渐形成了斯卡音乐，到 60 年代中期逐渐演变为洛克斯代迪音乐。后来，由斯卡和洛克斯代迪音乐演变为雷鬼音乐。因此，金斯敦是雷鬼音乐的发源地。"雷鬼"名称来自于金斯敦某个街道的名称，意思指的是日常生活当中一些琐碎的事情。雷鬼音乐的歌词强调社会、政治及人文的关怀，别有一种风格和情怀。雷鬼音乐还衍生出此后知名的雷鬼舞，类似于中国的扭秧歌。鲍勃·马利博物馆是雷鬼乐迷必游之处。在博物馆外面就可以看到"雷鬼教父"鲍勃·马利抱着吉他弹奏音乐的雕像。经典纪录片《马利》，从多个侧面讲述了鲍勃·马利的生平、思想和音乐创作方面的故事。雷鬼夏季音乐节是牙买加最大最棒的音乐节，是所有雷鬼音乐节之母，是全球乐迷的疯狂聚会！它始于 1993 年，每年一届，为你献上最正宗的雷鬼音乐。

说到雷鬼音乐，就要说一说脏辫文化。因为脏辫是雷鬼、嘻哈文化的代表发型。上面提到的鲍勃·马利，他就有满头野性的长发扎成的许多小辫子，这就是所谓的"脏辫"。最早的脏辫发型出现在炎热的非洲，为许多黑人所喜爱。到了大航海时代，成为船上水手（包括海盗）的发型。船上淡水宝贵，不能经常洗头，只能把头发紧紧地缠在一起，以减少虫子的叮咬。后来，被看作是一种个性的象征，并作为一种文化扩散开来。选择了它就是选择了一种生活方式和一种处世态度。脏辫和摇滚乐也结下了不解之缘。我们中国人基本上是通过摇滚乐队、新金属乐队、嘻哈艺人等认识脏辫文化的。国内有一些歌手、演员、徒步驴友等，也梳起了脏辫发型，不过毕竟是少数，因为它不符合中国人的审美观。

"魔鬼"领取巨奖

林子大了，什么鸟都有。在此介绍一则中奖趣事，从中亦可领略当地的一些世态人情。据环球网综合报道（实习编译金翌欣），牙买加一名男子中了 117 万美元的彩票后，为了如何悄悄领取这笔大奖也是费了心思。结果该男子领奖时戴着尖叫魔鬼面具，全副武装，而他之所以这么多做，是为了避免亲戚朋友知道后向他要钱。

据当地媒体报道，这名男子在 2018 年 11 月中了 15840 万牙买加元（约合 117 万美元）的乐透大奖。在等待了 54 天后，因为不想与自己的穷亲戚分享这笔钱，他化名"坎佩尔"，戴着与电影《惊声尖叫》同款的鬼脸面具前往领奖，与乐透工作人员握手并在支票上签名。坎佩尔称："我一般是记下电视上的得奖号码，吃顿饭后再看看自己有没有中奖。那天晚上我看了自己的彩票，狂奔进浴室，大喊'我中奖了！我中奖了！'"

事实上，加勒比海周边国家的彩票大奖得主都喜欢全副武装地领奖，一方面是怕被犯罪分子盯上，另一方面则是担心穷亲戚朋友来要钱。2018 年 6 月，另一位牙买加乐透奖得主在领取 1.8 亿牙买加元的奖金时，戴了一顶绘文字面具。

至于怎么使用这笔钱，坎佩尔有很多打算："我想买一座豪华的房子，现在还没有合适的，但我很快就会找到。我喜欢理财，我从不向别人借钱。所以我需要让钱生钱，我打算把我的小生意做大，再买个大房子。我喜欢有钱的感觉。"

浅海岛国　巴哈马

　　巴哈马国是位于大西洋西岸的联邦制岛国，地处美国佛罗里达州以东，古巴和加勒比海以北。国名源于佛罗里达海峡的旧称新巴哈马海峡，西班牙语意为"浅滩"或"浅海"。另一种说法是，当年哥伦布到达巴哈马群岛时，看到浅浅的海水拍打着海岸，于是就把这个群岛称作"巴哈马"。所以巴哈马群岛又被称作是"浅海里的岛屿"。

巴哈马国旗

国徽

国情概要

巴哈马国土面积 1.3939 万平方公里，人口 32.2 万（2014 年）。首都拿骚，国庆日 7 月 10 日。全国由 700 多座岛屿和 2380 多个珊瑚礁组成，星星点点，犹如天女散花、串串珍珠。大部分岛屿地势低平，最高海拔只有 63 米。耕地少，无河流，淡水不足，农业资源有限，80% 食品靠进口。不过，所属海域为世界主要渔场之一，海产品资源丰富。北回归线从腰部横穿而过，全年气候温和，有"六月之岛"和"永远是六月的国家"之美称。国民收入主要来自旅游业、银行业、船舶服务业。在北美地区，人均 GDP 仅次于美国和加拿大，是加勒比地区最富裕的国家。

哥伦布 1492 年到达巴哈马群岛时，岛上大约有 4 万名卢卡伊人。这些人都是棕色皮肤，赤裸身体，非常健美，也非常善良友好。哥伦布和水手们的到达，受到了这些印第安人的欢迎，大家互换了礼物，很快建立起友谊。哥伦布在他的日记里，把这个地方描绘成"人间的伊甸园"。此后西班牙殖民者却把群岛上的卢卡伊人大批掳往海地等国充当奴隶，使群岛居民终于绝灭。从 17 世纪末到 18 世纪初，是海盗和私掠船的黄金时期。当时，叱咤加勒比的主要是"官办强盗"，即拥有英国、法国或西班牙"私掠许可证"的海盗。例如，号称"魔鬼亨利"的大海盗亨利·摩根（威尔士人）就是英国任命

巴哈马发行邮票庆祝旅游部成立 50 周年

的牙买加总督。魔鬼亨利利用其双重身份，在牙买加清剿和绞死其他海盗，来向伦敦邀功请赏，后来成为一名庄园主。1648年，英国人在岛上建立第一个殖民点。1783年英国、西班牙签订《凡尔赛和约》，正式确定巴哈马群岛归属英国。1973年7月宣布独立，成为英联邦成员国。国徽盾面上部为放射光芒的太阳图案，象征获得独立的巴哈马如太阳一般冉冉升起。盾徽上端有头盔、花朵、海螺和棕榈叶，渲染了巴哈马的海岛风情。巴哈马在1997年5月23日与中国建立外交关系。

多姿多彩的岛

巴哈马是一个神秘而美丽的地方。那里有美国著名作家海明威的故居。据称，他后来创作文学名著《老人与海》，就是在巴哈马海钓时引发的灵感（另有说法是他侨居古巴期间根据认识的老渔民富恩特斯的真人真事而创作的）。那里还有一个亚特兰蒂斯之谜的传说。传说亚特兰蒂斯是古代高度文明的城市，堪称"理想国"，因某种原因突然沉入海底消失。古希腊哲学家柏拉图在《对话录》中，称其在公元前一万年被史前大洪水毁灭。20世纪五六十年代，美国动物学家范伦坦博士在巴哈马群岛附近海床上发现了疑似石墙、港口、栈桥等建筑，因此引起不少猜测。不过，是否就是亚特兰蒂斯遗迹，并无确切的证据。看来，仍只是一个传说、一个谜。不管怎么说，巴哈马的美丽风情毋庸置疑，那些多姿多彩的岛屿充满了加勒比海的蔚蓝风情。

安得鲁斯岛位于拿骚以西，南北长104英里，东西宽40英里，是巴哈马最大的岛屿。全岛基本上被沼泽森林覆盖，其土地、淡水、森林资源比较丰富。岛上有一个"蓝色洞穴"，不仅是潜水爱好者青睐的宝地，更是当地人纯净饮用水的来源。当地人以草制工艺品闻名。该岛尤以神秘色彩而名声在外。例如，传说该岛是一种神秘的半人半鸟的动物的故乡，而且这种动物是可以驱邪的。关于海盗财宝掩埋地和神秘海洋生物出没地的传说，也在岛民中流传了很久。特别是，该岛处于百慕大三角区的中心，它的附近水域海难频繁，常有船只神秘失踪和飞机凭空消失的事件见诸报端。这些神秘的悬案至今没有令人信服的科学解答，因而人们将以安德鲁斯岛为中心的百慕大水域夸大地称之为"魔鬼三角区"，为之谈虎色变。

伊鲁萨拉岛长约 100 英里，宽约 5 英里，是巴哈马外岛中最美丽的岛屿。那里有柔美的粉红沙滩和明信片般的乡村风情，以及美丽的海礁、险峻的峭壁和宁静的小海湾。其休闲风情和隐秘氛围吸引了众多摇滚明星、演员甚至王室成员。在该岛北部，游客可以从小丛林走到祈祷者的洞穴，据说那里的早期定居者进行过一些宗教活动。

新普罗维登斯岛长约 21 英里，宽约 7 英里，位于安德罗斯岛与伊鲁萨拉岛之间。大部分地区地势平坦，多沼泽、浅水湖和森林。东北岸有优良港湾，东部有海上公园，旅客可乘玻璃底游艇，欣赏海中珊瑚和鱼类。该岛面积并不大，但它的综合条件好，开发得早，因此，首都拿骚就在这个岛上。

大巴哈马岛面积 1373 平方公里，位于巴哈马群岛的北端，西距美国佛罗里达半岛约 96 公里。这里是繁华城镇和简朴乡村的结合，显得十分恬静、安适，别有一番情趣。宾馆、赌场的铺张奢华与山庄、松林的沉静美丽构成强烈的对比。城镇广场是现场乐队、迪斯科、爵士乐、吞火等表演活动的聚集地。英国专卖店、法国高卢咖啡店、土耳其特色店等一应俱全。最吸引人之处，是岛上的"火湖"。夜间泛舟湖上，摇动船桨会激起星星点点的火花。火湖中的"火"是从哪里来的呢？原来，"火湖"中繁殖着大量含有荧光酵素的甲藻，当水珠飞溅时，甲藻中的荧光酵素被氧化，就发出五光十色的火花来。

海港岛面积只有几平方公里，但名声却不小，一直是游客们的热门游览地。原来，它细腻的粉色沙滩和漂亮的新英格兰风情的板材小屋散发着迷人魅力。粉色沙滩，是千万年来海水冲刷红珊瑚的杰作。沿着沙滩散步是一件非常享受的事情。这里的海水都极具层次感，由浅蓝色渐变到蔚蓝，很容易分辨出海水的深浅，是无比美妙的体验。

天堂岛面积也只有几平方公里，有两座桥与拿骚相连。人们很难想象这就是曾被称作是"猪岛"的那个地方。岛上有两个备受游客欢迎的项目："海豚对话"

和"机动船探险"。岛上还有占地 14 英亩的"亚特兰特水景",这是全世界最大的室外水族馆,里面遨游着 100 多种鱼类。岛上的亚特兰蒂斯饭店豪华瑰丽,拥有众多的娱乐设施。难怪天堂岛会成为电影《日落之后》男女主角脱离盗贼生涯后选择无忧无虑过退休生活的乐园。的确,巴哈马的美景被大量地用作电影拍摄,包括好莱坞大片《加勒比海盗》、007 系列电影《皇家赌场》等。

长岛是巴哈马中南部的一个岛屿,是巴哈马群岛最为美丽而隐蔽的岛屿之一。它被北回归线一分为二,一侧是柔软的白色海滩,另一侧是坚硬的海岬。迪恩斯蓝洞位于长岛的一个海湾中,深 202 米,远深于埃及哈达布蓝洞(130 米)、洪都拉斯伯利兹蓝洞(123 米)、马耳他戈佐蓝洞(60 米),是世界上第二大海洋蓝洞(中国三沙永乐蓝洞深 300.89 米,是世界上最深的海洋蓝洞)。2010 年 4 月,著名潜水员威廉·突鲁比利治曾在迪恩斯蓝洞打破自由潜水世界纪录,潜至 92 米深处;同年 12 月,他又潜至 101 米深处。长岛的地理风貌虽然变幻多端,却美丽如画,宛如世外桃源,吸引着水手、日光浴者和度假者前往。

巴哈马群岛还有一些岛屿的名字非同寻常,它们叫"破烂岛、崎岖岛、朗姆酒礁、爱情岛、肚脐岛、老农礁、大围巾礁、大马若尔珊瑚礁"等,风光旖旎,美不胜收。大马若尔珊瑚礁别称"猪岛",是巴哈马一座无人居住的小岛,目前因生活着众多会游泳的海滩猪而闻名于世。这座小岛之所以有这么多的海滩猪,据说是因为它们的祖先是被路过此地的水手们遗弃于此的。每年都有大批游客被这些"特色主人"吸引前去游玩。这些猪非常喜欢沿着海岸在水中冲浪,它们对乘船到来的游客非常欢迎,向游客讨要食物,陪游客拍照留念,成为当地新的旅游看点。

巴哈马海洋鱼类邮票

五光十色的梦

在风情万种的巴哈马群岛，那里的海滩和湖泊都在做着五光十色的梦。海天一色的湛蓝与绵延沙滩的粉色，构成了梦幻般的景致。数量庞大的海豚在这里的海域世代繁衍，宽吻、飞旋、点斑原和条纹海豚，个个都是长途游泳和深度潜水的高手。它们也有梦想，它们的叫声似乎想成为歌唱家，它们的身姿时而跃出海面似乎想成为杂技家，它们的救人善举似乎想成为慈善家。

在美丽的哈勃岛，有一片绮丽而梦幻的粉色沙滩，被美国《新闻周刊》评选为世界上最性感的海滩。粉色沙滩长约 5 公里，宽仅 20 多米，沙质细腻，脚踩上去只觉得特别的清凉、舒服和爽滑。为什么有这种粉色沙滩呢？原来，这是白色沙子和粉红色沙子混杂在一起产生的效果。白色沙子是常见的，不用细说；粉红色沙子则是一种当地特有的有孔虫的遗骸。这种有孔虫是海洋里一种古老的生物，它们能够分泌钙质或硅质，形成外壳，而且壳上有一个大孔或多个细孔，以便伸出伪足，因此得名"有孔虫"。绝大多数有孔虫是软壳的，颜色是棕色、红色或粉色。死后，其石灰质空壳经过分解，逐渐形成有孔虫软泥，覆盖着大洋底面。有孔虫不曾梦想到，它们会是哈勃岛粉色沙滩的创造者。

在如诗如画的巴哈马群岛的沙滩上，也有人在做着紫色的梦。据中国海事服务网、到喜啦婚宴网、新浪女性等多家网站图文介绍，新娘和新郎在运用浪漫的紫色魅惑和骷髅元素打造"海盗婚礼盛宴"。什么紫色婚礼日期卡片、紫色蜡烛、紫色棉麻桌布、紫色条纹丝带、紫色水晶糖果，以及骷髅装饰、藏宝图等，创意十足，令人眩目。新人的期待、亲友的祝福，都融汇在这场紫色的婚礼之中。紫色的情怀、紫色的梦，也许寄托着幸福的未来。

美丽的花鸟世界

巴哈马是世界上拥有兰花品种最多的国家之一。据中国园林网刊文介绍（来源：时尚旅游），从最微小的小花到大型的观赏型兰花，估计有1000多种，而每一种又有无数的颜色，无法统计。在水塘边、树丛中、悬崖旁，凡是潮湿的地方，总有兰花在默默地开放。有的只在晚上开，有的每年只开一两个小时，有的却能开数月而不败，有的一生一世从不开花。喜爱兰花的巴哈马人还通过人工授粉创造新的兰花品种，而兰花的名字就用发明者的名字命名。

令巴哈马人十分自豪的是，巴哈马素有拉丁美洲"鸟类王国"之称。境内有鸟类200多种，其中红鹤（火烈鸟）为国鸟，数量有5万多只（一说8万只），故有"红鹤之乡"的赞誉。这些火烈鸟绝大部分栖息在大伊纳岛上的伊纳国家公园里。它们筑起精致的窝巢，成年火烈鸟守卫在毛茸茸的白色幼鸟身边，或给它们喂食美味的小虾。当一只只红鹤翩翩起舞的时候，形成一道美丽的风景线。公园里还生长着许多水鸟，如珍稀的篦鹭，羽毛十分鲜艳；鹈鹕、苍鹭、白鹭、黑脖长脚鹬，以及巴哈马针尾鸭，各具姿色；此外还可以看到另外几种珍稀鸟类，包括会进行求偶表演的美洲红隼，以及鱼鹰等。有一种巴哈马木星鸟，像蜜蜂一样活跃，是当地独有的一种蜂雀。

秋冬季节，许多北美洲的候鸟都飞到伊纳瓜群岛来躲避严寒。

巴哈马最为珍稀的鸟类之一是巴哈马鹦鹉（别称"巴哈马群岛亚马孙鹦鹉"）。这种鹦鹉一般长30厘米左右，头上的羽毛洁白无瑕，身上的羽毛呈鲜亮的绿色，非常容易辨识。据说当

巴哈马鹦鹉邮票

年哥伦布登上阿巴科岛的时候，曾对这里的鹦鹉数量感到非常惊奇，他在旅行记录中写道："成群的鹦鹉甚至遮蔽了太阳。"所以，巴哈马鹦鹉曾被选为"纪念哥伦布发现美洲大陆500年"系列纪念活动中的吉祥物。阿巴科国家公园的松树林为巴哈马鹦鹉提供了天然的家园，成熟的松果也为它们提供了优质的食物。但雨季到来的时候，鹦鹉的巢穴经常被打坏，许多小鹦鹉在雨中丧命。据观察，目前在巴哈马国内，这种鹦鹉的总数大约只有3000只，已被列入濒危的鸟类目录，政府也出台一系列保护政策，防止巴哈马鹦鹉灭绝。

首都拿骚

首都拿骚位于新普罗维登斯岛北岸，距美国的迈阿密城只有290公里。拿骚在17世纪30年代是英国人的一个居民点，1660年发展成为较大的城镇，当时称"查尔斯敦"。1690年以英国亲王拿骚的名字命名。1729年正式建立城市，沿用"拿骚"名至今。

历史上，巴哈马由于地势多浅滩、暗礁及小港，非常适合海盗藏身。布莱克比尔德塔是一座38米高的水塔，当年海盗常用来瞭望周边情况。海港西部的夏洛特要塞，当年用来抵御海盗入侵。拿骚海盗博物馆系国际连锁机构成员，1998年对外开放，目前已成为拿骚著名的旅游景点。博物馆采用互动的形式，向游人展示18世纪海盗活动的情形，给人一种身临其境的感觉。几个世纪以来，海盗、私掠船主、西班牙入侵者、美国"禁酒时期"违禁者、金融家和旅游者之类的各色人等，都造访过拿骚。就连"詹姆斯·邦德"，也成为岛上的常客。如今，拿骚城里豪华的宾馆与喧嚣的赌城比肩而立，粉红色与白色的历史建筑交相辉映。这些历史建筑见证了英国殖民者统治巴哈马群岛300多年的历史。

拿骚是世界国际金融中心之一，聚集了250多家外国银行。据称其地位仅次于纽约、伦敦和东京。拿骚也是巴哈马的文化教育中心，博物馆陈列的艺术品、文献和画卷，似乎在绘声绘色地述说着巴哈马数百年来的历史。拿骚建有巴哈马大学、昆斯学院、圣奥古斯丁学院、圣约翰学院和圣安妮学院。著名的西印度大学在拿骚也有一个艺术系。

拿骚有许多名胜古迹值得游览。城南菲茨威廉山的总督宫前，矗立着大型的哥伦布塑像。维多利亚女王的雕像则俯视着市中心的罗森广场，广场周围是粉红色的国会大厦、旧财政部和最高法院大楼。市中心有一条富有历史感的街道——港湾街。街道两旁分布着英国乔治王时代的浅色建筑、造型奇特的木制办公公寓，以及许多店铺。当游人悠闲地坐在萨里式马车上，可以一边聆听车夫讲述当地的轶事奇闻，一边欣赏沿途的街景、历史遗址和古老城堡。拿骚的东面有一个"海上公园"，游人乘玻璃游艇可以饱览海底景色。

拿骚的亚特兰蒂斯饭店系目前世界上超级豪华大饭店之一，建在一个叫作"天堂岛"的小岛上，与迪拜棕榈岛的亚特兰蒂斯饭店为姐妹酒店。它不仅建筑风格独具匠心，而规模宏大，寓沙滩、水族馆、酒店、购物、赌场于一体。饭店内外有许多艺术珍品，比如皇家塔楼正门入口处的飞马雕塑是南非艺术家丹尼·德·加格的作品；塔楼中的4个巨型玻璃雕塑包括赌场里的太阳宫和月亮宫，均系戴尔·奇胡利所作；塔楼拱门后面的飞鱼雕塑出自卡西·斯帕尔丁之手，28条飞鱼戏水栩栩如生；大厅里的8幅壁画是由西班牙艺术家阿尔宾诺·冈萨列斯创作的，展示了亚特兰蒂斯的美丽传说。

在巴哈马购物是免税的，所以拿骚也称得上是"购物天堂"。街道不宽，两边的商铺一间挨着一间，逛街的人来来往往、熙熙攘攘，大多是游客。巴哈马的稻草市场也随处可见。当地人依旧保留着早期居民的传统，利用当地的资源创造出反映他们传统民族特色的商品来。在拿骚的跳蚤市场和草制品市场，有一系列手工编织的精美地毯、各种织物、各式草帽、草篮、草垫，还有各类珠宝、木雕手工艺品、陶器和玩具等。各种食物、香料、番石榴也是应有尽有。与卖家讨价还价是游客们最大的乐趣。

拿骚的街头充满欢快、开放的气息。当地人热情开朗，能歌善舞。卖唱的、跳街舞的，吸引着路人驻足观赏。有时候，在鼓声、音乐声响起来的情况下，一大群穿着花花绿绿衣裳的男男女女，会聚在一起跟着节奏又唱又跳，热闹极了。

甚至，有些活泼开朗的姑娘小伙还会热情地邀请路人共舞。

当地风土人情

巴哈马的黑人占90%，欧美白人后裔接近5%，其余为混血、华人、海地人、牙买加人等。历史上受英国殖民统治的影响，绝大多数巴哈马人信奉基督教。后来，由于地理、经济、文化等因素，巴哈马社会各方面受美国的影响逐渐增加。宗教是巴哈马居民生活中不可或缺的一部分，就连最小的村庄也有自己的教堂。

巴哈马人的房屋建筑艺术精巧而拙朴。现代城市仍保留着上两个世纪的别致风格和式样。随着旅游业的发展，城市兴建了许多现代化旅馆，主要商业街上有许多商店、咖啡馆和饭店。海边的小别墅色彩斑斓，集合了多种风格。渔民和农民的住宅，是简陋的木屋。茅草小凉棚里，售卖当地的美食——辣椒拌海螺，别有风味。

在巴哈马岛当地的风味菜肴中，海产品是主要原料。大螯虾无爪多刺，既可以烧烤食用，也可以剁碎吃或做成沙拉。陆地蟹或煮或蒸，保持原汁原味。各种新鲜的鱼，是巴哈马餐桌上必不可少的佳肴，比如佐以玉米粉的水煮鱼、用芹菜、洋葱、西红柿等作为辅料的炖鱼。鸽子豆加米饭，是当地的特色饭菜。用面团布丁、咸牛肉和豌豆做成的豌豆肉汤，味道鲜美。还有一种叫作"苏兹"的特色汤，味道鲜美，营养丰富。巴哈马的菜系不是那种口味很淡的，相反，做得有些辛辣，风味也很特别。有代表性的一道菜就是上面提到的鱼加玉米粉。

巴哈马岛上，不管是烈性酒还是软饮料，都有各自的特色品种。每个酒吧也都有自己独特的配制饮料。卡力克酒通体淡黄，经过冷藏之后饮用，是消暑降温佳品。运动饮料是椰水，其中掺有少量甜牛奶和杜松子酒。还有一种叫作"换个味儿"的饮料，由当地特产酸橙制成，品尝过的人都说它比其他任何橙类饮料都好喝。

巴哈马群岛日照时间长，当地人自称是世界上户外活动时间最长的人。当地有个习俗，就是喜欢在衣服上印上花鸟鱼虫等图案。他们就像花鸟一样，绽放自己最本真的美丽色彩。巴哈马人为此觉得十分自豪。

在巴哈马，除了举办传统婚礼或教堂婚礼外，还会举办一些浪漫的婚礼。在詹卡努狂欢节举行婚礼，会给新人的大喜之日增添一些纵情浪漫的色彩。婚庆专家会组织奇妙的狂欢节招待会，款待宾客，纵情歌舞。在天堂岛有一座古老的14世纪法国修道院，经常有人在这里举行古典婚礼。在美丽的拿骚植物园、酒店花园或者自由港的鹦鹉林花园，也时常会举办具有热带风情的婚礼。新人在花前月下说"我愿意"，充满浓郁芬芳的气息。有些人选择在游艇上举办婚礼，更具浪漫色彩和诗意。游艇开出，宾客在船上彻夜起舞。新人如果配备全副潜水设备，在蔚蓝海水中说"我愿意"，是最浪漫不过了。如果选择在白色的沙滩举行婚礼，然后从日出到日落，穿着传统服装或泳衣，那么婚礼宣誓会让新人终生难忘。当地人说，被美国女性听众评为最迷人男人的迈克尔·伯顿，就是在粉沙海滩举行的订婚仪式。

艺术禀赋与文体运动

许多巴哈马人具有艺术禀赋，从他们的绘画、音乐和舞蹈中可见一斑。色调明快的艺术品，正是美丽岛屿和人民生活的真实写照。加勒比地区的卡力骚曲和巴哈马特有的贡贝音乐，回荡在大海与群岛之间。卡力骚曲是一种起源于西印度群岛的音乐，根据主题或幽默体裁即席而作。"贡贝"在班图语中是节奏、韵律的意思，也指那种用来演奏这种风格旋律的羊皮鼓。伴随着密集的鼓点，贡贝音乐发出节奏明快的"贡—贝、贡—贝"之声，故名"贡贝音乐"。这种音乐带有非洲音乐的特点，是奴隶在繁重劳动中创造的。巴哈马的宗教音乐，既受到殖民地文化的影响，也受到当代美国文化的影响。在举行宗教礼拜的场所，常常会听到当代福音音乐和欧洲古典音乐融合而成的带有宗教色彩的音乐。

巴哈马的节日多姿多彩。例如，每年4月，在乔治城伊丽莎白港举行一年一度的家庭赛舟会。这种赛舟会是当地的一项传统赛事，参赛者驾驶的都是巴哈马单桅渔船，桅杆很高，航行的动力来自于帆布风帆。当地还有一种古怪有趣的运动项目，比如骑鲨鱼比赛。比赛时，将海里一些不是很大的鲨鱼赶到一个浅海湾。参赛运动员要骑在这些鲨鱼身上，在海里游很长时间。因此，运动员必须机智勇敢。

詹卡努狂欢节是巴哈马的重要节日，一般在每年的节礼日（12 月 26 日）和元旦举行，有时也会在 7 月份举行。詹卡努狂欢节可能起源于 16 或 17 世纪，巴哈马奴隶在圣诞节前后被允许放假几天，离开种植园与家人团聚。他们穿着用树叶汁染成的不同颜色的服装，跟着音乐翩翩起舞，以缓解内心的痛苦。奴隶制废除后，这个节日作为传统被传承下来了。如今，演变成一个充满活力的、丰富多彩的活动。游行队伍分成若干个组，每组成员 1000 人左右，各有不同的主题。他们的服装在传承中有发展变化，是用五颜六色的绉纱纸和纸板制作的，十分亮丽。音乐跟服装一样重要。以前奴隶们是用废瓶废罐制作他们的乐器，现在种类更多了，包括羊皮鼓、铃铛、哨子和喇叭等，发出的各种声音交织在一起，非常有趣。在游行中，会看到游行队伍的"冲锋"表演，形式为每前进两步就后退一步。这种舞蹈由一人领舞，其他人在其周围跳舞。大家合着舞步拍手、唱歌，有时也击鼓奏乐。在各种喜庆场合跳詹卡努舞是最具有巴哈马特点的风俗。

世界糖罐　古巴

　　古巴共和国是加勒比海西北部的一个群岛国家，位于墨西哥湾入口，素有"墨西哥湾的钥匙""安的列斯的珍珠"之称。其国徽盾面上的钥匙表示古巴是通往墨西哥湾的一把钥匙，突出其海上门户的重要地位。古巴岛酷似鳄鱼或蜥蜴，因此也被称为"加勒比海的绿色鳄鱼"或"匍匐在加勒比海中的蜥蜴"。国名源自泰诺语（属于阿拉瓦克语系之一），意为"肥沃之地"或"好地方"。一说源自岛上一个居民点的古名称，该居民点得名于一位英勇善战、不畏强敌的印第安人领袖的名字。

古巴国旗　　　　　　　国徽

国情概要

古巴国土面积 11.086 万平方公里，人口 1280 万（2013 年）。首都哈瓦那，国庆日 1 月 1 日。全国由古巴岛和青年岛等 1600 多个岛屿组成，海岸线长 5746 公里。全国最高峰为图尔基诺峰，海拔 1974 米。河流、溪涧众多。大部分地区属热带雨林气候，年降水量在 1000 毫米以上。农业、渔业、旅游资源丰富，制糖业、旅游业和镍出口是重要经济支柱。但经济结构比较单一，规模不大，市场也小，生产和生活物资多依靠进口，特别是受美国的长期封锁，再加之遭受飓风等自然灾害，经济发展缓慢。但是，这个国家的社会事业取得不俗的成绩。它是世界上唯一以法律明文规定禁止失业的国家，人民安居乐业，平均寿命达到 78.3 岁，识字率达到 99%。

古巴气候温暖，土地肥沃，雨量充沛，适宜多种农作物生长，尤其是甘蔗，成片的甘蔗林成为古巴农村最常见的景象。高峰时，古巴有 200 万公顷蔗田、155 家糖厂。为了加速把甘蔗送到糖厂，竟修筑了 1.1 万公里的田间小铁路，可以想见制糖业的规模。在西印度群岛 13 个国家中，古巴是人均产糖和出口最多的国家，被誉为"世界糖罐""世界上最甜的国家"。据报道，古巴还利用甘蔗的副产品甘蔗渣作为材料建造住房。据说，这种材料具有强度高、耐火、抗菌和便于使用的特点。

古巴岛是西印度群岛中最大的岛屿。1492 年 10 月 27 日，哥伦布航海抵达古巴岛。1511 年沦为西班牙殖民地。1868 至 1878 年，古巴人民爆发了反抗西班牙统治的第一次独立战争。1895 年何塞·马蒂领导古巴人民进行第二次独立战争。1898 年美国赢得对西班牙的战争之后占领古巴。此后，古巴基本上由独裁政府统治，政局动荡。1959 年 1 月，菲德尔·卡斯特罗率起义军推翻了巴蒂斯塔军事独裁政权，建立革命政府，成为美洲唯一的社会主义国家。1960 年 9 月 28 日古巴与中国建立外交关系。

雪茄与古巴糖

古巴有句名言："古巴有蓝色的天空、蓝色的海洋、美丽的女人、雪茄、甘蔗酒以及棒球"。其中，古巴雪茄属于香烟的一类，由干燥及经过发酵的烟草卷成，普遍被认为是雪茄中的极品。而哈瓦那雪茄代表着古巴雪茄的最高水平，成为古巴雪

古巴雪茄

茄的代名词。全世界了解雪茄的专家们一致认为，用古巴烟草手制的雪茄，是独步全球的雪茄极品。在一年一度的雪茄节上，民众参加抽雪茄比赛，保留烟灰最长者获胜。在 2018 年第 20 届古巴雪茄节的雪茄保湿盒拍卖会上，共有七个品牌亮相，分别是世界之王、乌普曼、好友、罗密欧与朱丽叶、帕特加斯、蒙特和高希霸。每一款保湿盒都包含三五百支该品牌的最具代表性的雪茄。七款保湿盒共拍得 148.5 万欧元。

除古巴雪茄外，我们中国人对古巴印象最深的，大概有以下几点：古巴是美洲唯一的社会主义国家；盛产蔗糖；1961 年的猪湾事件；1962 年的古巴导弹危机；关押塔利班战俘和基地组织成员的关塔那摩监狱（关塔那摩位于古巴最东端，1903 年被美国强行租用，建有海军基地）；进攻犀利、成绩斐然的古巴女排。其中，中国人民对古巴糖记忆犹新。在 20 世纪六七十年代生活过的中国人都吃过古巴糖，那是中国从古巴进口的一种红糖。1960 年 11 月，切·格瓦拉率领古巴经济代表团访问中国，中国从那个时候开始进口古巴糖，从此古巴糖走进了亿万中国人的生活之中，成为那一代人特别是小孩子的甜蜜记忆。古巴有一个话剧叫《甘

蔗田》，这是一个关于古巴人民革命斗争的故事。当年，天津人民艺术剧院排演了《甘蔗田》，使古巴话剧第一次在中国舞台上亮相。

加勒比明珠

古巴山清水秀，岛屿星罗棋布，风光绚丽，古迹众多。比尼亚莱斯山谷拥有30多处自然保护区和生物圈保护区。山谷中的鸟类主要是夜莺，它的羽色并不绚丽，但鸣唱非常出众，高亢明亮，婉转动听。与其他鸟类不同，夜莺是少有的在夜间鸣唱的鸟类，故得其名。山谷里保存着一个多民族的社会，当地居民与自然和谐共处，传统的农业（特别是烟草种植业）已经保持了几个世纪。在建筑、手工艺和音乐方面也保留了大量的传统。山谷里大约有280处房子可供出租，这些房子上都挂着用西班牙语、英语或法语写的"房屋出租"的牌子。

古巴更多的是蓝天碧水、美丽海滩和阵阵拂来的加勒比海凉爽的晚风。圣塔玛利亚海滩白沙细腻，海水蔚蓝，是风景优美的旅游避暑胜地。巴拉德罗是世界上最美丽的海滩之一。这里的海水从浅蓝、蔚蓝到深蓝，层次分明。美女被晒得乌黑发亮，是又一种养眼的色彩。休闲娱乐活动更是锦上添花。比如：浏览海滨风光、水上运动、骑马、坐马车、乘潜水艇等。杜邦别墅全是带阳台的海景房，那里的婚礼现场既热闹又浪漫。位于巴拉德罗以西32公里处的海滨城市马坦萨斯，被誉为"桥梁之城""古巴的威尼斯"和"古巴的雅典"，尤以诗歌、文化和古巴黑人的民俗而闻名，并且是传统音乐舞蹈和伦巴的发源地。

古巴拥有许多极具加勒比风情的岛礁。大帕莱洞岛、罗马诺岛、萨比娜岛、瓜哈瓦岛、十字岛等，拥有丰富的生物种类，被联合国教科文组织评为世界海洋遗产。"天堂之门"椰岛，到处是悬崖峭壁、湖泊和丛林，长期荒无人烟，因而使它在历史上成为海盗理想的庇护所和藏宝地。今天的椰岛有绵延22公里的海滩，是一个蓝天碧水、水清沙白的旅游胜地。位于椰岛西北部的吉列尔莫礁，由5个岛礁组成，那里有大批火烈鸟和成群结队飞翔的海鸥，让游客惊叹不已。

青年岛为古巴第二大岛，海岸曲折，海湾景色秀美。在埃斯特角的6个山洞里，至今保留着远古印第安人的壁画。19世纪英国新浪漫主义代表作家罗伯特·路易斯·史蒂文森的成名小说《金银岛》独树一帜，其笔下的金银岛就是如今的青年岛。过去为什么叫"金银岛"呢？原来，在西班牙4个世纪的殖民统治岁月里，那里是加勒比海盗呼啸聚众的天堂。海盗把抢来的东西运到这座荒无人烟的小岛上，藏于神秘的山洞里，金银岛因此得名。岛上到处是浓密的热带松林，因此金银岛也叫"松树岛"。美人鱼海滩风平浪静，是情侣们梦寐以求的休闲好去处。白海滩波涛滚滚，炎热的沙滩是海龟产卵的好地方。被珊瑚屏障环绕的海上珊瑚花园，是无数五彩缤纷的鱼群的栖息地。

位于古巴岛西南沿海的萨帕塔沼泽地带，有一个风情独特的多宝湖。它的面积约16平方公里，算是古巴最大的淡水湖了。但是，湖不在大，有宝则名。据说在16世纪初期，萨帕塔沼泽地带北部的印第安人和东部的阿土耶人，怕金银财宝落入西班牙殖民者之手，曾将其悉数抛入湖中，因此得名"多宝湖"。多宝湖的湖心主岛叫"埃斯特卡斯岛"，岛上所有建筑和设施都保持着印第安人的风格。岛上还竖立着一尊尊泥塑的印第安人像，有的在捕鱼，有的在狩猎，有的在狂欢，栩栩如生。现在这里建有小型历史文物展览馆，供游人参观。

美丽的哈瓦那

首都哈瓦那扼守着墨西哥湾通往大西洋的大门，因而早年成为西班牙殖民者的一个重要战略据点，成为欧洲"旧世界"和美洲"新世界"之间通商和航运的中转站。不同的文化与意识形态在这里交汇，绽放出别样的风情。

"美丽的哈瓦那"名不虚传，色彩斑斓的街区，亮丽的建筑群，摩尔式风格的房子，马路上穿行的复古轿车，都充满了哈瓦那风情。海滨大道长约6.5公里，从旧城一直延伸到新城，西端尽头是代表殖民历史的莫罗·卡瓦尼亚城堡，东边却是鳞次栉比的高楼，代表哈瓦那的新貌。可以说，海滨大道贯穿了哈瓦那的过去和现在。

哈瓦那新城濒临加勒比海，街道宽阔整齐，建筑高大美观，花香草绿蝶飞，充满现代气息。革命博物馆集中展示了古巴人民前赴后继争取革命胜利的伟大历程，也展现了古巴人民辛勤劳动创造美好生活的精神面貌。革命广场上矗立着古巴民族英雄何塞·马蒂的铜像和纪念碑。纪念碑后面就是菲德尔·卡斯特罗的办公室，对面是著名的切·格瓦拉的画像。原国会大厦（现古巴科学院所在地）是古巴最宏伟的建筑之一，内部装饰高贵典雅，高大的雕像引人注目。海滨大道最引人注目的，是古巴民族英雄的青铜雕像。其中有 19 世纪下半叶古巴独立运动的著名将领马赛奥的青铜雕像纪念碑。纪念碑基座前面，是马赛奥母亲的雕塑。马赛奥在英雄母亲的鼓励下，鏖战半生，多次负伤，最后战死在哈瓦那城下。市区 9 号街的广场上，有一座 20 世纪 30 年代为表彰在古巴独立战争中建立功勋的华侨而建的纪念碑，黑色底座上刻着"在古巴的中国人没有一个是逃兵，没有一个是叛徒"的碑文。这些雕像和纪念碑，给人民以力量与信仰，也使游客对这座古城肃然起敬。

哈瓦那旧城位于哈瓦那湾西侧的一个半岛上，占地面积不大，是在西班牙殖民统治时期建设和发展起来的。旧城街道狭窄曲折，迄今保留着许多雄伟多姿的西班牙古典建筑，例如哈瓦那历史博物馆等，烙刻着历史的印记。可惜的是，缺乏维修使得经典的建筑显得比较破旧了。旧城的主教街、百业街、商人街、鞋跟街、石子路街等，都是充满城市个性和生活气息的地方，值得一看。满大街跑的汽车中有不少是色彩缤纷的美国老爷车。特姆普莱特神庙前有一棵木棉树，树下曾埋葬着哥伦布的遗骨，后来被转移到大教堂里。大教堂是一座西班牙和美洲风格的绚丽多彩的古老建筑，站在高高的塔楼上，哈瓦那城及其港湾的美景尽收眼底。

哈瓦那西部小海湾畔有一座海明威海洋公园，里面有海明威在哈瓦那的故居——维西亚小庄园。海明威于 1939 年至 1960 年在此居住，目前作为博物馆对外开放。海明威的名著《老人与海》在此写成，从此名声大振。哈瓦那旧城大教堂广场西北角的巷子里，有一家五分钱小酒馆，海明威曾在此逗留过，现在也因此出了名，从写满了游客签名的墙上、门上可见一斑。维达多区的第 23 街，是古巴最负盛名的艺术街，格外引人注目。哈瓦那还拥有拉丁美洲最大的华人步行街，那里有许多餐厅、洗衣店、银行、药房、剧院以及汉语报社，拥有很多富有中国特色的装饰。

在哈瓦那的古迹中，有些是著名的古堡，例如莫罗城堡和拉富埃尔萨城堡。莫罗城堡建于 1587 年至 1597 年间，曾是哈瓦那城防止海盗袭击的要塞。城堡上的累累弹痕，是哈瓦那历史上屡遭欧洲列强洗劫的历史见证。遗留下来的断壁残垣仍显现出城堡当年的英姿。拉富埃尔萨城堡建于 1538 年，是古巴最古老的城堡。在高耸的城堡塔楼顶部，矗立着一尊印第安少女"哈瓦那"铜像，哈瓦那城因此而得名。此外，哈瓦那还有好几座年代久远的古堡：拉卡巴尼亚堡、拉篷塔堡、阿塔雷斯堡和王子堡等。这些城堡、工事体系与民居、街道等古建筑，以及一些传统涂鸦和标语，营造出一种独特的历史氛围。每年有大量国内外游客到这里参观，一起追忆过去的岁月。"当我离开可爱的故乡哈瓦那，你想不到我是多么悲伤，天上飘着明亮金色的彩霞，亲爱的姑娘靠在我身旁，亲爱的我愿你一同去远航，像一只鸽子在海上自由地飞翔……当我回到家乡哈瓦那，是你唱着歌儿等候我在岸旁。"这首古巴民歌《鸽子》，唱出了哈瓦那人眷恋故乡的忧伤心情。

碧蓝的大海，神秘的古堡，多元文化的交汇，舒缓而略带伤感旋律的古巴民歌《鸽子》，迎面拂来的加勒比海凉爽的轻风……无论是自然风情，还是人文历史风情抑或是风俗民情，哈瓦那给人的感觉是多元、神秘和奇异的。

沧桑的小城

古巴东部城市圣地亚哥—德古巴（简称"圣地亚哥"）是古巴第一个首都。世界遗产圣佩德罗德拉罗卡堡，依据海角的地势而建，用时 42 年，建成于 1700 年，至今保存完好。每年 7 至 8 月，古巴各地都会举行盛大的狂欢节活动。1953 年，卡斯特罗曾经趁狂欢节敌人守卫松懈之机，率领 100 多名青年攻打圣地亚哥的蒙卡达兵营，从此点燃了古巴革命的星星之火。现在，狂欢节放 5 天假，最热闹的是彩车游行、彻夜狂欢等活动。圣地亚哥还是古巴文化的摇篮，这里的民间音乐、舞蹈、诗歌等有悠久的传统。每年夏天为期一周的"火节"，使圣地亚哥的所有人都沉浸在无比欢乐之中。

距圣地亚哥东南约100公里的巴亚莫，是古巴的一座历史名城和英雄城，许多历史事件发生在这里。古巴国父卡洛斯·曼努埃尔·德赛斯佩德斯诞生在这座城里。1868年10月20日，巴亚莫人民竖起反抗西班牙统治的大旗，古巴国歌《巴亚莫之歌》第一次在这里唱响："快起来，上战场，巴亚莫的勇士们！……听那嘹亮的号角已吹响，拿起武器勇敢的人们，冲啊！"起义者建都于此。为保卫家园，起义者打退了西班牙殖民军的数次进攻。在1869年初的考托河战役中，因寡不敌众，于是将城市点燃，烧成一片废墟。巴亚莫大火是古巴历史上一个极其重要的事件，它成为古巴人民反抗西班牙殖民者的斗争的典范事例。

古巴中部城市圣克拉拉城，始建于17世纪后期，由逃难至此的沿海居民建造。城里每年举行传统的帕朗达节，市民倾城而出，载歌载舞，并组织歌舞对抗赛。这个节日创始于1870年，以示古巴民族文化受到世界上不同文化的影响，比如饮食文化、酒吧文化、传统音乐、戏剧、电影和美术展览等。圣克拉拉市也叫切·格瓦拉市。1967年10月被玻利维亚政府军杀害的革命家切·格瓦拉的遗骸，于1997年运回古巴，以国葬的规格安葬在他生前战斗过的圣克拉拉。许多古巴人和外国人都会来到这里瞻仰和缅怀。切·格瓦拉是阿根廷人，毕业于医学院，却毅然放弃舒适的生活，为古巴革命乃至刚果（金）及玻利维亚的革命事业英勇战斗直至牺牲。死后他被誉为"红色罗宾汉""完美的人""浪漫冒险家"。他的名字成为革命、理想、青春和自我牺牲的同义词。半个世

古巴纸币上的切·格瓦拉肖像

纪以来，他头戴贝雷帽的形象，已成为全球最流行的大众文化符号，出现在 T 恤衫、打火机、酒瓶、艺术作品和流行海报上。美国《时代周刊》将他选入 20 世纪最有影响力的 100 个人物之中。

古巴有座城市叫"公鸡城"，说来还有一段故事。传说 16 世纪时，西班牙莫隆城里有一名恶吏蛮横无理，狂妄自称是城里最好斗的公鸡。于是莫隆人就直呼该恶吏是"莫隆的公鸡"，加以嘲笑。到了 18 世纪，"莫隆的公鸡"的传说传到了古巴。于是，生活在谢戈德阿维拉省的西班牙后裔就铸造了一只巨大的铁公鸡，置于广场上，作为城市的象征。后来，该城被叫作"公鸡城"。在城里，古巴萨泰里阿教的巫医集占卜和治病于一身，充满神秘色彩。印第安人把巫医视为圣人，因为在他们看来，巫医神通广大，会玩火、变魔法、呼风唤雨，甚至刀枪不入。

位于萨瓦纳草原中心的卡马圭，被称为"水缸之城"。从殖民时期，卡马圭人就用水缸储存雨水。城内有传说称，游客只要喝了水缸里的水就会留在这座城市，或者在以后会再次访问这座城市。卡马圭有仅次于哈瓦那的古巴第二大芭蕾舞团，还有民间舞蹈、合唱团等。每年 6 月 24 日，卡马圭都要举行狂欢节。

话说古巴人

古巴民族主要由西班牙人后裔、非洲人后裔和他们之间的混血种人组成，其中白人约占 66%，黑人约占 11%，混血种人约占 22%，此外还有部分华人和其他族裔。古巴最早只有印第安原住民居住，在西班牙殖民时期，大量进口非洲黑奴从事劳役，进行奴隶买卖，使得古巴成为整个美洲的黑奴集散地，黑人因此占有较大比例。由于地域和气候等方面的差异，以哈瓦那为代表的西部地区的人，在文化教养、文明礼貌等方面要显得更温和些，而以圣地亚哥为代表的东部地区的人，则显得较为粗犷、勇敢，具有尚武和不屈的性格。

黑人及白人的混血习惯上被称为"穆拉托人"，主要分布于非洲、北美洲、南美洲及加勒比海一带。穆拉托人口最多的国家是古巴、海地和巴西。男子身材高大、匀称、健壮；女子肌肤呈古铜色、身材火辣，无不显露出几分拉丁女子独有的霸气。穆拉托人产生了许多著名人物，比如美国前总统奥巴马、美国前国务卿鲍威尔和莱斯、美国演员珍妮弗·比尔斯等。和梅索蒂斯文化类似，穆拉托文化也是欧洲文化和非洲文化融合的产物。

古巴人待人友善，讲究礼貌。向他们问路，他们会热情地告诉你，帮你指路。向他们打听某件事情，只要不涉及有关机密和隐私，他们也会具体告诉你。对待外来客人，都会热情打招呼，主动问候，握手致意，尊敬地称"先生、女士"等。熟人见面时，除握手外，还要行吻面礼，亲切地称之为"朋友"或者"我的朋友"。关系亲密者见面，都要拥抱、吻面，有时称对方为"老兄"或"老弟"。古巴人没有称职衔、学衔、军衔的习惯，多数时候称"同志"。"同志"这个称呼在古巴使用比较普遍，与我们中国人过去一样，问个路，买个东西，打个招呼，都称对方为"同志"。一些上了年纪的人，见面时也有互称"先生"的。儿童见到外国客人多称"叔叔、阿姨"，对上了年纪者则称"爷爷、奶奶"。有时还带上客人的国名，如"中国叔叔""中国爷爷"等。古巴女性在社交场合对初次交往的男性客人称"亲爱的"，这仅是一种礼节性称呼，丝毫不带有爱情的含义。

古巴人性格乐观、开朗、富于激情，没有种族偏见和种族歧视，却有强烈的爱国心和民族自豪感。其性格特征和精神特质从他们的喜好可以看出一二。他们喜爱菠萝，将菠萝视为国果，因为菠萝甜美的果汁滋润着人们的心田。诗人和艺术家们以菠萝为题材写出了不少美妙的诗篇，创造了许多引人入胜的优美艺术珍品。古巴咬鹃为古巴特有物种，因不可囿于樊笼人工饲养而被视为自由的象征，被定为国鸟。古巴的三色国旗图案也采用了咬鹃的羽色。国花为姜花，它的花朵有三片花瓣，喷放着清香。由于它的质朴、恬淡、简单，很多人对它情有独钟。它的花语是：将记忆永远留在夏天。国树为王棕，别名"大王椰子"，原产地就在古巴。这是古巴最常见的棕榈类植物，在海滩和田边地头恣意生长，充满热带风情。国球为棒球，1865 年从美国传入，1914 年成立古巴业余棒球联合会，曾多次夺得世界冠军。除棒球外，还喜欢足球、网球、排球等体育活动，并盛行斗鸡。

很多古巴人信奉罗马天主教，分属卫理公会、浸礼会、长老会等教派。目前全国有 500 多座天主教教堂。古巴非洲教由奴隶从非洲引进到古巴，又同西班牙殖民者的天主教相融合，具有广泛的群众性。在古巴，还有人深信万物有灵、迷信招魂术，求神降福驱灾。宗教对古巴人的生活习惯有较大的影响，例如：忌讳"13"这个数字，更忌讳 13 日星期五这一天举行娱乐活动。婴儿出生后要举行洗礼，并给其取教名。在部分地区，如果家中亲人去世，要戴帽一星期丧示悼念；在平时，任凭刮风下雨，一概不戴帽子。

古巴人习惯过复活节、圣诞节、狂欢节等。每年 1 月 6 日为"诸王日"。凡参加这一活动者都能从诸王手中得到节日礼物。在一年一度的狂欢节期间，古巴人民身着盛装，涌上街头，载歌载舞。每年除夕夜，家家户户、男女老少也是尽情地玩耍和唱歌跳舞。他们有一个传统风俗，即每人都要准备一碗清水，等午夜的钟声敲过 12 响后，都端起碗将水泼出屋外，表示辞旧迎新。

日常生活习俗

中国新闻网 2015 年 4 月有一篇通讯（记者莫成雄），题为《古巴人的"衣食住行"》，较为详细地介绍了古巴人的日常生活情况。现以该篇通讯为主，结合其他资料综合介绍如下：

古巴因为地处热带，常年气温高，所以古巴人的穿着比较单薄，比较简便。男士主要以 T 恤（或衬衫）加长裤为主，女士的服装则是多姿多彩，T 恤、短衣、短裙、吊带、套装、牛仔等，一应俱全。一些爱美的年轻姑娘喜爱短裙搭配黑色渔网长裤或蛇皮网袜子，显得性感动人。中年妇女以宽大的套裙或长裤居多，显得端庄得体。古巴服装店很多，衣服、帽子、皮包、头饰等品种多样。这些衣服以古巴当地产品为主，进口服装、名牌服装主要来自中国、俄罗斯、巴西、西班牙等国家。古巴男人特别喜欢中国布鞋，女人特别喜欢中国拖鞋。一般外事和礼仪活动男士穿古巴国服"瓜亚维拉"，特别正式场合才穿西装。瓜亚维拉衫是宽松而轻薄的棉麻衣服，可吸收皮肤上的汗水和湿气。古巴人穿衣服偏爱浓烈的色彩，年轻人在大街上结伴而行，往往是红、黄、蓝、绿每人一件，色彩缤纷。

哈瓦那有很多商店、超市和农贸市场。从市面上看，古巴的食品并不紧缺，街上没有排队争购食品的现象。但商品仍不丰富，许多生活用品包括粮油蛋奶，都要凭票供应，这和改革开放前的中国一样。古巴工资水平不高，国有单位职工平均月工资折合人民币不到200元。在饭馆，古巴人一般喜欢吃当地的黑豆饭、虾饭和披萨。"宫格里"是一种黑豆和大米一起煮成的饭。猪肉黑豆饭也是常见的古巴饭。传统古巴食物的烹调方法比较简单，一般只用慢火煎或煮，绝少油炸，也很少采用太过浓稠的酱汁。蒜、茴香、香草、芫荽、月桂叶等是古巴人最常用的香料，但调味时一般也不用极辣或味道极浓的香料。不少古巴菜均以洋葱、青椒、蒜、意大利香草及胡椒切碎混合而成的调味品来调味，再以橄榄油煎出香味来。传统上，烹煮黑豆、肉类，或以炆的方法来做菜时，都会用上这种调味品。而烹煮猪、牛、羊、鸡等肉类，则常常会以青柠或酸橙汁作腌料，并以低热烤焗。古巴的名菜首推"加勒比海女王"，这是一道用加勒比大虾做成的菜，味道鲜美，在哈瓦那的许多餐厅都可以吃到。还有两道特色菜是烤乳猪与烤龙虾。阿希亚科汤菜是典型的移民文化美食，用土豆、胡萝卜、鸡肉或猪肉、油梨熬制而成。当地的甜食非常有名，甚至甜得让初到的外国人不习惯。盛产热带水果，居民一般将杧果、菠菜、柑橘、木瓜等切成块，加大量的糖掺和着吃。古巴人不敢吃螃蟹。据环球网2017年4月21日消息，古巴吉隆湾，数以百万计的螃蟹大军涌向海边产卵。许多螃蟹在路过民宅时还尝试破门而入，但当地居民担心螃蟹带毒，不敢吃它们，也怕被蟹钳所伤，只好紧闭大门。

古巴朗姆酒、古巴咖啡、古巴雪茄为古巴三大知名产品。朗姆酒是以甘蔗为原料生产的一种蒸馏酒，口感甜润、芬芳馥郁。朗姆酒的饮法很多，加冰、加水、兑可乐、兑开水等均可。金朗姆酒适合干饮，芳醇清爽；白朗姆酒适宜加冰块饮，舌感畅快异常。古巴朗姆酒有几个著名的品牌，例如百加得、哈瓦那俱乐部等。朗姆酒好喝的秘诀是加冰块或果汁，所以它是鸡尾酒最好的基础酒。冰镇啤酒和龙酒（一种甘蔗酒）也是宴客常备的酒类，宾主边喝边谈，气氛友好亲切。还爱喝咖啡、可可、红茶。古巴咖啡香、甜、苦三味匀之，富有醉人的烟草味，有人称之为"古巴蓝山"。水晶山咖啡豆是典型的海岛豆，口感干净细致，有微微的酸味，并不强烈却很持久，并带着甜甜的瓜果香。在古巴最好的水晶山咖啡豆都被做成了"Cubita"咖啡，中文商标为"琥爵"。琥爵咖啡的优越受到各国食家的好评与肯定，被誉为"独特的加勒比海风情的咖啡"。

如同古巴的医疗、教育全免费一样，古巴人的住房也是由国家分配的，不用交房租。住房多为公寓楼和二三层高的小楼房。政府建筑设施陈旧简陋，干部生活也同样俭朴。据说，即使部长也住在普通的居民公寓楼中，每户也就100多平方米。农民住宅一般较简陋，木质结构居多，但随着时代的变迁，这种民房已被水泥结构的住宅所代替。民众的私人房子可以出租，但不允许直接向外国人出租，而要由代办机构代理。宾馆、酒店价格较贵。一般的酒店，房价一天要2000至4000土比（约合100至200美元）。家庭旅馆要便宜些，房费一天大概800至1500土比（约合40至70美元）。目前，古巴不允许外国人购买房子。

古巴交通便利，很少出现堵车现象。因为古巴不允许私人买车，出行大多乘坐公交车。苏联在解体前，每年供给古巴1300万吨石油，后来石油供应缺口较大，远远不能满足实际需要。因此古巴法律规定，挂红、蓝牌照的公车在有空座位的情况下，遇有人搭车应允许乘坐。否则，群众可以投诉。据说，有的将军的专车都成了班车，每天上下班时，沿途都要拉一些普通百姓，这在全世界可能也是独一无二的。古巴人修车的本领特别大，老爷车修修就能上路，20世纪50年代产的老爷车满大街奔跑，堪称哈瓦那街头一景。此外，黄色的"椰子"形状三轮车也不少；还有一些古巴人喜欢骑摩托车、自行车。由于经济被封锁和禁运，古巴几十年来不能生产汽车，所用车辆大多靠进口，进口车主要来自中国、日本、俄罗斯、巴西、西班牙等国家。据称，中国产的"吉利"轿车在古巴已超过1万辆。哈瓦那的公交车、旅游车，几乎都是"中国宇通"牌大客车。

音乐舞蹈王国

古巴早年因农业劳动需求，大量的非洲奴隶被欧洲殖民者贩卖至此，带来了非洲的鼓乐和舞蹈，并在劳动和娱乐中逐渐流行开来。黑人、印第安人、西班牙人不同的音乐元素和旋律，组成了古巴丰富多彩的音乐舞蹈。这些音乐舞蹈在群众中非常普及，在街头、广场、酒吧和任何地方都能唱起来、跳起来。常有三五位老人组成的乐队，到处卖唱，虽然带着些许沧桑与忧伤，但始终保留一份快乐与执着的心。

在哈瓦那的特洛皮卡纳露天剧场，可以欣赏到独具古巴特色的热带舞蹈。这种热带舞蹈带有热烈、奔放、快乐、活泼的风格，有点像桑巴舞。有些舞蹈更加节奏强烈、狂放不羁，弥漫着迷人的拉丁风情。古巴是曼波舞的故乡，在富有节奏感的舞曲响起时，青年男女会自动凑到一起，一对对地展示他们热辣、狂热的舞姿。古巴的芭蕾舞在国际大赛中曾被誉为"古巴奇迹"。具有别样风情的伦巴舞更是世界闻名。它是拉丁舞（伦巴、恰恰、桑巴舞、牛仔舞、斗牛舞等 5 个舞种）的一种，源自 16 世纪非洲黑人的民间舞蹈，流行于拉丁美洲，后在古巴得到发展，所以又叫"古巴伦巴"。跳伦巴舞的时候，男女双方热情浪漫、曼妙缠绵，舞步动作婀娜款摆、柔媚舒展，用来表达男女之间的倾慕之情，所以也被称为"爱情之舞"；而胯部的摆动是伦巴最优美的舞步，充分表现女性的风韵魅力，使伦巴带有典型的热情浪漫气息，所以也有"拉丁舞灵魂"之称。恰恰舞也起源于古巴。恰恰恰，音乐有趣，节奏感强，舞态花俏，舞步利落紧凑，跳起来活泼可爱，在全

邮票上的古巴舞蹈

世界广泛流行。

有一种萨尔萨舞（亦称"骚莎舞"），是一种拉丁风格的舞蹈，其热情奔放的舞风不逊于伦巴、恰恰，但比它们更容易入门。据说萨尔萨舞最早也是出现在古巴。殖民时期奴隶戴着脚镣工作，他们常常一边在田间劳作，一边跳些简单的舞步。经过不断地演变，萨尔萨舞基本形成了现在的舞蹈动作。萨尔萨舞一般是双人舞，节奏强烈，讲究两个人的默契配合。在旁人眼里，正在跳萨尔萨舞的男女仿佛正坠入爱河，所以有人把萨尔萨舞称为"催生爱情的魔法舞蹈"。它不仅风靡拉美地区，也受到世界其他地区人民的喜爱。特别是越来越多的日本人为它而着迷。萨尔萨舞简单易学，跳完后能充分释放情绪、减轻压力。因此，一股"萨尔萨狂潮"逐渐席卷日本全国，时至今日仍热度不减。据说萨尔萨舞学习班和各种萨尔萨舞会在日本已是遍地开花。

有一种被称为"奥连特兄弟会法国鼓乐"的欢快歌舞鼓乐艺术，起源于18世纪法国传统舞蹈与西非达荷美地区音乐的融合。18世纪90年代，作为法国殖民地的海地爆发革命，一部分海地的黑人奴隶被转运到古巴东南端奥连特省，他们将法国鼓乐也带到了古巴，后来形成了一些法国鼓乐团体。19世纪末期最为流行，达到艺术的顶峰，但从20世纪起呈现衰败之势。现在只有两种还定期演出：一种叫"玛松"，是一种模仿法国舞厅舞蹈的轻快舞蹈；另一种叫"尤巴"，是一种在急剧的鼓乐伴奏下的即兴舞蹈。演员主要是女性，歌唱演员和舞蹈演员都穿着殖民时期的长装，头系西非的方巾，手执彩色的披肩，和着音乐载歌载舞。每一节都在30分钟左右，一般要持续到深夜。

蓝珀之乡　多米尼加

　　多米尼加共和国位于加勒比海伊斯帕尼奥拉岛东部，西接海地，南临加勒比海，北濒大西洋，东隔莫纳海峡同波多黎各相望。国名在拉丁语中意为"星期日"。相传哥伦布于15世纪末的一个星期日到此（但据有关考证，哥伦布是星期四到达的），故名。

多米尼加国旗　　　　　　国徽

国情概要

多米尼加国土面积 4.8734 万平方公里，人口 1013.51 万（2011 年）。首都圣多明各，国庆日 2 月 27 日。境内地势较高，多山，杜阿尔特峰海拔 3175 米，为西印度群岛的最高峰。恩里基略湖为第一大湖，湖面低于海平面 40 多米，是拉美陆地最低点。河流短小，水势湍急。属热带气候，夏秋常受飓风袭击。森林覆盖率 65%，生长珍贵的苏芳木、桃花心木和棕榈树。其中，桃花心木为国树。这种树木高大挺拔，因木材呈桃花色泽而得名。果实为卵形，种子带翅，成熟时便像直升机螺旋桨般地旋转飘落下来，甚为有趣。桃花心木的价值现在是越来越高，用顶级桃花心木制作的家具自然价格不菲。多米尼加又是蓝珀的故乡。蓝珀是琥珀的一种，在宝玉石中很像一位温淑贤良的女性，灿烂而不喧哗。蓝珀会随着光线变幻，呈现出蓝绿黄紫褐等五种以上颜色，在欧美市场上常被用作高档的珠宝与艺术收藏品。多米尼加琥珀年产量仅占全球产量的 1%，而其中蓝珀年产量在多米尼加琥珀产量中不足 3%。物以稀为贵，加上蓝珀美丽的光学效应，就足以奠定它的霸主地位。它的梦幻变彩、典雅高贵，令人爱不释手。在多米尼加，琥珀、黑珊瑚戒指和妇女身上的配件是一道亮丽的风景。蓝珀与海纹石、孔克珠被誉为多米尼加三珍宝。

然而，像多米尼加这样一个美丽的国家，却有一段多灾多难的历史。多米尼加原是印第安人居住地，1492 年沦为西班牙殖民地。此后西班牙人在岛上建立圣多明各城，成为欧洲殖民者在美洲建立的第一个永久性居民点。1795 年归属法国。1809 年复归西班牙。1821 年 11 月独立，次年 2 月又被海地侵占。1844 年 2 月再次宣告独立，成立多米尼加共和国。1861 至 1865 年再度被西班牙占领。1916 至 1924 年，美国对其实行军事统治。从 1930 年起，由美国扶持的特鲁希略家族统治长达 30 年之久，直到 1960 年 8 月特鲁希略被迫下台。特鲁希略下台后在美国中央情报局的策划下被谋杀身亡，从此多米尼加进入巴拉格尔时代，1996 年后进人民主时期。2018 年 5 月 1 日，多米尼加断绝同台湾的"外交关系"，与中华人民共和国相互承认并建立大使级外交关系。

旅游者心中的伊甸园

多米尼加虽然历经坎坷，但它那原汁原味的海岸线，却是旅游者心中的伊甸园。多米尼加人喜欢到这里来寻找原汁原味的故土。据《外滩画报》刊登的《多米尼加：回归伊甸园》一文（作者贾聪）介绍，在拉斯特拉纳斯海滩上，坐落着鲸鱼形状的三块石头，每次都会以它们圆圆的形状和灰白色的斑点惊艳游客，让游客忍不住赞叹其相似性。从莱格拉斯渔村出发，可以乘船到达世界上最美的海滩之一弗龙海滩。女王神仙鱼和蓝线雀鱼在海中游荡。潮汐为当地的居民带来了凤螺、章鱼和龙虾。一些游客来到这里，在棕榈树下进行烧烤。在几海里之外，天然水池以珊瑚做屏障得到保护，池水清澈透明，当地居民有时从池中捞上巨大的海星。这幅天堂般的景色常常让人忘记绍纳岛的大海盗科菲——他是孩子们的噩梦。"如果你不乖，就把你送到科菲的洞穴去。"父母经常这样威胁调皮的孩子们。科菲的洞穴位于多米尼加东南方一条河流的岸上，距离波克德亚马村只有几公里远。小船摇摇晃晃地停靠在村口的码头，居民们在花园内散步，情侣们伴随着梅朗格和巴恰达的节奏翩翩起舞，流动的商贩兜售着丽梅娃娃——这是一个面部没有特征的娃娃，是当地历史、社区、文化、颜色、节奏和味道的象征。

多米尼加还有许多风情各异的地方。萨马纳半岛是秘境，也是世外桃源，犹如天堂般的美丽。这里有自然纯净的海滩、碧蓝养眼的海水和苍翠繁茂的高山，以涉水、冲浪、徒步和观赏鲸鱼而著称。萨马纳是 1 至 3 月观赏巨型座头鲸的最佳地点之一。同时可以参观小型鲸鱼博物馆，里面有很多关于鲸鱼的有趣信息。位于桑达海湾的洛斯海提斯国家公园里，分布着 135 个洞穴，有 3 个是向游客开放的。电影《侏罗纪公园》曾在这里的丛林取景。这里很容易看到濒危的里氏鸳、拉美啄木鸟、中美翠蜂鸟、鹈鹕、军舰鸟、苍鹭等鸟类。在多米尼加西南部，德内瓦山脉和德巴奥鲁科山脉之间的盆地中，坐落着一个奇特的恩里基洛湖，为世界新七大奇迹之一。湖面低于海平面约 45 米，湖水含盐度比加勒比海的海水高 50%。作为一个咸水湖，很少会有动物在湖中生活，但是恩里基洛湖却与众不同，生活有鳄鱼、鬣蜥、火烈鸟等。在湖泊中央有一个小岛，岛上树木葱郁，是火烈鸟和鳄鱼的栖息之地。

圣多明各与圣地亚哥

首都圣多明各是美洲最古老的城市之一，它由哥伦布的弟弟巴塞罗缪·哥伦布始建于 1496 年。2010 年当选为"美洲文化之都"，成为第 12 个获此殊荣的美洲城市。该城濒临加勒比海，充满美丽的热带风光。蓝天、白云、海滩、小岛、棕榈树，郊外种植的甘蔗、咖啡、香蕉和烟草，以及糅合了欧洲、非洲与当地文化的建筑等，构成了一幅拉美国家别具特色的风情画卷。博卡奇卡海滩举世闻名，洁白柔软的细沙在阳光下闪烁着耀眼光芒，葱郁的棕榈树秀丽挺拔。著名的自然景观"三眼"，是由地下火山岩洞穴构成的三个水潭，潭水清澈见底，潭壁呈拱形，上面藤萝蔓延。在阳光照射下，景色分外迷人。

圣多明各市区分为旧城和新城两部分。旧城区始建于殖民时期，伯爵大街是早先最繁华的大街，两旁是各种古老的欧式建筑。例如：1510 年至 1514 年哥伦布之子迭戈建造的哥伦布宫（哥朗王宫），这是第一任总督迭戈的总督府；1503 年至 1508 年建造的美洲第一所医院圣尼古拉斯·德巴里医院遗址，这是西印度群岛上第一所用砖瓦建筑的医院；1523 年至 1541 年建造的多米尼加第一座欧式大教堂——圣玛利亚·拉梅诺尔大教堂，里面埋藏着哥伦布和他的儿子、孙子的遗骸；1538 年建成的美洲最古老的大学之一圣多明各大学，以及历届总督为向西班牙国王宣誓效忠而修建的"精忠报王塔"等。孔德城门遗址也坐落在伯爵大街上，虽然城门已经破损，但仍然不失当年的宏伟气势，经常有人在这里凭吊缅怀多米尼加共和国的奠基人、民族英雄胡安·巴勃罗·杜瓦特（1813—1876）。在

多米尼加纸币上的民族英雄

旧城区西部，加勒比海沿岸，便是新城区所在地。国会大厦、宾馆、银行、写字楼等豪华舒适的现代化建筑大多坐落在新城区，同古老的宫殿、教堂等交相辉映，显得美观与和谐。市区还有圣多明各美术馆、现代艺术博物馆、体育馆、巨石图书馆等建筑，商业街的店铺里出售表现当地风情的绘画。

圣多明各的"中国城"，是美洲最年轻的唐人街，也是圣多明各3万多名华人的主要聚居地。据《人民日报·海外版》报道（作者徐世澄），圣多明各唐人街位于旧城北边，这里原本有一些华人商铺，经过大面积改造，现已成为拥有4个街区、2个广场、数百家商铺的商业旅游区，总面积有4万多平方米。主要街道是杜阿尔特街，长200多米，街的南北两头分别竖有2个牌坊，南头牌坊上刻着"四海为家"，北头牌坊上刻着"天下为公"，2个牌坊分别来自祖国大陆和台湾。街道两边华人店铺和商场鳞次栉比，商品琳琅满目。每到周末周日和节假日，中餐馆都是高朋满座。这里所有店铺的招牌都是中西两种文字并用，非常显眼，让人一望便知。唐人街的两个广场位于东西两侧，一个是孔子广场，另一个是12生肖广场。在唐人街各个街道两侧还置放着不少中国名人的雕像。当地华人说，圣多明各唐人街是老华侨的温床、新华侨的聚会所。每到端午、中秋、春节等中国传统节日，当地华侨华人便活跃在唐人街上，舞狮舞龙，举行中国传统的武术表演；也有华侨华人烧香点烛拜祖宗、祭神灵，祈求幸福与吉祥；家中吃的是地道的中国年夜饭、年糕和粽子。除夕会放鞭炮，在爆竹声中除旧岁。

圣地亚哥是多米尼加第二大城市，位于圣多明各西北137公里处。其他国家也有城市叫"圣地亚哥"的，例如智利的首都、古巴的第二大城市、美国加利福尼亚州的太平洋沿岸城市。在多米尼加，相传圣地亚哥系哥伦布在1494年所建，又说系哥伦布之弟于1495年所建，是欧洲殖民者在美洲所建的最早居留点之一，也是美洲新大陆第一个以"圣地亚哥"命名的城市。当 1506 年被地震摧毁后，它被转移到了现在的位置，但在 1562 年又被另一次地震摧毁。重建后的圣地亚哥一度成为国家的首都，在 1844 年的独立战争中是一个重要的战略城市。最受欢迎的地标建筑为圣地亚哥大教堂，建造于 1895 年，是这座城市最上镜的建筑。复国战争纪念塔坐落于一座小山之上，是 1944 年为了纪念多米尼加从西班牙的统治中解放出来而建造的。1962 年建立的天主教圣母及教师大学，建筑华美，游人多往观赏。除此之外，圣路易斯古堡、达斯剧院、烟草博物馆、历史博物馆、莱昂中心等也是必游之地。市内街道宽广，有豪华的邸宅多处，还有赛马场、斗鸡场、夜总会及公园等。每逢周末，乡民携带自制的手工艺品来市内出售，熙熙攘攘，平添情趣。

当地风土人情

多米尼加的黑白混种人和印欧混种人占 73%，其余为白人、黑人等。据多米尼加媒体报道，一名 32 岁的多米尼加女子在 2015 年 2 月 8 日产下六胞胎（3 男 3 女），成为这个加勒比岛国首位六胞胎母亲。专家说，在自然受孕情况下，六胞胎的发生率仅为几十亿分之一。居民 90% 以上信奉天主教，其余信奉基督教新教和犹太教。农村在西班牙的影响下产生了一种"圣母信仰"的特殊宗教。主要供奉仪式在每年 5 月举行，参加者大多是妇女、老人和孩子。另外，还遗留着许多迷信及其禁忌。如右手痒来钱，左手痒破财；星期四星期五打孩子，手会粘在小孩身上；早上卖东西被赊账，预示着一整天运气不好等等。在农村，生病时求助于巫师，巫师就用其独特的方式给人治病。

多米尼加人性情开朗而豁达，给人一种极易亲近做朋友的感觉。酷爱音乐和舞蹈，大小喜庆事都少不了舞会。人们不论熟识与否，均会打招呼。男人相遇以握手为礼，熟识的则互相拥抱；对女士一般行握手礼，熟识的可以互贴脸颊，唯以女士主动为宜。妇女不愿别人问她的年龄。人们普遍忌讳摸孩子的头。他们并不排斥外人，在陌生人问路或疑难时均乐于协助。多米尼加东北部山区，盛行一种有惊无险的射箭婚礼。结婚那天，新娘头上插一个用树叶扎成的高高叶环，新郎站在离新娘80米远的地方，用箭将叶环射断或射落，否则婚礼不能进行。当然，多米尼加更多的是举办具有现代加勒比海风格的婚礼。

多米尼加人的生活习惯是：着装比较简单，以夏装为主。正式场合穿西装。早餐食品包括煎蛋、水煮的泥状大蕉（香蕉的一种）、煎烤的火腿片等。午餐食品主要有米饭、肉类、豆子和沙拉，豆子饭是常吃的午餐。木薯（别名树薯）和甜薯类食物也是食材之一。嗜吃甜食，凤梨水果蛋糕、椰子豆奶、甜奶布丁、花生糖都是常见的点心。近年来披萨、意大利面、炸鸡、薯条也是受欢迎的食物。由于当地盛产甘蔗，由甘蔗加工出来的朗姆酒也非常有名。当地家庭还自己调配药酒，主要是把朗姆酒、蜂蜜、红酒混合后，在酒瓶里加入树皮、树根和草药。各种朗姆水果酒、奈森诺尔牌啤酒和用菠萝、柠檬做的叫"马比"的饮料，都是常见的饮料。另外，多米尼加咖啡和雪茄也是世界有名的。

欢乐的歌舞

每年2月，圣地亚哥南边的拉维加是多米尼加最有名的嘉年华（狂欢节）庆祝地点，届时载歌载舞，异常热闹。嘉年华组织巡游、庆祝和狂欢，颇具热带风情。人们的服装、面具、化妆、歌舞和音乐等，在狂欢节上一展风采，令人着迷。当地居民从小受到音乐的熏陶，颇有几分音乐素养。不管是在出租车上、公共场所甚至是乡村里的杂货店小摊，处处都可以听到轻快或高亢的音乐，尤其是到了节假日，大街小巷里随时随地都可以听到音乐声。

默朗格舞是多米尼加的国舞，热烈欢快是其最大的特点。默朗格的意思是"蛋白酥"，就是小甜饼。当地很多人在周末朋友的聚会或舞会上，经常会烤制小甜饼来食用。这可能就是这个舞蹈名字的由来。而默朗格舞的起源却有两种说法，第一种说法是起源于奴隶的劳动，当时被锁链铐在一起的奴隶，协调地完成砍甘蔗制糖的动作;另一种说法是在多米尼加独立革命时期,有一名英雄腿上受了伤,当他回家的时候,当地的村民热烈地欢迎他归来,出于尊敬,大家跳舞的时候都自发地拖着一条腿像瘸子一样地跛足前进。在大街小巷,当地的男男女女都会跳这种舞蹈。这是标准拉丁舞的一种,节奏明快,动感十足,具有拉丁风情。伴舞的音乐有多种,节拍也非常多样化,十分流畅。演奏默朗格舞曲的乐器主要有沙鼓、小喇叭、手风琴和多米尼加特有的铁刷。音量巨大的默朗格舞曲会一直回荡在人们的耳畔。20世纪八九十年代,多米尼加移民把默朗格舞曲传到国外,逐渐流行到美国东海岸各大城市。

多米尼加人在庆祝活动中还跳起欢乐的民间舞蹈,演奏轻快的巴恰塔舞曲。巴恰塔舞曲是由多米尼加北方乡村地区的佣工们创造的,这是他们下班后的娱乐活动。他们用随手可得的垃圾桶、竹管等废品进行敲打和演奏。因此,"巴恰塔"的意思是垃圾,最早被称为"辛酸悲伤的音乐"。不过,在大多数城市居民看来,"巴恰塔"的意思是聚会。其主题比较偏好叙述浪漫的爱情,也多抒发悲伤的感情。巴恰塔舞曲主要以传统吉他(或电子吉他)来伴奏,它与默朗格舞曲的音乐风格各不相同,但是都风靡了整个加勒比海地区。

多米尼加的库库鲁舞蹈戏剧有悠久的传统。它创始于19世纪中叶,由会讲英语的加勒比地区移民中的农业工人创造。"库库鲁"一词初含对移民的贬义,因为这些移民地位低下,在多米尼加岛的英国蔗糖种植园中从事艰辛的工作。在长期的劳作中,他们逐渐建立了教堂、学校、慈善会社和聚集会所,以提供互相帮助和组织集体文化活动。例如,在圣佩得罗城举办一年一度的库库鲁舞蹈戏剧活动;每年圣诞节和1月的第一个礼拜,有各种各样的库库鲁舞蹈戏剧表演;每年6月24日,在向城市保护神圣彼得表达崇敬的庆典和狂欢节中,也能看到这一表演。这类表演中,无论是音乐、舞蹈、手势、动作,还是源于非洲、欧洲文学以及《圣经》中的人物、情节、传奇等,都混杂一体。这种文化结合了非洲和英国的传统,在见证多米尼加的历史发展过程中具有特殊作用。特别是非洲文化的影响,体现在移民社会特殊的价值观、习俗、制度和传统生活中。移民社区的老人们仍然在家里使用他们特殊的加勒比化的英语,类似旧中国上海滩的洋泾浜英语。

多米尼加梅拉镇孔果圣灵兄弟会所举办的音乐舞蹈和民间节庆颇具特色。每逢宗教节日和社区成员的葬礼，兄弟会都要开展活动。兄弟会创建于16世纪，最初由男性非洲奴隶和混血儿组成，今天已不分性别和出身向所有人开放。其主要成员是一些乐手，他们演奏一种名叫"孔果"的乐器。这是一种用双手击打的鼓，据称源自"圣灵"。遇有丧事，兄弟会要在守灵和送葬途中演奏孔果鼓。在逝者去世三年后，亡灵转为祖先，活着的人要举行祭奠仪式。此时又响起了孔果鼓乐，所有来宾都在音乐伴奏下起舞。

秀丽的岛国　多米尼克

　　多米尼克国位于东加勒比海向风群岛的北端，东临大西洋，西濒加勒比海，南隔马提尼克海峡与马提尼克岛相望，北隔多米尼克海峡与瓜德罗普相望。旧译"多米尼加联邦"，与另一个岛国多米尼加共和国易生混淆。1994年1月14日中国外交部宣布将其改译为"多米尼克国"。国名在西班牙语里意为"星期天、休息日"。源自哥伦布1493年11月3日登上该岛时正值星期天，故名。

　　多米尼克是个碧海蓝天、山峦起伏、物产丰富、风景秀丽的岛国，依旧保留着15世纪的部分生活方式和文化。当地有这样一句玩笑话：如果哥伦布21世纪去美洲旧地重游，那他唯一可以认出的地方就是多米尼克。

多米尼克国旗　　　　　　　　　国徽

国情概要

多米尼克国土面积 751 平方公里，人口 7.13 万（2014 年）。首都罗索，国庆日 11 月 3 日。岛上山高林密、地势崎岖、河溪交错，森林覆盖率 80%。北部的迪亚布洛廷山海拔 1447 米，为全岛最高点，也是向风群岛的最高点。中部有一狭小的平原，土壤肥沃。地热和水力资源较丰富，有待开发。热带海洋性气候，多飓风。首都罗索市在 1979 年遭受飓风袭击，全城建筑受到严重破坏。2017 年 9 月 18 日，飓风"玛利亚"又使大量房屋及公共设施受损严重，就连多米尼克总理住宅的屋顶都被掀掉。经济以农业为主，国旗上的绿色，象征遍布全岛的香蕉园和茂密的森林；黄色代表柠檬、柑橘、可可、椰子等种植业。旅游资源丰富，有热带雨林、温泉、冷泉、瀑布等，发展潜力较大。2017 年，被《孤独星球》评为全球十大旅行目的地国。但工业基础薄弱，属中低收入国家。

多米尼克原为印第安部族阿拉瓦克人和加勒比人居住的地方。公元 1000 年后，来自南美大陆北部的加勒比族印第安人征服并驱逐阿拉瓦克人，控制了全岛。1493 年哥伦布来到该岛。1763 年《巴黎条约》将该岛划归英国，后被法国两度占领。1805 年法国占领者放火烧毁罗索，英国支付 8000 英镑"赎金"后正式占领多米尼克岛。1958 年加入西印度联邦。1978 年 11 月独立，为英联邦成员国。2004 年 3 月 23 日多米尼克与中国建立外交关系。

多米尼克没有军队，只有警察部队约 400 人。

美丽的自然之岛

多米尼克是加勒比海的自然之岛，它的国歌歌名就叫《秀丽的岛屿，壮丽的岛屿》。从加勒比领地到格兰特湾有许多村落，这些村落有着独特的历史和文化。

罗索谷、西海岸度假区、凯布里茨海滨、植物园、毛恩特鲁瓦皮顿山国家公园、羚羊国家公园、天涯海角、榭莉炮台、印第安河、翡翠池、特拉法加瀑布和米德勒姆瀑布等风景名胜，让游客感受到这个岛国的风土人情。

在多米尼克探险主要依靠步行。每年5月，多米尼克酒店和旅游协会都会举办徒步旅行节。在该月的每个星期六，都会举行一场徒步远足，徒步路线是4条最受欢迎的线路。其中一条经典线路是从罗索市出发，穿过原始加勒比人聚居地多米尼克山，再到毛恩特鲁瓦皮顿山国家公园，全长约185公里。由于徒步行走活动比较简单，不需要太多的技巧和装备，因此成为岛上一种十分热门的休闲活动。

多米尼克岛上火山、沸腾湖、间歇泉的壮丽景观常常令人惊叹不已。在毛恩特鲁瓦皮顿山国家公园的山谷中，有5座火山、50处火山喷气孔、热喷泉。其中一个又陡又深的沸腾湖，是一个火山湖。湖水喷发的时候热水会形成一个两三米高的水柱，像一锅烧开了的水，烟雾缭绕，因此得名"沸腾湖"。火山湖周围温度较高，少有植被。探险者们穿过热带雨林和荒漠抵达这个"加勒比自然奇迹"。当地没有野生哺乳动物，只有引入的负鼠、刺豚鼠、猫、猪等哺乳动物。鸟类包括帝王亚马孙鹦鹉和红额亚马孙鹦鹉。帝王亚马孙鹦鹉是典型的攀禽，两趾适合抓握，鸟喙强劲有力，羽色鲜艳，外表帅气，是多米尼克的国鸟。境内没有毒蛇，最常见的爬行动物是红尾蚺，一种巨大的无毒蛇，体长达三四米。

天涯海角是一个小村庄，来自加勒比海和大西洋的海风轻轻地抚摸着天涯海角，村里的人们过着安逸的生活，与世无争，好像从来不知道什么是烦恼。来到这里潜水的人们，除了可以体验潜水的刺激外，也能够体验当地人们的生活方式和心态。

当地的风土人情

多米尼克是加勒比海最后成为欧洲殖民地的岛国。由于受到殖民者的压迫，1903年时当地的加勒比人只有3000名左右了，他们通过斗争获得部分土地。2003

年7月，他们的后裔举行庆祝活动，纪念获得领土100周年。世人一般将他们视为最后仅存的加勒比土著。《加勒比海盗》第二部和第三部的陆地部分大多在该岛拍摄，但是第二部将加勒比人描述成食人族。加勒比人认为世人对他们的祖先有所误解，为此抗议至今。据人民网《探访加勒比的食人族》一文（记者党琦）介绍，记者走访了多米尼克岛东海岸的加勒比族人保留地，亲密接触了这群并不食人的"食人族"。据说，哥伦布当年在旅行笔记中把当地土著描写为吃人肉的野蛮人，这个地区的名称"加勒比"（Caribbean）便是由单词"食人族"（Cannibal）演化而来。但是，记者接触到的加勒比族人热情友好，性情温和。他们依山傍海在这里生活，与世无争：用祖传的手艺扎茅草屋、编织草篮；用300余种药草制药剂；挖空树干做独木舟；高兴时打起小鼓，跳上一段简单快乐的部族舞。加勒比族人告诉记者，他们对外人强加给他们的"凶残好战"的形象很不满。2005年，《加勒比海盗》第二部的摄制组曾邀请加勒比族人参与拍摄，当酋长查尔斯·威廉斯获知片中有段情节暗示当地部落是食人族之后，特意下令禁止族人参与影片拍摄，并指责电影让外界误解加勒比族人为食人部落。

多米尼克居民主要为黑人和黑白混血种人，另有少数印第安人后裔加勒比族人和白人、亚洲人等。多数人信奉罗马天主教。当地人去世后有守灵三天和下葬后第九夜举行悼念活动的习俗。天主教徒有专门的坟场，其他则使用公共墓地。当地居民编织的竹筐、篮子和建造的小木舟独具特色，继承了祖先的传统工艺；依旧保留着葫芦雕刻、碳烤画等传统手艺。

这个国家地方虽小，但节日很多。主要有：新年、狂欢节、耶稣受难日、复活节、劳动节、独立日、社区服务日、圣诞节、渔民节、团聚节、文化遗产周、世界克里奥尔音乐节等。格兰贝是多米尼克最大的社区，也是包括总统在内的多位政要的故乡，其海外侨民数千人，遍布美、英、法、加拿大、澳大利亚等国家。2006年7月29日晚，中国驻多米尼克大使应总统先生的邀请，参加格兰贝社区的文化遗产周开幕式。举办文化遗产周的目的是让海外侨民不忘自己的文化传统，为多米尼克的发展做贡献。每年10月举办世界克里奥尔音乐节，为期3天。这个节日是爵士乐、克里奥尔音乐、食物和文化的节日融合，被看作是多米尼克和东加勒比地区唯一真正的本土音乐活动之一。届时，加勒比地区重要的乐队组合会登台献唱，而且舞台也对普通市民开放，整个国家都进入一种狂欢模式，大家尽享音乐的魅力，洋溢着克里奥人的活力。

多米尼克虽然与中国远隔重洋，但这里也生活着大约150名华侨华人。据新华网报道（新

多米尼克圣诞节邮票

华社记者党琦），当地华人半数以上已经加入多米尼克国籍，他们在这里主要从事餐饮、小商品、首饰、中医和干洗等行业。在首都罗索就有一些华人商店和小超市，专卖产自中国的小商品。甚至当地市场上销售的旅游纪念品大多也来自中国浙江义乌地区。市内共有十来家中餐馆，其中"中华阁"和"古都"规模最大。罗索是座小城，只相当于中国一个普通小镇。华侨华人主要集中于此，他们中有新疆人、山东人和杭州人，但最多的还是广东人和江苏人。他们刚到多米尼克时，每天晚上被蚊子叮得睡不好觉，还因吃了当地的红螃蟹而严重过敏。当地没有什么娱乐活动，周末闲暇时大家常去山里的硫磺泉水里泡泡澡，或是到海边走走。当地食物品种有限，以克里奥尔烹调风格为主。物价很高，一打鸡蛋约合18元人民币，一个苹果约合8元人民币，只有当地特产香蕉便宜。因四季炎热，平时穿着较简便，但在正式场合或宗教活动时穿着有所讲究。

中多建交以来，中国为该地区修复公路，修建桥梁，向农民传授先进的农业生产技术，受到当地民众的热烈欢迎。多米尼克总统和总理对中国政府和人民的援助表示衷心的感谢。但是，不同国家的文化传统和风俗习惯是有较大差异的，2012年在多米尼克发生的"石狮风波"颇能说明问题。据《人民日报》发表的《多米尼克的"石狮风波"》一文（王宗来大使）介绍，2012年2月，位于罗索的中多友谊桥竣工。这座桥梁是由中国中铁十七局承建的，他们为桥梁安装了四

组太阳能照明灯，对这个缺油少电的国家有积极的示范意义；在桥头安放了两对石狮，煞是威风。在这个岛国，它算得上是一道亮丽风景线。大桥通车后，当地的交通紧张状况大为缓解，多数民众欢欣鼓舞。然而就在几天后，石狮却被人泼了油墨，污迹斑斑；网上也出现许多负面舆论，有的指责石狮面目狰狞，有的说在中国石狮是用来看守陵墓的，甚至还有媒体推波助澜，就拆除石狮举行网络公投。转眼间，亮丽风景线就成了"麻烦制造者"。我使馆工作人员经过认真分析研究，认为这主要是由文化隔阂导致的。经多方解释狮子形象的正面含义，积极上网参与舆论引导等，"石狮风波"迅速降温。友谊之桥的石狮，终于成为友好的象征。后来，我国又援建了多米尼克约克峡谷桥，于 2018 年 7 月 13 日举行了隆重的移交仪式。

首都罗索位于多米尼克岛西南岸罗索河河口，始建于 1750 年。海港城市，人口约 2.2 万，主要街道屈指可数，几乎都是单行道，停车十分困难。市内有殖民时期建成的罗马天主教教堂、圣乔治教堂，也有博物馆、植物园。几位当代艺术家的工作室在红磨坊博物馆中，他们通过艺术的方式展示了多米尼克地区古朴的历史传统与现代的融合。

加勒比心脏　安提瓜和巴布达

安提瓜和巴布达位于加勒比海小安的列斯群岛北部的背风群岛中。其地图轮廓犹如一颗心脏，故有"加勒比心脏"之称。1493年哥伦布抵达安提瓜岛，并以西班牙塞维利亚安提瓜教堂的名字命名该岛。

安提瓜和巴布达国旗　　　国徽

国情概要

安提瓜和巴布达国土面积 441.6 平方公里，人口 8.18 万（2011 年）。首都圣约翰，国庆日 11 月 1 日。安提瓜为石灰岩岛屿和珊瑚岛，南部的博吉峰（雪梨山顶）海拔 400 米左右，是该国的最高点，2009 年 8 月 4 日更名为"奥巴马山"，以纪念奥巴马成为美国首位非洲裔总统。巴布达岛为珊瑚岛，距离安提瓜 40 公里，地势平坦，林木茂密，多野生动物。雷东达岛距离安提瓜 55 公里，是一个荒岛。全国河流罕见。热带气候，常遭飓风袭击。矿藏资源贫乏，工业基础薄弱。农业比重逐年下降，粮食不能自给。但风光旖旎的热带海岛风情使得旅游业在国民经济中占主导地位，从业人数达 1 万人。离岸金融业和网上博彩业也是主要财政收入来源。2011 年人均 GDP 达到 13552 美元。

安提瓜和巴布达在 1520 至 1629 年先后遭到西班牙和法国殖民者入侵。1632 年被英国占领，并从非洲贩来黑人种植烟草和甘蔗。1667 年据《布雷达条约》正式成为英国殖民地。1736 年安提瓜岛的奴隶起义遭到殖民者镇压。1834 年奴隶制废除。1958 年 1 月加入西印度联邦。1981 年 11 月宣布独立，为英联邦成员国。1983 年 1 月 1 日安提瓜和巴布达与中国建立外交关系。

安提瓜和巴布达在历史上留下的遗迹有："贝蒂的希望"是 1674 年建造的一处甘蔗种植园的遗址，走进荒芜的遗址，让人联想到当年黑人奴隶在这里辛勤劳作的情景。著名军事建筑"高点"，是 18 世纪晚期由背风群岛的统治者命名的，居高临下可以看到远处英吉利海港的美景。詹姆斯堡位于圣约翰港的入港处的小山顶上，游轮入港时就能看到它的身影。1706 年由詹姆斯二世修建，曾有 20 多座堡垒、16 尊大炮，18 世纪以来一直守卫着圣约翰港。纳尔逊造船厂是世界上唯一幸存的英国乔治王朝时代的海军造船厂。当初它的建成，使英国海军在欧洲各国争夺东加勒比海上霸权时获得战略优势地位。现在，这个造船厂和周围的海湾作为国家公园和博物馆对外开放。

海岛度假胜地

安提瓜和巴布达有灿烂的阳光，宜人的气候，优美的海滩，蔚蓝的海水，风景如画，美如梦境。作为加勒比海的度假天堂，更以其独有的 365 个白色沙滩以及最为精致的度假酒店闻名于世。其中，法尔茅斯港、玛蒂洛塔、马莫拉湾、狄更斯湾、半月湾、帆船海滩、黑暗海滩、迪肯森湾、17 英里海滩等，都是很受欢迎的旅游景点。躺在沙滩上，静享海风拂面，静观如诗如画的风景，领略浓郁的加勒比热带风情，令人心旷神怡。这里之所以能够成为欧美人士眼中的海岛度假胜地，也就不足为怪了。

魔鬼桥也是安提瓜很受欢迎的一处自然景观。它位于安提瓜岛的东部，大西洋的飓风和海浪冲击海岸岩石，打造出这一天然的石桥。海水的深浅差异幻化出不同的颜色，将月牙形的海湾装点得异常美丽。在这里潜水，可以观看到五彩的热带鱼群穿梭在斑斓的珊瑚丛中。

巴布达是世界上最重要的鸟类保护地区之一，有超过 100 种鸟类麇集在这里。以饲养军舰鸟著称的科德林顿湖国家公园就在巴布达岛上。军舰鸟栖息在离水面数米高的灌木丛上，每年春季交配时节，雄鸟会在胸前鼓起一个类似气囊的鲜红的喉囊，"嘎嘎"叫着向雌鸟示好。军舰鸟有从其他海鸟嘴上"抢食"的行为，由于它有这种进攻掠夺的习性，故被称为"军舰鸟"，人们也贬称它为"强盗鸟"。巴布达还有许多野驴，本地人对野驴爱护有加，开车时遇到它们横穿马路时，都会放慢车速，生怕一不小心撞伤它们。

椰林树影、碧海蓝天的安提瓜和巴布达，一直是喜爱热带风情的海外游客所向往的旅游胜地之一。2005 年，中国宣布安提瓜和巴布达为中国公民出境游目的地国。中国人民解放军军乐团、山东省杂技团和天津青年京剧团曾赴安提瓜和巴布达访问演出。2014 年，安提瓜和巴布达决定张开双臂欢迎来自中国的投资，兴建安提瓜最大的度假村项目，通过旅游刺激经济发展。

圣约翰与英吉利海港

首都圣约翰位于安提瓜岛西北海岸，是一座景色优美的海港城镇，拥有美丽的港湾、海岸线和沙滩，处处鸟语花香，绿树成荫。每天都有多艘游轮在这里停靠，来此岛国旅行最方便的是乘游轮。由于长期受殖民统治影响，城市带有明显的欧洲色彩。克拉伦斯大厦建于1787年，曾经是安提瓜和巴布达总督度周末的山间别墅，从这里可以俯瞰港湾的美丽景色。离圣约翰大约4公里的詹姆斯堡，上面还留有加农炮。而其他堡垒中的枪炮都于1869年被当作废旧物品销售一空，这就使得詹姆斯堡成为最独特的一个。市政府法院大厦中的警察局，在300年前是一座兵营，四周建有刺刀模样的铁栅栏，显得非常森严和独特。圣约翰教堂建于1683年，高高的双塔楼特别醒目。中国无私援建的万人板球场、多功能展览中心、医疗中心，给这座城市增添了现代气息。随着岛上游船码头的竣工和一些酒店的落成，圣约翰现在已经成为一个活跃的购物和餐饮中心。位于布朗湾的太和殿艺术画廊，是安提瓜的艺术中心。这里全年都有各色各样的展览，但是每年的亮点，还是要数在11月举行的安提瓜艺术家作品和手工艺品展览会。

英吉利海港是安提瓜岛的热闹地区。港湾停满小船和游艇，放眼望去，是海天一色的景观。市民和游客在此逗留和游玩。在星期日的午后，这里更是人流不断，异常热闹。有的在此地野餐烤肉，有的饮酒聊天，有的尽情欣赏钢鼓乐队的演奏以及悠扬的雷鬼音乐，尽显一派热闹的景象。晚上，举办篝火晚会，可以买票观看黑人小伙和姑娘的载歌载舞以及"喷火"表演。

中国的无私援助，使得中国在安提瓜和巴布达国内的声誉很高。2018年10月22日，中国海军和平方舟医院船抵达圣约翰港，开始对安提瓜和巴布达进行为期8天的友好访问。安提瓜和巴布达总督罗德尼·威廉斯偕夫人专程到码头迎接，并举行隆重的欢迎仪式。军乐队演奏中国和安提瓜和巴布达国歌，当地民众表演传统舞蹈，热烈欢迎和平方舟。

浪漫之岛与安提瓜和巴布达狂欢节

安提瓜被人们称为"浪漫之岛"。这里是新人们欢度蜜月的理想之地，也是名人们最爱的度假休闲地之一。据说，已故英国王妃戴安娜生前曾携小王子四次来此度假，享受这里的阳光沙滩、鸟语花香。20多年前，美国影星施瓦辛格的婚礼就在岛上举行。连影片《加勒比海盗4》中洒脱的杰克船长，也曾到此寻找传说中的"青春不老泉"。为了营造浪漫环境，有的旅馆在特定时期只接纳成双入对的情侣。每年六七月份，岛上举办国际音乐节，届时明星大腕齐聚，真是音乐爱好者的盛宴佳酿。

安提瓜和巴布达以夜生活丰富著称，酒吧及夜总会经常用精彩的音乐及优越的地理位置来吸引大量的游客。但是每年最大的聚会当属安提瓜狂欢节。这个狂欢节源自1834年8月取消奴隶制后人民自发组织的庆祝活动，1957年首次正式定为狂欢节。狂欢节一般在每年8月第一个星期一举行，有时也在7月下旬举行。据外交部驻安提瓜和巴布达经商处和中国新闻网报道，2011年7月24日，"安巴第55届狂欢节"在圣约翰隆重开幕。举国欢呼雀跃、热闹非凡，男女老少身穿奇装异服随游行队伍翩翩起舞、乐而忘忧。本届狂欢节，中国亭台楼阁式花车首度亮相狂欢节游行，成为一道亮丽的风景。花车上，数个身穿中式旗袍的中国女童，与统一身穿印有"安巴第55届狂欢节中国方队"字样T恤的我国使馆同志、华人华侨及中资机构代表一道，在《喜洋洋》等中国传统民乐的伴奏下，向沿途民众热情挥舞中安两国国旗。狂欢节游行队伍从安提瓜和巴布达文化部门前的广场出发，途经伊丽莎白女王高速公路、独立大道、泰晤士街等主要干道和闹市区，最后来到总督府前面的体育场。中国花车的亮相立即吸引了沿途民众和外国游客纷纷驻足观看，并随之引发阵阵鼓掌和喝彩声。不少民众还接过花车上的五星红旗，伴随着喜庆的中国民乐热情挥舞，并对中国花车竖起大拇指，表达着对中国人民的友好感情和对中国文化的喜爱之情。中国花车在这个热情似火的加勒比海岛国成功掀起了一股强劲的"中国风"。

当地生活习俗

当地居民绝大多数为非洲黑人后裔。由于长期受英国、法国等殖民统治，安提瓜和巴布达社会制度、风俗习惯和宗教信仰深受欧洲影响。人们性格开朗，为人处世通情达理，礼节也非常周到。朋友见面常行握手礼，女士常行贴面礼，称呼常用"先生、夫人、女士、小姐"。

居民生活简朴，住房是砖石或木质结构，一般为两室一厅。热带气候，居民一年到头穿夏装，只在重要场合穿西装或礼服。出席晚宴女性穿晚礼服。民族服饰比较鲜艳，以红黄绿色为主。服饰的纷繁复杂，常常成为艺人随歌起舞的亮点。

居民喜欢吃刺激性的食品，咖喱粉是他们必不可少的饭菜佐料。鱼、肉、家禽、土豆和各种各样的海鲜美食是居民最爱吃的食物。其中，蟹肉糕是当地一道出名的甜点。龙虾也是安提瓜不得不提的美食之一，一般以烤为主，再配上具有加勒比风味的辣椒酱，让人欲罢不能。最受当地人欢迎的是烤红鲷鱼，游客一般会选择吃鱼肉，而当地人却是吃鱼头和鱼眼。人们爱喝的饮料是朗姆酒和浓郁的咖啡。在本地出产的水果中，安提瓜的黑菠萝特别好吃，它的味道十分甜美，汁水也十分饱满。岛上的人说尝过黑菠萝，这辈子不会再吃其他的菠萝了。何为"黑菠萝"？有人说是因为菠萝的表皮发黑，也有人认为是它生长在黑沙土上。确切地说，这种菠萝不是全黑的，而是深灰中夹杂着青绿，与其他金黄色或橙色表皮的菠萝明显不同，所以称之为"黑菠萝"也是恰当的。

在安提瓜，大多数人信仰基督教，因此岛上分布着上百座教堂。有的教堂有粉红色石膏花饰和淡青色圆屋顶，两侧有彩绘玻璃窗。每逢星期日和节假日，人们成群结队地涌向教堂做祈祷、唱圣歌。牧师常用马丁·路德·金的悲壮语调进行冗长的讲道。有时他引用一大段《旧约》，预言日常生活中所有不可明言的偏差（帽子摇动、白色小礼服摆动）可能会使人遭遇不幸，而做好事会获得永恒的幸福。

安提瓜和巴布达当地人以热情闻名，充满友爱与体贴，当地许多组织的存在都是为了保持并且传播热情好客的社会风气。例如体育俱乐部（台球运动协会、铁人三项、游艇会、帆船周和游钓等）、特殊俱乐部（如残疾人协会）等。还十分注重环保，会组织活动宣扬环保意识、提倡环保行为。

长着胡子的岛　巴巴多斯

　　巴巴多斯位于加勒比海小安的列斯群岛最东端，为珊瑚石灰岩海岛。国名相传由西班牙人命名。1518年，西班牙人登上该岛时，看到这儿绿树成荫，每棵树上都垂挂着缕缕青苔，就好像长着胡子一般，于是给这个岛起了"巴巴多斯"这个名字，意思是"长着胡子的岛"。另一种说法是，其名字来自于葡萄牙语。相传16世纪中叶，葡萄牙人来到岛上时，见到满山遍野被藤蔓缠绕的无花果树，藤蔓上长着许多须子，酷似胡须，于是给这个岛命名为"巴巴多斯"。巴巴多斯国徽的盾面上就有一棵无花果树。

巴巴多斯国旗　　　　国徽

国情概要

巴巴多斯国土面积431平方公里，人口28.46万（2011年）。首都布里奇顿，国庆日11月30日。巴巴多斯的形状如同一个梨子，上窄下宽，地势低平。海拔340米的希拉比山，算是境内最高峰了。"北点"居于巴巴多斯岛最北端，这里矗立着一根长长的标杆，它的西边是加勒比海，东面是大西洋。巴巴多斯正位于分界线上，被称作是分界线上的一颗明珠。海洋渔业资源丰富，但岛上无重要矿产资源，无河流，淡水主要来自降雨。日照充足，雨水充沛，土地肥沃，很适宜甘蔗生长。其国徽上的黑人手臂握举着两根甘蔗，代表的就是本国的甘蔗种植业和制糖业。甘蔗种植面积占全岛可耕地面积的4/5以上，制糖业成为岛上最大的产业，是名副其实的"甘蔗之国"。此外，支柱产业还有旅游业和离岸金融。为促进旅游业的发展，巴巴多斯政府授予在美国发展的巴巴多斯籍女歌手蕾哈娜为"旅游大使"称号。

在16世纪以前，巴巴多斯是印第安人阿拉瓦克族和加勒比族居住地。1518年，西班牙人为寻求在砂糖农场做工的奴隶，登上该岛掳走了岛上的居民。10余年后葡萄牙人入侵。1624年，英国将巴巴多斯岛划为殖民地，建起砂糖农场，并从西非贩来大批黑奴开辟甘蔗种植园。1966年11月独立，成为英联邦成员国。1977年5月30日巴巴多斯与中国建立外交关系。

陈年旧事

巴巴多斯博物馆的前身是英国军事监狱，用来关押犯人。1930年更名为"巴巴多斯博物馆"，馆内记录了巴巴多斯从16世纪至今的演变历史。其中，艺术作品上的人物形象栩栩如生、活灵活现，再现了18世纪种植园人们的穿着打扮等。

巴巴多斯风车

在殖民时期，西班牙人、葡萄牙人及英国人在岛上发展工业及商业活动，商业活动大多集中在岛西南部的桥镇（即现在的首都布里奇顿）。从 17 世纪开始生产的蔗糖已出口欧洲，岛上建有不少风车作坊以提炼蔗糖及酿制朗姆酒。至 19 世纪蔗糖工业日渐式微，不少作坊都被遗弃。摩根·刘易斯风车是巴巴多斯最后一个仍在使用的糖风车，里面有一个关于种植园文物和制糖业的博物馆，展览一些老照片，反映巴巴多斯的制糖业历史。巴巴多斯政府近年重新修葺这些富有历史性的风车和作坊。邮政也不时发行该岛历史建筑物及风光邮票，2013 年发行邮票《桥镇及其炮台》，2015 年发行邮票《巴巴多斯风车》。

这个小小的加勒比岛国，有一处美国第一任总统乔治·华盛顿的故居。据《市场报》2001 年 7 月 16 日报道（记者姚欣），1751 年，当时只有 19 岁的乔治·华盛顿陪同患了肺结核的哥哥劳伦斯来到巴巴多斯进行疗养，所居住的房子是位于圣迈克尔区的一幢小楼。之所以来此地疗养，是因为巴巴多斯的热带气候和温泉疗养对于肺部疾病的疗效在当时远近闻名。巴巴多斯之旅是乔治·华盛顿传奇一生中唯一的一次海外旅行。目前的乔治·华盛顿故居有两层，为橘黄色；在 1751 年华盛顿居住时只有一层，上面的一层大约是在 1850 年加盖的，名字也改成了"乔治·华盛顿故居"。屋子中还有华盛顿手捧书籍认真读书的雕塑，英姿飒爽。1997 年，时任美国总统克林顿在访问巴巴多斯时参观了华盛顿故居，巴巴多斯政府从这次访问中得到的最大收获之一，就是克林顿带来了 250 万美元的华盛顿故居的整修费用。据悉，现在有 700 万美国人具有巴巴多斯的血统。就连著名的美国《独立宣言》的签名者中，也有两位是巴巴多斯移民的后代，他们是理查德·亨利·李和阿瑟·米德尔顿。

首都布里奇顿

布里奇顿（原名"桥镇"）位于巴巴多斯西南海岸的卡里斯尔湾畔，是巴巴多斯的首都和深水良港，每年来港船只在1800艘次以上。1628年由英国殖民者始建，由于当时发现了一座印第安人的木桥，由此得名"桥镇"。

桥镇及其炮台，由一组建于17至19世纪、保存完好的老城镇及其军事要塞所构成，是大不列颠在大西洋进行殖民帝国扩张的见证。桥镇所采取的蛇形布局，有别于西班牙及荷兰殖民者在此处采取的井字形布局，展现了殖民地城镇规划所采用的不同方式。2011年，布里奇顿及其军事要塞（桥镇及其炮台）被联合国教科文组织列为世界文化遗产，这是巴巴多斯第一个世界文化遗产。

作为曾经的英国殖民地，整个城市也类似英国乡镇，有不少英国式红尖顶的房子。每家都有英式花园，种植热带花卉。市中心的卡里内奇河附近，是宽阔的国家英雄广场，广场四周耸立着主要公共建设，其中有两座用珊瑚石建成的新哥特式大楼，一栋是议会所在地，另一栋是圣·米希尔教堂。广场附近有繁华的布罗德大街，古老的建筑和现代化楼房风格各异，又浑然一体，颇具风采。

法利山国家公园曾是1957年拍摄的电影《阳光之岛》的背景地。巴巴多斯独立后辟为国家公园。园内树木葱茏，花草繁茂，是旅游和休憩的好去处。在此可以参观1861年英国王子来访所建的行宫遗址，虽然年代久远，但遗址保存得还算完好。法利山国家公园坐落在海拔270多米的法利山上，在这里可以瞭望巴巴多斯东部半壁江山和波涛汹涌的加勒比海。

迷人的风情画卷

上海世博会巴巴多斯展馆及其加勒比共同体联合馆内，迷人的海洋风情扑面而来，加勒比海滩、海洋动植物、木栈道、表演舞台一一呈现。

巴巴多斯是一个小巧玲珑的岛屿，好似一叶扁舟静卧在东加勒比海和大西洋的碧波之上。境内植物大多为人工种植，如甘蔗、无花果、香蕉树、杧果树、猴面包树、椰子树、棕榈等。陆地动物主要有鹈鹕、壁虎、青蛙、黑长尾猴等。海洋物种以金枪鱼、剑鱼、海豚和飞鱼为代表。卡拉西方细盲蛇、巴巴多斯醋栗、巴贝多樱桃、库拉索芦荟等动植物为巴巴多斯特有种。其中，卡拉西方细盲蛇是美国科学家海吉斯在巴巴多斯岛东侧的一片森林里发现的，被命名为"卡拉西方细盲蛇"，其中的"卡拉"是海吉斯妻子的名字。事实上，这种蛇在当地司空见惯，很多当地人从小就认识这种小蛇。它应该是世界上最细小的蛇，细得如同意大利面条一样，成年蛇不会超过10厘米长，可以蜷缩在一枚25美分的硬币或钟表上。这类细盲蛇的雌蛇每次只能产出一枚蛇卵；初生幼蛇的体型，已足有母蛇的一半大。

阳光、海水、沙滩、绿树、鲜花、旅店、咖啡馆、小酒吧等，组成了一幅巴巴多斯迷人的风情画卷。早晨和晚上的海水温度都在20摄氏度以上，所以早晚游泳是最舒服的时候。老虎伍兹的婚礼就是在巴巴多斯举行的。这里距离赤道不远，阳光灿烂，被称为"阳光富翁"。每年12月到次年4月是巴巴多斯最凉爽的季节，于是许多欧美人士就来到小岛上度假，尽情享受那温暖的阳光和凉爽的海风。因此，巴巴多斯被誉为"西印度群岛的疗养院"。在这个弹丸之地的岛国，有20多家中餐馆，让人确信"远在天边也有中餐馆"这话说得一点也不差。据我国外交部网站消息，2014年1月31日，驻巴巴多斯使馆联合旅巴华侨华人、巴中友协，与当地一家购物中心合作，首次举办中国春节文化宣传与体验活动。活动现场展示了书法、武术、12生肖、饺子、筷子等中国传统文化与民俗，播放了介绍春节文化和习俗的宣传片，并请大家品尝了饺子、春卷等中国小吃。巴巴多斯加勒比广播公司、主流报纸《民族报》和《鼓动报》均派记者到现场采访，详细报道活动情况。当地离美国近，电视节目很多都是美国台，但新闻主要是当地台和英国BBC。

巴巴多斯2/5的国土是沙滩，很多人都钟情于巴巴多斯的海滩。国王海滩，拥有全球绝美自然风光。仙鹤海滩，被称为世界十大最美海滩之一。卡伦海滩，被称为世界最性感的五大海滩之一。西海岸和南海岸的沙滩最多，海浪小，是游泳的最佳地段。尤其是从布里奇敦

清澈海水中的泳者 / 钱亮摄

向北直至圣詹姆斯和圣彼得之间的西海岸海滩，终年都无风浪，海水清澈见底，平静如镜。游客可以乘坐潜艇潜入海中游览观赏。潜艇能容纳 28 名乘客和 2 名驾驶人员，下潜深度为 40 多米。游客在潜艇中间背靠背坐稳，每个人前面都有一个圆形大玻璃窗，用以观看水中世界。海底世界精彩极了，成千上万的热带小鱼，飞速地游来游去，而海龟却在缓慢的行动中透露着悠闲自在。在海底和巴希巴海边都可以看见许多"蘑菇石"。这些石头形态各异、千姿百态，或成群地耸立在海滩上，或孤立地屹立于海浪中，大多形状像蘑菇，只凭着一条细石柱深入海滩中，支撑着整个庞大的身子，看起来很惊险。显然这是大西洋海浪长年累月对岩石底部侵蚀的结果。海底还有动物花洞，内有海葵，被当地人称为"动物花"。这种貌似花朵的海葵，其实是捕食性动物，它在晚上会伸出触手来捕食。触手可以刺痛麻痹经过的鱼类，以此来捕食。

居民生活习俗

巴巴多斯最早的居民是从南美大陆迁来的阿拉瓦克印第安人和加勒比人。现在居民中 90% 是非洲黑人后裔，4% 为欧洲人后裔，其余为混血及其他族裔。居民住宅一般为平房，木质结构，两边都有回廊，供家人乘凉休息。由于地处热带，

人们的衣着没有多大变化，只需穿一件T恤或衬衫便可以舒适地度过全年。正式场合，男人一般穿西装。特别隆重的场合，要穿黑色礼服，打蝴蝶结。总督、首席法官等要穿燕尾服。

饮食融合了非洲、加勒比、西印度群岛、欧洲的美食特点。主食为面包、大米和土豆，也吃薯类和玉米。肉类食品大部分需要进口。鱼类是巴巴多斯的主要食材，周围的海水提供了丰富的海产品，包括金枪鱼、鲨鱼、飞鱼、鲑鱼、鳕鱼、红鲷鱼、无鳔石首鱼、海豚鱼，以及小虾、龙虾、蟹和海胆等。飞鱼和龙虾是有名的美食，配上当地的朗姆酒，味道鲜美。用面粉、棕糖、黄油、鸡蛋、干果和朗姆酒制作的蛋糕，味道浓郁，当地人把它叫作"一磅"蛋糕。传统的食物包括豌豆、通心粉馅饼等，一般都配有水果和蔬菜。当地的水果比较丰富，有椰子、香蕉、杧果、万寿果、无花果、鳄梨和巴婆果等。酒类、饮料主要有朗姆酒、可口可乐、咖啡和茶。巴巴多斯是朗姆酒的诞生地，将近400年前，当地人用甘蔗首次酿制出朗姆酒，并很快受到英国海员的青睐。相传，这些海员争相购买朗姆酒用以证明他们跨越了大西洋。直到1703年，马脱壳朗姆酒成为最古老的朗姆酒品牌。巴巴多斯人还喜欢喝莫比茶，这是用一种叫"莫比"的树叶制成的茶，清凉爽口，久喝不厌。有客来访，主人先敬3杯莫比茶，以示敬意。当地的黑人姑娘经常头顶10多公斤茶水沿街叫卖。

当地风土人情

巴巴多斯文化多元，融合非洲、欧洲、北美、南美等文化为一体。人们比较讲礼貌，对外国人非常热情，有人问路，都能热情指点，有的甚至会驱车送你。他们从不随地吐痰，开车也很遵守交通规则。常用的称呼是"先生、夫人、女士、小姐"。居民大多信奉基督教和天主教。圣约翰教区教堂建在悬崖上，哥特式风格。布里奇敦犹太教堂也是一座美丽的哥特式建筑，其特点是尖塔高耸、尖形拱门、大窗户及绘有圣经故事的花窗玻璃。

巴巴多斯主要节假日有：元旦、耶稣受难日、复活节、圣灵节、解放日、甘蔗丰收节、独立节、圣诞节和节礼日等。在复活节这一天，人们在教堂前点烛，并将圣烛迎进千家万户。孩子们最快乐的事就是把圣火送到各家。他们在教堂前用圣火点燃树枝，然后奔跑着送到各家各户。复活节有不少传统的庆祝活动，蛋是复活节的象征。古时人们常把蛋视为多子多孙和复活的象征，因为它孕育着新的生命。后来基督教徒又赋予蛋新的含义，认为它是耶稣墓的象征，未来的生命就是从中挣脱而出的。典型的复活节礼物跟春天和再生有关系，例如彩蛋、小鸡、小兔子、鲜花、百合花枣。

巴巴多斯是一个盛产甘蔗的岛国，最能体现当地特色的是甘蔗丰收节。每年6月中旬至7月初，甘蔗收割完毕，蔗农就敲响悬挂在大树上的铜锣，昭示一年一度盛大的民间节日——甘蔗节开始了。当天，载着最后一批甘蔗的马车、牛车、骡车从田野缓缓驶向榨甘蔗的作坊，在其中一辆车上，站着一个用甘蔗皮做成的"甘蔗人"，名叫"哈丁先生"。他身穿破旧黑色大衣，头戴礼帽和面具，象征着艰难时世。庆祝活动开始，村里一位德高望重的长者作一番演讲，尔后人们饮甜酒、吃食物、唱歌、跳舞，参加各种游戏。甘蔗节进行到7月份的第一个星期六时，就移向首都布里奇敦。这时，市内各种车辆停止行驶。人们披红戴绿，唱歌跳舞，并选举产生"甘蔗节女王"。最后在人们的欢呼声中，象征艰难时世的"哈丁先生"在烈火中化为灰烬。一年一度的甘蔗节圆满结束。

已有300年历史的桑百利种植园里，有一座豪宅兼博物馆。博物馆里收藏了桃花心木古董、老旧的印刷品和马车等。目前，桑百利种植园成为巴巴多斯知名的举办婚礼的地方，许多情侣都在此完成人生神圣的、难忘的婚礼。种植园提供拍婚纱和举行婚礼仪式的花园，园中的风景为婚礼增添了不少喜庆。除此之外，桑百利种植园还提供浪漫温馨的烛光晚餐、丰富的自助餐、盛大的晚宴、鸡尾酒会等。

巴巴多斯有段神秘的磁路，距离布里奇敦城北不远。磁路是一段坡度大约为15度、长约百米的柏油马路，小轿车在磁路上，挂空挡就会鬼使神差般自动爬上山坡。据说磁路附近有一个较强的磁场，磁力能把钢筋铁骨的汽车吸引上山坡，而磁路没修成柏油路前，磁力更强。除了磁路外，巴巴多斯岛还有一个更神秘的场所，那就是蔡斯墓穴，被称为世界十大难解之谜之一。因为在这座家族墓穴里，原本摆放整齐的棺材常常会变得一片狼藉，翻转的翻转，移位的移位。即使加强了陵墓的守卫，也是如此。当地没有发生过洪水和地震，亦未发现有人盗墓，所以令人匪夷所思。最后人们决定将全部棺材厚葬他处，至今蔡斯墓穴空着。

加勒比的香料国　格林纳达

　　格林纳达位于加勒比海向风群岛的最南端，南距委内瑞拉海岸约160公里，和特立尼达与多巴哥、巴巴多斯等国隔海相望。格林纳达这个岛国的形状颇似一个石榴，在西班牙语中，"格林纳达"正是石榴的意思。相传1498年哥伦布航行到这里，了解到这个岛屿的形状后，就以西班牙南部城市格拉纳达命名了它。也有一种说法是，"格林纳达"来源于阿拉伯语，意为"异乡小山"。

格林纳达国旗　　　　　　　国徽

国情概要

格林纳达国土面积 344 平方公里，人口 11 万（2014 年）。首都圣乔治，国庆日 2 月 7 日。全国由主岛格林纳达及卡里亚库岛、小马提尼克岛等组成，山峦起伏，沟壑纵横，海拔 840 米的圣凯瑟琳峰是全岛的制高点。热带海洋性气候，炎热潮湿，雨季飓风多发。工业不发达，经济以农业和旅游业为主。主要种植肉豆蔻、香蕉、可可、椰子、甘蔗等。肉豆蔻是热带著名的香料和药用植物，产量约占世界总产量的 1/3，被誉为"加勒比的香料国"。据说，过去在加勒比航海的人凭着豆蔻花的香味，就能够方便地找到格林纳达。上海世博会格林纳达展馆就是模仿肉豆蔻而建，并展示香料、加勒比风格的艺术品以及充满加勒比情调的岛国风光。

格林纳达原为印第安人居住地。1498 年被哥伦布发现。1650 年沦为法国殖民地。1762 年被英国占领。后来经过争夺，最终沦为英国殖民地。1958 年加入西印度联邦，至 1962 年该联邦瓦解。1974 年 2 月宣布独立，成为英联邦成员国。1983 年 10 月 13 日，格林纳达国内发动政变，推翻了亲美和亲西方的政权，给美国入侵提供了口实。美国遂以保护侨民和应东加勒比国家组织请求干预为由，与牙买加、多米尼克、巴巴多斯等 6 个加勒比国家联合出兵格林纳达。显而易见，这是一场以强凌弱的战争，仅仅几天时间，格林纳达就落得个丧权辱国的局面。美国在入侵行动成功后，迅速策划在格林纳达建立亲美和亲西方的新政权，以代替政变上台的亲苏和亲古巴政府。这无疑是当时苏联和古巴在中美洲与美国的争斗中的一大挫折。格林纳达现在无军队，只有大约 600 名警察。

中格于 1985 年 10 月 1 日建立外交关系。1989 年因台湾问题中止外交关系。2005 年 1 月 20 日恢复外交关系。

香料岛的别样风情

格林纳达国徽上的肉豆蔻和香蕉，以及灰色犰狳和可可树、红晴蓝鸽和椰子树，都代表本国主要的动植物资源。肉豆蔻原产马鲁古群岛，格林纳达引种栽培后在经济中占有重要地位。犰狳俗称"披甲猪"，活像一个古代武士，全身披挂，坚甲护身，可以达到御敌自卫的目的，因而又有人称其为"铠甲鼠"。犰狳的另一个防身术是打洞。它打洞能力极强，在森林里，经常可以见到大大小小的犰狳洞。红晴蓝鸽（格林纳达鸽）是该国国鸟，数量已下降到 1800 只左右。该国执行了一项为期 10 年的恢复计划，以增加格林纳达鸽种群的数量。

银币上的格林纳达鸽

香料是国际贸易的最早商品之一。肉豆蔻、胡椒、丁香等都是制作香料的原料。古代威尼斯商人从埃及人那里买下来自印度尼西亚、中国、锡兰（斯里兰卡）和印度的香料，然后转卖到欧洲其他各国，从中牟取暴利。此后的几百年中，欧洲人对东方的香料着了迷。香料成了销路广、利润高的商品。香料贸易促进了航海事业的发展。1498 年哥伦布航海的目的之一，是寻找通往东方新航路，寻找"出产香料的印度群岛"。但他没有达到这个目的，却意外地发现了新大陆，也发现了格林纳达等岛国。世界上有 4 个地方叫香料岛：除格林纳达外，还有印度尼西亚的马鲁古群岛、班达群岛和坦桑尼亚的桑给巴尔群岛。

格林纳达作为加勒比的香料岛，是一个风景如画的地方，极具加勒比海地区民族风情。全岛溪流众多并拥有热带雨林、火山湖、七姐妹瀑布、天然矿泉水和阳光沙滩等自然资源。大唐湖高出海平面约 500 米，是火山口形成的湖泊之一。湖畔风景摄人心魄，被称为格林纳达最浪漫的风景。长山种植园内草绿花红，蜂飞蝶舞，房子用彩色鹅卵石建造而成，并涂以糖蜜石灰，古朴而不失高雅。英王乔治六世的女儿玛格丽特公主，前美国总统罗纳德·里根，曾分别于 1950 年、

1983 年到访该种植园。美丽迷人的大安斯海滩，有蔚蓝纯净的海水、热带岛屿的风光，是冲浪、观鸟的天堂。格林纳达北部的忧郁胭脂海滩，被海湾紧紧环抱，成为格林纳达人度假时最喜欢去的海滩。浴路海滩是格林纳达国庆节时期最热闹最喜庆的海滩，届时人山人海，到处是欢乐的海洋。在国家公园内，演员表演钢鼓以及极具加勒比海风情的舞蹈。乐队演奏着欢快的迎宾曲，看景、听曲、品酒这几个活动放在一起，别有异域风情。

首都圣乔治

首都圣乔治位于格林纳达岛西南岸、圣乔治河右岸，濒临加勒比海。1650 年，法国殖民者在今圣乔治市区的西南部狭长半岛的高地上筑起了一座堡垒，名叫"皇家要塞"。1783 年，根据《凡尔赛和约》，"皇家要塞"为英国占有后被改名为"圣乔治"。历史上圣乔治被视为英国的守护圣人，英国国旗就是白底红十字的"圣乔治旗"。这就是圣乔治市名的来由。

市区被青山绿水环抱，郁郁葱葱。房子多建在山坡绿荫丛中，用整齐的石块和优质的木料建成，屋顶颜色鲜艳夺目。由于地处加勒比飓风带，城市建筑一般为二三层小楼，绝少高楼大厦。市区街道整洁，建有政府大厦、圣乔治教堂、古堡、植物园、海豚馆、水产俱乐部、豪华旅馆和饭店等。市郊农民的房屋大多很简陋，面积小，木质结构。

乔治港三面环山，不易受风浪袭击，港内水深潮平，是划船运动的理想场所，已成为东加勒比地区最大的游船租赁中心。南郊的大安斯湾海滩是著名的旅游区，细沙晶莹闪亮，海水碧蓝透明，岸边棕榈树影婆娑，形成了独特的热带风光。

在位于圣安德鲁区的莫林尼尔湾国家海洋公园里，如果你穿戴潜水设备潜入海底，就会看见水下有一个奇异的雕塑馆。形态各异的雕塑跟真人一般大小：孩子们手拉着手围成一圈，一个男人坐在他的办公桌前，另一个则在奋力地蹬着自行车。水下雕塑馆共有 81 个雕塑，跟过去那些沉船一道，变成了海底景观的有机组成部分。怎么会有这些雕塑呢？原来，这项独出心裁的雕塑工程始于 2006 年 5 月，是在格林纳达旅游与文化部支持下由著名雕塑家杰森·泰勒塑造而成，意在提醒人们对暗礁生态系统的关注。这些水下雕塑将创造一个珊瑚礁系统，吸引各种水生生物前来繁衍生息。

当地风土人情

格林纳达的原始居民是印第安加勒比人。1629 年，法国殖民者入侵该岛，加勒比人在英勇抵抗后全部牺牲了。后来，法国殖民者从非洲贩来大批黑奴，从事可可、咖啡和棉花种植。现在，格林纳达人口以非洲裔为主，尚有少部分印第安裔。黑人约占 85%，混血人种约占 11%，白人及其他人种约占 4%。岛民真挚而热情，让人印象深刻。尽管中美洲的其他一些岛国都有醉人的加勒比蓝，海天一色，层次分明，但如若谈到岛民的热情，那么格林纳达当属第一。生活简朴，性格开朗，为人处世通情达理，礼节也非常周到。驾车行驶在香料岛，当地的孩子们都会停下他们的游戏，热情地向你招手。在圣乔治的市场上，老太太会给你分享当地的八角和桂皮烹饪法。如果要问路，他们不仅会告诉你怎么走，有的人还热心到非要亲自带着你走。有的老寿星不仅亲自给你带路，还会给你讲述当地的历史和风土人情。当地人能歌善舞，有一种大鼓舞的舞蹈，激昂欢快，具有浓郁的非洲部落文化色彩，被视为国舞。

当地黑人通常穿白上衣和白裤子，村民很少穿鞋，有的习惯穿一双木制凉鞋。有地位的人大多西装革履，衣着入时。格林纳达不允许穿泳衣在街上逛。某些游客会穿着泳衣从海滩一直走到街头，这让警察大伤脑筋。警方希望通过罚款来制止此类现象。此外，那些裤腰过低的游客可能也会招来处罚。

当地人爱吃西餐，也爱吃本土风味的烧鱼、大虾、龙虾、螃蟹和蚌类。爱喝朗姆酒，这种酒含有丁香、肉豆蔻、白胡椒、肉桂等成分，芳香甘醇，回味无穷。有一种烈性朗姆酒，酒精浓度 90%，是从发酵的甘蔗汁蒸馏而来的。如果你想和

格林纳达发行的中国大阅兵邮票

当地人打成一片的话，不妨和他们一起喝一杯烈性朗姆酒。

我国与格林纳达等岛国多有文化交流。据《中国文化报》报道（驻湖南记者张玲），2007年2月2日至10日，中国湖南杂技艺术代表团远赴巴巴多斯和格林纳达，开展了7场"欢乐春节"文化交流演出活动，向当地民众传达了喜庆、欢乐、祥和的中国春节氛围。《草帽》《击球》《滚灯》《肩上芭蕾》《民乐》《小河淌水》《口技》《转碟》《地圈》《晃板翘碗》《三人技巧》《蹬球》《武术》等节目展现了演员们精湛的技艺。在格林纳达圣马克区，由于缺乏演出剧场，代表团就在露天冒雨演出，给当地人民留下了深刻难忘的印象，赢得了一片赞誉。格林纳达副总理尼姆雷德表示，感谢伟大的中国给我们派来了这么优秀的团体，让格林纳达人民享受了这么美的艺术，希望有更多的中国艺术团来我们这里。格林纳达邮政曾经发行过一套中国老一辈领导人的纪念邮票；在2016年还发行了中国工农红军长征胜利80周年纪念邮票，以及红楼梦金陵十二钗邮票。

格林纳达大部分居民信仰宗教，其中约60%为罗马天主教信徒，30%为基督教信徒，另外有印度教、犹太教、伊斯兰教、巴哈教等信徒。由于受宗教和殖民文化的影响，格林纳达的节日与西方流行的节日差不多，主要有元旦、独立日、受难节、复活节、圣灵降临节、基督圣体日、解放日、狂欢节、感恩节、圣诞节和节礼日等。

幸运之岛　特立尼达和多巴哥

　　特立尼达和多巴哥共和国位于加勒比海南部，紧邻委内瑞拉外海，是连通北美、南美、加勒比地区的重要枢纽。相传"特立尼达"为哥伦布命名。1498年，他来到特立尼达岛时，见岛上有3座山脉绵延南部、中部、北部地区，便想到基督教义中"圣父、圣子和圣灵"三位一体的说法，于是将该岛命名为"特立尼达"（在西班牙语中意为"三位一体"）。一说在当地印第安语里，"特立尼达"是"蜂鸟之乡"的意思，蜂鸟为该国国鸟；"多巴哥"是"烟草"的意思，因为岛上盛产烟草。

　　在2008年北京奥运会上，特立尼达和多巴哥运动员赢得了男子4×100米接力决赛银牌，这个名字念起来十分生涩的国度开始受到中国老百姓的关注。

特立尼达和多巴哥国旗　　　　　国徽

国情概要

特立尼达和多巴哥国土面积 5128 平方公里，人口 135.4 万（2014 年）。首都西班牙港，国庆日 8 月 31 日。全国由特立尼达岛、多巴哥岛和另外 21 个较小岛屿组成。其中，特立尼达岛面积约 4828 平方公里，多巴哥岛面积约 300 平方公里，两岛相距 45 海里（约 83 公里）。境内有山脉、平原和谷地，沿海多沼泽地，森林资源丰富。热带雨林气候，高温多雨，但很少有电闪雷鸣。加勒比海诸岛深受飓风之害，特立尼达和多巴哥却属例外，飓风刮不到，因此被称为"幸运之岛"。原是一个农业国，种植烟草、甘蔗、咖啡、可可、柑橘、椰子和水稻等，75% 的食品靠进口。20 世纪 70 年代发现石油天然气后，经济遂以石油、天然气开采和炼油为主，建筑业、制造业、旅游业也得到较快发展，成为加勒比地区的经济、能源、工业和金融中心。

特立尼达岛原为印第安人阿拉瓦克族和加勒比族的居住地。1498 年哥伦布经过该岛附近，宣布它为西班牙所有。此后，历经西班牙、荷兰、法国和英国列强的多次争夺，1889 年成为英国殖民地。1962 年 8 月宣布独立。1974 年 6 月 20 日特立尼达和多巴哥与中国建立外交关系。

特立尼达和多巴哥与中国远隔万里，但血脉相融，渊源深厚。当地政府将 10 月 12 日定为"中国节"，全国放假一天。据新华网报道（记者朱庆翔），中国人早在 1806 年就抵达特立尼达和多巴哥，200 多年来，这里的华侨华人辛勤耕耘、自强不息，传出了一个又一个响亮的华人名字。特立尼达和多巴哥独立后首任总督所罗门·何才（曾译作"所罗门·霍乔"）出身草根家庭，父母都是华人，两岁时随双亲从牙买加移居特立尼达和多巴哥。成年后，他从基层政府职员做起，1960 年出任特立尼达和多巴哥总督，任职 12 年。孙中山的亲密战友陈友仁出生于特立尼达和多巴哥的一个华商家庭，大学毕业后跟随当地著名律师学习法律并获得律师资格，成为特立尼达和多巴哥的第一个华人律师。中国著名舞蹈艺术家、舞蹈教育家戴爱莲 1916 年出生于特立尼达岛，祖辈四代皆为华商之家，祖籍广东新会。她自幼学习舞蹈，后来成为中国现代舞蹈之母。值得一提的是，特立尼达和多巴哥国旗设计者卡莱尔·张 1921 年出生于特立尼达和多巴哥一个华人家庭，长期从事艺术创作，在特立尼达和多巴哥及加勒比地区艺术界享有较高声誉。

引人注目的"名片"

特立尼达和多巴哥自然风光旖旎，阳光、沙滩、椰林、棕榈树，充满热带风情，让人流连忘返。尤其是两张自然界的名片特别引人注目。

一是拥有世界最大的天然沥青湖——彼奇湖。这个湖泊面积 46 公顷，深约 82 米，奇怪的是湖里没有水，有的却是天然的沥青，被称为"沥青湖"。沥青湖是几千万年前石油渗出地表经长期暴露和蒸发后形成的。湖面黝黑发亮，平坦干硬，不仅可以行人，还可以骑车。湖中央是一块很软很软的地方，在那里，源源不断地涌出沥青来。有些鸟儿或动物不慎被沥青黏住双脚而丧名。不过，沥青湖所出的沥青质量很好，有"乌金"之称。据说，北京长安街的沥青，就是来自特立尼达和多巴哥沥青湖。

二是生活着不同种类的神奇蜂鸟。蜂鸟是世界上已知的最小的恒温鸟类，因拍打翅膀发出蜜蜂似的嗡嗡声而得名。最小的蜂鸟比虹还小，体重只有 2 克，卵重 0.2 克。蜂鸟飞行本领高超，不仅速度快，而且可以倒退飞行，并且会像直升机一样悬停空中。它在一朵花前用细长的舌头探进花蕾吮吸花蜜，然后箭一般朝另一朵花飞去。它愤怒时会附着在其他鸟身上反复啄咬，一直到平息它微不足道的愤怒为止。有时，蜂鸟之间也发生激烈的搏斗。蜂鸟的记忆能力也很强，能记住自己刚刚吃过的食物种类，因此被人们称为"神鸟""森林女神"和"花冠"。蜂鸟主要生活在美洲地区，是特立尼达和多巴哥的国鸟。另外，有一种红缳鸟也被特立尼达和多巴哥政府列为国鸟加以保护。

在多巴哥岛东北端的小多巴哥岛上，还栖息着不少羽毛艳丽、能歌善舞的极乐

特立尼达和多巴哥发行的珍禽邮票

鸟。雄鸟求偶时极富表演才能，为雌鸟以及观鸟人献上一场叹为观止的表演，可能持续数小时。

在距离西班牙港10多公里的地方辟有鸟类禁猎区，里面有许多珍禽，例如朱鹭、苍鹭、翠鸟、丹顶鹤和鹦鹉等；还设有观鸟"藏身池"，游人可在此观看鸟类生活和嬉戏的情景。有一种爱情鸟，学名叫"绿羽小鹦鹉"，不论雌雄，色彩都相当艳丽，嘴壳更是娇俏的淡粉红色。这种爱情鸟几乎从不单飞，总是成双成对飞过，嬉戏般地对叫。爱情鸟家庭观念极强，有责任，有担当，在有了下一代之后尤其如此。

美丽富饶、风情万种的特立尼达和多巴哥，已经成为许多国家公民出境游目的地国和度假天堂。

首都西班牙港

上海世博会特立尼达和多巴哥展馆的设计以弧线造型为主，给人赏心悦目的感受。馆内设六个视频区域，各以弧形挡板遮挡。挡板分别以西班牙港、圣费尔南多等几个城市和地区冠名。其中，西班牙港是该国首都，历史上曾一度沦为西班牙殖民地，故此得名。它位于西印度群岛特立尼达岛西岸，北纬11度，恰好是南北美洲的中心，所以被称为"美洲的中枢"。城市居民主要是黑人和黑白混血种人，大多信奉天主教和基督教，官方语言为英语。圣洁之孕大教堂建于1831年，是该城最为古老的建筑之一，也是加勒比地区著名的宗教场所。

西班牙港依山临海，风光绮丽，处处绿草如茵，林木葱郁。九重葛花、保伊花、蜡菊玉兰和紫霞藤等争奇斗艳，使整个港城好似一座海上大花园。在这座海滨花园城市里，公共建筑和居民住宅带有欧美建筑的影子，大部分是极具西班牙风格的两层楼房，也有很多是英国维多利亚女王时代、乔治王朝时代的建筑，还有一些是印度人庙宇和阿拉伯人的清真寺。房子或白墙蓝瓦，或黄墙红瓦，与热带风光融为一体。特立尼达的希尔顿旅馆是世界上罕见的旅馆，旅客们不是从一楼进去，而是从屋顶进去，然后乘电梯下到自己的房间，因为它是紧贴着悬崖修建的旅馆。

西班牙港棕树、椰林繁盛，充满海滨风情。占地80公顷的热带稀树草原类型的皇家植物园，建于1818年，为世界上古老的植物园之一。它坐落于西班牙港的北部山麓，里面种植了世界各地的热带植物，洋溢着饱满的绿色。马拉加斯山谷被称为西印度群岛最美丽的风景区，这里山势巍峨、峰峦挺秀，瀑布飞泻而下，蔚为壮观。马拉加斯湾是中美洲著名的海水浴场，这里三面环山，水清沙细，景色宜人，有许多性感的比基尼女郎在此享受沙滩阳光，成为西班牙港最靓丽的一道风景。海龟下蛋也是让游客流连忘返的奇景。每年5月到8月间，体形硕大的棱皮海龟，会集中到特立尼达岛北边的沙滩产卵，数量多达上千只。西班牙港远郊的红树林湿地，栖息着成群结队的红鸟。每当黄昏归巢时，一群群红鸟飞落在湖心岛的红树林里，犹如千树万树红花开。

多元特色的文化

特立尼达和多巴哥文化以本地土著民族的文化为基础，混合了殖民和移民历史带来的欧美、非洲和亚洲的文化特色。特立尼达和多巴哥的有线电视发展迅速，像凤凰、亚视、CCTV9，以及周边国家的电视和美国的电视等，频道多，节目丰富。

特立尼达和多巴哥有两个重要节日，一个是8月31日的国庆节（独立日），另一个是2月份的狂欢节。特立尼达和多巴哥狂欢节与巴西狂欢节、英国诺丁汉狂欢节一道，被称为全球三大狂欢节。据资料介绍，狂欢节持续一个多星期，自成风格，是特立尼达和多巴哥人民生活中不可缺少的神圣节日，也是最能代表特立尼达和多巴哥本土文化的节日，为不少其他国家所仿效。狂欢期间举行化装舞会、音乐表演和全国性的音乐大赛，评选出游行队伍的"国王"和"王后"。人们乔装打扮，穿着五光十色的盛装，或赤臂，或戴假面，或穿比基尼，或佩戴各式各样别具特色的"羽翼"，或在脸上身上涂满油彩，在街上伴随动感的音乐和强烈的钢鼓乐节奏，跳起热烈奔放的舞蹈，这已成为特立尼达和多巴哥狂欢节的典型风格之一。绝妙的脚上和臀部功夫自然潇洒，使人陶醉。五颜六色的花车游行最引人注目，展示了加勒比地区的风土人情、宗教信仰、自然景观和生活愿景，甚受观众青睐。特立尼达和多巴哥很多人痴迷音乐，平时就可以看到很多人在听CD，酒吧里音乐是不可缺少的一部分，狂欢节更不用说了。狂欢节使用的歌曲是索卡音乐和卡利普索音乐。索卡音乐起源于20世纪70年代初的特立尼达和多巴哥，是舞曲的一种，主要流行于讲英语的加勒比国家联盟。它的强节奏基于架子鼓，鼓和打击乐器是索卡音乐的主要乐器。卡利普索音乐起源于特立尼达的种植园，那些来自非洲的奴隶在歌唱中讽刺他们的主人。独唱歌手即兴编出歌词，对社会现实、政治事件或有关人物进行诙谐的讽刺。音乐加啤酒是当地人最大的享受。人们在狂欢节前就开始向路人泼彩水、抹泥糊，认为这是一种祝福活动，能为你带来吉利和福音。狂欢节前的周日是儿童狂欢节，天真活泼的孩子们打扮得花枝招展，成群结队地在皇后公园参加演出和比赛。

特立尼达和多巴哥是钢鼓乐的发祥地。钢鼓是特立尼达和多巴哥的传统乐器，是特立尼达和多巴哥的国粹和骄傲，具有广泛的民间演奏基础。钢鼓被称为"20世纪人类发明的唯一原声乐器"。据说，在1900年，西班牙港郊区就有人把竹竿当作敲击乐器来使用。"二战"结束后，特立尼达岛上人们倾城而出欢庆胜利，青年们随手拿起了垃圾箱、白铁桶、玻璃瓶等进行敲打，以表达他们的喜悦和欢乐。当时这些清脆的音响给他们留下了深刻的印象，受到了启发，后来逐步发展为全套的、包括各个声部的钢鼓乐队。从20世纪70年代起，每年11月在岛上举行为期1个月的钢鼓音乐节，进行钢鼓比赛。全国大约有200多个经常活动的钢鼓乐队，绝大部分是业余团体，最著名的专业乐队有 7 个，1980 年来中国演出的全星钢鼓乐队就是其中的佼佼者。他们带来了高矮不同的各种汽油桶共 80 个，高的汽油桶称为"钢鼓"，低的汽油桶称为"钢盘"，演奏者共 40 人。乐队演奏了他们刚学会的一首中国电影插曲《边疆的泉水清又纯》。人们不敢相信如此美妙动听的音乐居然是在普通的汽油桶上奏出来的。2010 年上海世博会期间，特立尼达和多巴哥展馆的精彩钢鼓乐演出同样深受观众欢迎。在特立尼达和多巴哥，几乎所有的活动都离不开钢鼓的助兴。2006 年 3 月，为了庆祝华人来到特立尼达和多巴哥 200 周年，特立尼达和多巴哥华人也组建了钢鼓乐队，成为节庆活动的亮点之一。

当地风土人情

特立尼达和多巴哥是多种族、多宗教国家，印度裔人口占 40%，非裔黑人占 37.5%，混血人种占 20.5%，其余为欧洲人、华人和阿拉伯人后裔等。居民信奉天主教、基督教新教、印度教和伊斯兰教。由于印度裔人数众多，因此特立尼达和多巴哥的法定公共假日设立了印度人抵特日和印度灯节。

特立尼达和多巴哥居民的社交礼节和生活习俗并不复杂。非亲戚之间一般称"先生、夫人、小姐"，亲密的朋友之间可直呼其名或爱称。人们见面时总是热情地互致问候，行握手礼或亲吻礼。对妇女尊重，优先照顾。在这里，很少看到因个人私事在街头吵架的。在街道上，司机一般都主动停车，礼让过马路的人，特别是儿童。

特立尼达和多巴哥居民大多住平房或二三层的小洋楼。经济条件不好的人家只能住木板简易房。人们的衣着比较简便，一般是短衣裤裙。正式场合则西装革履。喜欢戴金银首饰，有些人耳环吊几个，戒指戴几个，颈链挂几条，还戴手镯和脚链。主食以大米、面包和根茎类植物为主。蔬菜品种较少，价格较贵，例如半棵白菜要 30 特元。不同文化和美食传统的相互融合，便产生了特立尼达的美食。比如：牛尾汤、牛肉汤和炖蹄筋汤；爽滑可口的大块肉配上豆荚、新鲜药草和香料，佐以浓稠的酱汁，风味独特。无论吃什么都要加番茄汁。特别喜欢吃辣椒，而且超强嗜辣。不吃猪内脏，也不吃狗肉，反对杀狗。没有喝开水的习惯。吃饭时喜欢喝加冰块的凉水。吸烟的人买香烟往往是买半包或一根烟。

特立尼达和多巴哥虽然只有130多万人口，但这个拉美小国却有过一次男足世界杯决赛圈之旅。2006年德国世界杯，特立尼达和多巴哥男足队在主教练本哈克的带领下闯进了世界杯决赛圈。尽管后来遗憾地止步小组赛，但他们已经创造了自己的历史。特立尼达和多巴哥还与两位诺贝尔文学奖得主联系在一起。一位是小说家奈保尔，他出生在特立尼达，18岁时移居英国，被称为英国作家，但他的成名作和其他多部作品写的都是特立尼达和多巴哥；另一位是诗人沃尔科特，他生于特立尼达和多巴哥的邻国圣卢西亚，但成年后大部分时间住在特立尼达和多巴哥，多数诗作的灵感来源于特立尼达和多巴哥，并在特立尼达和多巴哥完成创作。在特立尼达和多巴哥的书店里，最热销的永远是这两位作家的书籍。

大洋洲岛国

　　大洋洲（英文名 Oceania），共有 24 个国家和地区，陆地总面积约 897 万平方公里，是世界上最小的一个洲。它由世界上面积最小的澳大利亚大陆和上万个大小悬殊的岛屿组成。这些岛屿类型齐全，按其成因可分为大陆型、火山型、珊瑚礁型和混合型四种。大部分岛屿属珊瑚礁型，面积小，地势低平，分布在汪洋大海之中，位置十分孤立。珊瑚海总面积达 479.1 万平方公里，是世界上最大的海。大洋洲主要人口是巴布亚人、澳大利亚人、塔斯马尼亚人、毛利人、美拉尼西亚人、密克罗尼西亚人和波利尼西亚人，此外还有混血种人、印度人、华人和日本人等。土著居民为黄种人和黑种人。大洋洲 14 个国家中，除澳大利亚为大陆国家外，其他 13 个均为岛国。其中，帕劳、基里巴斯、马绍尔群岛、瑙鲁、图瓦卢等 5 个岛国，与中华人民共和国尚未建立外交关系，故未列入本书正文，只作为附录放在全书末尾作个简单介绍。

长白云之乡　新西兰

　　新西兰位于太平洋西南部,西隔塔斯曼海与澳大利亚相望,相距1600公里,被毛利人称为"长白云之乡"。新西兰最早被荷兰人发现和统治,当时荷兰省和西兰省是荷兰的两个航海大省,早期的荷兰探险家将大洋洲的两块陆地分别命名为新荷兰和新西兰。新荷兰最终被澳大利亚所取代,"新西兰"这个名字保留了下来。据说是一名荷兰绘图员以西兰省之名,把"长白云之乡"这个地方称为"新西兰"的。也有一种说法是,荷兰航海家阿贝尔·塔斯曼船长于1642年12月发现了新西兰南岛,误认为该岛是接近南美洲的斯塔腾岛的一部分,很像丹麦首都哥本哈根所在地的西兰岛,于是将其取名为"新西兰"。

新西兰国旗　　　　　　国徽

国情概要

新西兰国土面积 27.0534 万平方公里，人口 447 万（2013 年 7 月）。首都惠灵顿，国庆日 2 月 6 日。领土由南岛、北岛、斯图尔特岛及其附近一些小岛组成。另有三个海外属地，包括托克劳群岛、库克群岛和纽埃岛。南、北岛之间以库克海峡分隔，南岛邻近南极洲，多冰河与湖泊，北岛与斐济及汤加相望，多火山和温泉。山地和丘陵占 75% 以上，冰川覆盖的南阿尔卑斯山脉库克峰海拔 3764 米，为境内最高峰。水力资源丰富。从库克山 580 米处倾泻而下的萨瑟兰瀑布，像一条白丝带，景色瑰丽。属温带海洋性气候，四季温差不大。但位于新西兰南边的奥克兰群岛，处在传说中的"狂怒强风暴雨带"中，是无人居住的群岛。新西兰以农牧业为主，一派铺陈大地的农牧风光：花木繁茂，绿草如茵，牛羊遍地。鹿茸、羊肉、奶制品和粗羊毛的出口值皆为世界第一，是举世闻名的"畜牧之国"。旅游业、服务业亦发达。2011 年人类发展指数国家排名第 5 位，生活水平相当高。

新西兰的国土面积不是很大，但是它有如诗如画般的美景：雄伟的南阿尔卑斯山、壮观的火山、清澈的湖泊、秀丽的峡湾、原始的丛林、迷人的沙滩；而且天空特别蓝、草地特别绿、树林非常茂密、山川湖海非常美丽。当然还有毛利人浓郁的传统习俗、多民族丰富的人文风情以及多姿多彩的都市风貌。所有这一切，为游客们提供了多种多样独特的旅游体验。

在新西兰这个美轮美奂的"中土世界"，流传着许多美丽的神话传说。其中就有关于毛伊钓起海岛的传说，谓新西兰北岛是他钓起的最大岛屿。在毛利文化中，也有关于南岛起源的神话故事，谓天父与地母结合，生出了大量子孙，他们来到新西兰，把巨型独木舟变成了南岛。从神话回到现实，新西兰是个历史不算太长的移民国家。远古时代一直无人居住。大约在 14 世纪中叶，毛利人才从波利尼西亚中部的社会群岛，分乘 7 艘双体独木舟渡过波涛汹涌的大海，来到郁郁葱葱的新西兰北岛定居，成为新西兰的最早居民。到了 17 至 18 世纪，偶然发现新西兰的欧洲探险家，寻求的是一个传说中的南半球大陆。最早来到这里的是荷兰船长阿贝尔·塔斯曼。他没有能够和当地毛利人建立起友好关系，他的4名船员在流血冲突中被杀死，发生冲突的地点从此得名"屠夫湾"。英国探险家詹姆斯·库克在1773年和1777年两次来到这里，记录了他的所见所闻，由此引发了欧洲人到新西兰探险的浪潮。至1840年，已有11.5万名毛利人和2000多名欧洲定居者。这一年2月6日，英国政府全权代表迫使45名毛利族酋长，在北岛岛屿湾怀唐伊镇签署了著名的《怀唐伊条约》，使新西兰沦为英国殖民地。签约的房屋被称为"条约屋"，至今仍屹立在怀唐伊国家级保护区。1907年9月，新西兰独立。1972年12月22日新西兰与中国建立外交关系。

100% 纯净的新西兰

新西兰素以神奇、美丽、纯净的自然风情著称，"100% 纯净的新西兰"这句耳熟能详的标语已成经典。南岛有个叫"格林诺奇"的小镇，位于达特河三角洲的边缘，周围是云雾缠腰的冰川、翡翠般清澈的湖泊和令人惊叹的高山景致。因为《魔戒》三部曲和《霍比特人》两部影片在这里取景，因而得了一个响亮的外号"魔戒小镇"。在《魔戒》（又名《指环王》）中充满田园风光的家园就是新西兰的真实写照。新西兰北地大区西海岸的怀波瓦贝壳杉森林，是新西兰遗留的最完好的贝壳杉保护区。贝壳杉为常绿乔木，材质优良，被认为是世界上强度最高的软木树种之一，现已成为珍稀植物。成熟的贝壳杉高大挺拔，树干直径可达5米。其中一棵"森林之父"直径达16.4米，已有2000多岁了，依然生机盎然。北部岛屿湾一直以它美丽的海岸风光而闻名，海湾中躺着大小不等的144个美丽的小岛，旅游者可以像生活在岛屿湾的新西兰人那样，疯狂从事各种水上运动——冲浪、划船、海上钓鱼、驾帆与潜水；或者到派西亚、拉塞尔和怀唐伊等海边小镇游览休闲。北岛西部的塔拉纳基山（也被称为"艾格蒙特山"）海拔2518米，属于复式火山，因火山锥优美、对称而知名，其外观颇似日本的富士山，因而被人们称为"新西兰的富士山"。好莱坞电影《最后武士》曾在此取景，把此山假借为富士山。

新西兰广袤的草原、成群的牛羊和美丽的蓝天白云，构成异域最具特色的自然风情。坎特伯雷大草原是新西兰最大的草原，风光绮丽，一望无际。牛、羊群散落在苍穹下，享受着一份悠闲，一份自在。羊无尾（从小剪除尾巴）、牛排队（等待挤奶）、马穿衣（御寒）、驼无峰（羊驼）是这里的奇特景象。牧民对狗怀有特殊的感情，视狗为"终生的伴侣""牧羊的卫士"。牧羊犬雕塑坐落于坎特伯雷区的

牧羊犬雕塑 / 毛国良摄

好牧羊人教堂附近，显示了牧羊犬的忠贞精神。据说这个铜像是为了纪念牧羊犬在新西兰为牧主保护羊群所做的贡献，也是对当初开创农田和麦肯齐地区的先驱者的一个称颂。牧羊犬的确是牧羊人的好帮手，它们尽职尽责，与牧羊人配合默契，把羊群赶往指定地点。瓦尔特峰高原农场是新西兰最原始的高原牧场之一，位于昆士城湖对岸的瓦尔特山主峰西侧，游客可乘坐被称为"湖水贵妇"的蒸汽船，前往瓦尔特高原牧场，享受自然草原风光和慢节奏的牧场生活。在牧场，或品尝田园风味的茶点，或观赏剪羊毛秀、牧羊犬赶羊等活动，或亲自感受挤羊奶的新鲜感受，或漫步在青青的草场，亲身贴近那些可爱的绵羊、山羊、小鹿及苏格兰高原牛。这里除了饲养小肉牛外，主要放牧两种羊，一种叫罗姆尼羊，另一种是著名的美丽奴羊。罗姆尼羊既可卖肉，也可产羊毛。美丽奴羊适于高山寒冷气候，以纤维精细著称，用于制作高档服装。瓦尔特的美丽奴羊曾三次在伦敦的展销会上荣获销量冠军。

新西兰的阳光热情而奔放，毫不吝啬地照射在碧海、绿岛、山崖、海角上。拐子角坐落于北岛霍克斯湾区东南部一个海拔140米的悬崖上，阳光灿烂，风光无限。这里有世界上最大的陆地塘鹅保护区，每年约有1.7万只塘鹅在此繁衍生息。帕利斯尔角是北岛最大的海豹栖息地，在这里不仅可以近距离观察海豹，而且可以观赏普唐伊鲁阿峰的壮丽风景。玛努湾是新西兰最知名的冲浪胜地，以世界上最长、最凶猛的左手浪而闻名业界，亦因1966年在此拍摄的电影《无尽之夏》而闻名全球。雷因格海角坐落于北岛奥普里半岛的西北端，塔斯曼海和太平洋在此交汇，在海角可以观赏到壮观的洋流漩涡。尤为特别的是，在海角的悬崖上生长着一棵有800年树龄的名叫普胡图卡瓦的古树。据传说，毛利人死后其灵魂将从雷因格海角跃下，沿着普胡图卡瓦古树的树根进入往生，返回他们祖先的家园哈瓦基。大堡礁岛是一个偏远的、未遭破坏的人间乐园，从原始森林到银白海滩总是充满了惊奇和刺激。垂钓、划独木舟、骑马、观鸟、游泳、海滩漫步、打高尔夫、乘皮划艇、乘四轮驱动等，成为这里不可或缺的旅游项目。

新西兰没有虎、狼等猛兽，却是珍稀鸟类的天堂。最著名的是新西兰的国鸟——几维鸟（奇异鸟）。它因叫声"几维"而得名。它的大小与公鸡差不多，头小而身材粗短，喙尖而细长，羽毛细如丝发，翅膀退化，无法飞行，寿命可达30年。几维鸟实行一夫一妻制，夫妻关系可长达20年，即使配偶死亡亦会独守一生。这大概与它们哺育雏鸟需要很长时间有关。几维鸟的蛋比一般鸡蛋大得多，孵化过程长达70至74天，完全由雄鸟负责。雏鸟大约需要经过4年才能成熟。除几维鸟不会飞外，威卡秧鸡（鸟类）及濒临灭绝的鸮鹦鹉也不会飞。鸮鹦鹉是世界上最大的鹦鹉，翅膀虽然发达，但不善于飞翔，只能在树

几维鸟雕塑 / 毛国良摄

枝间攀爬，尾巴常在地面上拖行前进。另一种奇特的鸟类是好奇心很重的啄羊鹦鹉，这种鹦鹉会飞，以不怕人类和大胆的个性而闻名。新西兰还有一种哈斯特巨鹰，它翼展 3 米多长，体重 18 公斤左右，堪称史上最大的鹰。

北岛的自然奇观

新西兰拥有众多的火山、地热、温泉和溶洞等自然奇观。活火山均分布在北岛呈三角形状的陶波火山区，大多集中在该火山区东边的最深断裂带上。沿着这一狭窄的断裂带分布有 5 座活火山：鲁阿佩胡、安茹侯意、通各日瓦、塔腊韦腊和白岛。此外，还有许多休眠的火山。火山活动最显著的特点是剧烈爆发。例如，1886 年，塔腊韦腊火山突然喷发；1995 至 1996 年，鲁阿佩胡火山发生喷发；2012 年 11 月，汤加里罗火山也发生了喷发。火山喷发给当地人民的生命财产造成了重大损失，但也给当地经济带来了众多实惠，例如火山喷发的迷人景色，以及产生的地热、温泉等，每年吸引着成千上万的游客。

北岛的塔拉纳基地区是《孤独星球》2016 年精选出的最值得游玩的 10 个地区之一。它位于北岛西海岸一个伸入塔斯曼海的半岛上，在奥克兰和惠灵顿的中间。白雪覆盖的塔拉纳基休眠火山海拔 2518 米，是这个地区的精神与自然之魂。那里有几近完美的圆形火山口。发源于塔拉纳基火山的几十条河流及小溪，呈放射状从山坡流下，给这座高山带来了灵动和活力。探险家阿贝尔·塔斯曼在 1642 年发现这座山的时候说过："这是我所见过的最高贵的山峰"。塔拉纳基火山和塔斯曼海为喜欢户外探险的旅游者提供了天然场所，是徒步旅行、登山、滑雪、跳伞、冲浪和摄影的胜地。每年有几十万人来到塔拉纳基火山爬山健走。户外运动、极限运动、蒸汽和温泉、毛利文化的深厚底蕴，使这个地方充满了生命的律动和活力。

数百年来，北岛的温泉地热是当地毛利人的最爱，泡温泉成为一部分新西兰人的生活习惯和爱好。当欧洲人开始注重矿泉的养身功效之后，也纷纷来到这里。以地热闻名的北岛中部市镇怀拉基，地处罗托鲁阿—陶波湖地热区中心。这里的气井中喷出的"湿"蒸汽含80%的水分，并且温度极高。现有气井100多口，其中60口用于发电。位于罗托鲁阿湖南畔的罗托鲁阿市，坐落在火山多发区，被称为"火山上的城市"。1886年6月10日火山爆发导致3个毛利村落化为废墟；1917年火山再次爆发，摧毁了部分旅游设施。"罗托鲁阿"是毛利语"火山口湖"或"双湖"的意思，是毛利人聚居区和著名的旅游胜地。当地有一句话流传甚广："没到过罗托鲁阿，就不算到过新西兰"。全市遍布热泉，以间歇泉和沸泥塘而闻名，是新西兰最著名的温泉乡，也是最天然、最狂野的天体 SPA。沸泥塘是一大奇观，黄色的泥浆突突沸跳，就像熬稠的米粥。到处弥漫着浓浓的蒸汽和独特的硫黄气味，不时有蒸汽从地洞中喷出，无怪乎被称为"地狱之门"。有一个温泉中心，专门进行传统的毛利按摩和泥巴浴。在罗托鲁阿以南约30公里处的怀奥塔普地热世界，可以沿步道观赏到令人惊叹的活火山景观及地热现象，独特景点包括全球知名的香槟池。美丽诱人的香槟池可不是真的有满满一池的香槟酒，而是一个著名的温泉景点。池水深达60米，常年水温达到74摄氏度。由于它会像香槟酒一样冒气泡，有着打开香槟酒时的那份浪漫，所以赢得了这样一个美丽诱人的名字。

间歇泉是间断喷发的温泉，多发生于火山运动活跃的区域。有人把它比作"地下的天然锅炉"。在法卡雷瓦雷瓦地热保护区，可目睹间歇喷泉、沸腾的潭水和硅石阶地，其中普胡图间歇喷泉是几处喷泉中最大的一处，每天喷发10至25次。而怀芒古间歇泉是陶波火山带里最大、最高的间歇泉，它爆发力非常强，喷涌而出的热水夹杂着泥浆和岩石，升至百米以上高空。1903年，4名游客被突如其来的大规模喷发夺去了性命。诺克斯夫人间歇泉也位于陶波火山带，被关押在附近监狱的囚犯把肥皂加入这个间歇泉后，偶然会导致间歇泉喷发，用来清洗衣物。添加肥皂的方法目前仍被用来诱使夫人间歇泉喷发。

童话世界怀托莫溶洞，位于奥克兰以南168公里的蒂库伊蒂附近。怀托莫在毛利语中意为"流水贯洞"。主要由三个各具特色的大溶洞组成，即怀托莫荧光虫洞、鲁阿库尔洞、阿拉纽伊洞。怀托莫荧光虫洞，以洞中特有的荧光虫发出的点点荧光景观最著名，被英国大文豪萧伯纳誉为世界奇观。鲁阿库尔洞在三个大溶洞中最大。洞内曲径通幽，深入地府，石钟乳、石笋、石幔形态各异，各具其妙。新娘岩以钟乳石形似新娘、伴娘而得名。而阿拉纽伊洞内石钟乳洁白如雪，进洞小道名"仙姬径"，因石笋婀娜多姿，似仙女行路而得名。洞中还有一胜景，名曰"东方舞台"，林立的石笋在彩灯的照耀下，映现出东方传奇故事中的种种人物，有的说像《天方夜谭》神灯故事中的乞丐和祭师，有的说像神采奕奕的乐善好施者，有的说像《圣经》中的以撒的妻子利佰卡，就看你的想象了。

南岛的绮丽风光

路特本步行道是新西兰极好的步行道之一，它穿越南阿尔卑斯山脉脚下的好莱福与达特山谷之间美丽而原始的山地。古代毛利人经常利用这条步行道远征西海岸，去寻找宝贵的绿玉。蒂瓦希普纳姆为库克山、峡湾、阿斯皮灵山以及西区国家公园所环绕，这里有多样的自然景观，例如海滩、悬崖、湖泊、温泉和瀑布等。库克山国家公园里有高耸入云的山峰、雄伟的冰川和开阔的滑雪场。而峡湾国家公园里巍峨的雪峰倒映在午夜蓝荧荧的海洋上。米尔福德峡湾（亦称"米佛

南岛的湖光山色 / 毛国良摄

峡湾")是峡湾国家公园中最重要的景点。它形成于冰河时期,最深处与米特峰相差265米。毛利人认为米尔福德峡湾是一个叫"图蒂拉基法努阿"的力大无穷的铁匠创造的,他用神奇的斧头雕出了米尔福德峡湾的峭壁和宏伟的山峦。在由东向西40分钟的船程中,可以看到玛纳波里湖中许多小小的岛屿群,以及冰川运动造成的蜂巢山,景色奇特。在南岛中部的赫米塔奇可以欣赏到海拔3764米的库克山的瑰丽景色:高坡上是斑斑积雪,山间是塔斯曼冰川,苏瑟兰瀑布从580余米高处倾泻而下。

南岛的西海岸是一个充满野性的地区。行驶在西海岸线6号公路上,一边是绵延起伏的南阿尔卑斯山脉,另一边是一望无际的塔斯曼海。这种原始的美一路伴随旅人前行。传统意义上的西海岸以北端的西港为起点,经格雷茅斯、霍基蒂卡、约瑟夫镇、福克斯镇至哈斯特的布鲁斯湾。当地人被称为"海岸人",他们以友善、热情和好客闻名。由于南阿尔卑斯山的阻隔,当地人习惯了自给自足,性格也显得独立坚毅。淘金和采煤促成了西港的繁荣。格雷茅斯镇则有挖掘玉石、开采金矿的历史。在历史名镇霍基蒂卡,可以倾听沉船、采金人和找绿玉的故事。普纳凯基的煎饼岩和喷水洞是西海岸的特色景点之一。冰川徒步是新西兰户外运动中的明星项目。登上福克斯冰川和弗朗兹约瑟夫冰川,方能领略冰雪峭壁的大气磅礴。在位于冰川与海洋之间的国家公园里,栖息着各种珍稀物种,例如奥卡里托棕色奇异鸟、南部凤头鹛鹠(卡玛纳)以及白苍鹭(科图库鸟)等。哈斯特坐落在蒂瓦希普纳姆世界遗产地区的心脏地带,当地酒馆的特色是用动物头骨装饰店铺。感兴趣的话,可以去参观海豹和企鹅聚居地,或者参加河流探险、海上钓鱼、海边兜风等娱乐活动。在布鲁斯湾,吸引你眼球的是海滩上无数写满各种爱意的白石头,在潮起潮落中显得十分浪漫。

斯图尔特岛是新西兰的第三大岛,坐落在南岛以南大约30公里的大海中,因其天然粗犷的自然环境和离群索居、遗世独立的苍茫而闻名。岛上栖息着种类繁多的鸟类和一些黄眼企鹅、小蓝企鹅等,是赏鸟的理想之地。这里还是新西兰观赏南极光的最佳地点,吸引着世界各地游客来此观赏绚丽的极光景观。在南岛的周边海面上,散落着许多岛屿群,它们隐姓埋名,默默地沉睡在大洋深处。凯库拉半岛的外海洋流带来大量浮游生物，大量鲸鱼、海豚和海豹来到这里捕食和繁衍生息。乘船出海追逐鲸鱼的踪影是非常有趣的事情。最激动人心的，当然还是看到抹香鲸。抹香鲸是世界上最大的有齿鲸类，雄性抹香鲸身长可达 15 米左右，重量可达 20 吨左右，最重的达到 40 多吨。它们在所有鲸类中潜得最深、最久，因此号称为动物王国中的"潜水冠军"。美国作家梅尔维尔的经典名著《白鲸记》中那头神勇的大鲸莫比·迪克就是一头抹香鲸。在碧海蓝天之际，抹香鲸的头顶不时向空中喷射水柱，流线型的身体畅游在万顷碧波之间，让翘首以盼的人群发出欢呼声。如果你看到抹香鲸纵身一跃，把尾巴高高地翘出水面，那么说明它将潜入水中，在 1 小时左右时间以后才会再出来换气。

"风城"惠灵顿

惠灵顿是世界上最南的首都城市，人口约 45 万，是大洋洲国家中人口最多的首都（澳大利亚首都堪培拉的人口不足 40 万）。它坐落于北岛西南端，隔库克海峡与南岛相望。城市三面依山，一面临海，怀抱着尼科尔逊天然良港。周边群山连绵，满目苍翠，碧海蓝天，四季如春。只因海峡风管效应而常刮大风，故有"风城"之称。因此在市中心部分地区设有绳索，以便人们在大风中能抓住绳索走稳脚步。

惠灵顿的名字来源于在滑铁卢战役中战胜拿破仑的英国名将亚瑟·韦尔兹利（即威灵顿公爵）。城

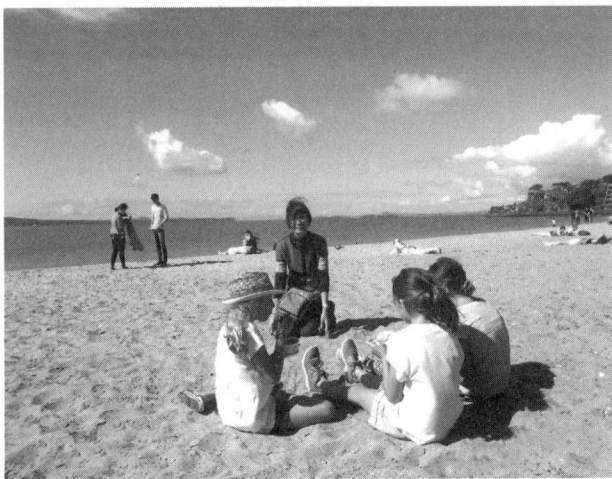

风光迷人的海滨 / 毛国良摄

市以其美丽的自然港口和绿色的山坡而著称。市区比较紧凑，步行就可逛遍。桑顿紧挨着市中心的北部，遍布历史古迹，并且是各国使馆所在地。古巴街、科特尼区域、礼貌路、威利斯路、皇后码头和兰姆顿码头，是该城最有活力的地方，饮食、娱乐和购物场所人流不断。饮食很长时间被牛排、薯片、卷心菜、馅饼、鱼、熏肉和布丁所占据，口味千篇一律。但移民国的特点也赋予了惠灵顿饮食的新变化。许多艺术家在惠灵顿定居或活动。夜晚的娱乐活动比较丰富多彩。

惠灵顿市区的主要建筑和景点有：国会大厦、政府大楼、汤布尔图书馆、旧圣保罗教堂、蒂帕帕国家博物馆、多明尼恩博物馆、国立美术馆、维多利亚山、惠灵顿动物园、植物园等。其中，国会大厦建筑群建造于 1876 年，是惠灵顿最吸引游客的名胜之一，每天对外开放。它的独特之处是全木结构建筑，外形酷似蜂巢，内部采取了有效的防震抗震设计，以适应新西兰这样的多地震国家。坐落在国会大厦对面的旧政府大楼，是南半球最大的木结构建筑。大楼所使用的本土木材贝壳杉，材质坚硬，纹理美观，经过打磨后，散发着温和的、缎子般的光泽。由于贝壳杉森林已受到永久性保护，所以这座大楼不能再被复制。蒂帕帕国家博物馆是新西兰唯一一家由政府直接管理的博物馆，展览内容包括毛利文化、《威坦吉条约》、殖民时代、淘金时代以及现代技术等历史文化。有趣的是国家文身博物馆，内有成千上万种文身展品展出，包括毛利人脸上的刺青、传统和当代的文身工具。专设一个文身工作室，只为真正的文身爱好者服务。如果你怦然心动，可以当场文一个。

惠灵顿市区街道宽阔，市面繁荣，具有较高的现代化水平，但同时依然保留了新西兰这个畜牧业国家的固有特点：市内乳制品琳琅满目，品种多样，到处都有出售；郊外处处可见成群的牛羊悠然吃草，随着太平洋吹来的阵阵微风，颇有"风吹草低见牛羊"的意境；港口码头，堆放着出口待运的肉类、乳制品、羊毛等。作为海港城市，市区建有一座造型别致的海豚纪念碑，上面写着"天才领航员杰克"。原来，这里还有个故事。故事有不同的版本，其中一个版本是：1888年，在库克海峡里出现了一头海豚，它一见有轮船开过来，就会在船前欢跃地跳上跳下。船员们知道，凡是海豚跳跃的地方，海水一定很深，轮船不会触礁，于是轮船就跟着它前进，并顺利地通过了库克海峡。这头海豚不知疲倦地在别洛鲁斯海湾迎送着来往的船只，把轮船安全地引到港湾里。船员们亲切地把这头海豚命名为"别洛鲁斯·杰克"。1909 年，新西兰政府特地颁布了保护海豚杰克的法令：严禁伤害在库克海峡护送船只的海豚杰克。24 年来，它始终义务地为过往的船只领航。1912 年，杰克被国外的一条捕鲸船杀害了。后来，人们在水底的岩石缝里找到了它的尸体。为了表彰它的功勋，人们特地为它举行了隆重的葬礼，还在惠灵顿市为它建造了一座纪念碑。

惠灵顿市区西南部有一座风景秀丽的维多利亚山，在这里可以全方位欣赏惠灵顿这座山海相拥的城市。山北的卡因加罗国家人造森林，占地 15 万公顷，绵延100 多公里，为惠灵顿营造了优美的环境。市区附近的怀拉拉帕、马尔堡及纳尔逊等地区，有景致优美的乡村、风光迷人的海滨、开发良好的国家公园和葡萄种植园，以及设施雅致的乡村旅馆和家庭旅馆，可以让回归自然的人士如愿以偿。

"风帆之城"奥克兰

"奥克兰"在毛利语中的意思是"纯洁的少女和一百个情人"。这是一座依傍着神奇海洋世界的现代都市，一半是都会，一半是海景。登上 320 多米高的天空塔观景台，可以观赏到城区与海域的壮丽风景。城区是沿着死火山口所构成的，丘陵起伏延伸，坡道富于变化，花园、公园密布。而海上散布着 50 多座岛屿，每个岛屿都有不同的特色。怀希基岛就是一个美轮美奂的小岛，岛上的葡萄园和酒庄成为举行私人派对以及婚礼的绝佳地点。西海岸的皮哈黑沙滩，以其原始风貌和惊涛骇浪而著称，是冲浪爱好者的聚集地。城市港湾优良，湖岸海边，帆船林立，男女老少，三五成群，都会悠闲地乘着帆船出海，享受生活。奥克兰人拥有帆船与游艇比例之高，冠于全球，因此，"帆船之都""风帆之城"的美誉不胫而走。

奥克兰整个城市分为南北两部分，由奥克兰海港大桥联成一体。市区高楼大

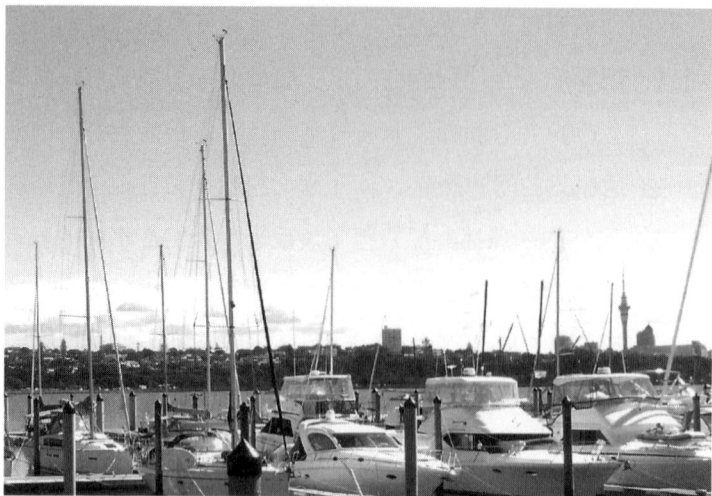

"风帆之城"奥克兰 / 毛国良摄

厦不多,标志性的建筑就是跨海大桥和电视塔。跨海大桥的一端是市中心,另一端是中产阶级的居住区。市中心的维多利亚街和霍布森街,是欣赏奥克兰夜景的最佳街区。庞森比路商业气息浓厚,不仅有许多精品店,而且有众多餐厅酒吧,周末晚上更是热闹非凡。皇后大街是奥克兰的黄金地段,街道两旁店铺鳞次栉比,逛街的人摩肩接踵。麦肯奇街专卖店的服饰剪裁精细,凸显女性柔美。新市场的纳菲尔德街汇集了众多精品时尚、化妆品店和家居用品店。帕奈尔街漂亮、安静、典雅,具有欧洲风味;精品店、画廊、餐厅、酒吧和露天咖啡座深受顾客喜爱。还有一条雅称"多美丽"的路(华人俗称"倒霉路"),在过去的 20 多年中,已经逐步成为一个以亚裔人士,特别是华人为主的聚集地,类似唐人街。

奥克兰是个多民族聚居的城市。全市人口 146 万(2017 年),包括新西兰白人、太平洋岛民、波利尼西亚人、墨西哥人、毛利人、华人、其他亚洲人和非洲、欧洲移民,种族相当多元。黑人和墨西哥人主要居住在奥克兰东南部;南部和西区则以毛利人和太平洋岛民为主;中国大陆移民多居于中区,而东区以中国香港、台湾移民为多;奥克兰北岸主要以欧洲移民、新西兰白人和部分亚洲人为主。在霍韦克历史文化村,可以看到民居、邮局、教堂、学校、商店、铸铁场等 30 多间建筑物。这些带有浓郁欧式田园风格的建筑,浓缩和保存了欧裔移民在奥克兰生存与发展的历史原貌,见证了这块净土百年风云与沧桑。走进村里,只见身着古代服饰的女子在林荫小道上来来往往,恍然中真还有点不知身在何处、今夕何年的感觉。

　　奥克兰是个多元文化城市。体现繁华都市的各种元素应有尽有，包括博物馆、美术馆、剧院、音乐会等。奥克兰博物馆，既是一所收藏民族历史文物的博物馆，也是一座反映"二战"历史的战争纪念馆。馆前矗立着一座雄伟的阵亡将士纪念碑，每年 4 月 25 日都会在这里举行隆重的悼念仪式。奥克兰美术馆建立于1888 年，主要藏品有绘画、雕塑、木雕等。其中，西班牙画家毕加索为自己的家人所创作的《集体肖像画》，堪称奥克兰美术馆的"镇馆之宝"。奥克兰市民剧场的礼堂模仿摩尔花园的建造风格，非常具有古典美。每年 2 月，为了展现奥克兰多元文化的特色，均会举办为期一周的文化庆典。每天不同的节目，例如舞蹈艺术、街头音乐、雕刻艺术，以及传统食物的料理艺术，均会在奥克兰各场地展开。每年 4 月，会以爵士乐为主题，举办一连串的庆祝活动。奥克兰到处充满着音乐的气息，流淌着音乐的旋律。

基督城与达尼丁

　　基督城（克赖斯特彻奇市）位于南岛东岸，是著名的花园城市，也是仅次于奥克兰和惠灵顿的第三大城市。由于当初前来建设该城地标"大教堂"的人士大多是英国牛津大学的基督教会出身，因此为这个城市取名为"基督城"。基督城处处洋溢着浓厚的英国气息，是英国以外最具英国色彩的城市。安静的艾芬河蜿蜒流过市区，两岸杨柳拂风，很有情调。乘电车或马车，欣赏市内明媚风光，别有一番兴致。著名的艺术街区，是基督城购物与观光的绝佳景点。酒吧、餐厅、露天咖啡座与工艺品店等，顾客甚多。著名的寇特剧院及南方芭蕾舞团均位于此地。维多利亚广场，是艺术文化表演者荟萃地，各种表演精彩纷呈。热闹的各个节庆使基督城更见魅力。每年举办的花卉节、美食节、全国艺术节、世界街头艺术节及嘉年华会，让人流连忘返。去餐馆用餐时，别忘了品尝冰淇淋、小羊排、三文鱼等当地特色美食，也别忘了配上一杯当地出产的葡萄美酒。可惜 2010 年

9月和2011年2月发生两次地震，对当地造成了严重破坏。值得一提的是，该城是中国人民的老朋友路易·艾黎（1897—1987）的故乡。他于1927年4月来到中国，曾经为中国人民抗击法西斯侵略战争和新中国经济建设以及中新友好做出了重要贡献，当选"中国缘·十大国际友人"。

达尼丁是南岛一个独具魅力的城市，当地居民主要是来自苏格兰的移民，所以城市建筑为典型的苏格兰风格，被称为苏格兰以外最像苏格兰的外国城市。达尼丁火车站是新西兰最大的石造建筑，屋顶上是精美的石雕，主体是苏格兰风格的灰黑相间的大石柱，白色与深色材料结合而成了风格明快的外观，远看好似一个诱人的巧克力蛋糕。市中心广场上矗立着苏格兰诗人罗伯特·伯恩斯的雕像。剧院、咖啡馆、酒吧，似乎占据了旧建筑的每一个角落。全年都有节庆活动，包括中国新春、冬至嘉年华、文化遗产节、艺穗节、达尼丁时装周等。鲍德温街是世界上最陡峭的街道，每年夏季在此都要举行充满乐趣的达尼丁艺术节，吸引来自世界各地的游客。达尼丁植物园每年10月的第三个星期都要举行著名的杜鹃花节，品种各异、姹紫嫣红的杜鹃吸引着成千上万的游客。郊外的拉纳克城堡是新西兰唯一的城堡，是拉纳克为第一任妻子、美丽的法国女人伊丽莎修建的，其建筑风格独特，是新哥特式复兴主义建筑与英国殖民时代建筑的结合。参观城堡，

苏格兰风格的达尼丁火车站 / 毛国良摄

可以听到一个集浪漫、悲剧与丑闻于一身的故事。说的是伊丽莎去世后，拉纳克的第三任妻子，爱上了拉纳克与伊丽莎所生的儿子，导致拉纳克发狂，在议会大厦自杀身亡。这幕悲剧的确让人感叹不已。乘船游览奥塔哥港口，倒是饶有兴趣的，因为能看到新西兰南岛的各种珍奇动物，包括信天翁、黄眼企鹅、海豚、海豹和鲨鱼等。附近海湾的信天翁是世界上最珍奇的鸟类之一，有"皇家之鸟"的美誉。黄眼企鹅则是世界上最"害羞"的企鹅，与新西兰的海豹生活在同一片沙滩上，和平共处。

美丽纯净的小镇风貌

新西兰有一些各具特色、美丽宁静的小城。例如：北帕默斯顿（简称"北帕"）位于惠灵顿东北128公里处，是一座学生之城、富裕之城、玫瑰之城。纳皮尔（又译"内皮尔"）是北岛霍克斯湾的重要港市和装饰艺术之城，与相距只有10公里的哈斯丁并称为"姐妹城市"。尼尔逊位于南岛北部，是新西兰的地理中心，2009年被国际旅游网站评为全球最具魅力的十个城镇之一。限于篇幅，对以上小城不再详细介绍了，而要侧重介绍一下以下一些小镇。因为这些小镇虽曰小，但美丽纯净、名声不小。

皇后镇是一个坐落在瓦卡蒂普湖畔，被南阿尔卑斯山包围的美丽小镇。因环境优美、景色迷人、只有高贵的皇后才能居住而得名。小镇仅有2万居民，每年却吸引着上百万来自世界各地的游客。各种肤色的游客来到充满异国风情的莫尔街道上，优哉游哉地闲逛起来。街道蜿蜒起伏，各式商店、房舍鳞次栉比。有名的天空缆车餐厅提供丰富的海鲜自助大餐以及烤肉、沙拉、三文鱼、生蚝等美食。喜欢冒险运动的人们可以去从事蹦极、滑翔伞、空中缆车、钢索飞行、漂流、冲浪、喷射快艇等惊险刺激的运动。43米高的卡威劳大桥，是世界现代蹦极发源地，也是皇后镇户外探险最具代表性的地点。134米高的内维斯钢索平台，是世界上最刺激的蹦极地之一。其独特之处在于，先乘坐汽车，一路颠簸而上，一直

依山傍水的皇后镇 / 毛国良摄

到达内维斯峡谷。从吊在空中的缆车平台一跃而下，瞬间的失重将让你肾上腺素急速飙升！此外，皇后镇冬季嘉年华也是一个极具特色的活动，其中的滑雪运动是嘉年华的重点项目。同时还有不同的展演活动：花车游行、冰雕大赛、工艺市集、街头艺术表演等。

位于皇后镇东北20多公里处的箭镇，坐落在箭河畔，人口1700人左右，是新西兰风景如画的小镇之一。每年4月，正值南半球金秋季节，此时会举办金秋文化节来庆祝一年的丰收。这里曾经是热闹的淘金地，淘金潮过后归于寂静，现在主要以旅游为主。在电影《魔戒》里，美女精灵女神呼唤万马奔腾的河神来保护她们的画面就是在箭河边拍摄的。漫步在箭河边，追忆当年数千名中国矿工生活过的地方——他们居住的简陋小村庄依旧在河边。箭镇的主街白金汉街是当年繁荣景象的见证。现在有工艺品店、珠宝店、小小淘金博物馆、小小电影院以及邮局。一般来讲，来这边玩的观光客都会在邮局留影。

南阿尔卑斯山东麓的梯卡坡小镇，位于同名湖泊的南端。梯卡坡湖出产优质的鲑鱼，是垂钓和水上运动的好地方。虽然地方有点荒僻，但这里的星空静谧而璀璨，享有"全球最美星空"之誉。仰望星空，繁星点点，就像无数镶嵌在蓝色天鹅绒上的璀璨宝石，美丽而浪漫。银河挂在天际，大团星座和南十字星清晰可见，偶有流星划过夜空。小镇居民尽量减少灯光的使用，细心地呵护这一片"最美星空"。正是这样的星空，赋予了小镇别样的美丽。

布拉夫小镇坐落于新西兰南地大区的南海岸，是新西兰本土最南端的小镇，也是全世界最靠近南极大陆的小镇之一，因此被人们称为新西兰的天涯海角。小镇以南的斯特林角，是新西兰陆地的最南端，标志性景点当属矗立于此的路标，上面显示了由此至世界各大城市的距离。由于靠近南极，这里空气特别纯净，落日的美景很是诱人，晚霞的色彩格外艳丽。布拉夫也因优质牡蛎而享誉全球。据说布拉夫牡蛎是世界上最好吃的牡蛎，肥美多汁、香滑鲜嫩，适宜生吃。每年 4 月到 8 月是牡蛎和各类海鲜收获的最佳时节，当地举办热闹的布拉夫牡蛎节。世界各地的游人，一边喝着醇厚的葡萄酒，一边品尝美味的牡蛎，是非常惬意的。

凯利凯利小镇位于新西兰北岛的群岛湾，常住人口 1.5 万。群岛湾自身包含 144 个岛屿，这里有各式各样的与海有关的活动：航海、装备潜水、深海捕鱼、冲浪、风筝滑板等等。凯利凯利是新西兰发展最快的小镇之一，水果生产基地出产柑橘、新西兰奇异果、其他亚热带水果，同时也盛产葡萄酒。凯利凯利也是新西兰的历史旅游胜地之一。在欧洲人到来之前，就有毛利人村庄和去彩虹瀑布的步道。新西兰最古老的木屋、石屋和粗羊毛房子富有特色。在凯利凯利盆地，可以看到露台式要塞遗址考罗瑞普。凯利凯利也是国际性的小镇，旅游景点、旅游服务、机场、剧院、画廊、图书馆、购物中心、咖啡厅、美食饭店、完善的医疗和福利设施等，一应俱全。

引人入胜的乡村风情

新西兰政府规定，境内不允许有裸露的土地，"地主"必须用树木、草场、石子将土地覆盖起来，以保持空气的洁净清爽。

南岛瓦卡蒂普湖边的华特农庄，很久以前是私人家族的农庄，现在他们的后人把农庄交给了国家管理，成为皇后镇旅游的一个景点。在南阿尔卑斯山脉的环抱下，这里好像是童话故事里的场景：青山绿水，花木茂盛，森林小屋，红瓦白墙，碧草如茵，牛羊成群。

爱歌顿休闲农庄是新西兰最佳旅游景点之一。农庄牧场面积为135公顷，是新西兰面积最大的观光牧场，属于私人拥有，由两个家庭共同管理。牧场草木葱茏，羊群散落其中，一派田园牧歌景象。怀卡托地区的蒂库伊蒂号称"世界剪羊毛之都"，在每年复活节的周末都会举办剪羊毛比赛。

豪威克历史村是坐落于奥克兰豪威克区的一个小村庄，重现了100多年前英国殖民时期的村庄原貌和生活场景。占地约7英亩的历史村落，共有30多幢殖民时期的建筑物，包括村舍、学校、教堂、店铺和帐篷等。建筑内的卧室、书房、餐厅、厨房，以及古旧的钢琴、茶具、壁挂等，呈现出当年欧洲移民的生活情境。每月的第三个周日，会举办"村民开放日"。"村民"身着传统服饰，再现当年的生产、生活场景。

奥克兰周边乡村一派田园风光。温暖的沿海气候为葡萄的种植和葡萄酒的生产提供了得天独厚的条件，库妙河酒庄、索尔金斯酒庄和诺比罗斯酒庄等历史悠久的名庄均坐落于此。克里夫顿的民俗民情十分纯朴，前来观光游玩的人络绎不绝。穆里怀南部的皮哈是游人如织的度假胜地。农田、森林、海滩、葡萄园和橄榄树林则是怀赫科岛的特色。岛上有一个居民社区，许多艺术家都生活在这里。观光客们不妨跟随导游来一趟美食、美酒及艺术之旅。

当地风土人情

新西兰社会是多种族相互融合的社会，欧洲人、毛利人、太平洋岛屿部族和亚洲人是这里的主要民族。特别是建国以来，移民不断增加，各民族共同开拓发展，逐渐带来了经济上、文化上的繁荣。各种文化的相互融合，造就了一个新鲜、独特、充满活力的新西兰。如今，新西兰人口中，欧洲移民后裔占78.8%，毛利人占14.5%，亚裔占6.7%。75%的人口居住在北岛。奥克兰地区的人口占全国总人口的30.7%。首都惠灵顿地区的人口占全国总人口的11%。全国多数居民信奉基督教新教和天主教。官方语言为英语、毛利语和新西兰手语。新西兰是第一个将手语作为官方语言的国家。每年 5 月第一周为新西兰手语周，目的是促进民众对聋哑群体的关爱。届时全国将举办各种活动，如手语学习课、交流会等。

新西兰许多居民是英国人的后裔，因此他们传承的是英国的礼仪习俗。性格上偏于保守，忌讳用"V"形手势表示胜利。见面和告别均行握手礼。男士应等候妇女先伸出手来才能与之握手。鞠躬和昂首也是他们的通用礼节。初次见面，身份相同的人互相称呼姓氏，并加上"先生""小姐"等，熟识之后，互相直呼其名。在公共场合，新西兰人说话声调很低，不会大声喧哗、高声叫喊。会见某人一般要预约。应邀到新西兰人家里作客，可送给男主人一盒巧克力或一瓶威士忌，送给女主人一束鲜花。新西兰人喜爱美化环境，空闲时间多半用于园艺活动和整理环境。对杂乱的环境非常反感，看到有人这样做时，甚至会发脾气。但总体上他们性格温和，有时甚至显得拘谨。但形成很大反差的是，当地时间 2014 年 1 月 7 日，却有 745 名男女裸泳者在某个海滩集体下水游泳，试图打破人数最多的裸泳吉尼斯世界纪录。该活动由新西兰电台、边缘与音乐节及夏日节联合举办。此前的吉尼斯世界纪录是 2013 年 7 月 21 日由西班牙 729 名男女裸泳者共同创造的。

新西兰主要信奉基督教及佛教、伊斯兰教、摩门教等。2006 年的人口普查显示，新西兰 55.6% 的居民信奉基督教新教和天主教，这从《上帝保佑新西兰》的国歌名称足以见证。

新西兰是一个多元文化的国家。举例来说，新西兰圣诞节的气氛从 12 月初就开始弥漫了。尤其是在奥克兰，一年一度的圣诞大游行往往提前一个月便拉开了序幕。圣诞大游行其实是展示各国文化的平台。英格兰风情的风笛乐队，新西兰土著毛利人舞蹈，韩国传统鼓舞，还有中国的龙灯和醒狮表演等，各国文化表演轮番上阵，精彩纷呈。场面之浩大，节目之精彩，参演者之多，可谓是新西兰之最。据说这个活动每年都吸引将近 20 万的市民和游客观看，这对于一个城市来说，的确是一个惊人的数目。

新西兰人崇尚平等正义。妇女社会地位明显提高。据资料介绍，2000 年，新西兰宪法规定的五个最高职位——国王（由英女王兼任）、总督、总理、议长、最高法院院长均由清一色的女性担任,以至令世人惊叹南太平洋上出现了一个"女儿国"。在日常生活和交往中,工人、商人、医生、教师等不同职业的人都杂居相处,说话一般很坦率,彼此直呼其名。只要找个恰当的理由,要见部长、市长,随时可以相约。对年满65岁的新西兰国民,除了免费医疗等福利之外,都提供一份养老金作为生活保障。养老金虽然不是绝对平均,但差别不是很大。对那些为国家做出过特殊贡献者,如参加过战争的复员军人,以及残疾人、高龄老人适当增加其养老金。

新西兰人参加婚礼的送礼习俗跟许多国家大同小异。据《新西兰联合报》载文介绍,新人结婚的平均费用在1.8万到2万美元之间。在上一代或再上一代的新西兰,传统婚礼费用都是由双方父母承担的。但今天,情况已经变了,只有30%的婚礼仍然是父母掏钱。39岁的奥克兰电视制片人Nicola刚刚出席了一场亲戚的婚礼,婚礼的请柬上直言不讳地写出了理想的送礼方式——现金捐助。他说:"我不管,我还是送了他们一个很好的花盆和植物,但是我妈妈他们去参加婚礼,他们每个人都收到一个信封,用来装礼金,然后他们把这个信封用大头针别到婚礼现场的一棵树上。"现在,婚礼已经不是你送一个日常礼物可以打发的了。穷伙伴最害怕富朋友的婚礼。一位不愿意透露姓名的女士表示,最近参加一场婚礼花了她2500元,因为举办地点已经不在奥克兰而在某太平洋小岛上,她除了支付礼物、发型服装费用以外,还要承担自己的旅费和住宿费用。有大约不到一半的被访者说,因为费用太高,他们被迫选择不去参加某人的婚礼。

新西兰人非常注重其享受高度的隐私权,尤其是他们的家居生活。交谈时避免谈及个人私事(例如薪水、财产、年龄、婚否)、宗教、种族等问题。当你受聘工作前,未来雇主会问及个人许多信息。根据法令,员工可以不必提供下列信息,比如他们的生日、婚姻状况、健康状况等。如果你认为自己的个人隐私资料被侵犯,可以向隐私权委员会提出诉讼。

新西兰人以心灵手巧著称,只要用一根"8号铁丝",就可以创造出各种奇特的东西。8号铁丝是标准粗细的铁丝,新西兰的农场主常用它来作围栏。由于8号铁丝到处都有,用途广泛,于是便成为新西兰人适应力强的一个象征。

日常生活习俗

　　新西兰人一般不喜欢居住在市区高楼大厦里，而喜欢居住在市郊或乡村的独门独院住宅里。大多数人的房子是一层或两层的木结构住宅，也有一些是砖混结构的小洋房。占地面积一般超过 150 平方米，个人买下后就享有几百年的产权。让人意想不到的是，有些新西兰人为了换个居住环境，不惜动用吊车、平板卡车或轮船，索性把整栋房子搬走。这样的"搬家"是够霸气的。而他们平时生活轻松随意，比较低调。大多数场合穿着简单，不追求品牌，不讲究修饰。毛衣、帽子、袜子、围巾、手套等纯羊毛制品具有新西兰特有的风格。毛皮垫子最受欢迎，或铺在椅子上，或铺在地上使用。

　　新西兰人的饮食习惯大体上与英国人相同，以西餐为主。口味喜清淡，牛羊肉、鸡肉、鱼肉都是他们爱吃的，但忌食狗肉。早餐主要是面包、果酱、牛奶等。正餐偏爱糖醋小排、咕咾肉、番茄炒蛋等。生菜类开水煮熟加盐即可。吃土豆很多，做成土豆泥、炸鱼土豆条等。常用土豆来搭配羊肉及其他肉类。最特别的一道菜是由当地的一种绿蛤所烹成的朵颐罗鸭汤。新西兰的"环太平洋"料理风格受到欧洲和东南亚国家的影响，餐厅都提供这种结合各地特色的料理，令人垂涎三尺。新西兰共有 900 多家亚洲料理餐厅。如果想品尝地道的新西兰风味，有多种食材可供选择，比如羊肉、牛肉、鹿肉、鲑鱼、小龙虾、布拉夫牡蛎、鲍鱼、贻贝、扇贝、甘薯、奇异果和树番茄等。新西兰尤以肥美新鲜、全无污染的深海海鲜最驰

环境幽静的住宅 / 毛国良摄

名，如干贝、鲍鱼、三文鱼、生蚝等。烹饪整条鱼时，要将鱼头去掉，他们看到鱼头会觉得残忍。有一种最具代表性的芭甫洛娃甜食，是以白奶油和新鲜水果或浆果铺在蛋白霜上制成的。除了高级餐厅外，大多数人都喜欢轻松随意的咖啡—酒吧式餐饮风格。

新西兰人喜欢喝啤酒，人均啤酒年消费量达110公升，名列世界第五。也喜欢喝葡萄酒，"葡萄酒之都"吉斯伯恩生产的葡萄酒享誉新西兰全国，在大多数餐馆都可以买到。怀赫科岛盛产具有法国波尔多风味的上等红葡萄酒。石脊葡萄酒庄酿造的玫瑰酒，是新西兰售价最昂贵的葡萄酒。国家对烈性酒严加限制，专卖烈性酒的餐馆对每份正餐只配一杯烈性酒。餐后爱喝咖啡、红茶，喜食柑橘、猕猴桃等水果。饮茶都要加入牛奶和糖，每天饮茶次数不下于六七次，例如早茶、早餐茶、午餐茶、午后茶、下午茶、晚餐茶和晚茶。许多机关、学校、工矿企业都有专门的用茶时间。如果你被邀请拜访他人，通常主人会招待你喝饮料或进餐。

新西兰人非常热爱体育运动，橄榄球是他们最喜爱的体育运动。新西兰国家橄榄球队因其一身全黑色的标志性队服而被称为"全黑队"，曾经夺取过橄榄球世界杯冠军，并且长期名列世界前茅。2011年橄榄球世界杯赛就在新西兰举行。新西兰的极限运动、探险旅行非常有名。早在1988年，在南岛的皇后镇便建立了全球第一座商业化的高空弹跳场。登山也是颇为流行的运动，最有名的登山家是艾德蒙·希拉里爵士（1919—2008）。1953年5月29日，他和同伴丹增·诺尔盖一起，从珠穆朗玛峰南侧攀登，第一次站在了世界之巅。除了攀登珠峰以外，还登上了喜马拉雅山脉的11座山峰，全部在海拔6000米以上。在漫长的海岸线上，有许多引人入胜的海滩静卧在海湾的怀抱中，成为新西兰人垂钓、潜水、冲浪、游泳、划船和晒日光浴的好地方。其他娱乐活动也是多种多样，包括峡谷漂流、飞蝇钓、喷射船、骑马、皮划艇、山地自行车、滑雪、跳伞、划船等，让每个爱好者都各得其乐。

毛利人的民族风情

　　新西兰毛利人现有60多万，约占总人口的14.5%。毛利人有丰富独特的民族风情。许多毛利人的文化习俗被保留下来，正式集会都伴随着毛利语的演讲、战歌。毛利人称之为"初露"的银蕨，是新西兰的国花。据说从前的毛利猎人和战士都是靠银蕨的树叶来认路回家的，其叶子银色的一面会反射星月的光辉，照亮回家的路。现在，在人们胸前的襟章，或是产品和服务的标牌，都可找到银蕨的图样。早期毛利人没有文字，他们以刻木记号和口头传说记载历史，由此形成独特的毛利人木雕。无论是独木舟上的雕刻，还是城村入口处的雕刻、集会场所周围的雕刻，都充分显示了毛利人善于将雕刻艺术融入日常生活中。他们也喜欢在生活用品、劳动工具、房柱上雕刻精美的花纹图案。夸张的裸体人型是他们的图腾，常常将其装饰在房顶、房柱或门扉上。毛利人极其重视传家宝物，如权杖、绿玉项链等，深信它们蕴藏着祖先的灵气。他们常常竖起火焰状的弯曲尖钉柱子，因为它代表着这个部落的战神。毛利人从传教士那里学习赞美歌的旋律与和声，再经过巧妙的运用，发展成毛利人明朗愉快的音乐。高山对毛利人具有极大的精神力量。因此，毛利酋长蒂休休图基诺四世于1887年作为一种极大的信任，将壮观的鲁阿佩胡火山、东加里罗火山和瑙鲁霍伊霍火山作为礼品赠送给了国家。

　　首位毛利女王提·阿泰对团结各个毛利部落、复兴毛利文化做出了很大贡献，而且成功地为毛利人争取到了因过去被殖民者剥夺土地而索赔的1.7亿美元巨额补偿金。她不仅受到了毛利人的爱戴，而且也赢得了其他族群的尊敬。2006年8月15日，她在位于新西兰北岛的祖屋中去世，终年75岁。在她去世的消息传出后，许多新西兰民众聚集到她的住所附近，希望能送她走完最后一程。据报道，提·阿泰在1966年35岁时继位，是新西兰毛利人的第七代君主，也是第一位女王。这虽然只是个礼仪性角色，但她通过自己的努力，使毛利君主成为新西兰的一个重要组成部分。

　　毛利人对传统艺术和当代艺术有独特的追求。雕刻、编织、组舞和文身术等，是他们历久不衰的传统艺术。毛利男子一般从脸部往下，经过腰、腹部，一直纹到膝部。只有受尊敬的长老才能纹上唇和额头。毛利人的舞蹈别具一格。民族服装、美丽花环、绿佩玉及蒲草裙，是他们舞蹈时的标配，充分展现了他们独特的民族风情。他们的迎宾哈卡舞特别有趣，是新西兰官方迎接贵宾的最高礼仪，而且这种欢迎仪式在世界上是独一无二的。我们在有关新闻片或纪录片中可以看到：人们列队两旁，保持肃静，突然，一名武士手持剑矛威风凛凛冲出队列，凶神恶煞地舞弄，并向宾客瞪眼伸舌做鬼脸，舌头伸得老长，据说舌头向左表示挑战，向右表示友好。然后一声吆喝，引吭高歌。歌声刚落，男女便跳起了迎宾的哈卡舞。姑娘们舞步轻盈，男青年英姿勃发，边喊边跳，他们将一把剑或是绿叶枝条投在地上。这时，客人必须把它拾起来，恭敬地捧着，直到对方舞毕，再双手奉还。欢迎仪式进入高潮，宾主同歌共舞，共叙友谊，沉浸在一片欢乐之中。新西兰国家橄榄球队在参加国际比赛时，每场都以表演哈卡舞开始，用以鼓舞士气，也为提高此舞的国际知名度起到了很大作用。

　　毛利人保持着本民族一些传统的礼节和生活习俗。他们非常好客，对待客人诚挚而热烈，十分讲究礼节与礼貌。当遇到尊贵的客人时，他们要行非常独特的"碰鼻礼"，即双方要鼻尖对鼻尖互碰三次，给人的感觉非常亲切和温馨。传统服饰有披肩、围胸、围腰和短裙，富有民族特色。最常见的是毛利草裙，男女都穿，现在多作演出时的道具。最讲究的是羽毛大氅，是毛利族首领特有的服饰，是身份和地位的象征。现在遇有盛大庆祝活动或迎接贵宾时，毛利族首领才会披戴羽毛大氅，以示隆重庄严。平时毛利人的穿戴已经大众化，并无异样。在传统的饮食习俗方面，擅长用地热烹制食物。在罗托鲁瓦可品尝到地道的"石头火锅"，即把地热烘烫的薄薄石块放进地洞内，把食物烩熟，风味独特。或者干脆把宰杀好的牛羊肉放进地热形成的滚水坑里，煮熟后取出食用。最具特色的是"烧石烤饭"，可谓新西兰的"民族饭"。它的制作方法是：将盛有肉、鱼、芋头、南瓜等食物的铁丝筐，盖上叶子或麻布，涂上湿土和稀泥，放进烧红鹅卵石的地灶里烘烤数小时取出，烤熟的饭菜清香扑鼻。宾主席地而坐，用手抓取饭食，别有风味。

罗托鲁阿是毛利人聚居的中心之一，居住着2万多毛利人，号称"毛利人之乡"。罗托鲁阿艺术与历史博物馆，外形是仿照英国的都铎王朝建筑式样，优雅而不失传统美。藏品主要有图画、木

奥克兰机场的毛利雕刻／毛国良摄

雕、亚麻织物、玉器手工艺品等。在罗托鲁阿市东南部，有一个名叫"奥希内穆图"的毛利文化村，以其浓厚的毛利文化色彩吸引着世界各地的游客。毛利人的聚会场所被称作"马雷"，它对族人起着相当重要的传承使命，是毛利人举行会议、公众聚会、发表演讲、接待客人、举行隆重迎宾仪式的场合，也是举行祷告神灵、悼念死者以及传授技艺、表演歌舞（例如跳草裙舞）的场合。会议厅柱子上雕有记述毛利人历史的精美图案。石雕手艺也不错，最著名的是在新西兰绿石上雕刻"提基神像"，被毛利文化视为护身符，非常珍贵。毛利人大多信奉原始的多神教，相信灵魂不灭，尊奉祖先的精灵。他们把风筝视为神灵，万一风筝失踪，他们便会四处寻找。他们对葬礼很重视，分散各地的亲人都尽可能回乡。据说，毛利人一旦离开人世，便会与祖先会合，并凭着他们赐给的力量，赋予子孙精神力量与指引。

毛利新年是毛利人风情习俗的集中体现。当北半球进入夏季的时候，位于南半球的新西兰却在入冬时节迎来了毛利新年。每年的毛利新年日期都不确定，一般在6月份新月出现后持续3天。毛利部落在这个时候团聚在一起，举行庆祝活动，唱歌跳舞，准备美酒佳肴。为了期待新的一年获得丰收，他们用丰盛的祭品款待所有与土地有关的神，并把食物埋入土里，希望土地神能够安心地入睡，直到春天到来。新年期间，众人齐聚毛利会堂，觥筹交错，享受"杭伊"（毛利食

品招待会）的美味。"杭伊"的食物十分丰富，有猪肉、鸡肉、牛肉、羊肉、海贝、蘑菇、蔬菜、棕榈芯、玉米、土豆、白薯与南瓜等。边吃边喝着野蜂蜜水或卡瓦茶。毛利新年并不只是吃吃喝喝，他们还有学习和计划的任务。毛利人流传着许多相关的神话传说，如森林之神及大海之神等。他们要到森林中去学习和识别各种花草树木，辨认哪些可以食用，哪些可以用来治病，同时还要收集种子和幼苗。毛利人特别敬重自己的祖先，在家族团聚的日子里，倾听老人讲述家族的故事，并到墓地为故去的亲人上坟。在庆祝毛利新年活动中，还有一项是关爱和慰问别人，尤其是鼓励儿童去帮助别人，为困难的人送一些食品或礼物。新西兰各地举办多种庆祝活动，比如通过燃放烟花、热气球升空、举办毛利艺术展、Poi艺术表演等形式，唤起人们对传统习俗的记忆。Poi是毛利传统艺术表演中不可或缺的道具，由绳、线、绒等编织而成，呈白色小球状，绒球的底部用一根线系住。舞动者攥住线的一端，使两个小球在空中上下翻飞、旋转、交叉，类似于杂技的火流星。在很多场合，Poi通过不同的挥动方式，传达出丰富的内涵。

天堂鸟之乡　巴布亚新几内亚

　　巴布亚新几内亚独立国位于南太平洋西部，西与印度尼西亚的伊里安查亚省接壤，南隔托雷斯海峡与澳大利亚相望。国名由巴布亚和新几内亚两部分组成，得名于岛名。巴布亚在马来语中意为"卷发"，因当地人头发自然卷曲；新几内亚岛亦称"伊里安岛"，16世纪中叶，葡萄牙人来到该岛时，见当地气候和居民肤色与非洲的几内亚大致相仿，故称之为"新几内亚"。走进这个富有魅力的太平洋岛国，撩开它神秘的面纱，领略它独特的风土人情，是一件很有兴味的事情。

巴布亚新几内亚国旗　　　　　　国徽

国情概要

巴布亚新几内亚国土面积 46.284 万平方公里，人口 655.27 万（2014 年）。首都莫尔兹比港，国庆日 9 月 16 日。全境共有 600 余个大小岛屿，属美拉尼西亚群岛（意为"黑人群岛"）。火山较多，地震频繁。拉包尔是该国有名的火山之城，1994 年两座火山同时爆发，几乎毁掉了整座城市。全境高温多雨，植被丰富，森林覆盖率 86%，林业是重要的出口资源。海岸线长达 8300 公里，沿海渔业较发达，金枪鱼资源占世界储量的 20%，有大量金枪鱼、对虾、龙虾出口。鳄鱼养殖业亦发达。石油、天然气蕴藏丰富。主要农产品为椰干、可可豆、咖啡、天然橡胶和棕榈油，是太平洋岛国地区最大的椰油和椰干生产国。这是个有巨大发展潜力的国家，但目前的科技、教育和经济发展水平还比较落后，老百姓守着"聚宝盆"过着穷日子、苦日子。2018 年联合国开发计划署人类发展指数显示，巴布亚新几内亚在 189 个国家中列第 153 位，人均国民收入为 3400 多美元。其中，37% 的居民生活在国际贫困线（人均 1.25 美元 / 天）以下。许多山区居民仍过着原始部落自给自足的生活，男人仅用一块兽皮、一片草席或一个围兜遮羞。女人袒胸露背，只穿植物纤维织成的短裙，不分老少，常年如此。

巴布亚新几内亚是世界上最神秘的国家之一。许多人对这个国家可能闻所未闻，或者知之甚少。有的人甚至张冠李戴，以为它是非洲国家。殊不知，独立后的巴布亚新几内亚从一个落后闭塞的国家，正在逐步走向世界舞台。上海世博会巴布亚新几内亚展馆以独具创意的布展风格、引人入胜的展示内容和精彩纷呈的文艺表演，展现了巴布亚新几内亚美丽的自然风貌和热情奔放的民俗风情。特别是 2018 年 11 月 12 日至 18 日，巴布亚新几内亚承办了亚太经合组织（APEC）第二十六次领导人非正式会议，为世人所瞩目。21 世纪以来，中国援建了巴布亚新几内亚国际会议中心等项目，并派遣了 8 批医疗队，中国海军和平方舟号两次访问巴布亚新几内亚，在当地开展义诊活动。

巴布亚新几内亚是一个古老而又年轻的国家。追溯其历史脉络，大体是这样的：早在公元前 8000 年，新几内亚高地已有人类定居。巴布亚新几内亚的库克早期农业遗址，展现了 6500 年前由植物采集向耕种转变的技术跨越。但是，在漫长的岁月里，巴布亚新几内亚都是与世隔绝的，直到 1511 年才被葡萄牙人发现。18世纪下半叶，荷兰、英国、德国殖民者接踵而至。到了 1884 年，英、德相继瓜分新几内亚岛东半部及附近岛屿。1906 年英属新几内亚由澳大利亚管理，改称澳属巴布亚领地；此后澳军又占领了德属部分。1920 年 12 月，国际联盟决定委托澳管理。"二战"后联合国继续委托澳管理。此后澳将原英属和德属两部分合并，称为"巴布亚新几内亚领地"。1975 年 9 月脱离澳大利亚独立，成为英联邦成员国。1976 年 10 月 12 日巴布亚新几内亚与中国建立外交关系。

天国里的神鸟

撩开这个国家的神秘面纱，人们发现这里是世界上著名的天堂鸟之乡。其国旗国徽上都有天堂鸟的形象。在凡瑞拉塔国家公园和莫塔卡野生动物保护区，都可以观赏到珍贵的天堂鸟。天堂鸟又名"极乐鸟""太阳鸟""女神鸟"，栖息于山林地带，食野果饮天露，展翅飞翔时，全身羽毛五彩斑斓，颀长尾翼流光溢彩，给人一种惊艳的感觉。当地居民十分喜爱天堂鸟，认为这种鸟是天国里的神鸟，是自由与快乐之鸟，为人间带来幸福和祥瑞。

据资料介绍，全世界共有 40 余种天堂鸟，在巴布亚新几内亚就有 30 多种。其中，最著名的要数蓝羽天堂鸟、无足天堂鸟、大王天堂鸟等。蓝羽天堂鸟体态极为华美，求偶时节雄鸟或仰头拱背，竖起两肋金黄色羽毛，或倒悬在树上，抖开一身锦缎般华服，嘴里还不停地唱着爱情之歌，

巴布亚新几内亚天堂鸟邮票

以招引雌鸟们的关注。无足天堂鸟，并不是真的没有脚，只是脚短一些，被羽毛掩盖，人们不易看到。它身材玲珑小巧，尾翼却比身体长两三倍，又称"长尾天堂鸟"。大王天堂鸟身材不是最大，但禀性特异，对爱情忠贞不渝，无论雌雄，一朝相恋，就终生相伴，至死不变。珍奇的天堂鸟，在远古时期就为土著居民所尊崇珍爱，连古代西欧的妇女也以它们的羽毛作为帽饰。每当盛大节日庆典，土著居民们戴上用绚丽的天堂鸟羽毛制作的头饰，欢乐喜庆，载歌载舞。

原始的净土

巴布亚新几内亚是很少被现代文明染指的一片净土，拥有全世界 5% 的动植物物种，其中不少就生活在天堂雨林里。这里有南太平洋最全的森林系统，例如低地雨林、山区雨林、棕榈林、沼泽林和红树林等。从物种而言，仅仅青蛙就有近 200 种、蝴蝶超过 400 种、各种鸟类超过 700 种，蟒蛇、毒蛇、蝎子、黄蜂、蚂蚁、电鳗、食人鱼、吸血蝙蝠等，在这里也并不罕见。

"科科达足迹"是巴布亚新几内亚最受欢迎的远足路线，全长 90 公里，沿途有陡峭的山脊和泥泞的河沟，是世界上真正冒险的远足路线之一。整个跋涉要通过沼泽，穿过河流，跨过桥梁、堤道，路过有关村庄，最终到达科科达村。这个村庄是一块高地，有小小的纪念馆和博物馆，虽然行程是困难的，但还是有很多自然爱好者或徒步爱好者到此旅行游览。

巴布亚新几内亚是珊瑚礁的天堂，450 个珊瑚种类相当于加勒比海所有珊瑚种类的总和，让人大开眼界。珊瑚是珊瑚虫群体或骨骼化石，在珊瑚虫生长过程中，能吸收海水中的钙和二氧化碳，然后分泌出石灰石，变为自己生存的外壳。红珊瑚与琥珀、珍珠被统称为有机宝石。

巴布亚新几内亚东南面的萨马赖岛，是一个只有 22 公顷的小岛。这里水温长年为 26 至 27 度，温暖舒适，海水如水晶般清澈透明，适合游泳和潜水。有资料称它是全球十大潜水胜地之一。不过，跟好多潜水胜地不同，萨马赖岛没有海豚、鲸鱼和魔鬼鱼等大型鱼类，却满布珊瑚和细小热带鱼，加上海水较浅，是潜水新手的天堂。

在莫塔卡野生动物保护区里，可以看到大型鳄鱼。全世界现存4大类23种鳄鱼，巴布亚岛就有19种之多，是全球拥有鳄鱼品种最多的国家，因此被称为"鳄鱼之都"。由于沼泽分布在河流和海滩之间，因此这里既有咸水鳄鱼，也有淡水鳄鱼。鳄鱼也成了该国的衣食父母。有资料显示，该国现有300多个鳄鱼养殖场，每年出口鳄鱼皮3万张。由于鳄鱼的数量实在太多，鳄鱼肉要比猪肉多得多，因此鳄鱼肉是当地最普遍的食物之一。很多餐馆也有鳄鱼肉这道菜，有烤的、炸的、煎的，花样不少。据说味道类似于鸡肉，非常可口。

首都莫尔斯比港

莫尔斯比港山水相依，以欧文·斯坦利山脉为屏障，两面环水，一面是天然良港费尔法克斯湾，另一面是珊瑚丛生的大海。第一位到此地的西方人是1873年到此的约翰·莫尔斯比船长，取名莫尔斯比港是为了纪念船长的父亲海军上将费尔法克斯·莫尔斯比爵士。

莫尔斯比港虽然有了一些现代化气息，但是仍旧难掩贫穷落后的面貌。不过，有两点给人留下较为深刻的印象。一是热带气候使当地常年花开不败，争奇斗艳，香飘万家。国家植物园里有多样的野生植物和大量的兰花。温室里的植物群几乎包含了本国各个地区的品种，还有世界其他地区的植物，如棕榈类树、斑竹、海里康属植物、露兜树、本地树木和灌木丛。郊外则有飞流直下的鲁纳瀑布、景色绮丽的索格里台地和瓦里拉塔国立公园。二是土著文化是当地最质朴的表达，例如热烈的歌舞、原始的面具、古老的仪式。光明日报记者王传军2018年到巴布亚新几内亚采访，一踏上巴布亚新几内亚的土地，便感受到这个岛国绮丽多彩的部落文化。他在首都莫尔斯比港的国际机场看到几位原住民跳着欢快的部落舞蹈欢迎远方的客人，展示土著文化与传统的魅力。在莫尔斯比港街上行走，随处看见

巴布亚新几内亚纸币上的国会大厦

当地人的涂鸦绘画，房屋墙壁、路边围墙、高速防护墙、防波堤等到处都有充满南太岛国风情与土著部落传统的涂鸦绘画。

莫尔斯比港行政上分为七个区及远郊大小数十个村镇。其中港湾区、布罗科区及霍霍拉区为商业中心；政治与文化中心相对集中在韦盖尼区，政府各主要部委办公大楼、国会大厦、最高法院、国家博物馆、档案馆、艺术展览馆、国家图书馆、农业银行、邮政总部、巴新大学、行政学院、市政厅、总理府、国宾馆、中国援建的韦盖尼体育中心及各国驻巴布亚新几内亚使馆等，均毗邻坐落于此。其中，国会大厦体现了现代建筑艺术和巴新民族特色的绝佳结合，被国际建筑界列为世界级民族建筑典范之一。在正面的墙上，由上而下以传统的立体绘画和雕刻手法将各种图案巧妙结合在一起，描述了巴布亚新几内亚历史、人类与自然界万物的关系并预示巴布亚新几内亚美好的未来。

莫尔斯比港近海建有不少水上村庄，一幢幢茅草屋距海面 2 至 3 米高，用木桩做屋脚从水中架起，木板走廊伸向村落和海滩的深处。人们世世代代生活在这里，直到第二次世界大战的战火烧到了新几内亚，这些水上村落毁于战火。战后在澳洲人的帮助下，他们很快重建了自己的家园。如今，村子里装有自来水管，人们不必上岸取水。村民们非常热情，见客人走过都会打招呼，甚至请客人进屋坐一坐。村民们多数家徒四壁，房子和地板都是木板拼成的。这样的地方适合度过童年，看天空云卷云舒，听脚下潮起潮落，无忧无虑，开心快乐；但是绝对不适合青年，有本事的年轻人很难留在这个除了木板什么都没有的村子里，他们看到外面的世界更精彩。留下来的人，只能做点小生意，养家糊口，但他们算账很慢。据《环球时报》报道（记者刘洋），记者还没来巴布亚新几内亚就听朋友讲，当地人有些"糊涂"，尤其算账时，更是如此。后来他来到巴布亚新几内亚，在小市场购物时，看见一把手工梳子卖 5 基那，他想买 3 把，给小贩 15 基那，小贩却不干，在那里掰着手指头一个个地数，一副生怕吃亏的样子，让人哭笑不得。

巴布亚新几内亚民众总体上比较淳朴、热情、友好。而且，许多人喜爱橄榄球、足球等运动，展示了现代文明的一面。但是，问题依然存在，莫尔斯比的治安不太好，外国人在大街上徒步行走，经常会遇到偷窃抢劫。在这里生活的许多人，也有被偷窃抢劫的经历。

土著风物记

巴布亚新几内亚居民 98% 属美拉尼西亚人，体型稍矮，深褐色皮肤，头发卷曲，胡须体毛较稀，宽鼻厚唇，颌部突出，眉脊发达，是所有棕色人种中五官最接近非洲黑人的类型。使用多种语言，属南岛语系美拉尼西亚语族。由于原始、闭塞，在几百万人口中，竟有 830 余种地方语言。皮金语（又叫"皮钦语"，是一种基于英语的克里奥尔语）为巴布亚新几内亚的官方语言之一，在全国大部分地区流行，北部的新几内亚地区居民大多讲皮金语，南部的巴布亚地区居民大多讲莫图语。

传统的美拉尼西亚社会充满了野蛮和英雄气概。那塔黑瓦族男子以黄土涂身，黑漆抹脸，身佩弓箭，手执梭镖和盾牌，颇有几分强悍英武的男子气。酋长在鼻子上挖洞插上兽牙或木棍，显示自己的权威和力量。戴上漂亮而硕大的羽毛头冠，显示自己的威仪和社会地位。崇拜图腾，迷信巫术和占卜，举行各种酒神祭典仪式，是普遍发生的事情。在祭祀、舞蹈时戴上神灵面具，以赋予自己与神灵沟通的能力，期望得到神灵的庇护。

土著人执着地传承着本土文化。比如，看重亲属、部落族群纽带关系，如果有人生活无着落时，只要有请求，就可获救助。特别在偏远的山区，至今仍保持着多姿多彩的美拉尼西亚文化传统。在一个古老部落里，有一个奇特的成人仪式，凡是 11 岁以上的男孩都要在身上刻上类似鳄鱼的纹路，并在伤口中涂抹树油和黏土，然后在篝火前烘烤使伤口成型。这个仪式标志这个男孩从此走向成年，那么为什么要刻上类似鳄鱼的纹路呢？原来，鳄鱼在这个部落中扮演了很重要的角色，传说这类爬行动物来自赛匹克河，最终变成了人。简而言之，鳄鱼就是他们的祖先。因此为了对鳄鱼表示崇敬，才有了这样奇特的成人礼。接受仪式的男孩们只能靠咀嚼止痛药草来缓解痛苦。他们相信熬过这个痛苦的仪式，以后将变得更加强大。奥罗省以当地独特的女性面部文身风俗而闻名于世。文身师利用着色的木炭和西米荆棘为女孩绘制具有其家族特色的面部文身。有些岛上的居民以图腾划分部落和村庄，以母系血统划分家庭。木雕和手工艺品展示了许多部落的图腾，讲述着人类和自然万物的关系。居民信奉"玛纳"，认为"玛纳"是一种既可为人带来成功和幸福，也可使人遭受损害和毁灭的超自然力量。当人们把魔力信仰和具体事务相结合时，逐渐形成了"神物"崇拜。

在巴布亚新几内亚的热带雨林里，生活着数百个原始部落，土著人依旧沿袭着原始的生活方式。经济以热带农业为主，沿海地区和小岛居民多以渔业为生。独木舟多用面包树干凿成，大船则用许多木板制造。除渔业外，也饲养猪、鸡、狗，并从事多种手工业，例如制陶、捶制树皮布、制作简单的用具和装饰物等。男子的衣着叫"柯特卡"，即是用当地某种植物秆子做成的围兜，用细绳系在腰上。女人穿植物纤维织成的短裙，许多人在背后吊着一个编织的袋子，用来携带婴儿以及其他物品，甚至是鲜活的猪崽。土著人对猪崇爱的程度，可以说在当今世界上首屈一指的。有的部族酋长，为了表示对猪的崇敬和显示自己的权势，竟在自己的鼻子上挖洞将野猪的牙齿嵌进去。有的酋长把猪牙串起来，戴在手腕上脖子上，佩戴的猪牙项链越多，越能代表他的地位、身份与财富。夜间，人和猪躺在一起。猪还是巴布亚新几内亚土著人定亲的聘礼。婚约一旦成立，男家就要向女家赠送猪。赠多少，要看姑娘长相如何，给漂亮的姑娘要送七八头猪。

巴布亚新几内亚的大多数部落因居住在偏远之处，过着自给自足的生活而鲜为人知。例如，直至 2009 年才被发现的在树顶造屋的科若瓦族，2006 年被发现的洞穴人，以及 2004 年被发现的辛布族等，过去不为外界所知。许多原始部落由于长期不为外界所知，因而未被外界命名，但他们有自己的称呼，像诺诺族（音）、泥人族、树屋族等等。大的部落有上千人，小的只有几十人。一个家庭一般有一个高脚茅屋，众多的茅屋组成一个村庄。村庄中心是用于跳舞的空地，这些舞蹈都具有特殊的庆典和仪式意义。居住在深山密林中的托朗比斯人，与世隔绝，从事狩猎和农业。在巴布亚族内，每个家庭有男屋和女屋，女人、孩子跟猪住在女屋里。他们的食物极其简单，最主要的食物是从西米棕榈茎髓里提炼出的富含淀粉的西米，还有西米棕榈树干里的幼虫。他们的衣着也很简单，可以用衣不蔽体来形容。但是，他们的装饰物繁多，有鼻棍、头梳、项圈、手镯、胸牌、脚套等。传统服饰、脸妆和头饰是巴布亚新几内亚土著人各种典礼的重要元素。瓦惹瓦利族的男性，喜欢用动物油合成的黑油彩涂抹脸庞，然后在上面勾画花纹，贴上羽毛、贝壳或者树叶做的饰物。塔波可族的女性头冠华丽，面部绘画鲜艳，身着传统草裙，悠然歌唱，旋转前行，显示了女性的可爱。

有传闻说，游牧部落米卡姆布特仍居住在森林中的偏远洞穴，因此被称为"最后的穴居人"。男子拿着手工制作的弓箭和长矛，专门用于射杀鸟和野猪，或用木制的长矛捕鱼。习惯"摩木取火"，这在巴布亚新几内亚非常普遍。妇女坐在火堆旁，用西米粉为孩子们做薄烤饼。居住在新几内亚岛东南端的乌美达人，把食火鸡作为供奉的图腾，他们笃信男人是由食火鸡的骨头变成的，女人是由食火鸡的血肉变成的。当地的吉米人也崇拜食火鸡，把它看作森林的主宰。吉米人的装饰更具野味。他们用棕榈树的叶瓣及花朵等遮掩身体，佩戴果壳制成的面具并涂上各种各样的颜色。

在巴布亚新几内亚东部中央高地的深山密林里，居住着勇敢尚武的高地人。他们从小练就一身本领，能在山谷中矫健地来去自如，在陡峭的山腰上搭盖起一座座圆形和长方形的茅屋。屋内都有用竹子编成的高床，用藤条扎紧的树干做床的支柱，虽然构造简单，但极其牢固。产妇必须在离家不远的小茅屋里分娩，婴儿落地后，产妇亲自用细竹篾将脐带割断。妻子生产时，丈夫按当地习俗在山里捕捉一种有袋类的动物。丈夫回来，将抓来的有袋类动物的皮毛用火熏烤，在婴儿身上摩擦，祈求婴儿平平安安，健康成长。男孩子满 6 岁，就必须举行入社典礼，住进"男人公社"，聆听前辈们讲述战斗故事，并学习养猪、制作弓箭、狩猎等。公社中的少年，彼此称兄道弟，共处一室。这种习俗的由来，主要是因为过去部落间经常发生激烈的战争，因此，所有战士必须住在一起，随时准备投入战斗。在一些土著部落里，流传着一种离奇而恐怖的习俗。凡遇有亲人不幸死亡，家里的妇人就要砍下一根手指，向死者致哀。由于每个家庭总会有人去世的，所以当地的土著妇女极少有人是十指齐全的。当地男子也有一种奇怪的风俗，就是绝不能提举笨重的东西，否则将被视为莫大的耻辱。如果一个男人被人发现肩负重物，他的妻子就可能遭受惩罚。

巴布亚新几内亚男女地位不平等，已婚妇女经常受到丈夫的家暴。据新华社2007年11月8日专电，巴布亚新几内亚总理迈克尔·索马雷8日在《信使邮报》上发表文章，呼吁所有的丈夫们，在与妻子发生分歧时，要和解（不要暴力）。索马雷说，家庭暴力不仅发生在偏远的丛林村落，还发生在受过高等教育的家庭中。在索马雷发表这番言论之前，当地报纸频频出现有关严重家庭暴力事件的报道，其中包括一名丈夫殴打妻子导致其流产。这一事件发生之后，巴布亚新几内亚妇女们呼吁政府颁布更严格的法律，制裁家庭暴力。巴布亚新几内亚警方已经展开针对家庭暴力的专项打击行动，解雇了一名殴打妻子的警察局长。抛开家暴这个沉重的话题，巴布亚新几内亚居民在夫妻关系方面也不乏有趣和奇怪的习俗。他们把夫妻之间的吵架看成是一种最好的传统娱乐方式，越吵心情越愉快，越吵夫妻越恩爱。甚至各地都设有专供夫妻吵架的场地。夫妻吵起架来，谁能用最尖刻最恶毒的语言把对方置于窘地，谁就会被看成是吵架能手。一直到他们相互唇舌发僵为止，双方才会鸣金收兵，最后愉快地挽臂返家。

土著人的主要食品是番薯、芋头、沙壳米、椰子和香蕉等。特色食物"木木猪肉大餐"，就是在地上挖一个大坑，放上石块烧得滚烫，再把猪肉放进去盖上树叶和泥土焖熟。有时是全猪，猪肚里填满芋头、番薯等，烤熟后众人分享。这种大餐平时很难吃到，只有在举办婚礼、重要庆典或招待远道而来的客人时，才有机会享用。有些土著居民为了获取肉食，常常在山林里布下大网，捕捉果蝠烤食。有一种管鼻果蝠，主要生活在巴布亚新几内亚山区纳凯奈、穆勒的热带雨林中，其长相很像《星球大战》里的绝地大师尤达。巴布亚人很好客，款待客人的美味佳肴就是土灶里烤熟的猪肉或果蝠。

土著人普遍喜欢吸烟，甚至嗜烟成癖，妇女亦如此。男子还喜欢喝酒，有些海量者一连可以豪饮几十瓶啤酒。与一些东南亚国家的民众的生活习惯一样，这里的男女老幼，也嗜好咀嚼槟榔，因此牙齿变得又黄又红。不少地方，有一种家族间的送礼习俗，即每隔几年都要举行一次送礼节。礼品多以农产品为主，扎成一个个小包裹，写好送礼人和收礼人的姓名。每送一份，人们都要用喊声来表示祝贺。

独特的民族艺术

巴布亚新几内亚各地都有一些能工巧匠、民间艺人，他们心灵手巧，善于就地取材，根据各自的传统和信仰，制作风格迥异的各类工艺美术品，比如陶器、贝雕、木雕、乐器、面具和渔具等。

巴布亚新几内亚居民能歌善舞，表演的歌舞具有浓厚的生活气息。尤其以歌声和眼神传情，体现其对世间万事万物的爱憎情感。草裙舞、泥人舞、青蛙舞等，都是比较有名的民间舞蹈。拜宁族土著全身涂上黑、白二色，擅长模拟火山喷发的情景跳火舞，妇女们围绕篝火欢快地舞蹈，戴大嘴鸟面具的男人赤脚在火堆上狂热地舞蹈。在竹筒和木块的击打伴奏下，节奏激烈而明快。

巴布亚新几内亚居民在许多重要的场合仍举行古老的庆祝仪式。全国20个省（区）均有各自的文化节，如首都莫尔斯比港文化节（9月）、戈罗卡文化节（9月）、高地民间艺术节（8、9月）、哈根山文化节（8月）和馈赠节等。届时，来自各地区的歌舞小组穿戴风格各异的传统服饰，载歌载舞，竞相展示本地区本部落的文化精粹，吸引了许多来自世界各地的游客。

在海拔2000多米的小城瓦白克，中国央视海外记者（王玉国）对有"巴新土著狂欢节"之称的高地民间艺术节开幕式进行了采访和拍摄，初步领略到了这个南太平洋岛国神秘而朴素的民风民俗。2006年8月11日，巴布亚新几内亚第

16 次高地民间艺术节拉开了序幕。全国 20 个省份，其中 5 个位于海拔 2000 米以上的高地之上。作为展示并保留古老风俗多样性的方式之一，民间艺术节每年在八、九月份的周末，分别在 5 个高地省份之间巡回举行。高地部落的头饰常常用各种艳丽的天堂鸟的羽毛编织而成，而他们的花脸更是图案奇特、色彩斑斓。最具表现力和冲击力的是高地部落袒胸露背的集体巡游方队，男女老少大多赤膊上阵，并且互相喝彩和鼓励。在大部分人的胸前，挂一些动物贝壳或牙齿制成的项链作为简单的点缀，也有一些人挂有从颈项垂到肚脐的一条竹编的佩带。兴高采烈之时，跳起舞来，不仅手舞足蹈，而且头必饰之、面必涂之。在艺术节上，往往也会因为某个部落风头抢眼，而遭遇其他族群的攻击。在这里拍摄一定要格外小心，事先一定要征得被拍摄者的同意，否则可能会遭遇纠缠或拳击。拍摄后，常常还要向部落的首领或长者送上一些小费。一位旅游开发部门的官员向记者介绍说，一般部落里的长者还比较友善，而一些年轻人则对拍摄持反感态度，有时他们会对拍摄者进行谩骂和攻击。

位于巴布亚新几内亚西高地省的哈根山，每年 8 月举行为期两天的吟歌盛典（也称"哈根山文化节"）。表演者无不精心化妆一番，头上戴着羽毛头饰，脖子上挂着贝壳、兽骨项链，面部和身体上涂满了彩色颜料。女子袒胸露乳，全身用袋鼠尾巴和各式皮毛装饰得花花绿绿。表演者尤其重视代表本族群特有的面部彩绘，所以有红脸、黄脸、红配黄、黄配黑、黑配红的大花脸，还有黑白无常的半边脸。男女老少都以所戴的羽毛越多、越长、越亮丽而感到光彩。来自不同部落的数十个表演团队，像奥运会一样举着牌子入场，进行各种舞蹈和歌唱表演。每个部落都会跳辛辛舞，展示自己最漂亮的辛辛舞服饰。整个吟歌盛典场所成为一片欢歌笑语、五颜六色的海洋。来自许多国家的游客来到哈根山，参加一年一度的吟歌盛典，体验原汁原味的部落风情。吟歌盛典始于 1964 年，现在已被列为"人生中必须要参加的盛会"之一。虽然吟歌盛典被当地政府举办成旅游热点，但是部族人丝毫不减其神圣的参与感。为了吟歌盛典，哪怕是已经生活在城市的土著人也会回归传统，重新穿起短裙，戴上装饰了华丽羽毛的假发，用夸张的颜色涂抹自己的身体和脸面。

生活在沿海平原和周边岛屿上的部落，也会举办不同内容、不同风格的歌舞节目。凡是本部落的歌舞节日，全体成员都要聚集在一起，举行盛大聚会并唱歌跳舞。在巴布亚新几内亚流行的陶可皮新语中，这种部落节日称为"欣辛日"。在"欣辛日"，演唱形式大多是一领众和，领唱的人唱一句，大家跟着他重复一次，其内容主要是叙述部落历史、英雄人物的历史传说，一边唱一边用鼓击节伴奏。孩子们多通过"欣辛日"的活动，学会本部落的歌曲和历史。凡是馈赠节，也要进行歌舞表演。少女们戴着用贝壳和羽毛制成的首饰，脖子上戴着花环，边唱边跳。小伙子们在节奏鲜明的歌声中伴舞，舞姿强悍，并吹起海螺，摇晃贝壳制的响器进行伴奏，显得十分有男子气。

爱情岛的奇异风俗

巴布亚新几内亚的特罗布里恩德群岛被称为"爱情岛"，风俗奇异。英国人类学家马林诺夫斯基在第一次世界大战时居住在这个群岛上，搜集到南太平洋两个社会（特罗布里恩德岛民和艾菲特岛民）的资料，出版了《野蛮人的性生活》一书，介绍了岛民求爱、结婚和家庭生活。艾菲特岛民保持着严格的性生活规范，而特罗布里恩德岛民则享有更自由的性生活规范。例如，特罗布里恩德岛民鼓励他们的孩子手淫，同时认为青少年可以在婚前有多个性伴侣。据说，岛上有几十种表达性意愿的信号。比如，一个男孩要想跟一个女孩亲密，他就会伸出大拇指，女孩同意，就把手指放在嘴唇上，否则就摇一下头。岛民的婚姻也非常随意，如果一个未婚女子在黎明时依然躺在男子身边，这名男子就必须娶她为妻；如果一个女人要想离婚，只要把锅和孩子带上，离开丈夫家就行。

特罗布里恩德群岛草屋遍布，岛民的主要食物是甘薯、山药。据资料介绍，在收获时节，卡图马族女人们格外兴奋。可对于男性来说，带给他们的却是一些麻烦。无论是已婚的或是单身的，牧师还是异教徒，只要是健全的男性，都有危险。这是什么缘故呢？原来，岛上有一种传统习俗，在收获时节，女人们可以结成一伙，集体劫持警惕性不高而路过的外族男人，甚至在众目睽睽之下"强暴"他们。年景越好，女人们就越放肆。部落酋长也允许她们在收获时节"为所欲为"，谁也不会对此指手画脚、说三道四，因为这种事纯粹是为了好玩。她们也绝对不吃窝边草，只戏耍外族男人。据说，虽然男人们吓得不敢出门，但总有外族男人自投罗网，总能让卡图马族妇女满足而归。最让男人不能忍受的是亲热过后，女人还要咬掉他的眉毛和眼睫毛。被伏击的男人只能灰溜溜地回家，闭门不出，直到长出眉毛、睫毛后才能松口气。其实，卡图马族妇女地位非常低下，许多事情还是男人决定一切。例外的是，可以在收获时节放肆一下。另外，在纪念先人的哀思节，男人们会在家做饭，等女人回家进餐。在其他时候，都是妇女操持家务。

有趣的婚恋风俗

巴布亚人早熟，在我们看来，十一二岁的人还是不懂事的孩子，但是在巴布亚已经是大人了，已到了谈恋爱的季节了。据陈华的博客介绍，巴布亚人在求爱时常常要咬对方的鼻子或睫毛。如果注意看，就会发现，破鼻子的一定是男人，咬鼻子的一定是女人，因为在这个岛国，女人才有权主动向男人咬鼻求爱。一个小伙子在部落中走着走着，突然会被后面赶上来的美娇娘咬一口。在偏僻的丛林部落中，甚至还有女郎追着小伙子咬的，如果小伙子不愿领这个美人的情，只好捂着鼻子逃之夭夭。咬睫毛与咬鼻子相同，都是女郎向小伙子求爱的方法。因此巴布亚的小伙子不光有个破鼻子，而且常常没有眼睫毛。也有人说，实际上不分男女，热恋中的情侣，只有把对方的眼睫毛咬掉，才能最大程度地表示爱意。

有趣的婚俗还不止这些。在有些原始部落的婚礼上，如果新郎新娘同属一族，就得在一位妇女家中通宵达旦地唱歌跳舞。双方亲属则要故意板起面孔，互相对骂。歌舞的欢快声和亲属的对骂声交织在一起，婚礼由此进入高潮。南部高地有一个胡里部族，虽然奉行恋爱自由，但恋爱时却不能说话，只吹奏一种用竹子制成的乐器来表达爱意。婚后，当第一个孩子到了 5 岁时，夫妇便要分居，女儿伴母，男孩随父。

奇特的丧葬习俗

巴布亚新几内亚某些部落的丧葬习俗比较奇特。据《世界十大奇葩葬礼》介绍，莺伽族生活的阿西奇地区是一个极其偏僻的山区。外界对这片地区的干尸来源猜测不断，因此发布了许多自相矛盾的报道。有人说，"二战"期间，莺伽族人用盐给死尸做了防腐处理才形成了这些干尸。还有个流传更广的说法是，这些干尸的形成是当地古老仪式的一部分，经过数月烟熏处理，随后在尸体上覆盖红色黏土。1949 年，基督教传教士在阿西奇废除了熏制尸体惯例。然而，当地人完好地保存了这些熏体，时至今日，仍然可以在阿西奇地区的许多地方找到熏体。因为他们相信人死后灵活依然存在，会保佑子孙后代健康平安，所以他们对遗体要进行熏干保存。

俾斯麦群岛散落在新几内亚岛东北面的赤道南侧，包括新不列颠岛、新爱尔兰岛、新汉诺威岛、阿德默勒尔蒂群岛等 200 多个大小岛屿，现为巴布亚新几内亚的属岛。部分海岛的丧葬习俗是，既有水葬，也有天葬。人死以后，尸体被放到一只小船中实行水葬，或架在树杈上实行天葬。尸体腐化后，亲属再把剩下的骨骸收集起来埋入地下。实施水葬的，尸体经处理后直接投入河中或大海。但在俾斯麦群岛、卡尼耶特群岛上，水葬方式有所不同。亲属不是将尸体直接抛入海中，而是置于船中把船弄沉，或者放船出海任其漂流沉没。

巴布亚新几内亚南部山区某部落的寡妇在丈夫死后要戴孝服丧90天，期间要往头上和身上涂抹灰白色泥土，并在脖子上佩戴很多贝壳。

传说中的黄金宝库　所罗门群岛

　　所罗门群岛是南太平洋的一个岛国，位于澳大利亚东北方，巴布亚新几内亚东方。国名以《圣经》故事中所罗门王命名。

　　这个小小岛国的首都霍尼亚拉，是第二次世界大战在太平洋的转折点所在地。传说中的黄金宝库、太平洋风情、潜水天堂、原始森林、"二战"回忆……这些关键词下的所罗门群岛，绝对不会让游人失望。

所罗门群岛国旗　　　　　　　国徽

国情概要

所罗门群岛国土面积 2.8369 万平方公里，人口 52.3 万（2009 年）。首都霍尼亚拉，国庆日 7 月 7 日。属美拉尼西亚群岛，共有 900 多个岛屿。其中最大岛屿是瓜达尔卡纳尔岛，面积 5302 平方公里。最高峰是马卡拉康布，海拔 2447 米。境内多火山，地震频仍。但火山活动对当地居民的生产生活并未产生严重影响，所以所罗门群岛有"幸运之岛"之称。终年炎热，雨量充沛，无旱季。森林覆盖率达 90%，众多热带河流缓缓穿过丛林流入大海。介于伊里安岛和所罗门群岛之间的珊瑚海是世界上最大的边缘海。国民经济以渔业、种植业和黄金开采为主。盛产金枪鱼。特产向天果，因其果实向天生长而得名。尚未开发的矿产资源较为丰富。但工业、科技和经济落后，大部分制造产品与石油产品依赖进口，是世界上最不发达国家（低度开发国家）之一。加上部族冲突的影响，经济状况更是雪上加霜。

所罗门群岛是浩瀚的南太平洋上一个充满原生态风情的岛国。国徽设计非常有意思：中心图案上的军舰鸟代表东区，鹰代表马莱塔区，海龟代表西区，长矛及弓箭和盾牌象征中央区和其他地区。盾徽两侧各绘有一条鳄鱼和鲨鱼，代表岛屿周围的动物和鱼类。早在 3000 年前群岛已有人类居住。1568 年被西班牙人发现并命名。此后，荷兰、德国、英国等殖民者相继到此。1893 年，成立"英属所罗门群岛保护地"。1942 年，被日军占领，此后一度成为太平洋战场上美军和日军反复争夺的战略要地。1978 年 7 月独立，成为英联邦成员国。国内没有军队，只有一支 800 多人的警察部队，由澳大利亚和新西兰提供训练和后勤支援。国家安全主要由新西兰负责。

2019 年 9 月 16 日，所罗门群岛政府与台湾"断交"，9 月 21 日与中华人民共和国建立外交关系。

谜一样的国家

所罗门群岛是一个谜一样的国家。

谜之一：这里真的有传说中的所罗门王的黄金宝库吗？相传，以色列联合王国的国王所罗门王（出生时间不明，卒于公元前 930 年）极为富有。据说，他每年仅从各个属国征收的贡品就相当于 666 塔兰黄金（1 塔兰相当于 150 公斤）。所罗门王将他所搜刮的金银财宝都存放在耶路撒冷的圣殿里，这就是历代相传的所罗门珍宝。到了公元前 590 年，新巴比伦王尼布甲尼撒二世第二次进兵犹太，耶路撒冷在被困几年以后，终于在公元前 586 年被巴比伦军队攻占，王宫和圣殿全被烧毁，大批的犹太人被押送到巴比伦，这就是所谓的"巴比伦之囚"。从此，"耶和华约柜"和"所罗门珍宝"下落不明。2500 多年来，许多人都想找到"约柜"和"珍宝"，但直到今天，仍无结果。1568 年，西班牙航海家门达尼亚抵达所罗门群岛时，看见土著居民身上都佩戴着金光闪闪的黄金饰物，以为找到了《圣经》中所罗门王的黄金宝库，于是把这里命名为"所罗门群岛"。这与传说中的所罗门王的黄金宝库显然不是一回事。

谜之二：这里真的有"死尸赶海"的神秘现象吗？传言在所罗门群岛，死囚被处死三天后，巫师对死尸作法，死尸会从棺材里爬起来，然后潜入深海去帮人们捕捞珍贵的虎皮斑纹扇贝。这就是所谓的"死尸赶海"。查理斯是美国华盛顿大学生物学教授，2010 年 7 月，他打算去那里一探究竟。他来到所罗门群岛首都霍尼亚拉市。在宾馆住下后，打听到两天后会有死尸赶海。第三天上午，他来到死尸赶海现场，真的看到了不可思议的那一幕。后来，他经过深入了解，原来当巫师用蛙毒"处死"死囚时，虽然死囚已经没有了心跳，但并没有真的死去，而是一种假死状态。三天后，当巫师再次给他作法时反复说怎样捕捉虎皮斑纹扇贝，唤醒了他潜意识中的记忆，于是"死者"就像梦游一样，按照巫师的要求潜入深海去捕捉扇贝，结果在深海海水的重压下他的肺细胞被压破，一上岸就立即呼吸衰竭而死。这时候，他的生命才算真正终结。至此，"死尸赶海"的秘密被完全解开。

谜之三：喊叫咒骂声真的能砍伐和扼杀大树吗？凡看过印度电影《地球上的星星》的人，大概对影片中美术老师讲的一个故事印象深刻。这个故事说的是：所罗门群岛的一些村民使用一种独特的方法伐木。如果一棵树太大了，无法用斧子砍伐，伐木工人就爬上大树，放开喉咙大声喊叫，咒骂它，连续这样做30天，这棵大树就会慢慢枯死倒地。他们认为，喊叫咒骂声扼杀了大树的意志。这个有趣的故事是否确有其事，无须考证，或许只是一种传说，一种杜撰，但这里面包含的哲理却是极有意义的。因为这种愚昧的场景经常发生在现实的家庭教育和学校教育中，喊叫咒骂声同样会扼杀孩子的意志，其效果必然与教育者的初衷和愿望背道而驰。

谜之四：所罗门群岛的沿海为什么被称作"铁底海峡"？群岛地势较平坦，海水清澈透明，能见度极好，被视为世界上最好的潜水区之一。然而，在大海的深处，却隐藏着秘密。1999年5月，南太平洋应用地球科学委员会向联合国开发署提交了一份名为《所罗门群岛铁底海峡"二战"武器污染危险评价》的报告，他们对面积为3500平方公里的铁底海峡进行了详细调查。结果表明：在此地有111艘各种海军舰只毁坏和沉没，其中日本65艘，美国44艘，澳大利亚和新西兰各1艘，重量达44万余吨；有1450架飞机损失，其中日本1120架，美国330架；有1.5万至2万名军人葬身海底。完全可以想象，"二战"时在这里发生过的海战，达到了何等惨烈、血腥的程度！在瓜达尔卡纳尔岛与佛罗里达群岛之间的海域，因双方各种类型舰船、飞机的大量沉没，而得名"铁底海峡"。过去的激战，给所罗门群岛人民带来了巨大的灾难和痛苦；现在，这些战争的遗迹，却变成了重要的旅游资源，吸引着世界各国的旅游者前来观光、探险和猎奇，给所罗门群岛人民带来了商机。

最后的蛮荒之岛

对于这个南太平洋的岛国，很多人对它的情况知之甚少。唯其如此，才显得愈加神秘。所罗门群岛的居民94.5%属美拉尼西亚人，3%属波利尼西亚人，1.2%属密克罗尼西亚人，另有华人几千人。95%以上居民信奉基督教，少数人保持当地土著信仰。美拉尼西亚人肤色很黑，具有非洲黑色人种之外最黑的皮肤色素，但有5%到10%的人长出了金色卷发，被形容为"金色爆炸头"。一个美英研究小组报告说，其原因在于基因突变。由于这里曾经是英国人的殖民地，所以大多数人会说一种"皮钦语"，是英语和土著语言的混合语言，使得不论来自哪个小岛的居民都能自由交流。

所罗门群岛的泰特帕雷岛面积118平方公里，被称为"最后的蛮荒之岛"，自19世纪中期以来便无人居住，当时的本土部落因野蛮人猎取人头的威胁而纷纷逃到周围岛屿。而群岛最南部的东伦内尔岛，大部分被茂密的森林所覆盖，是世界上最大的由珊瑚堆积起来的环状珊瑚岛，岛上拥有一个面积155平方公里的特加诺湖，是南太平洋上最大的封闭于岛内的湖。当地人口不多，居住在特加诺湖周围的几个村庄里。岛上自然环境恶劣，时常发生飓风，但栖息着多种蝙蝠、鱼蛉、鸬鹚、水果鸽、扇尾鸽、伯劳鸟和太平洋飞狐等。而有一种所罗门群岛海雕的图像常常出现在所罗门群岛发行的邮票上。

据有关文章和资料介绍，在所罗门群岛，以前当客机快着陆的时候，会有一大帮土著居民在机场上拿着

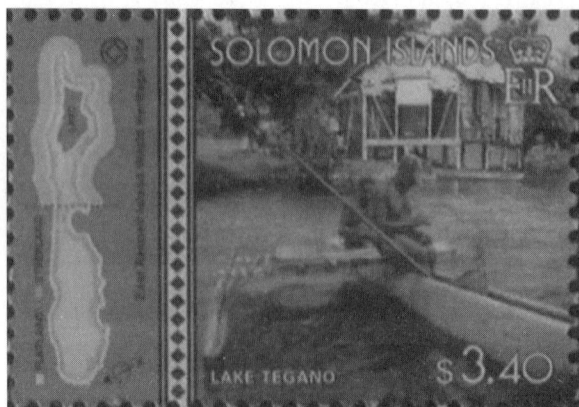

邮票上的东伦内尔岛和特加诺湖

布条或野花兴奋地挥啊挥的，好像在喊"大鸟来了，大鸟来了。"飞机在跑道上滑着，居然有一帮人在跑道边跟着飞机跑，这在世界的其他机场是看不到的。有些部落很是落后，一个酋长的儿子在家时从来没见过电灯，外出时在洗手间被明亮的电灯吓出了尿，于是请几个土著巫婆在他身上做法事帮他消灾。人们经常吃点野生木薯一类的东西，基本上过着那种很原始的生活。海产很丰富，出产名贵的鲍鱼、黑珍珠和澳洲龙虾。有些土著人知道外来人喜欢吃澳龙，所以会抓几只去卖，而他们自己不吃这种没鳞的东西。土著女人去卖澳龙时，赤裸着上半身，这可不是以色诱方式卖龙虾，而是她们平常的生活习惯就是这样。当地不仅有龙虾，还有椰子蟹。椰子蟹体形硕大，是爬树高手，它可以用强壮的双螯剥开坚硬的椰子壳，然后享用里面香甜的椰肉。有时它用蟹爪"摘"下一颗椰子，然后砸向树下，砸开后它就开始享受椰肉了。

尽管所罗门群岛存在着许多蛮荒之岛，有些地方甚至比较原始，不够开化，但是，所罗门群岛的风光是原生态的，是很美的，现在也正在发展进步。

西南风劲吹的地方

首都霍尼亚拉位于瓜达尔卡纳尔岛北岸，克鲁斯岬角西面，为南太平洋地区一个妩媚多娇的海滨城市。霍尼亚拉是当地土语，意思是"西南风劲吹的地方"，因为这里一年四季都吹西南风。

霍尼亚拉在太平洋群岛中具有重要的战略地位。1893年受英国人统治。"二战"期间被日本人占领，瓜达尔卡纳尔岛曾几次经历血战，有3万多名美国与日本士兵战死疆场。市区周围有许多太平洋战争的战场遗迹，机场大门外就有一门大炮。由于原来的首都图拉吉在战争中被毁坏，战后迁至霍尼亚拉。1978年所罗门群岛独立，霍尼亚拉被定为首都。

霍尼亚拉是世界上最简陋的首都之一。过去没有高楼大厦，最高的是总理府，三四层楼高。这些年，华人移民和投资使那里的建筑也出现了一些升高的景象。城市建设围绕着库昆高速公路，这条公路连接着东部汉德逊田野和西部的白河居住区，并经过南巴纳昂医院和唐人街。在唐人街上，许多华人商店分布在大街两旁。对于中国游客，当地人还是很友善的，很多人会主动打招呼或搭讪。唐人街入口处对面有中华公园，具有中华风格的亭台楼阁错落于红花绿树之间。居民区的建筑物颇有特点，家家户户，一色的独门独院的二层木房，房顶用一种波浪形的锌铁皮盖成，沿着屋檐装上水槽，每逢下雨，雨水便从屋顶流入水槽，全部集中到一个大型水罐或地下水池里。居民大部分居住在沿海地区，因为沿海地区交通方便，利于捕鱼和耕种。中央市场是当地最大的市场，人声鼎沸，各种农产品、海产品都有。当地人很喜欢吃槟榔，吃得满口鲜红，看着吓人，但其实人都很淳朴。

霍尼亚拉的土著小孩大多光着身体，过去许多成年人也仅是在腰胯间围一块布或一串树叶，或挂块树皮在胸前。现在男子通常穿短裤，妇女通常穿裙子。许多男子都有文身，花纹刺得越多越精细越显示美丽。跳舞是当地人生活中的乐趣。跳舞时男人一般喜欢穿用树叶做的裙子。在跳面具舞时，经常用红色泥巴涂满全身。在跳战舞时，除了手持长矛外，还喜欢在身上插着奇花异草。人们对武器的制造和使用十分熟练，在装饰、设计及功能上无一不精通。男孩子一般从3岁起就开始佩刀。

霍尼亚拉的婚俗非常独特，是一种非常古老的样式。达到结婚年龄的男孩，其父为他选定一个合适的女孩，同时将一块贝币付给女孩的父母。双方父亲坐在一起商议最后的聘金。传统的聘金是贝币或红羽毛货币，也有的是猪牙或海豚牙。聘金由新郎的母亲送给新娘的母亲。此外，还有相当数量的布匹，放进独木舟中送给女方。

霍尼亚拉仍保持着属于自己的原始文化。在邮轮码头，当地人穿着原始古老的服饰，带着竹木制作的乐器在吹奏，等待着邮轮客人下船。小商品摊位上有用贝壳做成的吊坠、项链、耳环、手环、戒指，以及用动物牙齿制作的饰品。而当地的木雕工艺品和油彩画较有特色，尤其是树皮画，这是极有当地特色的一种画，不论是画布本身，还是画的内容，都充分表现了霍尼亚拉文化。

霍尼亚拉作为一个首善之区却很不太平。瓜达尔卡纳尔人和马莱塔人之间的民族矛盾由来已久，相互之间摩擦不断。犯罪团伙也频繁挑起暴力冲突。2006年4月18日晚发生的部族暴乱规模最大、破坏程度最严重。市中心大部分街区被毁。暴乱制造者焚烧商店、沿街建筑和警车，并将90%的华人商店和工厂洗劫一空。原来，所罗门群岛于4月18日举行议会大选。原副总理兼财政和国家计划部长斯奈德·瑞尼当选为新总理。由于根深蒂固的部族纠纷，瑞尼的当选成为此次暴乱的直接导火线。暴乱发生后，中国政府紧急救援，包租飞机接出华人华侨近300人。

原汁原味的传统文化

所罗门群岛保持着美拉尼西亚的传统文化，其独特性就在于它的原汁原味。国家博物馆是所罗门群岛唯一的博物馆，收藏品包括：艺术品、遗迹、摄影作品、考古出土物件、自然史、动物标本、科技品、影音资料、海报、户外雕塑等。其中以当地自然标本、"二战"遗迹和考古出土物件最多。博物馆后面有八栋传统房舍，每一栋代表着不同的省份的特色。在2010年上海世博会，所罗门群岛国家馆不仅展示了罕见的手工艺品、独特的排箫表演，还展示了群岛丰富的旅游资源以及良好的贸易投资机会。在他们的展台上，既有自然风光的精美图片，也有风格简朴的手工木雕。乌龟是所罗门人眼中的幸运符号，所以在他们陈列的脸谱挂件中，通常带有乌龟图案；飞鸟是和平的象征，所以很多半身雕像的手中，都捧着一只飞鸟。

据资料介绍，在所罗门群岛的北部，有一种风格化的祖先雕像。中部各岛，因制作独木舟而著名。装饰板上的形象多染成黑色，并镶嵌着珍珠母。南部有一些精致雅观的碗器，在礼拜活动中盛装食品。在新麦尔兰岛上，工艺作坊成批地生产着艺术品，作品包括石雕和涂色灿烂的刻木和纤维制品。职业的艺术家常被雇用来制作徽章、面具和玛朗庚装饰板。复杂的纹章图案是某特定家族的所有物，适用于某些特定的祭祀场合，如葬礼。徽章的内容反映出神话的主题，当地人很容易辨别出其中的含义，但外地人则不易知晓。

位于上海世博园 B 片区太平洋联合馆内的所罗门群岛展馆，为世界各国游客打开了一扇了解所罗门群岛经济、文化、旅游、艺术等领域的窗户。在他们的国家馆日仪式上，来自所罗门群岛的歌舞团献上了所罗门托纳曲排箫表演。这种排箫演奏在所罗门当地十分流行，在南太平洋的其他岛国同样可以见到，可谓是这个地区的显性艺术。这次来到世博会上表演的团队一共有 14 名乐手，包含 1 名长笛主奏、8 名长笛乐手、4 名竹子乐手和 1 名鼓手。乐团表演时，男性舞蹈演员脚踝上绑着铃铛和甘草编织的装饰，一边吹奏传统乐器和打鼓，一边用力踏地及交换队形。精彩的表演让现场观众情不自禁地跟随节拍鼓掌并摇摆身体舞动起来。

当地风土人情

所罗门群岛存在着母系制度、父系制度及两者的混合体等形式。居民朴实热情，有礼貌地迎接来观光的客人，对外国朋友称"先生、女士、夫人、小姐"。人们的财富观念是，以猪为财富，养猪越多越有钱。许多人广纳妻妾，以便能喂养更多的猪。送给酋长的礼物也是猪，酋长亲吻着送来的猪，爱不释手。在马莱塔东岸的山区中，奎奥部落居民还保留着他们祖先的生活方式：向精灵献祭猪，在丧宴上交换成串的贝壳饰品，佩带弓箭。有的岛上的土著人，把他的叔、伯、舅、姑父、姨父和母亲的堂兄弟、表兄弟都视同父亲一样看待。

虽然这些岛屿上有许多资源，但人们依然贫穷，社会依然不发达。在所罗门群岛萨沃岛，村民们往沙子深处挖掘，以掏出冢雉所生的蛋，作为食物。据资料介绍，冢雉属鸟纲，体大如鸡，头部大多皮肤裸露，呈现黄色或红色，全身羽色黑褐色为主，脚趾强大有力。冢雉具有独特的繁殖习性，采用类似爬行动物的孵化方法，它们将卵产于用枝叶和土堆成的土冢中，地下部分深约 1 米，利用自然界的温度来孵化，雏鸟孵化出来以后自行破土而出，一两天后就能飞行。当地居民保持着绵延的火山海滩的清洁，以吸引美拉尼西亚冢雉到这里下蛋。

农村地区并无财力建造宏伟的教堂，只能用木头和防雨材料建造简陋的教堂。没有哪一种宗教能脱离当地群众的口味而存在，所罗门群岛的基督教也是如此。例如，这里简陋的教堂是圆形的而不是尖耸的，是对当地传统建筑的模仿。教堂内的图腾也是属于这个岛屿特有的东西，是土著居民熟悉和崇拜的东西。现在，居民大部分信奉基督教，每年他们都庆祝基督教的一些主要节日，例如圣诞节、受难节、复活节、升天节、诸圣日（万圣节）等。

在勒拉奇小岛上，居住着一个以捕鱼和狩猎海鸟为生的部落，共有500多居民。他们把鲨鱼当作神来崇拜，从不捕杀鲨鱼。遇有重大事件，还举行全岛的盛大祭鲨典礼。举行祭鲨典礼那天，全岛像过节一样，妇女戴上用贝壳制作的各种装饰，男人插着各种羽毛，袒露着有花纹的身子，日出前便来到海边。鲨鱼好像预先知道似的，从各处汇集到附近的浅海，等待着饱餐一顿。祭品为现杀的活猪。凡是经过该岛附近海域的外地船舶，都要倍加小心，千万不要被当地部落误认为是捕鲨船只而受到攻击。

在所罗门群岛，不得不提到一首歌，它根据所罗门群岛古老的民歌改编而成。在歌的最后有一段清唱，那是一位老妈妈的吟唱，内容和当地古老的部落传说有关。歌词大意是小女孩由于看不见爸爸而哭闹，年长的姐姐唱这首歌安慰她，告诉她爸爸已经去世，但是仍然一直在她身边保护着她。歌中的小女孩骑着童车周游世界，讲述着她遇到的故事。从歌声中不仅能听到神秘、古老和音韵的美，还能听到贫穷和幻想。

上帝燃放的礼花　瓦努阿图

　　瓦努阿图共和国位于南太平洋西部，独立前仅作为地理概念被笼统称为"新赫布里斯群岛"，属美拉尼西亚群岛，是一个火山岛国。传说大地之母在一次火山喷发中把她藏在海底的珍珠抛出海面，散落在南太平洋上，形成数十个大大小小的岛屿，这就是瓦努阿图。国名在当地比斯拉马语中意为"土地永远属于我们"。

　　瓦努阿图是移民热门地之一。它到底是个什么样的国家呢？有人说，她就像一个南太平洋岛国的少女，正徐徐地揭下神秘的面纱。上帝燃放的礼花，是对她的祝福。

瓦努阿图国旗　　　　国徽

国情概要

瓦努阿图国土面积 1.219 万平方公里，人口 22.46 万（2011 年）。首都维拉港，国庆日 7 月 30 日。全境由 83 个岛屿组成，其中最大的桑托岛，面积 3974 平方公里。另一个塔纳岛，面积 556 平方公里，孤悬在南太平洋深处。CCTV-2 频道曾播出过一部纪实片《土著进城记》，片中的 5 个土著人就出发于此岛。岛上屹立着海拔 1084 米的亚瑟火山。该火山拥有 396 米宽、100 多米深的圆形火山口，火山口的底部有三个喷火口成"品"字排列，竞赛似地轮番喷发。因为常年喷发，浓烟终年在山顶萦绕，因而常被飞行员和海员当作太平洋上的指路"灯塔"。尤其特殊的是，这座火山喷出的熔岩大多是直起直落，很少斜向逸出，一般不会伤及游人，因此被誉为世界上"最亲近的活火山"。这种喷发的奇特景象也被形象地比喻为"上帝燃放的礼花"。在上帝的眷顾下，瓦努阿图渔业资源丰富，盛产金枪鱼等。农业、渔业和畜牧业为主要经济活动。旅游业也是财政收入来源之一。热带的气候，蔚蓝的大海，高耸的活火山，美丽的珊瑚岛，茂密的原始森林，壮观的瀑布飞泉，洁白的绵长海滩和惊险的蹦极运动，这一切的一切融合成纯朴迷人的原始风情，构造出梦想中的童话天堂。

瓦努阿图曾被联合国列为最不发达国家之一，但是在 2006 年和 2010 年，却两度被英国新经济基金会评为世界上最快乐的地方。在"地球快乐指数"的评选标准中，环境因素大大高于经济发展因素，因此很多经济不发达的国家和地区位于这个排名的前列，而世界上最主要的工业国家大多排在 50 名以外，经济最发达的美国排在了第 150 名。在得知自己的国家成为"世界上最快乐的国家"后，"瓦努阿图在线"发表文章称，"我们这里的居民确实都很快乐，因为他们很容易满足。……人们生活得无忧无虑。"上海世博会瓦努阿图展馆亦以"共享幸福与和平"为主题，展示了这一快乐国家秀丽的自然风光、独特的风土人情和浓郁的文化魅力。

3000 多年前，瓦努阿图就有人类在此繁衍生息。2007 年 10 月，考古学家在埃法特岛发现了 3000 多年前的美拉尼西亚人的丧葬遗址。当时，大量的美拉尼西亚人从巴布亚新几内亚移居到瓦努阿图，他们可能是瓦努阿图的第一批居民。他们的迁移之路是漫长且充满危险的，乘坐的独木舟上载着他们赖以生存的动物和植物，如猪、芋头、木薯、甘薯等。在漫长的岁月里，他们过着与世隔绝的生活。1606 年，葡萄牙人首次登上这些岛屿。1768 年，法国人来到这里。1774 年，英国航海家詹姆斯·库克船长也抵达了这些岛屿。20 世纪初沦为殖民地，被英、法两国共管。1980 年 7 月独立，定国名为瓦努阿图共和国。1982 年 3 月 26 日瓦努阿图与中国建立外交关系（2004 年 11 月 3 日，瓦努阿图曾同台湾签署所谓建交公报，但于当年 11 月 10 日撤销）。

引人入胜的海岛风情

南太平洋碧海蓝天，白沙如银。桑托岛是最值得一去的自然和探险之岛。岛上大部分居民都居住在沿海村庄，过着俭朴的生活。岛的西半部是尚未开发的原始森林，分布着一部分檀香木资源；东部的香槟海滩早已名声在外，海水在阳光照耀下犹如香槟酒一般具有浪漫的色彩。独自驾一叶独木舟，划行在碧海之上，顷刻间能让你抛掉生活中的所有烦恼，释放压力，回归自然。该岛首府鲁干维尔港是世界闻名的潜水胜地。1942 年一艘由豪华游轮改装的运兵船，载着 5500 名美军，在此进港时触上了美军自己的封港水雷，不久便在近岸的珊瑚礁沉没。如今，这里成为潜水爱好者和猎奇探险者们的乐园。

埃法特岛亦称"瓦特岛""桑威奇岛"，是瓦努阿图最美丽的珊瑚岛。周边海域的海底世界有"森林""沙漠""山峰""草原"。由于没有什么污染，这里的海水特别清澈。游客在海面上就能看见许多海牛、海龟。据说游客可以潜水抱住海龟，它换气时就会把你驮上海面，十分好玩。

首都维拉港位于埃法特岛西南岸美莱湾，规模不大，虽然曾经是英法殖民地，却没有留下多少英式或法式建筑的痕迹。两层小楼最为常见，最高的建筑是矗立在市中心的格兰德酒店，也不过七层而已。至于郊区的普通人家，则以铁皮和茅草为主要建筑材料，遇到飓风等恶劣天气，房顶时有被掀翻之虞。这种小屋的命运，可想而知。但也不是没有优点，一是凉快、透气性好，适合瓦努阿图这种亚热带气候；二是就算被掀翻了，也能很快搭建起来。游客还可以参观原住民部落、传统市集、文化博物馆、"二战"历史遗迹等特色景点，或乘木筏欣赏岛上瀑布、搭游艇出海海钓等。最受欢迎的旅游项目是海底邮局，有经过专业潜水训练的邮政人员

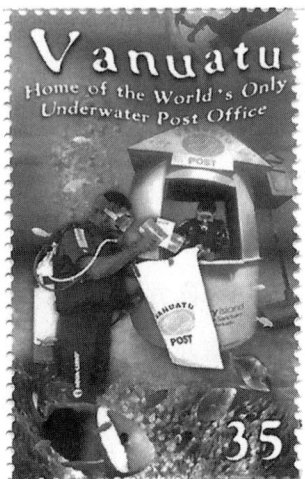

邮票上的海底邮局

在水下办公，寄信的人需穿上潜水衣、戴上呼吸器下潜到 5 米深处投递防水明信片，然后邮政人员会在上面加盖特殊的封印。据说，每年有 5 万多游客来到这里潜水邮寄防水明信片。

当地风土人情

漂洋过海来到瓦努阿图的美拉尼西亚人，世世代代在这片土地上居住。如今，全国 98% 为瓦努阿图人，属美拉尼西亚人种，其余为法、英等欧洲人后裔，以及其他国家的一些移民。瓦努阿图独立后，澳大利亚和新西兰人大量进入瓦努阿图市场。84% 的人信奉基督教，少部分人信奉原始宗教。官方语言为英语、法语和比斯拉马语。各岛居民形成了特有的语言、风俗习惯以及传统文化。全国拥有 115 种不同的方言，被认为是世界上最多元化的国家之一。岛屿之间在各方面都存在差异，甚至在同一岛屿的不同地区都存在差异。例如，在神圣的杀猪仪式、交换礼物仪式、祭奠仪式、音乐舞蹈、权力社会的地位、农作物和畜牧业等方面，各地方都不尽相同。

传统的仪式和活动仍是村落生活中的重要组成部分。据乔鸿移民官网载文介绍，北方的桑托岛每当一个新村落成，都要举行落成仪式。男人赤裸着身子，将全身涂黑，只在腰间裹一块树皮布，头上戴着羽翎，脚踝套着一串花环，手持长棍，敲击着自制的木鼓，祈求上帝赐福全村。各种形式的艺术，例如身体装饰、刺青、复杂的面具、草席和雕刻品，都是仪式庆典中的精粹和部落社会活动的组成部分。南方的塔纳岛时常举办大型的宗教仪式舞会。女舞者来自不同的部族，小的只有几岁，大的有五六十岁。她们身着色彩鲜艳的服装，用油彩在面部画出不同的图案，脖子上挂着用贝壳或猪牙等制作的项链，头上戴着用鸡翎或鸟羽做成的各种头饰。她们边歌边舞，祈求上苍保佑家族幸福安康。每当喜庆的日子或亲友聚会，村里总要杀猪宰牛庆祝一番，以飨村民。在马鲁库拉岛上，一直保留着宗族的传统。有一种纳卡茅屋，又叫"传统男人屋"。屋脊上有一只展翅欲飞的大鸟装饰，屋门两侧各有一根圆木雕刻的图腾柱。每当夜幕降临，男人们就聚集在纳卡茅屋里，边用椰子壳做的酒杯饮新酿造的卡瓦酒，边讨论族里的重大事情，并适时做出决定。这座房子是不准女人涉足的，否则，被视为不吉利。

瓦努阿图的某些文化带有传奇色彩。例如，他们施行割礼除了象征迈入成年期之外，有时也是为了增强性能力。有一个民间故事是这样说的：有个妇人嫁给了兄弟俩，其中一个丈夫在花园里干活时不小心被竹片切掉了阴茎顶端的那块皮，虽然受了伤，但是因为这个意外，他和妻子的性生活却有了令人惊喜的改善。妇人的另一个丈夫因为自己的性能力比兄弟差而痛苦不已，为了能与兄弟平起平坐，也割掉了自己的包皮。历来，瓦努阿图的男孩都要经历成年仪式，使他们成为男子汉，通常包括割礼。

在瓦努阿图，猪和那些弯曲的猪牙被认为是财富的象征。知道这一点，你就不会对瓦努阿图国旗、国徽上出现的猪牙图案感到奇怪了。据《环球时报》载文介绍（特约记者白文静），在瓦努阿图，国旗、国徽上绘上猪牙，表明"财富和繁荣属于瓦努阿图人民"，是非常美好的意义。原来，瓦努阿图的居民有着长期把猪牙和狗牙当钱使的传统。狗牙相当于硬币，一个狗牙可以换50个菠萝，或者100个椰子；而猪牙则相当于整钞，根据牙的品质不同，一颗猪牙可以换几个甚至十几个狗牙。几百年来瓦努阿图人用"猪牙大钞"购买他们生活所需的一切。一个普通家庭一年的开销，只需 20 个左右猪牙就应付有余。瓦努阿图人对猪牙的品质有特别的评判标准：不是越大越好，而是越弯越好，弯成圆弧状、甚至弯曲盘旋好几圈，就简直价值连城了。如今，越来越多的外国人来到这个新兴国家投资、贸易、旅游观光，继续使用猪牙、狗牙显然不合时宜了，于是政府颁布法律，宣布用一种名叫"瓦图"的货币取代猪牙、狗牙，成为该国的法定货币。不过，许多瓦努阿图人私下还是习惯用猪牙，娶媳妇的财礼仍是猪牙。政府也郑重其事地宣布，猪牙为瓦努阿图的国宝。

瓦努阿图人非常懂得生活的艺术。擅长雕刻，原材料多取材于硬木、树蕨类植物和火山石、珊瑚等。碗和碟子用硬木雕刻而成。树蕨类植物一般雕成站立的男人和女人的形状。妇女文身也是用果木的尖刺，加上树蕨类植物的汁液刺上去的，颜色呈深红色。文身的图案表示当地社会等级的内容，也蕴涵着古老的传说。有些岛屿的居民只在脸部和前臂文身，文身方式也有些不同。他们用火烧皮肤，使皮肤上留下不同的几何形状的疤痕。在这些岛屿上，陶器制作曾经风行一时，当地妇女一般将陶胚放在膝盖上制成碗状。她们还编织垫子、篮子和女包。通常都取材于椰子树叶、柳条和其他植物纤维。

首都维拉港工艺品市场为传统美拉尼西亚式建筑风格的露天集市，出售各种手工艺品、绘画、纪念品、纺织品及民族服饰，独特而精致，价钱不是很贵。其中最有当地特色的手工艺品为圆木雕刻图腾柱，两三个头叠加在一起，夸张的眼部浑圆凸出，成为整张脸的焦点。此外，白色猪牙、壁虎挂件、贝壳项链、木雕脸谱、民族乐器、独木舟模型，以及编织袋、布包和钱包等，精致美观，让人爱不释手。当地妇女静坐一旁，所穿的民族服装上衬着的缎带、袖子和蝴蝶结等，与所卖的工艺品一样绚丽夺目。

日常生活习俗

西方文化和传统文化是形成瓦努阿图风俗习惯的两个主要来源。据世界风俗网载文介绍，城市一般为新式住宅，大多数是平房和两层小楼，屋内设施齐全，居民基本上过着现代文明的生活。但是根深蒂固的习惯，使得城里的瓦努阿图人仍保持着同乡村的联系，有的在周末回到自己的村子从事部分田园生产，有的仍然把家安在农村。失业后，许多人回到家乡的岛上过着传统的生活，或种田，或捕鱼，或狩猎。一般情况下，瓦努阿图人在当地难以经商。因为他们开商店，亲友可来赊账拿货，一般无力偿还，因此这些人不得不关门倒闭。

瓦努阿图植物生长茂盛，吃饭问题好解决。天气炎热，穿衣自然不多。普通居民服饰比较简便，穿汗衫、短袖衫、长裤者皆有。妇女一般穿汗衫和短裙，有些是草裙。居住在丛林深处的妇女上身裸露，男子穿得更少。终年长夏，农村住房也比较简易：竹片、藤条、香蕉树皮、椰树枝叶经过编织后均可作墙壁，茅草、铁皮、瓦片等都能盖屋顶。土著居民的住房都比较小，一般都是圆形或椭圆形的低矮茅草屋。人们席地而卧，不需要太多家什。

瓦努阿图物产比较丰富，维拉港果蔬市场终日人潮涌动，热闹非凡。木瓜、菠萝、橘子、椰子、杧果遍地都是，红薯、芋头、水芹菜、空心菜、绿花椰菜（西兰花）随处可见。椰子蟹、小毛蟹等被随意丢放在蔬菜和水果中间。海产资源虽丰富，水产品种却有限，价格也较贵。市场中最靓丽的是各式鲜花，香气扑鼻。圣诞百合（宫灯百合）外形娇俏，柔美多姿，是插花艺人青睐的花朵。大红色孤挺花（朱顶红）色彩艳丽，虽然瘦弱，但渴望被爱。国花为鸡蛋花，夏季开花，清香优雅；落叶后，光秃秃的树干弯曲自然，其状甚美。这里还出售当地传统美食"拉普拉普"（将芋头、红薯、香蕉等磨碎揉成面团，加入稀释的椰奶，用蕉叶包裹，用石头烧烤而成），生意十分兴隆。人们的传统饮食几无变化，将芋头、红薯、杧果、番瓜、牛肉、鸡蛋等通过特殊方式蒸煮，保持原汁原味。面包果也是重要的食物来源。另外，瓜果遍地，到处都可采摘到木瓜、杧果、橘子、香蕉等充饥，不存在食不果腹的问题。纯朴的村民会邀请来自远方的游客观赏当地舞蹈表演，品尝当地美食和瓜果。

瓦努阿图的特色饮品是卡瓦酒，这是将一种卡瓦胡椒的根部捣碎后用水调制而成的饮料。卡瓦酒虽然叫作酒，其实本身并不含任何酒精。据说卡瓦酒很冲，色相接近于豆汁，味道类似苦涩的中药。喝了舌尖会有些麻木，继而精神镇静、全身松弛，压力与烦恼一扫而空。曾经有人将首都维拉港的低犯罪率归因于卡瓦酒的镇静作用。在许多海岛上，男人和妇女在辛勤劳作之后，都会饮一两杯卡瓦酒，放松身心，解除疲乏。而在塔纳岛上，喝卡瓦酒却演变成男人的特权。

古老的部落酋长制

瓦努阿图每年 3 月 5 日为酋长日。乡村仍然延续部落酋长制度，这在瓦努阿图乡村的社会生活中已有 3000 年的悠久传统了。据中国外交部网站载文介绍（作者齐琦），瓦努阿图传承的是以酋长制度为代表的美拉尼西亚文化。瓦努阿图经济落后，岛屿间交通不便，如对全部岛屿实施直接管辖，成本太高，也不现实。瓦政府能有效直接管辖的只有两个城市——首都维拉港和桑托岛卢甘威尔市，其他占全国人口 80% 以上的居民仍生活在传统部落中，过着原生态生活。在基层部落，国家靠酋长实施间接治理，酋长成为基层治理的中坚力量。酋长有权对传统习俗进行诠释，在土地、文化、语言、捕鱼、打猎等传统习俗问题上具有最终话语权。没有国家酋长委员会的授权同意，议会通过的关于传统习俗的决议均无效。但是，酋长治理也有其局限性。例如，多数岛屿无常驻警察，即使部落发生刑事案件，酋长也没有义务告知警察，国家机构也无法以此追究酋长的责任。更有甚者，国家监狱里的囚犯逃回部落，酋长将其藏匿庇护。酋长一方面是基层治理的中坚力量，另一方面成为部落的依附，这在一定程度上消弭了对国家的忠诚。

　　瓦努阿图洛伊·玛塔酋长领地于 2008 年 7 月入选联合国世界文化遗产名录，成为南太平洋地区首个世界文化遗产。瓦努阿图国徽正中的人像就是虚拟的玛塔酋长形象。玛塔酋长是 17 世纪初瓦努阿图中部地区最后一位至高无上的酋长。他结束了部族纷争，实现了地区和平，但不幸被兄弟毒害身亡，葬于俗称"帽子岛"的阿尔托克岛。玛塔酋长领地由居住地（埃法特岛）、死亡地（勒勒帕岛）和墓葬区（阿尔托克岛）三处遗址组成。勒勒帕岛的维尔斯溶洞是当地神圣之所，遇有重大事件，村民都会来此与上苍对话。溶洞内的象形图案岩画，记录着日月星辰运行及村民生老病亡等情况。阿尔托克岛的墓葬区为太平洋地区最大活人陪葬区，内有玛塔酋长及 50 余名陪葬者遗骨（其中 20 余个为妻妾）。自愿陪葬的男子遗骨姿态十分放松，可能在临终前都喝了卡瓦酒（有镇静作用）；而妇女禁喝卡瓦酒，许多遗骨都双手上举，呈挣脱束缚状。世界遗产委员会评价说："洛伊·玛塔酋长领地体现了口头传统和考古学的融汇，见证了玛塔王推行社会改革和解决冲突的历程，时至今日，这种历程仍然影响着当地人民。"

　　热带丛林里的酋长部落，神秘、惊险。2016 年，《走进瓦努阿图酋长部落》的作者"藕塘孤荷"，随中国艺术家访问瓦努阿图代表团，在瓦国前驻华大使夫妇和儿子的陪同下，参观了离维拉港几十公里外的酋长部落——福屯纳塔瓦拉。他们一行 20 多人一路欣赏美景，来到部落村庄的入口处。入口处地上插着一排芦苇，大使夫人伊娃告诫，未经土著人同意，切勿闯入芦苇以内的领地。大家未见一人，正疑惑之际，忽听一声大叫，前面及左右丛林里迅速闪出几个彪形大汉，或持弓箭，或持棍棒等武器，将大家包围，成高度警戒状态。大使夫人上前用英语和土著语与他们交谈，介绍了来意。酋长点头明白，竟然用汉语说："你好！"表示对大家到来的欢迎。他吩咐手下将挡路的芦苇撤去，放下各种武器，并友好地将手中的指挥棒递给访问团长，请他担任临时酋长。手中有酋长指挥棒，其他土著人见了，自然就会态度恭敬、退避三舍。一位土著人执行官负责为大家带路接待，他告诉大家，进入丛林村子时，有的植物和树木是不能触摸，因为它们有毒。正式进村前，举行了一个简短的仪式。酋长坐在一排刻有神像的柱子前面，大家集体向神像鞠躬。执行官带领大家穿行在丛林之中狭窄的小道上，走的是 8 字阵型游览道路，共参观了 5 个游览点，富有土著部落特色。游览结束后回到村头，这里有个草棚，有 8 个土著人在里面，或怀抱吉他，或手拿其他乐器。其中有个人站在一个柜子后面，柜子上摆着一排大小不一的酒瓶。执行官热情地说了一番话之后，大使夫人伊娃翻译说，土著人非常尊敬大家，在大家即将离开之际，他们将用酒瓶演奏一曲欢送曲子，希望大家再来！这大概是最有才的酒瓶演奏曲了。

传统的沙画绝活

世界上许多地方都有沙画艺术，但瓦努阿图的沙画艺术历史悠久，艺高一筹，更为有名。据有关资料和世界风俗网载文介绍，所谓沙画，就是在露天的沙地、沙滩和撒满火山灰或泥土的地面上，用一只手指直接勾画出的各种图形。沙画的题材，多源于一些神话传说，也有的是对现实生活景物的即兴描绘，记录着当地的风土人情，以及关于本地历史的、技艺的、人文的、生活的各种信息。让人惊异的是，瓦努阿图最熟练的土著艺术家竟能够自始至终用手指一笔画成整幅的沙画。他们具有图表图案的丰富知识，而且能够深刻理解沙画的内涵。

沙画包含很多含义和功能：它们可以作为一种艺术作品来欣赏，可以作为一个故事来阅读，可以作为了解某些秘密群体的密码，可以作为拥有一块土地的证明或是一种具有某种魔法的诅咒，也可能仅仅就是为了传达某种信息或是沉思当中的信手之作。经过长期的发展和演变，沙画已经成为一种具有丰富内涵和丰沛活力的传统绘画形式。

瓦努阿图沙画邮票

今天，沙画传统在瓦努阿图中部和北部诸岛的不同社区中幸存着，尤其是在安布里姆岛、彭特科特岛和马勒库拉岛。例如，在安布里姆岛上，沙画的图案就发现有 180 种。那里的原始部落艺术家用手指绘出的沙画，已成为一道著名的世界旅游景观。沙画中的一些图案，已被广泛采用于该国发行的邮票、钱币和国家标志的宣传品上，而且经常作为一种民间风俗装饰展示给旅游者或用于其他商业广告。

野性的蹦极运动

今天，当许多年轻人壮着胆子参加蹦极运动时，他们可能不曾想到，让许多人心生胆怯的最原始、最野性、最刺激的蹦极运动，起源于瓦努阿图彭特科特岛的成年仪式（俗称"死亡跳"）。

有一个古老的民间传说，内容大体相同，只是细节有所不同。相传有一位妇女不堪忍受丈夫的虐待，几次逃跑，但都被抓了回来，最后，她逃跑不成，便爬上一棵藤蔓缠绕的高大榕树，丈夫发现后又追赶到树上，那妇女被逼无奈，决心反抗到底。她拉着丈夫从树顶跳了下来，谁料因藤蔓缠住脚踝，平安落地，而丈夫却摔死在地面。部落酋长为表彰该妇女的勇敢精神和坚强意志，便号召部落男子仿效其从高空跳下，以考验他们的勇气。日后逐渐演变为成人仪式，并选择在当地白薯收获的 5 月举行（这也是一年一度白薯丰收的庆祝仪式）。

举办"死亡跳"活动，要用树枝和树干搭建一个高达二三十米的"跳塔"，并在跳塔的不同高度上铺设木板作跳台，供竞跳者选择不同的高度起跳。跳塔建成后，参加竞跳的小伙子们就开始到密林中去寻找合适的藤条。藤条要符合两个条件：一是要足够结实，以保证在竞跳时不会崩断；二是长短要合适，以保证竞跳者在下落到最低点时头部不会触及地面。在成年仪式上，他们用藤蔓拴住脚踝，从跳台上纵身跳下，在即将到达地面时戛然而止，然后全村男女老少围着他载歌载舞，庆祝他成功通过了成年的考验。参加"死亡跳"的小伙子都要冒着死亡的危险，因为除了脚踝上的藤条，再没有什么其他的安全措施。1974年，曾有一位竞跳者摔死，不过这种悲剧很少发生。这种形式后来传到英国，被当作一种表演取悦于王公贵族。首次使用橡皮绳蹦极的是在美国。让蹦极真正发扬光大的是新西兰，新西兰人成立了世界上第一个反弹跳跃协会，并在1988年首次向社会公开展示高空悬跳，从而大力推广了这项运动。

南太平洋的十字路口　斐济

　　斐济群岛共和国位于南太平洋，地跨东、西半球，180度经线贯穿其中，被誉为"南太平洋的十字路口"。为避免一国出现两个日期，国际日期变更线从东侧绕过斐济，因此，斐济是全球最早迎来日出的国度之一。国名源自汤加语的"岛屿"，并变为斐济语的"Viti"（维提），由此转化为"斐济"。

　　美丽的南太平洋岛国斐济，风俗独特且神秘。广大游客通过参观2010年上海世博会斐济展馆，充分领略了斐济的特色文化、民俗风情。斐济文艺团体在国家馆日表演了具有南太平洋特色的歌舞，展现了淳朴热情的民族风情。碧蓝的天空、美丽的海岸、浪漫的岛屿、挺拔的椰树、火红的鲜花、茂密的热带雨林，以及在海风中享受沙滩、阳光和美食的惬意，都会为你的度假或蜜月旅行留下最美好的记忆！

斐济国旗

国徽

国情概要

斐济群岛面积 1.8333 万平方公里，人口 89.45 万（2011 年）。首都苏瓦，国庆日 10 月 10 日。群岛包括 322 个岛屿，多为珊瑚礁环绕的火山岛。其中 106 个岛有人居住，维提岛和瓦努阿岛两个主岛的人口占全国总人口的 87%。属热带海洋性气候，常受飓风袭击。渔业资源丰富，尤以金枪鱼著名。种植甘蔗、椰子、香蕉，有"甜岛"和"香蕉岛"的盛誉。制糖业、旅游业和服装加工业是国民经济的三大支柱。

斐济群岛的开国历史主要有两种传说：一个传说是蛇神唯一的朋友老鹰产下了两枚蛋，并孵化出一男一女两个人。蛇神一直都在照看着他们，斐济人的历史就这样开始了。另一个传说则完全不同，大酋长带着他的族人漂洋过海来到了这片新土地，从而开始了斐济的历史。历史事实是，最早迁徙到斐济的是美拉尼西亚人，后来波利尼西亚人也来到斐济定居。考古学家在维提岛西部的辛加托卡镇沿海发现了公元前 1290 年的陶器，在维提岛其他地方也发现了石头城堡的痕迹。1643 年荷兰航海者塔斯曼来到斐济。19 世纪上半叶欧洲人开始移居这里。1874 年沦为英国殖民地。1879 至 1916 年，大批印度人作为英国"殖民制糖公司"的契约劳工到此种植甘蔗。1970 年 10 月独立，成为英联邦成员国。1975 年 11 月 5 日斐济与中国建立外交关系。

五 "S" 的海岛风情

在斐济，处处充满热带海岛风情。发展旅游业靠的是五 "S"，即 sea（大海）、sun（阳光）、sand（沙滩）、surf（冲浪）和 smile（微笑）。有句话说，"天堂

斐济高桅帆船邮票

也不过如此景色"，指的就是斐济；而斐济的天堂，又不外乎那些蓝天、碧海、帆船和充满热带风情的海岛。

玛玛努卡群岛包括玛娜岛、马鲁瑞奇岛、海龟岛等 20 个左右的小岛。其中玛娜岛最出名，是南太平洋的绝佳潜水圣地。岛上的度假村是斐济最大的外岛度假村，配套设施完善，像浮潜、橡皮艇、双体船、吊床、儿童乐园等项目，全部都是免费的，大人、孩子可以尽兴玩乐。玩累了，可以在酒店做一次斐济式的 SPA，以及在晚上参加度假村的民族晚宴，欣赏斐济人的歌舞节目，心情格外放松和愉悦。马鲁瑞奇岛面积不大，却是好莱坞名片《荒岛余生》的拍摄地。影片中的查克·诺兰德要在荒岛上幸存下来，遇到几大难点，其中包括生火和寻找淡水。幸运的是，在这段时间里，他的同伴威尔逊一直陪伴在他身边，成为他继续活下来的精神支柱。在海龟岛，可以到黑色的火山崖间漫步，或者沿着风景如画的珊瑚礁嬉戏。那些珊瑚礁也许看上去有些眼熟：在影片《蓝色潟湖》（也译作《青春珊瑚岛）》中，女主人公就曾在这里裸身嬉戏。影片所构筑的蓝天碧海、椰林树影式的世外桃源，在回归自然的同类影片中独树一帜。

维提岛（又称"美地来雾岛"）是斐济最大、最重要的岛屿，通常被称作"大岛"。它的形状像个横摆的柠檬，到处是成片成林的甘蔗田、绿意盎然的杧果树、高大粗壮的面包树、叶茂挺拔的椰子树，以及红黄粉白的扶桑花。面包树的果实富含淀粉，营养丰富，很像薯类，足可充饥，是上天赐予的低成本粮食。珊瑚海岸是一条长约80公里的海岸公路，沿途海水湛蓝，珊瑚礁隐约可见。游客可以在珊瑚礁中潜水、浮潜。有趣的是，普通的大海是蓝色的，但是斐济的大海却是彩色的。原来是无数色彩斑斓的鱼儿穿梭在绚丽的珊瑚丛中，将大海搅得五彩缤纷。楠迪岛位于维提岛的西部沿海，临近玛玛努卡群岛。这里的海水清澈见底，没有一丝污染，也是最理想的潜水圣地。如果在楠迪萨贝托泥浆温泉泡一场泥浆浴，像抹蛋糕奶油一样把泥浆涂满全身，就更妙趣横生了。

瓦努阿岛（又称万努来雾岛）是斐济的第二大岛，与第三大岛塔妙妮岛统称为"北区"。与瓦努阿岛相隔的索摩索摩海峡，是斐济最著名的潜水场所之一，成为PADI（"国际专业潜水教练协会"的英文缩写）教练推荐的顶级潜水地。除了潜水之外，森林探险、登山健行、拜访部落、泛独木舟、乘风帆船等等，都是深受观光客喜爱的活动。塔妙妮岛是一座花园之岛、富庶之岛。岛上有丰富的原生植物，最值得一看的是鲜红的塔基毛基雅花，它只生长在塔妙妮岛900米高的火山湖口，每年在10月至次年2月间开花，其珍贵缘于无法移植他处。该岛有

美丽的海滩 / 钱亮摄

世界级的潜水点、神秘的热带雨林、澎湃的山涧瀑布、美丽的海滩和出色的海洋生态景观。好莱坞名片《重返蓝色珊瑚礁》即以此岛的布马瀑布为重要场景，拍出纯朴洁净的桃源仙境之美。岛上的鸟类品种也很多，澳洲小鹦鹉、红胸麝香鹦鹉、食蜜鸟、丝尾苍鹰、橙胸扇尾鸠、野生鸽子等等，构成了这座赏鸟的天堂。岛的西北方有180度国际日期变更线（子午线）穿过，这条线的东边比格林尼治标准时间早12小时，西边晚12小时。游客到子午线纪念碑时，等于是站在昨天与今天的交界点上。

贝卡环礁是斐济著名的旅游胜地，有潜水、游艇、拜访部落、走火仪式等多种活动供游客选择。很多欧美游客来到贝卡环礁，为的就是潜水，因为这里的海底景观相当丰富，各种珊瑚礁岩与色彩缤纷的热带鱼，让潜水爱好者流连忘返。参加游艇一日游或者三日游也是不错的选择，行程中很是休闲，白天航行吃海鲜烧烤，夜晚在沙滩或船上聚会，尽情享受自然生活的乐趣。

在斐济海岛，游人可以体验与海洋之王的大白鲨近距离接触，当中还有灰礁鲨、银鳍鲨、槌头鲨和白鳍鲨。它们都是海洋当中的"竞食者"，它们会一边缓慢地游动，一边耐心地等待成群的浮游鱼类闯入其领地。如果你想更进一步了解这些鲨鱼，你可以参与知名的"喂鲨"活动，一边体验与它们共游那种心跳加速、热血奔腾的滋味，一边观看经验丰富的潜水员是如何与这些鲨鱼和平共处的——但是这样的体验并不适合有心脏疾病的游客。

名流度假胜地

斐济是名流度假胜地，受到知名歌手席琳·迪翁、国际巨星金·凯瑞以及软件业巨头比尔·盖茨等的青睐。斐济吸引人的地方，除了有300多个美丽离岛外，还因其有"一岛一饭店"的旅游休闲形态。娃凯亚俱乐部限制住宿人数，不准小孩及摄影机进入，如此安宁隐秘的环境，使这座饭店成为欧美社会名流选作包场宴会、欢度蜜月之所。如果说娃凯亚俱乐部是一岛一饭店的皇宫，那么位于大岛西方的玛玛努卡群岛则是一岛一饭店的百姓住家。由大岛搭游艇即可抵达任何一座岛，岛上的饭店通常兼营水上游乐设施服务，从豪华的五星级到廉价包月的公寓式饭店皆有。许多欧美旅客在此待上十天半月，休闲度假，逍遥自在，不亦乐乎。

希尔顿斐济海滩度假酒店、香格里拉斐济酒店、索菲特斐济水疗度假村、斐济洲际高尔夫温泉度假村等，为游客提供舒适的度假环境和高品质的服务。最为特别的是，坐落于斐济潟湖的"海神海底度假村"，是世界上第一个海底度假村。共有陆上24座景观套房、48套别墅和位于水下12米的奢华公寓供客人选择。客人可以通过一个特殊的隧道进入度假村的餐厅、酒吧、SPA水疗室和水下休息区。此外，陆上的剧场区、高尔夫球场、网球场、游泳池和健身俱乐部等设施，也是一应俱全。客人在如此奢华的环境中度过浪漫优雅的假日，确实是一生中难得的体验。

斐济以蜜月胜地著称，小甜甜布兰妮就选择在这里和夫婿度过甜蜜的新婚生活。塔瓦卢阿岛是一个完美的心形岛，周围是一片白色沙滩。许多游客也来到塔瓦卢阿岛度假或结婚、度蜜月。各大酒店和旅行社为情侣提供多种配套的婚礼服务。新人和证婚的神父一起来到移民局下辖的婚姻注册处，经注册官核实证件和简单问话后，新人便可领取"结婚许可证"。在指定的时限内，神父为这对新人举行婚礼并签发结婚证。

莱武卡与苏瓦

欧瓦罗岛是洛玛伊米提群岛中的一个岛屿，是欧洲人在斐济的首次登陆之地。

在它东部的港口城市莱武卡（或译"列雾卡"）是斐济的第一个殖民首都。后来因为莱武卡背山面海腹地狭小，所以在 1881 年迁都苏瓦。

莱武卡既是一个历史港口城镇，也是一个贸易站，欧美移民在这里建造了仓库、商店、住宅、教堂、港湾和教育设施等。从 1830 年发展至今，城市有许多个斐济第一，例如第一所公立学校、第一家旅馆、第一条热闹的夜生活大街、南太平洋第一份报纸《斐济时报》等等。很多澳洲、欧洲、新西兰人来此发展贸易，使得长长的海滩路上开满了酒吧、旅馆，热闹非凡。皇家旅馆是海滩路上历史最悠久的旅馆，目前仍在营业中。英国王子查理士（即后来的爱德华七世）曾来过莱武卡的沙滩，如今听导游述说旧时代的故事，才显现出莱武卡不平凡的过往历史。在莱武卡，你会发现，土著人的房舍多于欧洲人的房舍。在市区徒步行走，可以一站站地参观每一座历史房舍和有关博物馆。如果到戴雾库拉传统村落参观的话，精彩的米克表演和丰盛的洛佛大餐会让你大呼过瘾。2013 年 6 月，全城被列入联合国世界文化遗名录。

苏瓦是斐济的首都，位于维提岛的东南沿海，濒临苏瓦湾，面积约 20 平方公里。城市三面环水，一面靠山。街道两旁绿树成荫，绿草如茵，花团锦簇。民居庭院四周种满红花（又叫"木槿"，是斐济的国花），一道道篱笆上盛开成千上万朵红花。居民中 50% 左右为印度血统，他们的祖先都是 1879 至 1916 年间作为英国的甘蔗种植合同工到斐济定居的。如今市区人口 6 万多，而小汽车就有 3 万多辆。每年约有 15 万各种肤色的游客光顾苏瓦。商业区人流不息，商品琳琅满目，入夜灯火通明。现代化旅馆、餐馆提供各式佳肴。华人开的餐馆就有十多家。十几家电影院上演外国影片。

瑟斯顿花园建于 1820 年，原本属于一个酋长。他拥有近千名武士，雄霸苏瓦一带。1843 年，他所在的村寨被锐瓦部落攻破，花园被毁。此后花园几经修葺，1879 年改为苏瓦植物园，1976 年又更名为"瑟斯顿花园"。坐落在瑟斯顿花园中心的斐济博物馆，是世界上收集斐济传统工艺品最多的博物馆，也是记载斐济历史文化的最大博物馆。展品记载了斐济历史上的一点一滴，从昔日小巧精致的装饰品到传统独木舟等大

邮票上的斐济传统茅草屋

型藏品都有。展品中竟有一件中国清朝时的长袍马褂，上面写满有关华人登陆斐济的文字。

苏瓦的古代文化中心，是一座大型的游览和娱乐场所。当客人进入时，当地人会擂响木鼓表示欢迎。村民也在一边热情地说"布拉，布拉（你好）"，一边将贝壳项链和鲜花项链套在客人的脖子上。在文化中心，可以观赏土著人表演的原始生活情景：有的人在钻木取火，有的人在织树皮席，有的人在制作陶器。每晚都要举行具有土著遗风的舞会：米克舞的表演者赤裸上身，涂上黑色纹样，下穿传统的草裙，手持木质武器，在火把及月光的映照下，通过生动的表演将古老传说中的战争场面呈现给观众。

在苏瓦，如果参观其他传统部落、村庄，每人会买一瓶土产饮料"雅格纳"，作为参观的见面礼。村长举行特别的迎宾仪式，给客人敬献"雅格纳"，这是斐济人特有的待客方式之一，有客必敬；并介绍村中族人给大家认识，话话家常。当地人见了客人总是露出一脸笑容，用斐济语"布拉"打招呼，并且邀你一同进屋喝饮料。土著姑娘都是古铜色的皮肤，喜欢在鬓发上或衣襟纽扣中间插一朵或红

或黄的鲜花，平添了一种风韵。大多数农家虽不富裕，但可温饱，过着简朴的生活。居住的茅草屋看似低矮、简单，却兼具防风、散热、避雨、防潮、抵挡强烈紫外线的功能。屋中无桌无椅无箱无柜，只有几件瓦器和竹编用绳子吊于空中。

当地风土人情

该国以斐济族人（56.8%）、印度族人（37.5%）居多。斐济的印度族人是契约劳工的后代，是斐济两大民族之一，故斐济有"太平洋上的小印度"之称。斐济族人属于美拉尼西亚人，同时混有波利尼西亚类型的若干特征。其祖先约在3500年前从新赫布里底群岛分几批迁入，其后又有其他移民到来，而且很早便与邻居萨摩亚人和汤加人有密切交往。在英国殖民统治期间，斐济人深受西方文化和其他民族文化的影响，通用英语、斐济语和印度斯坦语。此外，斐济还有很多其他的语言。例如该国西部的很多方言，同官方的语言差别很大，甚至可以被认为是另一种语言。在该国的罗图马岛上，主要使用罗图马语。很多印度族人除了说印度斯坦语外，也说泰米尔语，还有少数说比哈里语、孟加拉语和其他语言。

在斐济群岛，交汇着各种文化：斐济本土文化、印度文化、中国文化、南太平洋各岛文化、欧洲殖民者文化等等。不同的文化造就了不同的食品、语言、建筑、风土人情。但是，尽管如此，斐济仍以本土文化为特色。土著斐济人是这个南太平洋岛国的开拓者，在漫长岁月中形成了自己的独特文化。他们最初以渔猎为生，对鲸有着一种敬畏，就像古代中国人眼中的龙。鲸牙被斐济人称为"塔姆娃"，视为圣物。如果你看到有些斐济人的胸前用红丝线挂着一粒雪白的鲸牙，可千万别小看它，这兴许是他们家族的传家宝。土著斐济人以脸上抹黑为美，头颈上、手臂上分别戴项链和手环作装饰，上身赤裸，下穿长裙，赤着双脚。他们的民族舞蹈热情而奔放，例如前面提到的米克舞。还有一种是传统的火把舞，象征光明和希望。他们见面时打招呼的方式也很特别，常常是相视一笑并挑一下眉毛。

男穿裙子爱戴花，是斐济独特的风土人情。裙子在这里被称作"SOLO"，不仅男人平时会穿 SOLO，甚至指挥交通的警察、欢迎国宾的仪仗队也是穿着 SOLO 执行公务的。难怪斐济男人被称为"最风情万种的男人"。奇怪的是，斐济女人却对穿裙子不太热衷。原来，依照斐济风俗，女性不便袒露太多肌肤，因此穿裙子的女人不很多，就连街上的女警察，也都穿着制服长裤，远没有男警们来得"妖媚"。斐济的男人不仅穿裙子，而且还喜欢戴花。斐济到处都是戴着鲜花的人们，男男女女无一例外。每年 8 月，首都苏瓦市都要举办为期 7 天的红花节。街道上搭起牌楼，挂上彩旗，装饰各种花草和彩色灯泡，被装扮得五颜六色、分外妖娆。庆祝活动以化装游行开始，男男女女头插鲜花，身着艳丽服饰，佩戴各种稀奇古怪的面具。巡游彩车上坐着参赛红花皇后的美丽少女。节日的最后一个晚上，宣布评选结果，为当选的 3 名红花皇后戴上红花编织的"王冠"。美丽的红花皇后和快乐的歌声，完全唱出了岛民悠闲逍遥的情调。

斐济男人不仅爱穿裙子爱戴花，而且非常珍视自己的头发。他们认为长发最有魅力，因此一些男人的头发长达 1.5 米左右。为避免头发在睡觉时被弄乱，有人特意制作了专门的"护发枕头"。部落酋长可享有戴护发帽"萨拉"的特权。"萨拉"实际上是一块头巾，斐济人视"萨拉"为部落酋长权威的象征。而文身也与权力相联系。斐济人有全文身、半文身和未文身之分。全文身者可以下河采摸珍珠，半文身者只可以站在一旁观看，而未文身者连看的资格都没有。有些文身与敬奉古老宗教的神灵有关。《人类史》（[英]G. 埃利奥特·史密斯）中记载，在斐济的某些传统中，女性会将 Degei 纹在身上。Degei 被认为是地震、风暴和四季之神。斐济女人的特色是皮肤黑、个子高、身材胖、头发弯曲。她们以胖为美，认为腰围粗是健康、财富和多产的象征。从她们耳边夹着一朵鲜花，可以区分已婚和未婚的差别。花夹在左边的为已婚，花夹在右边的为未婚。她们年轻时也留长发，结婚后便要剪短，而且以后会不断修剪。

斐济人特别爱洗澡，所以斐济也出产质量非常好的香皂。这种香皂香气特别浓，很受欢迎，如果长期用这种香皂洗澡，对身体非常有好处。这种香皂使用天然的植物制成的，可以说是"绿色香皂"。而且它的价格也很合理，可以买来当作手信送给朋友亲戚。

斐济人对体育运动很是着迷，尤其是英式橄榄球运动。下午 3 点钟，在草场或是沙滩，到处都可以看见斐济男孩光脚猛跑的身影。斐济的英式橄榄球七人球队是世界上最成功的七人球队。"斐济飞人"已经两次获得七人制橄榄球世界杯的冠军，多次获得香港七人制橄榄球赛冠军。在 2016 年里约热内卢奥运会的七人制橄榄球赛项目上，斐济队以 43 比 7 横扫英国队夺冠，即首次夺得这个赛事的奥运会冠军，也是本国历史上首次夺得奥运会金牌。为了隆重庆祝，斐济政府宣布发行 7 元面值纪念钞，这也成为世界上唯一的 7 元钞票。

斐济 7 元面值纪念钞

传统文化与习俗

斐济原住民的传统文化对于斐济影响颇深，融合在斐济的方方面面，包括食物、节日、仪式和艺术等。在斐济的博物馆里，保存着完整的各种历史文物和文献资料，诉说着关于斐济的点滴过往。在楠迪市，每周六都会开放传统市场，不定期还会有特色手工市场，去这里感受当地的风土文化，也是一种必不可少的体验。

斐济社会的部落制度历史悠久，影响深远，至今每个小区、村落的首领，通常是由德高望重的酋长担任。遇到重大事情和庆典，都会举行卡瓦仪式。对外来的观光客而言，参加卡瓦仪式是融入当地部落的重要方式。当地人席地而坐，将一种根茎包在棉布里再放在三角大圆鼎中加水揉搓，让挤出的汁液流入椰子壳中，即可饮用。按照斐济的传统习惯，客人在接卡瓦之前先击掌一下，然后双手接过椰子壳，将卡瓦一饮而尽，再击掌三下以表示谢意。其他人也击掌欢呼，由此，观光客与当地人很快就打成了一片。

斐济居民中53%信奉基督教，38%信奉印度教，8%为穆斯林。宗教在斐济社会生活中扮演着重要角色。周日是教堂日，人们吃过早餐，迎着朝阳，到教堂去举行礼拜活动。每年10月13日，纪念伊斯兰教先知穆罕默德诞辰，举办大型宗教活动和宗教仪式。10月或11月的"迪瓦利"节是印度教中最重要的节日，有灯饰和舞会。2013年6月8日，华人后裔伯多禄·钟接任斐济天主教会总主教。据《新西兰天主教新闻》报道，逾117位官方嘉宾，包括总统、总理和许多内阁官员，出席了祝圣礼。在斐济的教堂建筑方面，圣弗朗西斯泽维尔教堂属于显著的传统欧洲风格，但教堂内用草席代替排椅，因而又别具斐济乡村风味。教堂内三幅壁画的两侧，是斐济两大种族：土著斐济人和印度裔斐济人的画像，每个种族都有其各自的传统礼物和象征。坐落在楠迪岛上的萨布拉马尼亚湿婆神庙，是斐济也是南半球规模最大的印度教寺庙，由印度教神像、加尼什寺和湿婆神庙组成。寺内的神像精雕细琢，栩栩如生，特别有异域风情，也是不少摄影爱好者喜爱取景的地方。

斐济岛上至今保留着许多传统习俗。离首都苏瓦数十公里处有一个名叫"贝加"的小岛，岛上村民身怀"走火"绝技。他们在烧红的石头上行走如履平地，不损分毫。按照自古以来的规矩，走火者在表演前必须净身斋戒5天，以求得小精灵的保佑。人们当然不信精灵之说，但走火本领究竟是怎么练就的，对局外人来说仍是一个谜。如今，这一民间绝技已成为斐济旅游的重要项目之一，吸引着无数的外国游客。而在斐济部落里，维兜兜族少女举行成年礼，却要遭受蚂蚁啃咬之苦。当地人希望她们能够承受住痛苦，同时也像蚂蚁一样团结。而提库纳族少女在成人礼上要剪去头发，只在头顶留一小撮头发，此举是为了表示传宗接代，而那撮头发就像与祖先联系的一个桥梁。然后有专人拿针穿过少女的耳朵留下耳洞，这是父母对孩子将来幸福生活的寄望。在斐济部落里，还有个特殊的规矩，那就是不能摸别人的头。摸别人的头，是对他人最大的羞辱，可能引来杀身之祸。现在斐济人已完全跨入现代文明，但不摸别人头的习俗还是保留下来了。

历史上的斐济确有一些奇怪的传统习俗。其中，自残是他们哀悼的一种常见方式。如果部落首领去世，女人就会用皮鞭抽打男人，而男人会用烧硬的黏土扔向女人。甚至，男人会切掉自己的小拇指或小脚趾，女人会用火烧自己。这些传统习俗在20世纪已逐渐消亡。

饮食习惯与"无癌之国"

斐济人的主食以大米为主，也吃荞麦等面类食品。荤食爱吃海鱼、海龟肉、猪肉、鸡肉等。素食经常吃芋头、木薯、山药、西红柿、葱头等。常用的烹饪方法是烤、炸、煎，调料多为椰油、胡椒、姜、葱等，口味较重。"洛佛大餐"是当地人最喜欢的一种传统食品，是用芋头、木薯、山药、鱼、鸡、猪肉和龟肉等一起烘烤至熟的美食，味道鲜香。待客的拿手好菜还有风味独特的椰汁鱼。食用时，主人先将鱼眼送给客人吃，表示对客人的尊敬。斐济产杏，大大小小的岛屿上长满了杏树。居民们将杏加工成杏肉干、杏仁，作为日常食品食用。杂果沙律这道菜里包含杏仁和各种热带水果，既好看又好吃。果品爱吃香蕉、椰子、菠萝等水果，干果最爱吃杏干等。饮料爱饮卡瓦酒，也喜欢果汁、可可、咖啡等。

据《人类源流史》和搜狐等网站载文介绍，斐济是目前世界上唯一的"无癌之国"。世界卫生组织曾经作过统计，从 1971 年至 2010 年这 40 年间，斐济全国未发现一例癌症患者。这种情况在全世界绝无仅有。斐济目前是否真的无癌症患者，这个不好说。但至少可以这样说，癌症在斐济极其罕见。科学家研究发现，斐济人不患癌是因为其独特的饮食习惯：喜吃荞麦、杏干和杏仁。专家解释说，荞麦中含有某种 B 族维生素以及微量元素硒，具有抗癌作用。而从中医食疗药膳角度分析，荞麦有开胃宽肠、消肿化湿、消积导滞、清热解毒的作用。杏干富含维生素 A、C、儿茶酚、黄酮和多种微量元素，这些成分对人体有直接或间接的抗癌作用。杏干也是维生素 B17 含量最丰富的果品，而维生素 B17 又是极有效的抗癌物质。加工后的杏脯、杏干，有害的物质已经挥发或溶解掉，可以放心食用。杏仁含有丰富的维生素 C 和多酚类成分，这种成分不但能够降低人体内胆固醇的含量，还能显著降低心脏病和很多慢性病的发病危险性。斐济人靠海吃海，爱吃海产品，尤其是新鲜的鱼、虾、贝类等，这也是斐济人身体健康的重要原因之一。除了独特的饮食外，斐济人的身心健康也与他们傍海而居、喜爱水上运动、没有太大生活与工作压力，以及保持良好的心态有关。

石币之国 密克罗尼西亚联邦

　　密克罗尼西亚联邦，是位于加罗林群岛的西太平洋岛国。国名在希腊语中意为"小岛群岛"。密克罗尼西亚岛群是太平洋三大岛群之一，分为两列岛弧，中间相隔世界最深的马里亚纳海沟。2012年6月27日，中国"蛟龙"号在此海域第5次下潜深度达7062.68米，创造了中国载人潜水器的新纪录。

　　密克罗尼西亚是一个未被开垦的处女地，到处是自然的本色，拥有纯净的辽阔海域、浪漫的岛国风情、独特的文化风俗，以及妩媚动人的密克罗尼西亚女郎与草裙摇曳的土风舞。而且这个国家是历史上罕见的石币之国，至今遗风犹存。

密克罗尼西亚联邦国旗　　　　　　国徽

国情概要

密克罗尼西亚联邦国土面积 705 平方公里，人口 10.28 万（2010 年）。首都帕利基尔，国庆日 11 月 3 日。全国由 607 个大小岛屿组成，其中 4 个大岛为：波纳佩岛、科斯雷岛、雅蒲岛和丘克岛。各大岛均属于火山岛，但无活火山、无地震。热带海洋性气候，湿热多雨，但无河流。加罗林群岛附近是台风的发源地之一，被称为"台风之家"。但奇特的是，侵害太平洋诸岛的台风在这里形成后就漂洋过海了，当地反而一片平静。渔业资源丰富，盛产金枪鱼。农业保持原始状态，出产香蕉、甘蔗、椰子、咖啡、香料植物等。经济较为落后，粮食及生活日用品主要依赖进口。

密克罗尼西亚群岛上的土著人（密克罗尼西亚人）约 4000 年前就生活于此。16 世纪，西方航海者到此。群岛先后历经西班牙、德国、日本和美国统治。1979年，由联合国和美国筹划的"密克罗尼西亚宪法"公投在托管地六区举行，帕劳和马绍尔群岛两区未能通过，其余四区（科斯雷、波纳佩、特鲁克、雅浦）组成"密克罗尼西亚联邦"。国旗国徽上的四颗五角星就是象征联邦四州（科斯雷、波纳佩、特鲁克、雅浦）。过去，联邦四州为宽阔的海域所分离。这种分离形成了各岛独特的传统、风俗和语言。但是，经过近代历史变迁，共同的愿景将各岛紧密联系在一起，促成了不同风俗习惯的文化大融合。各岛对传统大家庭和宗族制度的重视，即是其文化相似性的良好佐证。首都帕利基尔位于波纳佩岛的北部，人口约 7000 人，是密克罗尼西亚联邦建国后才建立的城镇，周围是茂密的森林。此前的首都是波纳佩岛的主城科洛尼亚，距帕利基尔东北方数公里。

密克罗尼西亚联邦在 1989 年 9 月 11 日与中国建立外交关系。

独特的历史古迹

密克罗尼西亚热带风光秀丽，环岛公路两边绿树成荫，祥和、静谧。高耸的椰林，巨大的面包树，成片的薯蓣园、芋头田，充满了自然、原始的气息。不仅如此，这里还保存着独特的民族传统文化和风俗，以及雷卢废墟遗址、纳马杜废城遗址、石币银行等历史古迹。

雷卢废墟遗址位于科斯雷州，同波纳佩州的纳马杜废城遗址和智利复活节岛雕像一起被称为"太平洋的奇迹"。历史上，雷卢是科斯雷州的中心，当时岛上只有数千人，分为4个不同的社会阶层。遗址包括100多个围墙大院，大部分位于居住区。其中，那些高大坚固、比较华丽的石墙为当时的统治者所拥有。这些废墟是在500年前建成的，反映了当时的社会发展水平和人们的生活状况，是历史的重要见证。

在波纳佩岛东部海岸对面有一个纳玛托岛，面积不大，荒无人烟。奇怪的是，小岛上却有无数巨型石柱整整齐齐码放在那里，堆成了一座十多米高的石头山。地质学家和考古学家到岛上进行考察，发现这里原来是一座废弃的古城堡纳马杜。这座古城堡曾是桑德洛尔王朝的政治、宗教、文化中心，是著名的巨石建筑群。桑德洛尔王朝是波纳佩岛上第一个统一的土著王国，从公元500年到1500年，一直统治着波纳佩岛。古城堡是用数千根石柱建成，加上各处地上散乱的石柱、若干墓室和围墙石柱，以及各类古建筑废墟的石柱，数量之多令人吃惊。小岛本身并不产这种玄武岩，石柱是从波纳佩岛运来的。研究认为是用当地的独木舟运来的，实属不易。但是，古城堡建筑并未完工，就由于某种原因突然被放弃了。到底是什么原因呢？据研究推测，大概是早期的欧洲探险家们来到波纳佩，在港口处修建新城，纳马杜古城堡也随之没落了。

众所周知，古代钱币有海贝、骨贝、玉贝、陶贝、铜贝等，一般都比较小，容易携带，而那种巨石型的石币非常罕见。密克罗尼西亚联邦国家馆位于上海世博园 B 片区的太平洋联合馆内，外形如漂弋在太平洋上的一叶"单帆"。最大的看点就是展馆前竖起来比人还高的石币。密克罗尼西亚联邦的通用货币是美元，但雅蒲岛上的土著人却同时使用一种不同寻常的货币"石币"，当地人称之为"费"。小的石币直径约 30 厘米，大的达到 3 米，重 4 吨。石币越大，质地越好，所代表的价值便越高。这些巨大的石币，是从帕劳岛上的石灰岩切割下来后海运到雅蒲岛的，实属不易，因此值钱。居民在土地和房屋的买卖交易时，仍用笨重的石材当货币使用。石币一般都是放在住宅旁，谁家有多少钱都是一目了然，也没人偷，偷走了也没地方藏，所以这些石币是很少被挪动的，只随交易变更一下主人。不过，在雅蒲岛上，石币并不作为日常货币使用。它更像是"雅蒲岛的专属黄金"，只用于重要的交易（例如女儿的嫁妆、土地和房屋的买卖）或特殊的情况（例如某家农作物歉收，便用石币换取食物）。

当地风土人情

在密克罗尼西亚居民中，密克罗尼西亚人占 97%，亚洲人占 2.5%，其他人占 0.5%。居民们赖以生存的密克罗尼西亚群岛，到处是自然的本色。其中最大的岛屿名叫"波纳佩岛"，面积 334 平方公里，被红树林覆盖，岛屿中央山峰耸立。雅浦、楚克和波纳佩三州宪法均承认本州传统领袖的地位（科斯雷州无传统领袖），重大传统节日，传统领袖均入座贵宾席。

密克罗尼西亚人身材中等，皮肤棕色，头发黑色呈波浪形或直线形。大多数信奉天主教和基督教新教。各州方言不通，彼此交流需用官方语言英语。马来—波利尼西亚语族包括八大主要土著语言：雅浦语、乌利蒂语、沃雷艾语、楚克语、波纳佩语、科斯雷语、努库奥罗语和卡平阿马朗伊语。居民平时较为闲散，时间观念不强，穿着随意，花衬衣是最常见的正式着装。各地都有重要的传统、民俗和传说。在雅浦州有专门的男人屋，即用茅草搭建的长方形高脚屋，男人们围坐在屋内，其中一端坐着酋长，中间放着大火盆。男人屋是酋长训话或商量本族大事的屋子，也类似于男人们聚会的酒吧，男人们常常聚集在屋子里喝酒、聊天。有时也有长辈在屋里教授晚辈捕鱼技巧、编织功夫和生活技能等。女人不得入内，就连屋子周边的草地，都是女人们的禁区，得绕道走开。但是，对于外地人来说，对当地妇女应予特别尊重，不得与其随便开玩笑，更不可伸头窥视别人家私宅。

在波纳佩岛的文化中心，可以接触和了解到当地土著居民的一些风土人情。传统音乐仍在代代相传。密克罗尼西亚流行音乐保留了传统的音乐元素，同时，也受到美国音乐、雷鬼音乐和现代欧洲流行音乐的影响，变得风格多样化。当地人民有极富民族特色的歌舞，以及手工艺品的编织、雕刻和制作。据说，女人编织出的"时尚单品"手包，男人每年都能得到一个新款。已婚的由妻子编织，未婚的就靠老妈完成。这里颇具密克罗尼西亚风格的传统草裙舞，舞姿极美。一个个身姿曼妙的土著姑娘，头戴小花，围上草编裙子，跟着音乐节奏，又歌又舞，旁观者极易产生共鸣，一起陶醉在忘我的境界里。

密克罗尼西亚各岛环礁列布，形成天然内湖，林木丰茂，海鸟群集。平格拉普岛是一个由珊瑚礁形成的环状岛屿，风景优美。蔚蓝天空，白色沙滩，湛蓝海水，五彩缤纷的珊瑚和小鱼，羽毛鲜亮的海鸟，令人目不暇接。然后，这个美丽的小岛，却有个"色盲岛"的别称。这是什么缘故呢？据《中国新闻周刊》载文介绍（记者符遥），原来，在这个岛上，大约每12个人里就有一个人是全色盲，这意味着，他们看不到斑斓的颜色，黑、白、灰是他们看到的全部色彩。1996年，英国科学家奥利弗·萨克斯发现了这一奇特的现象。他在平格拉普岛以及邻近的波纳佩岛上实地考察后，出版了一本题为《色盲岛》的书，记录了自己在这片神秘土地上的经历。作品既对全色盲患者进行了研究探讨，又写出了飘落在太平洋上岛屿的经验，涉足遗落世界的观察，以及当地特殊民情风俗等等，在科文读物中显得独树一帜。从此，"色盲岛"的名字流传开来。

密克罗尼西亚联邦各岛常见的海鸟

　　楚克岛（特鲁克岛）是世界上最大的环礁岛之一，热带自然风景随处可见。楚克人常在齐腰深的红树林里捕鱼，或在晚上拿着火炬走在暗礁上捉小章鱼。当地的雕刻家用木材雕刻的武士面具和半身像非常有名。楚克人的爱情棍是传说中的求爱信物的一部分，这也是这个岛屿的特征之一。特鲁克潟湖是一个由众多岛礁构成的环礁湖，丰富多彩的珊瑚和热带鱼构成了礁湖的生物种群。但这里最大特色在于众多的沉船集中于环礁内，为世界上沉船数量最多最集中的区域之一。"二战"时期，美日在此海域有过一番厮杀，大量的日军军舰和武器弹药沉没湖底。当年沉没在湖底的驱逐舰和武器弹药都已长成珊瑚礁。俄罗斯《真理报》评选出世界十大最恐怖之地排行榜，特鲁克潟湖名列榜单第二名。

生产生活习俗

　　在波纳佩和科斯雷农村，几乎家家户户养猪，到处都能见到猪在野外自由自在地跑来跑去。猪主要用于仪式和文化场合，例如婚礼、葬礼和庆典宴会等。逢年过节，婚丧喜事，以送活猪为最高礼品。

　　据民族世界史《大洋洲源流史》介绍，沿海以热带农业和渔业为主。擅长造船和航海，会用树枝和贝壳编制海图。西部大岛居民有梯田和人工灌溉，种植水稻。各岛之间常有贸易往来，通用各种原始货币，如石盘、贝壳、龟甲、草席、羽毛等。贵族住房一般建造在石砌台柱上，比较讲究；平民住房则是用树枝树叶搭盖的茅屋。由于天气炎热，人们衣着简单，男子限于围腰，妇女多穿连衣裙或短裙。一般的宴请，当地人不系领带，多穿花色 T 恤衫和花色短袖衬衣应邀出席。爱装饰，常在鼻中隔和耳垂上穿孔，插戴鲜花或贝饰。有染齿的习俗。

当地人好食肥肉，以肥为美。爱吃烧烤食物，如烤鸡翅、鸡腿、鱼、大虾、牛排、猪排和猪腿等，也有吃狗肉的习俗。最简单的就是一顿海鲜了，从海里抓上来的各种鱼、虾、蟹就是一次简单的美食享受。请当地人吃饭，饭后会把剩余的食品用锡盒或锡纸打包让客人带走。很多当地人有用开裂的槟榔抹上石灰粉，用蒌叶（辣椒树叶）包裹嚼食的习俗，有时也插入香烟以增强其效果。

波纳佩州人有喝萨考汁（酒）的爱好。萨考由一种辣椒属灌木的根和木槿树的树皮内层制成，过去专供酋长和贵族进行重要仪式时使用。如今，沿途有路边摊贩出售这一饮品。喝完萨考汁的人，开起车来都很慢。

神圣的岛屿　汤加

　　汤加王国位于太平洋西南部赤道附近，国际日期变更线的西侧，是世界上每天最早迎接阳光的国家之一。国名由国内主岛"汤加塔布"的称呼演变发展而来；在当地土语中，"汤加"为"神圣的岛屿"之意。又称"友爱群岛"。

　　汤加的文化习俗与生活方式古朴纯正，妙趣横生。例如：茅舍无门窗，鼻孔吹芦笛，圆形邮票大如啤酒瓶上的商标，华丽衣服皆用树皮做成，样子可怕的飞狐倒挂在树枝上，女人只有达到一定胖度才能嫁得出去，等等。在上海世博会汤加展馆，许多人都感受到了汤加独特的风俗与文化。

汤加国旗

国徽

国情概要

汤加国土面积 747 平方公里，人口 10.64 万（2014 年 7 月）。首都努库阿洛法，国庆日 6 月 4 日。全国地势低平，由汤加塔布、哈派和瓦瓦乌（娃娃屋）3 个群岛组成，共有 173 个岛屿。卡奥岛是从海面陡然拔起的火山锥，海拔 1030 米，为该国最高点。属热带雨林气候，11 月至次年 3 月常有飓风和暴雨。不过，汤加在有些季节比较缺淡水。在有些珊瑚小岛上，既没有河流，也没有小溪，水只能从天上来，所以雨水贵如油。人们为了保存雨水，专门挖了蓄水池，家家备有蓄水罐。每当雨季，人们便感谢天惠神赐，欢乐胜似过节。旱季送人一罐水，被视为珍贵的礼物。农业、渔业和旅游业是国民经济的三大支柱，但长期以来未能有效开发，生产力水平较低。经济主要依赖于国际援助和海外汤加人的汇款。

汤加王国是南太平洋岛国中唯一维持君主制的国家。它从公元 950 年起至今经历 4 个王朝，现为 1845 年乔治·图普一世建立的陶法阿豪王朝。19 世纪末，英国、美国和德国把汤加作为争夺对象。1900 年英国宣布汤加是它的保护国，实际上成为它的殖民地。"二战"期间，美国和新西兰的军队，在汤加建立补给基地。汤加人民坚持了长期不懈的斗争，终于在 1970 年 6 月获得独立。独立后的王国依旧保留君主立宪制，国歌为《汤加群岛国王之歌》。1998 年 11 月 2 日汤加与中国建立外交关系。

历史上，汤加女王图普三世（1900—1965）是位有名的君主。她是在 20 世纪 40 年代登上王位的，才干超人，治国有方。在女王的统治下，岛上居民安居乐业。她发行了一种特殊的金币，上面铸刻着自己的画像。还发行了一种上面印着自己肖像的邮票，而且别出心裁地制成圆形。她亲自创作的"拉卡拉卡舞"，成为不折不扣的"皇家舞"。演出可汇集几百人的队伍，通常排成两行，从观众席看，右边为男性，左边为女性，组成了气势磅礴、激动人心的场面。据《独特的汤加庆典"怪事"多》一文（作者不详）介绍，有趣的是，贵宾会把赏钱贴到舞者身上，因此舞者都会特意在全身涂上椰油，好让钱粘得牢、粘得多。更为有趣的是，来宾穿的衣裙都是树皮做的。原来当地人将纸桑树和无花果树的树皮剥下，放在水中浸泡后反复捶打，再加以染制，就制成著名的"卡帕布"。这种布可以做薄如蝉翼的衣服，也可以做厚一些的床单或地毯。另外还有一种独特的庆典专用草裙，按规矩，草裙越长、越接近脖子，说明客人和典礼主人的关系越密切。此外，穿草裙者地位越高，草裙反倒会越破旧。这是因为按当地风俗，穿的草裙应该有历史、有传说的才显得珍贵，而只有地位崇高的人，才会传下来这样的草裙。因此就出现了"贵人穿破裙"的趣事。据说当年图普三世迎接英国女王来访时，穿的草裙有 500 年历史，至今这条裙子仍是王室的传家宝。

王国的首都

首都努库阿洛法位于汤加塔布岛上，是一个海港城市。由于地理上的优势，它成为全球最早迎接新的一天的城市，因此在每年的元旦，全球的许多媒体均会报道努库阿洛法新年的情况。尽管与现代化的大都市相比，努库阿洛法只能算作是一个小城镇，但 1000 多年的王朝历史在这座城市留下了多处古迹，增添了一份人文气息。

汤加国家博物馆的收藏包括艺术品、摄影作品、考古展品、书籍、杂志、宣传画册、文献资料等。在拉皮塔陶器展区，不乏珍贵的陶器，有些甚至来自汤加王室的收藏。汤加国家文化中心集结了汤加古老的文化，展品包括汤加历史上的各种手工艺品、生活用品、饰品等，将汤加的文化遗产鲜明、生动地演绎出来。此外，文化中心还有很多汤加特色的民俗表演，精彩不断，是了解汤加文化的另一途径。

汤加王宫建造于 1867 年，150 年来一直是首都最大气、最醒目的建筑，汤加王国的历代君主都是在此举行加冕礼的。汤加王宫附近有一座名叫"哈阿蒙加"的三石门，用重约 40 吨的三块巨石搭建，据说是旧王宫的拱门，也可以说是早年国王出征归来的凯旋门。这座巨石建筑，是汤加人在 1200 年前极端简陋的生产条件下建造的。三石门是看到世界第一缕阳光之地，因此每年都有好多人来此观光。汤加还有一个用巨石制成的"日历"，已有 800 多年的历史。巨石顶端刻着一年中最长的一天和最短的一天，并刻有太阳升起时刻的标记。这些古迹表现了汤加人民的智慧和勤劳。

努库阿洛法大市场是首都最著名的商品集市之一，集结了汤加各地的蔬菜、水果、手工艺品、生活用品等，是了解汤加人日常生活和习俗的好地方。只是菜场上的蔬菜品种比较少，而且价格高。卖菜的大多是姑娘和大妈，她们把西红柿、青椒、豇豆等分成小堆或小捆卖，一巴掌抓起的几个干瘦西红柿，在这里值人民币 10 元，一个面孔那么大的卷心菜可以卖到二三十元人民币。

王国的臣民

汤加王国的臣民对王室格外敬重。按当地说法，所有汤加土著居民都源自同一祖先，普通民众都是王族的子孙。这种同宗共祖的血缘关系使汤加人十分忠于国王和族长。在臣民眼中，他们的国王无比尊贵。

王国的臣民 98% 是波利尼西亚人，其余为欧洲人后裔和太平洋岛屿人。波利尼西亚人身材中等偏高，皮肤为浅褐色，体毛较稀，头发为波状黑发，面部宽大，鼻梁较高，颌部微突。使用多种语言和方言。有观点认为，其祖先可能在 2500 年前从东南亚陆续迁来，或许途经美拉尼西亚和密克罗尼西亚，最初定居于社会群岛，尔后散布到广阔海域的多个群岛。也有观点认为，从体形、头形、鼻子、皮肤、头发、血型、传统习惯、宗教以及部落组织等诸多方面看，波利尼西亚人与北美洲西北部太平洋沿岸地区的印第安人之间非常接近，关系密切，所以他们的祖先有可能是从美洲迁来的。波利尼西亚人的祖先到底来自何方，长期是个谜。2002 年和 2006 年有论文提出观点，根据 DNA 信息，显示波利尼西亚人的祖先来自美洲印第安人。而据一些汤加媒体和新西兰媒体报道，汤加塔布岛东部有一个叫作"努库莱卡"的小渔村，被考古专家确认为波利尼西亚人最初的定居地或诞生地。根据推算，该村出土的陶片已有 2900 年的历史。

汤加臣民早期用石、骨、贝、木制造工具，也擅长编织和木刻。农业已知施肥和人工灌溉，有的地方已有梯田。饲养猪、狗、鸡。捕鱼本领高强，捕鱼工具和方法繁多。善于造船和航海，双体船长达 40 多米，可载 150 人。住房为卷帘式棚屋，多用椰子树干和树叶搭盖，屋顶为人字形，墙体无门窗，只有一个洞作为入口。重量较轻，可以抬起来搬走。制作衣服、床单、桌布、地毯等日用品的布料，也是用当地各种树皮做成的树皮布。除了羽毛头盔、项圈和手镯等饰物外，还爱戴鲜花，盛行文身。习惯用地灶烘烤食物，摩擦取火。

汤加臣民的生活富有田园风味，日出而作，日落而息。人们一般是穿一件黑裙子，然后外面再套一件草裙。城里的姑娘喜欢穿花色连衣裙，时常撑着一把彩色的阳伞。男人平时都穿 T 恤、汗衫等，但赴宴会时喜欢用饰物打扮自己，并在腰间系一条草裙，或加围一条编得十分精细的腰席。汤加人食量很大，一般以面包果和芋头、山药、红薯、木薯等为食，椰子和香蕉也是重要食品。他们喜欢吃涩口的青香蕉，一旦香蕉熟透，便不受欢迎了。特别钟爱椰子，用椰肉做菜，椰汁当饮料，椰叶用来做食物的外包装等。爱吃家禽、家畜、鲸肉，也喜欢品尝中国风味菜肴。一般喜爱甜、酸味道，不喜太咸。当地特色的菜肴有烤猪、炸鸡、焖大虾以及椰汁拌生鱼、烤香蕉、蒸槟榔、烤芋头等。没有吃蔬菜的习惯。喜欢饮卡瓦酒。

独特的风土人情

汤加民风淳朴，人民热情友好。在打招呼时，一般都习惯于以名字相称，而不称姓，认为这样更显得亲切。对对方特别尊敬时，则用姓氏加头衔相称。等级低的人拜见等级高的人时，要施"莫伊—莫伊"吻足礼。到汤加人家中做客，女主人把亲自制作的花环套到客人脖子上以表示欢迎。很多女客头上插着香气袭人的花朵，腰间围着精细的腰席，以示隆重。同斐济人一样，汤加人也有向远道而来的宾客敬献卡瓦酒的习俗。烤全猪是待客佳肴。整只小猪仔用柴火烤熟后，长者首先带领大家做祈祷，祈祷完毕才能动手切下第一片烤猪肉献给客人先尝，然后众人便一起分享。汤加最具特色的猪叫"海鲜猪"，这种猪能在海水落潮时迅速游入浅水，到珊瑚礁区捕捉蟹、蚌、海藻和鱼等食物。全猪宴上，宾主全都在草垫上席地而坐，用手取食。席间有姑娘、小伙子们进行精彩的歌舞演出，宾主边吃边看，气氛甚为热烈。客人离开时必须要把主人送的花环抛入大海，以示下次还会再来。

汤加人能歌善舞，民族舞蹈显得气势磅礴。舞者的服饰不仅漂亮而且奇特，动作粗犷，撼人心魄，给人以"力"的展示。它和非洲的土著舞有相似又有不同。例如女性舞蹈，主要是两脚分立，靠手上的动作来表现。男人的舞蹈表现的是力量和勇气，例如战舞、火把舞之类。2010年汤加国家艺术中心在上海世博园区的表演充分展现了汤加当地的民族风情。

汤加居民原先崇拜多神，迷信巫术，现多改信基督教和天主教。汤加社会是世界上宗教色彩最为浓重的地方之一。周日是神圣的安息日，教堂都要举行宗教活动，其他公务活动、社会活动和商业活动基本停止。居民一般到教堂参加宗教活动，或者在家待着，哪儿也不去。如果有人无特殊情况外出，或袒胸露背走到马路上，那是社会和法律不允许的。

在汤加，男孩成年的象征是施行割礼。施行割礼一般都是使用刀剪之类的工具，而汤加人一般使用竹片或蚌壳。在男性成人礼的第一阶段，男孩要脱离正常的家庭生活，斩断对家庭的依赖，象征性地表示童稚"已死"。提冠皮恩人在施行成人礼的男孩身上涂满姜黄和椰子油的混合液，以象征男童"已死"。第二天，男孩的亲属开始服丧，为"死去的"孩子不断地哭喊。

汤加人的审美观极为特殊。无论男女老幼都以胖为美、以胖为荣、以胖为贵、以胖自豪。据《人类源流史》介绍，汤加男子平均身高1.8米，平均体重超过90公斤；女人平均身高1.6米，平均体重73公斤。因而这个国家有"胖子王国"的称号。女子最忌讳有人说自己身材窈窕，认为这比骂人还厉害。因此，那些长得肥胖、脖子短、腰围粗的姑娘最受男性青睐。有些肥胖稍差的姑娘，在自己腰间缠上一层层的布来假扮肥腰，以增加姿色。汤加人身材这样肥胖，除种族因素外，据说同他们长期食用以淀粉为主的薯类食物有关，也跟睡眠过多、参加体力劳动和体育锻炼过少有关。另外，也有历史原因。汤加国王通过33家贵族统治全国，各地子民每年都要向贵族进贡最好吃的食物，贵族们再选其中最好的奉献给国王。吃遍全国最好食物的国王身体极胖，其子民也群起效法。久而久之，汤加就成了一个以胖为美的王国了。有报道说，1976年，时任国王图普四世（汤加女王图普三世的长子）的体重达到了209.5公斤，因此被载入吉尼斯世界纪录，成为全球最肥胖的君主。20世纪90年代，图普四世开始挑战汤加以胖为美的传统，决心减肥，并要求全国臣民展开减肥比赛。为了减肥，他曾专程跑到美国求医。他后来在接受采访时提到一件趣事，美国医生建议他每天只吃三个山药，但医生不知道，汤加的山药，一个就有近二十斤重。为了减肥，图普四世开始每天早上骑自行车锻炼。他于2006年9月在新西兰奥克兰医院逝世，享年88岁。他年轻时曾先后在澳大利亚纽因顿学院和悉尼大学就读，获文学士和法学士学位，是第一位接受西方教育的汤加国王。

值得一提的是，也许是受图普四世的母亲图普三世女王发行过圆形邮票的影响，汤加后来发行的邮票几乎什么形状都有，例如三角形、六角形、十字形、地图形、水果形、动物形等等，五花八门，非常有趣，被业界称为"异形邮票"。

神奇的岛国风情

汤加群岛的不少岛上有外国人的"僻静村"，因为这里被认为是世界上少有的没有污染的地方。汽车也不多，有一种计程车（三轮机车），是汤加人特有的交通工具。

在汤加西部海域中，有个名叫"小拉特"的"神岛"。据记载：公元1875年，它高出海面9米；1890年，竟高出海面49米。但此后却多次消失，多次出现，变幻无常。由于小岛像幽灵一样在海上时隐时现，所以人们把它称为"幽灵岛"。"幽灵岛"在爱琴海桑托林群岛、冰岛、阿留申群岛、汤加海沟附近海域曾多次发现过。实际上，它是海底火山耍的把戏：火山喷发，大量熔岩堆积，冷却后便成岛屿；一段时间后，岛屿下沉、剥蚀，便隐没在海面下。

汤加塔布岛是汤加最大、最繁华的岛屿，面积 259 平方公里，首都努库阿洛法位于该岛。岛上地势平坦，有大片的椰子树和香蕉种植园。卡罗瓦伊素有"蝙蝠村"之称，数以千计的世界上形体最大的蝙蝠——狐蝠常年栖息倒挂在树上，蔚为大观。该岛的最大特色还不在于此，而是有许多千奇百怪的孔洞，而且洞洞通天。这就是世界闻名的喷潮洞，是连绵的珊瑚海岸在漫长岁月中被海浪侵蚀而形成的。每当涨潮时，海水从孔洞中穿出，喷向空中，高达数十米，然后直泻地面，颇为壮观。喷潮洞与萨摩亚的萨瓦伊岛喷潮洞齐名，是南太平洋独特的奇观。

位于汤加塔布岛东南方向约 18 公里远的埃瓦岛，面积 87.44 平方公里，是汤加群岛中最古老、海拔最高的岛屿。岛上有火山，海拔 312 米。这个岛屿未经大规模开发，以秀美的原始自然景色和古老的文化生活传统闻名于世。岛上居民数千人，在这里过着世外桃源般的生活。他们淳朴热情，与大自然和谐相处，洋溢着田园牧歌式的生活场景。在这里参加露营、骑马、攀岩、潜水、划船、观看鲸鱼等活动，是非常有趣和精彩的。

瓦瓦乌岛是汤加瓦瓦乌群岛的一个主体岛屿，面积 89.74 平方公里，人口 1.2 万多人。小海湾众多，海水湛蓝透明，海底珊瑚千姿百态，有"小夏威夷"之称。岛上有许多溶洞，洞穴中的钟乳石景观颇具特色。其中有一座"燕洞"，高 30 多米，周长 60 多米，仿佛一座瑰丽的大厅。每年 6 至 10 月，瓦瓦乌岛会吸引大批游客前来观鲸。成群的座头鲸洄游到此片水域繁衍生息。雄性鲸鱼会发出高亢的声音，似在唱歌。游客不仅可以在船上近距离观鲸，还可以潜入水中和鲸鱼一起游泳，在水下聆听它们悠扬的歌声。每年 9 月下旬的垂钓比赛，可以钓到深海的金枪鱼，也可以坐上小艇到野林环绕的小岛上去体验当地风俗。马卡文村庄是传统的汤加村庄，在这里除了可以看到瓦瓦乌岛当地居民真实的生活方式，还可欣赏传统的汤加歌舞表演。从 15 世纪开始，每当一个婴儿出生时，当地居民便会堆放一块石头，象征新生命的到来。这个仪式都由新生儿的父亲来执行，这样的习俗一直延续至今。

南太天堂　萨摩亚

　　萨摩亚独立国（原名"西萨摩亚"）位于南太平洋萨摩亚群岛西部，因地处波利尼西亚群岛（意为"多岛群岛"）的中心，故有"波利尼西亚的心脏"之称。"西萨摩亚"的"西"字是为了与美属萨摩亚领地"东萨摩亚"相区分。"萨摩亚"意为"恐鸟之乡"，因为恐鸟被萨摩亚人尊崇为神物。其实，恐鸟生活在公元前1500年的新西兰，是一种不会飞行的鸟类。由于自然灾害和遭到毛利部落的疯狂捕杀等原因，这种鸟类已经灭绝。

　　过去，萨摩亚位于日期变更线东侧，与西侧的汤加王国恰恰相反，曾是世界上最后一个迎来日出的国家。因此，从东半球前往萨摩亚，需要完成一次"时光倒流的穿越之旅"。从当地时间2011年12月29日起，萨摩亚已经把自己所处的时区从西12区调整到东12区，从过去最后一个见到太阳的国家一夜之间变成了第一个见到太阳的国家。

　　萨摩亚以它特殊的地理位置、秀丽的自然景观和独特的人文风俗，被称为"南太平洋地区的明珠"。苏格兰著名作家史蒂文森甚至将它喻为"南太天堂"。上海世博会萨摩亚展馆展示了其独特的文化、物产以及人与自然和谐共存的美好生活。身穿传统民族服装的萨摩亚演员们带来了一场精彩的萨摩亚歌舞表演，展示了一个野性十足又不乏柔情的萨摩亚世界。

萨摩亚国旗

国徽

国情概要

萨摩亚国土面积 2934 平方公里，人口 19.07 万（2013 年 7 月）。首都阿皮亚，国庆日 6 月 1 日。在波利尼西亚的二级群岛中，萨摩亚群岛是仅小于夏威夷群岛的第二大群岛。岛上火山密布，别称"火山群岛"。由萨瓦伊和乌波卢两个主岛及七个小岛组成。最高峰在萨瓦伊岛上，海拔 1858 米。大部分地区为丛林所覆盖，崎岖不平的山地间常有一些平缓倾斜的肥沃土地。热带雨林气候，年平均气温 27℃。经济以农业为主，出产椰子、可可、面包果、香蕉，享有"椰子和可可之岛"等别称。盛产金枪鱼。国鸟为齿喙鸽，也叫"萨摩亚鸽"。国花为红花月桃，其鲜红的花序酷似一支烈火熊熊的火炬。萨摩亚的旖旎风光，吸引了世界各地的游客，给国家带来了可观的旅游收入。另外，萨摩亚每年有上千人移民新西兰和澳大利亚，他们把大部分收入汇回家乡。不过，由于萨摩亚是农业国，资源少、市场小，目前工业基础薄弱、经济发展缓慢，被联合国列为最不发达国家之一。

萨摩亚早在 3000 年前就有人类定居。约 1000 年前被汤加王国征服，后来萨摩亚人赶走汤加入侵者，成立独立王国。19 世纪中叶，英、美、德相继侵入。1899

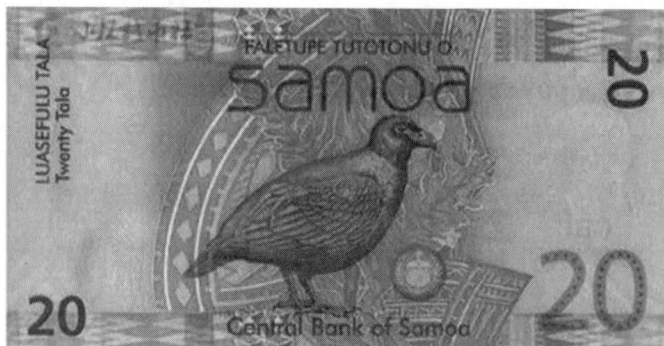

萨摩亚纸币上的齿喙鸽

年，根据三国签订的条约，西萨摩亚沦为德国殖民地，东萨摩亚由美国统治。第一次世界大战爆发后，新西兰对德宣战，占领萨摩亚。"二战"后，联合国将西萨摩亚交新西兰托管。1962年1月宣布独立。1975年11月6日萨摩亚与中国建立外交关系。萨摩亚没有军队，只有500多名警察，国家安全主要由新西兰负责。

萨瓦伊岛和乌波卢岛

沐浴在初升阳光下的萨摩亚，两个主岛是萨瓦伊岛和乌波卢岛，两岛之间可通过渡轮连接。岛上自然风光秀丽，人文风俗独特。重返天堂海滩是个十分美丽的海滩，沙子细密柔软，海水清澈透明，20世纪50年代好莱坞电影《重返天堂海滩》就是在此取的景，景色美轮美奂。

萨瓦伊岛面积1707平方公里，它的风情在于其传统与柔和的生活方式，原生态的美景以及古老的历史遗迹。岛上有郁郁葱葱的热带雨林，与世隔绝的海岸和内陆山区，出产香蕉、椰干、可可、咖啡等，多野猪。萨福托村位于萨瓦伊岛偏远的乡间，当地妇女主要从事家务，以及制作少量手工艺品贴补家用。岛上有个特别的景观是阿喽法嘎风洞，也叫"塔加风洞"，号称世界上水被吹得最高的风洞。风洞是海水长期侵蚀、掏空岩石所致，海浪拍打岩石孔洞，就将海水吹到了

萨摩亚纸币上的海滩风光

空中，海浪越大，吹得也就越高。如果人站在风洞下面，就会有一种被吹起的感觉，可见其力量之大。

萨瓦伊岛是一个火山岛，在 1911 年喷发过。这里的沙滩比较特别，看上去黝黑发亮，在阳光照耀下闪着点点银光，走在上面是很松软的感觉。黑沙滩是由于火山岩风化、海水冲刷后形成的。在一个海岛上同时有黑白两种沙滩，也是一种不可多得的资源。岛上还有熔岩流的清晰痕迹，岩溶所到之处皆为焦土，有 5 个村庄被埋葬在了熔岩流之下。村民全部离岛，远走他乡，是何等的惨烈！熔岩流的尽头是大海，这里由于海浪的切削，已经变成了断崖，海浪拍打着断崖，浪花四溅。附近有一处被半埋的教堂，当年因为岩溶的流入而被烧毁。在这里能清晰地看到岩溶流入的方向，从一头山墙流入，快到另一处山墙时就戛然而止。在离教堂不远处，有一个修女墓，幸运地避开了熔岩流。人们感叹该修女得道多助，感谢神的保佑。

乌波卢岛也是一个火山岛，面积 1125 平方公里。岛上生活着一种极小的蜘蛛。据 2005 版吉尼斯世界记录纪载，该蜘蛛大小相当于该书的一个句点。苏格兰作家史蒂文森曾在岛上买下一座种植园，并在这里度过了生命中最后的 5 年。1894 年，年仅 44 岁的史蒂文森突患中风与世长辞。按照他生前的愿望，他的遗体被葬了可以俯瞰浩瀚无垠的太平洋的瓦埃亚山山顶。《金银岛》是史蒂文森最经典的荒岛探宝小说，描述海盗与藏宝的传奇冒险故事，曾经多次被改编成电影或电视动画。茜娜蕾海滩度假村位于乌波卢岛南部的玛尼诺阿海滩，错落有致的别墅建筑若隐若现地隐藏在一片棕榈丛中，被当地人称为人间天堂。不过，2009年 9 月发生的里氏 8 级强烈地震并引发的海啸，使乌波卢岛南岸的民宅、道路和度假村等遭受严重损毁，当地旅游业受到重创。

首都阿皮亚

首都阿皮亚位于乌波卢岛北部，依山傍水，风光绮丽，是座美丽的热带城市。

市区多为二层木结构楼房，其建筑形式既有太平洋岛国的特色，又有西方建筑的风格。前些年又有了中国援建的建筑，其中最让萨摩亚人感到骄傲的是游泳馆和2010年落成的法院大楼。中国援建的游泳馆在萨摩亚无人不知。这是在南太平洋地区除了新西兰和澳大利亚之外最好的一个游泳馆。至于法院大楼，更是被当地人看作是一个新的旅游景点，成了萨摩亚人拍婚纱照的首选外景地之一。

海滨大道是阿皮亚的主要大街，从西到东贯穿全市，街道整洁，绿树成荫。海滨大道东端有英国著名作家史蒂文森的故居，是一幢白墙红顶的二层楼房。故居对面是海滨广场，逢年过节热闹非凡。海滨大道西端的草坪上有两座不同风格的建筑：一座是用一根根树干围起、圆形屋顶上覆盖着椰子树叶的凉厅，是老议会所在地；另一座是四周由落地玻璃窗组成的穹形建筑，是新议会大厦。每逢独立节，人们从四面八方汇集到议会广场，载歌载舞，欢庆佳节。与海滨大道相连的法爱阿大街是华侨聚居的地方，中国餐馆、商店林立。海滨大道上有阿皮亚最大的自由市场，出售椰子、芋头、香蕉、蔬菜和金枪鱼等传统食品。阿皮亚商业区出售传统的手工艺品，其中有风盆、木刻艺术品、草编制品、椰壳雕刻、小海螺项链等。

阿皮亚的男女老幼都身着一种叫"拉瓦拉瓦"的传统装束的裙子。妇女喜欢色彩鲜艳、长及脚面的连衣裙，耳边戴一朵火红的木槿花或淡黄色的鸡蛋花。男子也穿长过膝盖的彩色花短裙，将一块长方形花裙布围于腰间。职业男性大多穿素色的西服裙，如警察的制服即为天蓝色短袖衫和西服裙。每当琴师弹起乐器，热情开朗的人们就会围成一圈载歌载舞。在娱乐活动的项目中，最令人兴奋的是传统舞蹈、长桨独木舟、教会合唱比赛等等。

阿皮亚的公交车是城市一景。它们都是卡车的改装版，延续了"法雷"的风格，只有顶棚，没有玻璃窗。坐在车上随时可以感受到大自然的徐徐清风，当然，风雨交加时，乘客也会跟清凉的雨水来个亲密接触。

当地风土人情

该国 90% 为萨摩亚人，属波利尼西亚人种。他们的皮肤为浅棕色，体态较胖，性格敦厚。男性下巴宽厚脖子短、身材魁梧、身体强壮，抗打击能力强，因此有人称他们为"世界上最强壮的民族"。萨摩亚出了许多在美国摔跤界和拳击界有名的人，例如美国男演员、职业摔跤手道恩·强森有着萨摩亚血统；强森的父亲和祖父都是世界职业摔跤界屡获殊荣的名人。

风情万种的混血美女让萨摩亚群岛更加迷人。混血华裔随处可见，她们个个肤色健康、楚楚动人，集东方女性的娴静柔美和岛国女子的洒脱风情于一身。许多女子一旦进入结婚年龄，便在身上刺纹，刺纹的图案多为宽条弓形，呈黑色。据说，文身标志着女子已到达成熟的年龄，也是为了更博得男性的爱。在萨摩亚，文身是力量和美丽的一种符号。久而久之，这里的刺青开始以技术精良而闻名。

萨摩亚全国分为 362 个村落，村是萨摩亚基本的行政单位。其他一些国家村落或部落的首领叫酋长，而在萨摩亚叫"马他伊"。据资料介绍，每个村由级别最高的马他伊领导，负责管理本村的各项事务。村里的每个家族也都选出一名马他伊担当家族头领，管理本家族的事务。全国共有各种头衔的马他伊约 2 万人。被授予马他伊头衔后，头衔放在名字的最前面，人们便用头衔来称呼他。在村子里，拥有头衔的马他伊地位很高，掌握着全村的传统权利。连国会议员候选人皆由各村马他伊组成的委员会推荐，而未被推荐的村民擅自参加议员竞选将受到严厉的惩罚，甚至被驱逐出村子。

萨摩亚人特别喜欢为远道而来的客人讲述自己的故事。在迎送宾客或亲朋好友时，有贴脸的习惯。人们还用食指互相勾住，向自己身边微微拉一下，以表示关系的亲密。随着时代的发展，握手礼也在逐步流行。在萨摩亚传统习俗里还有一个重要的仪式活动，叫"卡瓦仪式"，这只在接待贵宾或其他重大活动时才举行。主人献上卡瓦酒时，客人不可不喝，但可少喝，喝前要往地上倒一点表示祭奠。仪式结束时，主宾要给主持仪式的人礼钱。招待会中若有跳舞表演，应视情况给表演者赏钱。

萨摩亚人民是一个能歌善舞的民族。在节庆的日子，人们都会穿着波利尼西亚民族的草裙，戴花环，画脸谱，群集在一起，欢歌曼舞。在萨摩亚，火刀舞已发展为一种时尚。每年 5 月，全球的爱好者都会在夏威夷举行世界火刀舞大赛，但每一届的冠军基本被萨摩亚人夺得，这也成为这个小国引为自豪的荣耀。每年 9 月 3 日至 9 月 9 日，萨摩亚都会举办为期一周的传统节日。例如，2006 年 9 月 3 日，由萨摩亚旅游局主办的一年一度的萨摩亚国花节开幕，整个活动持续一周，举办丰富多彩的活动。萨摩亚各行各业的人们，从政府总理、内阁部长、国会议员、教会领袖、商界领袖，到马他伊、妇女团体、村民、学生，都参与到这个盛会中来。举办国花节旨在吸引更多外国游客，促进旅游业的发展。而且，活动的最大特色是继承并发扬了萨摩亚独特的历史传统和民族文化。

据《萨摩亚人的成年》（作者玛格丽特·米德[美]）介绍，萨摩亚有不记录年龄的风俗。在萨摩亚的文化中，并不存在特定的关于青春期的定义，因为儿童与成年之间并没有那么明晰的界限。孩子的出生礼仪很重要，但是萨摩亚人从来不记录孩子的年龄，也没有生日的存在，只用相对年龄来区分同龄人之间的关系，并以相对年龄来规定每个人的义务。

据《环球时报》载文介绍（特约记者陶短房），萨摩亚有一个奇怪的风俗，即在葬礼上哭得最响亮最悲痛的人不是死者的亲属，而是死者的仇人。因为当地相传，人死后将具有魔力，可以毫不费力地报复生前无法报复的仇敌，因此仇人必须显得格外悲痛，才能逃避死者的诅咒。越是和死者关系恶劣的人，在丧礼上表现得越积极，他们撕破衣服，甚至用石块、树枝划破自己的皮肉，把自己弄得鲜血淋漓，以此显示自己对死者的尊敬和怀念，以求得死者的谅解、宽恕。

萨摩亚人原信巫术，崇拜首领，并有众多禁忌，现多信奉基督教，但也有部分人信奉摩门教、巴哈伊教等。居民各信其教，互不干扰。每个村子至少一间教堂，有的有两三间。其密度之高，在世界上也是罕见的。每到星期日，除少数街边小店外，超市和公司都关门休息。上午 9 点，家庭成员穿着白色的礼拜服一起参加教堂活动。萨摩亚人吃饭前也要祈祷，感谢上帝恩赐，此时要保持肃静，不要进屋打扰。

日常生活习俗

在萨摩亚，传统的生活方式，古老的村落，迷人的传说，是那样的令人着迷。当你参观当地村落时，不妨坐下来和当地村民聊聊天，近距离感受他们的风情与习俗。

萨摩亚自然条件优越，人们生活十分悠闲，无冻馁之虞。他们拥有一种特殊的资源——面包树。面包树的作用是多方面的：用面包树做的小船是萨摩亚人传统的交通工具；用面包树建的房子，既简便又经久耐用；用面包树树皮做的绳子、树皮布和各种生活用品，经济实用；一棵面包树结的果实，切成片烤一烤就成了盘中美食，足够一个人吃上一个月。其他食物主要是芋头、香蕉、椰子、木瓜和鱼。在农村，一般不讲究烹饪技术，传统方法是用烧得炽热的光滑石头烤熟食物。当地人没有喝酒的习俗，招待贵客时只喝卡瓦酒，喝了会有飘飘欲仙之感。由于气候炎热潮湿，人们普遍穿裙装。即使在国家举行重大庆典活动，或者迎接国宾时，国家领导人也是穿着裙装出场的。

萨摩亚的民房无论低矮简陋或高大宽敞，都有一个共同的特点：凉亭式，有顶无墙，挂有垂帘，颇具田园风光。房屋多用树干和枝叶搭盖，有的高达五六米。如此建房，主要是因为当地气候炎热，只需挡雨，无须遮风保暖。前面介绍过，萨摩亚的老议会所在地，就是用一根根树干围起、圆形屋顶上覆盖着椰子树叶的凉厅。萨摩亚人把这种没有门窗，只用几根柱子支撑起房顶的建筑称为"法雷"。法雷有大有小，是萨摩亚人生活和社交的主要场所。人们喜欢坐在四面通风的法雷里一边乘凉一边聊天。如果有家族纷争或者村里事务需要酋长作决定，酋长会把人们召集到法雷里，开会协商，以便解决问题。屋里的情况从屋外看一目了然。他们不像西方那样看重"隐私"，也无须防小偷，真正做到了夜不闭户。

附　录

截至 2019 年 9 月 21 日，在全球 46 个岛国中，有 9 个岛国尚未与中华人民共和国建立外交关系，故未将它们列入本书正文。考虑到本书内容的完整性，兹将它们作为附录，放在下面分别作简单介绍。

海地

海地共和国是加勒比海上的一个岛国，也是拉美和加勒比地区第一个独立的黑人共和国。国土面积 2.7797 万平方公里，人口 1057 万（2014 年）。全国耕地缺乏，能源不足，工业基础薄弱，公共设施落后，失业率极高，2014 年人均 GDP 仅 820 美元，75% 的人生活在贫困状态下。根据世卫组织的评估数据显示，海地人均寿命远低于世界平均水平，主要原因是"艾滋病、营养不良以及儿童疾病"。

海地原是印第安阿拉瓦克族人世代居住地，他们常年出没在高耸的山岳之中。1492 年哥伦布在西北部海滨上岸，竖起了红黄两色西班牙旗，建立了他在美洲的第一个殖民点。从此，海地先后沦为西班牙和法国的殖民地。1790 年爆发反对法国、西班牙殖民统治和奴隶制度的革命。1804 年 1 月宣布独立，定国名为"海地共和国"。

首都太子港是海地最大城市、西印度群岛著名海港之一。相传在殖民时代，海上刮起风暴，一艘法国"太子"号轮船驶进港口后平安无事，后来人们便以这艘轮船的名字命名该城市为太子港。但是，由于天灾人祸，太子港并不太平。

海地黑人占95%，其余为黑白混血人种和白人后裔，因此有"黑人共和国"之称。海地居民80%信奉罗马天主教，16%信奉基督教新教，小部分信奉耶稣教，农村中盛行巫毒教（又译"伏都教"），是南美巫术的传承之地。2006年海地政府将巫毒教定为官方宗教，使这个神秘宗教突然登上国际要闻版。

海地虽然是西半球最贫困的国家，却有着"西半球最具艺术气质的国家"之誉。绚丽的色彩、单纯的创作观点，是海地艺术的一大特色。在海地，不论是公交车上、墙壁上、礼拜堂或伏都教寺院里，随处可见信手涂鸦。最简陋的街巷里可能生活着一位自学成才的民间艺术家。在海地所有节日中，最热闹最盛大的是狂欢节。海地音乐最重要的乐器是鼓。海地人就是喜欢那种激情四射的音乐。晚上，大街上传来高亢的音乐声，直到深夜。

海地居民一般每天只吃两餐，喜食橄榄油饭。在海地一些地方，人们有吃泥饼的传统。

圣基茨和尼维斯

圣基茨和尼维斯联邦位于东加勒比海背风群岛北部，是一个由圣克里斯多福岛（圣基茨岛）与尼维斯岛所组成的联邦制岛国。国土面积267平方公里，人口5.11万（2012年）。由圣基茨、尼维斯和桑布雷罗等岛屿组成，是美洲最小的国家。居民多居住于沿海地区，以种植甘蔗和棉花为主，保留着庆祝甘蔗丰收的节日。其他农产品有椰子、水果、香蕉等。制糖业和旅游业是国民经济的支柱产业和外汇收入的主要来源。

圣基茨和尼维斯是英法两国在加勒比海最早的殖民地。1623年英国占领圣基茨岛；1628年尼维斯岛沦为英国殖民地。此后法国一度占领圣基茨岛一部分。1783年根据《凡尔赛条约》，圣基茨岛归属英国。1983年9月独立，定国名为"圣基茨和尼维斯联邦"，为英联邦成员国。

首都巴斯特尔位于圣基茨岛西南岸，人口约 1.5 万。市内分布有神圣的教堂、多姿多彩的植物园等，最有吸引力的景点是圣乔治英国教会教堂。市内亦有休闲度假酒店及皇家海滩娱乐场，豪华的客房以西印度风格为装饰基调，餐厅、酒廊充满加勒比风情。租一艘双体木筏，划入碧波，可以穿梭于珊瑚礁探秘。

该国居民中，非洲黑人后裔占 94%，另有白人和混血种人。居民多为英国圣公会教徒，也有新教徒和天主教徒。居民喜欢跳舞，每逢周末和节庆，都要举行舞会。圣基茨的狂欢节于每年 12 月 19 日晚开始，节日期间有很多庆祝活动，例如比赛和游行等。假面节是狂欢节期间最受欢迎的活动之一。甘蔗节是民间传统节日。届时，人们载歌载舞，一片欢乐气氛。小丑、高跷、化装舞会组成了圣基茨的民间文化，反映了过去几百年当地的节日庆祝方式。

圣基茨和尼维斯这个小小岛国，如今竟成为众多新富阶层的移民目的地之一。这里的热带植物和海国风光分外迷人。圣基茨岛在"世界 16 个最佳岛屿"中名列第三，在"世界最佳蜜月圣地"中排名第七。尼维斯岛是加勒比海中一个迷人安静的绿色小岛。这里，山便是岛，岛即为山，以奇峻山麓与茂密植被而闻名。它远离尘嚣，是一个未被人类破坏的仙境小岛，有"加勒比女王"之称。

圣卢西亚

圣卢西亚位于东加勒比海向风群岛中部，北邻马提尼克岛，西南邻圣文森特岛。国土面积为 616 平方公里，人口 17.6 万（2013 年）。无重要矿藏，但有丰富的地热资源。主要农产品有香蕉、椰子、可可、香料等，粮食不能自给。旅游业为国民经济的支柱产业，是国家外汇主要收入来源。

历史上，这个火山岛国原为印地安人居住地。17 世纪，英、法、荷等国开始侵占该岛，均遭当地居民的抵抗。英、法亦长期在此争夺。根据 1814 年《巴黎条约》，该岛被划归英国，成为英国殖民地。1967 年 3 月实行内部自治，成为英国联系邦，外交和防务由英国负责。1979 年 2 月宣布独立，为英联邦成员国。

首都卡斯特里位于圣卢西亚岛西北部，人口约2万，始建于1650年。城市建筑是欧式的，有高层楼房，也有花园式洋房。海岛的居民常常把房子刷成彩色，可能是受到色彩斑斓的海底世界启发吧。附近有古堡遗址和植物园。由于旅游业发达，漂亮的宾馆、饭店、别墅在城乡到处可见。

圣卢西亚90%以上是黑人，另有黑白混血种人、少数白人和印度人等。大多数居民信奉天主教。当地民风民俗奇特。男人女人都喜胖。印度人后裔仍保持旧的婚恋习俗，男青年在向女孩求婚的路上遇见猫、蛇，则视为不祥之兆，遇见黄鼬则认为是好兆头。举行婚礼时，新郎新娘要站在同一箩筐里，相互撒米。主岛北部有个小岛，以"舞动的星期五之夜"闻名加勒比海。每到这时，街道上音乐声此起彼伏，人们和着雷鬼、索卡音乐以及被称为"卡利普索"的民间歌曲又唱又跳，场面异常热闹。

圣卢西亚海岸上耸立的大小两座皮通山，是这个岛国出镜率最高的地标。尽管两座山相隔十几里，大小也不同，但远远望去很是般配，好像紧挨在一起，一直延伸到海面。居民大多居住在沿海和河谷地带。穿上脚蹼下海潜游，可以与许许多多珊瑚、天使鱼、海马、斑花鳗、魔鬼鱼、海龟等近距离接触。

圣文森特和格林纳丁斯

圣文森特和格林纳丁斯是位于东加勒比海向风群岛中的火山岛国。国土面积389平方公里，人口10.94万（2014年）。靠近赤道，气候炎热，雨季时多暴风雨和飓风。主要种植香蕉、葛根、甘薯、甘蔗、椰子、棉花等。其中，香蕉为主要经济作物，葛粉产量居世界前列。离岸金融业和旅游业占有重要地位。

该国原为印第安加勒比部落居住地。从17世纪起，英、法殖民者多次争夺该地。1783年，根据《凡尔赛条约》沦为英国殖民地。为了发展甘蔗种植园和糖业生产，殖民当局从非洲贩来大批黑奴，18世纪又从葡属马德拉群岛和印度运来大批劳工。20世纪50年代，香蕉成为主要农产品和出口商品。1979年10月宣布独立，为英联邦成员国。

首都金斯敦（与牙买加首都同名）是西印度群岛最幽静的城市之一，它三面临海，一面傍山，蔚蓝的海水、美丽的沙滩、绿色的热带花木和石造的建筑增添了这座城市的魅力。电影《加勒比海盗》曾在这里取景。在金斯敦一年一度的狂欢节上，狂欢者脸上涂着色彩斑斓的图案，身上穿着五颜六色的服饰，在激越的非洲鼓声和当地卡里普索音乐中尽情狂欢。

该国黑人占 66%，混血种人占 19%，其余为印度裔、欧洲裔和印第安人等。多数居民信奉基督教和天主教。居民最常用的称呼是"先生"和"夫人"，对未婚青年男女，分别称"少爷""小姐"。当地的男人们闲暇时常在树下或小酒馆里聚集，谈论国家和社会问题等。

在该国的两个主岛中，圣文森特岛面积 346 平方公里，山脉纵贯，层峦叠翠，多火山，地震频繁。最高峰苏弗里埃尔火山，海拔 1234 米。格林纳丁斯岛面积仅 43 平方公里，地势低平，只有少数人定居。这里拥有独特的黑沙滩。其他还有扬岛、贝基亚岛、迈罗岛、棕榈岛、卡诺安岛等小岛，各具风情特色。

帕劳

帕劳共和国（旧称"帛琉""贝劳"）位于西太平洋，属加罗林群岛，是太平洋进入东南亚的门户之一。国土面积 458 平方公里，人口 2.1 万（2012 年）。帕劳是个很奇特的地方，海面总是波澜不兴，但它却是形成台风的地方。帕劳海域广阔，支柱产业是渔业和旅游业。粮食、生活用品等均需从国外进口。2017 年人均 GDP17570 美元，是太平洋岛国中最富有的国家之一。

帕劳群岛 4000 年前就有人居住。1710 年被西班牙探险家发现，1885 年被西班牙占领，1898 年被卖给德国。"二战"期间被美国占领。1947 年，联合国将其交由美国托管，与马绍尔群岛、北马里亚纳群岛和密克罗尼西亚联邦构成太平洋岛屿托管地的四个政治实体。1994 年从美国的托管统治下独立。

　　首都梅莱凯奥克，位于巴伯尔图阿普岛的东海岸，面积仅 28 平方公里，系 2006 年 10 月从原首都科罗尔迁来。人口很少，在 2000 年的时候只有 391 人，成为首都后人口有所增加。帕劳的总统府修建在山顶上，是岛上最具有异域色彩的建筑，因为外形酷似美国的白宫，所以被称作"小白宫"。

　　帕劳人 70% 是当地土著密克罗尼西亚人种，其余是菲律宾人和其他国家移民。73% 的居民信奉基督教。帕劳有一种奇特的风俗，那就是特别钟爱"女人钱"。帕劳女性脖子上有一串吊坠，这串吊坠可不是普通的项链饰品，而是帕劳历史上所独有的货币。由于那时的女人掌握家里的经济大权，所以这种货币也有一个非常美丽的名字，叫作"女人钱"。现在，女人钱并不能拿来买东西，但仍然是传统习俗中极其重要的主角，例如被用在与出生、死亡、婚姻乃至盖新房和选举有关的传统习俗上。在帕劳，土地、货币和头衔历来由母系传承。对于在经济上和家庭中没有自主权的帕劳男子而言，男人会馆也许是一个暂时躲避女人、体现男人价值的"天堂"，其用途主要是提供男人聚会、聊天、议事的场所，一般来说是禁止女人进入的。

　　帕劳这个看起来很不起眼的热带岛国，却被《美国国家地理》杂志评选为人一生中必去的 50 个地方——人间天堂篇的首位。它在世界最著名的十大潜水点中独占 6 处，拥有全世界最美丽的珊瑚礁景观，是每个潜水爱好者的终极圣地。席尔斯隧道靠近乌龙水道，是个极深的隧道且具挑战性的潜场。蓝洞是去帕劳不可或缺的潜点，在此潜水会使你感到兴奋、刺激夹着紧张。环礁沙滩里蕴藏着丰富的水族生态。南部的洛克群岛因 2005 年初播出的美国真人秀《幸存者》第 10 季《幸存者：帕劳群岛》而闻名。群岛引以为豪的是其丰富的生物种类，鹦鹉螺被视为海底活化石。帕劳水母湖拥有世界上独一无二的无毒水母。

基里巴斯

　　基里巴斯共和国（旧称"吉尔伯特岛"）位于太平洋中部，是世界上唯一纵跨赤道并横越国际日期变更线的国家，或者说是唯一地跨东西南北四大半球的国家。国土面积 812 平方公里，人口 11.05 万（2014 年）。渔业资源丰富，但捕捞业比较落后。土地贫瘠多沙，无河流，无粮食作物和蔬菜种植，仅能生长椰子、香蕉、面包果等少数作物，是世界上最不发达国家之一。

早在公元前，就有马来—波利尼西亚人在基里巴斯定居。1837 年，首批欧洲人到此定居。1892 年，吉尔伯特群岛与埃利斯群岛部分岛屿沦为英国"保护地"。1916 年被划入"英属吉尔伯特和埃利斯群岛殖民地"（1975 年埃利斯群岛分出，改称"图瓦卢"）。1979 年 7 月独立，定国名为"基里巴斯共和国"，为英联邦成员。

塔拉瓦是基里巴斯的一组环礁，由 24 个岛屿组成，通常被认为是该国首都，但严格说来该国的首都应该是南塔拉瓦地区。南塔拉瓦位于塔拉瓦环礁南部，由数个小岛组成，是基里巴斯的政府机关所在地、商业贸易场所和教育基地。

基里巴斯人自称"通加鲁人"，又称"吉尔伯特人"，系密克罗尼西亚人的一支。国内 90% 以上为密克罗尼西亚人，近一半的人口生活在塔拉瓦。居民多数信奉罗马天主教、基督教新教和基里巴斯新教。在节日里，原生态的草裙舞、土风舞乐和带着粗犷、浑厚、野性（尖叫）组成的多声部的音乐（呼喊），比较精彩。

全球气候变暖导致海平面升高，直接影响基里巴斯的存在，海水可能淹没这个与世隔绝的岛国。基里巴斯的基础是低平的珊瑚环礁，大部分的岛屿和环礁仅比海平面高出 1 至 2 米，最高点也不过 81 米。1999 年，有两个无人小岛消失在了海平面之下。专家预计，数十年后，大量的岛屿都会逐渐被海水淹没。为了应对这一风险，基里巴斯着眼在海外购置土地，为不得已时的"举国搬迁"创造条件。但对于贫穷的基里巴斯来讲，资金得完全仰赖富国援助。

（编者注：2019 年 9 月 27 日，中国与基里巴斯恢复外交关系，本书完稿时，两国尚未复交，故将基里巴斯列入"附录"。）

马绍尔群岛

马绍尔群岛是位于太平洋中部的岛国，密克罗尼西亚群岛的一部分。国土面积 181 平方公里，人口 6.5 万（2010 年）。居民主要从事渔业和种植业。经济基本建立在依靠外援的基础之上。多数商品依赖进口。

马绍尔群岛曾先后被西班牙、德国、日本、美国占领，其前身是美国托管的太平洋岛屿托管地的 4 个政治实体之一。1986 年与美国签订《自由联合条约》，同年 10 月宣布独立。1991 年，联合国终止美国托管，接纳马绍尔群岛共和国为会员国。

首都马朱罗是拉塔克列岛的环礁，包括 60 个左右的小岛，陆地面积约 10 平方公里，人口约 3 万。2008 年，马朱罗环礁东岸遭到洪水侵袭，造成数百万美元的损失。马绍尔群岛推出一项计划，打算在马朱罗周围修建防水墙，以隔海自保。

马绍尔人是密克罗尼西亚人的一支，肤色较其西面的加罗林人为浅，体质和文化多与波利尼西亚人相近。50% 以上的居民信奉基督教新教，其余信奉罗马天主教、美国神召会。居民有思春习俗，男孩到了 15 至 16 岁，或女孩婚嫁时，都要举行仪式。仪式上男子必须剃光额发，女子必须剃眉、染齿、结发，表示已到了思春期。酋长的女儿举行思春仪式时，村民要携带食物、鲜花、席子等东西，前去庆贺。

马绍尔群岛岛礁众多，自然环境优美，一派南太平洋的岛国风情。但是，它曾经遭受核试验的噩梦。从 1946 年到 1958 年，美国在马绍尔群岛的比基尼环礁和埃尼威托克环礁进行了 67 次原子弹和氢弹的爆炸试验。这些核试验不仅将这两个风景秀丽的环礁变成了充满核辐射的人间地狱，也让附近太平洋海域的环境遭受了永久性破坏。核爆炸的放射性物质飘落到了群岛的其他地区，使许多人都出现了皮肤烧伤、头发脱落、恶心、呕吐等现象，甲状腺疾病和恶性肿瘤也成为当地的常见病。1946 年 7 月 25 日，法国人发明的女性三点式泳装首次亮相，因为这种泳装相当暴露，完全突破了当时人们的传统思想底线，发明者认为其影响力无异于一次核爆，故以当时的核试验基地"比基尼环礁"取名为"比基尼泳装"。核爆后地狱般的"比基尼环礁"与时尚的"比基尼泳装"形成鲜明对照，两者是如此的大相径庭，却又被人为地牵扯在一起，令人深思。

瑙鲁

瑙鲁共和国位于南太平洋中西部的密克罗尼西亚群岛中，是世界上最小的岛国。北距赤道仅 42 公里，故被称为"赤道岛国"。从飞机上俯视瑙鲁只能见到一个椭圆形的小圆点，故有人称它为"南太平洋上的一个大头钉"。国土面积 21 平方公里，人口 1.3 万（2017 年）。热带雨林气候，虽然降水很多，但小岛的表面透水性很强，所以淡水匮乏。海洋渔业资源较丰富。80% 的陆地面积富含磷酸盐矿，土地资源稀缺，有"无土之邦"的称号。

瑙鲁人在这个岛上生活的历史有千年之久。尽管地方很小，却多次被占领：1798 年，英国船只首次航行到这里；1888 年，沦为德国殖民地；1914 年，英国人雇佣澳大利亚军队占领这座小岛。"二战"结束后，被联合国交由澳、英和新西兰托管。1968 年 1 月独立，同年 11 月成为英联邦特别成员国（不出席英联邦政府首脑会议）。

瑙鲁是个没有军队的国家，国家安全由澳洲负责。瑙鲁甚至连首都也不设，仅在西南沿海的亚伦区设立一个行政管理中心，作为政府机关驻地。论国土面积，瑙鲁仅大于梵蒂冈及摩纳哥；与全球岛国比较，属于最小的岛国。过去，这个国家没有广播，没有报刊，没有电视台，传递消息主要靠吼，即靠口头辗转相传，通过"一传十，十传百"，很快就会传遍全国，家喻户晓。

瑙鲁的族群包括瑙鲁人（58%）、太平洋岛国人（26%）和欧洲人、华人等。瑙鲁人体格健壮，头发浓黑，皮肤为棕色，是密克罗尼西亚人的一支，男子身高平均在 1.7 米以上，女子稍矮一些。主要宗教信仰是基督教新教和天主教，一小部分居民信仰巴哈伊教，还有一些人信奉佛教和伊斯兰教。瑙鲁人的祖先信奉"艾耶邦"女神，并以一个岛屿作为精神圣地。

瑙鲁在 20 世纪成了一个畸形的"富国"。千万年来，有数不清的海鸟来到这个小岛上栖息，在岛上留下了大量的鸟粪，经年累月，鸟粪起了化学变化，形成厚达 6 至 10 米的优质天然磷肥，人们称之为"磷酸盐矿"。这个国家 80% 的土地富含这种矿藏，瑙鲁人就靠磷酸盐矿成了"富翁"，是"粪土变成金"的典型国家。多年来，在政府丰厚工资和低生活消费的滋润下，瑙鲁人享受着一种让其他太平洋岛国羡慕的闲暇生活。

瑙鲁人奢侈浪费的特征表现在他们的体型上。据统计，90% 的瑙鲁人身材痴肥。30 岁以上的男人体重大多超过 150 公斤。历史上，贫穷的瑙鲁人都遭受过长期饥饿。致富后，他们的食品热量快速增加，体力劳动越来越少，活动范围越来越小，人越来越胖，大约 40% 的成年人都患有糖尿病，许多人还患有高血压和心脏病。这虽然与遗传基因有关，但瑙鲁人慵懒的生活方式和高脂肪的饮食结构无疑是最重要的诱因。

这个曾经靠鸟粪发家致富的国家，如今也面临着坐吃山空的窘境。目前，磷酸盐储量所剩无几，且品位不断下降。更加令人遗憾的是，磷酸盐被挖走后，这个美丽的海岛留下的却是遍体鳞伤。

图瓦卢

图瓦卢共和国位于南太平洋，是世界第二小的岛国，仅比瑙鲁大 5 平方公里。国土面积 26 平方公里，人口 1.1 万（2017 年）。境内地势极低，多潟湖。渔业资源丰富，是世界上主要的鱼翅出产地之一。但图瓦卢土地贫瘠，农业落后，矿产资源匮乏，基本没有工业，是联合国公布的世界最不发达国家之一。长年依赖于英国、澳大利亚、新西兰等国提供财政援助。外汇收入主要靠外援、出售邮票、出口商品、收取外国在图瓦卢海域的捕鱼费，以及在瑙鲁磷矿工作的侨民汇款。

图瓦卢国小民寡。1850 至 1875 年间，由于岛民被西方殖民者大量掳往斐济、萨摩亚、澳大利亚和南美等地的种植园为奴，加上欧洲疾病在岛上蔓延，岛上原住人口急剧下降，从 2 万降至 3000 人。1892 年以后成为英国保护地、殖民地。1978 年 10 月宣布独立，成为英联邦特别成员国。

首都富纳富提陆地面积 2.8 平方公里，人口 4492 人（2002 年）。它紧挨着国际日期变更线西边，是世界上太阳最早照射到的首都。这里气温较高，雨量充沛，植物生长茂盛，色彩斑斓的蝴蝶翩翩起舞，一派热带岛国风光。但是，富纳富提只有两条黄土路，时常尘土飞扬，远远看去像两条滚动的河。

图瓦卢人占总人口的 97%，其余为欧裔和基里巴斯人等。图瓦卢人旧称"埃利斯人"，为波利尼西亚人的一支。大多数人信奉基督教。他们能歌善舞，常以击掌伴奏，很少使用乐器，传统音乐舞蹈和文娱活动颇具民族特色。聚会时，在饭后分成主客两队进行歌舞竞赛，双方各以传统歌舞回敬对方。全队疯狂投入歌舞，以桌子代鼓作为伴奏，节拍歌声响彻云霄，充分表达热诚之情。费特乐是图瓦卢一种传统舞蹈。他们翩翩起舞时吟唱的圣歌，体现图瓦卢永恒不变的主题：绿岛是图瓦卢的生命线。

在图瓦卢，几乎家家都有漂泊海外养家或读书的亲人。飞机起降时段是全岛居民聚集的大好时机，如果想要找什么人，到机场附近等待，多半不会令人失望。每当有飞机降落时，机场周边的居民几乎是倾巢而出，纷纷围在机场出口处，看看下飞机的人里有没有自己熟悉的身影。图瓦卢在国外只有一个大使馆——图瓦卢驻斐济苏瓦大使馆。部分富裕的图瓦卢人把小孩送到斐济上学，有的人临时有事，需要将小孩临时托管一下，就直接把孩子送到大使馆委托照看。

图瓦卢是即将消失在大洋中的一颗"珍珠"。这个生长在珊瑚礁上的南太平洋岛国，只有在潮水未至的时候才显出罕见的宁静。由于气候变暖的影响，其低平的陆地正被一波又一波的海水侵蚀。虽然这里拥有美丽的落日，但也许在将来的某一天，当落日的余晖染红这片区域时，人们再也找不到地图上的图瓦卢了。

后 记

编写本书，参考和引录的资料主要有：百度百科、360 百科等网络百科全书的有关资料；各大洲旅游网、澳洲旅游网、五分旅游网、世界风俗网、世界民俗文化网、环球网、新华网、中国非物质文化遗产网、艺龙旅游指南等网站的有关资料；《环球时报》等报刊的有关资料；我国驻各国大使馆网站的有关资料：商聚园《145 个国家的礼仪与习俗》；PDF 电子书文档在线阅读《世界当代生活习俗史》；你好网《全球景点库》；人人网《各国古称及其来源》；百度文库《各国国名的由来》；《孤独星球旅行指南系列丛书》；《世界各民族丧葬习俗考》；新华出版社 1986 年 4 月第 1 版《世界名胜词典》（新华社国际资料编辑组编）；中国青年出版社 1988 年 8 月出版的《世界民族常识》（李毅夫、赵锦元主编）；上海文艺出版社 1989 年 10 月第 1 版《世界风俗大观》（赵锦元著）；福建少年儿童出版社 1991 年 6 月第 1 版《纵横八万里》（郑平、叶进主编）；光明日报出版社 2004 年 3 月第 1 版《世界文化与自然遗产》（姚晓华主编）；中国三峡出版社 2006 年 1 月第 1 版《世界民俗艺术大全》（马银文著）；京华出版社 2006 年 12 月第 1 版《异域的风情：开阔眼界的 70 个世界民俗》（京华出版社编）；中国城市出版社 2007 年 4 月第 1 版《110 个国家的礼仪风俗》（林隆主编）；福建省地图出版社 2008 年第 3 版《中国人常去的 50 个国家》（福建省地图出版社编）；陕西师范大学出版社 2008 年 5 月第 1 版《亚洲人文风情》《欧洲人文风情》《美洲、大洋洲人文风情》（李梵编著）；中国旅游出版社 2009

年 1 月第 1 版《全球海岛·休闲篇》（佰程旅游网《完全自由行》编委会编著）；百花文艺出版社 2009 年 1 月第 1 版《镇馆之宝·世界著名博物馆顶级藏品》（王鹤著）；内蒙古人民出版社 2009 年 4 月第 1 版《世界最有魅力 101 个民族风情》（万象文画编写组编）；吉林人民出版社 2010 年 1 月第 1 版《世界著名华人街区唐人街》（吴景明编著）；吉林出版集团有限责任公司 2010 年 1 月出版的《图说天下·国家地理系列丛书》（该丛书编委会编著）；上海锦绣文章出版社 2010 年 5 月第 1 版《我们生活在同一个地球，外交官带你看世界》系列丛书（总策划：何承伟，作者：驻各国外交官）；吉林人民出版社 2010 年 6 月第 1 版《图说世界风俗文化》（刘忠信、张博编著）；吉林人民出版社 2010 年 6 月第 1 版《图说世界宗教文化》（王德才、王浩编著）；吉林出版集团有限责任公司 2011 年 1 月出版的《世界奇闻怪事大全集》（徐志晶编著）；中国法制出版社 2011 年 5 月第 1 版《发现那么美的非洲》（欧玉成著）；龙门书局 2011 年 12 月第 1 版《全球最美四季》（高春花、潘亮、罗佳佳编著）；中国地图出版社 2012 年 1 月修订版《新编实用世界地图册》（周敏主编）；中国地图出版社 2012 年 1 月第 1 版《世界知识地图册》（天域北斗数码科技有限公司编著）；安徽师范大学出版社 2012 年 2 月第 1 版《奇妙的大千世界：丰富多彩的风俗》（李超著）；北京联合出版公司 2012 年 6 月第 1 版《国家地理系列·环球国家地理精华》（《图说天下·国家地理系列》编委会编著）；天津教育出版社 2013 年 7 月出版的《此生不可错过的 30 次天堂之旅》（[英] 史蒂夫·沃肯斯、克莱尔·琼斯著，耿丹译）；蓝天出版社 2014 年 1 月第 1 版《这辈子一定要去的 100 座欧洲古堡》（《左图右景》编委会编）；化学工业出版社 2014 年 8 月第 1 版《城堡与庄园（最让建筑师沉思的 32 个古堡）》（白海军等编）；化学工业出版社 2014 年 10 月第 1 版《世界民居（最让建筑师留恋的 35 个传统住宅）》（白海军等编）；新世界出版社 2015 年 1 月第 1 版《欧洲常识》（吕夏乔编著）；北京联合出版公司 2015 年 4 月出版的《发现最世界：全球旅行圣地》（穷游网中国国家地理·图书编著）；哈尔滨出版社

2015 年 6 月第 1 版《非洲常识》（吕夏乔编著）；北京出版社 2016 年 4 月第 1 版《全球不容错过的 100 个户外天堂》（中国探索之旅编委会编著）；机械工业出版社 2016 年 12 月第 1 版《最美最美的日本小镇》（[韩] 宋东根著、李花子译）；英国有关部门编印的《参观指南》（2018）。本书参考和引录的一些其他资料，有的已在书中注明出处，有的因为佚名或比较零散而不再一一注明。在此向以上著作者表示诚挚的谢意！另外，对提供图片的顾铸敏、阙亚娟、言文、百小放、易明、钱亮诸位，也表示衷心的感谢！

尽管自己在编写本书时力求做到内容准确翔实，集知识性与趣味性于一体，但由于水平有限，篇幅又大，也许很难达到这个要求，而且肯定会有一些疏漏甚至错讹之处，敬请读者谅解和指正。

毛国良

2019 年 11 月 11 日于无锡